HET DERDE ALTERNATIEF

Van Stephen R. Covey verscheen eerder:
*De zeven eigenschappen van effectief leiderschap**
*De 8ste eigenschap**
Prioriteiten
*Timemanagement volgens Covey**
De zeven eigenschappen van effectieve families
*4 managementprincipes voor gegarandeerd succes**
Inspiratie van dag tot dag
Inspiratiekalender (scheurkalender)
De zeven eigenschappen van effectief leiderschap – mini-editie
Wie is Stephen Covey?

Van Sean Covey zijn verschenen:
De zeven eigenschappen van Happy Kids
Zeven eigenschappen die jou succesvol maken!
Werkboek Zeven eigenschappen die jou succesvol maken!

Van Stephen M.R. Covey is verschenen:
De snelheid van vertrouwen

Als luisterboek zijn verschenen:
De zeven eigenschappen van effectief leiderschap
De zeven eigenschappen voor managers
De 8ste eigenschap

* Deze titels en *Het derde alternatief* zijn ook beschikbaar als e-book.
Kijk voor meer informatie over deze en andere titels op www.businesscontact.nl.

Stephen R. Covey
met Breck England

Het derde alternatief

Het principe van creatieve samenwerking

Uitgeverij Business Contact
Amsterdam/Antwerpen

Voor Sandra,
voor altijd mijn
vrouw en vriendin
– vol leven, licht en
vertrouwen

Oorspronkelijke titel: *The Third Alternative*
Vertaling: Vanja Walsmit en Carla Zijlemaker

Omslagontwerp: Studio Jan de Boer BNO
Foto auteur: Glen Ricks
Boekverzorging: LINE UP boek en media bv

ISBN gebonden luxe editie 978 90 470 0415 8
ISBN paperback 978 90 470 0457 8
D/2011/0108/328
NUR 770, 808

www.businesscontact.nl
www.franklincovey.nl

Bij alles wat uit meerdere onderdelen bestaat, is het geheel ook iets dat losstaat van die onderdelen.
– Aristoteles

Synergie is het enige woord in onze taal dat de betekenis heeft van gedrag van hele systemen dat niet wordt voorspeld door de afzonderlijk waargenomen gedragingen van elk van de afzonderlijke delen van het systeem of van een deelverzameling van de delen van het systeem.
– Buckminster Fuller

Synergie: een wederzijds gunstige verbinding of verenigbaarheid van afzonderlijke deelnemers of elementen in de zakenwereld.
– Webster's Dictionary

Het nieuw ontstane verschilt van de onderdelen waaruit het is opgebouwd voor zover deze onvergelijkbaar zijn, en kan niet worden gereduceerd tot het geheel van of het verschil tussen die onderdelen.
– G.H. Lewes

Synergie is de hoogste levensactiviteit; het schept nieuwe, onaangeboorde alternatieven; het apprecieert en benut de mentale, emotionele en psychologische verschillen tussen mensen.
–Stephen R. Covey

Synergie is als het geheel groter is dan de som der delen.
–Leerling uit de vierde groep van A.B. Combs Elementary School, Raleigh, North Carolina, VS

Inhoud

Voorwoord bij de Nederlandse editie

Dit voorwoord is een co-productie van Ben Tiggelaar en Jan Kuipers. Twee erkende leiderschapsauteurs die niet elk hun eigen verhaal schrijven, maar samen tot een nieuwe essentie proberen te komen. Een voorwoord als derde alternatief.

Wat is het derde alternatief?

Het derde alternatief bouwt voort op het principe van synergie dat Covey in *De zeven eigenschappen van effectief leiderschap* beschrijft. Dit boek is echter geen herhaling van zetten – integendeel. Covey komt met een uitgewerkte theorie over het belang van het werken vanuit het 'derde alternatief', de dilemma's waar je daarbij tegen aanloopt en de praktische invulling ervan. Het knappe is dat hij een ogenschijnlijk platgetreden pad als samenwerking weet te voorzien van nieuwe dimensies. Hij biedt je nieuwe inzichten, waardoor je je eigen manier van samenwerken op een hoger plan kunt brengen.

Het 3de alternatief helpt je tot andere, creatievere oplossingen te komen, die niet uitgaan van 'jouw visie' of 'mijn visie', maar die de betrokken partijen verbinden en verder helpen. Het volgen van de weg van het derde alternatief is geen *transactie* om je doelen te bereiken, maar een *transformatie* om de wereld voor alle betrokkenen een beetje mooier te maken.

Toepassingen van het derde alternatief

Het derde alternatief is een weg die je kunt bewandelen in iedere situatie waarbij je met anderen werkt aan de oplossing van een probleem, iedere situatie waarin je samenwerkt en samenleeft met anderen. Het derde alternatief gaat letterlijk over onze *samenleving.*

Je kunt het derde alternatief gebruiken in al je communicatie; thuis met je echtgenoot of vriendin, met je familie, op het werk met collega's, met vrienden. Het derde alternatief wordt ook met succes toegepast tussen belangenbehartigers (politieke partijen, vakbonden) en zelfs tussen landen (in het Gaza-conflict bijvoorbeeld).

Maar we kunnen ook met onszelf in conflict komen. Covey geeft voorbeelden van persoonlijke dilemma's die onoplosbaar lijken omdat er maar twee 'oplossingen' lijken te zijn, die allebei onwenselijk zijn. Ook individueel kan een derde alternatief gevonden worden door verder te kijken dan deze twee opties.

Hoewel sommige voorbeelden in dit boek wat Amerikaans kunnen overkomen, is het derde alternatief in Nederland en België precies even relevant en toepasbaar. Ook in ons politieke stelsel (dat niet gekenmerkt wordt door twee partijen) lopen discussies regelmatig vast in twee onverenigbaar lijkende stellingen. Allerlei overlegsituaties kunnen op een dood spoor komen omdat er te weinig vanuit een gemeenschappelijk doel gezocht wordt naar oplossingen. En ook bij ons hebben mensen interne dilemma's die onoplosbaar lijken totdat er expliciet naar een derde alternatief gezocht wordt.

Het 3de alternatief laat ons zien hoe we ons kunnen ontworstelen aan het juk van onze primaire, vaak irrationele standpunten, zodat we loskomen van linksom-of-rechtsom-denken en onze kans op een echt waardevol leven, met compassie, saamhorigheid en wederzijds vertrouwen terugwinnen.

Het derde alternatief vraagt ons om met eerlijkheid en compassie te kijken naar onszelf, naar de ander en gezamenlijk op zoek te gaan naar een nieuwe oplossing die verder reikt dan onze oude ideeën.

Het derde alternatief is geen compromis

De Nederlandse cultuur van 'polderen' is in de kern een basis voor het toepassen van het derde alternatief. Helaas leidt polderen de laatste jaren vooral tot slappe compromissen waar geen van alle partijen echt blij mee is. Een compromis is geen derde alternatief. Een derde alternatief herken je aan de energie van de mensen die eraan gewerkt hebben. Zij stralen bij wat ze met elkaar gedaan hebben, wetende dat zij dat onafhankelijk van elkaar niet gered hadden. Zij accepteren niet 'het hoogst haalbare' resultaat, maar werken in een creatief proces aan een aanpak die recht doet aan alle partijen. Het 'Akkoord van Wassenaar' dat in 1982 werd gesloten, wordt tot op de dag van vandaag geroemd omdat politiek, werkgevers en werknemers toen in het belang van de economie van Nederland met elkaar tot een oplossing kwamen die recht deed aan de belangen van alle betrokkenen.

Wat zou er gebeuren wanneer de aanpak van het derde alternatief wordt losgelaten op de pensioenproblematiek, op de schuldenproblematiek, op de ogenschijnlijk tegengestelde belangen van bevolkingsgroepen? Ook in Nederland, met al onze nuchterheid, tolerantie en overlegcultuur, is het derde alternatief een alternatief dat partijen verbindt en versterkt.

Begrijpen aan de basis

Ben Tiggelaar: Zo'n tien jaar geleden kreeg ik de kans om Stephen Covey een persoonlijke vraag te stellen. Ik had enkele boeken van hem gelezen en herinnerde mezelf regelmatig aan enkele van zijn leefregels. Met name 'Eerst begrijpen... dan begrepen worden' was iets dat ik mijzelf regelmatig moest (en moet) voorhouden.

Ik bezocht een seminar van hem in de Amsterdam Arena. Gedurende de koffiepauze zat ik als enige deelnemer op een lege tribune nog een paar aantekeningen uit te werken. Toen ik naast me keek zat Covey daar opeens. Eigenlijk om gefotografeerd te worden, maar hij had geen bezwaar tegen één prangende vraag. Ik wist dat hij – net als ik – een gelovig mens was en het viel me op dat hij hier in zijn seminars niet veel over zei. Ik dacht eigenlijk in twee mogelijkheden: preken of niet preken.

Covey legde uit dat in zijn ervaring niemand zin had om naar religieuze preken van hem te luisteren. Waar het ging om geloof en levensovertuiging praktiseerde hij de les 'Eerst begrijpen... dan begrepen worden'. Eerst met respect luisteren naar wat zingeving en spiritualiteit is voor de ander. En dan hopen dat hij ook respectvol naar jou wil luisteren. Ook raadde hij me tijdens ons gesprek over het 'leven van je geloof' aan om niet alleen een deel van mijn geld, maar ook een deel van mijn tijd en werk weg te geven aan doelen die in het verlengde liggen van mijn overtuiging.

Beide adviezen heb ik ter harte genomen en ze hebben mijn leven sinds het gesprek met Covey bijzonder verrijkt. Deze adviezen liggen aan de basis van iedere gezamenlijke zoektocht naar het derde alternatief.

Leiderschap en het derde alternatief

Een van de grote bewegingen in onze maatschappij is dat traditionele kaders decennium na decennium aan macht inboeten. Ze bepalen niet meer ons leven. Kerken, ouders, leraren en bazen zijn niet langer de baas. Steeds meer krijgen we de mogelijkheid om individueel de vormgeving van ons eigen leven te bepalen. Dat vraagt om leiderschap: je eigen richting bepalen en actie ondernemen.

Dat klinkt in eerste instantie aantrekkelijk. Zélf de baas over je eigen leven. Maar een overdreven geloof in 'de maakbaarheid van het individu' wordt door onderzoekers ook aangewezen als een van de oorzaken voor de enorme toename van depressies in de westerse maatschappij. Als succes een keuze is, dan is falen tenslotte je eigen schuld. Leiderschap is daarom ook het onder ogen zien van je werkelijke mogelijkheden en beperkingen als mens.

Leiderschap is allang niet meer iets dat is voorbehouden aan managers. Iedereen zal gedurende zijn leven ontdekken dat hij niet zonder eigen inzichten en vaardigheden op het gebied van leiderschap kan.

Met *Het 3de alternatief* heeft Covey alweer een grote bijdrage geleverd aan de leiderschapsliteratuur. Net als met *De zeven eigenschappen* en *De 8ste eigenschap* laat hij zien een uitdagende visie te hebben op de mens en de maatschappij waarin wij leven. Zijn manier van schrijven nodigt je uit om zijn uitdagende visie ook tot de jouwe te maken. Slechts weinig auteurs kunnen bogen op een zo breed en wereldwijd gedragen erkenning. Alleen daarom al is het lezen en toepassen van dit boek een must voor iedere ouder, echtgenoot, leraar, manager, politicus, advocaat, vakbondsleider en beleidsmaker.

Jan Kuipers: Dit boek stelt de Nederlandse FranklinCovey-organisatie ook voor nieuwe uitdagingen. Uitdagingen in het toepassen van het derde alternatief binnen de eigen organisatie, binnen het samenspel met de klanten en binnen de bijdrage die het bedrijf levert aan de maatschappij.

Persoonlijk ben ik diep onder de indruk van de inzichten in dit boek. Het is verrassend hoe Covey mij, als iemand die dagelijks met zijn werk bezig is, heeft weten te raken met zijn uitwerking van het derde alternatief. Ik hoop, of beter gezegd, ik gun iedere lezer dezelfde inspiratie die ik uit dit boek heb mogen putten.

Veel leesplezier, veel inspiratie en vooral veel derde alternatieven toegewenst. Een echt derde alternatief kenmerkt zich door energie, enthousiasme, plezier en een verdieping van de relatie met de mensen met wie je het gerealiseerd hebt. En wie wil dat nou niet?

Ben Tiggelaar
Jan Kuipers

Hoofdstuk 1
Het omslagpunt

Het leven zit vol problemen: problemen die onoplosbaar lijken, persoonlijke problemen, problemen in de familie, problemen op het werk, in je directe omgeving en in de buitenwereld.

Misschien ben je getrouwd en is je huwelijk fantastisch begonnen, maar kun je elkaar nu amper nog verdragen. Misschien voel je je vervreemd van je ouders, je broers en zusters of je kinderen. Het kan zijn dat je je bedolven voelt onder het werk of in ieder geval niet in balans, omdat je voortdurend probeert meer te doen met minder middelen. Maar misschien heb je, net als veel anderen, wel genoeg van onze tot procederen geneigde samenleving, waarin mensen zo snel een rechtszaak aanspannen dat je niets meer durft te ondernemen. We maken ons zorgen over criminaliteit en wat dat met onze samenleving doet. We zien hoe politici zich op de problemen storten en niets bereiken. We kijken 's avonds naar het nieuws en verliezen de hoop dat er ooit een einde zal komen aan de eeuwigdurende conflicten tussen mensen en landen.

Dus verliezen we de hoop, geven we het op en nemen genoegen met een compromis dat uiteindelijk toch niet zo goed voelt.

Daarom wilde ik dit boek schrijven, dat gaat over een principe dat zo wezenlijk is dat ik geloof dat het niet alleen jouw leven, maar ook de wereld kan veranderen. Het is het hoogste en belangrijkste inzicht dat ik heb opgedaan toen ik onderzoek deed naar mensen die een werkelijk effectief leven leiden. In feite is het de sleutel tot het oplossen van de grootste problemen van het leven.

Iedereen krijgt te maken met tegenslagen en meestal lijden we daar in stilte onder. De meeste mensen ploeteren dapper voort en hopen op een betere toekomst. Voor velen ligt de dreiging maar net onder de oppervlakte. Sommige van die bedreigingen zijn fysiek, sommige zijn psychologisch van aard, maar ze zijn allemaal even reëel.

Als je het principe in dit boek begrijpt en naleeft, overwin je niet alleen je problemen, maar kun je ook verder bouwen aan een toekomst die beter is dan je ooit had kunnen denken. Dit principe heb *ík* niet ontdekt – het is van alle tijden. Maar voor degenen die het gebruiken om hun problemen op te lossen, kan het, zonder overdrijving, wel eens de belangrijkste ontdekking van hun leven zijn.

Mijn boek *De zeven eigenschappen van effectief leiderschap* werkt hier naartoe. Van alle principes in dat boek omschreef ik dit als 'het meest katalytische, versterkende, verenigende en opwindende principe'.

In *De zeven eigenschappen* kon ik alleen in algemene termen op dit principe ingaan, maar ik nodig je nu uit om het samen met mij veel breder en diepgaander te onderzoeken. Als je de moeite neemt om het principe echt te doorgronden, zul je nooit meer op dezelfde manier denken. Je zult zien dat je de grootste uitdagingen van het leven op een geheel nieuwe en oneindig doeltreffender manier aanpakt.

Ik ben blij dat ik de verhalen van die paar zeldzame mensen die dit principe begrijpen met je kan delen. Deze mensen zijn niet alleen probleemoplossers; ze zijn scheppers van de nieuwe toekomst waar we allemaal van dromen. De verhalen die je te lezen krijgt gaan onder andere over:

- een vader die in één verbazingwekkende avond zijn bijna suïcidale dochter redde van jarenlange wanhoop;
- een jonge man in India die – vrijwel kosteloos – het elektriciteitsprobleem van miljoenen arme mensen oploste;
- een politiecommissaris die de jeugdcriminaliteit in een grote Canadese stad met de helft wist terug te brengen;
- een vrouw die de vervuilde New Yorkse haven weer tot leven brengt – ook weer vrijwel kosteloos;
- een man en een vrouw die op een gegeven moment nauwelijks nog met elkaar spraken, maar die nu samen lachen om deze moeilijke fase in hun huwelijk;
- de rechter die de grootste milieurechtszaak in de Amerikaanse geschiedenis tot een snel en vreedzaam einde bracht – zonder ook maar een voet in de rechtszaal te zetten;
- het hoofd van een zwarte middelbare school dat het slagingspercentage van zijn leerlingen wist te verhogen van een magere 30 procent naar maar liefst 90 procent en die de basisvaardigheden van zijn leerlingen verdrievoudigde – zonder een cent extra uit te geven;
- een alleenstaande moeder en haar puberzoon, die de bittere confrontaties achter zich lieten en nu weer met begrip en genegenheid met elkaar omgaan;
- een arts die vrijwel al zijn patiënten geneest van een dodelijke ziekte tegen een fractie van de prijs die andere artsen berekenen;
- het team dat Times Square omtoverde van een poel van verderf en geweld tot de grootste toeristische attractie van Noord-Amerika.

Ik wil hierbij benadrukken dat deze mensen geen van allen grote sterren zijn met veel geld en invloed. De meesten van hen zijn gewone mensen, die succes hebben omdat ze dit ultieme principe toepassen op hun grootste problemen.

Ik hoor je al denken: ik probeer helemaal niets heroïsch te doen zoals deze mensen. Ik heb mijn eigen problemen en voor mij zijn die groot genoeg. Ik ben moe en ik wil alleen maar een oplossing vinden die werkt. Maar geloof me, er staat niets in dit boek wat niet *zowel* globaal *als* persoonlijk is. Het principe is evengoed van toepassing op een alleenstaande moeder die haar best doet om een rusteloze puber op te voeden als op een land dat probeert een oorlog te beëindigen.

Je kunt dit principe toepassen op:

- een ernstig conflict op je werk met je baas of met collega's;
- een huwelijk waarin sprake is van 'onoverbrugbare verschillen';
- een conflict met de school van je kind;
- een situatie die je in financiële problemen heeft gebracht;
- een cruciale beslissing die je over je baan moet nemen;
- een strijd over een probleem in je buurt of je omgeving;
- familieleden die voortdurend ruzie maken – of helemaal niet meer met elkaar praten;
- een gewichtsprobleem;
- een baan waar je geen voldoening uit haalt;
- een kind dat zijn weg niet kan vinden in het leven;
- een ingewikkeld probleem dat je moet oplossen voor een klant;
- een probleem dat je mogelijk voor de rechter brengt.

Ik heb de afgelopen veertig jaar letterlijk honderdduizenden mensen het onderliggende principe van dit boek bijgebracht. Ik heb het onderwezen aan jonge schoolkinderen, aan zalen vol ceo's, aan studenten, aan staatshoofden van zo'n dertig landen en aan alles wat daartussen zit. Ik heb ze allemaal op vrijwel dezelfde manier benaderd. Ik heb dit boek geschreven vanuit het idee dat het evengoed gebruikt moet kunnen worden op een speelplaats als op een slagveld, in een directiekamer, een rechtszaal of aan de keukentafel.

Ik ben lid van een wereldwijde groep leiders die probeert een betere relatie te bewerkstelligen tussen het Westen en de islamitische gemeenschap. Tot deze groep behoren verder een voormalige minister van Buitenlandse Zaken van de vs, prominente imams en rabbijnen, wereldwijde zakelijk leiders en deskundigen op het gebied van conflictbeheersing. Tijdens onze eerste bijeenkomst werd duidelijk dat iedereen zijn eigen agenda had. Het was allemaal nogal formeel en koeltjes; je kon de spanning gewoon voelen. Dat was op een zondag.

Ik vroeg de groepsleden toestemming om hun één principe te leren voordat we verder zouden gaan, en ze stemden daar beleefd mee in. Dus leerde ik ze de boodschap uit dit boek. Al op dinsdagavond was de sfeer volledig veranderd. De privéagenda's waren opgeborgen. We waren tot een opwindend resultaat gekomen dat we nooit hadden voorzien. De mensen in de kamer waren vervuld van respect en liefde voor elkaar – je kon het zien en je kon het voelen. De voormalige minister van Buitenlandse Zaken fluisterde me toe: 'Zoiets sterks heb ik nog nooit gezien. Wat je hier voor elkaar hebt gekregen zou een revolutie in de internationale diplomatie kunnen betekenen.' Later meer hierover.

Zoals ik zei, je hoeft geen diplomaat op het wereldtoneel te zijn om dit principe toe te passen op je eigen uitdagingen. We hebben recent een enquête gehouden onder mensen van over de hele wereld om erachter te komen wat hun grootste uitdagingen waren: persoonlijk, op het werk en in de buitenwereld. Het was geen representatieve steekproef – we wilden alleen horen wat verschillende mensen te zeggen hadden. De 7834 mensen die reageerden waren afkomstig van alle continenten en van alle mogelijke niveaus van allerlei organisaties.

- **In hun privéleven.** De grootste uitdaging op persoonlijk vlak is de druk van overwerk, gekoppeld aan onbevredigend werk. Velen hebben relatieproblemen. Een middenmanager ergens uit Europa schrijft: 'Ik raak gestrest, voel me opgebrand en heb geen tijd en energie om dingen voor mezelf te doen.' Iemand anders zegt: 'Het gaat niet goed met mijn gezin en daardoor raakt al het andere uit balans.'
- **Op het werk.** Natuurlijk liggen de grootste zorgen van mensen ten aanzien van werk altijd op het gebied van te weinig kapitaal en winst. Maar veel mensen zijn ook bang dat ze terrein verliezen op het mondiale speelveld: 'We zijn blijven steken in onze honderdjarige traditie... We worden met de dag overbodiger... Er wordt te weinig gebruikgemaakt van creativiteit en ondernemingszin.' Een topmanager uit Afrika schreef: 'Ik werkte voor een internationaal bedrijf, maar ik heb vorig jaar ontslag genomen. Ik ben weggegaan omdat ik de zin van wat ik deed niet meer inzag.'
- **In de wereld.** Volgens onze respondenten zijn de drie belangrijkste uitdagingen waar we als mensheid voor staan: oorlog en terrorisme, armoede en de gestage vernietiging van het milieu. Een middenmanager uit Azië slaat een bijna smekende toon aan: 'Ons land behoort tot de armste van dit werelddeel. Dit is een wanhoopskreet vanuit een land waar het merendeel van de bevolking in armoede leeft. Er is een banentekort, slecht onderwijs, nauwelijks infrastructuur, een enorme schuldenlast, slecht bestuur en corruptie is alomtegenwoordig.'[1]

Dit is slechts een vluchtige blik op de situatie van onze vrienden en buren. De volgende keer noemen ze misschien andere uitdagingen, maar ik vermoed dat we slechts variaties op dezelfde pijn zullen zien.

Door de toenemende druk waaraan we blootgesteld zijn, raken we steeds meer met elkaar in gevecht. De twintigste eeuw was een eeuw van onpersoonlijke oorlogsvoering, maar de eenentwintigste eeuw lijkt een eeuw van persoonlijke kwaadaardigheid te worden. De woedebarometer loopt flink op. Families maken ruzies, collega's bestrijden elkaar, cyberpestkoppen terroriseren het internet, rechtbanken draaien overuren en fanatici doden onschuldigen. Neerbuigende commentatoren bevolken de media – hoe onbesuisder hun aanvallen, hoe meer geld ze verdienen. Die groeiende rivaliteit kan ons ziek maken. 'Ik ben diep verontrust over de manier waarop onze culturen de ander demoniseren... De ergste episoden in de geschiedenis van de mensheid zijn zo begonnen, met een negatieve wij-tegen-de-restmentaliteit waarna ze ten slotte tot gewelddadig extremisme vervallen', zegt welzijnsdeskundige Elizabeth Lesser.[2] We weten maar al te goed waar dit soort dingen toe leidt.

Hoe moeten we dan onze meest verscheurende conflicten en onze grootste problemen oplossen?

- Gaan we op oorlogspad, vastbesloten dat *wij* het niet meer pikken en dat *zij* het moeten ontgelden?
- Spelen we het slachtoffer en wachten we hulpeloos af tot iemand ons komt redden?
- Kiezen we voor positief denken tot het uiterste, en glijden we weg in een aangename toestand van ontkenning?
- Wachten we stoïcijns af, zonder hoop dat de dingen ooit beter zullen worden? Geloven we diep van binnen dat ieder recept voor verbetering hoe dan ook een placebo is?
- Blijven we voortploeteren, zoals de meeste mensen van goede wil, en blijven we doen wat we altijd al hebben gedaan, met een sprankje hoop dat het *op de een of andere manier* ooit beter zal worden?

Welke aanpak van onze problemen we ook hanteren, het zal consequenties hebben. Oorlog leidt tot meer oorlog, slachtoffers worden afhankelijk, de realiteit verplettert mensen die in ontkenning leven, cynici dragen niets bij. En als we blijven doen wat we altijd al hebben gedaan, in de hoop dat dat deze keer andere resultaten zal hebben, zien we de realiteit niet onder ogen. Albert Einstein heeft ooit gezegd: 'De grote problemen waar we mee kampen, kunnen niet met dezelfde denkwijze worden opgelost als waarmee we ze hebben veroorzaakt.'

Om onze grootste problemen op te lossen, moeten we ons denken drastisch veranderen – en daar gaat dit boek over.

Tijdens het lezen zul je het gevoel krijgen dat je je op een overgangspunt bevindt tussen je verleden, wat dat ook geweest is, en een toekomst die je je tot nu toe niet had kunnen voorstellen. Je zult een talent voor verandering bij jezelf ontdekken. Je zult op een volslagen revolutionaire manier over je problemen gaan denken. Je zult nieuwe mentale reflexen ontwikkelen die je over obstakels helpen die voor anderen onoverkomelijk lijken.

Vanaf dat overgangspunt kun je een nieuwe toekomst voor jezelf zien – en de jaren die voor je liggen zullen misschien helemaal niet zijn zoals je verwacht had. In plaats van weifelend een onvermijdelijke toekomst van afnemende vermogens en toenemende problemen binnen te gaan, kun je nu je verlangen naar een leven 'in crescendo' vervullen, een leven dat altijd nieuw en zinvol is en dat gekenmerkt wordt door buitengewone bijdragen – tot op het allerlaatste moment.

Door je leven opnieuw te centreren rondom het principe van dit boek, zul je een verbazingwekkende weg naar die toekomst vinden.

Hoofdstuk 2

Het derde alternatief: het principe, paradigma en proces van synergie

Er is een weg die leidt tot de oplossing van de meest uitdagende problemen, zelfs als die onoplosbaar lijken. Er is een weg die dwars door vrijwel alle dilemma's van het leven en de diepe verdeeldheid heen loopt. Er is een weg voorwaarts. Het is niet jouw weg en het is niet mijn weg, het is een hogere weg. Het is een betere weg dan iemand ooit eerder heeft kunnen bedenken.

Ik noem dit de derde weg of het derde alternatief.

De meeste conflicten hebben twee kanten. We zijn gewend om te denken in termen van 'mijn team' tegen 'jullie team'. Mijn team is goed; jullie team is slecht, of in ieder geval 'minder goed'. Mijn team heeft het bij het juiste eind; jouw team heeft het mis. Mijn motieven zijn zuiver; die van jou zijn op zijn minst wisselend. Het is mijn partij, mijn team, mijn land, mijn kind, mijn bedrijf, mijn mening, mijn kant tegen de jouwe. In al deze gevallen zijn er twee mogelijkheden.

Bijna iedereen kan zich wel met de ene of de andere mogelijkheid identificeren. Daarom hebben we links tegen rechts, republikeinen tegen democraten, werknemers tegen managers, juristen tegen juristen, kinderen tegen ouders, de Tories tegen Labour, leraren tegen schoolbesturen, colleges tegen gemeentes, het platteland tegen de stad, milieuactivisten tegen projectontwikkelaars, wit tegen zwart, religie tegen wetenschap, kopers tegen verkopers, aanklagers tegen beklaagden, opkomende landen tegen ontwikkelde landen, echtgenoten tegen echtgenotes, socialisten tegen kapitalisten, en gelovigen tegen niet-gelovigen. Het is de reden waarom we racisme en vooroordelen hebben.

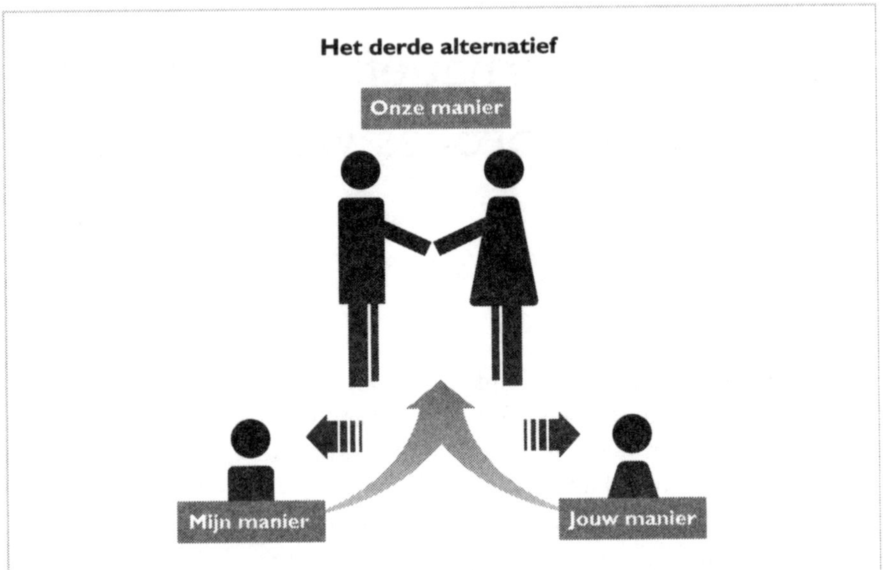

Het derde alternatief. De meeste conflicten hebben twee kanten. Het eerste alternatief is mijn manier, het tweede alternatief is jouw manier. Door synergie te bedrijven kunnen we tot een derde alternatief komen: onze manier, een betere en effectievere manier om het conflict op te lossen.

Elk van deze twee alternatieven is diep geworteld in een bepaalde manier van denken. De manier van denken van de milieuactivist wordt bijvoorbeeld bepaald door zijn waardering voor de delicate schoonheid en het fragiele evenwicht van de natuur. De denkwijze van de projectontwikkelaar wordt gevormd door het verlangen een gemeenschap te zien groeien en economische mogelijkheden uit te breiden. Beide kanten zien zichzelf meestal als deugdzaam en de ander als verstoken van deugden of gezond verstand.

De diepe wortels van iemands denkwijze zijn nauw verweven met zijn of haar identiteit. Als ik zeg dat ik een milieuactivist ben of een conservatief of een leraar, dan beschrijf ik meer dan wat ik geloof en belangrijk vind – ik beschrijf *wie ik ben*. Als je mijn kant dus aanvalt, val je mij en mijn zelfbeeld aan. In hun uiterste vorm kunnen identiteitsconflicten uitgroeien tot oorlogsvoering.

Als je ziet hoe diep dit idee van twee kampen is ingebed in het denken van zoveel mensen, hoe kunnen we daar dan ooit uitkomen? Meestal lukt dat niet. We blijven vechten of we gaan voor een wankel compromis. Daarom krijgen we te maken met zoveel frustrerende impasses. Het probleem zit hem echter niet zozeer in de verdiensten van de 'kampen' waar we bij horen, maar in onze *denkwijze*. Het werkelijke probleem zit hem in onze paradigma's.

Het woord 'paradigma' betekent een denkpatroon of -model dat van invloed is op ons gedrag. Het is een soort landkaart die ons helpt besluiten welke kant we op gaan. De kaart die we *zien* bepaalt wat we *doen* en wat we *doen* bepaalt welke resultaten we *krijgen*. Als we van paradigma veranderen, veranderen ook ons gedrag en onze resultaten.

Zien-doen-krijgen

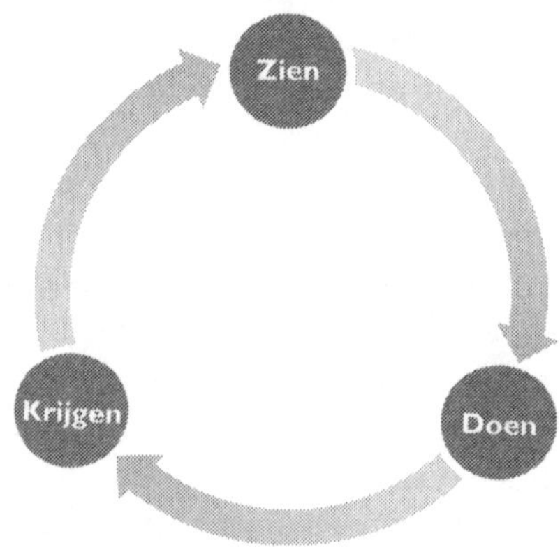

Zien-doen-krijgen. Onze paradigma's zijn bepalend voor ons gedrag, dat op zijn beurt bepalend is voor de consequenties van onze acties. We KRIJGEN resultaten op basis van wat we DOEN, en wat we DOEN hangt af van hoe we de wereld om ons heen ZIEN.

Toen de tomaat bijvoorbeeld voor het eerst vanuit Zuid-Amerika werd meegebracht naar Europa, herkende een Franse botanist deze plant als de gevreesde 'wolfsperzik' waarover de geleerden uit de oudheid spraken. Het eten van tomaten zou jeuk veroorzaken, een schuimende mond en uiteindelijk de dood, zo waarschuwde hij. De eerste Europese kolonisten in Zuid-Amerika raakten de planten niet aan, maar zetten ze wel als sierplant in hun tuin. Tegelijkertijd werd scheurbuik, een van de gevaarlijkste ziekten waar de kolonisten mee te maken hadden, veroorzaakt door een gebrek aan vitamine C – dat in ruime mate in tomaten te vinden is. De oplossing stond in hun tuin, maar de kolonisten stierven als gevolg van een foutief paradigma. Na zo'n honderd jaar veranderde het paradigma doordat nieuwe informatie beschikbaar kwam. De Italianen en de Spanjaarden begonnen tomaten te eten. De Amerikaanse president Thomas Jefferson prees het gebruik van tomaten als voedsel aan. Nu is de tomaat de populairste groente. Nu *zien* we tomaten als gezond, *eten* we ze en *worden* we gezond. Dat is wat een paradigmaverschuiving teweeg kan brengen.

Als ik een milieuactivist ben, en mijn paradigma, of mentale kaart, laat alleen een prachtig ongeschonden bos zien, dan zal ik dat willen behouden. Als de ontwikkelaar een mentale kaart heeft waarop alleen ondergrondse olievoorraden te zien zijn, zal hij naar olie willen boren.

Beide paradigma's kunnen kloppen. Ja, er staat een ongerept bos op dat stuk land, maar de olievoorraden zijn er ook. Het probleem is dat geen van beide kaarten *volledig* is – en dat ook nooit kan zijn. Gebleken is dat het blad van de tomatenplant giftig is, dus het negatieve paradigma ten aanzien van tomaten was ten dele juist. Hoewel sommige mentale kaarten vollediger zijn dan andere, is geen enkele kaart ooit helemaal volledig, omdat de kaart niet het terrein zelf is. Zoals D.H. Lawrence zei: 'Iedere halve waarheid brengt uiteindelijk haar eigen contradictie voort in de vorm van de tegenovergestelde halve waarheid.'

Als ik alleen de mentale kaart van het eerste alternatief zie – mijn eigen onvolledige kaart – is de enige manier om dat op te lossen jou over te halen om je paradigma te veranderen of je te dwingen mijn alternatief te accepteren. Dat is de enige manier om mijn zelfbeeld intact te houden: ik moet winnen en jij moet verliezen.

Als ik daarentegen mijn eigen kaart weggooi en de jouwe volg – het tweede alternatief – dan doet zich hetzelfde probleem voor. Jij kunt evenmin garanderen dat je mentale kaart volledig is; het zou dus kunnen dat ik een vreselijke prijs moet betalen omdat ik me naar jouw kaart voeg. Jij zou kunnen winnen en ik zou kunnen verliezen.

We zouden onze kaarten kunnen combineren; dat helpt. We zouden dan een completere kaart hebben die rekening houdt met beide perspectieven. Ik zou jouw perspectief begrijpen en jij zou het mijne begrijpen. Dat is een verbetering. Toch blijven we vaak met onverenigbare doelen zitten. Ik wil nog altijd niet dat het bos wordt gekapt, en jij wilt nog altijd naar olie boren in het bos. Mijn toegenomen inzicht in jouw kaart kan ertoe leiden dat ik je nog harder ga bestrijden.

Maar dan kunnen we een opwindende stap zetten. Ik zeg tegen je: 'Misschien kunnen we een oplossing zoeken die beter is dan een van ons nu in gedachten heeft. *Zou je bereid zijn om met mij op zoek te gaan naar een derde alternatief waar we nog niet aan hebben gedacht?'* Vrijwel niemand stelt ooit die vraag, en toch is hij cruciaal, niet alleen om conflicten op te lossen maar ook om de toekomst te transformeren.

Het principe van synergie

We komen op het derde alternatief via een proces dat we synergie noemen. Synergie is wat er gebeurt als één plus één tien is of honderd of duizend! Het is het verbluffende resultaat dat je krijgt als twee mensen die elkaar respecteren hun vooringenomen ideeën terzijde schuiven om een grote uitdaging aan te gaan. Het gaat om de passie, de energie, de intelligentie en de opwinding die komen kijken bij het scheppen van een nieuwe werkelijkheid die beter is dan de oude.

Synergie is iets anders dan compromis. Bij een compromis is één plus één in het gunstigste geval anderhalf. Iedereen levert iets in. Synergie is meer dan een conflict oplossen. Als we synergie creëren, *overstijgen* we het conflict. We gaan verder, naar iets nieuws, iets wat nieuwe beloftes met zich meebrengt, iets wat mensen enthousiasmeert en de toekomst transformeert. Synergie is beter dan mijn weg *of* jouw weg. Het is onze weg.

Synergie is een idee dat vrijwel niemand direct begrijpt. Eén reden hiervoor is dat het gedevalueerd is door wijdverspreid misbruik. In het bedrijfsleven wordt 'synergie' vaak cynisch gebruikt als een verzachtende term voor een fusie of overname die uitsluitend plaatsvindt om de aandelenkoers van een bedrijf op te drijven. Als je iemand met zijn ogen wilt zien rollen, moet je het woord 'synergie' gebruiken, heb ik ervaren.

Dit komt doordat veel mensen nooit ook maar de geringste hoeveelheid synergie hebben ervaren. En als ze het woord al ooit horen, dan is dat vaak uit de mond van manipulatieve types die het idee geweld aandoen. Of, zoals een vriend van mij ooit zei: 'Als ik het woord synergie hoor uit de mond van iemand in een pak, dan weet ik dat mijn pensioenfonds gevaar loopt.' Mensen vertrouwen het woord niet. Dankzij hun leiders heeft het een defensieve bijklank gekregen. Praatjes over 'creatieve, samenwerkingsgerichte synergie' worden geïnterpreteerd als geheimtaal voor 'We hebben een nieuwe manier gevonden om jullie uit te buiten'. En defensieve mensen zijn creatief noch coöperatief.

Toch is synergie een wonder. Het is overal om ons heen. Het is een fundamenteel principe dat in de hele natuur werkzaam is. Mammoetbomen verstrengelen hun wortels om de wind te kunnen weerstaan en tot onvoorstelbare hoogte te groeien. Groene algen en schimmels verenigen zich tot korstmos, koloniseren kale rotsen en gedijen waar niets anders groeit. Vogels in V-formatie kunnen bijna twee keer zo ver vliegen als een vogel alleen; dit komt door de opwaartse stroming die ze met hun gezamenlijke vleugels veroorzaken. Als je twee blokken hout samenvoegt, kunnen ze exponentieel meer gewicht dragen dan ieder blok op zich. Kleine deeltjes in een waterdruppel werken samen om sneeuwvlokken te creëren die volledig uniek zijn. In al deze gevallen is het geheel groter dan de som der delen.

Synergie

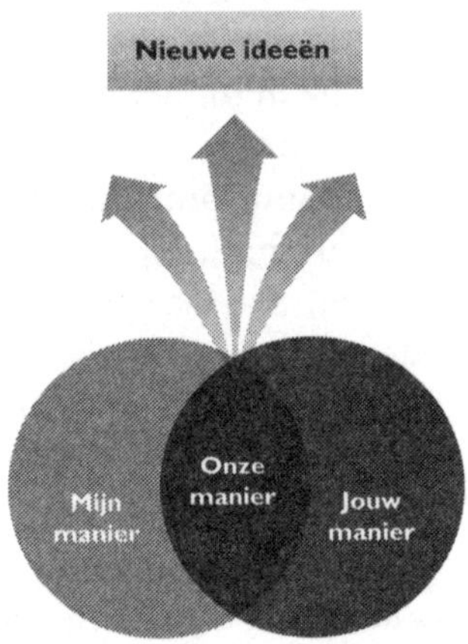

Synergie. Het natuurlijke principe dat het geheel groter is dan de som der delen. In plaats van voor jouw weg of mijn weg te kiezen, slaan we de weg in van synergie om tot betere en productievere resultaten te komen. Jij en ik samen zijn tot veel grotere dingen in staat dan ieder alleen.

Eén plus één is twee, behalve in synergetische situaties. Een staaf ijzer waarop een kracht wordt uitgeoefend van 60.000 PSI (413.685,3 N/m^2) zal breken. Een staaf chroom van dezelfde omvang breekt bij ongeveer 70.000 PSI. Een staaf nikkel breekt bij ongeveer 80.000 PSI. Als je dat allemaal bij elkaar optelt, kom je uit op 210.000 PSI. Dus als ik ijzer, chroom en nikkel samenvoeg, kan dat 210.000 PSI hebben, zou je denken.

Nee dus. Als je ijzer, chroom en nikkel in bepaalde verhoudingen samenvoegt tot een staaf, kan die een druk van 300.000 PSI aan. Als je 210.000 PSI aftrekt van 300.000 PSI, dan houd je 90.000 PSI aan kracht over die uit het niets lijkt te komen. De metalen zijn samen 43 procent sterker dan ze los van elkaar zijn. Dat is synergie.[1]

Deze extra kracht maakt het mogelijk om straalmotoren te gebruiken. De enorme hitte en druk van een straalmotor zouden een zwakker metaal doen smelten. Maar de combinatie van chroom, nikkel en staal kan veel hogere temperaturen aan dan gewoon staal.

Dit synergieprincipe geldt ook voor mensen. Ze kunnen samen dingen doen die niemand op basis van hun individuele kwaliteiten zou voorspellen.

Muziek is een prachtig voorbeeld van menselijke synergie. Ritmes, melodieën, harmonieën en individuele stijlen vormen samen nieuwe structuren, overvloed en muzikale diepgang. Volgens musicologen was muziek lange tijd een kunst van improvisatie; mensen die gewoon samen speelden of zongen wat op dat moment te pas kwam. Muziek opschrijven in een vaste vorm is een recent verschijnsel. Ook nu nog is de aantrekkelijkste muziek, zoals jazz, vaak geïmproviseerd.

Een muzikaal akkoord bestaat uit verschillende noten die tegelijkertijd worden gespeeld. De noten verliezen hun individuele karakter niet, maar creëren samen een synergie – harmonie – die afzonderlijke noten niet kunnen voortbrengen. Net als noten in de muziek verliezen synergetische mensen hun identiteit niet; ze combineren hun krachten met de krachten van anderen om een resultaat tot stand te brengen dat veel beter is dan ieder van hen alleen had kunnen bereiken.

In de sport heet dat chemie. Goede sportteams beschikken over het soort synergie of chemie waarmee ze andere teams kunnen verslaan, als die bestaan uit uitslovers met meer talent maar zonder synergie. De prestaties van een goed team overstijgen de som van de individuele vaardigheden van de spelers.

Het beste voorbeeld van menselijke synergie is natuurlijk het gezin. Ieder kind is een 'derde alternatief', een opzichzelfstaand mens met een combinatie van eigenschappen die nooit eerder heeft bestaan en nooit meer zal bestaan. Die eigenschappen kunnen niet worden voorspeld door de eigenschappen van beide ouders bij elkaar op te tellen. De specifieke combinatie van menselijke talenten in dat kind is uniek in het hele universum, en zijn of haar creatief potentieel is exponentieel groot. De grote cellist en pedagoog Pablo Casals zei ooit: 'Een kind moet weten dat hij een wonder is, dat er sinds het begin der tijden geen kind is geweest zoals hij en dat er tot het einde der tijden ook geen kind meer zal zijn zoals hij.'

Synergie is de ware essentie van het gezin. Ieder gezinslid heeft zijn eigen inbreng in het geheel. Wat er gebeurt als een kind naar zijn moeder glimlacht, is meer dan alleen symbiose – meer dan samen onder één dak leven en van elkaar profiteren. Zoals mijn vriend Colin Hall zegt: synergie zou wel eens een ander woord voor liefde kunnen zijn.

Voorbeelden zoals deze illustreren het vermogen van synergie om de wereld te veranderen. Maar het kan ook je werk en je leven veranderen.

Zonder synergie zal je werk stagneren. Je zult niet groeien en je zult niet beter worden in wat je doet. De concurrentie in de markt en de technologische veranderingen zijn zodanig toegenomen dat je zonder een instelling van positieve synergie wel eens snel achterhaald zou kunnen zijn in je markt. Zonder synergie geen groei. Je raakt verstrikt in een vicieuze cirkel van prijsverlagingen totdat er niets meer van je bedrijf over is. Als je daarentegen een instelling van positieve synergie ontwikkelt, kun je eeuwig in de voorhoede blijven, in een virtueuze opwaartse spiraal naar meer groei en invloed.

Er bestaat ook zoiets als negatieve synergie. Dit gebeurt als de vicieuze cirkel wordt versneld door bijkomende factoren. Zo veroorzaakt roken longkanker. Asbest is ook een oorzaak van longkanker. Als je rookt en asbest inademt, is de kans dat je longkanker krijgt meer dan twee keer zo groot. Als je je niet bewust met positieve synergie bezighoudt, zou je wel eens ten prooi kunnen vallen aan negatieve synergie.

Positieve synergie is geen stapsgewijs proces. Je kunt een product beter maken door middel van een gestaag en continu verbeteringsproces, maar zo zul je waarschijnlijk geen nieuw product uitvinden. Synergie is niet alleen het antwoord op menselijke conflicten, het is ook het principe dat ten grondslag ligt aan alles wat echt nieuw is in de wereld. Het is de sleutel tot een spectaculaire vooruitgang in productiviteit. Het is de sturende mentale kracht achter alle echte creativiteit.

De volgende voorbeelden – op nationaal, persoonlijk en organisatieniveau – laten zien hoe synergie de regels van het spel heeft veranderd.

Creatieve geweldloosheid

Toen ik Arun Gandhi ontmoette, de kleinzoon van de legendarische Mahatma Gandhi, vertelde hij me hoe hij het leven van zijn grootvader zag:

> *Ironisch genoeg hadden we misschien nooit een Gandhi gehad als er geen racisme en vooroordelen waren geweest. Snap je, het was de uitdaging, het conflict. Anders was hij wellicht een van de vele succesvolle advocaten geweest die veel geld verdienden. Maar vanwege de vooroordelen in Zuid-Afrika werd hij nog geen week na zijn aankomst in het land al slachtoffer van vernederingen. Hij werd vanwege zijn huidskleur uit een trein gezet. En daardoor voelde hij zich zo vernederd dat hij de hele nacht op het perron bleef zitten, zich afvragend wat hij kon doen om zijn recht te halen. Zijn eerste reactie was boosheid. Hij was zo boos dat hij oog om oog wilde. Hij wilde gewelddadig reageren op de mensen die hem hadden vernederd. Maar hij beheerste zich en zei tegen zichzelf: 'Dat is niet goed.' Dat zou het niet rechtvaardiger maken. Het zou hem misschien even een goed gevoel geven, maar het zou zijn rechtsgevoel niet bevredigen. Het zou de cirkel van het conflict alleen maar bestendigen.*

Vanaf dat moment ontwikkelde hij de filosofie van geweldloosheid en bracht die in praktijk, zowel in zijn privéleven als in zijn zoektocht naar rechtvaardigheid in Zuid-Afrika. Uiteindelijk bleef hij 22 jaar in dat land. En toen vertrok hij om leiding te geven aan de beweging in India. En die beweging mondde uit in de onafhankelijkheid van dat land, iets wat niemand ooit voor mogelijk had gehouden.[2]

Gandhi is een van mijn helden. Hij was niet perfect en hij verwezenlijkte niet al zijn doelen. Maar hij leerde synergie creëren in zichzelf. Hij bedacht een derde alternatief: *creatieve geweldloosheid.* Hij oversteeg het denken in twee mogelijkheden. Hij vocht niet en hij vluchtte niet. Dat is wat dieren doen; in moeilijke situaties vechten ze of vluchten ze. Dat is ook wat mensen met een twee-alternatievenmentaliteit doen. Ze vechten of ze vluchten. Gandhi veranderde de levens van meer dan driehonderd miljoen mensen door gebruik te maken van synergie. Momenteel wonen er meer dan een miljard mensen in India. Het is een fantastische plek. Je voelt er meteen de energie, de economische en spirituele kracht van dat geweldige, onafhankelijke volk.

De muziekles

Toen haar kleine dochter met haar vioolkoffer onder haar arm uit school kwam, zag een vrouw, die ik Nadia zal noemen, dat ze gehuild had. Het achtjarige meisje snikte tegen haar moeder dat ze van haar juf geen muziek meer mochten maken op school. Die avond werd Nadia, die zelf een geschoold violiste was, bozer en bozer – ze kon niet slapen en zag nog steeds het teleurgestelde gezichtje van haar dochter voor zich. Zorgvuldig bedacht ze de tirade die ze voor de onderwijzeres zou afsteken.

Maar de volgende ochtend dacht Nadia er anders over en ze besloot eerst eens precies uit te zoeken wat er op school aan de hand was voordat ze in de aanval zou gaan. Ze ging vroeg naar school om de onderwijzeres voor de les te kunnen spreken. 'Mijn dochter is dol op haar viool', zei ze. 'Ik vraag me af wat er gebeurd is dat kinderen niet langer op school kunnen oefenen.' Tot haar verrassing begon de onderwijzeres te huilen. 'Er is geen tijd meer voor muziek', legde ze uit. 'We moeten al onze tijd besteden aan basisvakken, zoals lezen en rekenen.' Het was een verordening van het ministerie.

Even overwoog Nadia haar pijlen te richten op de overheid, maar toen zei ze: 'Er moet toch een manier zijn om de kinderen *zowel* de basisvakken *als* muziek te leren?' De onderwijzeres dacht even na. 'Muziek is natuurlijk rekenen.' Toen kwam Nadia op een lumineus idee. Als ze nu eens de basisvakken konden onderwijzen *door middel van* muziek? Ze staarde de onderwijzeres aan en ze begonnen allebei te lachen omdat ze op hetzelfde moment dezelfde gedachte hadden. De stroom van ideeën die daarop volgde was bijna magisch.

Al snel bracht Nadia als vrijwilliger zoveel mogelijk tijd in de klas van haar dochter door. Zij en de leerkracht onderwezen samen alle vakken met gebruikmaking van muziek. De leerlingen leerden breuken, niet alleen met getallen, maar ook met muzieknoten (twee achtste noten vormen één kwartnoot). Gedichten voorlezen werd veel gemakkelijker als de leerlingen ze mochten zingen. Geschiedenis kwam tot leven toen de kinderen de grote componisten en hun tijd bestudeerden en hun muziek speelden. Ze leerden zelfs iets van vreemde talen door volksliedjes uit andere landen te zingen.

De synergie tussen de muzikale moeder en de onderwijzeres was net zo belangrijk als de synergie tussen muziek en de basisvakken. De leerlingen leerden beide – in hoog tempo. Al snel wilden ook andere onderwijzers en ouders deze methode gebruiken. Na verloop van tijd raakte zelfs de overheid geïnteresseerd in dit derde alternatief.

Total quality

Toen managementprofessor W. Edwards Deming Amerikaanse industriëlen in de jaren veertig van de vorige eeuw wilde overtuigen van de noodzaak de kwaliteit van hun producten te verbeteren, kozen ze er in plaats daarvan voor om te bezuinigen op onderzoek en ontwikkeling en zich te richten op kortetermijnwinsten. Dit is een twee-alternatievenmentaliteit: je kunt hoge kwaliteit hebben of je kunt lage kosten hebben, maar niet beide. Iedereen wist dat. In Amerika zorgde de roep om kortetermijnwinsten voor voortdurende druk op producenten om op kwaliteit te bezuinigen, en zo ontstond een vicieuze cirkel. Er groeide een mentaliteit van: *Waar kunnen we mee wegkomen? Hoe gebrekkig kunnen we dit product maken voordat de klant in opstand komt?*

Deming werd in Amerika niet serieus genomen en vertrok naar Japan. Hij leerde mensen dat er in ieder fabricageproces fouten sluipen, en dat die fouten ten koste zullen gaan van het aantal klanten; daarom moet het doel van productie voortdurende terugdringing van het foutenpercentage zijn. Japanse industriëlen combineerden Demings idee met hun eigen *kanban*-filosofie die de zeggenschap over de productie in handen van de werknemers legt. Kanban betekent 'markt'; werknemers kunnen op de fabrieksvloer onderdelen uitkiezen zoals winkelend publiek dat doet in een supermarkt. Er is voortdurend druk om betere onderdelen te produceren. Het resultaat van deze combinatie van ideeën was iets geheel nieuws: een alternatieve, derde weg: 'Total Quality Management'. Het doel hiervan was voortdurend de kwaliteit te verbeteren en tegelijkertijd de kosten te verlagen. Er ontstond een mentaliteit van: *Hoe kunnen we dit product verbeteren?*

Ondertussen kostte het Amerikaanse fabrikanten, geplaagd door hun twee-alternatievenmentaliteit, moeite om te concurreren met Japanse auto's en elektronica, die steeds betrouwbaarder en betaalbaarder werden. Op de lange duur had deze vicieuze cirkel een ondermijnend effect op de Amerikaanse zware industrie.

Een twee-alternatievenmentaliteit

Deze voorbeelden tonen aan dat er zonder derde-alternatiefmentaliteit geen synergie kan plaatsvinden. Mensen met een twee-alternatievenmentaliteit ten aanzien van een bepaald onderwerp kunnen geen synergie bewerkstelligen zolang ze niet toegeven dat synergie zelfs maar mogelijk is. Twee-alternatievendenkers zien alleen concurrentie, geen samenwerking; het is altijd 'wij tegen de rest'. Mensen met een twee-alternatievenmentaliteit zien alleen valse dilemma's; het is altijd 'het gebeurt op mijn manier of het gebeurt niet'. Tweede-wegdenkers lijden aan een soort kleurenblindheid; ze zien alleen blauw of geel, nooit groen.

De twee-alternatievenmentaliteit is alomtegenwoordig. De meest extreme manifestatie ervan is oorlog, maar afgezien daarvan betekent het betrokken zijn bij een heftig debat. We zien het bij progressieve politici die hun oren dichthouden als er een conservatief aan het woord is, en andersom. We zien het als bazen de langetermijnbelangen van het bedrijf verkwanselen voor kortetermijnwinst, maar ook bij degenen die erop hameren dat ze 'langetermijnvisionairs' zijn terwijl het bedrijf voor hun ogen in elkaar stort omdat zij weigeren op korte termijn te denken. We zien het bij de godsdienstige man of vrouw die de wetenschap verwerpt en bij de wetenschapper die het belang van religie niet inziet. (In een universiteit in Londen lunchen wetenschappers niet in de eetzaal van de faculteit als er theologen aanwezig zijn!)

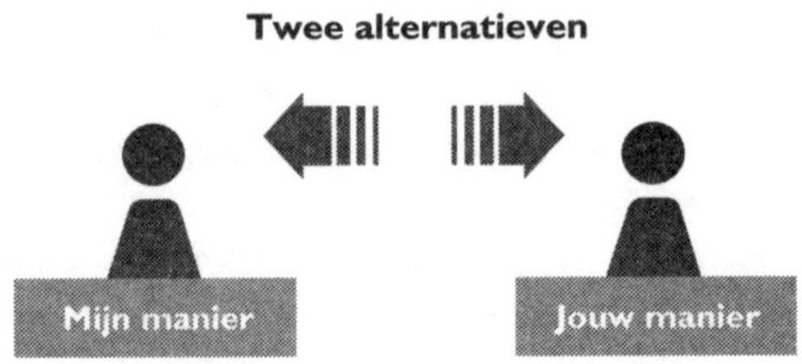

Twee alternatieven. In een conflict zijn we gewend te denken in termen van 'mijn manier' of 'jouw manier'. Mensen met een synergetische mentaliteit kiezen voor beide kanten of laten deze beperkte manier van denken eenvoudigweg achter zich om te komen tot een oplossing in de geest van het derde alternatief.

Mensen met een twee-alternatievenmentaliteit zien anderen vaak niet als individuen – ze zien alleen hun ideologieën. Ze hechten geen waarde aan verschillende standpunten, dus proberen ze die niet te begrijpen. Ze tonen voor de show misschien nog iets van respect, maar ze willen niet echt luisteren; ze willen manipuleren. Ze zijn altijd in de aanval omdat ze onzeker zijn: hun territorium, hun zelfbeeld, hun hele identiteit staat op het spel. Hun strategie bij het omgaan met verschillen is 'zoek en vernietig'. Voor deze mensen is één plus één nul of minder. In een dergelijke omgeving is geen ruimte voor synergie.

Je vraagt je misschien af of het mogelijk is om met iedereen synergie te bewerkstelligen. Met cognitief of emotioneel beperkte mensen die weinig controle hebben over hun impulsen is het ongetwijfeld erg moeilijk. Natuurlijk kun je geen synergie voelen met een psychopaat. Maar de meeste mensen zijn gewone mensen. Bij twee-alternatievendenken ligt de bipolaire val op de loer, een val waar wij volkomen normale, rationele mensen gemakkelijk inlopen. Het ziet eruit als de volgende tabel: 'De mensen in mijn kamp zijn [kies uit kolom A]. De mensen in jouw kamp zijn [kies uit kolom B]':

A	B
Goed	Slecht
Grootmoedig	Harteloos
Intelligent	Dom
Wijs	Dwaas
Redelijk	Irrationeel
Deugdzaam	Gemeen
Flexibel	Leugenaars

A	B
Genieën	Idioten
Patriotten	Verraders
De beste mensen ter wereld	De slechtste mensen ter wereld

Ik dacht altijd dat de meeste volwassenen boven dit soort denken stonden, dat ze de complexiteit van de wereld waarin we leven begrepen. Als je vandaag de dag naar de media kijkt en naar de mensen die zeer riant leven van het versterken van een twee-alternatievenmentaliteit, dan weet ik dat nog zo net niet.

Bovendien wordt twee-alternatievendenken lastig als je te maken krijgt met een dilemma, in de zin van een probleem dat geen bevredigende oplossing lijkt te hebben. Ik hoor voortdurend over dit soort problemen en dat geldt vast ook voor jou. Een leraar zegt: 'Ik kan niets met deze leerling beginnen, maar ik kan haar ook niet laten zitten.' Een manager zegt: 'Zonder extra kapitaal kunnen we dit bedrijf niet verder laten groeien, maar we kunnen pas meer kapitaal krijgen als we het bedrijf verder laten groeien: een klassieke *catch 22*.' Een politicus zegt: 'We kunnen het ons niet veroorloven om iedereen kwalitatief hoogwaardige medische zorg te bieden, maar we kunnen mensen die niet genoeg geld hebben ook niet aan hun lot overlaten.' Een verkoopmanager zegt: 'Mijn twee beste verkopers hebben een grote mond en ondermijnen elkaar voortdurend. Maar zonder hen zouden we onze beste klanten verliezen.' Een vrouw zegt over haar man: 'Ik kan niet met hem leven, maar ik kan ook niet zonder hem.'

De hoorns van een dilemma

Het kan pijnlijk zijn uit twee even slechte alternatieven te moeten kiezen. De oude Grieken stelden zich dit voor als gegrepen worden door de 'hoorns van een dilemma', omdat het ze deed denken aan de confrontatie met een stier die aanvalt: door welke van de twee hoorns je ook geraakt wordt, het resultaat is hetzelfde.

Ten overstaan van dit soort dilemma's is de onzekerheid van de twee-alternatievendenker begrijpelijk. Sommige mensen gooien de handdoek in de ring. Anderen storten zich op één 'hoorn' van het dilemma en slepen iedereen hierin mee. Omdat ze zo geobsedeerd hun gelijk willen halen, verdedigen ze hun keuze met veel vertoon, al bloeden ze hevig. Nog weer anderen kiezen voor één hoorn die hun ondergang moet worden, omdat ze denken dat het zo hoort; ze zien geen derde alternatief.

We zien het niet altijd als we te maken hebben met een *vals dilemma* – en dat is jammer, omdat de meeste dilemma's vals zijn. Je komt ze overal tegen. In enquêtes wordt gevraagd of je voor de republikeinse of de democratische oplossing bent. Bent u vóór of tegen het legaliseren van drugs? Is het goed of fout om dieren te gebruiken voor onderzoek? Bent u vóór of tegen ons? Dit soort vragen brengt ons niet verder dan twee opties (en dat is meestal wat de vraagsteller beoogt!). Toch zijn er voor mensen met een twee-alternatievenmentaliteit vrijwel altijd opties te vinden die verder gaan dan de twee uitersten van een dilemma. We vragen ons maar zelden af of er een beter antwoord is – een derde weg. Geen enquêteur zal je dat ooit vragen.

De grote middengroep

Een ondermijnende reactie op twee-alternatievendenken is ophouden met hopen. Bij ieder heftig debat is er een grote middengroep van mensen die zich met geen van beide extremen vereenzelvigt. Ze worden meestal afgestoten door de uitersten van het twee-alternatievendenken. Ze geloven in teamwerk en samenwerking en het standpunt van de andere partij in overweging nemen, maar ze zien geen mogelijkheden in een derde weg. Ze geloven helemaal niet dat er echte oplossingen zijn voor een conflict met de baas, een slecht huwelijk, een rechtszaak, of tussen Israël en Palestina. Zij zijn degenen die zeggen: 'We kunnen niet met elkaar overweg... We passen niet bij elkaar... Er is geen oplossing.'

Ze geloven in compromissen en zien een compromis als de best mogelijke oplossing. Compromissen hebben een goede reputatie en ze hebben er waarschijnlijk voor gezorgd dat veel problemen niet verder uit de hand gelopen zijn. Volgens het woordenboek moeten beide partijen iets van hun eigen belangen 'opgeven, opofferen of laten gaan' om tot overeenstemming te komen. Dit noemen we een 'verlies-verlies'-situatie, het tegenovergestelde van een 'win-win'-situatie. Mensen houden misschien een tevreden gevoel over aan een compromis, maar nooit een opgetogen gevoel, de relatie is verzwakt. Het conflict laait maar al te vaak vanzelf weer op.

Omdat ze in een 'verlies-verlies'-wereld leven, heeft de middengroep weinig hoop. Het zijn vaak de mensen die jaar in jaar uit voortploeteren op hun werk, maar die weinig van zichzelf en hun potentieel bijdragen. Ze zien het leven vaak door de achterhaalde bril van het industriële tijdperk. Het is hun taak om op het werk te verschijnen en mechanisch een functieomschrijving uit te voeren, niet om hun wereld te transformeren of een nieuwe toekomst te creëren. Het zijn goede spelers, maar ze zullen de regels van het spel niet veranderen. Niemand vraagt iets van hen.

Natuurlijk is hun scepsis een begrijpelijk verdedigingsmechanisme tegen twee-alternatievendenken. 'Bekijk het allebei maar' is hun onuitgesproken reactie als ze verstrikt raken in een loopgravenoorlog op hun werk of in een conflict tussen familieleden. En bij een leiderschapsverandering of een nieuwe strategie trekken ze onmiddellijk een muur op. 'Weg met de oude werkwijzen, leve de nieuwe. We worden een afgeslankte, high-performance organisatie!' Voor hen is dit geheimtaal voor 'Zou het geen goed idee zijn om je secundaire arbeidsvoorwaarden op te geven/een salarisverlaging te accepteren/voortaan het werk van twee mensen te gaan doen, zodat onze jaarcijfers beter worden? Vind je niet dat iedereen iets zou moeten opgeven?' Natuurlijk stemmen ze in. Hun wordt nooit iets gevraagd, ze worden gezien als inwisselbare onderdelen en ze hebben al lang geleden geleerd om geen hoop te koesteren.

De wijdverspreide plaag van het cynisme is daarom het trieste gevolg voor deze grote middengroep. Iedereen die enthousiast is, is verdacht. Er heerst minachting voor nieuwe ideeën. En als ze het woord synergie horen, krijgen ze onmiddellijk een allergische reactie. Ze hebben nooit echte synergie ervaren.

Het paradigma van synergie

Zoals we hebben gezien, zijn mensen die een synergetische denkwijze hanteren – zoals Gandhi en Deming en Nadia, de muzikale moeder – zeldzaam maar zeer invloedrijk, creatief en productief. Ze gaan er als vanzelf van uit dat ieder dilemma vals is. Zij zorgen voor paradigmaverschuivingen, zij herschrijven de regels van het spel.

Als we in navolging van deze mensen de manier van denken die bij het derde alternatief hoort willen overnemen, moeten we onze paradigma's in vier belangrijke opzichten veranderen. (Zie de figuur op bladzijde 36.) Onthoud wel dat deze paradigmaverschuivingen niet gemakkelijk zijn. Ze gaan tegen ons gevoel in. Ze leiden ons weg van egoïsme en naar oprecht respect voor anderen. Ze leiden ons af van de behoefte te allen tijde het 'juiste' antwoord te vinden, omdat we op zoek gaan naar het 'betere' antwoord. Ze leiden ons langs onvoorspelbare wegen, want niemand weet van tevoren hoe het alternatief van de derde weg eruitziet.

Denken in de geest van het derde alternatief

Derde-alternatiefmentaliteit. Om tot een derde alternatief te komen, moet ik eerst zorgen dat ik zelfbewustzijn ontwikkel en waarde hecht aan het andere standpunt waar jij voor staat. Vervolgens moet ik dat standpunt volledig proberen te begrijpen. Alleen dan kunnen wij tot synergie komen.

De volgende tabel zet de vier paradigma's van gewoon, rechttoe rechtaan twee-alternatievendenken af tegen de paradigma's van het derde-alternatiefdenken. Je kunt zien dat het twee-alternatievendenken in iedere nieuwe fase verder af komt te staan van creatieve oplossingen. Zonder de paradigma's van het derde-alternatiefdenken zijn creatieve oplossingen onmogelijk. Ieder paradigma legt de basis voor het volgende; de volgorde van paradigma's is dus belangrijk. Waarom is dat het geval?

	Twee-alternatievenmentaliteit	Derde-alternatiefmentaliteit
1	Ik zie alleen mijn 'kant'.	Ik beschouw mezelf als onafhankelijk van mijn 'kant'.
2	Ik stereotypeer jou.	Ik zie jou – als mens, niet puur als vertegenwoordiger van jouw 'kant'.
3	Ik verdedig mezelf tegen jou omdat jij ernaast zit.	Ik zoek je op omdat jij de dingen anders ziet.
4	Ik val je aan. We voeren oorlog met elkaar.	Ik creëer synergie met jou. Samen creëren we een verbazingwekkende toekomst die niemand had kunnen voorzien.

Psychologen kunnen je vertellen dat de eerste voorwaarde voor helen en groeien 'oprechtheid, echtheid of congruentie is'. Hoe minder we een masker of een façade ophouden, hoe groter de kans dat we synergie bereiken. Het eerste paradigma is dus 'Ik zie mezelf'. Het betekent: ik ben me bewust van mezelf – ik heb mijn eigen motieven, onzekerheden en mijn vooroordelen onderzocht. Ik heb naar mijn eigen vooronderstellingen gekeken. Ik kan me authentiek opstellen tegenover jou.

De tweede voorwaarde is dat ik jou accepteer, dat ik me betrokken bij je voel, dat ik je waardeer. Carl Rogers, mijn persoonlijke held en een van mijn favoriete auteurs, noemt deze houding 'onvoorwaardelijke positieve waardering', een naar buiten gericht, positief gevoel voor de ander, omdat ik hem waardeer als een compleet mens en niet als een verzameling attitudes, gedragingen en opvattingen. Je bent voor mij geen *ding*, je bent een persoon. 'Ik zie jou' als een naaste, een kind van God.

De derde voorwaarde is empathisch begrip, en daar kan alleen sprake van zijn als ik de eerste twee paradigma's geaccepteerd heb. Empathie betekent je inleven en daadwerkelijk begrijpen wat je beweegt. Empathie is zeldzaam; het gebeurt niet vaak dat je het geeft of krijgt. In plaats daarvan bieden we, zoals Rogers zegt, 'een vorm van begrip die heel anders is: "Ik begrijp wat er met je aan de hand is."' Het effectieve paradigma daarentegen is: 'Ik zoek je op', om volledig te kunnen begrijpen wat er omgaat in je hart, je hoofd en je ziel, niet om een oordeel over je te vellen. Nieuwe ideeën gedijen het best in een sfeer van authentiek wederzijds begrip.

We moeten aan die eerste drie voorwaarden voldoen om de vierde voorwaarde te kunnen verwezenlijken. Dan kunnen we samen leren en toegroeien naar een echte 'win-winsituatie' die voor ons allebei nieuw is. 'Er is synergie tussen ons', maar alleen als ik echte positieve waardering voel voor jou en voor mezelf, en als ik goed begrijp wat er in je hart en je hoofd omgaat. 'Er is synergie tussen ons', maar alleen als ik de mentaliteit van schaarste, het idee dat er slechts twee mogelijkheden zijn waarvan er één niet deugt, achter me laat. 'Er is synergie tussen ons', maar alleen als ik een mentaliteit van overvloed hanteer, het idee dat er oneindig veel bevredigende, opwindende, creatieve alternatieven zijn waar we nog niet eens aan hebben gedacht.[3]

Paradigma 1: Ik zie mezelf

Het eerste paradigma betekent dat ik mezelf als een uniek mens zie, die in staat is onafhankelijk te oordelen en te handelen.

Wat zie ik als ik in de spiegel kijk? Zie ik een nadenkende, respectvolle, principiële persoon die openstaat voor andere ideeën? Of zie ik iemand die alle antwoorden al weet en die de mensen aan 'de andere kant' van het conflict minacht? Denk ik voor mezelf of wordt er voor mij gedacht?

Ik ben meer dan alleen 'mijn kant' van een discussie. Ik ben meer dan de optelsom van mijn vooroordelen, mijn partij en mijn vooropgezette meningen. Mijn ideeën zijn niet voorbestemd door mijn familie, mijn cultuur of mijn bedrijf. Om met George Bernard Shaw te spreken: ik ben geen egoïstisch mannetje vol ziekelijke wrok, dat zich beklaagt omdat de wereld niet meegaat in mijn – of 'onze' – manier van denken. Ik kan mentaal afstand nemen van mezelf en zien hoe mijn paradigma's mijn handelen beïnvloeden.

Denken in de geest van het derde alternatief

Ik zie mezelf. Ik zie mezelf als een creatief, zelfbewust mens dat meer is dan de 'kant' die ik kies in een conflict. Ik heb misschien bepaalde opvattingen gemeen met andere mensen of behoor misschien tot bepaalde groepen, maar die definiëren mij niet. Ik kies mijn eigen 'verhaal'.

Het paradigma 'Ik zie mezelf' staat in scherp contrast met het meer gangbare paradigma 'Ik zie mijn kant', zoals weergegeven in de volgende tabel. Tijdens ieder conflict bepaalt de manier waarop we de dingen *zien* wat we *doen* en bepaalt wat we *doen* welke resultaten we *krijgen*.

	Ik zie mezelf	Ik zie mijn 'kant'
Zien	Ik zie mezelf als een creatief, zelfbewust mens die meer is dan de 'kant' waartoe ik behoor. Ik heb misschien bepaalde opvattingen gemeen met anderen of behoor misschien tot bepaalde groepen, maar die definiëren mij niet. Mijn denken komt van binnenuit.	Ik zie mezelf in termen van de groep waartoe ik behoor: mijn 'kant', mijn partij, mijn bedrijf, mijn land, mijn geslacht, mijn ras. Ik definieer mezelf als een conservatief, een werkende man, een feministe of een gangster in plaats van als een individu. Mijn denken komt van buitenaf.
Doen	Ik denk na over wat ik denk. Ik kijk kritisch naar mijn eigen opvattingen en naar die van anderen.	Ik denk wat mijn groep denkt. Ik heb gelijk – waarom zou ik kritisch naar mijn opvattingen kijken?
Krijgen	Creatieve samenwerking met andere mensen.	Destructieve conflicten met andere mensen.

Binnen een ineffectief paradigma zie ik mezelf als iemand die *gedefinieerd* wordt door iets buiten zichzelf; als gevolg hiervan komt alles waar ik waarde aan hecht van buiten. Gedefinieerd worden is vastgelegd of begrensd worden. Maar mensen zijn vrij om te kiezen wat ze willen zijn en doen; dat is de essentie van het mens-zijn. Als iemand zegt dat ze een milieuactiviste is, bedoelt ze eigenlijk dat ze een aantal opvattingen over het milieu deelt met een aantal andere mensen. Ze bedoelt zeker niet dat ze alleen maar milieuactiviste is – ze is ook vrouw, iemands dochter, misschien een echtgenote of iemands vriendin. Daarnaast zou ze ook musicus, juriste, kok of sportvrouw kunnen zijn.

Waar het om gaat, is dat geen van deze rollen haar volledig definieert. Als ze in de spiegel kijkt, zal ze, als het goed is, meer zien dan alleen de rollen die ze speelt. Ze ziet zichzelf – een nadenkende, onafhankelijke, creatieve persoonlijkheid die het begrip definitie overstijgt.

Als een leider zichzelf definieert als een rationele, praktische, nuchtere zakenman, kan hij wel eens op zijn ondergang afstevenen. Misschien neemt hij alle juiste beslissingen volgens de veronderstellingen van zijn MBA-cultuur en gaat hij toch failliet. Dat is niets nieuws; het gebeurt elke dag. Meer dan tweeduizend bedrijven hebben sinds de jaren vijftig van de vorige eeuw de Fortune 500 gehaald; de overgrote meerderheid daarvan bestaat niet meer. We hebben door de financiële calamiteiten van de afgelopen jaren zelf kunnen zien hoe kwetsbaar dit nuchtere denken kan zijn. Waarnemers als managementprofessor Henry Mintzberg maken zich zorgen dat een arrogante MBA-cultuur medeschuldig is aan de cyclus van herhaaldelijke financiële meltdowns.[4]

Natuurlijk voelen we ons in hoge mate bepaald door onze cultuur. We zijn geneigd om ons te kleden, te praten, te eten, te spelen en te denken als de mensen met wie we ons identificeren. Het maakt niet uit of we directeuren, balletdansers, dominees, politici of politieagenten zijn. We dragen het bijbehorende uniform en luisteren naar de experts op ons vakgebied. We zien de films die we moeten zien. We praten zoals van ons verwacht wordt.

De filosoof Owen Flanagan zei het als volgt: 'We worden geboren in families en gemeenschappen waar al een beeld van mensen bestaat. We hebben niets te zeggen over onze plaats in die ruimte van beelden waartussen we geboren worden. Het beeld is er al voordat wij er zijn, vaak al honderden jaren... Als we een leeftijd bereiken waarop we enige zeggenschap krijgen, werken we vanuit dat beeld, vanuit het verhaal dat we al volledig opgenomen hebben, een verhaallijn die al deel uitmaakt van ons zelfbeeld.'[5] We kunnen dappere verdedigers van dat zelfbeeld worden, ook al gaat het steeds minder over onszelf en steeds meer over een van buitenaf opgelegd beeld.

Echte identiteitsdiefstal

Je hoort veel over diefstal van identiteit als iemand je portefeuille steelt en jouw identiteit aanneemt en je creditcards gebruikt. Maar een ergere vorm van identiteitsdiefstal is te worden opgeslokt door definities die anderen van je hebben geformuleerd. Je gaat zo op in externe agenda's, culturele geschiedenis, politieke en sociale druk, dat je het gevoel van wie je bent en wat je met je leven zou kunnen doen kwijtraakt. Ik noem dit 'echte identiteitsdiefstal'. Deze identiteitsdiefstal is zeer reëel en gaat maar door, omdat mensen geen onderscheid maken tussen hun eigen geest en de geest van de cultuur.

Onze politici raken verlamd door identiteitsdiefstal. Zelfs degenen die de beste bedoelingen hebben, die van start gaan met een vrije geest en een hoge mate van integriteit, staan toe dat hun identiteit hun wordt afgenomen. Hun gedrag wordt bepaald door de kracht van twee-alternatievendenken en niet door hun onafhankelijke oordeel. Zoals een voormalig congreslid opmerkt: 'Ze klitten hulpeloos samen achter de partijlijnen. Het begint erop te lijken dat er geen uitweg meer is.'[6]

Zodra de mens de spiegel maakte, begon hij zijn ziel te verliezen. Hij ging zich meer zorgen maken om zijn imago dan om zichzelf. Dus vertelt hij zichzelf een verhaal dat is afgestemd op het sociale imago:

'Ik heb een hekel aan die politieke bijeenkomsten, maar als goed partijlid moet ik erbij zijn.'

'Daar is die vent van de andere partij. Zijn beurt om te spreken. Ik snap niet waarom ze daar hun tijd mee verdoen.'

'Hoe is het mogelijk dat mensen dat soort dingen geloven? Waarom gebruiken ze hun gezond verstand niet? Ik ben een gewoon rechttoe rechtaan, gezond-verstandtype. Waarom zijn ze niet zoals ik? Zijn ze soms blind?'

'Nou, daar zit wel wat in, wat hij zegt. O nee, wacht. Dat kan helemaal niet. Hij is van het andere kamp.'

'Ik snap niet hoe zo'n verstandige man zo eigenwijs kan zijn.'

Het kan een klap voor ons culturele zelfbeeld zijn als we de waarde van een ander cultureel beeld onderkennen. ('Bedoel je dat we niet het gelijk aan onze kant hebben, dat we niet de waarheid in pacht hebben? Kan de andere kant ook een heel klein beetje gelijk hebben?') Toch ligt het in ieders vermogen om het culturele beeld van jezelf te overstijgen. We kunnen uitstijgen boven de uniformen die we dragen, de opvattingen die we van oudsher huldigen en alle andere symbolen van gelijkheid.

Om te beginnen zijn we geen voorgeprogrammeerde machines. Anders dan een auto of een klok of een computer hebben we allemaal het specifiek menselijke vermogen om verder te kijken dan onze culturele programmering. We zijn ons bewust van onszelf. Dit bewustzijn betekent dat we mentaal buiten onszelf kunnen treden en onze opvattingen en ons handelen kunnen beoordelen. *We kunnen over ons denken nadenken.* We kunnen vraagtekens zetten bij onze veronderstellingen. Een machine kan dat niet. Als bewuste mensen zijn we vrij om onze eigen keuzes te maken, we zijn creatief en we hebben een geweten. Dit inzicht in onszelf geeft ons vertrouwen.

Maar we kunnen onszelf nooit volledig zien door onze eigen ogen. Als we in de spiegel kijken, zien we maar een deel van onszelf. We hebben blinde vlekken. Mensen met een twee-alternatievenmentaliteit die te maken krijgen met een conflict, stellen maar zelden hun eigen programmering ter discussie. Ze gaan af op culturele vooronderstellingen die hun volkomen rationeel lijken, maar die altijd al ontoereikend zijn. Dankzij synergie zullen we niet alleen over anderen leren, maar ook over onszelf – dat is onvermijdelijk. Dit inzicht zorgt ervoor dat we bescheiden blijven.

Als ik mezelf echt zie, zie ik ook mijn culturele neigingen. Ik zie waar ik aanvulling nodig heb, waar ik incompleet ben. Ik zie hoe ik onder druk sta. Ik zie de verwachtingen die anderen van me hebben en ik zie mijn ware motieven.

Maar ik kan ook verder kijken dan alleen mijn eigen cultuur. Ik kan een bijdrage leveren omdat ik een uniek perspectief heb. Ik zie de invloed die ik kan hebben. Ik zie mezelf niet als een slachtoffer van mijn omstandigheden, maar als een schepper van de toekomst.

Als je erover nadenkt, begrijpt degene die zichzelf echt *ziet* deze creatieve paradox – dat hij zowel begrensd als grenzeloos is. Deze mensen verwarren hun mentale kaart niet met het feitelijke territorium. Ze weten dat ze blinde vlekken hebben, maar ook een onbegrensd potentieel. Daarom kunnen ze zowel bescheiden als zelfverzekerd zijn.

De meeste conflicten ontstaan vanuit een gebrekkig inzicht in deze paradox over onszelf. Degenen die te zelfverzekerd zijn ontbreekt het aan zelfinzicht. Als ze zich niet realiseren dat hun eigen perspectief per definitie beperkt is, staan ze erop dat iets op hun manier gebeurt. ('Ik loop al lang genoeg mee om te weten dat ik gelijk heb.') Het is onvermijdelijk dat ze slechte resultaten behalen en gaandeweg mensen kwetsen. Degenen die maar doorgaan over hun beperkingen worden afhankelijk. Ze zien zichzelf als slachtoffer en leveren niet de bijdrage die ze zouden kunnen leveren.

Ik noem dit een creatieve paradox, omdat alleen degenen die erkennen dat ze niet over alle antwoorden beschikken op zoek gaan naar antwoorden, en alleen degenen die hun eigen potentieel erkennen over de moed en het zelfvertrouwen beschikken om op zoek te gaan. Zoals Eliezer Yudkowsky, een onderzoeker van kunstmatige intelligentie, ooit zei: 'De eerste stap in het vinden van een derde weg, is besluiten ernaar op zoek te gaan.'

Mijn zoon David heeft zijn hele leven naar het derde alternatief gezocht. Dit is wat hij erover te zeggen heeft:

Het derde alternatief vormt de basis voor al je interacties. Iedereen zou zo moeten denken. De manier waarop mijn vader me dat heeft ingeprent is de belangrijkste les die ik van hem heb geleerd.

Toen ik studeerde, probeerde ik toegelaten te worden tot een bepaald vak dat ik moest volgen om te kunnen afstuderen, maar ik kreeg het standaardantwoord te horen: 'Sorry, maar we zitten vol, je kunt er niet meer bij.' Dus ging ik met mijn vader praten en vroeg hem wat ik moest doen. Hij zei: 'Zet door! Ga op zoek naar een derde alternatief. Als ze zeggen dat er geen plaats is, zeg dan dat je je eigen stoel meeneemt of dat je het niet erg vindt om de hele tijd te moeten staan. Zeg dat je hoe dan ook dat vak wilt volgen. Zeg dat je weet dat er mensen zullen uitvallen en dat je gemotiveerder bent dan die mensen en dat je zult laten zien hoe gemotiveerd je bent.' En ik werd toegelaten!

Als kind vond ik het idee van het derde alternatief vreselijk onbesuisd, schaamteloos. Maar toen ik het ging toepassen, was ik verbaasd over het effect van steeds maar weer proberen een manier te vinden om gedaan te krijgen wat gedaan moest worden.

Ik kreeg ooit een heel slecht cijfer voor gezondheidsleer. De leraar gaf ons een onvoorstelbaar moeilijk proefwerk dat iedereen verbijsterde. Dus ik ging naar mijn vader en zei: 'Wat moet ik doen? Zo'n cijfer kan ik niet op mijn lijst hebben.' Hij zei dat ik met de leraar moest gaan praten om een manier te vinden om een hoger cijfer te halen. Ik ging naar de leraar en zei: 'Ik heb het proefwerk heel slecht gemaakt, net als veel andere mensen, maar er moet toch iets zijn wat ik kan doen om een betere beoordeling te krijgen.' Hij antwoordde met alle gebruikelijke nee's en uiteindelijk vroeg hij me wat ik aan sport deed. Ik zei dat ik als loper in het atletiekteam zat. Hij zei: 'Als je de 400 meter in minder dan vijfenvijftig seconden kan lopen, dan krijg je een negen.' In die tijd liep ik de 400 meter in tweeënvijftig seconden – deze docent gezondheidsleer liep duidelijk een beetje achter met zijn ideeën over een snelle tijd. Ik liet mijn vriend de stopwatch hanteren en ik liep met gemak tweeënvijftig seconden en ik kreeg een negen. Dit was zo'n geval van volhouden en op zoek gaan naar een derde alternatief.

Omdat ik was opgegroeid met dit idee van altijd op zoek gaan naar een derde alternatief, werd het deel van mij. Het is geen kwestie van opdringerig, brutaal of onaangenaam zijn, ik accepteer alleen niet snel een 'nee'. Er is altijd een derde alternatief.

Davids ervaringen zijn eenvoudige voorbeelden van hoe we in onszelf de basis voor de derde weg kunnen leggen. Hijzelf is ook een voorbeeld van hoe we kunnen herdefiniëren wie we zijn, door het verhaal dat we onszelf over onszelf vertellen te veranderen.

De belangrijkste macht die we hebben

Onze paradigma's en culturele conditionering vormen het verhaal van onze levens. Ze hebben allemaal een begin, een plot en hoofdrolspelers. Soms zijn er zelfs helden en slechteriken. De grote plot wordt gevormd door talloze subplots. Er zitten cruciale wendingen in het verhaal.

Maar het meest cruciale element is conflict. Zonder conflict geen verhaal. Ieder goed verhaal bevat een of andere worsteling: van een held met een schurk of met de tijd; van een hoofdrolspeelster met haar geweten; van een man met zijn eigen beperkingen. Stiekem zien we onszelf als de held van ons eigen verhaal (en in sommige duistere, vaak essentiële situaties als onze eigen vijand). Iemand met een twee-alternatievenmentaliteit speelt de rol van de uitgebuite held die in gevecht is met de vijand.

Maar er is een derde stem in het verhaal, die noch van de held noch van de slechterik is. En dat is de stem die het verhaal vertelt. Als we ons echt bewust zijn van onszelf, beseffen we dat we niet alleen hoofdrolspeler, maar ook verteller zijn in ons eigen verhaal. We zijn niet alleen geschreven, maar ook de schrijver.

Mijn verhaal is slechts onderdeel van veel grotere verhalen – het verhaal van een familie, een gemeenschap en van een hele cultuur. Ik heb misschien niet zoveel invloed op hoe die verhalen verlopen, maar ik kan in hoge mate bepalen hoe mijn eigen verhaal verloopt. De volgende waarneming van journalist David Brooks bevat veel wijsheid:

> *Naast alle dingen waar we geen controle over hebben, hebben we wel enige controle over ons eigen verhaal. We hebben bewust invloed op het verhaal dat we gebruiken om de wereld begrijpelijker te maken. Er zit individuele verantwoordelijkheid in het selecteren en voortdurend herzien van het verhaal dat we onszelf in grote lijnen over onszelf vertellen.*
>
> *De verhalen die we onszelf vertellen, helpen ons vervolgens weer om de wereld te interpreteren. Ze leiden ertoe dat we bepaalde dingen als heilig beschouwen en andere walgelijk vinden. Zij vormen het raamwerk dat onze wensen en doelen vormt. Dus hoewel verhalen vertellen misschien vaag en intellectueel lijkt, is het in feite zeer krachtig. De belangrijkste macht die we hebben is de macht om de juiste bril te kiezen waardoor we de werkelijkheid zien.*[7]

Mijn zoon David vertelt vaak hoe hij zijn eigen stoel meenam naar college. Hij gebruikt het om aan te geven hoe simpel en krachtig derde-alternatiefdenken kan zijn. Maar op een dieper niveau is dit kleine verhaal een belangrijke subplot in het grotere verhaal dat hij zichzelf *over* zichzelf vertelt, dat hij zich niet laat beperken door twee-alternatievendenken, dat hij de baas is over wat Brooks 'het grote verhaal' van zijn leven noemt.

In de plot van ons leven zijn we niet alleen de hoofdpersoon. We zijn ook de verteller, degene die bepaalt hoe het verhaal zich ontvouwt. Ik heb zoveel mensen ontmoet die het aan dit simpele inzicht ontbreekt en die zich in een of ander nachtmerrieachtig conflict gevangen voelen alsof het niet in hun vermogen ligt om het verhaal te veranderen. Ik heb ruziënde stellen gezien waarvan elk van de partners zichzelf uitriep tot held in de omgang met 'die slechterik', waarbij ze voortdurend voorbijgaan aan het feit dat ze niet alleen in het verhaal zitten, maar ook de schrijvers van dat verhaal zijn! Ze werpen tegen dat ze niet langer verliefd zijn, en zijn verbijsterd als ik ze erop wijs dat ze allebei volkomen vrij zijn om van elkaar te houden, als ze daarvoor kiezen. De notie 'verliefd zijn' is louter passief;

de notie 'houden van' is actief – het is een werkwoord. 'Liefde' (het gevoel) is de vrucht van 'liefhebben' (het werkwoord). Mensen hebben het vermogen om liefhebbende dingen *voor* elkaar te doen, net zo goed als ze het vermogen hebben om hatelijke dingen *ten aanzien van* elkaar te doen. *Zij* – en niet iemand anders – schrijven het script.

Ik zei eerder al dat onze levens op verhalen lijken, in de zin dat ze allemaal een begin hebben. Een verhaal heeft ook een middengedeelte en een slot. De meesten van ons bevinden zich ergens in dat middengedeelte. Het is aan ons om te beslissen hoe het verhaal afloopt.

De derde weg begint altijd bij jezelf. Hij werkt van binnen naar buiten, vanuit je diepste zelf, vanuit een basis van zelfvertrouwen en bescheidenheid. Het komt voort uit het paradigma van bewustzijn van jezelf, dat je in staat stelt om buiten jezelf te staan en je eigen vooroordelen te observeren en te overwegen. Het komt voort uit de erkenning dat je je eigen verhaal schrijft en uit de bereidheid het zo nodig te herschrijven – omdat je wilt dat het *goed* afloopt.

Denk er maar eens over na. Als je je in een conflictsituatie bevindt, stel jezelf dan de vraag:

- Wat is mijn verhaal? Moet ik het script veranderen?
- Waar heb ik mogelijk blinde vlekken over mezelf?
- Hoe heeft mijn culturele programmering mijn denken beïnvloed?
- Wat zijn mijn ware motieven?
- Zijn mijn veronderstellingen juist?
- In welk opzicht zijn mijn veronderstellingen onvolledig?
- Draag ik bij aan het resultaat – de afronding van het verhaal – dat ik echt wil?

Paradigma 2: Ik zie jou

Bij het tweede paradigma gaat het erom dat je anderen als mensen ziet en niet als dingen.

Als we naar anderen kijken, wat zien we dan? Zien we een individu, of zien we leeftijd, sekse, ras, politieke voorkeur, handicap, nationale herkomst of seksuele geaardheid? Zien we een lid van een 'buitengroep' of van een 'binnengroep'? Of zien we daadwerkelijk de uniciteit, de kracht, de gaven van ieder afzonderlijk individu? Misschien zien we vooral onze eigen ideeën, vooroordelen en misschien zelfs wel vooringenomenheden *over* hem.

We weten allemaal wanneer iemand een houding aanneemt, wanneer we met de echte persoon te maken hebben of met een façade. De vraag is: ben ik zo iemand? Of ben ik iemand die met eerlijk authentiek respect naar anderen kijkt?

Denken in de geest van het derde alternatief

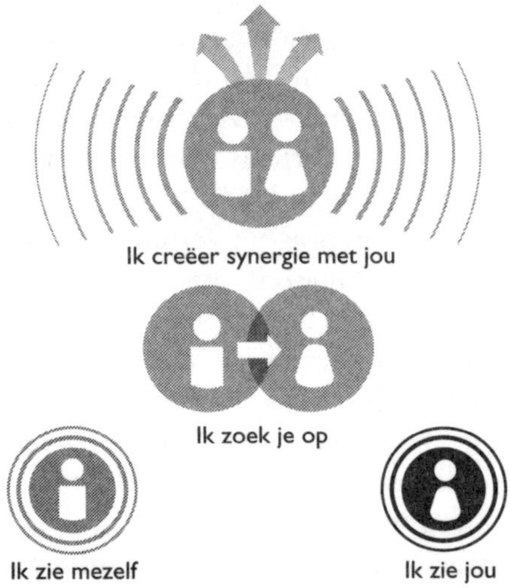

Ik zie jou. Ik zie een compleet mens die anders is dan alle andere mensen, een persoon met aangeboren waarde, begiftigd met talenten, passies en krachten die onvervangbaar zijn. Je bent meer dan jouw 'kant' in een conflict. Je verdient waardigheid en mijn respect.

Het paradigma 'Ik zie jou' staat in scherp contrast met het karakteristieke paradigma 'Ik stereotypeer jou', zoals te zien is in de volgende tabel. Vergeet niet dat wat we *zien* bepaalt wat we *doen*, en dat wat we *doen* bepaalt welke resultaten we *krijgen*.

	Ik zie jou	**Ik stereotypeer jou**
Zien	Ik zie een compleet mens die begiftigd is met aangeboren waarde, talenten, passies en krachten die uniek zijn in het universum. Je bent meer dan jouw 'kant'. Je verdient waardigheid en respect.	Ik zie de groep waartoe je behoort: jouw 'kant', jouw partij, jouw geslacht, jouw nationaliteit, jouw bedrijf, jouw ras. Je bent een symbool, een 'ding', een liberaal, een baas, een Latino of een moslim in plaats van een unieke persoon.
Doen	Ik toon echt respect voor jou.	Ik negeer je of ik doe alsof ik je respecteer.
Krijgen	Een sfeer van synergie waarin we samen veel sterker zijn dan alleen.	Een sfeer van vijandigheid. We worden ondermijnd door onze verschillen en onze vijandschap jegens elkaar.

Het 'Ik zie jou'-paradigma is fundamenteel een kwestie van karakter. Het draait om liefde, generositeit, alomvattendheid en eerlijke bedoelingen. Met het 'Ik stereotypeer jou'-paradigma kun je er niet volledig op vertrouwen dat ik zowel mijn eigen als jouw belangen nastreef, en een derde weg is niet mogelijk. Als ik naar jou kijk, zie ik slechts de vertegenwoordiger van één kamp. Ik gedraag me misschien correct tegenover jou, maar mijn respect voor jou als persoon is in feite geveinsd.

Ik noem het effectieve paradigma 'Ik zie jou', vanwege een wijs inzicht dat afkomstig is van de Bantoevolkeren in Afrika. In die cultuur begroeten mensen elkaar met de woorden 'Ik zie jou'. Dit betekent: 'Ik erken je unieke individualiteit.' Het is alsof je zegt: 'Mijn menselijkheid is onlosmakelijk verbonden met de jouwe.' Dat maakt allemaal deel uit van de *ubuntu*-spirit.

Het begrip 'ubuntu' is erg moeilijk te vertalen. Het betekent zoiets als 'menselijkheid', maar meer dan dat betekent het dat 'de mens afhankelijk is van andere mensen om een mens te zijn'. Welzijnsdeskundige Elizabeth Lesser legt het zo uit: 'Ik heb jou nodig om mij te zijn, en jij hebt mij nodig om jou te zijn.' Een voorbeeld helpt ons om dit unieke Afrikaanse concept te begrijpen: 'Een uitspraak als "Mary heeft ubuntu" zou betekenen dat Mary bekendstaat als een zorgzaam, betrokken iemand die trouw aan al haar sociale verplichtingen voldoet.' Maar er is meer: 'Zonder ubuntu weet Mary niet dat ze mooi is, of intelligent, of grappig. Mary begrijpt haar eigen identiteit alleen in relatie tot andere mensen.'[8]

Een andere manier om ubuntu te begrijpen is door naar het tegendeel ervan te kijken: stereotypering. Stereotypering betekent dat je de dingen die ons tot unieke individuen maken uit het plaatje verwijdert. We zeggen: 'Ja, hij is verkoper – agressief, pusherig.' 'Zij is zo vol van zichzelf – ze denkt altijd dat alles om haar draait.' 'Hij is een typische A-persoonlijkheid.' 'Hij is een rotzak.' 'Hij is een financiële jongen.' 'Wat dacht je dan? Hij is geen volhouder.' 'Zij is zo iemand die altijd probeert hogerop te komen.' Het lukt ons niet om deze mensen als individuen te zien; we zien ze alleen als types.

In de geest van ubuntu betekent andere mensen echt zien dat je openstaat voor wat alleen zij kunnen brengen: hun talenten, intelligentie, ervaringen, wijsheid en andere perspectieven. In een ubuntu-samenleving hoeven reizigers geen proviand mee te nemen; degenen die ze onderweg tegenkomen zorgen ervoor dat in hun behoeften wordt voorzien. Maar deze tastbare gaven zijn slechts tekenen van de veel grotere gift van het zelf. Als we de gift van het zelf weigeren of onderwaarderen, zijn we niet langer vrij om van elkaars capaciteiten te profiteren.

Als Orland Bishop, directeur van de multiculturele organisatie Shade Tree in Watts, Californië, de betekenis van ubuntu uitlegt, heeft hij het over wat we verliezen als we elkaar niet echt zien: 'Onze huidige samenleving heeft de mens vrijheden afgenomen, niet omdat de ene cultuur de andere onderdrukt, maar omdat we het vermogen zijn kwijtgeraakt om ons voor te stellen wat zien betekent, wat deze innerlijke vermogens echt betekenen.'[9]

De ubuntu-spirit is essentieel voor derde-wegdenken. In een conflictsituatie kan ik alleen synergie met jou krijgen als ik je als meer beschouw dan een symbool van de tegenstander. De ubuntu-spirit is meer dan alleen de notie dat ik me respectvol tegenover jou moet gedragen. Het betekent dat mijn menselijkheid verbonden is met de jouwe – dat als ik jou minder menselijk maak door mijn gedrag, ik mezelf ook minder menselijk maak. Hoe komt dat? Omdat als ik jou reduceer tot de status van *ding*, ik mezelf ook tot ding maak.

Kortgeleden reed een vriendin van mij door de stad, toen een andere automobilist naar haar begon te toeteren en te zwaaien. Ze minderde vaart omdat ze dacht dat er iets met haar auto was. Maar de andere bestuurder gaf gas tot hij naast haar reed, schreeuwde obsceniteiten over een zekere politicus en reed haar bijna van de weg af. Toen realiseerde ze zich dat ze een bumpersticker op haar auto had waarop deze politicus werd aangeprezen. Voor de boze automobilist was ze niet langer een medemens; ze was een *ding* geworden, een bumpersticker, een verafschuwd symbool.

De boze man verontmenselijkte mijn vriendin, maar al doende deed hij ook afbreuk aan zijn eigen menselijkheid. Hij heeft waarschijnlijk een huis, een baan, een gezin. Er zullen waarschijnlijk mensen zijn die van hem houden. Maar op dat moment werd hij minder dan menselijk, hij werd het botte instrument van een ideologie.

Dit verontmenselijken van anderen – wat we vaak stereotypering noemen – ontstaat uit een diep gevoel van onzekerheid. Hier begint ook het conflict. Psychologen weten dat de meesten van ons vooral negatieve dingen over anderen onthouden, meer dan positieve dingen. 'We houden mensen verantwoordelijk voor hun slechte gedrag en geven hun onvoldoende erkenning voor goed gedrag', aldus de eminente psycholoog Oscar Ybarra. Hij denkt dat dat gebeurt omdat anderen in een negatief daglicht stellen ons helpt om ons superieur aan hen te voelen. Ybarra heeft ontdekt dat als mensen beginnen met een gezonde, realistische waardering van zichzelf, de negatieve herinneringen vervagen.[10] Daarom gaat het paradigma 'Ik zie mezelf' vooraf aan het paradigma 'Ik zie jou'.

Mensen zijn geen dingen

In zijn beroemde boek *Ich und Du* betoogt de grote filosoof Martin Buber dat we ons al te vaak tot elkaar verhouden als objecten, niet als mensen. Een object is een *Het*, een persoon is een *Gij*. Als ik een persoon als een *Het* behandel, als een object dat ik voor mijn eigen doelen kan gebruiken, word ik zelf ook een *Het*, niet langer een levend wezen maar een machine. De relatie tussen *Ik* en *Het* is niet dezelfde als die tussen *Ik* en *Gij*. 'De mensheid van louter *Het* die men zich voorstelt... heeft niets gemeen met een levende mensheid', aldus Buber. 'Als je *Het* de overhand laat krijgen, zal de continu groeiende wereld van *Het* je overspoelen en je de realiteit van je eigen *Ik* ontnemen.'

Als we andere mensen reduceren tot de status van ding, denken we dat we meer greep op ze hebben. Daarom gebruiken bedrijven voor hun werknemers de ironische aanduiding 'human resources', alsof ze gewoon een van de vele kostenposten op de balans zijn, zoals belastingen of openstaande facturen. Daarom worden de meeste mensen in de meeste bedrijven alleen maar gezien in termen van hun functie, hoewel ze veel meer creativiteit, vindingrijkheid, vernuftigheid, intelligentie en talent hebben dan hun baan vraagt of zelfs maar toestaat! De kosten aan gemiste kansen als mensen louter als dingen worden gezien zijn zeer hoog. Op geen enkele balans vind je de verbluffende omvang van het potentieel van mensen en hun capaciteiten.

Jij/Gij

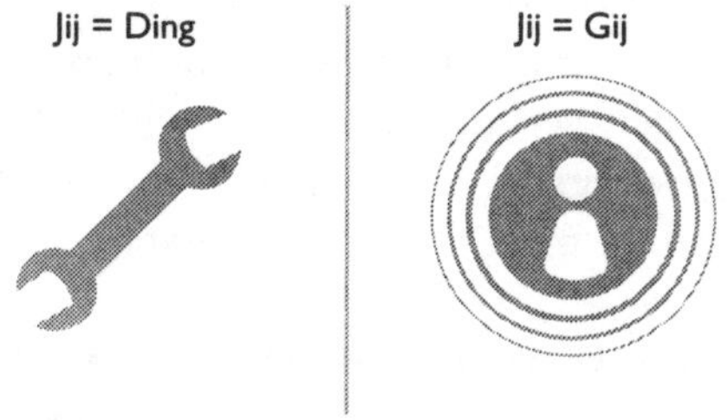

Jij/Gij. Voor mij ben jij geen 'ding', geen instrument zoals een moersleutel of een hamer dat ik kan gebruiken om mijn eigen doelen te realiseren. In de woorden van Martin Buber ben je een 'Gij', een doel op zich, een echte persoon met krachten en zwakheden, met bijzondere eigenschappen en verbazingwekkende gaven.

Buber zegt daarover: 'Als ik een mens tegemoet treed als mijn *Gij*... is hij geen ding tussen de andere dingen.'[11]

Buber gebruikt de term *Gij* omdat deze meer suggereert dan alleen oppervlakkig respect; het roept ook een soort eerbied op voor de ander. Het duidt op intimiteit, openheid en vertrouwen. Een ander als een *Het* zien duidt op afstandelijkheid en onverschilligheid. Het bevordert uitbuiting.

Ik heb oprecht te doen met de kleine geesten die deze eerbied niet voelen. Als je iemand anders kunt begrijpen – zonder de drang hem te overheersen of te manipuleren – betreed je heilige grond; het is een uiterst verrijkende ervaring. Carl Rogers beschrijft welsprekend wat deze ervaring voor hem betekent:

> *Een van de meest bevredigende ervaringen die ik ken... is het waarderen van [een] individu, zoals ik een zonsondergang waardeer. Een mens is net zo mooi als een zonsondergang, als ik daarvoor opensta. Misschien is de reden waarom we een zonsondergang echt kunnen waarderen juist wel dat we er geen controle over hebben. Als ik naar een zonsondergang kijk, zoals ik laatst deed, hoor ik mezelf niet zeggen: 'Zwak het oranje in de rechterhoek een beetje af, breng wat meer paars aan langs de onderkant en gebruik wat meer roze in de kleur van de wolken.' Dat doe ik niet. Ik probeer geen greep te krijgen op een zonsondergang. Ik kijk vol ontzag hoe die zich voltrekt.*[12]

Het verlies van dat gevoel van ontzag in aanwezigheid van een ander mens is misschien wel een van de grootste menselijke tragedies.

In 1964 begon vrijheidsstrijder Nelson Mandela aan zijn 27-jarige gevangenisstraf op het desolate Robbeneiland. Als jonge jurist was hij in opstand gekomen tegen het apartheidssysteem dat zwarte Afrikanen zoals hij onderdrukte. 'Talloze kleineringen en vernederingen, en talloze momenten die ik me niet meer herinner, brachten in mij een woede naar boven, een rebellie, een verlangen om te vechten tegen het systeem dat mijn mensen in de gevangenis zette', vertelt hij.[13] In de gevangenis maakte hij meer van hetzelfde mee, en in eerste instantie raakte hij nog verbitterder.

Maar geleidelijk aan veranderde er iets in Mandela's hart. Jaren nadat hij was vrijgelaten, had ik een persoonlijke ontmoeting met hem. Ik vroeg: 'Hoelang duurde het voordat u heen was over de wrok voor uw bewakers, die u martelden en zo kleinerend behandelden?' Hij antwoordde: 'Dat duurde ongeveer vier jaar.' Ik vroeg hem waar die verandering vandaan kwam en hij zei: 'Ze spraken onder elkaar over hun relaties, hun gezinnen, en ik realiseerde me dat ook zij slachtoffers waren van het apartheidssysteem.'

Eén jonge cipier, Christo Brand, beschreef zijn persoonlijke reis als volgt: 'Toen ik op Robbeneiland begon, werd me verteld dat de mannen die we bewaakten niet beter waren dan beesten. Sommige cipiers haatten de gevangenen en behandelden hen zeer wreed.'[14] Maar toen kreeg hij de taak toezicht te houden op Nelson Mandela. 'Toen ik naar de gevangenis kwam, was Nelson Mandela al zestig. Hij was nuchter en hoffelijk. Hij behandelde me met respect en mijn respect voor hem groeide. Na een tijdje ontstond er iets van vriendschap, ook al was hij een gevangene.'

Deze vriendschap veranderde Christo Brands leven. Hij begon Mandela gunsten te verlenen, smokkelde brood voor hem binnen en bracht hem boodschappen. Hij overtrad zelfs de regels om Mandela in de gelegenheid te stellen zijn pasgeboren kleinzoon te zien en in zijn armen te houden. ‘Mandela was bang dat ik gesnapt zou worden en straf zou krijgen. Hij schreef mijn vrouw om haar te vertellen dat ik moest blijven studeren. Zelfs als gevangene moedigde hij zijn cipier aan om te studeren.’

Mandela was zeer toegewijd aan Brands zoontje Riaan, die hem mocht bezoeken en van hem ging houden alsof Mandela een grootvader was. Later, toen Mandela president van Zuid-Afrika was, verstrekte zijn onderwijsfonds een beurs aan Riaan.[15]

Voor zowel Nelson Mandela als Christo Brand ontwikkelde hun relatie zich van *Ik-Het* naar *Ik-Gij*. De jonge man die zwarte Afrikanen als beesten beschouwde, ging van zijn oude gevangene houden en werd een tegenstander van het apartheidssysteem. De oude man die blanken als zijn vijanden had gezien kreeg een zwak voor de jonge cipier. Dit was slechts één episode uit wat Mandela zijn ‘lange mars naar vrijheid’ van zijn eigen vooroordelen noemt.

Mandela schrijft: ‘Het was tijdens die lange eenzame jaren dat mijn honger naar de vrijheid van mijn eigen mensen veranderde in honger naar de vrijheid van alle mensen, blank en zwart. Ik was ervan overtuigd dat de onderdrukker net zo goed moest worden bevrijd als de onderdrukte... De onderdrukte en de onderdrukker zijn allebei evenzeer beroofd van hun menselijkheid.’[16] Vanwege dit soort inzichten zeggen zijn mensen dat Mandela ubuntu heeft.

Deze transformaties vinden plaats als relaties authentiek en persoonlijk worden. Mandela en Brand gingen elkaar als mensen zien en niet langer als vertegenwoordigers van de gehate tegenstanders. Als we elkaar uiteindelijk écht zien, ‘vangen we een glimp op van het betere... wanneer de wereld wordt overspoeld door een geest van compassie en een ongelofelijke generositeit; wanneer we voor korte tijd met elkaar verbonden zijn door de banden van een betrokken mensheid.’[17] Dat is de kracht van het ‘Ik zie jou’-paradigma.

Binnen het ‘Ik zie jou’-paradigma is mijn respect voor jou authentiek, niet geveinsd. Ik zie *jou*, niet jouw kant van het conflict. Ik weet dat jouw verhaal overvloedig en complex is en vol zit met ontzagwekkende inzichten.

Binnen het ‘Ik zie jou’-paradigma zijn jij en ik samen ongekend sterk, omdat jouw sterke kanten en mijn sterke kanten elkaar aanvullen. Er is nergens een combinatie zoals die van jou en mij. We kunnen samen een derde weg vinden. Binnen het paradigma van stereotypering zou dit onmogelijk zijn.

Binnen het 'Ik zie jou'-paradigma heb ik ubuntu, een ruime cirkel van empathie. Als ik jou echt zie, ben ik voorbestemd om je te begrijpen, om te voelen wat jij voelt, en zo de kans op conflicten te minimaliseren en de kans op synergie met jou te maximaliseren. Als je daarentegen buiten mijn cirkel van empathie staat, kan ik niet voelen wat jij voelt of zien zoals jij ziet, en jij en ik kunnen afzonderlijk nooit zo sterk, begrijpend of innovatief zijn als we samen zouden kunnen zijn.

Ik moedig je aan om dit paradigma serieus te nemen in je privéleven. Denk aan een of twee mensen – collega's, vrienden, familieleden – die er behoefte aan hebben gezien te worden. Je begrijpt wel wat ik daarmee bedoel. Hebben ze reden om aan te nemen dat je hen negeert, niet waardeert of dat je respect geveinsd is? Praat je achter hun rug om over hen? Zie je ze als symbolen, of zie je ze als echte mensen met sterke en zwakke kanten, eigenheid en inconsequenties, verbazingwekkende gaven en vreselijke blinde vlekken – net zoals jij?

Paradigma 3: Ik zoek je op

Dit paradigma draait om het opzettelijk opzoeken van tegengestelde standpunten in plaats van deze te vermijden of jezelf ertegen te verdedigen.

Als iemand de dingen anders ziet dan jij, kun je het best reageren met: 'Je bent het niet met me eens? Dan moet ik eens goed naar je luisteren!' Maar dan moet je het wel menen.

De beste leiders ontkennen of onderdrukken conflicten niet. Ze zien conflicten als een kans om verder te komen. Ze weten dat er geen groei, geen ontdekking, geen innovatie – en zelfs geen vrede – mogelijk is tenzij de moeilijke kwesties aan de oppervlakte worden gebracht en op een eerlijke manier worden aangepakt.

In plaats van iemand die het niet met je eens is te negeren, te degraderen of te ontslaan, gaat de effectieve leider naar hem toe en zegt: 'Als iemand met jouw intelligentie, competentie en inzet het niet met me eens is, dan moet er iets zijn wat ik niet goed begrijp en ik wil het graag begrijpen. Je hebt een perspectief, een referentiekader waar ik nog eens naar moet kijken.'

Ik noem dit paradigma 'Ik zoek je op' om uiting te geven aan de grote verschuiving in het denken die nodig is voor de derde weg. Ten overstaan van iemand die het niet met me eens is, ga ik, net als ieder ander, in de verdediging. Dat is de reden waarom een derde-alternatiefmentaliteit zo tegen je gevoel ingaat. Het dwingt je om waarde te hechten aan mensen die anders denken dan jij, in plaats van hoge muren op te trekken.

Denken in de geest van het derde alternatief

Ik zoek je op. In plaats van jouw afwijkende standpunt als een bedreiging te zien, ben ik erop gebrand om van je te leren. Als een persoon met jouw karakter en intelligentie er anders over denkt dan ik, moet ik naar je luisteren. Ik luister empathisch totdat ik je echt begrijp.

Zoals je in de volgende tabel kunt zien, staat het paradigma 'Ik zoek je op' in scherp contrast met het paradigma 'Ik verdedig mezelf tegen jou'. Denk erom dat wat we *zien* bepaalt wat we *doen*, en dat wat we *doen* bepaalt welke resultaten we *krijgen*.

	Ik zoek je op	**Ik verdedig mezelf tegen jou**
Zien	Andere standpunten – verschillende 'stukjes' van de waarheid – zijn niet alleen wenselijk maar zelfs onontbeerlijk.	Andere standpunten zijn fout – of in het gunstigste geval niet erg nuttig.
Doen	Ik zeg: 'Jij ziet de dingen anders – ik moet naar je luisteren!' Dan luister ik empathisch totdat ik echt begrijp hoe jij de dingen ziet.	Ik zeg: 'Jij ziet de dingen anders – je bent een bedreiging.' Als ik je niet kan overtuigen, negeer of vermijd ik je of werk ik je tegen.
Krijgen	Een breder, veelomvattender beeld van het probleem dat een betere oplossing mogelijk maakt.	Een beperkt, fragmentarisch beeld van het probleem dat tot een gebrekkige oplossing leidt.

Mijn identiteit is vervat in mijn opvattingen en mijn instincten, maar ook in mijn vooroordelen; dat is de reden waarom de paradigma's 'Ik zie mezelf' en 'Ik zie jou' voorafgaan aan 'Ik zoek je op'. Voor derde-alternatiefdenken heb je de diepere innerlijke zekerheid nodig die voortkomt uit een realistisch zelfbeeld en waardering voor de uitzonderlijke gaven en perspectieven die jij met je meebrengt. De defensieve mentaliteit is het tegenovergestelde: die gedijt op onzekerheid en zelfmisleiding en ontmenselijkt iedereen die anders is.

'Ik zoek je op' werkt vanuit het principe dat de waarheid gecompliceerd is en dat iedereen er waarschijnlijk een klein stukje van bezit. 'De waarheid is nooit zuiver en maar zelden eenvoudig', zei Oscar Wilde al. Niemand heeft de hele waarheid in pacht. Derde-wegdenkers erkennen dat hoe meer stukjes van de waarheid ze hebben, hoe meer ze de dingen zien zoals ze werkelijk zijn. Deze denkers gaan dus bewust op zoek naar verschillende stukjes van de waarheid. Als jij iets van waarheid hebt dat ik niet heb, dan is het toch logisch dat ik naar je toe kom zodat je het mij kunt leren?

Ik wil benadrukken hoe radicaal deze verschuiving in het denken is. Conflicten worden niet gezien als een probleem maar als een kans. Meningsverschillen worden gezien als mogelijkheden om te leren, niet als een muur waar je tegenaan loopt. De vele boeken over onderhandelen die er zijn benadrukken dat je op zoek moet gaan naar punten van overeenkomst, gemeenschappelijke interessegebieden. Dat is belangrijk. Maar het is misschien nog belangrijker om de verschillen te verkennen en te benutten.

Het is niet alleen natuurlijk, het is ook essentieel dat mensen andere meningen hebben. Ik heb in de loop der jaren al vaak gezegd dat als twee mensen dezelfde mening hebben, slechts een van de twee onmisbaar is. Een wereld zonder verschillen zou een wereld van gelijkheid zijn waarin geen vooruitgang mogelijk is. Maar in plaats van deze verschillen te waarderen, verdedigen we ons ertegen omdat we geloven dat ze ons bedreigen in onze identiteit. Mensen die vanuit een defensieve instelling handelen, trekken muren op om hun positie te verstevigen in plaats van verder te gaan.

Muren

Een van de ontmoedigende dingen aan de manier waarop we met conflicten omgaan is die betonnen muur van meningen. Van oudsher hebben we gezien hoe figuurlijke muren tussen mensen echte muren worden. We zagen het in Berlijn, tussen de kapitalistische en de communistische wereld. We zien het in het Midden-Oosten tussen de Israëli's en de Palestijnen. We komen niet vooruit zolang die muren er staan, net zolang tot een van ons bereid is om de ander op te zoeken en tot echt wederzijds begrip te komen.

Deze muren zijn opgebouwd uit stapels ondoordachte clichés. Politieke clichés zijn natuurlijk de meest transparante vorm van manipulatie, maar je vindt overal banale meningsverschillen, op het werk en thuis. Steeds weer dezelfde beschuldigingen vermomd als meningsverschillen woekeren jarenlang voort en veroorzaken veel problemen onder mensen met een twee-alternatievenmentaliteit, maar akelig weinig licht voor de rest van de wereld:

'Linkse potverteerder!'
'Harteloze conservatief!'
'Strenger straffen!'
'Racistische oorlogshitser!'
'Draaikont!'
'Marionet van het militair-industriële complex!'
'Een stem voor jou is een stem voor de terroristen!'
'Communist!'
'Fascist!'

In *Gullivers Reizen* van Jonathan Swift komt een vreemd groepje voor, genaamd Laputans, die de heersende elite van hun land vormen. Ze hebben besloten dat met elkaar praten te veel inspanning kost, daarom dragen ze zakken met zich mee, gevuld met symbolen die ze over en weer opsteken als ze elkaar tegenkomen. 'Ik heb deze wijze mannen vaak aanschouwd,' zegt Gulliver, 'die hun zak opendoen, een uur lang een gesprek voeren en vervolgens hun spullen weer opbergen en vertrekken'.[18]

Uiteraard doelde Swift hiermee op topmensen van de overheid en uit het bedrijfsleven die steeds maar weer dezelfde afgezaagde argumenten uitwisselen ter vervanging van authentieke communicatie.

Momenteel sluipt er een nieuwe venijnige toon in deze non-communicatie. Het lijkt wel of we op een dieptepunt zijn beland als het gaat om beschaafde redevoering. Er is sprake van boosheid, verdeeldheid, frustratie en polarisatie. Zelfs op het hoogste regeringsniveau, waar wederzijds respect ooit de norm was, horen we geregeld verhalen over uitbarstingen in plaats van dialogen. Het twee-alternatievendenken wordt steeds giftiger.

Op het internet, in sommige nieuwsprogramma's en op radiogolven overal ter wereld, hebben demagogen een nieuwe manier gevonden om mensen toe te juichen en uit te schelden en ze zo in twee kampen te verdelen. Sommige van deze demagogen zien zichzelf als martelaren, sommige zijn overduidelijk profiteurs die uitsluitend hun eigen belangen nastreven, maar veel houden zich bezig met het aanzetten tot haat jegens iedereen die anders over de dingen denkt dan zij. Maar met hun simpele 'wie niet met ons is, is tegen ons'-mentaliteit 'creëren ze de illusie van scherpe perceptie, terwijl het in feite gaat om de weigering nieuwe inzichten te verwerven door naar elkaars standpunt te luisteren'.[19]

Met het internet hebben we een nieuw middel gevonden om stammen te vormen, zoals ondernemer Seth Godin het formuleert.[20] Dat is iets heel moois. Alle mensen, van stoïcijnse filosofen tot beoefenaars van volksdansen uit de Oekraïne, kunnen contact maken en samen hun gemeenschappelijke interesses verkennen. Maar er zit ook een bedreigende kant aan dit nieuwe tribalisme: mensen die alleen met gelijkgestemden omgaan. Twee mensen die via Google dezelfde vraag stellen zullen twee verschillende antwoorden krijgen, omdat de geavanceerde zoekmachine het soort antwoorden dat elk van hen wil horen al weet. Zelfs nu de mogelijkheden om verschillende stemmen te laten horen op het internet snel in aantal toenemen, verschansen mensen zich, ironisch genoeg, achter digitale muren en onttrekken ze zich aan iedere vorm van contact met afwijkende standpunten. Ze gedragen zich als de Laputans, die driftig knikken in reactie op elkaars banaliteiten en hun oren dichthouden voor al het andere.

De praatstok

Al jarenlang maak ik me zorgen over deze verkondigers van vijandigheid en fragmentatie. Ik heb geprobeerd om ze te bestrijden door mensen in contact te brengen met het paradigma 'Ik zoek je op'. Ik heb ontmoetingen gehad met meer dan dertig staatshoofden en talloze leiders van regeringen en grote ondernemingen. Ik heb gesproken met schoolkinderen van Singapore tot South Carolina. En ik leer hun altijd hetzelfde, een methode die ik 'communicatie via de praatstok' noem.

Eeuwenlang gebruikten indianen de praatstok tijdens hun raadsbijeenkomsten om te bepalen wie er het recht heeft om te spreken. Zolang de spreker de stok heeft, mag niemand hem onderbreken, totdat de spreker vindt dat hij gehoord en begrepen is. Een nobele groep indianenleiders heeft me ooit een traditionele praatstok geschonken, die ik koester. (Tijdens dezelfde ceremonie gaven ze me mijn nieuwe naam 'Bald Eagle'!)

Praatstok

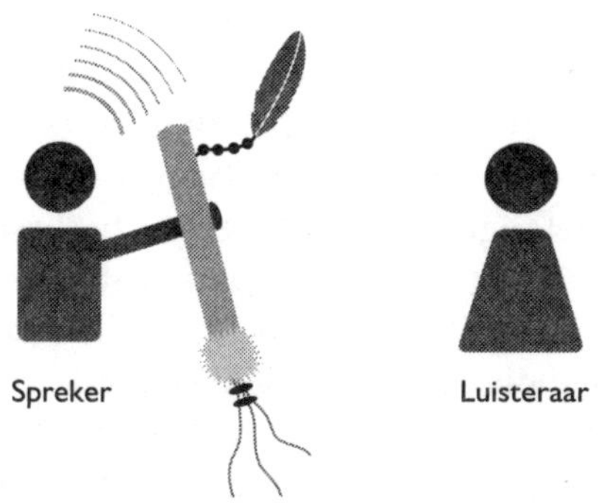

De praatstok. De praatstok, een oude traditie van de indianen, is een symbool van vredige communicatie. Zolang de spreker de stok in zijn hand houdt, mag niemand hem onderbreken totdat hij zich gehoord en begrepen voelt.

De symboliek van de praatstok is de moeite waard om even bij stil te staan:

Degene die de praatstok heeft, houdt de gewijde kracht van het woord in zijn handen. Hij mag spreken zolang hij de stok vasthoudt; de andere raadsleden mogen niets zeggen. De adelaarsveer die aan de stok vastzit, geeft hem de moed en wijsheid om in eerlijkheid en wijsheid te spreken. Het stukje konijnenvel aan het uiteinde van de stok herinnert hem eraan dat zijn woorden uit zijn hart moeten komen en dat ze zacht en warm moeten zijn. De blauwe steen herinnert hem eraan dat de grote geesten zowel de boodschap van zijn hart horen als de woorden die hij spreekt. De veelkleurige en steeds veranderende schelp herinnert hem eraan dat de hele schepping voortdurend in beweging is – de dagen, de seizoenen, de jaren gaan voorbij – en dat mensen en situaties ook veranderen. De vier kleuren kralen – geel voor de zonsopkomst (oost), rood voor de zonsondergang (west), wit voor de sneeuw (noord) en groen voor de aarde (zuid) – zijn symbolen voor de krachten van het universum die hij in zijn handen houdt op het moment dat hij spreekt over wat er in zijn hart leeft. Aan de stok zijn strengen haar bevestigd van de grote buffel. Degene die spreekt, mag dat doen met de macht en de kracht van dit geweldige dier.[21]

Deze beschrijving van een praatstok van de Cherokee-indianen verwoordt prachtig wat ik probeerde te bereiken. De praatstok draait niet om het winnen van meningsverschillen, maar om het horen van een verhaal en het verkrijgen van inzicht in het hart van de verteller. Het vraagt moed, wijsheid en tempering van de waarheid met compassie. In de mondiale cultuur van de eenentwintigste eeuw is niets belangrijker dan dat we anderen begrijpen in plaats van proberen ze te domineren. Communicatie via de praatstok is een morele noodzaak in onze tijd.

De praatstok vormt de kern van het kringgesprek, dat is ingesteld door de stamoudsten om belangrijke problemen en beslissingen te bespreken en af te handelen. De kring is geen discussieclub. Dr. Carol Locust omschrijft het als volgt: 'De cirkel is bedoeld om iedereen de mogelijkheid te bieden op een veilige plek zijn waarheid te spreken… Niemand is prominenter dan iemand anders; iedereen is gelijk en er is geen begin en geen einde, zodat alles wat gezegd wordt op gelijke basis wordt geaccepteerd en gerespecteerd.'

De oorsprong van het kringgesprek is niet meer te achterhalen, maar komt tot uitdrukking in de oprichtingsmythe van de Iroquois Confederation. Eeuwenlang hadden de vijf naties van de regio Lower Great Lakes van Noord-Amerika elkaar bloedig bestreden; elk van hen wilde een dominante positie veroveren. Mogelijk al in de twaalfde eeuw kwam er een jonge buitenstaander, die volgens de legende Deganawidah, de Vredestichter, heette en die alles veranderde.

Het verhaal gaat dat de Vredestichter een bloeddorstige krijger uitzocht die leefde van geweld en die zo angstaanjagend was en geïsoleerd van de anderen leefde dat niemand hem ooit een naam had gegeven. Op een avond stuitte de Vredestichter op de hut van de naamloze krijger. Hij klom naar de bovenkant, waar een opening was waaruit rook van een vuur ontsnapte. Binnen zat de krijger te turen boven een pruttelende ketel. Toen hij het gezicht van de vreemdeling weerspiegeld zag vanuit de diepten van het water, was hij getroffen door de schoonheid ervan en begon hij de kwaadaardigheid van zijn gedrag te overdenken.

Toen de vreemdeling van het dak af kwam en de hut binnenging, omhelsde de krijger hem. 'Ik was verbaasd dat er iemand naar me keek vanuit de bodem van de ketel. Zijn schoonheid verbaasde me enorm… Ik kwam tot de conclusie dat ik het misschien zelf was die van daaruit opkeek. Op dat moment dacht ik: mijn gewoonte om mensen te doden is niet passend.'

Hij luchtte zijn hart tegenover de vreemdeling. Hij vertelde zijn verhaal en de vreemdeling luisterde respectvol. Ten slotte zei de krijger: 'Nu ben ik klaar. Het is jouw beurt. Ik zal op mijn beurt luisteren naar de boodschap die je brengt.'

De Vredestichter zei tegen hem: 'Nu heb je het patroon van je leven veranderd. Je hebt een nieuwe manier van denken gekregen, namelijk die van rechtvaardigheid en vrede.' Samen keken ze opnieuw in het water en zagen ze hoezeer ze op elkaar leken. De Vredestichter gaf de krijger een naam, Hiawatha, en de twee mannen 'gingen een intellectueel en spiritueel gevecht aan dat vele jaren duurde' om de Mohawks, de Oneida, de Onondaga, de Cayuga en de Seneca te verenigen in wat nu de Iroquois Confederatie wordt genoemd.[22]

De Confederatie die door sommigen 'de oudste nog bestaande participerende democratie ter wereld' wordt genoemd, ging van start als derde alternatief voor de nimmer aflatende oorlog aan de ene kant en slavernij aan de sterkste stam aan de andere kant. De vijf naties voerden nooit meer oorlog met elkaar. Het constitutionele systeem van de Iroquois, de Great Law of Peace, bestaat tot op de dag van vandaag en wordt geregeerd door een raad van clanhoofden; de meeste beslissingen werden genomen op basis van consensus, waarbij alle vertegenwoordigers een gelijke stem hebben.[23] Deze raad is weliswaar belangrijk maar behandelt alleen grote kwesties, terwijl de meeste lokale problemen worden afgehandeld door stammenraden binnen een uniek federaal bestuurssysteem. Interessant genoeg hebben vrouwenraden vetorecht over de beslissingen van mannelijke leiders.

Hoewel historici het niet eens zijn over de invloed die de Iroquois Confederatie heeft gehad, lijkt het als voorbeeld te hebben gediend voor de totstandkoming van de Verenigde Staten. Tientallen jaren vóór de Amerikaanse revolutie stelde Benjamin Franklin voor het eerst een vergelijkbare unie van Britse koloniën in Amerika voor. Hij was onder de indruk van het ingenieuze Iroquois 'uniemodel': 'Het is eeuwenlang van kracht gebleven en lijkt niet weg te denken.' Als zij dat konden, vroeg Franklin, waarom zouden de koloniën het dan niet kunnen?[24]

Dat is het grootse erfgoed van dat eerste kringgesprek, geboren op het moment dat Hiawatha zichzelf en zijn broeder weerspiegeld zag in het water. Het gevolg, aldus de Vredestichter, was een 'nieuwe denkwijze' – de paradigma's 'Ik zie mezelf' en 'Ik zie jou' – die 'het patroon' van Hiawatha's leven volledig veranderden. Om deze nieuwe gemoedstoestand onder de naties te verspreiden, brachten de beide mannen het derde paradigma 'Ik zoek je op' in praktijk; overal waar ze kwamen organiseerden ze kringgesprekken en bouwden ze aan de Great Law of Peace onder de vijf naties. De praatstok werd het icoon van de Great Law of Peace.

Bijna duizend jaar lang hebben de vijf naties in vrede met elkaar geleefd, terwijl het zogenaamde 'beschaafde' Westen oorlogsvoering en massamoord tot wetenschap heeft verheven.

Empathie

De essentie van communicatie via de praatstok is empathisch luisteren, zoals psychologen zouden zeggen. Ik heb een groot gedeelte van mijn leven empathisch luisteren onderwezen, omdat het de sleutel is tot vrede en synergie. Het is niet zomaar een techniek om anderen te manipuleren. Hiawatha gaf lucht aan zijn woede, eenzaamheid en schuldgevoel, omdat de Vredestichter bereid was hem op te zoeken en zowel naar zijn hart als naar zijn woorden te luisteren. Pas nadat hij zichzelf van deze last had bevrijd, stond Hiawatha open voor de boodschap van de Vredestichter: 'Nu ben ik klaar en zal ik op mijn beurt luisteren naar de boodschap die jij brengt.'

Wat is empathie? Ik ben het wel eens met de volgende definitie van de Israëlische filosoof Khen Lampert: 'Empathie vindt plaats als we onszelf tegenkomen... in de geest van de ander. We nemen de realiteit waar door zijn ogen, voelen zijn emoties en delen in zijn pijn.'[25] Ons empathisch vermogen lijkt aangeboren te zijn: zelfs pasgeboren baby's huilen als ze andere baby's horen huilen.

Empathie is iets anders dan sympathie; bij sympathie gaat het erom dat je het met de ander eens bent (met hem sympathiseert) of dat je de kant van de ander kiest in een conflict. Empathisch luisteren betekent niet dat we het eens zijn met het standpunt van de ander. Het betekent dat we proberen dat standpunt te begrijpen. Het betekent dat we luisteren naar zowel de inhoud als de emotie van wat de ander zegt, zodat we ons in haar situatie kunnen verplaatsen en weten hoe dat voelt.

Ik vergelijk empathisch luisteren met mensen 'psychisch lucht geven'. Als je op dit moment bijna zou stikken, zou je maar één ding willen en dat is lucht – en wel meteen! Maar zodra je weer op adem bent, is die fysieke behoefte bevredigd. Net zoals de behoefte aan lucht, is de grootste psychologische behoefte van de mens om begrepen en gewaardeerd te worden.

Als je met empathie naar iemand luistert, geef je die ander psychologisch lucht. Wanneer deze essentiële behoefte is vervuld, kun je je richten op het oplossen van het probleem. In deze wereld vol conflicten voelen veel mensen zich niet gehoord, buitengesloten of gefrustreerd, omdat ze genegeerd worden of zich niet vertegenwoordigd voelen. Degene die het initiatief neemt om te luisteren – echt te luisteren – heeft de sleutel in handen om de deuren van een verstikkende mentale gevangenis open te zetten.

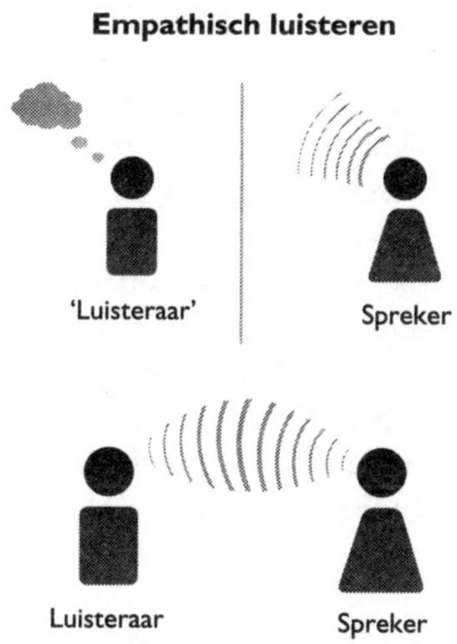

Empathisch luisteren. Tijdens een conflict denken we meestal aan onze eigen tegenargumenten en reacties terwijl de ander aan het woord is. Door die 'muur' zijn we niet in staat om elkaar te horen. Een empathische luisteraar probeert juist de gedachten en de gevoelens van de ander te begrijpen.

Kijk maar hoe Carl Rogers de reactie beschrijft van mensen die zich echt begrepen voelen:

> *Vrijwel altijd als iemand zich realiseert dat hij diepgaand gehoord is, worden zijn ogen vochtig. Ik denk dat het in zekere zin tranen van blijdschap zijn. Het is alsof hij zegt: 'Godzijdank, iemand heeft naar me geluisterd. Iemand weet hoe het is om mij te zijn.' Op dat soort momenten zie ik het beeld voor me van een gevangene in een kerker, die dag in dag uit morsecodes verstuurt: 'Kan iemand me horen? Is daar iemand?' Eindelijk hoort hij getik in de verte, dat 'ja' betekent. Door die simpele respons is hij bevrijd van zijn eenzaamheid; hij is weer mens geworden.*[26]

Ik zoek je op. Ik hoor je en de muren komen naar beneden. Probeer je maar eens voor te stellen welk effect dat kan hebben op onze problematische huwelijken, onze juridische conflicten, onze politieke strijd, onze grootste conflicten, als we tenminste kunnen zeggen: 'Godzijdank, iemand hoort me.' De psychische spanning verdwijnt en we kunnen ons concentreren op de derde weg.

Het vermogen om te voelen wat anderen voelen is ons aangeboren. Begin jaren negentig ontdekten onderzoekers een soort hersencel, spiegelneuron genoemd, die 'oplicht' – of we nu zelf een handeling uitvoeren of iemand anders dit zien doen. Italiaanse wetenschappers namen dit verschijnsel voor het eerst waar bij apen. Terwijl ze een experiment uitvoerden om te zien welke hersencellen oplichten wanneer hun testaap iets eetbaars probeerde te pakken, zagen ze tot hun stomme verbazing dat dezelfde hersencellen oplichtten wanneer de aap zag dat een andere aap iets te eten probeerde te pakken.

Blijkbaar kunnen de spiegelneuronen onderscheid maken tussen vijandige en onschuldige bewegingen. De cellen reageren anders als we zien dat iemand zijn arm optilt, zelfs als volslagen onduidelijk is of de persoon in kwestie van plan is zijn haar te kammen of een knuppel te pakken om ons neer te slaan. Als iemand naar ons glimlacht, vuren dezelfde neuronen als wanneer we zelf glimlachen. Als we een glimlach zien, voelen we een glimlach. Als we pijn zien, voelen we pijn. Deze neuronen kunnen *voelen* wat de ander voelt.[27]

Als ons empathisch vermogen een aangeboren verschijnsel is en zo veel impact heeft, waarom is het dan zo zeldzaam? Omdat de concurrerende paradigma's zo sterk zijn. In haar voortreffelijke onderzoek 'Empathy and the Novel', neemt Suzann Keen waar dat 'het verlangen naar dominantie, verdeeldheid en hiërarchische relaties' de empathie verzwakt. Van oudsher is een empathisch persoon een softie die in al zijn naïviteit denkt dat mensen wel zullen veranderen als je begrip voor ze toont.[28] Nuchtere realisten zijn niet empathisch.

Maar als je kijkt naar de logische gevolgen van het opleggen van 'dominantie, verdeeldheid en hiërarchie', kun je je afvragen wie de echte realisten zijn. Als ik eropuit ben mensen te domineren en te verdelen, ze in categorieën te dwingen, zal ik onvermijdelijk weerstand oproepen. Er zal geen sprake zijn van *Ik-Gij*, maar alleen van *Ik-Het*. Ik zal conflicten genereren in plaats van creativiteit.

Een ander obstakel voor empathie is, zoals Rogers zegt, 'onze aangeboren neiging om iedere uitspraak van anderen te evalueren, te beoordelen en goed of af te keuren'. Hij geeft een voorbeeld: 'Stel, je bent net naar een lezing geweest. Een van de uitspraken die je vaak na afloop hoort is: "Ik vond die toespraak van die man maar niks." Hoe reageer je daar dan op? Je reactie zal er vrijwel onvermijdelijk een van goedkeuring of afkeuring van het gegeven oordeel zijn. Of je zegt: "Ik ook niet" of je antwoordt: "O, ik vond het juist heel goed." Met andere woorden, je primaire reactie is te evalueren wat er zojuist tegen je gezegd is en dat vanuit je eigen standpunt te beoordelen.'[29]

Dit soort uitwisseling is meestal heel onschuldig, maar hoe scherper het conflict, hoe scherper ons oordeel wordt en hoe minder we geneigd zijn om empathie te tonen. Als een meningsverschil aan diepgevoelde opvattingen of identiteitskwesties raakt, verdwijnt de empathie vaak helemaal. Daarom gaat empathisch luisteren tegen ons gevoel in, tenzij we er een gewoonte van maken, zoals ik mensen al jarenlang leer: 'Streef eerst naar begrijpen, dan pas naar begrepen worden.' Niet andersom.

Om van empathisch luisteren een gewoonte te maken, moeten we er een bewuste handeling van maken. Als ik hoor dat iemand anders het niet met me eens is, loop ik naar hem toe en zeg ik: 'Je ziet de dingen anders dan ik. Ik moet eens naar jou luisteren.' Hoe meer ik dit doe, hoe gemakkelijker het wordt en hoe beter ik het kan. Ik heb plezier in dit soort uitwisselingen.

In reactie op degene die de toespraak maar niks vond, zal ik als empathische luisteraar zeggen: 'Vertel eens.' Als het om een klein punt van kritiek gaat, doe ik misschien inzicht op. Als het een kwestie is die me na aan het hart ligt en ik probeer *eerst* het standpunt van de ander te begrijpen, dan zal zij eerder geneigd zijn ook naar *mijn* standpunt te luisteren.

Maar als je zegt: 'Ik kan goed luisteren. Ik ben eerlijk. Ik ben open', dan is de kans groot dat je niet empathisch geluisterd hebt. Net als de meeste mensen formuleer je waarschijnlijk je antwoorden al terwijl ik nog aan het woord ben. Kan ik echt vrijelijk en open met je praten als je automatisch op alles wat ik zeg een weerwoord hebt? Als je probeert met je dochter te communiceren, zal ze zich dan voor je openstellen als je meteen je oordeel klaar hebt of haar tegenspreekt of lacht om haar inbreng? Als je ergens de baas bent, kunnen de mensen die voor je werken dan echt met je praten en verwachten dat je ze begrijpt?

De volgende keer dat je in een discussie belandt, kun je het volgende experiment doen: iedereen mag alleen spreken nadat hij of zij de ideeën en gevoelens van de vorige spreker tot diens tevredenheid heeft verwoord. Je zult al snel merken dat het niet zo gemakkelijk is als het klinkt. Het is één ding om de ideeën van de ander te verwoorden, maar ook de gevoelens weergeven is lastig. Maar als je het blijft proberen, leer je uiteindelijk empathisch te luisteren. Je komt erachter hoe het is om in andermans schoenen te staan en de wereld te zien zoals hij of zij die ziet.

De technieken van actief luisteren – gevoelens spiegelen, ideeën herhalen, niet oordelen of commentaar leveren – zijn alom bekend en nuttig. Maar om een empathische luisteraar te zijn, moet je slechts achterover leunen en luisteren, rustig blijven en opletten. Het kan natuurlijk een uitdaging zijn als je zo iemand bent wiens gezicht rood wordt als hij iets hoort wat hem niet aanstaat.

Maar het is een veel grotere uitdaging om een empathische houding aan te nemen. Als je me opzoekt omdat ik anders ben dan jij, als je vanuit je positieve waardering voor mij oprecht wilt begrijpen wat ik denk, waarom ik het denk en hoe ik me daarover voel, dan zul je verbaasd staan hoe snel ik me voor je openstel. Technieken voor actief luisteren kunnen empathisch luisteren belemmeren. En als ik het gevoel krijg dat je maar doet alsof je geïnteresseerd bent in mijn standpunt, dan zal ik een grote weerstand voelen tegen jouw technieken voor actief luisteren en ze als de zoveelste poging van manipulatie zien.

Ten slotte vergroot empathie je eigen denken uit. Als je partner, je collega of je vriend zich echt voor je openstelt en transparanter wordt, dan brengt hij zijn standpunten over op jou. Zijn waarheden zijn nu ook de jouwe. Omdat filosofe Hannah Arendt heel veel waarde hechtte aan de waarheid en begreep hoe beperkt die was, leerde ze zichzelf hoe ze voorbij die grenzen bij de gedachten van anderen kon komen. Ze schreef: 'Als je vanuit een bredere mentaliteit denkt, train je je verbeelding om af en toe een uitstapje te maken.'[30] Ook de dalai lama zegt vaak dat degenen met wie hij in conflict is zijn belangrijkste leermeesters zijn.[31]

Je denkt misschien: 'Maar wordt een conflict door empathisch luisteren niet heel erg langdradig? Moet je echt alles opnieuw aanhoren? Maakt het de dingen juist niet erger? Ik heb hier geen tijd voor!' Deze vragen leggen je paradigma bloot. Als je denkt dat je het allemaal al een keer gehoord hebt, heb je het mis. Tenzij je me, figuurlijk gesproken, de praatstok hebt gegeven – tenzij je mijn gevoelens zo goed hebt begrepen dat je mijn zaak voor me zou kunnen bepleiten – heb je helemaal niets gehoord.

Voor wat betreft het langdradig worden van een conflict, heb ik altijd weer kunnen vaststellen dat empathisch luisteren de snelste uitweg uit een conflict is. De tijd die je investeert in het verkrijgen van inzicht in mijn gedachten en gevoelens is niets vergeleken met de tijd en de middelen die je zou verspillen als je tegen me zou (blijven) strijden. Alleen al in de Verenigde Staten rekenen 1,2 miljoen juristen samen $ 71 miljard per jaar voor hun diensten – en dit bedrag omvat nog niet eens de financiële claims die ze winnen in rechtszaken. Hoeveel van die tijd en dat geld zou je kunnen besparen als mensen probeerden elkaar op een open en eerlijke manier te begrijpen?

Hoeveel jaren worden er op persoonlijk niveau niet verspild binnen conflictueuze huwelijken en andere relaties, omdat er geen sprake is van empathie? Empathisch luisteren vraagt tijd, maar lang niet zoveel tijd als nodig is om beschadigde of verbroken banden te herstellen of te leven met onderdrukte en onopgeloste problemen.

In 2010, tijdens het diep verdeelde debat over een nieuwe wet voor de gezondheidszorg in de VS, besloten de president van de Verenigde Staten en de leiders van het Congres om op televisie over hun tegengestelde standpunten te praten. Het was een zeldzame en fascinerende ervaring om getuige te zijn van de uitwisseling op het allerhoogste regeringsniveau, die meestal achter gesloten deuren plaatsvindt. Het was ook ongelofelijk onthullend.

Ik erken dat synergie moeilijker te realiseren is als er heel veel mensen bij betrokken zijn. Maar het is vaak gelukt en het gebeurt meestal als een paar mensen even afstand nemen van de waan van de dag en besluiten voor een betere aanpak te kiezen. Deze keer gebeurde dat niet.

Beide kampen spraken met intelligentie en overredingskracht. Ze vertelden gruwelverhalen over mensen die geen hulp konden krijgen, over extravagante kosten en schandalige misstanden. Ze lachten en huilden om grove inefficiënties en ongelijkheden. Ze maakten scherpe opmerkingen over de tekortkomingen van de filosofieën van hun tegenstanders. Aan de indrukwekkende informatie die ze paraat hadden kon je zien dat ze hun huiswerk hadden gedaan.

Maar aan het eind voelde je de frustratie van beide partijen. Ondanks al hun onderbouwde beroepen op logica, data en emoties, hadden ze geen millimeter vooruitgang geboekt bij het oplossen van hun conflict. Zelfs rekening houdend met het feit dat ze allemaal wisten dat ze voor de camera stonden en dat het een oefening in politieke behendigheid was, voelde je de leegte en de teleurstelling die ze allemaal voelden omdat de muren tussen hen nog even onwrikbaar waren.

Wat ontbrak er? Hun paradigma's klopten niet, en dan heb ik het niet over hun politieke paradigma's. Het was duidelijk dat ze zichzelf en elkaar uitsluitend als vertegenwoordigers van een kamp zagen, niet als denkende, redenerende, creatieve individuen die in staat zijn een onafhankelijk oordeel te vellen. Als gevolg hiervan werd geen enkele poging tot empathisch luisteren gedaan. Inzicht in de verhalen van anderen interesseerde hen gewoon niet, inzicht waardoor ze van elkaar hadden kunnen leren en op zoek hadden kunnen gaan naar een derde weg.

Ik zeg niet dat er geen debat zou moeten zijn, dat mensen dingen niet moeten uitdiscussiëren.

Binnen de gepolariseerde paradigma's van onze samenleving gaan we er vaak van uit dat meningsverschillen maar om één ding gaan: winnen, de andere kant verslaan. Probeer dat maar eens met je vrienden en je familie, dan zie je hoever je daarmee komt in termen van het onderhouden van een liefdevolle en creatieve relatie. Voor een derde-wegdenker is het doel niet overwinning maar *transformatie*, voor iedereen, in alle kampen. Terwijl we van elkaar leren, veranderen we als vanzelf onze standpunten, soms zelfs radicaal.

Binnen het paradigma 'Ik zoek je op' discussieer ik met jou om nieuwe ideeën uit te proberen, niet om ze op te leggen. Ik gebruik discussie als vehikel om te leren, niet als wapen. Het is niet mijn doel om meer punten te scoren dan jij, maar om de regels van het spel te veranderen.

Binnen het paradigma 'Ik zoek je op' luister ik naar je om jouw stukjes waarheid te begrijpen, niet om gaten te schieten in je argumenten en dat tegen je te gebruiken. Rogers legt uit: 'De enige realiteit die ik mogelijkerwijs kan kennen is de wereld zoals ik die waarneem... De enige realiteit die jij mogelijkerwijs kunt kennen is de wereld zoals jij die waarneemt... En de enige zekerheid die we hebben is dat die waargenomen realiteiten verschillend zijn. Er zijn net zoveel "echte werelden" als er mensen zijn!'[32] Tenzij ik de hele waarheid in pacht heb (het spijt me te moeten zeggen dat dat hoogst onwaarschijnlijk is), kan ik alleen maar mijn voordeel doen met jouw waarheid. Ik zal niet veel leren als ik alleen mezelf hoor praten. Kijk maar eens naar deze gedachte van de filosoof John Stuart Mill:

> *Niet het gewelddadige conflict tussen delen van de waarheid, maar de stille onderdrukking van de helft ervan is het grote kwaad; er is hoop zolang mensen gedwongen worden naar beide kanten te luisteren; pas als ze slechts naar één kant luisteren, verharden fouten zich tot vooroordelen en heeft zelfs de waarheid niet langer het effect van waarheid.*[33]

Als ik uitga van het paradigma 'Ik zoek je op', dan neem ik een vreselijk maar ook verrukkelijk risico. Als ik echt begrijp hoe jij je voelt, als ik de dingen ga zien zoals jij ze ziet, dan loop ik het gevaar mijn standpunt te moeten veranderen! Als ik eerlijk ben, is de kans groot dat ik de dingen anders ga zien, en dat is maar goed ook. Als je geen invloed hebt op mijn denken, kan dat erop duiden dat ik er niet voor opensta en dat is zorgelijk. Het is voor mijn eigen bestwil dat ik naar jouw waarheid luister. Zoals Carl Rogers al zei, mijn paradigma moet niet zijn 'Ik geef om je omdat je net zo bent als ik', maar 'Ik bewonder en ik koester je omdat je anders bent dan ik.'[34]

Krachtige beslissingen nemen

Nu denk je misschien: al dat gepraat over empathie klinkt niet alleen weekhartig, maar ook weekhoofdig. Natuurlijk wil ik naar je luisteren, ik wil niet respectloos zijn, maar ik weet hoe ik erover denk. Ik heb geen behoefte aan anderen die me vertellen wat ik moet denken.

Mijn reactie hierop is dat er helemaal niets weekhoofdig is aan empathisch luisteren; het is juist heel praktisch. Je krijgt eerder problemen als je het *niet* doet. Iedereen die niet goed luistert op zijn werk raakt vroeg of laat in de problemen.

Het bedrijfsleven straft leiders die geen krachtige beslissingen nemen, en krachtige beslissingen zijn afhankelijk van een grondig inzicht in de standpunten van klanten, leveranciers, teamleden, andere afdelingen, vernieuwers, investeerders, kortom alle belanghebbenden. Een krachtige beslissing kun je definiëren als 'de best mogelijke keuze na het elimineren van alle mogelijke onzekerheden.'[35] En de enige manier om de onzekerheid te beperken is mensen te laten uitspreken.

Zo besloten de leiders van een multinationale voedselproducent een aantal jaar geleden om op de productiekosten te bezuinigen door voortaan appelsapconcentraat te kopen bij een nieuwe, goedkope leverancier. De top betrok alleen de financiële mensen van het bedrijf bij dit besluit en passeerde de directeur Onderzoek & Ontwikkeling, die over productontwikkeling zou moeten gaan. De geschokte directeur O&O, een onderzoekswetenschapper, probeerde zijn bazen te waarschuwen dat het nieuwe product helemaal geen appelsap bevatte – het was puur suikerwater – maar de bazen waren zo opgetogen over de $ 250.000 per jaar die ze bespaarden, dat ze de man weglachten als iemand die 'naïef en onpraktisch was'. Maar er kwam een dag waarop de top van het bedrijf achter de tralies verdween en $ 25 miljoen aan boetes moest betalen – een bedrag ter grootte van honderd keer het uitgespaarde bedrag per jaar dat ze zouden besparen door een frauduleus product te serveren.[36]

Wie is hier dan 'naïef en onpraktisch'? Degenen die verschillende standpunten onderzoeken om zodoende meer inzicht te verwerven of degenen die dat niet doen?

Er worden dag in dag uit dit soort gebrekkige beslissingen genomen door zakenmensen die niet empathisch kunnen of willen luisteren. Maar deze zelfde zwakte helpt verkeerde beslissingen in het dagelijks leven verklaren: thuis, in de gemeenschap, binnen overheden, tussen ouders en kinderen. Niet willen luisteren leidt tot conflicten in plaats van creativiteit, zwakte in plaats van kracht. De ironie hiervan is dat degenen die bang zijn dat empathisch luisteren hen zwak doet lijken, juist degenen zijn die de zwakste beslissingen nemen.

Ik ken een stel met drie volwassen kinderen. Het is een goed gezin, in ieder opzicht 'normaal' en vol levendigheid en pit. De vader reisde altijd veel voor zijn werk in de tijd dat zijn dochter en twee zoons opgroeiden. Zijn relatie met hen leed daar niet onder, hij was er alleen niet zo vaak. Alles ging prima, totdat zijn tienerdochter problemen kreeg, eerst op school en vervolgens met de politie.

Iedere keer als ze in de problemen raakte, wilde haar gespannen, krap in zijn tijd zittende vader het probleem met haar bespreken – misschien ietwat ongeduldig. Iedere keer kwamen ze op hetzelfde uit: 'Ik ben te dik, ik ben te lelijk.' 'Nee, dat is niet waar, voor mij ben je mooi.' 'Dat moet je wel zeggen, je bent mijn vader.' 'Ik zou het niet zeggen als het niet waar was.' 'Ja, dat zou je wel doen.' 'Denk je dat ik tegen je zou liegen?' En het gesprek ging dan verder over haar vaders eerlijkheid. Of hij vertelde haar een verhaal uit zijn eigen jeugd, hoe hij opgroeide met dunne armpjes en smalle schouders en iedereen hem uitlachte. 'Moet ik me daar beter door gaan voelen?' zei ze dan.

De situatie werd weer rustiger, hij ging weer op reis en de cyclus begon van voren af aan. Hij was op zakenreis toen zijn vrouw hem op een gegeven moment belde om te zeggen dat hun dochter verdwenen was. Hij nam in paniek het eerste vliegtuig naar huis en het gezin was in alle staten terwijl de zoektocht doorging. Uiteindelijk werd ze aangetroffen in een opvanghuis in een andere stad en haalden haar ouders haar op. Tijdens de rit naar huis was ze stil. Haar vader, een vriendelijke man die het echt niet meer wist, stortte zijn hart uit en vertelde hoezeer ze haar hadden gemist, hoe bang ze waren geweest omdat ze niet wisten waar ze was. Hij vertelde verhalen over vrienden van hem die in hun jeugd problemen hadden gehad, maar die nu stabiele volwassenen waren.

Die avond bespraken zijn vrouw en hij de situatie. 'Ik weet niet wat ik met haar aan moet', biechtte hij op. Zijn vrouw antwoordde: 'Misschien moet je eens proberen naar haar te luisteren.' 'Hoe bedoel je? Ik luister steeds naar haar. Het is zo ongeveer het enige wat ik doe als ik thuis ben.'

Zijn vrouw glimlachte flauwtjes naar hem. 'Ga naar haar toe en luister naar haar. Niet praten. Niets zeggen. Alleen maar luisteren.'

Hij ging naar zijn dochter toe, die nog altijd stil was en vroeg haar: 'Wil je praten?' Ze schudde haar hoofd, maar hij bleef zitten en zei evenmin iets. Het werd al donker toen ze begon te praten: 'Ik wil gewoon niet meer leven.'

Geschrokken verzette hij zich tegen zijn neiging om haar tegen te spreken en zei zachtjes: 'Je wilt niet meer leven.' Dit werd gevolgd door nog eens vijf minuten stilte – de langste vijf minuten uit zijn leven, vertelde hij later.

'Ik ben gewoon niet gelukkig, pap. Er is niets aan mezelf wat ik leuk vind. Ik wil gewoon dat het voorbij is.'

'Je bent ongelukkig', herhaalde hij.

Zijn dochter begon te huilen. Ze begon zelfs zo hard te snikken dat er een stortvloed van woorden kwam toen ze ook nog probeerde te praten. Alsof er een dam was gebroken. Ze praatte tot in de vroege uurtjes, hij zei amper tien woorden, en de volgende dag zagen de dingen er hoopvoller uit. Waar hij haar eerder alleen sympathie had getoond, had hij nu eindelijk de empathie ontdekt.

Dit was pas de eerste van vele keren dat ze tijdens die moeilijke puberjaren 'psychologisch lucht kreeg', maar het jonge meisje is nu een vrouw geworden, kalm en vol zelfvertrouwen en zeker van haar vaders liefde voor haar. Het feit dat hij haar zou opzoeken, dat hij haar waardeerde als ze haar hart bij hem uitstortte en niet probeerde zijn eigen versie van de werkelijkheid aan haar op te dringen, gaf haar een stevige basis voor de rest van haar leven.

Ik raad je aan om dit paradigma ter harte te nemen: 'Ik zoek je op'. Denk aan de gestreste, overspannen momenten in je eigen relaties met anderen. Als er veel spanning is en weinig vertrouwen, als je geen idee hebt wat de volgende stap moet zijn, als er een muur is opgetrokken, probeer dan eens te experimenteren met empathie.

- Ga naast de ander staan en zeg: 'Jij ziet de dingen anders. Ik zou beter naar je moeten luisteren.'
- Betaal de prijs die nodig is om inzicht te krijgen. Geef je volledige aandacht. Laat je niet afleiden terwijl je luistert. Dus niet oordelen, evalueren, analyseren, adviseren, zijdelingse opmerkingen maken, beklagen, bekritiseren of kibbelen. Je hoeft niet aan de kant van de sprekers te staan. Je hoeft alleen positieve waardering voor ze te voelen.
- Zeg niets. Jij hoeft geen antwoord, vonnis of oplossing te geven. Bevrijd jezelf van die druk. Leun achterover en luister alleen maar.
- Praat alleen om het gesprek op gang te houden. Zeg dingen als 'Vertel', 'Ga verder' of alleen maar 'Hm'.
- Let goed op emoties. Bekrachtig gevoelens: 'Je zult je wel (ellendig, boos, gekwetst, aan het eind van je Latijn, gespannen, teleurgesteld, verbijsterd, verward, verraden, onzeker, argwanend, sceptisch, bezorgd, gefrustreerd) voelen.'
- Gebruik een praatstok – letterlijk of figuurlijk – als dat helpt.
- Denk erom dat je naar een verhaal luistert. Als je naar een film gaat, onderbreek je die toch ook niet om in discussie te gaan met het verhaal en terug te praten tegen het scherm. (Zo ja, dan zal je gevraagd worden te vertrekken – en terecht!) Je bent betrokken, je gevoel voor de realiteit is opgeschort, je bent bijna in trance.
- Wees bereid om te leren. Als je je openstelt, zul je inzichten verwerven die je eigen denken verlichten en die een aanvulling vormen op je eigen standpunt. Je standpunt veranderen als gevolg van nieuwe informatie is normaal – het is geen teken van zwakheid.
- Zorg dat je de ander echt begrijpt. Vat het verhaal zo nodig samen. Vertel wat je denkt te hebben gehoord. Praat over de gevoelens die je

hebt waargenomen. Vraag of hij denkt dat je goed begrijpt waar hij het over heeft. Zo niet, probeer het dan opnieuw, totdat hij tevreden is.

- Geef blijk van je dankbaarheid. Het is een groot compliment om toegang te krijgen tot het hoofd en het hart van een medemens. En je hebt daar veel profijt van, omdat je een stukje van de werkelijkheid hebt begrepen dat je eerder niet begreep. Of, zoals John Stuart Mill zei: 'Als er mensen zijn die een gegeven mening tegenspreken, laten we daar dan dankbaar voor zijn, ons openstellen en naar ze luisteren, en blij zijn dat iemand voor ons doet wat we eigenlijk zelf zouden moeten doen.'[37]

Begrijp je hoe je iemand in een conflictsituatie stoom kunt laten afblazen? Je moet niet gek staan te kijken als de andere partijen op een gegeven moment hun houding tegenover jou veranderen en *jouw* verhaal willen horen. Als je de prijs hebt betaald en hen echt begrijpt, zullen zij klaar zijn om jouw verhaal te horen. Als dat gebeurt, ben je goed op weg naar een derde alternatief.

Paradigma 4: Ik creëer synergie met jou

Dit laatste paradigma gaat om het vinden van een oplossing die beter is dan alles wat al bedacht is, in plaats van verstrikt te raken in een vicieuze cirkel van elkaar aanvallen.

Ik noem dit paradigma 'Ik creëer synergie met jou'. Zoals we hebben gezien, is synergie het proces van het tot stand brengen van een derde alternatief. Het gaat daarbij om de passie, de energie, de vindingrijkheid en de opwinding van het creëren van een nieuwe realiteit die veel beter is dan de oude. Daarom noem ik dit ook wel het scheppende paradigma.

De volgende tabel laat zien hoe de tegenstelling tussen het synergieparadigma en het aanvalsparadigma eruitziet:

	Ik creëer synergie met jou	Ik val je aan
Zien	1 + 1 = 10 of 100 of 1000!	1 + 1 = 0 of minder!
Doen	Ik zoek naar het derde alternatief. Ik vraag: 'Ben je bereid om te gaan voor een oplossing die beter is dan alles wat wij tot nu toe afzonderlijk hebben bedacht?'	Ik ben uit op een gevecht. Ik houd vast aan mijn eigen beperkte oplossing. Ik zorg ervoor dat de andere partij verliest, hoewel ik uiteindelijk misschien een compromis moet sluiten.
Krijgen	Wat zijn de voordelen van het vinden van een derde alternatief?	Wat zijn de nadelen van minachting voor anderen? Voor een bedrijf? Voor een land? Voor een gezin?

Denken in de geest van het derde alternatief

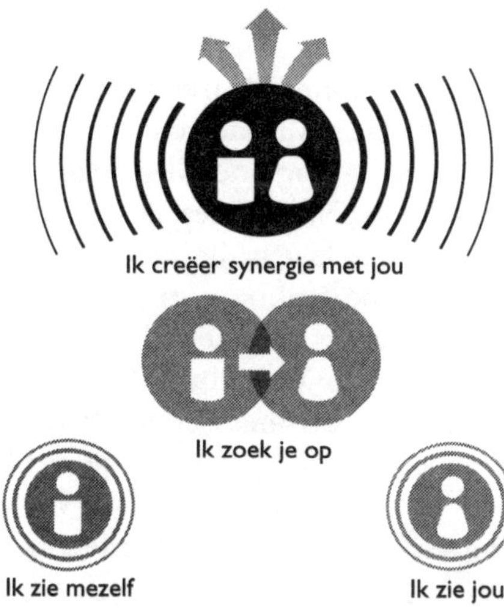

Ik creëer synergie met jou. Wanneer we elkaar volledig begrijpen, zijn we in staat om voor synergie te gaan, om een oplossing te vinden die beter is dan alles wat we als individuen hebben bedacht. Synergie is snelle, creatieve, gezamenlijke probleemoplossing.

De gedachte 'Ik val je aan' is de logische consequentie van de gedachten 'Ik stereotypeer jou' en 'Ik verdedig mezelf tegenover jou'. Ze horen bij het paradigma van de vernietiging – van relaties, van samenwerkingsverbanden, bedrijven, gezinnen, organisaties, landen – van de toekomst, eigenlijk. Als ik zo over jou denk, ben je een stereotype, geen persoon die ik kan zien. Jij staat voor een ideologie die ik niet kan tolereren omdat je het volledig bij het verkeerde eind hebt. Of je bent mijn man of vrouw of partner of familielid, en je bedreigt mijn identiteit, mijn gevoel van eigenwaarde. Als ik je zo zie, wat zeg ik dan? 'Ik krijg je wel.' 'Er is geen ruimte voor ons allebei – het is jij of ik.'

Ik kan medelijden met je hebben. Ik kan proberen je over te halen naar mijn standpunt, maar uiteindelijk ben je slechts een vertegenwoordiger van iets waar ik niet mee kan leven, daarom verdedig ik mezelf tegenover jou door je te negeren, belachelijk te maken, te ondermijnen. De laatste fase is die van de directe aanval: ik moet je verslaan. Het is niet genoeg voor me om te winnen; jij moet verliezen. Eén plus één is nul, want niemand kan dit spel winnen. En wat levert het ons op? Het enige dat wij samen tot stand brengen is oorlog.

Vanuit een aanvalsmentaliteit is het best mogelijke eindresultaat een compromis, wat per definitie betekent dat we allebei iets verliezen. Een compromis betekent één plus één is anderhalf. Een compromis is iets anders dan synergie. Het heeft een goede reputatie, en mensen denken dat het geweldig is om een compromis te sluiten, maar het is geen synergie.

De tegenovergestelde mentaliteit daarentegen, 'Ik creëer synergie met jou', is de logische consequentie van de gedachten 'Ik zie mezelf', 'Ik zie jou' en 'Ik zoek je op'. Weet je nog hoe alles begon, met oprecht respect voor mezelf en voor jou: ik gebruik je niet, ik ontmoet je, om met Martin Buber te spreken. De volgende fase is die van enthousiaste empathie, een oprecht voornemen om alle beschikbare stukjes waarheid te vinden en te begrijpen. Ik kan geen synergie bereiken als niet iedereen zich volledig begrepen voelt in termen van zowel inhoud als emotie. Professor Horacio Falcao van de internationale businessschool INSEAD beschrijft het als volgt: 'Ik laat door mijn eigen gedrag zien dat je niet bang voor me hoeft te zijn. Dus hoef je je niet te verdedigen, want ik val je niet aan. Daarom hoef je je niet te verzetten en hoef je je spierballen niet te laten zien, want dat doe ik ook niet.'[38]

Stel jezelf nu de volgende vragen: Wat is de prijs die je bedrijf betaalt voor een dergelijke aanvalsmentaliteit? Of je land? Of je gezin? En wat zijn, aan de andere kant, de voordelen van een synergiementaliteit voor je bedrijf, de wil een derde alternatief te vinden? En voor je land? Voor je gezin?

Je kunt deze vragen voor jezelf beantwoorden, maar stel je eens voor wat er gebeurd was als Mohandas Gandhi op die gedenkwaardige avond op dat treinstation in Zuid-Afrika was gezwicht voor een aanvalsmentaliteit? Wat zouden de gevolgen daarvan geweest zijn voor hemzelf en uiteindelijk ook voor de toekomst van India? Wat zou er, op een heel ander niveau, gebeurd zijn als Nadia, de moeder die zo boos was over het afschaffen van de muzieklessen op de school van haar dochter, een rechtstreekse aanval op de leerkracht had ingezet in plaats van synergie met haar te creëren? En wat zou er, op nog weer een ander niveau, zijn gebeurd als Japanse fabrikanten W. Edwards Deming hadden behandeld als een buitenlandse bemoeial en hem hadden aangevallen met cultureel tegengif?

Het Japanse woord voor het aanvalsparadigma is *kiai*. In de oosterse vechtsport verwijst deze term naar totale en intense concentratie op het blokkeren of vernietigen van een vijand; dit wordt gesymboliseerd door een explosieve schreeuw. Het tegenovergestelde, het synergieparadigma, wordt *aiki* genoemd. Deze term verwijst naar een open geest, een niet-confrontatiegerichte afstemming van je kracht op die van je tegenstander. De revolutionaire oosterse vechtsport op basis van synergie heet *aiki-do*, of 'de weg van de vrede'. In aikido haal je de lont uit het conflict door je kracht te combineren met die van je tegenstander, waardoor je paradoxaal genoeg veel meer kracht genereert. Gelukkig benaderde de Japanse industrie de Amerikaan Deming met een aikidomentaliteit, en de resultaten waren historisch.

Volgens de prominente aikidomeester Richard Moon 'is het belangrijkste bij aikido dat je nooit tegen de kracht van de ander ingaat. Bij conflictbeheersing wordt dit idee zo toegepast dat je nooit tegen de opvattingen of de ideeën van de ander ingaat... We willen meer te weten komen over wat ze denken, we willen meer te weten komen over hun energie, hun enthousiasme en als we dat doen, kunnen we speelser worden en erin meegaan en dat kan de situatie veranderen.'[39]

Verlies nooit uit het oog dat echte synergie meer om *aiki* vraagt dan om *kiai* – de gedachte van oprecht respect en empathie in plaats van de gedachte van blokkeren en aanvallen.

Het proces van synergie

Na het ontbreken van een juiste denkwijze is het ontbreken van de juiste vaardigheid de tweede blokkade die synergie in de weg kan staan. Synergie is het proces dat naar het derde alternatief leidt, en je moet weten hoe dat proces werkt. Tot nu toe heb ik vooral gesproken over het karakter van een synergetische persoon en heb ik de paradigma's onderzocht die bij de mentaliteit van het derde alternatief horen. Nu ga ik het hebben over de vaardigheden waarover een synergetische persoon beschikt.

Kinderen doen van nature aan synergie. Bij onze geboorte beschikken we al over een scheppend paradigma. Een vriend vertelde me laatst hoe hij zijn twee zoontjes en hun vriendjes een hele stad zag bouwen van een paar dozen, wat kersen die op de grond lagen (dat waren de mensen), een stapel stenen en een bananenschil (het paleis van de koning). Ze vertelden elkaar, al improviserend, een gedetailleerd verhaal over deze geweldige beschaving. Er kwam politiek, economie, liefde, jaloezie en passie in hun verhaal voor. Kinderen zijn geboren bouwers. Als we opgroeien en ons door school en werk steeds verder specialiseren, raken we de vaardigheden kwijt die we ooit gebruikten om nieuwe werelden te scheppen.

Maar die vaardigheden gaan nooit echt verloren. Soms doen mensen zichzelf versteld staan als ze noodgedwongen op een derde alternatief uitkomen. Een crisis kan een derde alternatief afdwingen, zoals tijdens de gebeurtenissen rondom het ongeluk met de Apollo 13, de gedoemde reis naar de maan in 1970. Na een explosie aan boord van het ruimteschip kwamen de astronauten tot de ontdekking dat ze langzaam stikten aan een koolmonoxidevergiftiging die werd veroorzaakt door de lucht uit hun eigen longen.

Door het uitvallen van de stroom waren de astronauten gedwongen om van de commandomodule van het schip naar de maanlandingsmodule te gaan, die niet gemaakt was om drie ademende mensen in leven te houden. In de commandoruimte waren meer dan genoeg kubusvormige filters beschikbaar, maar die pasten niet in het systeem van de landingsmodule; daar waren cilindervormige filters nodig. Het was een klassiek twee-alternatievenprobleem van een vierkant blokje dat in een rond gat moest.

'Opgeven is geen optie!' bezwoer Gene Kranz, de missieleider op de grond. Er moest een derde alternatief gevonden worden. Dus bouwden technici op de grond snel een brievenbusachtige constructie van materialen die de astronauten tot hun beschikking hadden – vellen plastic, plakband, karton, rubber slangen – die de verschillende filters met elkaar verbonden. De specificaties voor deze geïmproviseerde oplossing werden via de radio doorgegeven aan de astronauten. En het werkte.

In dit geval ontstond het derde alternatief onder druk van een situatie van leven en dood, en dat is natuurlijk extreem. Maar wat zien we bij de synergie die werd toegepast door het Apollo-team?

We zien dat een derde alternatief snel tot stand kan worden gebracht. We zien verder dat we derde alternatieven kunnen creëren met de middelen die we tot onze beschikking hebben; we hebben niet altijd meer of andere middelen nodig. We zien ook hier dat de meeste dilemma's valse dilemma's zijn. Bovenal leren we dat mensen die zeer betrokken zijn bij elkaar een wonderbaarlijke synergie kunnen bereiken.

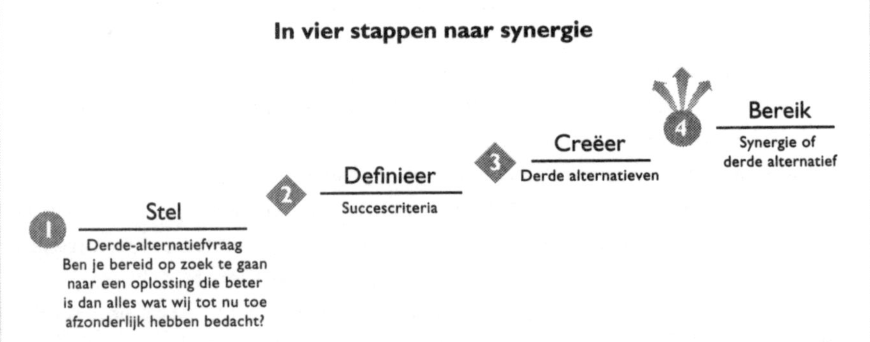

In vier stappen naar synergie. Dit proces helpt je het synergieprincipe in praktijk te brengen. (1) Toon bereidheid om op zoek te gaan naar een derde alternatief. (2) Definieer hoe succes er voor iedereen uitziet. (3) Experimenteer met oplossingen totdat je (4) synergie bereikt.

Een crisis kan dus tot synergie leiden. Maar je hebt geen crisis nodig om synergie te bereiken. Als je met de juiste instelling begint, kun je bewust synergie bereiken door vier stappen te doorlopen:

De vier stappen op weg naar synergie

1. Ik vraag jou: 'Ben je bereid op zoek te gaan naar een oplossing die beter is dan ieder van ons afzonderlijk tot nu toe heeft bedacht?' Deze ene revolutionaire vraag kan een defensieve houding ongedaan maken, want ik vraag je niet om je idee op te geven. Helemaal niet. Ik vraag alleen of we kunnen kijken naar een alternatief dat beter is dan mijn idee of jouw idee. Het begint als een gedachte-experiment, verder niets.
2. Dan vraag ik iets in de trant van: 'Hoe zou een betere oplossing eruitzien?' Het idee is dat je met een duidelijke visie komt van de te verrichten taak, een lijst met criteria voor een succesvol resultaat waar we allebei blij mee zouden zijn – criteria die verder gaan dan onze standaardeisen.
3. Als deze criteria eenmaal op papier staan, gaan we experimenteren met mogelijke oplossingen die aan de criteria voldoen. We creëren prototypes, we brainstormen over nieuwe denkramen, we zetten onze ideeën op zijn kop. We schorten ons oordeel voorlopig op. Later zal ik verschillende manieren beschrijven waarop je dit kunt doen, maar alle synergie is afhankelijk van de vraag of we onszelf toestaan om met radicale mogelijkheden te experimenteren.
4. Aan de opwinding om ons heen kunnen we aflezen of we synergie hebben bereikt. De aarzeling en de conflicten zijn verdwenen. We blijven eraan werken totdat we die uitbarsting van creatieve dynamiek ervaren die staat voor een succesvol derde alternatief. We herkennen het direct als we het zien.

Er zijn veel deskundigen op het gebied van 'conflictbeheersing'. Maar voor de meesten van hen betekent het oplossen van een conflict onderhandelen over een bescheiden vergelijk, waardoor de strijd wordt beëindigd zonder dat dit noodzakelijkerwijs leidt tot indrukwekkende nieuwe resultaten. Het derde alternatief is meer dan een wapenstilstand en veel meer dan een compromis – het gaat om het creëren van een nieuwe realiteit die beter is dan 'enerzijds' of 'anderzijds'. Het is noch de eerste, noch de tweede optie; het is de derde.

Deze stappen op weg naar synergie zien er in het echte leven als volgt uit:

Stap 1: Stel de derde-alternatiefvraag

De eerste stap in het synergieproces is het stellen van de derde-alternatiefvraag: 'Ben je bereid op zoek te gaan naar een oplossing die beter is dan alles wat wij tot nu toe afzonderlijk hebben bedacht?'

Deze vraag verandert alles. Als het antwoord 'ja' is, is het plotseling niet meer nodig om te onderhandelen, dat leidt alleen maar tot compromissen. Als het antwoord 'ja' is, haal je de spanning uit het conflict. In een situatie van weinig vertrouwen kan die 'ja' heel aarzelend klinken, tandenknarsend zelfs. Maar het is de eerste stap om afstand te nemen van de verharde positie, richting de veelbelovende oplossing.

Als je deze vraag oprecht stelt, moet je je eigen denken oprecht onderdrukken. Je moet ophouden jezelf te zien als de objectieve, alleswetende bron van wijsheid. Je moet leren denken binnen de paradigma's van wederzijds respect en het waarderen van verschillen. Zoals we al eerder zagen, moet je het paradoxale principe doorgronden dat twee mensen het oneens kunnen zijn en toch allebei gelijk kunnen hebben.

Verder moet je jezelf leren zien als meer dan de vertegenwoordiger van een kant. Je bent meer dan alleen je grieven, je standpunt, je ideologie, je team, je bedrijf of je partij. Je bent geen slachtoffer van het verleden. Je bent een volledig mens, een uniek individu, in staat om je eigen leven vorm te geven. Je kunt een andere toekomst kiezen.

Je moet ook bereid zijn om je eigen vooringenomen ideeën over een oplossing te laten varen. (Let wel, ik zei 'bereid zijn'.) Je moet openstaan voor mogelijkheden waar je nooit eerder aan gedacht hebt. Je moet bereid zijn om je te laten leiden door het proces, want synergie is per definitie onvoorspelbaar.

'Zou je bereid zijn op zoek te gaan naar een betere oplossing?'
'Ja, maar ik zie niet wat die oplossing zou kunnen zijn, en ik wil geen compromis.'
'Ik vraag je niet om een compromis te sluiten. Ik vraag of je bereid bent om samen met mij te kijken of we iets kunnen creëren wat beter is dan wat jij en ik afzonderlijk hebben bedacht, iets wat nog niet bestaat, iets wat we samen maken.'

Zonder deze paradigma's als basis kun je nooit oprecht die derde-alternatiefvraag stellen en zul je nooit voorbij de grenzen van je mentale conditionering komen.

Maar wat als de andere partij in het conflict niet zo denkt? Wat als hun paradigma's wantrouwig, respectloos en bevooroordeeld zijn?

Als je hun de derde-alternatiefvraag stelt, zullen ze daar waarschijnlijk door ontwapend worden. Ze zullen verbaasd staan over het feit dat je jezelf wilt openstellen voor nieuwe mogelijkheden. Vaak zijn ze geïntrigeerd en nieuwsgierig, misschien vragen ze zich zelfs af wat je in je schild voert. Maar als je altijd hebt gehandeld vanuit respect en oprecht hebt geprobeerd de belangen en de positie van de ander te begrijpen, zal de reactie waarschijnlijk zijn: 'Ja, natuurlijk', al is het dan misschien met enige aarzeling. Denk erom, als je hun niet de nodige aandacht hebt gegeven door ze diepgaand te begrijpen, is de kans groot dat ze iedere toenadering van jouw kant zullen afwijzen. En dat zou ook volkomen terecht zijn.

Mijn eigen ervaring is dat de resultaten in vrijwel alle gevallen verbluffend waren. Ik heb gezien hoe verscheurende conflicten die al jaren aan de gang waren in een paar uur tijd werden opgelost. Op die manier zijn niet alleen problemen opgelost, maar zijn ook relaties versterkt. Ik ken verhalen over bittere juridische gevechten die plotseling ophielden toen de twee partijen elkaar echt gingen begrijpen en op zoek gingen naar iets beters dan elkaar de tent uitvechten.

Als je de derde-alternatiefvraag stelt, vraag je anderen dus niet om hun ideeën of standpunten op te geven. Je doet samen een denkexperiment rondom de vraag 'Wat zou er gebeuren als...?' Je schort allebei je standpunten op, in het belang van het experiment.

Winnen is leuk. Maar er zijn verschillende manieren om te winnen. Het leven is geen tenniswedstrijd waarbij slechts één partij met de eer gaat strijken. Het is veel opwindender als beide partijen winnen, als ze een nieuwe realiteit creëren die hen allebei gelukkig maakt. Daarom begint het synergieproces met de vraag: 'Zou je met mij op zoek willen gaan naar een win-winoplossing waar we ons allebei goed bij voelen?'

Stap 2: Definieer succescriteria

Ben je ook niet verbaasd over de dingen waar mensen ruzie over maken? De aanleiding voor een conflict is vaak onbeduidend. Landen ontketenen oorlogen om kleine, onbruikbare stukjes land. Echtgenoten scheiden over de vraag wiens beurt het is de tafel op te ruimen. Bedrijven gaan strijdend over wissewasjes failliet.

Maar de aanleiding voor het conflict is meestal niet de echte aanleiding. Meestal liggen er aan vernietigende conflicten veel diepere kwesties ten grondslag. Om met mijn vriend professor Clayton M. Christensen te spreken, wat er echt moet gebeuren is niet de aanleiding voor het conflict oplossen, maar het paradigma veranderen dat tot het conflict heeft geleid.

Als Palestijnen bijeenkomen om te protesteren tegen een nieuwe Israëlische nederzetting, is die nederzetting zelf niet het grootste probleem.

Wat er echt moet gebeuren, is een verandering in de gevoelens van mensen. Het dieper liggende conflict in het Midden-Oosten dat tientallen, zo niet honderden jaren teruggaat, draait om principes waar mensen sterke gevoelens over hebben, zoals eerlijkheid en rechtvaardigheid. Een conflict op gevoelsniveau is vaak het moeilijkst op te lossen en te traceren.

Vergeet niet dat de synergetische instelling in het Japans *aiki* is, het samenbrengen van krachten teneinde een harmonieus resultaat tot stand te brengen. In een conflict dat om principes draait, kun je niet simpelweg de principes van de ander afwijzen. Ironisch genoeg hebben de verschillende partijen meestal dezelfde principes. Israëli's en Palestijnen, Turkse en Griekse Cyprioten, katholieken en protestanten in Noord-Ierland, allemaal doen ze een beroep op het principe van rechtvaardigheid om hun standpunt te rechtvaardigen. De sleutel tot de oplossing van het conflict is een nieuwe en betere toepassing vinden voor het principe dat ze met elkaar gemeen hebben – de *aiki*-instelling in de praktijk. Beide partijen putten kracht uit hun inzet voor dat gemeenschappelijke principe door het naar een geheel nieuw niveau te tillen.

Nu we elkaars verhalen, de stukjes waarheid, volledig hebben doorgrond, zijn we vrij om een nieuwe visie te ontwikkelen die voor ons allebei een overwinning betekent.

We zetten deze synergetische denkwijze aan het werk om de criteria voor succes te definiëren. Het woord *criterion* komt uit het Grieks en betekent 'een middel om een principe of norm na te leven'. Als er sprake is van een conflict, willen we allemaal een goed resultaat. De vraag is: hoe ziet een goed resultaat eruit?

Een simpel voorbeeld van deze stap: een parkopzichter voelde zich gefrustreerd. Een park in zijn kleine gemeente zou mogelijk worden gesloten vanwege bezuinigingen. Bovendien was er sprake van een chronisch conflict tussen hondeneigenaren die met hun huisdieren in het park wilden lopen en anderen die bezwaar maakten tegen de herrie en de troep. Natuurlijk wilden ze geen van allen dat het park zou dichtgaan. Ze waren allemaal bereid op zoek te gaan naar een derde alternatief, dus kwamen ze bij elkaar en stelden ze een lijst met succescriteria op:

- Het park moet open blijven en een adequate financiering krijgen.
- Mensen en honden moeten veilig in het park kunnen verblijven.
- Het park moet schoongehouden worden.
- Er mag geen geluidsoverlast in het park zijn.

Iedereen stemde in met deze simpele criteria. Ze wilden allemaal een bijdrage leveren aan de taak waar ze voor stonden: een derde alternatief vinden waarmee alle betrokkenen zouden winnen: mensen die in het park werkten, het publiek, de belastingbetalers en de honden. Later zullen we zien hoe dit afgelopen is.

Dit synergieproces is gebruikt om hele landen te creëren. Toen de oorspronkelijke Confederatieregering van de Verenigde Staten onwerkbaar bleek, kwamen de volksvertegenwoordigers bij elkaar om een aantal criteria voor succes op te stellen: de Grondwet van 1787. In een recenter verleden hebben we de ongewone situatie van de Republiek Mauritius gehad. Dit kleine eiland in de Indische Oceaan, waar meer dan een miljoen mensen van Afrikaanse, Europese en Zuidoost-Aziatische afkomst wonen, is een opvallend voorbeeld van synergie. Aanhangers van alle grote religies die tientallen verschillende talen spreken en uiteenlopende etnische tradities in ere houden, leven hier samen in een voorspoedige, harmonieuze cultuur die je nergens anders aantreft.

Toen Mauritius in 1968 onafhankelijk werd van Groot-Brittannië, werd de vrede op het eiland ernstig bedreigd als gevolg van de beperkte middelen en de etnische verschillen. Er was sprake van een Indiase meerderheid en de niet-Indiërs waren bang dat ze ondervertegenwoordigd en gemarginaliseerd zouden worden. Sommige deskundigen voorspelden dat Mauritius ten onder zou gaan door politieke, religieuze en rassenverschillen – zoals met zoveel andere samenlevingen is gebeurd.

Maar met een synergetische aanpak en de inzet om verschillen als iets positiefs te zien, stelde Mauritius een grondwet op die een stem moest geven aan iedereen in het land. Dit was een essentieel 'succescriterium'. Als er verkiezingen worden gehouden, gaan de meeste parlementszetels naar de kandidaten die gekozen zijn – maar er worden ook acht zetels gereserveerd voor de 'beste verliezers'. Dit zorgt voor een evenwichtige vertegenwoordiging van minderheden, die zo ook een stem krijgen. Dit is pas een vernieuwend derde alternatief!

Een ander probleem was dat er zo veel religies en culturen op Mauritius waren dat het altijd wel voor iemand een feestdag was. Er werd zo veel gevierd dat het lastig was om nog enig werk gedaan te krijgen, maar geen van de bevolkingsgroepen wilde zijn feest opgeven. Dus werd er een criterium bepaald: als één iemand feestviert, vieren we allemaal feest. Mauritius reserveert nu ieder jaar bepaalde dagen als religieuze feestdagen die door de hele bevolking in acht worden genomen. Iedereen viert het christelijke Pasen, het islamitische Eid en het hindoese Diwali. Mauritianen vinden het fantastisch om elkaars feestdagen te vieren en het zorgt voor een gevoel van waardering, respect en liefde voor elkaar en de gemeenschap.

Door nieuwe gemeenschappelijke criteria voor een succesvolle samenleving vast te stellen, is Mauritius ontsnapt aan de conflicten die veel andere landen met verschillende etnische bevolkingsgroepen in hun greep hebben. Mauritianen zijn niet perfect, ze hebben aanzienlijke sociale problemen, maar het is toch een echt succesverhaal. En het is hun niet gelukt door van het principe van rechtvaardigheid af te stappen of door dit principe in te perken tot een krap, op eigenbelang gericht kader. Het is hun gelukt door het op een nieuwe en doortastende manier te gebruiken. Ze leven niet naast elkaar – ze leven met elkaar. Zoals de Mauritiaanse leider Navin Ramgoolam zegt: 'We kwamen allemaal op verschillende boten vanaf verschillende continenten. Nu zitten we allemaal in hetzelfde schuitje.'[40]

Om synergie te bereiken hebben we een aantal stevige criteria nodig die voor zo veel mogelijk belanghebbenden succes betekenen. Als we belangrijke criteria uitsluiten, zullen we uiteindelijk op onze schreden moeten terugkeren en een nieuwe oplossing moeten bedenken, omdat geen echte synergie is verwezenlijkt. We kunnen onszelf veel leed besparen als we beginnen met een flink aantal criteria.

Je succescriteria kunnen allerlei vormen aannemen. Misschien heb je een krachtige missie die je belangrijkste aspiraties opsomt: als je die missie niet realiseert, doet de rest er niet zo toe. Of je criteria kunnen veel minder ambitieus zijn. Als je een huis gaat bouwen, heb je een blauwdruk nodig. Als je een computerapp programmeert, heb je een lijst met specificaties en een wireframe. Als je leidinggeeft aan een bedrijf, zul je een strategisch plan hebben. Misschien heb je een aantal waarden waarnaar je leeft. In ieder geval moet je een duidelijk doel voor ogen hebben voordat je verder werkt aan synergie; anders is het vragen om chaos.

De synergiemantra luidt als volgt: *In een zo vroeg mogelijk stadium zo veel mogelijk ideeën verzamelen van zo veel mogelijk mensen.*

Neem bijvoorbeeld de innovatiefilosofie bij Procter & Gamble, misschien wel het meest succesvolle bedrijf op het gebied van consumentenproducten ter wereld. P&G is de bakermat van tientallen merken van wereldfaam, zoals Crest-tandpasta, Tide, Gilette, Herbal Essence-shampoo, Pampers en Bounce, en het innovatieteam begint altijd met een duidelijk doel en heldere succescriteria.

Een paar jaar geleden bleek bijvoorbeeld uit onderzoek dat mensen graag wittere tanden wilden, maar niet voor veel geld hun tanden wilden laten bleken bij de tandarts. Het P&G-team ontwikkelde de criteria voor een succesvolle oplossing. Ze nodigden deskundigen uit op het gebied van tandheelkunde, bleekexperts van Tide, kleefstofdeskundigen vanwege hun jarenlange ervaring met thermoplastics, en vele anderen. Dit gevarieerde team stelde de criteria vast: het product moest betaalbaar zijn, gemakkelijk toe te passen, met snelle resultaten, en op korte termijn gefabriceerd kunnen worden met een verpakking voor een lange houdbaarheid. De lijst werd aangevuld met vele technische criteria. Met deze succescriteria in gedachten ontwikkelde het team Whitestripes, een echte kaskraker voor P&G.[41]

Deze inspanning staat in sterk contrast met de ervaring van een van onze Europese farmaceutische cliënten die verscheidene jaren geleden een product op de markt wilde brengen om de bloeddruk te verlagen. Toen ze toestemming vroegen om het geneesmiddel in de Verenigde Staten op de markt te brengen, wees de Food and Drug Administration (FDA) hun verzoek af. Het geneesmiddel moest tweemaal daags worden ingenomen en de FDA wees erop dat voor concurrerende geneesmiddelen die al op de markt waren een dagelijkse dosering voldoende was. Inname tweemaal daags verdubbelde het risico op overdosering of onderdosering voor de consument; daarom mocht het geneesmiddel in de VS niet op de markt gebracht worden.

Het was een vernietigende klap voor het bedrijf. Toen het nieuws het hoofdkantoor in Europa bereikte, zei de verkoopdirecteur bovendien: 'Waarom hebben jullie ons niet betrokken bij de planning? We hadden je zo kunnen vertellen dat een dergelijk geneesmiddel niet aan de FDA-eisen voldoet.' Een succescriterium voor de Amerikaanse markt is een dosering van eenmaal per dag, maar het ontwikkelingsteam wist dat niet. Door belangrijke belanghebbenden niet te betrekken bij het vaststellen van de succescriteria, ontwikkelde het bedrijf een geneesmiddel dat niet sterk genoeg was om te overleven in de markt.

Hoewel het synergieproces ons naar onvoorziene plekken brengt, betekent dat niet dat we niet vanaf het begin een bestemming in gedachten hebben. Het synergieproces draait om de manier waarop we op die plek komen. Het vaststellen van succescriteria helpt ons bepalen hoe die plek zal zijn. Dankzij deze criteria begrijpen we beter waar we ons nu bevinden, zodat we weten dat we de goede kant op gaan. Zonder succescriteria kan het gebeuren dat je samen een ladder beklimt, om later tot de ontdekking te komen dat die tegen de verkeerde muur staat, en dat iedere stap ons alleen maar dichter bij de verkeerde plek brengt.

Je vraagt je waarschijnlijk af: stel dat iemand aandringt op criteria die voor anderen niet acceptabel zijn, wat moeten we dan? Dit is minder waarschijnlijk als we het werk van paradigma 3 goed hebben gedaan, elkaar echt goed begrijpen; dan weten we wat voor elk van beide partijen 'winst' is. De echte vraag is: zijn we bereid op zoek te gaan naar criteria die ons *allemaal* in staat stellen te winnen? Criteria waaraan we nog niet hebben gedacht? Een 'ja' stelt ons in staat nog dieper te graven.

Meer dan eerlijk

Niet-onderhandelbare criteria komen vrijwel altijd voort uit problemen met eerlijkheid of rechtvaardigheid. 'Het is niet eerlijk, het is niet billijk, het is niet rechtvaardig, het getuigt niet van respect.' Er zijn geen fundamentelere uitroepen dan deze, of ze nu op het schoolplein klinken, in de markt, in een directiekamer of bij de Verenigde Naties. De uitdaging voor mensen met een derde-alternatiefmentaliteit is met criteria te komen die *meer* dan eerlijk zijn, die *verder* gaan dan het principe van rechtvaardigheid.

Hoe doe je dat?

Veel, zo niet alle conflicten komen voort uit problemen met eerlijkheid. Mensen overal ter wereld hebben wel enig idee over de vraag of ze eerlijk behandeld zijn of niet. In hun pogingen om het concept eerlijkheid te begrijpen, hebben economen in de loop der jaren geëxperimenteerd met wat zij het ultimatumspel noemen. In dit spel is iemand de gever en iemand anders de nemer. De gever krijgt tien biljetten van één dollar. Hij of zij mag vervolgens een of meer biljetten aanbieden aan de nemer, die het vrijstaat deze te accepteren of te weigeren. De clou is dat beide spelers het spel moeten besluiten met geld; al ze dit niet doen, moet degene met het geld dit teruggeven.

Als de spelers robots waren, zo wordt geredeneerd, dan zou de ultrarationele gever slechts één dollar aanbieden aan de nemer, die dat rationeel zou accepteren, dan zouden beiden geld hebben. Maar mensen spelen niet op die manier. Meestal biedt de gever de nemer vijf dollar, die de nemer accepteert, zodat beiden evenveel geld hebben. Eerlijk is eerlijk. Intrigerend genoeg is het zo dat als de gever de nemer te weinig biedt, de nemer het geld vaak weigert, omdat het niet eerlijk is, zodat beide spelers dus verliezen. Dit lijkt misschien een irrationeel resultaat, maar het laat zien hoe machtig het principe van rechtvaardigheid is.

Dit spel is met honderden groepen wereldwijd uitgeprobeerd, van bankiers in Londen tot schaapherders in de bergen van Peru. En hoewel de resultaten *binnen* verschillende culturen wel variëren, is er weinig variatie *tussen* culturen. In alle culturen hebben mensen een aangeboren gevoel voor rechtvaardigheid.

Maar, zoals het ultimatumspel ook laat zien, rechtvaardigheid is meestal een kwestie van interpretatie: wat in mijn ogen rechtvaardig is, kan voor jou onrechtvaardig zijn. Het probleem met het ultimatumspel is dat het kunstmatige schaarste oplegt aan de spelers. Er zijn in het spel slechts tien biljetten van een dollar te verdelen. Gezien de regels maakt het niet uit hoe het spel wordt gespeeld, de gever verliest. Hij moet iets van zijn geld opgeven.

In de echte wereld hoeft geen van beide partijen echter iets te verliezen omdat de tien dollars kunnen worden ingezet. In de echte wereld heerst niet het principe van schaarste maar van overvloed – er zijn geen grenzen aan de rijkdom die kan worden gecreëerd. En er zijn ontzettend veel manieren om daar te komen. Als derde alternatief zouden de spelers een partnerschap kunnen aangaan en het geld kunnen investeren voor een gezonde opbrengst of een aanbetaling kunnen doen om een bedrijf op te zetten dat veel meer cash genereert voor beiden van hen. Met een derde-alternatiefmentaliteit ontstijg je de kunstmatige grenzen van het eerste en tweede alternatief, die meestal leiden tot een strijd die vooral om rechtvaardigheid draait.

Eerlijk gezegd zijn wij, mensen met een derde-alternatiefmentaliteit, niet zozeer geïnteresseerd in rechtvaardigheid; we zijn veel meer geïnteresseerd in synergie. Voor ons is een eerlijke of rechtvaardige of billijke oplossing niet genoeg. Wij willen meer. Als we alleen rechtvaardigheid willen, hebben we (nog) geen derde-alternatiefmentaliteit.

De volgende opmerking van Charles H. Green, de oprichter en ceo van Trusted Advisor Associates, spreekt me wel aan: 'de roep om "rechtvaardigheid" kan heel goed de tegenhanger van vertrouwen zijn. Vertrouwen tussen twee partijen is gebaseerd op wederkerigheid; dit vereist dat we de ander tegemoetkomen en op waarde schatten. ... Als we onze energie stoppen in onderhandelingen over de vraag wie 49 procent krijgt en wie 51, maken we in ons streven naar "rechtvaardigheid" een einde aan het vertrouwen.'[42]

Daarom kan het maken van een lijst met criteria een zware klus zijn die tot meer conflict leidt. Je hoeft je overeenkomst niet helemaal dicht te timmeren; vaak is het het best om gewoon te vragen: 'Hoe ziet succes eruit?' Schrijf dan snel de eerste antwoorden op die bij je opkomen.

Probeer altijd een lijst met succescriteria te maken als je voor het derde alternatief gaat. Om op de juiste criteria te komen, kun je jezelf de volgende vragen stellen:

- Is iedereen betrokken bij het vaststellen van de criteria? Krijgen we zo veel mogelijk inbreng van zo veel mogelijk mensen?
- Welke resultaten willen we echt? Wat moet er echt gebeuren?
- Welke resultaten zouden voor iedereen winst betekenen?
- Kijken we verder dan onze standaardeisen naar iets beters?

Als iedereen tevreden is met de antwoorden, ben je klaar om derde alternatieven te creëren. Als je later je koers kiest, kun je hierop teruggrijpen en kijken welk alternatief het best aan je succescriteria voldoet.

Stap 3: Creëer derde alternatieven

Als ik terugkijk op de jaren dat ik met mensen overal ter wereld heb gewerkt, kan ik zeggen dat de hoogtepunten altijd synergetisch zijn geweest. Het begint meestal wanneer iemand de moed toont om een waarheid te vertellen die nodig verteld moet worden. Dan krijgen anderen het gevoel dat ook zij authentiek kunnen zijn, en uiteindelijk leidt empathie dan tot synergie.

Dit is de les van de Iroquois Confederation. Toen één man, de Vredestichter, dapper genoeg was om zijn tegenstander op te zoeken en echt naar hem te luisteren, was dat het begin van de transformatie van een cultuur van oorlog naar een cultuur van vrede.

Er is maar één persoon nodig om de cyclus van synergie op gang te brengen. Het begint als je bereid bent tegen anderen te zeggen: ‘Blijkbaar zie jij de dingen anders – ik moet eens goed naar jou luisteren.’ Als iedereen zich gehoord voelt, vraag je vervolgens: ‘Ben je bereid om op zoek te gaan naar een derde alternatief?’ Als het antwoord ‘ja’ is, kun je gaan experimenteren met mogelijke oplossingen die aan je succescriteria voldoen.

Let op, ik zei ‘oplossingen’, meervoud. De zoektocht naar een derde alternatief levert vrijwel altijd verschillende mogelijke alternatieven op. We maken modellen, we voegen oude dingen op nieuwe manieren samen, we zetten ons denken op zijn kop. We freewheelen vanuit ons vertrouwen in een overvloed aan oplossingen. We schorten ons oordeel op tot dat opwindende moment dat we allemaal weten dat we synergie hebben bereikt.

In dit boek vind je veel manieren om derde alternatieven te creëren, maar alle synergie hangt af van de vraag of we onszelf toestaan om vrijelijk, overvloedig, bijna grenzeloos te experimenteren. Als ik dit tegen mensen zeg, zijn ze het er in principe allemaal mee eens, maar de meeste mensen staan zichzelf dit soort vrijheid niet toe.

Dat klinkt misschien ironisch in een tijd waarin iedereen claimt dol te zijn op nieuwe ideeën, en waarin technologieën zich met de snelheid van het licht ontwikkelen. Toch is de cultuur van de meeste teams en organisaties uitgesproken star – en dat geldt overal ter wereld. Iedereen die synergie wil uitproberen neemt een verschrikkelijk, verrukkelijk risico.

Omdat we op zoek zijn naar een geheel nieuwe oplossing, moeten we bereid zijn om onze positie volledig los te laten om ruimte te maken voor het creatief ontwikkelen van een derde weg. We moeten bereid zijn om ons bij het ‘loslaten’ kwetsbaar op te stellen. Dat kan heel moeilijk zijn: al onze instincten willen dat we vechten (of vluchten) als we met tegenstand te maken krijgen.

Daarom is het zo cruciaal om even stil te staan en er bewust voor te kiezen op zoek te gaan naar het derde alternatief. Volgens de wet van de synergie is er altijd een betere manier.

Waar komen derde alternatieven vandaan?

Waar moeten we op zoek gaan naar derde alternatieven? Wat is de herkomst van synergie? De schrijfster Amy Tan spreekt over bronnen van synergie als 'wenken uit het universum, pure mazzel, de geest van mijn grootmoeder, incidenten'.[43] Met andere woorden, de inzichten die een derde alternatief voortbrengen kunnen universeel en persoonlijk zijn, willekeurig en botsend. Maar ze zijn altijd nieuw, opwindend en buitengewoon productief.

Het concept van het derde alternatief is al heel oud. Zowel hindoesagen als Griekse filosofen wisten dat de ware revolutionaire ideeën niet ontstaan uit discussies, maar uit dialogen tussen mensen met verschillende perspectieven. De dialogen van Plato belichamen een zoektocht naar nieuwe waarheden, geen poging om anderen te overtuigen van vaststaande waarheden. Boeddha onderwees dat we in een sfeer van boosheid, onwelwillendheid of machtswellust nooit verlichting zullen vinden. Hij sprak over een 'perfecte visie' die verder gaat dan de beperkte visie van 'Ik heb gelijk en jij hebt ongelijk.' De Duitse filosoof Hegel gebruikte het woord *Aufhebung* ('opheffing') om dat moment van inzicht te beschrijven dat alle voorafgaande veronderstellingen overtreft. Hij zag hoe het eerste alternatief (de these) en het tweede alternatief (de antithese) kunnen worden gecombineerd om een derde alternatief te produceren: een synthese. Zenbeoefenaars zoeken het moment van *kensho*, een flits van begrip dat al onze nietige bedenksels onbeduidend maakt.

De grote filosoof Immanuel Kant was gefascineerd door het derde alternatief. De mensen met een twee-alternatievenmentaliteit kibbelden in zijn tijd over religie en wetenschap, zoals dat tegenwoordig nog altijd gebeurt, maar Kant wilde de strijd achter zich laten en een hogere kijk op beide krijgen. Hij zei hierover:

> *Ik benader redelijke bezwaren niet met de bedoeling ze af te wijzen, maar zodanig dat ik ze, als ik er later nog eens over nadenk, altijd in mijn oordeel verwerk, en ik bied ze de gelegenheid al mijn meest gekoesterde opvattingen teniet te doen. Ik koester de hoop dat door naar mijn oordeel te kijken los van het standpunt van anderen, een derde standpunt binnen bereik komt dat een verbetering is ten opzichte van mijn eerdere inzicht.*[44]

De grootste geesten uit de geschiedenis zijn diegenen die de wereld dichter bij een derde alternatief brengen. Ze worden vruchtbare denkers genoemd omdat ze een nieuw zaadje van begrip planten dat uitbot tot een geheel nieuwe manier van naar de wereld kijken. Onze universiteiten zouden proeftuinen van derde alternatieven moeten zijn.

Maar synergie is niet alleen maar een eigenschap van 'grote geesten'. We doen allemaal ons voordeel met simpele vormen van synergie, elke keer als we onze krachten bundelen. Probeer maar eens veterschoenen dicht te maken met één hand, dan weet je hoe belangrijk synergie kan zijn. Eén kind kan zelf geen appel uit een boom pakken, maar als een ander kind op zijn schouders klimt, kunnen ze samen alle appels pakken die ze maar willen. Samen kunnen ze de wereld aan; alleen kunnen ze niets.

Soms komt het derde alternatief voort uit het combineren van elementen uit twee tegengestelde argumenten. In sommige gevallen kun je de ideeën van strijdende partijen benutten om tot een geheel nieuwe oplossing te komen. Zo zijn bijvoorbeeld overgave en verzet tegenstellingen. Verzet gaat meestal gepaard met geweld; overgave is geweldloos. Maar Gandhi en, in zijn voetsporen, Martin Luther King jr. combineerden die twee ideeën tot een derde alternatief van geweldloos verzet, een concept dat heeft geleid tot de vrijheid van twee volkeren.

Zelfs als student viel King al op door zijn vermogen om synergetisch te denken. 'Wat het onderwerp ook was, King bleef proberen om niet alleen naar de eenzijdige these te kijken, maar ook naar de eenzijdige antithese en ten slotte naar een meer coherente synthese van beide', herinnert een van zijn docenten zich.

King was iemand die in conflictsituaties een ongebruikelijk effectieve derde-alternatiefmentaliteit had. In een kamer vol mensen waar men 'op het punt stond elkaar in de haren te vliegen, zat King gelaten te wachten tot het voorbij was'. Hoewel sommige mensen zijn passiviteit als een tekortkoming zagen, zagen anderen dat zijn gewoonte van rustig luisteren onderdeel was van zijn denkproces. Een vriend van hem zei: 'Hij had een opmerkelijk vermogen om lange ruzieachtige vergaderingen uit te zitten en ten slotte samen te vatten wat iedereen had gezegd en dat samen te voegen tot een conclusie die iedereen aansprak.' Soms daagde hij iemand uit om een 'zo radicaal mogelijk standpunt in te nemen en iemand anders om een zo behoudend mogelijk standpunt te verdedigen'. Het was bijna een spel.[45] Empathisch luisteren en synergetische oplossingen gingen voor Martin Luther King hand in hand.

Synergie kan het gevolg zijn van het opzettelijk combineren van krachten of het mobiliseren van tegengestelde krachten. Maar vaak vinden de meest interessante derde alternatieven plaats als mensen vreemde, onverwachte verbindingen leggen.

Kijk maar naar het kleine stadspark dat met financiële tekorten kampte en bedreigd werd met sluiting en dat het decor was van conflicten tussen hondenbezitters en hun tegenstanders. Hoewel alle betrokkenen het eens waren over het gewenste resultaat – een mooi, schoon, permanent park voor huisdierenbezitters en hun buren – hadden ze geen idee hoe ze dat moesten realiseren. Dus gingen ze op zoek naar derde alternatieven. Niemand weet nog wie er met het bizarre idee van een hondenkerkhof kwam, maar het bleek cruciaal te zijn in het redden en vernieuwen van het park. Het vroeg niet veel ruimte, bood mensen de gelegenheid om hun huisdieren te gedenken en het leverde het broodnodige geld op om het park open te houden. Huisdiereneigenaren doneren geld voor bestrating, tuinen en bomen. Er is een speciaal gebied waar honden los mogen lopen, en hun eigenaren beveiligen het park zelf. De honden hebben het park dus gered en iedereen is dolblij met dit derde alternatief.

Soms is een derde alternatief een oplossing voor een veel ingewikkelder probleem. In 1992 raasde er een angstaanjagend, nieuw type cholera door India. Politici en de gezondheidszorg wezen naar elkaar en ruzieden over de kosten en de moeilijkheid van het zuiveren van water in de zwaarst getroffen gebieden in het land. Terwijl zij kibbelden, dacht de Indiase wetenschapper Ashok Gadgil na over manieren om het water te zuiveren zonder dure chemicaliën te gebruiken of het water te koken, waarvoor enorme hoeveelheden brandstof nodig zouden zijn. Hij wist dat ultraviolette straling bacteriën vernietigde, dus haalde hij het glas van een fluorescerende gloeilamp en hield die boven een bassin met geïnfecteerd water. In korte tijd zuiverden de uv-stralen het vervuilde water volledig.

Terwijl anderen ruzieden over politiek en onderzoeksfinanciering en investeringen in de infrastructuur, kwam Gadgil met een uv-waterzuiveringssysteem dat op een autoaccu loopt. Met Gadgils methode kan voor ongeveer een halve dollarcent duizend liter water worden gezuiverd.

Ashok Gadgil laat ons zien hoe derde alternatieven kunnen ontstaan vanuit het leggen van ongewone verbanden met het gewone en alledaagse. Genialiteit is geen vereiste, evenmin als hoge onderzoekskosten, maar een andere manier van denken is wel nodig. Zoals Nobelprijswinnaar Albert Szent-Györgyi ooit zei: ‘Een ontdekking betekent dat je ziet wat iedereen gezien heeft en vervolgens denkt wat niemand gedacht heeft.’

De oorsprong van de computer is een heel goed voorbeeld van de manier waarop dit soort ongewone verbanden werkt. In de achttiende eeuw worstelden zijdewevers uit Lyon met de kostbare fouten die hun gedessineerde stoffen ontsierden. Basile Bouchon, een jonge zijdewever, wist dat deze fouten erin slopen omdat het patroon iedere keer dat de schacht omhoogging opnieuw moest worden ingeregen. Het was een eentonig en foutgevoelig proces.

Bouchons vader was orgelbouwer. Op een bepaald moment legde de jonge man een verband tussen zijdepatronen en het papieren sjabloon dat zijn vader gebruikte om gaten in orgelpijpen te boren. Bouchon maakte gaten in een stuk karton en gebruikte dit om de naalden van zijn hevel te sturen zodat het patroon intact bleef. Zijn uitvinding van de ponskaart betekende het begin van de automatisering in de textielindustrie, die op zijn beurt weer de aanzet vormde tot de industriële revolutie.

Honderd jaar later leerde Herman Hollerith, een 21-jarige technicus bij het Amerikaanse Bureau voor Volkstelling, hoe ponskaarten werkten. Hij kwam op het idee dat elektriciteitsdraden, net als de hevels in een schacht, met elkaar verbonden konden worden via de gaten in een ponskaart. Hij bouwde een kaartenmachine voor het berekenen van volkstellingsgegevens. Voor die tijd duurde het acht jaar om deze data handmatig te verwerken. Holleriths ponskaartmachine werd voor het eerst gebruikt bij de volkstelling van 1890 en bracht het proces terug tot een paar maanden. Om zijn tabelleermachines te bouwen was Hollerith een bedrijfje begonnen dat nu IBM heet. Gedurende de daaropvolgende vijftig jaar ontstond de elektronische computer vanuit Holleriths basisconcept. Als je vandaag de dag naar een computer kijkt, valt het niet mee je het verband voor te stellen tussen orgelpijpen, zijdepatronen en de Amerikaanse volkstelling, dat eraan ten grondslag lag. Maar het is dit soort toevallige associaties dat ervoor zorgt dat synergie plaatsvindt.

Als je dit leest, zul je zeggen: 'Dat is allemaal leuk en aardig, maar die verbanden werden over een periode van meer dan honderd jaar gelegd. Wij hebben nu oplossingen nodig!'

Natuurlijk kun je dit soort associaties niet afdwingen, maar je kunt wel een omgeving creëren waarin ze gemakkelijker plaatsvinden. Je kunt het proces versnellen en vreemde, onverwachte associaties stimuleren die de weg vrijmaken voor wilde, wonderlijke ideeën.

Kijk maar eens naar dit voorbeeld. In de twintigste eeuw ontstond er een klassiek politiek, milieu- en humanitair conflict rondom pogingen om malaria de wereld uit te helpen. Deze akelige ziekte treft ieder jaar meer dan 250 miljoen mensen, waarvan één miljoen overlijdt, voornamelijk kinderen en ouderen. Malaria wordt verspreid door de anophelesmug, die als hij steekt een dodelijke parasiet in de bloedsomloop brengt.

Halverwege de twintigste eeuw werden de muggen een tijdlang bestreden met insecticiden als DDT en nam het aantal malariadoden sterk af. Vervolgens raakten wetenschappers gealarmeerd door het feit dat DDT niet alleen de muggen doodde, maar ook vogels en andere wilde dieren, en dat het mogelijk kanker veroorzaakte bij mensen. In 1962 veroorzaakte Rachel Carsons cruciale boek *Silent Spring* grote ongerustheid; ze schreef dat chemische pesticiden mogelijk het milieu van alle levende wezens vergiftigde. Uiteindelijk werd DDT vrijwel volledig uitgebannen en kwam de malaria even snel weer terug als hij verdwenen was.

Politici en wetenschappers kozen partij. Sommigen stelden dat het verbod op DDT onnodig doden veroorzaakte en dat de voordelen van DDT veel zwaarder wogen dan de risico's. Anderen stelden dat DDT gevaarlijk is en dat de muggen hoe dan ook resistent worden tegen insecticiden.

Terwijl mensen met een twee-alternatievenmentaliteit punten scoorden ten koste van elkaar, vroeg de Bill & Melinda Gates Foundation deskundigen met allerlei verschillende achtergronden om bij elkaar te komen en nieuwe alternatieven te ontwikkelen om malaria te bestrijden. De groep bestond uit medische onderzoekers, een insectenfysioloog, softwaretechnici, een astrofysicus en zelfs een raketdeskundige. In deze synergetische omgeving vlogen de alternatieven over tafel.

De raketdeskundige opperde het gebruik van lasers om de muggen neer te schieten. Iedereen moest lachen, maar het idee won terrein. Optisch ingenieurs experimenteerden met blauwe lasers uit gewone dvd-spelers. Programmeurs ontwikkelden software om de lasers aan te sturen. Een uitvinder genaamd 3ric Johanson (inderdaad, 3ric) voegde alles samen met onderdelen die hij van eBay haalde. Het resultaat was een 'WMD' (Weapon of Mosquito Destruction) dat anophelesmuggen uit de lucht schiet. De laser is onschadelijk voor mens en milieu en is zo goed afgestemd dat hij een mug kan lokaliseren aan de hand van zijn vleugeltrillingen waarna hij hem neerhaalt met een kleine lichtflits. Omheiningen met dit soort lasers kunnen hele dorpen beschermen tegen malaria.

De antimuggenlaseromheining is slechts een van de vele wilde ideeën. Het team van de Gates Foundation heeft ook voorgesteld de mug te muteren om zo de malariaparasiet weg te jagen, de mug voor de gek te houden met nepslachtoffers, of de parasiet zelf genetisch te manipuleren. En dat is nog maar het begin.[46]

De strijd tussen de pro- en anti-DDT-krachten lijkt weinig vindingrijk vergeleken met het creatieve vermogen van dit team dat vastbesloten is om een derde alternatief te vinden – of een heleboel derde alternatieven.

Wat hebben we nu geleerd over de herkomst van synergie? We weten dat we die niet zullen vinden in de gespannen sfeer die bij een twee-alternatievenmentaliteit hoort. We weten dat het helpt als we ons denken loskoppelen van de dagelijkse sleur. We weten dat we bereid moeten zijn om naar iets heel nieuws op zoek te gaan. We weten dat empathisch luisteren nodig is en een oprecht open geest ten aanzien van afwijkende ideeën.

Dit is allemaal waar – maar er is nog meer, iets wilds en ondoorgrondelijks aan het menselijk brein waar we een beroep op kunnen doen. Het bevindt zich in de fantastische realiteit van miljarden en miljarden neurale verbindingen. Onze hersenen zijn *gemaakt* om vreemde, onverwachte en zelfs bizarre verbindingen te maken, die tot bijna magische inzichten kunnen leiden.

Hoe meer we gebruikmaken van dit enorme vermogen waar we allemaal over beschikken, hoe beter we in staat zijn om te visualiseren, te produceren, tijd en omstandigheden te ontstijgen en de bron van synergie te vinden.

Laten we nu eens kijken hoe we bewust een goede omgeving voor dit soort ervaringen kunnen scheppen.

Het theater van de magie

In Herman Hesses beroemde roman *Steppenwolf* voelt hoofdpersoon Harry zich gevangen in een wereld van verstikkend twee-alternatievendenken. Hij ergert zich aan het traditionele leven dat hij gedwongen is te leiden, waarin alle denken voor hem gedaan wordt, en hij verlangt naar iets meer. Op een dag ontmoet hij een eigenaardige muzikant die hem meeneemt naar een geheime kamer, die hij het theater van de magie noemt. Op de deur hangt een bordje waarop staat 'Alleen voor gekken. Toegangsprijs: je geest'.

In het theater van de magie, 'een wirwar van deuren en toverspiegels', ziet Harry een oneindige reeks gefragmenteerde beelden, sommige vrolijk, andere extravagant en donker. Hij stelt zich allerlei mogelijke levens voor zichzelf voor en ervaart een opwindend gevoel van vrijheid: 'Zelfs de lucht had er iets speciaals. De warmte omhulde me en deed me zweven.' Hij heeft het over 'je gevoel voor tijd verliezen'. Hij leert dat ieder mens een 'wereld op zich is, een sterrenhemel, een chaos van vormen, toestanden en stadia, van erfenissen en mogelijkheden'. Maar bovenal leert Harry om te lachen – om zijn eigen visioenen en die van anderen.[47]

De beste plek om een derde alternatief te vinden is een 'theater van de magie' waar alle mogelijkheden op tafel liggen, waar iedereen kan bijdragen en waar geen enkel idee te gek is. De deur staat er open voor iedereen. Mensen hoeven hun ideeën niet te claimen, omdat alle ideeën in deze ruimte provisorisch zijn. Ze kunnen een oplossing voorstellen en een minuut later precies het tegenovergestelde; het interesseert niemand of ze consequent zijn.

Ralph Waldo Emerson zei: 'Domme volhardendheid is iets voor kleine geesten.' Wat hij bedoelt is dat we ons niet moeten hechten aan onze ideeën – waarom zouden we ze niet loslaten als we betere kunnen bedenken? In het theater van de magie win je geen punten met consequent zijn. Geen enkel idee is definitief. Alle ideeën zijn welkom, zelfs – of misschien vooral – gekke ideeën. Hoeveel geweldige uitvindingen zijn er niet begonnen als iemands gekke idee? In het theater van de magie lachen mensen dus veel om elkaar en om zichzelf, en zo hoort het ook.

Je hebt een tijdelijke paradigmaverschuiving nodig om dit theater binnen te gaan. We schorten ons oordeel op. We zijn hier niet om te discussiëren, te bekritiseren of iets af te ronden; dat komt allemaal later. Het is meer spelen dan werken, meer een start dan een finish, meer voorstellen dan oplossen. Het is een plek om steeds maar weer modellen te bouwen, af te breken en opnieuw te beginnen. In het theater van de magie wachten ons, zoals Hesse zegt, 'duizend mogelijkheden'.

Iedere plek kan een theater van de magie zijn, hoewel sommige teams en organisaties die waarde hechten aan creativiteit hiervoor een speciale ruimte hebben. Maar waar je het ook doet, je hoeft alleen maar mensen bij elkaar te brengen en deze basisregels te volgen:

- Speel ermee. Het is niet echt. Iedereen weet dat het spel is.
- Doe niet aan afronding. Vermijd overeenstemming en consensus. Weersta het verlangen om een oplossing af te dwingen.
- Geef geen oordeel over andermans ideeën – of over die van jezelf. Stel voor wat er bij je opkomt; niemand zal je eraan houden. Denk niet alleen 'out of the box' – spring er ook uit.
- Maak modellen. Maak tekeningen op whiteboards, schets grafieken, bouw een dummy, schrijf een ruwe opzet. Maak zichtbaar wat je denkt in plaats van het te vertellen; speel het uit, zodat iedereen kan zien waar je mee bezig bent.
- Zet ideeën op zijn kop. Draai de traditionele wetenschap om, het maakt niet uit hoe vreemd het klinkt: 'Waarom maken we geen wegen van rubber en autobanden van cement?' (Deze vraag leidde overigens tot het ontwikkelen van asfalt met rubber erin. Het rubber van oude banden wordt met asfalt vermengd om het lawaai op de weg aanzienlijk te verminderen.)
- Werk snel. Stel een tijdslimiet vast, zodat de energie in de ruimte op peil blijft en het creatieve denkproces blijft stromen.
- Kom met heel veel ideeën. Het gaat om overvloed. Het denken moet gedijen, floreren, bloeien. De muur moet vol hangen met schetsen. Je kunt niet voorspellen welk ongebruikelijk inzicht tot een derde alternatief zal leiden. Het theater van de magie moet er na afloop uitzien als een jungle van ideeën, anders heb je geen synergie tot stand gebracht.

De werkwijze van het theater van de magie klinkt een beetje als brainstormen, iets wat veel mensen wel kennen. Maar ik ben tot de ontdekking gekomen dat de meeste brainstormsessies te tam zijn om iets nieuws voort te brengen. We komen met een paar provisorische ideeën, kiezen er één uit, schorsen de bijeenkomst en denken dat we creatief bezig geweest zijn. Maar we kunnen dit soort werk niet doen als we van het verkeerde paradigma uitgaan – een die oordelend, langzaam, defensief is. Het gaat om het paradigma. We moeten bereid zijn om een tijdje in een omgeving te verblijven die 'alleen voor gekken' is.

Dit kan in eerste instantie allemaal wat ongemakkelijk zijn, maar hoe meer je experimenteert met deze basisregels hoe gretiger je wordt om te zien wat er gebeurt. Je voelt je zoals een kunstenaar zich voelt omdat het derde alternatief origineel en onderscheidend is. De meeste kunstenaars zeggen dat ze niet weten hoe hun creatie eruit zal zien totdat deze klaar is. Max Weber, een pionier in de hedendaagse schilderkunst, zegt het als volgt: 'Bij het leveren van mijn eigen bescheiden creatieve inspanning, ben ik in hoge mate afhankelijk van dingen die ik nog niet weet en van dingen die ik nog niet eerder gedaan heb.'[48]

Theaters van de magie vind je uiteraard overal ter wereld. Op zoek gaan naar het derde alternatief is niet langer afhankelijk van daadwerkelijk samenkomen in een ruimte, en al helemaal niet in formele vergaderingen. Met de huidige sociale netwerken, hulpmiddelen als tablets en mobiele telefoons, en draadloze verbindingen van Manhattan tot Sydney, van afgelegen Peruaanse dorpjes tot het basiskamp op Mount Everest, is ons vermogen om met mensen overal ter wereld synergie te creëren exponentieel toegenomen. Mensen kunnen hun ideeën over de grootste uitdagingen met elkaar verbinden, inzichten uit persoonlijke en professionele ervaringen, gegevens uit daadwerkelijk onderzoek, hun eigen innovatieve ideeën. Het fenomeen online is op een kosmische schaal synergetisch.

Je kunt nu een belangrijke vraag stellen en de hele wereld synergetisch met je laten meedenken. Het mooie van online synergie is dat je niet aanwezig hoeft te zijn – het gaat ook verder zonder jou. Als de kwestie reëel genoeg is en je de juiste groep mensen hebt, zal de belangrijke vraag zijn eigen succesvolle beweging scheppen, nieuwe ideeën voortbrengen, onverwachte inzichten, derde alternatieven – en meer provocerende vragen. Zelfs als je een goed antwoord op je vraag vindt, zullen andere mensen verder zoeken.

Sceptici zullen het theater van de magie belachelijk maken. Ze verdragen het niet. Ze proberen je het gevoel te geven dat je een idioot bent omdat je dat hebt voorgesteld. Diep in hun hart zijn ze er bang voor; ze zijn bang dat hun waardigheid in het geding is. Maar ze hebben het mis. De beste plek om synergie te bevorderen is een laboratorium, echt of virtueel, dat wordt aangestuurd door de eerder beschreven basisregels. Alleen in een dergelijk laboratorium kon het antimalariateam van de Gates Foundation met gewaagde ideeën komen zoals het neerschieten van malariamuggen met lasers. En wie weet hoeveel kinderen uiteindelijk hun leven te danken zullen hebben aan dat team? Albert Einstein was bloedserieus toen hij zei: 'Als een idee in eerste instantie niet belachelijk lijkt, dan maakt het geen schijn van kans.' De meeste zakelijk leiders hechten zeer veel belang aan creativiteit. In een historisch onderzoek dat in 2010 voor IBM uitgewerkt werd, noemden 1500 ceo's uit zestig landen en 33 industrieën creativiteit de 'belangrijkste leiderschapscompetentie voor de toekomst'.[49] Iedere leider wil dat haar mensen creatief zijn. Maar, zoals Edward de Bono, een leidend figuur op dit gebied, heeft gezegd, creativiteit kan niet worden 'opgeroepen door vage aansporingen'. Er is een 'bewuste, praktische procedure' voor nodig.[50] Zoals je inmiddels wel zult begrijpen, ziet het derde-alternatiefproces er gemakkelijk en losjes uit, maar het kan niet zonder discipline. Een derde-alternatiefmentaliteit is voor bedrijven absoluut een best practice.

Maar dit geldt niet alleen voor bedrijven. In iedere groep die gebruikmaakt van het theater van de magie kan de creativiteit exponentieel toenemen. De defensieve energie neemt af en de creatieve energie neemt toe. Carl Rogers bevestigt dit: 'Ik heb ontdekt dat er opwindende dingen gebeuren als ik erin slaag een klimaat te scheppen dat wordt gekenmerkt door oprechtheid, aanprijzing en begrip. Personen en groepen worden in een dergelijk klimaat flexibeler, minder rigide en voorspelbaar, en op een onvoorspelbare manier creatiever.'[51]

Stap 4: Bereik synergie

Hoe weten we wanneer we synergie hebben bereikt? We herkennen het derde alternatief aan een sfeer van opwinding. Het nukkige, het defensieve en de geslotenheid zijn allemaal verleden tijd. Het derde alternatief gaat gepaard met een uitbarsting van creatieve dynamiek die je herkent als je haar voelt. We spreken over een 'doorbraak' in ons inzicht, over 'piekervaringen', over 'in een flow zitten'.

De kick van de nieuwe ontdekking hangt in de lucht, een kinderlijk enthousiasme over iets waardevols dat net buiten ons bereik lag. We kunnen niet wachten om mensen te vertellen wat we hebben gevonden. De auteur Bolivar J. Bueno filosofeert over synergie als avontuur: 'Kinderen spelen vaak verstoppertje – het is leuk om iets te vinden wat eerder verborgen was. Als we volwassen worden, gaat dat verlangen naar verrassing nooit helemaal over. We ontdekken graag verborgen schatten – het zijn de dingen die we graag met anderen delen.'[52]

We weten dat we het derde alternatief hebben gevonden als we ons niet langer bezighouden met oude veronderstellingen en ruzies. Het nieuwe alternatief overweldigt ons in al zijn eenvoud en elegantie. Ons denken verandert wezenlijk. Het nieuwe alternatief is geen compromis waarbij iedereen iets opgeeft om tot een akkoord te komen terwijl de wrok voortzeurt. Het derde alternatief transformeert onze relaties met tegenstanders van weleer – we worden plotseling partners die samen ontdekkingen doen in plaats van vijanden op een slagveld.

We weten dat we het derde alternatief hebben gevonden als we erdoor geïnspireerd zijn. Plotseling zien we alles helder. We vragen ons af waarom we het nooit eerder hebben gezien. Als ze goed wordt begrepen, is synergie de hoogste activiteit die er is – de ware test en manifestatie van ons potentieel als individu, gezin, team of organisatie. Ik denk dat het gebrek aan synergie een van de grootste tragedies in het leven is; zo veel potentieel blijft ongebruikt, onderontwikkeld en onbenut. Mensen die niet effectief zijn, leven dag in dag uit met ongebruikt potentieel. Ze ervaren slechts op minimale, zijdelingse wijze synergie in hun leven.

Synergie richt zich echter op onze unieke talenten en inzichten, en een diversiteit aan perspectieven op de grootste uitdagingen waar we mee te maken krijgen. De resultaten daarvan kunnen bijna wonderbaarlijk zijn. We creëren nieuwe alternatieven – antwoorden die er eerder nog niet waren – die aan onze diepste behoeften voldoen.

We weten dat we het derde alternatief hebben gevonden omdat het heel goed werkt. Het is geen stapsgewijze verbetering maar een fundamentele doorbraak, een spectaculaire vooruitgang. Hieruit ontstaan hele producten, diensten, bedrijven en zelfs industrieën. Het brengt nieuwe wetenschappen, technologieën en zelfs culturen voort. Het zet relaties op zijn kop. Het kan ongelooflijk waardevol zijn voor degenen die het introduceren, omdat de rest van de wereld er enorm blij mee is.

Hoe herkennen we dan het derde alternatief? Is het datgene wat aan onze succescriteria voldoet? Het zorgt ervoor dat gebeurt wat moet gebeuren. Het belichaamt het resultaat waar we allemaal naar streven. Het verandert de regels van het spel. Het maakt van iedereen een potentiële winnaar. Met andere woorden, het paradigma 'Ik creëer synergie met jou' brengt ons vrede na de strijd – niet slechts de afwezigheid van conflicten, maar een bloeiperiode van nieuwe mogelijkheden. Het wijst verschillen niet af, maar maakt er gebruik van. Het betekent een mentaliteit van overvloed, de overtuiging dat er meer dan genoeg van alles is: oplossingen, prestige, winst, erkenning, mogelijkheden. Het paradigma van creativiteit is het tegendeel van het aanvalsparadigma.

Het is misschien misleidend om het moment van synergie een 'stap' te noemen in het proces van zoeken naar een derde alternatief. Je zou het misschien beter een 'struikelpartij' of een 'sprong' kunnen noemen. Het is verbazingwekkend en onvoorspelbaar, en dat is nog zacht uitgedrukt. En er is geen garantie dat we er zullen komen. Maar de beloning is zo groot dat we eraan blijven werken totdat we het vinden; met minder nemen we absoluut geen genoegen.

Op zoek naar het derde alternatief in jouw wereld

In dit boek leer je naast leiders uit bedrijfsleven, onderwijs en overheid ook allerlei andere mensen kennen – gewone mensen, werknemers, artsen, politieagenten, vertegenwoordigers, kunstenaars, onderwijzers, ouders – die besloten hebben geen genoegen te nemen met minder dan het derde alternatief. Je zult zien hoe veel van hen niet zijn blijven steken in schijnbaar hopeloze conflicten, en hoe ze voor zichzelf en anderen een nieuwe toekomst hebben gecreëerd. Als je te maken krijgt met uitdagingen en kansen in je leven, is ieder verhaal een uitnodiging om op zoek te gaan naar het derde alternatief.

Een woord van waarschuwing: zoals ik al zei kunnen deze verhalen enorm nuttig zijn. Een individu of een organisatie kan een tijdlang een perfect voorbeeld van derde-alternatiefdenken zijn en vervolgens van het rechte pad afdwalen en een perfect non-voorbeeld worden. Mensen hebben nu eenmaal zwakheden en zijn niet consequent in het toepassen van hun principes. Visionaire, synergetische leiders gaan weg en mensen met heel andere paradigma's nemen hun plaats in. Er wordt van richting veranderd. Het idee achter deze verhalen is niet een specifieke persoon of organisatie als voorbeeld te stellen, maar de principes en processen van synergie te verduidelijken. Leer van je successen. Leer van je mislukkingen. Houd je blik gericht op het principe, dan zul je de transformerende kracht van het derde alternatief op alle belangrijke terreinen van je leven al snel begrijpen:

Het hoofdstuk 'Het derde alternatief op het werk' gaat over het vinden van derde-alternatiefoplossingen op het werk. Je zult zien hoe je kunt floreren op je werk of in je eigen bedrijf als je een synergetische partner wordt voor anderen.

'Het derde alternatief thuis' gaat over de vraag hoe je eigen gezin positief, ondersteunend en creatief kan zijn in een wereld vol conflicten, een wereld waarin onze meest dierbare relaties onder druk staan.

'Het derde alternatief op school' gaat over de vraag hoe je geruzie over het onderwijs achter je kunt laten en de levens van je kinderen kunt transformeren, zodat ook zij kunnen opgroeien tot mensen met een derde-alternatiefmentaliteit, die op hun beurt weer de toekomst voor anderen zullen transformeren.

'Het derde alternatief en de wet' draait om de vraag hoe we onze cultuur van procesvoering kunnen veranderen in een cultuur van begrip, empathie en synergie – hoe we beter gebruik kunnen maken van de ontstellende hoeveelheid energie en geld die we nu verspillen aan dure rechtszaken waarin we elkaar de tent uit vechten.

'Het derde alternatief in de samenleving' gaat over het overwinnen van de ontwrichtende krachten in onze maatschappij. Het gaat erom derde alternatieven te vinden voor moeilijke vraagstukken als criminaliteit, gezondheidszorg, milieuverontreiniging en armoede.

'Het derde alternatief in de wereld' gaat over de vraag hoe we kunnen uitstijgen boven de uitputtende, steeds groter wordende meningsverschillen die onze wereld verscheuren. Je maakt kennis met een aantal opmerkelijke mensen die de onvergelijkbare rol van vredestichter op zich hebben genomen – de hoogste uitdrukking van synergie.

Het laatste hoofdstuk 'Een leven in de geest van het derde alternatief' gaat over 'leven in crescendo'. Voor mij betekent dit dat mijn meest opwindende synergetische ervaringen nog in het verschiet liggen, dat mijn belangrijkste bijdrage altijd voor me ligt. Ik zal dit op een persoonlijke manier duidelijk maken. Ik nader nu de tachtig jaar en zou heel goed met pensioen kunnen gaan, maar ik ben zeker niet van plan om te stoppen met werken en achter de geraniums te gaan zitten. In plaats daarvan zie ik mijn leven juist steeds zinvoller worden.

Uiteindelijk is de zoektocht naar het derde alternatief onze grootste kans om onze instelling te veranderen en op te houden met het weinig productieve geruzie dat nergens toe leidt, ons open te stellen en naar elkaar te luisteren en te genieten van het leven dat we voor onszelf hebben gecreëerd. Wat anders dan een derde-alternatiefmentaliteit kan ooit de verbazingwekkende nieuwe oplossingen voortbrengen die we zo hard nodig hebben om onze grootste uitdagingen aan te pakken? Onze uiterst gepolitiseerde, conflictueuze manier van denken heeft de wereld nog altijd niet bevrijd van armoede, ziekte en allerlei vormen van slavernij. Het derde alternatief is meer dan een best practice – het is een moreel imperatief.

Leren door te communiceren

De beste manier om van dit boek te leren is de inhoud aan iemand anders door te geven. We weten allemaal dat de leraar veel meer leert dan de leerling. Ga dus op zoek naar iemand – een collega, een vriend(in) of een familielid – en vertel hem of haar over de inzichten die je zelf hebt opgedaan. Stel onderstaande provocatieve vragen of bedenk je eigen varianten.

- Geef een definitie van het principe van synergie. Wat leert de natuur ons over de kracht van synergie? Waarom is synergie van wezenlijk belang voor zowel je persoonlijke als je professionele groei?
- Wat zijn de beperkingen van een twee-alternatievenmentaliteit? Op welke wijze weerhoudt die ons ervan om oplossingen te vinden voor moeilijke problemen?

- Verklaar het concept van het derde alternatief. Beschrijf situaties in je eigen leven of de levens van anderen waarin je gezien hebt hoe mensen een werkelijk derde alternatief bereikten.
- Beschrijf hoe onze mentale paradigma's ons gedrag en de resultaten die we behalen in het leven beheersen.
- Waarom belanden mensen in de 'middengroep'? Op welke wijze leidt een twee-alternatievenmentaliteit tot scepsis en cynisme?
- Verklaar de paradigma's van een derde-alternatiefmentaliteit: 'Ik zie mezelf', 'Ik zie jou', 'Ik zoek je op', 'Ik creëer synergie met jou'. Waarom moeten ze in deze volgorde staan?
- Wat is 'echte identiteitsdiefstal'?
- Beschrijf de ubuntu-spirit. Op welke wijze verschilt die van stereotypering? Wat leert het verhaal over de cipier van Nelson Mandela ons over het overwinnen van obstakels die synergie in de weg staan?
- Leg de regels van communicatie via de praatstok uit. Hoe leidt die naar synergie?
- Probeer de praatstok te gebruiken met iemand die je beter wilt begrijpen – een vriend, een collega of een familielid. Hoe werkt dat voor jou?
- Wat is de derde-alternatiefvraag? Leg de stappen van het derde-alternatiefproces uit.
- Wat is het theater van de magie? Hoe helpen de regels van deze magische plek ons om synergie te bereiken?

Zelf proberen

Op de volgende bladzijden vind je de planningtool *In vier stappen naar synergie* en de bijbehorende handleiding. Gebruik deze tool om te experimenteren met het ontwikkelen van derde alternatieven voor de volgende scenario's, of bedenk je eigen derde alternatieven.

- De buren willen een schuurtje bouwen op hun grond dat jouw uitzicht op een prachtig naaldbos zal bederven.
- Je partner heeft een benijdenswaardige baan aangeboden gekregen bij een snelgroeiend bedrijf, maar dat brengt verhuizing naar een andere stad met zich mee. Je wilt helemaal niet verhuizen en je eigen baan en vrienden achterlaten.
- Je hebt een ernstig meningsverschil met een school of een leerkracht; je bent het niet eens met zijn of haar lesmethoden of aanpak.
- Je bent blij met je baan bij een klein bedrijf dat echter misschien gedwongen zal zijn om jou en je collega's te ontslaan vanwege teruglopende resultaten.

In vier stappen naar synergie

1. **Stel de derde-alternatiefvraag:**

'Ben je bereid op zoek te gaan naar een oplossing die beter is dan alles wat we tot nu toe afzonderlijk hebben bedacht?'
Zo ja, ga dan verder naar stap 2.

2. **Definieer succescriteria**

Noteer hier de kenmerken van een oplossing waar iedereen blij mee zou zijn. Wanneer is er sprake van succes? Wat moet er echt gebeuren? Wat zou een 'win-win'-resultaat zijn voor alle betrokkenen?

3. **Creëer derde alternatieven**

Maak hier (en elders) modellen en tekeningen, schrijf ideeën van anderen op, zet je eigen ideeën op zijn kop. Werk snel en creatief. Schort oordelen op tot het spannende moment waarop je weet dat je synergie hebt bereikt.

4. **Bereik synergie**

Beschrijf hier je derde alternatief en, indien gewenst, hoe je dit wilt gaan uitvoeren.

Handleiding voor de tool *In vier stappen naar synergie*

In vier stappen naar synergie. Dit proces helpt je het synergieprincipe in praktijk te brengen. (1) Toon bereidheid om op zoek te gaan naar een derde alternatief. (2) Definieer hoe succes er voor iedereen uitziet. (3) Experimenteer met oplossingen totdat je (4) synergie bereikt.

Hoe bereik je synergie

1 Stel de derde-alternatiefvraag:

In een conflict of creatieve situatie helpt deze vraag iedereen afstand te nemen van verharde posities of vooringenomen ideeën, richting een derde standpunt.

2 Definieer succescriteria

Noteer kenmerken of beschrijf in het kort hoe een voor iedereen bevredigend resultaat eruitziet. Stel jezelf daarbij de volgende vragen:

- Is iedereen betrokken bij het vaststellen van de criteria? Krijgen we zo veel mogelijk inbreng van zo veel mogelijk mensen?
- Welke resultaten willen we echt? Wat moet er echt gebeuren?
- Welke resultaten zouden voor iedereen winst betekenen?
- Kijken we verder dan onze standaardeisen naar iets beters?

3 Creëer derde alternatieven

Volg deze richtlijnen:

- Speel ermee. Het is niet echt. Iedereen weet dat het spel is.
- Doe niet aan afronding. Vermijd overeenstemming en consensus.
- Geef geen oordeel over andermans ideeën – of over die van jezelf.
- Maak modellen. Maak tekeningen op whiteboards, schets grafieken, bouw een dummy, schrijf een ruwe opzet.
- Zet ideeën op zijn kop. Keer de gangbare opvatting om.
- Werk snel. Stel een tijdslimiet, zodat de energie en het creatieve denkproces op peil blijven.
- Kom met heel veel ideeën. Je kunt niet voorspellen welk ongebruikelijk inzicht tot een derde alternatief zal leiden.

4 Bereik synergie

Het derde alternatief is te herkennen aan een sfeer van opwinding en inspiratie. Het oude conflict speelt geen rol meer. Het nieuwe alternatief voldoet aan de succescriteria. Let op: verwar een compromis niet met synergie. Een compromis geeft een tevreden maar nooit een opgetogen gevoel. Bij een compromis verliest iedereen iets; bij synergie wint iedereen.

Hoofdstuk 3
Het derde alternatief op het werk

Een mens blijft opgesloten in een kamer waarvan de deur die niet op slot zit naar binnen toe opengaat, zolang het niet bij hem opkomt om te trekken in plaats van te duwen.
– Ludwig Wittgenstein

We leven in een tijd waarin muren worden neergehaald. We beleven de opkomst van de grenzeloze economie. Dankzij technologische ontwikkelingen maken we het einde mee van de symbolische muren waarbinnen de menselijke geest opgesloten zit. Maar de lastigste muren blijven overeind: de muren tussen mensen. Deze muren zijn het minst zichtbaar, maar ze vormen obstakels die vertrouwen, communicatie en creativiteit in de weg staan. In de huidige werksituatie kunnen we ons deze muren gewoonweg niet veroorloven. Probeer je de onvoorstelbare persoonlijke en bedrijfsmatige kosten voor te stellen als sales en marketing niet met elkaar overweg kunnen, of als mensen het gevoel hebben dat ze niet open en eerlijk kunnen zijn, wat leidt tot kantoorpolitiek, geroddel en micromanagement.

Waar het bij het neerhalen van deze muren om gaat, is de innerlijke kracht om niet langer in termen van 'ik' maar van 'wij' te denken. Als we luisteren om beter te begrijpen, als we oprecht geloven in derde alternatieven – dat iets beters mogelijk is en dat het alleen nog maar uitgevoerd hoeft te worden – dan kunnen er prachtige dingen gebeuren, ook in jouw organisatie of in jouw relaties.

Iedereen weet dat er op het werk veel muren zijn. Er staan muren tussen teams, afdelingen, divisies en functies. Je hebt muren tussen de creatieve types en de boekhoudtypes. Je hebt muren tussen het management en de werkvloer. En je hebt muren tussen de organisatie en haar klanten. Het is logisch dat we onze muren willen verdedigen en dat is de reden waarom we conflicten op het werk in stand houden. Het probleem zit hem in de defensieve denkwijze van de twee-alternatievenmentaliteit.

Positiever geformuleerd zijn er zoveel conflicten in een organisatie omdat er een klus geklaard moet worden en ieder creatief, nadenkend, getalenteerd, uitzonderlijk mens andere ideeën heeft over hoe dat gedaan moet worden. Die inzichten zijn tegenstrijdig, verbijsterend soms, grillig en inconsequent; maar ze kunnen ook nuttig zijn of zelfs briljant.

Sommige organisaties kunnen beter met conflicten omgaan dan andere; sommige zijn conflictvermijdend; sommige zijn ronduit intimiderend. Maar de meeste proberen conflicten te 'hanteren'. Managers volgen cursussen over het vermijden, beheersen en oplossen van conflicten, omdat we in de veronderstelling leven dat conflicten als het even kan moeten worden vermeden, of beheerst als ze onvermijdelijk zijn, en in ieder geval snel moeten worden opgelost zodat er weer harmonie kan heersen. Boeken over dit onderwerp benaderen conflicten als een voorbijtrekkende storm waarvan je hoopt dat hij zo min mogelijk schade aanricht.

Het probleem met conflicten op het werk is echter niet dat ze bestaan, maar dat we het verkeerde paradigma hanteren. Een twee-alternatievenreactie op conflicten is 'vechten of vluchten', terwijl de synergetische reactie er een van verwelkoming, enthousiasme en ontdekking is. Bijvoorbeeld:

- Een werknemer spreekt zijn baas aan op 'iets stoms' dat het bedrijf heeft gedaan. De gemiddelde baas hoort hierin 'een klacht'. Een synergetische baas hoort 'een idee'.
- Een teamlid zegt tegen een projectmanager: 'Stel dat we dit ietsje anders zouden doen?' De gemiddelde projectmanager denkt: ze probeert me te vertellen hoe ik mijn werk moet doen. De synergetische projectmanager denkt: ik moet naar haar luisteren.
- Een werknemer zegt tegen zijn teamleider: 'Ik kan gewoon niet met die-en-die werken.' De gemiddelde teamleider denkt: daar gaan we weer, nog een persoonlijk conflict. De synergetische teamleider denkt: dit is een roep om hulp.
- Er komt iemand van het hoofdkantoor langs en die zegt: 'Ik ben hier om jullie te helpen.' Een 'normale' gedachte op zo'n moment is: geweldig, ze denken dat ik mijn werk niet aankan. Ik zal deze man eens even wat laten zien. De synergetische gedachte is: geweldig, wat zou ik van die man kunnen leren?

De 'normale' reacties zijn geworteld in het paradigma waarbinnen verschil gelijkstaat aan bedreiging. Normaal gesproken maken we ruzie over onze verschillen of gaan ervoor op de vlucht, omdat we een defensief paradigma hebben dat voortkomt uit onzekerheid. We zien het bij de ceo die meningsverschillen tijdens vergaderingen afzwakt. We zien het bij het projectteam dat woedend de kamer uitloopt als er vraagtekens worden gezet bij de plannen. We zien het bij de humeurige salesmanager die in zijn regio te werk gaat onder het motto: 'Het gebeurt zoals ik het wil en niet anders.'

Deze mensen begrijpen niet dat conflicten een teken van leven zijn. Conflicten ontstaan meestal als mensen daadwerkelijk nadenken over hun werk. Als ik het heb over 'het conflict als geschenk', kijken mensen me vreemd aan, maar wat ik bedoel is dat mensen die nadenken altijd met elkaar van mening zullen verschillen – en als ze het belangrijk genoeg vinden om hun mening met passie kenbaar te maken, dat een aanbod is dat je met beide handen aan moet pakken.

Een van de meest effectieve zakelijk leiders die ik ken, begint vergaderingen vaak met een provocatieve vraag: 'Wat als we de productlijn morgen konden veranderen?', 'Wat als het probleem dat we als bedrijf denken te moeten oplossen niet bestaat?', 'Welk ene ding zou alles veranderen als we het beter deden?', 'In welk opzicht lijkt ons bedrijf op Enron?', 'Waarover verkeer ik in ontkenning?' Zijn doel is om conflict uit te lokken – geen ongerichte scheldpartijen, maar discussies waarbij de sappen vrijkomen die het denken van zijn team stimuleren. Zijn vergaderruimte wordt een theater van de magie. Zijn teamleden zijn eraan gewend en zijn heel goed geworden in productieve conflicten. 'Ik wil niet dat mensen schaapachtig zitten te knikken als ik iets zeg. Ik wil hoofden zien schudden, niet knikken. Ik wil mensen horen denken. Ik wil vonken zien.' En dan luistert hij intensief. Hij kan je uitputten door alleen maar naar je te luisteren.

De twee alternatieven: vechten of vluchten

Als je deze derde-alternatiefleider vergelijkt met twee-alternatievenleiders, dan zie je dat deze laatste categorie aan vechten of vluchten doet. Het eerste voorbeeld is van een leider die vecht. Een succesvol directeur kreeg de functie van ceo van een van de grootste bedrijven ter wereld. Volgens velen was hij iemand die niet luisterde en de mensen die het niet met hem eens waren marginaliseerde. Werknemers van het bedrijf voelden zich niet serieus genomen en vertelden dat ze voortdurend te horen kregen hoe stom ze waren. Schijnbaar wist hij welke gevechten hij wel en niet moest aangaan. Het was zijn stijl om de hele tijd in de aanval te blijven. Na zes maanden werd hij ontslagen. Iedereen wist dat hij slim was, maar zijn intellect kon zijn gebrek aan respect en empathie niet goed maken.

Kijk dan nu eens naar het volgende voorbeeld van een leider die vlucht. Hij is bestuursvoorzitter van een bekend huishoudgoederenbedrijf. Mijn collega die een tijdlang nauw met hem samenwerkte, zei het volgende over hem:

Toen hij binnenkwam deed hij grote uitspraken over het verder uitbouwen van het bedrijf, maar na tien jaar was de aandelenkoers nog precies hetzelfde. Hij doet nog steeds uitspraken over zijn toekomstvi-

sie. Maar nu luistert er niemand meer. Niet alleen omdat de prestaties achterblijven, maar ook omdat hij zelf niet naar anderen luistert. Hij is, zoals ze zeggen, 'conflictvermijdend' en staat afkeurend tegenover meningsverschillen. Hij houdt niet van confrontaties – 'Niet mijn stijl', zegt hij. Hij is een fantastische vent en een geweldige vriend, maar niemand kan in zijn aanwezigheid confronterende vragen stellen. Ze zitten aan zijn voeten en luisteren naar hem terwijl hij hardop nadenkt over zijn visie om het bedrijf groter te maken, meestal geïnspireerd door de nieuwste strategische ideeën uit het laatste managementboek dat hij heeft gelezen. Maar de vonken spatten er niet vanaf. Intussen zit ik daar en durf ik de vraag die me bezighoudt niet te stellen: 'Waarom maak je niet gewoon betere producten?'

Sommige conflictbeheersingstheoretici adviseren ons om het *onderwerp* te scheiden van de *emotie* van het conflict. Ik denk niet dat dat kan. Bij een voedselverwerkend bedrijf kan het onderwerp voedselkwaliteit niet worden gescheiden van de emoties van de bestuursvoorzitter. Bij deze man komt het ter discussie stellen van zijn benadering van het bedrijf neer op het ter discussie stellen van zijn identiteit en eigenwaarde. Hij is niet zelfbewust genoeg om empathisch naar zijn teamleden te luisteren.

Conflicten die om een bepaald onderwerp draaien, zijn vrijwel altijd ook emotionele conflicten. Helaas zijn veel bedrijven zodanig blijven steken in het industriële tijdperk dat er nog altijd veel moed voor nodig is om als werknemer je meerderen ter discussie te stellen. Mensen zijn bang. Zullen ze genegeerd worden? Zullen ze zich belachelijk maken? Zullen ze onbedoeld hun baas belachelijk maken? Zullen ze figuurlijk of zelfs letterlijk een kopje kleiner gemaakt worden? Zullen ze de baas tot hun vijand maken? Zullen ze hun baan kwijtraken? Als de emotionele investering te veel risico's met zich meebrengt, heerst een angstig stilzwijgen. Leiders zien de glimlachende, knikkende gezichten om zich heen vaak ten onrechte als een teken van harmonie en consensus. Dit kan een fatale fout zijn.

Alle conflicten zijn emotioneel beladen. Wat jij misschien als een simpel salarisgeschil ziet, kan bijvoorbeeld samenhangen met diepgevoelde angsten en ambities. Stel, je bent een vrouwelijke leidinggevende en er komt een (mannelijke) werknemer naar je toe omdat hij niet tevreden is met zijn salaris. Het is heel goed mogelijk dat hij inwendig kookt als gevolg van allerlei emoties. Zijn salaris is een symbool van zijn eigenwaarde, van zijn aanzien bij familie en vrienden. Dit gesprek is erg lastig voor hem – het vraagt moed om het alleen al aan te gaan. Hij wil geen problemen veroorzaken en niet zwak lijken in jouw ogen; aan de andere kant voelt hij zich misschien wel gekleineerd of zelfs boos. Om het allemaal nog ingewikkelder te maken speelt zijn ego als man waarschijnlijk ook een rol. Op zijn gezicht staat niet het hele verhaal te lezen, ook hoor je het niet in zijn woorden – maar denk erom dat er wel een verhaal is.

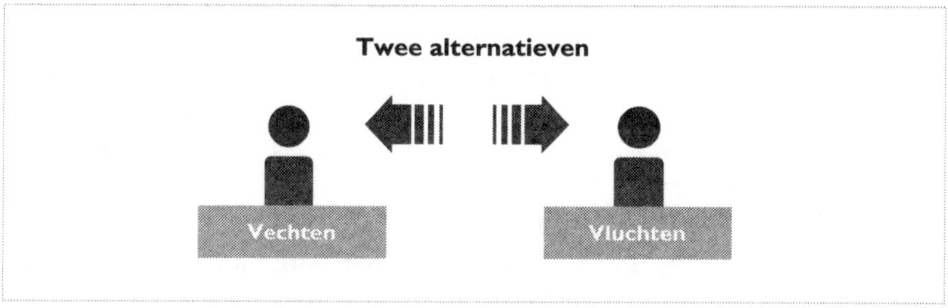

Leidinggevenden met een twee-alternatievenmentaliteit hebben maar twee mogelijkheden: vechten of vluchten. Als je voor vluchten kiest, geef je op en geef je hem wat hij wil. Conflicttheoretici noemen dit 'inschikkelijkheid'. Meestal zorgt dit alleen maar voor meer problemen. Het is onrechtvaardig ten opzichte van andere werknemers. Als je voor vluchten kiest, ben je oneerlijk naar de andere werknemers toe, je hebt een precedent geschapen en je hebt verwachtingen bij deze werknemers gewekt voor de volgende salarisonderhandelingen.

Of je kunt ervoor kiezen het gevecht aan te gaan. Er zijn verschillende manieren:

- Je kunt hem marginaliseren: 'Je krijgt hetzelfde betaald als iedereen.' Dit antwoord maakt hem tot een machine: hij is een arbeidseenheid, net als alle andere arbeidseenheden.
- Je kunt hem vleien: 'Je bent zo'n gewaardeerde werknemer en we zouden willen dat we meer konden doen.' Dit antwoord kan de spanning enigszins wegnemen, maar het is nietszeggende kletskoek.
- Je kunt de concurrentie met hem aangaan: 'Ik heb nooit om opslag hoeven vragen. Ze komen vanzelf mijn kant op, omdat ik een teamspeler ben...' Deze neerbuigende woordenstrijd win je geheid, niet omdat je verhaal beter is, maar omdat je meer macht hebt.
- Je kunt een compromis sluiten: 'Ik kan niets aan je salaris doen, maar je kunt wel een halfuur korter werken op vrijdag.' Bij een dergelijke oplossing verlies je allebei. De werkgever verliest een halfuur van de diensten van de werknemer en de werknemer krijgt nog steeds niet wat hij wil. Een compromis werkt altijd beperkend. De veronderstelling is dat de koek maar een beperkte grootte heeft en dat ik minder krijg als jij meer krijgt. Een compromis is het resultaat van schaarstedenken.

Als de man in kwestie emotioneel wordt, kun je het gebruikelijke advies opvolgen en hem vertellen: 'Laten we niet van het onderwerp afdwalen', wat niets bijdraagt aan een oplossing voor die emotie. Hoezeer je dat ook zou willen, je kunt je niet alleen 'bij het onderwerp houden'. Natuurlijk, je kunt een zekere *modus vivendi* bereiken, maar de emoties die erbij horen zijn niet onderhandelbaar. Die zul je toch een keer op je bord krijgen.

Het derde alternatief: synergie

Als je een leidinggevende bent die vanuit het derde alternatief te werk gaat, zul je niet vechten of vluchten. Je gaat op zoek naar iets beters, een oplossing die je werknemer een enorme emotionele winst geeft en die voor het bedrijf nieuwe en belangrijke waarde creëert.

Een vriend van mij legde uit hoe een derde-alternatiefleider waar hij mee te maken kreeg met deze situatie omging:

> *Ik was nieuw in deze functie en was binnengekomen met de hoop op een beter salaris. Ik was akkoord gegaan met veel minder dan ik had gehoopt om maar vast binnen te zijn. Maar na een paar maanden was het duidelijk dat mijn gezin er moeite mee had. Als gevolg van extra medische uitgaven kwamen we niet rond. Daarnaast had ik steeds meer het gevoel dat ik niet voldoende betaald kreeg voor het werk dat ik deed. Dus ik nam een groot risico en stapte naar de baas om een salarisverhoging te vragen. Ik kende haar niet zo goed en zij kende mij niet. Ik had nog geen staat van dienst bij het bedrijf.*
>
> *Maar ze vroeg me om naar haar kantoor te komen en ik legde uit waarom ik daar was. Ik was nogal verbaasd toen ze zei: 'Vertel verder.' Ik vertelde haar over mijn gezinssituatie. Ze bleef luisteren en ik vertelde het een en ander over wat ik voor het bedrijf had gedaan. Ze vroeg me wat ik vond van het bedrijf, van de klanten, de producten. Het was vreemd. We hadden een langdurig gesprek waarvan ik had gedacht dat het over mijn salaris zou gaan, maar in plaats daarvan ging het over mij – hoe het met me ging, wat ik dacht, wat ik te weten was gekomen in de paar maanden dat ik voor het bedrijf werkte.*
>
> *Toen vroeg ze me naar een bepaalde klant waar ik mee gewerkt had. Ze wilde weten welke mogelijkheden ik zag voor het vergroten van de klandizie van deze klant, en daar had ik toevallig wel wat ideeën over en die vertelde ik haar.*

Een paar dagen later vroeg ze me nog even naar haar kantoor te komen. Er kwamen nog drie of vier andere mensen bij en ze had op een whiteboard mijn ideeën voor deze klant opgeschreven. We hadden een stevige discussie, en er zouden er nog vele volgen. Ik was enthousiast. Uiteindelijk boden ze me een uitgebreidere functie met meer salaris en verantwoordelijkheid voor meer dienstverlening aan deze klant.

Voor mijn vriend vormden deze discussies het begin van een snelle opmars binnen het bedrijf; uiteindelijk werd hij een van de partners van de 'hoogste baas'. Ik heb zelden over een wijzere leider gehoord dan deze vrouw. Ze had een haarscherp vermogen voor derde-alternatiefdenken. Het zou voor haar heel gemakkelijk geweest zijn om de strijd met mijn vriend aan te gaan en te winnen of hem gewoon zijn zin te geven. In plaats daarvan voorvoelde ze de mogelijkheid van een drastische win-winsituatie. In plaats van te kibbelen over de bestaande koek, zag ze een veel grotere koek voor zich. Ze vermoedde dat een combinatie van de behoeften en de energie van mijn vriend met de behoeften van de klant voor iedereen groei zou kunnen opleveren. Het eindresultaat was een geheel nieuwe bedrijfstak en een partner wiens waarde voor het bedrijf ieder jaar groeide. Voor zover ik weet was deze jongeman uiteindelijk verantwoordelijk voor een verdubbeling van de omvang van het bedrijf.

Kijk nu eens naar de manier waarop deze vrouw haar team naar het derde alternatief leidde:

- Eerst nam ze de tijd om empathisch te luisteren. Ze wilde meer inzicht krijgen in haar jonge werknemer en zijn gevoelens beter begrijpen. Op het eerste gezicht leek het alsof ze wilde weten waarom zijn salaris een probleem was. Maar op een dieper niveau wilde ze weten hoe hij in elkaar stak en wat hij aan het bedrijf zou kunnen bijdragen, zodanig dat iedereen er iets aan had, niet alleen hijzelf.
- Toen zocht ze hem op. Ze haalde hem steeds weer terug, verkende zijn ideeën en haalde er andere denkers bij. Ze hechtte waarde aan zijn specifieke talenten en inzichten.
- Ten slotte bereikte de groep synergie: nieuwe diensten, nieuwe producten, nieuwe manieren om aan de behoeften van een belangrijke klant te voldoen, en als gevolg daarvan aan de behoeften van een heel nieuw segment klanten.

Dit gebeurde allemaal omdat de baas de gewoonte had om steeds als de mogelijkheid zich voordeed op zoek te gaan naar een derde alternatief. Er komt een werknemer binnen met een klacht en zij ziet een mogelijkheid om haar bedrijf verder uit te bouwen. Ze ziet een conflict als een voedingsbodem en niet als een slagveld.

De meeste denkers op het gebied van conflictbeheersing zien een conflict als een transactie. Het gaat om het verdelen van de koek. Je kunt je tegenstander tegemoetkomen of de confrontatie aangaan. Je kunt de koek weggeven of je kunt erom vechten, en er zijn technieken en trucs om daar beter in te worden. Maar verdeel hem zoals je wilt – het blijft uiteindelijk dezelfde koek.

Het derde alternatief gaat echter om het transformeren van de situatie. Het gaat erom dat je een nieuwe koek maakt die groter en beter is – misschien zelfs wel exponentieel groter en beter. Waar conflictbeheersing meestal transactioneel is, is het derde alternatief transformationeel.

Als je verwikkeld bent in een conflict op je werk, moet je proberen niet meteen een defensieve denkwijze aan te nemen. Dit is cruciaal, maar het gaat dwars tegen ons gevoel in. De natuurlijke, instinctieve reactie op een probleem is vechten of vluchten. Dieren doen dit instinctief; ze hebben niet meer dan deze twee alternatieven. Maar mensen kunnen kiezen voor een derde alternatief.

Weet je nog, het eerste paradigma van synergie: 'Ik zie *mezelf*'. Ik ben in staat om mezelf van een afstandje te bekijken en over mijn eigen gedachten en gevoelens na te denken. Ik kan mijn eigen motieven onderzoeken: hoe ben ik hierin verzeild geraakt? Ben ik egocentrisch? Heb ik behoefte aan aandacht of bevestiging? Heb ik het gevoel dat ik word bedreigd in mijn status? Of maak ik me oprecht zorgen over dit onderwerp? Als ik zeker ben van mijn gevoel van eigenwaarde, als ik vertrouwen heb in mijn eigen bijdrage en capaciteiten, dan hoef ik mezelf niet tegenover jou te verdedigen en kan ik me openlijk uitspreken.

Maar ik moet ook om het tweede paradigma van synergie denken: 'Ik zie *jou*'. Dat betekent dat ik veel respect voor je heb. Dat ik waarde hecht aan je ideeën, je ervaring, je perspectief en je gevoelens.

Daarom breng ik het derde paradigma van synergie in praktijk: 'Ik zoek je op'. Ik ben gefascineerd – en voel me niet bedreigd – door de kloof tussen ons. Niets doet de negatieve energie van een conflict sneller verdwijnen dan de oprechte woorden 'Jij ziet de dingen anders. Ik moet goed naar je luisteren.'

Als je deze paradigma's in praktijk brengt, zul je onvermijdelijk uitkomen bij een derde alternatief dat het conflict irrelevant maakt: 'Laten we eens kijken of we samen op iets beters kunnen komen dan elk van ons tot nu toe heeft bedacht.' Iedereen wint, iedereen is enthousiast. Vaak weet je achteraf niet eens meer waar het conflict over ging.

Hoogmoed: het grote obstakel op weg naar synergie

Een synergiementaliteit vereenvoudigt conflicten op het werk, en de vonk van genialiteit die eruit voortvloeit kan verbluffend zijn. Maar synergie heeft een prijs en de krachten die haar tegenwerken zijn niet te onderschatten. Het grootste obstakel is trots. Dit is de grote isolator die een creatieve combinatie van menselijke energieën in de weg staat. Er bestaat een heel continuüm aan trots, van het bekende 'eigen-kweeksyndroom' ('Als het niet door ons is bedacht, kan het nooit goed zijn') tot de hoogmoed die leidt tot de ondergang van mensen, organisaties en landen.

De oude Grieken leerden hun kinderen dat hoogmoed, of arrogantie, de grootste van alle misdaden was. In die tijd maakte een soldaat die opschepte over zijn eigen kracht en die zijn vijanden vernederde zich schuldig aan hoogmoed. En dat gold ook voor koningen die misbruik maakten van hun onderdanen om er zelf beter van te worden. De Grieken dachten dat hoogmoed de oorzaak was van *nemesis*: de onvermijdelijke ondergang. Hoogmoed, zo zeiden ze, leidt uiteindelijk altijd tot tragedie – en dat hadden ze goed gezien.

We hebben de laatste jaren de meest vertrouwde instituties zien omvallen als gevolg van hoogmoed op het hoogste niveau. Tijdens het financiële debacle van 2008 maakten belangrijke leiders zich schuldig aan van alles, van blind zelfvertrouwen tot regelrechte fraude.

Het belangrijkste symptoom van hoogmoed is gebrek aan conflict. Als niemand je durft tegen te spreken, als je weinig inbreng krijgt van anderen, als je merkt dat je meer praat dan luistert, als je het te druk hebt om je bezig te houden met degenen die het niet met je eens zijn, dan vraag je om problemen.

Een voorbeeld hiervan is het voormalig hoofd van de Royal Bank of Scotland. Naar verluidt 'duldde deze man geen kritiek... Iedere ochtend namen zijn directe medewerkers deel aan een bijeenkomst waar leidinggevenden bij gelegenheid een stevige uitbrander kregen.' Hij noemde zijn onvriendelijke overnames een vorm van 'euthanasie'. *The Times* van Londen noemde zijn leiderschap 'hoogmoedig'. Zo bleef hij afgeschermd van de waarheid over de dreigende bankencrisis, waar zijn riskante zakelijke transacties naar men zegt ten dele verantwoordelijk voor waren. In 2007 was zijn bank £ 75 miljard waard; in 2009 was dat bedrag gedaald naar £ 4,5 miljard en had de bank 'het grootste verlies in de geschiedenis van de Britse bankwereld geleden.'[1]

Een ander voorbeeld is dat van Enron: het ligt voor de hand dat de antisynergetische denkwijze van het bedrijf Enron fataal is geworden. Waarnemers zien in Enron het klassieke model van een cultuur van hoogmoed: 'Dit was een bedrijf dat bewust alternatieve en botsende visies op de realiteit onmogelijk maakte om de status-quo te beschermen. Uit naam van het bestaande succes en in een verbeten zucht naar grootsheid, ontstond een inflexibele, intolerante cultuur waarin nieuwe ideeën werden genegeerd, zorgen van tafel werden geveegd en kritisch denken grond was voor ontslag.'[2]

De 'GET'

Natuurlijk hoef je geen leider van een toponderneming te zijn om last te hebben van het soort hoogmoed dat synergie in de weg staat. Iedereen kan zich er schuldig aan maken. Ook het improductieve gekibbel dat plaatsvindt op de werkplek is tot op zekere hoogte het gevolg van hoogmoed. Greg Neal, een van de belangrijkste salesmanagers in de wereldwijde farmaceutische industrie en een scherp observeerder, heeft de plaag die trots heet teruggebracht tot drie elementen die hij de 'GET' noemt (uitgebeeld in de volgende tabel). Dit zijn gewone menselijke instincten die we allemaal hebben, en die ons maar al te vaak afhouden van een derde alternatief. We zijn bang dat we het gevecht zullen verliezen. We maken ons zorgen om onze identiteit ('Ben ik een loser?'). We maken ons zorgen om ons territorium ('Wie krijgt de eer?'). Neal zegt: '*De GET will get you* als je probeert synergie te bewerkstelligen.' Ironisch genoeg is er voor iedereen meer winst, zekerheid en invloed als we samen naar synergie streven. Maar het is moeilijk om dat te zien als je in de GET zit.

	De GET
G	G staat voor GEWIN, mijn persoonlijke winst, wat ik heb verdiend, wat mij toekomt.
E	E staat voor EMOTIE, mijn gevoelens, mijn onzekerheden, mijn angsten, mijn identiteit.
T	T staat voor TERRITORIUM, mijn domein, mijn personeel, mijn budget, mijn project, mijn expertise.

Een klassiek conflict op het werk is de eeuwige vete tussen sales en marketing. Het is 'universeel en hardnekkig', zeggen sommigen, het hoort gewoon bij 'de gewone stand van zaken'. *Business Week* merkt op dat 'marketeers verkopers meestal afdoen als hebberige egocentrische types. En verkopers, nou ja, die zijn gewoon iets botter. Zij denken dat marketeers wollig en dom zijn.'[3]

En toch hebben sales en marketing in wezen dezelfde missie: klanten begrijpen, bereiken en tevredenstellen. Bedrijven doen hun best om de twee functies samen te brengen door middel van gezamenlijke informatiesystemen en -processen. Maar, zoals *Business Week* zegt: 'Het echte probleem zit hem in verschillen tussen culturen, persoonlijkheden en mentaliteiten.' Benson Shapiro, een businesshoogleraar aan Harvard, generaliseert het als volgt: 'Het krachtenveld bestaat uit onafhankelijke, vrijgevochten mensen die een "vechtersmentaliteit" idealiseren. Marketing is "conventioneler" en idealiseert een beschaafdere, meer gecentraliseerde aanpak.' En ze kijken op elkaar neer.[4]

Dat was het probleem waar Greg Neal als leidinggevende van een groot farmaceutisch bedrijf voor stond. 'We hadden een krachtige marketingorganisatie en een zeer effectieve en consciëntieuze verkoopafdeling. Maar er gaapte een brede kloof tussen die twee – alles van basiscommunicatie tot de machtsstrijd over wie er verantwoordelijk was voor het merk. Marketeers vonden dat hun onderzoek hen tot klantdeskundigen maakte, terwijl verkopers bij wijze van spreken dag en nacht bij de klant waren.' Deze kloof zorgde er zelfs voor dat zijn bedrijf marktaandeel verloor.

Neal was aangesteld om de kloof te dichten. De leiders van het bedrijf vroegen hem een nieuwe afdeling op te zetten 'om de boel bij elkaar te brengen'. Hij stelde een integratieteam samen, zorgde voor een visie en werd daar enthousiast over.

Hij kwam er al snel achter hoe groot en gecompliceerd de kloof werkelijk was. 'We waren enorm verkokerd. Het cardiomarketingteam praatte niet met dat van luchtwegen, neurologie of osteoporose. Hij kwam er ook achter hoe weinig welkom hij was. 'Ik liep regelrecht de GET binnen – het was allemaal heel emotioneel, heel territoriaal. Ik kwam bij ze binnenvallen, nam wat leuke PowerPoint-dia's met ze door, en dan was het stil. En dat was niet omdat ze zo onder de indruk waren.'

Na een paar maanden van weinig vooruitgang realiseerde Neal zich langzaam maar zeker dat hij het verkeerd had aangepakt. De mensen met wie hij werkte waren emotioneel niet klaar voor synergie. 'Wat had er moeten gebeuren? De leidinggevenden die over de sales gingen en hun collega's uit het marketingkamp hadden bij elkaar moeten komen. Ze hadden samen op stap kunnen gaan om met de regio's te praten, hun visies op de problemen kunnen uitwisselen. "Wat kunnen we doen om de kloof kleiner te maken, het werk gemakkelijker te maken, de communicatie te verbeteren?" Ze hadden ieders mening kunnen vragen. In plaats daarvan hebben ze van bovenaf een oplossing opgelegd gekregen: mijn integratieteam.'

Maar het was nog niet te laat om het recht te zetten. Hij hield op met het geven van presentaties en ging luisteren. 'We hadden betrokkenheid vanuit het hele veld nodig, zo ver als de geboden kans en het geduld van de organisatie strekten. Het idee was de mensen een stem in het proces te geven en te zien wat er zou komen bovendrijven. We besteedden enorm veel tijd aan het vergroten van de betrokkenheid.' Dit proces duurde negen maanden.

Er stond een cruciale productlancering van het luchtwegteam op het programma. Neals bedrijf was niet eerder actief geweest in deze markt; het moest goed gaan. Een eerdere lancering in de lipidenmarkt was als gevolg van de grote kloof tussen sales en marketing slecht verlopen. Nationale marketingplannen waren in de verschillende salesregio's heel verschillend uitgevoerd. 'We hadden gebieden waar de uitvoering buitengewoon was, andere gebieden van bescheiden succes en andere waar het succes gering was' – zeer frustrerend voor de marketingafdeling.

Bij het voorbereiden van het nieuwe lanceerplan luisterde het integratieteam van Neal zorgvuldig naar alle salesregio's. 'Er was input. Er was synergie. We bepaalden samen wat de criteria voor succes waren – maatstaven voor belactiviteit, inzet van resources, marktaandeelcijfers. We waren beter voorbereid dan ooit tevoren, en ik hoopte dat het allemaal goed zou gaan.'

Het werd de meest succesvolle productlancering uit de geschiedenis van het bedrijf – en in een markt waarin ze nooit eerder actief waren geweest. Ze slokten marktaandeel op van bedrijven met tientallen jaren ervaring. 'We overtroffen onze doelstelling met 30 procent. De verschillen tussen de regio's waren kleiner dan ooit tevoren. Het cijfer voor productacceptatie was hoger dan ooit.' Momenteel is de portefeuille luchtwegproducten van het bedrijf honderden miljoenen dollars waard.

Het succes van Greg Neal was mogelijk omdat hij zich op de GET stortte, de defensieve denkwijze die het verkokerde bedrijf in een wurggreep hield. Met respect, empathie en steeds weer de vraag 'Wat kunnen we samen doen om ons werk gemakkelijker te maken?' drong hij de talloze koninkrijkjes van het bedrijf binnen. Als derde-alternatiefdenker stapte hij erin zonder voorgekookte oplossing – vastbesloten om de GET te overwinnen en synergie mogelijk te maken.[5]

Als het persoonlijk wordt

De werkplek is vandaag de dag een uitdagende omgeving. We worden onder druk gezet om meer te doen met minder, om wereldwijd te concurreren en binnen steeds krappere deadlines aan steeds hogere verwachtingen te voldoen. In een snel veranderende omgeving kan frictie ontstaan, en soms wordt het persoonlijk. Ontwijkend gedrag, gemok, sarcasme, scheldpartijen – soms zelfs geweld – kunnen in een dergelijke geladen sfeer uit de hand lopen.

Tientallen boeken en websites vertellen je hoe je een persoonlijkheidsconflict op je werk kunt 'oplossen' (het is een veelvoorkomend probleem). Ze zeggen allemaal zo'n beetje hetzelfde. Ben je manager, probeer dan de vechtersbazen van elkaar te scheiden of tussen ze te bemiddelen, of stuur ze naar een workshop. Als je zelf betrokken bent bij een conflict, blijf dan rustig, probeer het onderwerp van de persoon te scheiden, trek je terug uit de situatie. En dit zijn geen van alle slechte adviezen. Maar het is niet transformationeel. Het is transactioneel. Het gaat erom dat je bij een kwestie tot een vergelijk komt, als de relatie het echte probleem is.

Als je een synergiementaliteit hebt, dan wil je een relatie transformeren. Je weet wat je waard bent en je ziet wat de ander waard is. Zoek een rustige plek en ga daar met haar zitten en zeg: 'Jij ziet de dingen anders dan ik. Ik moet eens goed naar je luisteren.' En dan luister je ook.

Misschien moet je vreselijke dingen aanhoren. Misschien voel je je gezicht rood worden terwijl je luistert naar je gesprekspartner die zijn hart lucht. Weersta de neiging om je te verdedigen – jouw kans komt nog wel. Je wilde inzicht, geen ruzie.

Je zult waarschijnlijk tot de ontdekking komen dat het probleem niet het probleem is. Wat het conflict ook veroorzaakt heeft, je ziet waarschijnlijk alleen de oppervlakte van een dieperliggend probleem met de GET. De identiteit, emotionele zekerheid en het territorium van de werknemer staan op het spel. Het kan heel moeilijk zijn om je hoofd leeg te maken en je in de ander te verplaatsen, te begrijpen hoe het voelt om die persoon te zijn – en dat is misschien wel de grootste test van je vermogen om synergie te creëren.

Wat je hoort kan (vrijwel) allemaal onzin zijn. Maar je kunt ook dingen te weten komen over jezelf. Houd je ogen open, je zult ongetwijfeld een duidelijker perspectief krijgen dan je had. Dit kan allemaal geen kwaad en het gaat niet ten koste van je gevoel voor eigenwaarde – als je tenminste echt synergetisch bent – en het kan je helpen je eigen blik te verruimen.

Een vriend van mij, een succesvolle bedrijfsconsultant, vertelde het volgende verhaal:

> *Ik zat al jaren in de consultancy en was er zo langzamerhand behoorlijk goed in geworden. Een van mijn collega's (ik zal hem Sid noemen) was een oudere, kleine, kalende man die graag vrijetijdskleding droeg als de rest van ons strak in het pak zat.*
>
> *Omdat hij tijdens vergaderingen vaak tegensputterde over de dingen die ik zei, dacht ik dat hij problemen had met mijn opkomst binnen het bedrijf. Hoewel hij het niet ronduit zei, suggereerden zijn opmerkingen dat hij mij jong en naïef vond en dat ik 'nog veel moest leren'. Maar uit de verhalen die ik over zijn werk hoorde, maakte ik op dat zijn cliënten niet al te gelukkig met hem waren.*
>
> *Op een dag had ik het helemaal gehad met Sid. Ik ontplofte en noemde hem een zure droogstoppel die het contact met de realiteit kwijt was. De volgende dag kreeg ik een kortaangebonden brief van hem waarin hij weerlegde wat ik had gezegd. Ik probeerde erom te lachen en het te vergeten. Sid en ik meden elkaar bijna twee jaar lang.*
>
> *Maar op een dag kregen we de opdracht om samen naar Washington D.C. te reizen voor een cliënt. Ik voelde me daar niet prettig bij, maar hij en ik waren de enigen die de expertise hadden om deze specifieke opdracht te doen. Ik ging naast hem zitten voor een vlucht van vier uur en hij keek me ijzig aan. Ik wist niet hoe ik dit moest aanpakken en ik zei: 'We hebben elkaar heel lang niet gesproken, Sid. Hoe gaat het?' En geleidelijk aan begon hij te vertellen.*
>
> *Een paar uur later was mijn hele beeld veranderd – niet alleen van Sid, maar van de hele consultancybusiness. In de voorafgaande jaren had hij zich verdiept in 'root-cause analysis', de wetenschap van het opsporen en corrigeren van de diepere oorzaken van zakelijke problemen. Hij beschikte over enorm veel kennis op dit gebied en gaf blijk van zijn frustratie over het feit dat geen van zijn collega's het zo serieus nam als hij.*
>
> *Toen hij jaren daarvoor had aangegeven dat ik nog veel moest leren, had hij gelijk. De drie dagen die daarop volgden en waarin we onze*

cliënt begeleidden, begeleidde hij mij ook op een terrein waar ik weinig vanaf wist, en veranderde hij mijn ideeën over hoe ik mijn werk moest aanpakken volledig.

Iedere avond na het werk liepen we hard in de buurt van het hotel en luchtte Sid zijn hart over de teleurstellingen die hij had opgedaan bij ons bedrijf, hoe zijn gespecialiseerde kennis niet werd gewaardeerd. Hij legde uit waarom sommige cliënten niet blij met hem waren – hij had de vervelende gewoonte hun de waarheid te vertellen. Hij vertelde me ook hoezeer mijn uitbarsting hem gekwetst had en daar voelde me ik rot over.

Ik kwam ook meer te weten over zijn leven, over zijn moeilijke jeugd en een vreselijke echtscheiding. Ik kwam te weten hoe hard hij had gewerkt om zichzelf te ontwikkelen, niet alleen in het bedrijfsleven, maar ook op het gebied van kunst en literatuur. Ik hoorde over de discipline die hij aan de dag legde bij alles wat hij deed, ook als het ging om golf, skiën en vliegvissen.

Die drie dagen in Washington, waarin ik vooral luisterde naar Sid – dat was voor mij een keerpunt. Mijn eigen werk als consultant was getransformeerd door de inzichten die ik had gekregen op het gebied van probleemoplossing, en ik werd veel effectiever in mijn werk. Natuurlijk nam ik niet alles aan wat Sid me leerde; ik vond hem te bruusk met cliënten. Maar zelfs dat had iets innemends. Bovenal kreeg ik er een goede vriend en adviseur bij, die een belangrijke invloed op mijn leven had.

De enorme muren tussen Sid en mijn vriend kwamen naar beneden doordat een van hen bereid was om rustig naar het verhaal van de ander te luisteren. Het duurde dagen, maar het rendement op die investering was een getransformeerde werkwijze en een langdurige vriendschap. Later ontwikkelden ze samen creatieve oplossingen voor allerlei lastige cliëntproblemen.

Als je het gevoel hebt dat je onrechtvaardig wordt behandeld, raak je al snel geobsedeerd door die onrechtvaardigheid. Vaak ontkennen we ons eigen aandeel in het conflict: het is allemaal de schuld van de ander. Het kan aan ons vreten, ons defensiever en rancuneuzer maken, en de conflictcyclus wordt versterkt totdat ons werk eronder gaat lijden.

Maar we kunnen ook een andere weg inslaan. We kunnen ervoor kiezen te luisteren naar de behoeften en zorgen van degene met wie we het conflict hebben. Als we echt proberen te begrijpen, zonder hypocrisie, zonder trucjes, dan zullen we verbaasd staan over de kennis en het inzicht die we van een ander mens kunnen leren, zoals mijn vriend dat heeft ervaren met Sid. Hij hoefde niet eens te praten om empathie te tonen. Soms zitten woorden alleen maar in de weg.

Nu zijn er ook mensen die geen empathie van andere mensen accepteren. Ze kunnen emotioneel of zelfs fysiek agressief worden, natuurlijk moet je geen agressie accepteren. Maar met de meeste persoonlijkheidsconflicten op het werk komt het niet zo ver. Meestal worden er muren opgetrokken vanwege vermeende achterbaksheid, territoriale kwesties, botsingen tussen persoonlijkheden – alle elementen van de 'GET'.

In de meest recente boeken over conflicten op het werk zul je honderden verwijzingen naar bemiddeling, onderhandeling en compromis zien – maar geen enkele verwijzing naar synergie. Die boeken draaien allemaal om de transactionele aanpak, oppervlakkige technieken voor het afhandelen van een conflict en herstel van het evenwicht. Maar ze zeggen weinig over het transformeren van relaties.

Het gevaar van de transactionele aanpak van conflicten is dat de emotionele schade blijft bestaan. Mensen kunnen het eens worden, handen schudden en weer aan de slag gaan; maar als er geen verandering in de relatie plaatsvindt, blijven onderdrukte gevoelens voortwoekeren.

De transactionele aanpak van conflict draait helemaal om 'mij': 'Hoe krijg ik wat ik wil met zo min mogelijk schade?' De transformationele aanpak van conflicten draait helemaal om 'wij': 'Hoe creëren we samen iets prachtigs?'

Je kunt dit helemaal zelf doen. Als je een meningsverschil hebt, stop dan met ruziemaken en begin met luisteren. Als je de allesoverheersende behoefte voelt om gelijk te krijgen, schort die dan op en luister gewoon. En als je vastzit in een twee-alternatievensituatie, stel de andere persoon dan de vraag: 'Ben je bereid op zoek te gaan naar een oplossing die beter is dan alles wat wij tot nu toe afzonderlijk hebben bedacht?'

Win-win voorbij: synergie in sales en marketing

De traditionele vertegenwoordiger verdwijnt langzaam maar zeker uit beeld. Daar zijn heel veel redenen voor. Een belangrijke factor is het internet, waardoor de tussenpersoon verdwenen is bij miljarden transacties, die vroeger face to face waren.[6] Maar verkopers verdwijnen zelfs in de business-to-businesswereld waar het contact tussen verkoper en koper altijd de norm geweest is. Ik denk dat dat komt doordat de oude notie van verkoper achterhaald begint te raken.

Dat komt doordat verkopen als beroep nooit echt voorbij de twee-alternatievenmentaliteit van 'wij-tegen-zij' gekomen is. Natuurlijk zijn er veel positieve uitzonderingen, maar het klassieke motief achter de professionele sales zijn 'de cijfers': omzet gaat boven alles. Begrijp me goed, winst is essentieel, en als er geen winstmarge is, is er ook geen missie. Maar als het hart van de verkoper bij de cijfers ligt en niet bij de klant, dan zal hij uiteindelijk op beide fronten verliezen. Het principe is duidelijk en onwankelbaar: het leven draait niet om vergaren maar om bijdragen – niet om het verzamelen van materiële goederen maar om het verlenen van diensten aan anderen.

De meest primitieve vorm van verkopen of onderhandelen is marchanderen, het nulsomspel van winnen-verliezen of verliezen-winnen. Het bestaat eruit dat beide partijen proberen beter te worden van de ander. Deze verkopers zijn trots op zichzelf en zeggen dat ze 'jagers' zijn die 'achter hun prooi aan gaan'. Dan heb je de vele varianten op 'verkopen op basis van overleg', waarbij verkopers proberen een win-winresultaat te bewerkstelligen dat beide partijen tevredenstelt. Win-winverkoop is een absolute verbetering ten opzichte van gemarchandeer.

Win-win

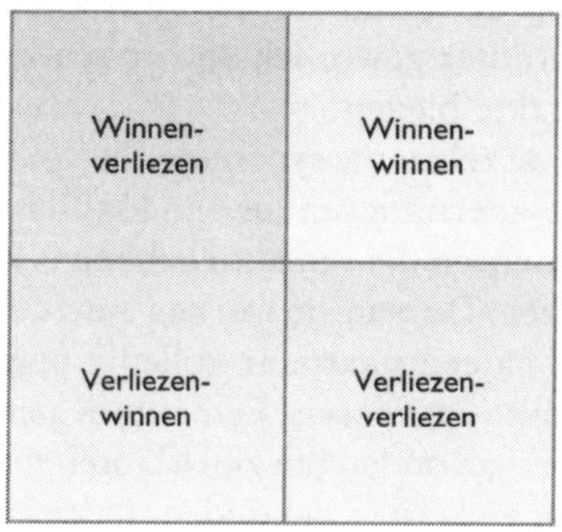

De win-winmentaliteit. Winnen-verliezen betekent dat mijn kant krijgt wat hij wil; verliezen-winnen betekent dat jouw kant krijgt wat hij wil. Verliezen-verliezen betekent dat geen van ons krijgt wat we willen – dit is de compromismentaliteit. Winnen-winnen is de mentaliteit van het derde alternatief. Het is niet jouw manier of mijn manier; het is een betere manier.

Ik denk dat een win-winmentaliteit fundamenteel is, niet alleen bij het zakendoen maar bij alle menselijke relaties. Het biedt toegang tot de harten van mensen. Zonder een win-winmentaliteit is er geen vertrouwen, geen zelfvertrouwen, geen gezamenlijke vooruitgang. Ik denk dat de meeste zakenmensen dat wel begrijpen en voor mij is het bevredigend om te zien hoe het concept van win-windenken zich in de loop der jaren heeft verspreid. Ik heb geprobeerd hierin mijn aandeel te leveren.[7]

Toch loopt sales als beroepsgroep terug omdat win-windenken niet zo wijdverspreid is als het zou moeten zijn. Professor Horacio Falcao denkt dat het paradigma van winnen of verliezen voor heel veel mensen nog altijd de standaard is: 'Win-win wordt heel vaak als soft gezien en dat is een groot misverstand. Win-win kan naïef overkomen omdat sommige mensen het ten onrechte interpreteren als "soft". Maar win-win wordt geacht positief te zijn, niet naïef, en dat is een belangrijk onderscheid.'[8].

Tegelijkertijd is win-windenken niet het einde maar het begin van iedere productieve relatie. Zo is win-windenken ook in het bedrijfsleven het begin en niet het einde van synergie. Een win-windeal is niet noodzakelijkerwijs de beste deal. Win-win betekent dat beide partijen niets verliezen, tevreden zijn en zich goed voelen over het resultaat, en daar is niets mis mee. Maar synergetische geesten kunnen veel beter. De waarde die ze samen kunnen creëren is bijna grenzeloos.

In de oude marchandeertijd kwamen mensen thuis met een auto van een dealer die ze maar zelden vertrouwden, in de hoop dat die hen niet zou belazeren. Het stereotype van de malafide autoverkoper is een heel oude grap. In de loop der jaren zijn de meeste autoverkopers veel beschaafder en transparanter geworden en hebben ze oprecht geprobeerd klanten een goede deal te bieden.

En je hebt ook nog de zeldzame synergetische verkoper die voortdurend op zoek is naar derde-alternatieven die zijn klanten meer waarde opleveren. Voor de meeste mensen die een auto hebben is het onvermijdelijk dat ze daar geld op verliezen. De waarde van een auto daalt enorm, net zolang totdat de investering na een paar jaar volledig opgedroogd is. Dit is de grote frustratie van auto-eigenaren. Een autodealer die dit besefte heeft ongelooflijke manieren gevonden om zijn klanten te helpen de investering die ze bij hem hebben gedaan te behouden. Ieder jaar kopen de meesten van hen een nieuwe auto voor slechts een paar honderd dollar meer dan die gekost heeft. Hij helpt ze vervolgens een jaar later, als er een nieuw model is, de auto te verkopen voor min of meer de prijs die ze ervoor betaald hebben. Als gevolg hiervan rijden zijn klanten altijd in een nieuwe auto en verliezen ze weinig of niets op de transactie – ieder jaar weer! Hij doet onderzoek om ervoor te zorgen dat hij zijn klanten de auto's aanbiedt die de hoogste doorverkoopwaarde hebben. Hoewel hij slechts een kleine winst per voertuig maakt, is hij dankzij zijn hoge omzet uiterst succesvol. 'Ik verkoop liever 150 auto's per maand met $ 500 winst dan 25 auto's met $ 1800 winst', zegt hij. Omdat zijn auto's nieuw zijn en zelden gerepareerd hoeven te worden, heeft hij geen onderhoudsafdeling en dus, afgezien van een kleine showroom, geen overhead. En hij heeft uiterst trouwe klanten.

Het derde alternatief van deze autodealer elimineert de behoefte aan een tijdverslindend onderhandelings- en verkoopproces. Hij hoeft die dingen gewoonweg niet te doen. Hij moet klanten afwijzen omdat hij zo populair is. Dankzij zijn inzet om klanten te behoeden voor geldverlies, bespaart hij zichzelf enorme hoeveelheden tijd en stress, en komen de klanten vanzelf naar hem toe.

Kopers moesten vroeger zakendoen met verkopers. Alleen via hen konden kopers de producten, diensten of informatie krijgen die ze wilden. Vaak hadden kopers een hekel aan verkopers en hun mind games. Vandaag de dag kunnen kopers veel van wat ze willen via internet krijgen, dus zelfs een verkoper met een win-winmentaliteit is niet langer nodig. Maar het enige dat je niet van internet kunt krijgen is synergie, de hulp die je krijgt van creatieve mensen als deze autodealer – iemand die oprecht jouw belangen nastreeft.

Mijn vriend Mahan Khalsa, een expert op het gebied van onderhandelen, zegt: 'Verkopen betekent iemand iets *aan*doen, in plaats van iets *voor* of *met* iemand doen. De relatie tussen verkoper en koper is er een op basis van angst geworden. De angst van klanten dat ze "een kat in de zak" krijgen en de angst van verkopers dat de deal mislukt.' Niemand laat zich graag iets 'aansmeren'.

Ik denk dat dit concept van verkopen aan het uitsterven is. Het zou vervangen moeten worden door het concept van synergetisch partnerschap. In ons bedrijf hebben we 'cliëntpartners'. Het is hun taak om synergie te vinden met onze cliënten, hen te helpen derde alternatieven te creëren die concurrentievoordeel bieden. Het is de bedoeling dat ze onze cliënten helpen.

Mahan zegt: 'Je moet je klant helpen succesvol te zijn. Dat is een grote verandering in het denken.' Synergetisch partnerschap is voor de meesten van ons een paradigmaverschuiving. Het is niet langer genoeg de klanten zover te krijgen dat ze iets kopen. Je moet ook hun kosten beperken, hun inkomsten verhogen, hun kapitaal goed gebruiken, hen helpen hun productieve kwaliteit en klantloyaliteit te vergroten, of hun prestaties te verhogen. Je helpt hen hun eigen grote doel te bereiken.

Hoe je een derde-alternatiefonderhandelaar wordt

Ik zie mezelf

Om een derde-alternatiefinstelling te ontwikkelen, moeten we onszelf anders gaan zien. We zien niet langer productpushers (marchandeurs). We bellen niet langer de klant op om te zeggen 'Ik heb een nieuwe verbeterde wat-dan-ook – wilt u er even naar kijken?' We zijn nu synergetisch.

We zijn voortdurend op zoek naar nieuwe manieren om klanten te helpen succesvol te zijn in het werk dat ze proberen te doen.

Je hoort vaak dat het belangrijk is om vanuit een sterke positie te onderhandelen. Meestal betekent dat dat je een bepaalde machtspositie hebt ten opzichte van de andere partij. Voor mij betekent het iets heel anders. Ongeacht mijn machtsverhouding ten opzichte van de andere partij, onderhandel ik alleen vanuit een sterke positie als ik integriteit, eerlijkheid en een win-winmentaliteit aan mijn kant heb. Degene die bij onderhandelingen zijn macht gebruikt als een stok om de andere partij mee te slaan, zal misschien een tijdelijke overwinning behalen, maar is het vertrouwen van de markt niet waard. Om een derde-alternatiefonderhandelaar te zijn, moet je jezelf eerst als een win-winpersoon zien. Je accepteert niets minder dan winst voor de ander en voor jezelf. Je wilt niet dat een van jullie iets verliest.

Mijn zoon David was enige tijd salesdirector bij ons bedrijf. Op een dag benaderde een grote onderneming ons omdat ze misschien zaken met ons wilden doen. De leden van Davids team waren enorm enthousiast – dit was een van de grootste bedrijven ter wereld en ze boden ons enorme inkomsten in ruil voor onze diensten.

Toen hij de voorwaarden van de overeenkomst echter beter bekeek, realiseerde David zich dat we zo veel korting moesten geven dat ons bedrijf geen enkele winst zou maken. Hij wilde het aanbod niet accepteren, maar het salesteam zette hem onder druk om dat wel te doen. 'Stel je eens voor hoe het zou zijn om hen als klant te hebben! Dit is gewoon een investering – we zullen meer en meer opdrachten van ze krijgen en de voorwaarden zullen gaandeweg vast beter worden.'

David was al lang daarvoor doordrongen geraakt van de win-winmentaliteit – het was geen goede deal als de klant winst maakte ten koste van ons, ongeacht de omvang van de klandizie en de vage belofte dat het in de toekomst mogelijk beter zou worden. Hij ging daarom naar het hoofdkantoor van de potentiële klant en probeerde zonder succes met hen tot een derde alternatief te komen.

'Iedereen weet hoe zoiets gaat', zei David. 'Zij zijn een groot bedrijf. Het is de taak van hun onderhandelaars om hun leveranciers tot onderdanigheid te dwingen, en ze zijn gewend hun zin te krijgen. Ze willen naar hun bazen kunnen gaan en zeggen: "Kijk eens wat ik voor je gedaan heb." Maar wij doen daar niet aan mee. Als het geen win-win is, is het geen deal.'

Uiteindelijk zijn we nooit te weten gekomen of de potentiële klant onder de indruk was van onze standvastigheid of gewoon heel graag gebruik wilde maken van onze diensten, maar uiteindelijk voldeden ze aan onze voorwaarden. Het was voor ons allebei een win-winsituatie, en we hebben nu een goede en creatieve relatie.

De basis voor synergetisch onderhandelen is een win-winmentaliteit, en die begint bij jezelf. Maar die mentaliteit is nog maar het begin. Je moet bereid zijn om nog een stap verder te gaan en iets te creëren dat jullie beiden zal verrassen.

Een paar jaar geleden wilden we onderzoek doen naar de redenen dat bedrijven er niet in slagen hun belangrijkste doelen succesvol uit te voeren. Dus besloten we een enquête te houden. We belden de beste onderzoeksbureaus in de bedrijfstak en vroegen om offertes. Ze voorzagen ons heel beleefd van offertes, die ons angst aanjoegen. We deinsden terug. We schreeuwden: 'Wat?' We hadden geen idee dat het zo duur zou zijn om een enquête te laten houden.

Toen vonden we Pete. Hij vertegenwoordigde een zeer belangrijk onderzoeksbureau. In plaats van ons een offerte te sturen, stelde hij ons een simpele vraag: 'Waarom wilt u deze enquête houden? Wat probeert u te bereiken?' We spraken het project door. We legden hem uit dat we al jaren bezig waren om individuen te leren hoe ze effectiever konden worden, en veel van deze individuen wilden nu dat we hen zouden helpen hun organisaties effectiever te maken. We spraken over onze informatiebehoefte, de frustratie van onze cliënten, en onze visie om hen te helpen.

Pete hoorde dit alles aan. Hij had een stuk of tien suggesties voor ons, die geen van alle enorm veel geld kostten. Sommige van deze suggesties zouden hem helemaal niets opleveren, zoals contacten met mensen die we over het onderwerp konden interviewen. Hij legde uit hoe we geld konden besparen op een enquête door zelf het rekenwerk te doen. Hij sprak vrijuit over de problemen die zijn eigen bedrijf had met het uitvoeren van hun strategie.

Pete deed veel van de dingen die professionele onderhandelaars je afraden. Hij deed concessies, liet potentiële inkomsten liggen, door ons te laten zien hoe we zelf onderzoekswerk konden doen in plaats van het door zijn bureau te laten uitvoeren. Zijn suggesties waren gratis. Hij was volledig transparant over de marges die hij hanteerde, hij liet zijn kaarten zien. Pas na lange tijd deed Pete ons een offerte.

Was Pete naïef en improductief? Naar mijn mening helemaal niet. Omdat Pete gefascineerd was door het probleem – niet alleen door het vooruitzicht iets te verkopen – werd hij een vertrouwde partner in ons project. Hij suggereerde nieuwe en slimme manieren om het probleem aan te pakken. Hij bracht ons in contact met mensen die ons de nieuwste kennis op het gebied van onderzoeksopzetten konden bijbrengen. Hij hielp ons het onderzoeksconcept opnieuw in te kaderen: waarom doe je het, hoe doe je het, wat zijn de beperkingen? En ons geld begon zijn kant op te gaan. Uiteindelijk gaven we Pete's bureau een grote onderzoeksopdracht, en dat was pas de eerste. Toen we zelf aanbieder van onderzoeken werden, boden hij en zijn medewerkers ons hulp aan bij het ontwikkelen van onze producten die van onschatbare waarde was. In de jaren waarin we met Pete werkten, heeft hij ons talloze diensten bewezen, en we zien hem als een belangrijke resource.

In de loop der jaren worden partners als Pete waardevoller. Ze zien zichzelf als synergetische mensen, niet als productpushers. Maar omdat de meeste professionele verkopers niet aan synergie doen, neemt hun waarde af. (In)kopers zijn ongeduldig geworden met verkopers die geen synergie kunnen creëren, of ze nu een win-winmentaliteit hebben of niet.

Ik zie jou

Als je op zoek gaat naar een derde alternatief, is het een vereiste dat je de ander niet ziet als een van de twee kampen in de strijd of als een prooi waar je op jaagt. Het is gemakkelijk om af te glijden naar een wij-tegen-de-restmentaliteit. Professor Grande Lum waarschuwt: 'Het is belangrijk dat we de mensen die we als moeilijke onderhandelaars zien niet demoniseren... Misschien vertrouwen ze je organisatie niet. Misschien heeft iemand ze tijdens eerdere onderhandelingen belazerd. Misschien kennen ze gewoonweg geen andere manier van onderhandelen. Uiteindelijk zijn we allemaal bepleiters van onze eigen zaak en denken we dat we doen wat het beste resultaat oplevert.'[9]

Denken in de geest van het derde alternatief

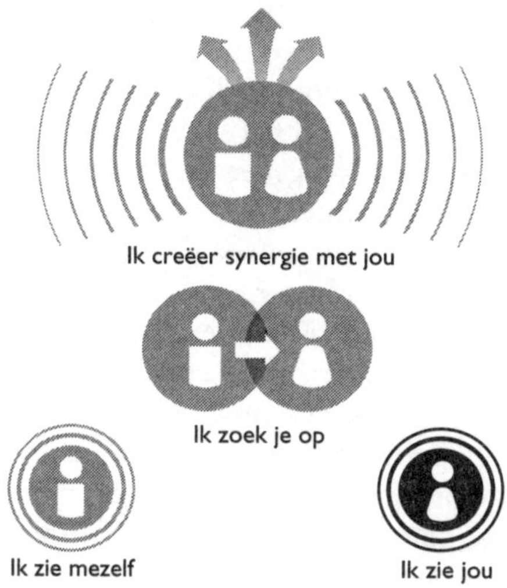

De oude, stereotiepe verkopers vertelden heroïsche verhalen over hoe hard ze vochten tegen een nietsontziende vijand en uiteindelijk de overwinning behaalden. Het gaf hun een beter gevoel. Maar het was een waanidee. Dit twee-alternatievendenken ('Het is wij tegen de rest') weerhield hen ervan de potentiële koper als een mens te zien. Het gevolg hiervan was dat ze de potentiële koper als een tegenstander zagen. Traditionele sales- en onderhandelingstrainingen bevatten allerlei trucjes en technieken om dat soort wedstrijden te winnen. Je hebt de 'door-in-the-face'-techniek van het doen van een geweldig bod, dat je weer afzwakt naarmate de onderhandelingen vorderen. Je hebt de 'foot-in-the-door'-techniek waarbij je een kleine concessie doet en geleidelijk probeert de omvang van de concessie van de andere kant te vergroten. Je hebt ook de 'lowball', waarbij de prijs aanvankelijk fantastisch lijkt, maar er op het laatste moment kleine dingen aan worden toegevoegd om de prijs op te drijven. Dit is vergelijkbaar met de 'nibble', waarbij de potentiële koper veel tijd in de deal investeert en vervolgens vlak voordat het rond is een nieuwe eis voorgeschoteld krijgt. De redenering hierbij is dat cliënten niet zullen protesteren tegen extra kosten op het laatste moment, omdat ze al zo veel moeite hebben gedaan voor de betreffende deal.

Kopers die gedwongen werden dit spel mee te spelen kwamen met hun eigen defensieve technieken. Zoals Mahan Khalsa zegt: ‘Disfunctionele inkooppraktijken zijn een antwoord op disfunctionele verkooppraktijken.’[10] Je hebt de ‘krunch’, waarbij de inkoper de prijs van de verkoper geleidelijk omlaag krijgt door dingen te zeggen als ‘We zijn er bijna... Je zit in de buurt... je komt dichterbij...’ En dan krijg je de ‘flinch’: ‘Wat denk je wel? Ben je nou helemaal gek geworden? Ik kan me niet voorstellen dat iemand die prijs wil betalen.’ Kopers kunnen de ‘nibble’ net zo goed gebruiken als verkopers. En natuurlijk hebben verkopers daar ook weer een antwoord op – de ‘omgekeerde flinch’, en ik neem aan dat er ook een ‘dubbelomgekeerde flinch’ is.

Naast deze ruwe choreografie zijn er ook de meer verfijnde onderhandelaars die methoden van een hoger niveau gebruiken. Ze analyseren de druk op de andere partij, hun risicotolerantie, de psychologie van deadlines, de hoeveelheid tijd tussen twee concessies. Ze berekenen hoe ze steeds kleinere concessies kunnen doen en stap voor stap de weg terug blokkeren. De regels zijn: wees ondoorzichtig, laat nooit het achterste van je tong zien, beantwoord vragen op een vage manier. Laat de andere partij het werk doen; dat vergroot hun betrokkenheid bij de deal.

Elk van deze traditionele methoden ondermijnt het vertrouwen. Iedereen probeert iets terug te doen op wat de ander doet en we vragen ons af waarom het verkoopproces zo moeilijk en frustrerend is en waarom het zo lang duurt. Maar dat is het ergste niet.

Je kunt altijd nog liegen. Een vriend van me vertelde me pasgeleden over een intensief seminar over onderhandelen dat hij had gevolgd. Hij zei dat ze een rollenspel deden waarin iedere partij een beperkte hoeveelheid informatie kreeg over de andere partij. Het was hun taak die informatie te gebruiken om een deal te sluiten en het team dat de beste deal kreeg won een prijs. Het team van mijn vriend werd verslagen en achteraf vroeg hij de leider van het winnende team hoe ze dat voor elkaar hadden gekregen. ‘We hebben gelogen’, was zijn antwoord. ‘We zeiden dat onze basiskosten hoger waren dan ze daadwerkelijk waren.’

Mijn vriend beklaagde zich bij de leider van het seminar. ‘Ze hebben gewonnen door te liegen’, zei hij. De leider van het seminar, een zakenvrouw op leeftijd, die al tientallen jaren lesgaf in onderhandelingsvaardigheden, antwoordde daarop: ‘Alleen waar geen waarheid is zijn geen leugens.’

Ik zou daaraan toe willen voegen dat waar geen waarheid is, geen hoop op synergie bestaat. Deze misleidende spelletjes worden in het internettijdperk steeds zinlozer. We kunnen nu onbeperkt vergelijkende informatie vinden over kosten, kwaliteit en dienstverlening. De ‘flinch’, de ‘krunch’ en dergelijke zijn relikwieën uit een voorbij tijdperk toen het nog moeite kostte om informatie geverifieerd te krijgen. Als je vandaag de dag tegen me zegt dat jouw prijs de beste is die ik kan krijgen, kun je maar beter gelijk hebben, want ik kan die uitspraak ter plekke controleren op mijn smartphone. Ik kan alles te weten komen over je bedrijf, je concurrentie, je product, je dienstverleningsniveau en zelfs over je persoonlijkheid. Het staat er allemaal op; je kunt niets meer verbergen.

Het tijdperk van het omslachtige onderhandelingsspel is voorbij. Niemand heeft er meer het geduld voor. Degenen die het proberen te spelen geven eenvoudigweg blijk van gebrek aan respect jegens jou. Degenen die zeggen dat het hele leven één groot onderhandelingsspel is, leven vanuit een mentaliteit van schaarste. Als ik een derde-alternatiefdenker wil worden, moet ik een denkwijze van overvloed hebben – zodat we samen eindeloos veel spannende alternatieven kunnen bedenken waar we afzonderlijk nog niet aan gedacht hadden. Ik moet jou zien als iemand wiens vertrouwen en respect ik waardeer en niet als een doel in een vertrouwensspelletje.

Door gewoon eerlijk te praten en te luisteren om tot begrip te komen, omzeil je vaak de noodzaak tot onderhandelen. Mijn zoon David vertelt het volgende verhaal:

Mijn dochter Madeleine meldde zich aan voor een creatief-schrijvencursus met veel aanzien, elders in het land, maar werd afgewezen omdat de cursus vol zat. Mijn directe derde-alternatiefreactie was: 'Nee, hij zit niet vol.' Ik belde de vrouw die de leiding had en praatte met haar over Madeleine en de persoon die ze was en dat ze echt heel graag wilde meedoen. Ik zei: 'Kunt u me meer vertellen over de situatie, zodat ik het beter begrijp. Ik wil absoluut niet opdringerig zijn of de boel manipuleren.' Dus luisterde ik en bouwde ik al doende een relatie op met deze vrouw. Twintig minuten nadat we ons gesprek hadden beëindigd, stuurde ze mijn dochter een acceptatiebericht.

Communicatie via de praatstok is nu de regel. Ik treed je tegemoet door naar je te luisteren teneinde je te kunnen begrijpen. Ik praat openhartig en blijf volkomen transparant.

Ik zoek je op

Als je voor het derde alternatief gaat, heb je het paradigma 'Ik zoek je op' nodig, dat wil zeggen dat je oprechte empathie moet betrachten.

Vrijwel alle salestrainingen houden zich bezig met luistervaardigheden. Meestal ligt de focus echter op luisteren naar 'koopsignalen', niet op begrijpen wat de klant bezighoudt. In een van de bestverkopende boeken over de kunst van het onderhandelen komt het woord luisteren slechts eenmaal voor, en dan nog alleen als een 'concessie' aan de koper die 'je niets kost'. Dat soort luisteren vereist absoluut geen empathie.

Als je je relatie met de andere partij waardeert, luister je actief, reflectief en empathisch naar de betrokkene. Je luistert niet oppervlakkig, wachtend op een kans om toe te slaan. Je toont empathie omdat je iemand bent die dat nu eenmaal doet, niet alleen omdat het in jouw belang is.

Denken in de geest van het derde alternatief

Als je ernaar streeft een synergetische partner te zijn en niet alleen een verkoper, kun je je door empathisch te luisteren in je klanten inleven. Je ziet de wereld vanuit hun standpunt, puzzelt met hen over hun onzekerheden, voelt hun pijn, deelt hun visie. Ik weet dat het voor jou als vertegenwoordiger moeilijk is om je product of je oplossing uit je gedachten te bannen; maar als je verstandig bent, verlaat je je eigen denkruimte en verplaats je je in die van je klant. Mahan Khalsa adviseert: 'Probeer het hele gesprek te zien als een ontdekking van het onbekende... Wees duidelijk over het feit dat je niet op zoek bent naar de oplossing voor de klant. Jullie zijn beiden betrokken bij een proces van wederzijdse ontdekking.'[11] Dit is een krachtig inzicht: het gaat om het gezamenlijke *ontdekken* en niet om het *leveren* van oplossingen. Geen enkele oplossing die je op voorraad hebt past precies bij de klant. Maar samen kun je een creatieve oplossing creëren die wel past.

Als je empathisch luistert, zul je de frustraties van je klanten voelen. Je hoort uitdrukkingen als 'Het doet ons de das om', 'We moeten bloeden', 'Wat ons tegenhoudt is...' Je hoort hun visie: 'Konden we maar...', 'Het is uiteindelijk ons doel om...', 'Ik zie voor me hoe...' Het is je taak als synergetische gesprekspartner om je te richten op dat soort momenten en te voelen hoe zwaar die wegen. Overweeg en herhaal die uitdrukkingen van frustratie en hoop in je eigen woorden.

Uiteindelijk vraag je hun dan om die 'zachte' uitdrukkingen om te zetten in 'harde maatstaven'. Net als een arts wil je weten hoeveel bloed ze verliezen. Je wilt weten wat hun visie voor hen betekent in termen van getallen – hoeveel meer omzet, hoe groot moet de groei in marktaandeel worden, wat zullen ze er precies aan hebben als ze hun doelen bereiken. Khalsa merkt op over zijn cliënten: 'Vaak beschikken ze niet over de intellectuele of emotionele nauwkeurigheid om uit te zoeken wat daadwerkelijk de gevolgen zijn van hun probleem of hun kans. Tot de kern van de zaak doordringen geeft de klant toegevoegde waarde.'[12] Als je eenmaal weet wat er in hun hart leeft en welke bijdrage je kunt leveren, kun je je diensten dienovereenkomstig prijzen. Je kunt tot de ontdekking komen dat de waarde van je diensten je prijslijst ver te boven gaat. Je kunt een percentage van de winst vragen. 'Gooi je vaste prijslijst in de prullenbak', zegt Khalsa.

De luisterende verkoper is natuurlijk het tegenovergestelde van de stereotiepe pratende verkoper. De meeste salesprofessionals praten te veel; dit verklaart problemen als slechte afstemming met de klant en *overselling*. En zelfs als ze lijken te luisteren, praten ze – maar dan in hun hoofd.

Jim Usry, een ervaren vertegenwoordiger in de farmaceutische industrie, vertelt dat de relatie tussen artsenvertegenwoordigers en artsen jaren geleden eenrichtingsverkeer geworden was. 'We brachten steeds weer dezelfde boodschap over, of de arts nu geïnteresseerd was of niet.' 'De strategie van medicijnenproducenten in die tijd werd "bereik en frequentie" genoemd – meer vertegenwoordigers die vaker langsgingen bij meer artsen. Het kwam zover dat maar liefst acht vertegenwoordigers van één bedrijf bij één arts langsgingen, met een enkel product, een enkele boodschap en dezelfde monsters.' In de Verenigde Staten alleen al liep het aantal artsenbezoekers op tot 95.000. 'Het was onhoudbaar, inefficiënt – idioot.'

Usry weet dat artsen zo'n bombardement verafschuwen. 'Er werd een steeds groter beroep gedaan op de tijd van die arme dokters. Zorgorganisaties, patiënten, bestuurszaken en papierwerk vroegen allemaal om aandacht. Voeg hier dan nog de artsenbezoekers aan toe en je snapt wel dat er iets moest wijken.' Artsen kwamen in opstand. 'Als ze met iets nieuws komen, zal ik naar ze luisteren. Maar ik heb geen tijd om steeds weer hetzelfde verhaal aan te horen; ik moet naar mijn patiënten toe.'[13] Dr. Jordan Asher, vooraanstaand arts en leidinggevende in de gezondheidszorg in het zuiden van de Verenigde Staten, vertegenwoordigt het standpunt van veel artsen: 'Farmaceutische bedrijven zijn niet veel anders dan een fastfoodbedrijf. Ze zijn beursgenoteerd, hun doel is geld verdienen voor hun aandeelhouders; het enige verschil is dat zij toevallig in de medicijnenhandel zitten. Hun hele uitgangspunt is anders dan het onze. Ze zeggen alles om een deal te kunnen sluiten.'[14]

'Dat is nou die disfunctionele relatie', zegt Usry. 'Niemand vraagt: "Hoe past de patiënt in dit plaatje?"' De muren tussen die twee werelden waren – en zijn nog altijd – ongelooflijk hoog. Omdat ze voortdurend werden beschuldigd van het kopen van invloed bij artsen door middel van fellowships, beurzen, vergoedingen voor speeches, en zelfs lunches, nemen farmaceutische bedrijven zelfs afstand van dit soort contacten.

Maar een paar meer synergetische denkers zijn nu doorgebroken en vinden derde alternatieven door daadwerkelijk naar elkaar te luisteren. Een voorbeeld hiervan is Jim Fuqua, een zeer ervaren topvertegenwoordiger van een van de grootste Amerikaanse farmaceuten. 'We hadden al een eeuwigheid farmaceutische producten aangeprezen en verkocht,' zegt hij, 'maar we moesten onszelf opnieuw uitvinden om niet alleen ons commerciële succes te vergroten, maar ook onze relaties met klanten te verbeteren. We hadden weinig gedaan om te laten zien wat onze waarde was; we leken niet meer dan een fantastische manier om veel geld te verdienen. We besteden veel tijd aan het herzien van ons bedrijfsmodel.'

Ik creëer synergie met jou

Luisteren vormt de basis voor goede relaties op het werk. Als je eenmaal de gewoonte van empathie hebt ontwikkeld, kun je verder aan synergie gaan werken.

Ironisch genoeg trokken farmaceutische bedrijven muren op tussen henzelf en hun klanten als gevolg van hun 'bereik en frequentie'-verkoopmodel. Hoe vaker ze aan de deur stonden, hoe meer de klanten zich verzetten. Sommige ziekenhuizen verbanden verkopers van farmaceutische bedrijven van hun terrein. Maar toen mensen als Jim Fuqua en zijn medewerkers begonnen te luisteren naar artsen in plaats van tegen ze te praten, kon er synergie ontstaan. Door gebruik te maken van de praatstok in hun communicatie met artsen, ontdekten ze wat deze echt wilden van farmaceutische bedrijven in plaats van wat ze op dat moment kregen.

'Dat was wetenschap. Daar hechtten ze waarde aan. Ze wilden meer weten over de wetenschappelijke aspecten van het juiste gebruik van onze producten.' Dit inzicht leidde tot een derde-alternatiefaanpak ten aanzien van de klant, een unieke nieuwe groep gezondheidswetenschap die bestaat uit 24 topvertegenwoordigers van het bedrijf die met de meest invloedrijke artsen in het land bijeenkwamen. Fuqua stond aan het hoofd van het team: 'Het was hun taak om de zorgen van belangrijke opiniemakers te begrijpen en ervoor te zorgen dat ze beschikten over de best mogelijke informatie ten aanzien van de wetenschappelijke aspecten, zonder enige terughoudendheid.'

Denken in de geest van het derde alternatief

Er was verzet binnen het bedrijf. Sommige verkoopleiders noemden de groep gezondheidswetenschap verspilde moeite: 'Wat verkopen ze? Waar liggen de inkomsten?' Maar Fuquo verdedigde de aanpak: 'We wisten dat dat de meest effectieve manier was om met artsen samen te werken – hun iets te geven wat ze nodig hadden in plaats van onze producten aan te prijzen. Ze hebben geen behoefte aan meer monsters of meer brochures of meer *tchotchkes*. We wisten dat als je bij de belangrijkste opiniemakers kon komen, zij invloed zouden uitoefenen op hun netwerken van artsen, en de omzet zou groeien.'

Terwijl ze luisterden, kwamen ze meer te weten over de problemen waar artsen zich grote zorgen om maakten. 'Het navolgen van medische adviezen is een groot probleem. Artsen vertellen hun patiënten wat ze moeten doen, maar ze houden zich er niet aan', zegt Usry. 'Ze willen te veel eten, te veel roken; ze willen niet sporten. "Geef me nou maar gewoon een pilletje waardoor het overgaat."' Het bedrijf ging zich richten op het verbeteren van de naleving door patiënten. 'Neem bijvoorbeeld één ziekte, diabetes. Het kost veel geld, de lasten van de ziekte zijn enorm. Als je patiënten zover zou kunnen krijgen dat ze zich aan de voorschriften houden, zouden die lasten omlaaggaan. Nu hebben we het over een gemeenschappelijk belang om ervoor te zorgen dat patiënten zich aan hun behandelingsregime houden. Ik ben iemand van een farmaceutisch bedrijf, ik wil dat mijn product volgens voorschrift wordt ingenomen, dus ik heb daar profijt van; de dokter is tevreden en het gaat beter met de patiënt. Het medische systeem als geheel profiteert ervan, omdat het veel minder geld kost.'

Gebleken is dat sommige vaardigheden van goede verkopers ook zinnig kunnen zijn voor artsen om hun patiënten aan te moedigen om mee te werken. Artsen kunnen de behandeling 'verkopen'. Ze kunnen peilen naar redenen waarom de patiënt zich niet aan de voorschriften houdt en empathisch luisteren, proberen de onderliggende oorzaken te vinden. ('U hebt geen tijd om te sporten? Dat klinkt als een tijdprobleem. Als ik u een trainingsprogramma zou laten zien dat weinig tijd kost, zou u dat dan willen proberen?') Ze kunnen er later op terugkomen, zoals een verkoper zou doen. En zo ontstaat een nieuw derde alternatief: train artsen in de kunst van het verkopen.

Een andere kwestie die grote verstrekkers van gezondheidszorg zorgen baart is de ongelijkheid in de zorg. 'Een perfect voorbeeld hiervan is het zuidoosten van de VS', zegt Fuqua. De harde cijfers zijn verontrustend. 'In Alabama heb je ongeveer het juiste aantal artsen per hoofd van de bevolking, maar die zitten allemaal in dezelfde vier steden; er zit er niet een in het westen van Alabama, waar grote problemen zijn met obesitas en hart- en vaatziekten, die bij 75 procent van de mensen voorkomen. Juist waar het probleem het grootst is, hebben we geen gezondheidszorg.'

Dus richtten Fuqua en zijn netwerk zich op het terugdringen van de ongelijkheid. 'Wij hadden de producten voor deze aandoeningen, dus werkten we aan het vaststellen van een aantal strategische kansen met mensen die probeerden betere gezondheidszorg naar die gebieden te brengen. Dat doe je niet door een stelletje vertegenwoordigers bij artsen te laten aanbellen; er is niemand om bij aan te bellen. Je moet een stap terug doen, en tijd uittrekken om te luisteren naar de medische beroepsvereniging en de gezondheidsfunctionarissen van de overheid en de universiteit, en kijken hoe een onderneming als de onze hen kan helpen.'[15]

Terwijl ze zichzelf transformeren van levende 'geneesmiddelencommercials' naar waardevolle resources bij het oplossen van grote problemen in de gezondheidszorg, ontdekken Usry en Fuqua en anderen derde alternatieven die werken voor patiënten, artsen en hun eigen bedrijven – en ervaren ze gaandeweg het proces veel enthousiasme en voldoening.

Als ik een echte onderhandelingsdenkwijze heb, zie ik alleen twee-alternatievensituaties: ik win of jij wint; voor mij bestaat het leven uitsluitend uit concessies en winstsituaties. Het is een nulsomkijk op de wereld. Als ik echter een derde-alternatiefmentaliteit heb, zie ik een eindeloze reeks manieren waarop jij en ik waarde kunnen creëren. Nulsomtransacties monden uit in compromissen, winnen-verliezen of verliezen-winnen. Alternatieven transformeren daarentegen de wereld. Mensen veranderen, ze stellen hun hart en hun denken meer open, ze luisteren en leren, ze zien dingen op een frisse, nieuwe, meer omvattende manier. De transformatie van mensen is het wonder van het derde alternatief.

Het doel van synergetische partnerschappen is, in de woorden van de Harvard-wetenschappers Deepak Malhotra en Max Bazerman, 'niet simpelweg helpen een akkoord te bereiken dat beide partijen als een winwinsituatie zien; [het] doel is te helpen waarde te maximaliseren'.[16] Iedereen in het bedrijfsleven is op zoek naar het grote 'onderscheid', dat ene dat ervoor zorgt dat ze opvallen in de markt. Mijn suggestie is dat het allergrootste onderscheid – datgene wat maakt dat je meer opvalt dan wat dan ook – is te leren synergie toe te passen.

Synergie versus traditionele onderhandelingen

Als je werkt vanuit het paradigma van synergie, ben je klaar om in ieder onderhandelingsproces derde alternatieven te vinden. De vier stappen om een derde alternatief te vinden staan in scherp contrast met de fasen van traditioneel onderhandelen.

Of je nu koopt of verkoopt, traditionele onderhandelingen beginnen meestal met vragen om meer dan je kunt krijgen. Het eufemisme hiervoor is: 'Hoog inzetten'. De koper wil voor zo min mogelijk geld zo veel mogelijk waarde krijgen, en de verkoper wil de hoogste prijs krijgen. Iedereen begrijpt dat de openingszet is uit te zoeken hoe gek de andere partij is. Er is meestal sprake van een heleboel terugdeinzen.

Wij zijn daarentegen synergetisch. Voor ons is deze stap een kinderachtige tijdverspilling. In plaats daarvan stellen we eerst de derde-alternatiefvraag: 'Zijn we allemaal bereid om te streven naar een deal die beter is dan wat iedereen afzonderlijk tot nu toe heeft bedacht?' In sommige situaties moeten we misschien het recht om die vraag te stellen verdienen door vertrouwen te wekken bij de andere partij. Maar als we een goede reputatie hebben opgebouwd, hebben we niets te verliezen als we het gewoon vragen.

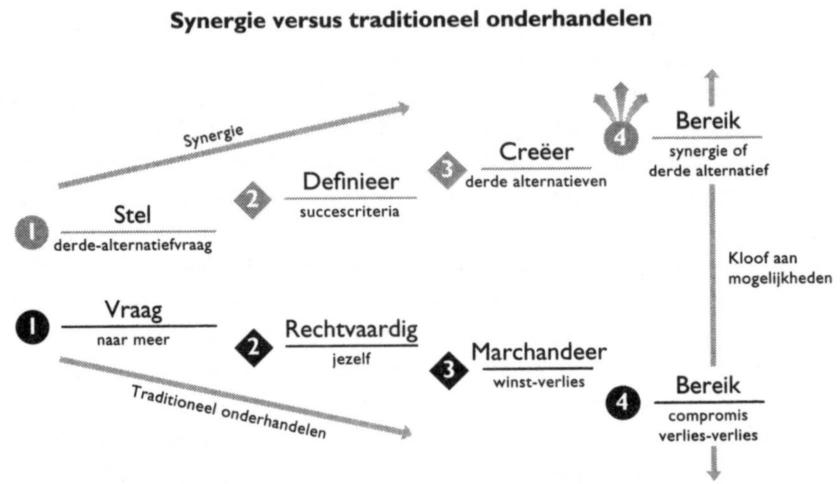

Synergie versus traditioneel onderhandelen. Traditioneel onderhandelen is een spel van gedachtelezen, marchanderen en zelfrechtvaardiging. Het ondermijnt relaties en leidt meestal tot een compromis, wat per definitie een verlies-verliessituatie is. Synergie versterkt relaties en leidt tot een win-winsituatie. Tussen deze twee benaderingen bevindt zich een steeds breder wordende kloof aan mogelijkheden die je je in een concurrerende wereld niet kunt veroorloven.

Bij traditionele onderhandelingen is de volgende stap na de openingszet die zet te verantwoorden. Niemand wil te snel te veel toegeven, dus rationaliseren ze hun posities, brengen ze de feiten en cijfers naar buiten, samen met ongelooflijke verhalen om te laten zien waarom ze zo 'hoog hebben ingezet'. Maar wij komen bij elkaar en stellen de criteria voor succes vast – het werk dat gedaan moet worden – als de andere partijen bereid zijn om op zoek te gaan naar een derde alternatief. Wat zou voor ons allemaal een win-winresultaat zijn? Nu zijn we het soort partnerschap begonnen waarbinnen we dit resultaat kunnen bewerkstelligen.

De traditionele onderhandelaar heeft bloed, zweet en tranen gestopt in het bepleiten van zijn zaak en is nu klaar voor de volgende stap. Het eufemisme voor deze stap is 'ontdek de grenzen', maar feitelijk is het gewoon marchanderen. Beide kanten proberen zo veel mogelijk uit de deal te halen tegen zo min mogelijk kosten, ze kijken hoever ze kunnen gaan voordat er iemand afhaakt.

Synergetische mensen hoeven niet te marchanderen. Op dit punt aangekomen zijn alle partijen betrokken bij het creëren van modellen voor een oplossing – mogelijke derde alternatieven. Dit is spannend, creatief werk waar je energie van krijgt, gedeeltelijk omdat niemand weet hoe het zal uitpakken.

De laatste stap in dit slopende proces is uiteindelijk een compromis bereiken, een 'beste en laatste bod' zogezegd, waar iedereen zijn handtekening onder kan zetten. Hoewel ze elkaar de hand schudden en min of meer tevreden hun weg vervolgen, is niemand laaiend enthousiast over het resultaat. Uiteindelijk schiet iedereen iets in bij een compromis.

Intussen zijn wij als synergetische mensen aangeland bij een derde alternatief. Het is stimulerend. Het is een prachtige, onvoorziene oplossing om het werk gedaan te krijgen. Iedereen wint erbij – er zit voor iedereen meer in dan we dachten, onze relatie is sterker geworden en we kunnen verder werken aan het creëren van een toekomst.

Het verschil tussen deze twee benaderingen is een brede kloof aan mogelijkheden die in de loop der tijd alleen maar breder wordt; in de huidige competitieve wereld kun je het je niet veroorloven om aan de verkeerde kant van de kloof te zitten. Terwijl traditionele onderhandelaars hun energie verspillen aan pogingen tot gedachtelezen en het manipuleren van anderen om er uiteindelijk niet meer dan een compromis uit te slepen, investeren derde-alternatiefdenkers hun energie aan het transformeren van de relatie vanuit de gedachte van toekomstkansen.

De innovatieve kracht van synergie

In het grootste onderzoek ooit gedaan naar succesvolle bedrijven, wordt innovatief vermogen aangewezen als de sleutel tot blijvend zakelijk succes. In het kader van het Evergreen Project kwamen gedurende een periode van tien jaar wetenschappers van Harvard, Columbia, MIT, Dartmouth, de Wharton School en vele andere universiteiten bijeen. Het was hun taak vast te stellen wat echt goede bedrijven die het lang volhouden onderscheidt van de middenmoot.

Ze kwamen tot de niet erg verrassende ontdekking dat goede bedrijven grootscheeps en vol overtuiging innoveren: 'Ze kijken uit naar die ene kans op een volledig nieuw productidee of een technologische doorbraak die het potentieel heeft de hele bedrijfstak te transformeren... Voor de meeste bedrijven die geen genoegen nemen met minder dan dubbele groeicijfers, volstaan bescheiden verbeteringen niet. Hun aandacht is vooral gericht op grote kassuccessen, een idee waar de concurrentie niet van terug heeft.'[17]

Waar komt dat 'volkomen nieuwe' idee nu vandaan? Deskundigen op het gebied van innovatie kunnen je vertellen dat het voortkomt uit synergie. Mijn goede vriend professor Clayton Christensen, misschien wel de grootste denker over dit onderwerp, zegt dat een kassuccesidee altijd baanbrekend is.[18] Het ontstaat meestal 'aan de randen', waar veel sprake is van interactie tussen verschillende standpunten en eigenaardige verbindingen. Het komt niet voort uit het mainstream homogene denken dat in de meeste kantoren plaatsvindt.

Dit is een paradox. We weten dat goede bedrijven buitengewoon innovatief kunnen zijn, maar we weten ook dat buitengewone innovatie ontstaat bij onverwachte, grillige veranderingen in de markt. Hoe moeten die succesvolle bedrijven die per definitie deel uitmaken van de relatief trage 'ondernemerswereld' vat krijgen op grootscheepse innovatie?

Door ernaar op zoek te gaan! Ze begrijpen hoe synergie werkt en ze cultiveren het. Veel van deze bedrijven koesteren voortdurend derde alternatieven.

Middelmatige bedrijven hebben daarentegen een diep gekoesterd wantrouwen ten aanzien van nieuwe ideeën. Ze hebben een grondige hekel aan verstoring van de status-quo. Ze leven in een universum van twee alternatieven per situatie, waar het 'wij tegen de rest' is. Ze geven krachten van buitenaf de schuld van hun gebrek aan vooruitgang, en zien baanbrekende technologieën als een bedreiging. De creativiteitsdeskundige Edward de Bono beschrijft deze eigenaardige psychologie: 'Organisaties die in grote problemen verkeren en die meer dan wie ook nieuwe ideeën nodig hebben zijn de laatste die ernaar op zoek gaan. Dit soort organisaties heeft zichzelf ervan overtuigd dat er niets mis is met hun manier van denken en dat de "buitenwereld" het hun moeilijk maakt – het heeft dus geen zin om met betere ideeën te komen... Iemand die bij een bekende onderneming werkte, vertelde me ooit dat ze zo zwaar in de problemen zaten dat ze geen tijd hadden voor creativiteit! Misschien was het wel juist die houding die hen in de problemen had gebracht.'[19]

Derde-alternatiefdenkers zijn juist dol op verstoring van de status-quo. Ze staan open voor diversiteit, voor alles wat anders is, voor rijke nieuwe inzichten van buitenaf. Ze ontwikkelen een dubbele persoonlijkheid die zowel het heden als de toekomst voedt. De cultuur van een derde-alternatieforganisatie is anders dan die van niet-creatieve bedrijven. Wetenschappers wijzen op 'opkomende krachten' in een mierenkolonie die de kolonie zelfs op de meest ongastvrije plekken helpen gedijen, zoals onder een betonnen fundering of in een barst in het wegdek. Wat zij 'opkomend' noemen, zijn de subtiele eigenschappen van de individuele mieren die samen het probleem 'overleven' oplossen. Ik vergelijk een derde-alternatiefcultuur graag met een koraalrif. Als je gaat snorkelen in de Caraïben of voor de Australische kust, dan zie je deze sierlijke structuren rijk aan vis, weekdieren en waterplanten in alle soorten en kleuren. Het oppervlak van het rif ziet er levend uit en golft mee met de stroom als een tuin in de wind, terwijl de dieperliggende delen van het rif in kalksteen veranderen. Biologen vertellen ons dat nieuwe koraalsoorten ontstaan in de 'grensgebieden', waar sprake is van een grotere biodiversiteit, meer interactie met wat zij 'plekken van grote soortenrijkdom' noemen.[20]

Hetzelfde geldt voor organisaties. Zij die verschillen waarderen, die op zoek gaan naar hotspots van divers denken, floreren, maar organisaties die een defensieve manier van denken hebben raken verkalkt en sterven af. De beste plek om synergie te vinden is 'aan de randen' waar mensen met uiteenlopende sterke punten en meningen samenkomen.

Derde-alternatiefteams

Echte innovatie hangt af van synergie, en synergie vereist diversiteit. Twee mensen die precies dezelfde kijk op dingen hebben kunnen geen synergie tot stand brengen. In hun geval is één plus één twee. Maar twee mensen die de dingen verschillend zien kunnen *wel* synergie creëren, voor hen kan één plus één drie of tien of duizend zijn.

Daarom organiseren innovatieve bedrijven zichzelf opzettelijk in teams van mensen met sterk uiteenlopende kwaliteiten. Een complementair team is een team waarbij kwaliteiten productief en zwakheden irrelevant worden gemaakt; de teamleden complementeren, of completeren, elkaar. Alleen een dergelijk team is in staat derde alternatieven te creëren.

Ik werk met een complementair team. De kwaliteiten van mijn teamleden compenseren mijn zwakheden. Moderne technologie is een van mijn zwakheden, maar mijn collega's maken deze zwakheid irrelevant, omdat zij er uitmuntend in zijn.

Er zijn geen grenzen aan de omvang of de samenstelling van een complementair team; het kan uit twee mensen bestaan of uit de hele wereld. Maar een dergelijk team moet verschillen respecteren en niet afwijzen, en gevrijwaard blijven van hoogmoed en territoriumstrijd, de grote vijanden van synergie.

Het laten samensmelten van verschillen

Complementaire teams leveren uiteenlopende inzichten op. Ze reproduceren de omgeving van een koraalrif waar vruchtbare verbindingen kunnen worden gemaakt en synergie zich kan ontwikkelen. Zoals de schrijver Steven Johnson zegt: 'Zorg dat je ingevingen contact kunnen maken met de ingevingen van anderen. Je hebt een half idee, iemand anders heeft de andere helft, en in de juiste omgeving veranderen ze samen in iets groters dan de som der delen.'[21]

Een opvallend complementair team is de Intellectual Ventures-groep, opgericht door Nathan Myhrvold, voormalig hoofd technologie van Microsoft. Hij brengt mensen met verbazingwekkend verschillende achtergronden bij elkaar om grote problemen op te lossen, 'voor de lol en voor de winst', zoals hij zelf zegt. Een van die problemen is hoe je vaccins bij mensen in ontwikkelingslanden krijgt waardoor je miljoenen levens kunt redden.

Vaccins moeten te allen tijde koel worden bewaard, anders bederven ze en worden ze onbruikbaar. Zelfs een paar minuten blootstelling aan hoge temperaturen kan een hele partij vaccins bederven, wat ten koste gaat van mensenlevens en van miljoenen dollars. Dit is niet zo moeilijk te vermijden in ontwikkelde landen met koelsystemen en stabiele stroomvoorziening, maar het is een groot probleem in ontwikkelingslanden. Om dit probleem op te lossen bracht Myhrvold in zijn laboratorium in Washington een zeer ongebruikelijk team bij elkaar: experts op het gebied van frisdrankautomaten, koffiepotten en automatische wapens. Hun uitvinding ziet eruit als een grote thermosfles; binnenin bevindt zich een andere fles waarin de vaccins worden bewaard en tussen de beide flessen bevindt zich een reservoir van koude vloeibare stikstof. Omdat het vaccin koud moet blijven, kunnen de flessen niet worden geopend. Daarom wordt door middel van een druk op een knop een ampul met het vaccin uitgeworpen, zoals een frisdrankautomaat een blikje frisdrank uitwerpt. Om het zegel niet te verbreken en de warme lucht buiten te houden, werkt de automaat als het kogelmagazijn van een AK-47 machinegeweer. Dit goedkope apparaat kan vaccins zonder enige krachtbron zes maanden koel houden en zo miljoenen mensen behoeden voor ernstige ziekten.

Ondertussen gaat het twee-alternatievendenken gewoon verder. Politici, zakenmensen, economen en technici discussiëren over hoe ze stabiele stroom en koeling naar ontwikkelingslanden kunnen brengen. Ze ruziën over socialisme versus kapitalisme, ondernemingen versus populisten, duurzame energie versus fossiele brandstoffen. Deze territoriumstrijd mag dan onderhoudend zijn, maar terwijl de machtigen debatteren, worden de machtelozen ziek en gaan ze dood door een gebrek aan bruikbare vaccins. In de woorden van Myhrvold: 'Een betere vaccinhouder mag dan een pleister op de wonde zijn voor het echte probleem van armoede en onderontwikkeling, maar het kan voor miljoenen kinderen een enorm verschil maken, en de last verlichten voor hele generaties die anders ziek zouden worden in afwachting van de vooruitgang die hun samenleving zou moeten ontwikkelen.'[22]

Dit derde alternatief van Myhrvold is het product van een complementair team dat synergie creëert rondom een aansprekend probleem. Als je je een kamer kunt voorstellen met mensen die frisdrankmachines, koffiepotten en AK-47's met elkaar verbinden, heb je een beeld van het theater van de magie van Nathan Myhrvold. Geen enkel individu, zelfs de briljante teamleider niet, had deze oplossing alleen kunnen bedenken.

De volgende observatie van schrijfster Amy Tan spreekt me erg aan: 'Creativiteit is synergie plus wat er echt toe doet.'[23] Dat is zeker van toepassing op het team van Intellectual Ventures.

Teams zonder grenzen

Een van de geweldige aspecten van onze hightech eeuw is dat complementaire teams geen grenzen kennen. Groepen kunnen synergie creëren op manieren waar we een paar jaar geleden nog niet van durfden dromen. We kunnen op ieder moment, op iedere plek, met iedereen praten, meedenken en bij elkaar komen. De enige muren die ons nog de weg versperren zijn culturele muren, en sommige grote bedrijven doen hun best om ook die neer te halen.

Een prachtig voorbeeld hiervan is LEGO, de Deense speelgoedproducent die vaak het meest vertrouwde bedrijf ter wereld wordt genoemd. LEGO ziet zijn miljoenen klanten als een actief onderdeel van een complementair team.

Hoe zou jij reageren als klanten stiekem de computers van je bedrijf zouden hacken? Je zou meteen de politie bellen, toch? Toen dit bij LEGO gebeurde, reageerden ze net zo verontwaardigd als ieder ander zou doen. Maar vervolgens vroegen ze zich af: waarom zouden onze klanten dit eigenlijk doen? En omdat ze nu eenmaal LEGO waren, raakten ze gefascineerd door die vraag en probeerden ze met de boosdoeners te communiceren via de praatstok.

Toen ze met de hackers spraken, kwamen ze tot de ontdekking dat het ging om LEGO-fans die hun eigen creaties wilden bouwen. De hackers hadden ingebroken zodat ze het voorraadbeheer van het bedrijf konden omzeilen en individuele onderdelen konden bestellen die normaal gesproken alleen als onderdeel van een pakket werden verkocht. Tormod Askildsen, directeur communityontwikkeling, herinnert het zich als volgt:

> *Onze juristen stonden klaar om achter deze consumenten aan te gaan om hun te zeggen: 'Jullie mogen dat niet doen.' Maar we realiseerden ons ook dat er een heleboel talent en een heleboel belangrijke vaardigheden buiten ons bedrijf, in de community, te vinden waren. Ja, ze rommelen met ons product, maar ze maken het wel beter. Wat er dus gebeurde was dat we consumenten in feite het systeem lieten hacken; dat is het verbazingwekkende. Als je je klanten vertrouwt, dan kan het gebeuren dat ze iets doen waar je in feite voordeel bij hebt. Het merk* LEGO *is niet van ons. Het is van onze klanten. Het handelsmerk is van ons, ja, maar het merk leeft in het denken van onze klanten.*[24]

LEGO ontwikkelde daarom software waarmee fans nieuwe LEGO-ontwerpen konden maken, en om hen aan te moedigen hun ontwerpen met andere klanten te delen. De reactie bestond uit honderdduizenden ideeën voor nieuwe producten die het bedrijf nooit hoeft te ontwikkelen. ‘Dit is het platform voor LEGO in de eenentwintigste eeuw’, zegt Tormod Askildsen. ‘Op deze manier kunnen we relevant zijn. We kunnen een productlijn maken die volledig door klanten is ontworpen en die in de winkel zetten.’

Volgens de gedachtegang van twee-alternatievendenkers had LEGO geen andere keuze dan een einde te maken aan illegaal geknoei met hun interne systemen en anders de gevolgen onder ogen zien. Een tweedimensionale, juridische mentaliteit zou in een oogwenk een einde hebben gemaakt aan deze geweldige zakelijke kans. Maar een derde-alternatiefmentaliteit deed het tij keren, terwijl LEGO een geheel nieuwe manier van zakendoen ontdekte: laat de klanten hun producten ontwerpen en laat LEGO de grondstoffen leveren.

Deze pure synergie zou onmogelijk zijn geweest als LEGO geen derde-alternatiefcultuur had gehad. Het traditionele ondernemersdenken doet wat het kan om dit soort dingen tegen te gaan. Maar, zoals de Britse journalist Charles Leadbeater zegt: ‘Intelligente organisaties gaan over op nieuwe modellen, waarin “gesloten” en “open” op een gewaagde manier met elkaar worden vermengd.’ Hij beschrijft een intelligente organisatie die hij tegenkwam in China:

> *In een van de 2500 wolkenkrabbers die de afgelopen 10 jaar in Shanghai zijn verrezen, trof ik de leider van Shanda Games Ltd., dat 250 miljoen abonnees had. Hij heeft slechts 500 mensen in dienst. Hij verleent hun geen diensten, hij biedt hun een platform, regels en tools en registreert vervolgens de actie. Maar de content wordt feitelijk door de gebruikers zelf geproduceerd. Dit zorgt voor een nauwe band tussen gebruikers en het bedrijf.*
>
> *Als je een bedrijf in videogames hebt en je hebt een miljoen spelers, dan hoeft maar één procent van hen medeontwerper te worden om een ontwerpteam van 10.000 man te creëren.*

Net als LEGO en Shanda gaan goede organisaties gretig op zoek naar synergie in de hotspots van innovatief denken onder hun eigen klanten. De hele wereld is hun theater van de magie. Leadbeater gaat verder met de volgende provocatieve vragen: ‘Stel dat één procent van alle leerlingen medeontwerper van zijn eigen onderwijs was? Stel dat één procent van de patiënten medeontwerper was van zorg?’[25]

Fuseren tot een derde alternatief

Bedrijven fuseren om allerlei redenen: schaalvergroting, toegang tot nieuwe markten, diversificatie enzovoort. Ik geloof dat het vormen van een synergetisch, complementair team verreweg de belangrijkste reden is om met een ander bedrijf samen te gaan of een bedrijf over te nemen. Het is een onbetaalbare kans om een derde-alternatiefbedrijf te vormen en het geheel groter te maken dan de som der delen.

Toch zijn er niet veel fusies die daadwerkelijk tot synergie leiden. Een historisch onderzoek door KPMG toonde aan dat '83 procent van de bedrijfsfusies en -overnames er niet in slaagt de aandeelhouderswaarde te verhogen'.[26] Vaker wel dan niet – dit gebeurt in 60 procent van de gevallen – vernietigen de meeste zogenoemde 'megadeals' juist aandeelhouderswaarde.[27] 'De valse belofte van strategische synergieën', zegt Jaffrey Rayport, de grondlegger van de virale marketing, 'heeft een spoor van tranen achtergelaten op Wall Street.'[28]

Waarom is dit het geval? Omdat fusies maar al te vaak worden gemotiveerd door hoogmoed en niet door synergie. Uit een ander groot onderzoek bleek dat er een 'verband bestond tussen hoogmoed bij ceo's' en het overgrote deel van alle fusies – 'dit werd weerspiegeld in media-aandacht en beloning'.[29] Met andere woorden, status en geld voor topmanagers. Een klassiek voorbeeld is het historisch uitdijen van Saatchi & Saatchi, het legendarische reclamebureau dat in 1980 probeerde 'het meest toonaangevende bureau voor zakelijke dienstverlening ter wereld' te worden. Dit doel dreef hen ertoe te fuseren met alle mogelijke soorten 'bedrijven waarvoor ze de competentie noch de passie hadden... Zoals Maurice [Saatchi] vaak zei: "Het is niet genoeg om succes te hebben, anderen moeten ook falen."' Maar hun fusiekoorts leidde tot de ineenstorting van een eens zo geweldig bedrijf. Maurice Saatchi biechtte later zelf op: 'Hoogmoed? Dat klopt wel zo ongeveer, ja.'[30]

Als er sprake is van een fusie, praten leiders over de te winnen synergie; meestal blijft het echter bij woorden – een excuus voor nauwelijks verholen hoogmoed. Dat is de reden waarom zo veel mensen in het bedrijfsleven allergisch zijn voor het woord 'synergie'. Alle opwinding over synergie lijkt nogal achterbaks als je weet dat een fusie leiders 'daadwerkelijk ongelooflijk rijk' kan maken – vooral als je ziet dat de meeste gefuseerde bedrijven minder presteren 'terwijl leidinggevenden profiteren van een grote eenmalige uitbetaling'.[31]

Fusies kunnen alleen slagen als ze synergie voortbrengen; en synergie voortbrengen is niet mogelijk als werknemers uit twee verschillende culturen gedemoraliseerd raken en hun banen op de tocht staan. Uiteindelijk zijn zij degenen die het derde-alternatiefbedrijf dat uit de twee bedrijven ontstaat moeten maken.

In hetzelfde KPMG-onderzoek dat ik eerder heb geciteerd werd vastgesteld dat synergie het eerste en hardste criterium is waaraan moet worden voldaan als een fusiebeslissing wordt genomen. We moeten alleen fuseren als we een complementair team kunnen creëren, als we duidelijk kunnen zien dat onze kwaliteiten jouw kansen zijn en andersom.

'Synergie is echt', verzekert dr. Peter Corning ons. 'De gevolgen ervan zijn meetbaar en kwantificeerbaar: bijvoorbeeld in schaalvergroting, toegenomen efficiëntie, kostenbeperking, hogere opbrengsten.'[32] Zoals Jeffrey Rayport ook stelt: 'Synergie is een transformatiestrategie voor bedrijven. De synergie ervan kan geheel nieuwe bedrijven en bedrijfstakken opleveren.'[33]

En dat doet het ook. Meer dan honderd jaar geleden ontmoetten Henry Royce en de edelachtbare Charles Rolls elkaar voor het eerst in de lobby van het Midland Hotel in Manchester, Engeland. Je kunt je geen twee mannen voorstellen die verschillender zijn dan zij. De grijs bebaarde Royce, zoon van een molenaar, was een doorgewinterde mecanicien met een reputatie als perfectionist in het bouwen van stoomkranen voor het Britse leger. Met zijn lengte van bijna twee meter torende Rolls zowel in status als in gewicht ver boven Royce uit. Rolls was pas 27 jaar, de zoon van een baron, een bevoorrechte dandy en de eerste Engelse universiteitsstudent die een eigen auto had. In het Engeland van die tijd gaapte er een enorme sociale kloof tussen deze twee heren.

Maar ze hielden allebei van auto's. In die tijd was de auto niet veel meer dan een dure – en hoogst onbetrouwbare – curiositeit. Drie jaar lang had Royce in zijn werkplaats aan een Franse auto gesleuteld; hij was ervan overtuigd dat hij een betere kon maken. Zijn filosofie was: 'Streef naar perfectie in alles wat je doet. Neem het beste van wat er al is en maak dat nog beter. En als het er niet is, ontwerp het dan.'

De handgemaakte auto die daar het gevolg van was maakte indruk op Rolls, die een nieuw soort bedrijf begon: een automobielenshowroom in het modieuze West End in Londen. Ook hij was ontevreden met de Franse auto's in zijn showroom. Dus besloten de rijke, jonge promoter en de geharde, oude mecanicien het automobielbedrijf Rolls-Royce op te zetten.

Dit was een derde-alternatiefbedrijf, een huwelijk tussen kwalitatief hoogwaardig vakmanschap en een flitsende zakelijke neus. Terwijl Royce aan het werk ging om de best gefabriceerde auto ooit af te leveren, zorgde Rolls voor een zilveren chassisontwerp en een publiciteitscampagne die hun alle klandizie van de rijke Britse upper class zou bezorgen. In 1907 reed de eerste Silver Ghost, zo genoemd vanwege zijn glans en zijn stille motor, de fabriek uit.

Rolls nam een enorm risico en nodigde de pers uit om aanwezig te zijn bij een crosscountryuithoudingsproef met de nieuwe auto. De verslaggevers waren verbluft over de prestaties. 'De motor onder de kap zou een stille naaimachine kunnen zijn', schreef een van hen. Dag in dag uit, over vele kilometers Engels platteland, wachtten ze tot de auto kapot zou gaan, maar dat gebeurde niet. Ten slotte, na bijna 23.000 kilometer, beëindigden ze de test en riepen ze de Silver Ghost uit tot 'beste auto ter wereld'. De reputatie van Rolls-Royce was gevestigd. En heeft tot op de dag van vandaag standgehouden als het beste merk in zijn branche.

Rolls-Royce, dat de opkomst en ondergang van meer dan 200 andere Britse automobielbedrijven heeft meegemaakt, maakt de Ghost nog altijd. In februari 2011 introduceerde het merk de eerste elektrische luxewagen, de 102EX, die zichzelf draadloos oplaadt. De oorspronkelijke Silver Ghost uit 1907 is de duurste auto ter wereld en is verzekerd voor $ 57 miljoen.

De fusie van Rolls' opzichtige verkooppunt en Royces groezelige werkplaats was iets nieuws, een derde-alternatiefonderneming. De twee mannen kregen gaandeweg steeds meer sympathie en respect voor elkaar. Toen Rolls bij een vliegtuigcrash om het leven kwam, stortte Royce in en lukte het hem niet meer om naar de fabriek te gaan. Het was een fusie gebaseerd op persoonlijke genegenheid, diep respect voor complementaire kwaliteiten en een gedeelde visie op uitmuntendheid.

Zonder deze elementen kan geen enkele fusie echt succesvol zijn en kun je geen synergie verwachten. Een fusie is niet alleen een kwestie van de activa bij elkaar optellen. Als je een fusie voorstelt, betreed je heilige grond – het levensonderhoud, de identiteit en de dromen van veel mensen. Communicatie via de praatstok is daarom cruciaal. Als je deze mensen respecteert, als je ze ziet als meer dan uitsluitend functiebeschrijvingen en probeert hun kwaliteiten te begrijpen, dan vind je meer kostbaars dan je dacht dat er zou zijn. Je zult synergieën ontdekken die je je niet kon voorstellen.

Derde-alternatiefvaardigheden

Een complementair team doet het het best in een omgeving waar synergie kan plaatsvinden. Carl Rogers begreep dit: 'Als ik kan helpen een klimaat te scheppen dat wordt gekenmerkt door oprechtheid, waardering en begrip, dan kunnen er opwindende dingen gebeuren, heb ik ontdekt. Mensen en groepen worden in een dergelijke omgeving minder rigide, flexibeler... minder voorspelbaar en op een onvoorspelbare manier creatiever.'[34]

Hoe creëer je een dergelijk klimaat? Om een derde alternatief te vinden moet je de vraag stellen: 'Zijn we bereid om samen op zoek te gaan naar een oplossing die beter is dan de oplossingen die iedereen afzonderlijk heeft bedacht?' Als het antwoord ja is, dan worden we scheppers in plaats van simpelweg uitvoerders van oude ideeën. Maar er is meer voor nodig dan het vaste voornemen om creatief te zijn. De Bono zegt: 'Aansporing tot creativiteit is vrijwel zinloos. Als er specifieke technieken en vaardigheden worden toegepast, is het mogelijk om op alle fronten nieuwe ideeën te genereren.'

Deze specifieke technieken en vaardigheden vind je terug in het theater van de magie. Denk erom dat het principe achter het theater van de magie er een van overvloed is en niet van schaarste. Denken moet ontluiken, gedijen, floreren. Als het theater van de magie na afloop niets weg heeft van een oerwoud aan ideeën, heb je geen synergie gecreëerd. Iedere werkwijze die dat soort overvloed biedt, kan leiden tot derde alternatieven.

Prototypes en countertypes

Laten we ons bezighouden met twee cruciale werkwijzen uit het theater van de magie:

- Maak modellen. Maak tekeningen op whiteboards, schets grafieken, bouw een dummy, schrijf ruwe opzetjes. Vertel niet wat je denkt, maar laat het zien; beeld het uit, zodat iedereen begrijpt wat je bedoelt. Deze werkwijze wordt prototypering genoemd.
- Zet ideeën op zijn kop. Keer de gangbare opvatting om, hoe idioot het ook klinkt. Deze werkwijze wordt countertypering genoemd.

Een prototype is een model dat wordt gebouwd om een idee te testen. Dat kan van alles zijn, van een simpele schets op een whiteboard tot een volledig functionerend voorbeeld van een product. Elektrotechnici bouwen 'proefopstellingen' en softwareontwerpers bouwen 'wireframes' om een eindproduct te simuleren. Een schrijver kan, lang voordat er sprake is van het schrijven van tekst, een gedetailleerde opzet maken met schetsmatige paragrafen en schema's en anderen vragen om ernaar te kijken. Een eigenaar van een bedrijf kan experimenteren met een ander winkelontwerp om een concept te bewijzen.

Het voordeel van prototypering met een complementair team is dat je al heel vroeg een goed idee krijgt van alle mogelijke problemen. Rapid prototyping is snel een aantal prototypes doorwerken zodat iedereen zich gehoord en begrepen voelt voordat het debat van start gaat. Hiervoor is communicatie via de praatstok onontbeerlijk. Terwijl jij je prototype uitlegt, is het mijn taak om naar je argumenten te luisteren, het plaatje te zien zoals jij het ziet, en de inzichten die je ter tafel brengt te doorgronden.

Als het mijn beurt is om mijn prototype aan het team te laten zien, doe je hetzelfde voor mij.

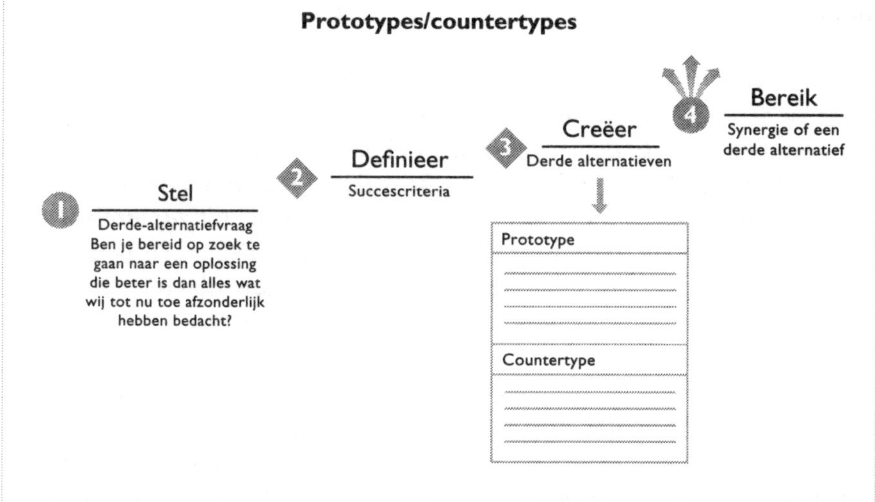

Prototypes/countertypes. Twee manieren om derde alternatieven te creëren. Een prototype is een snelle schets, een model of een concept van een oplossing. Een countertype is hetzelfde, maar zet dingen op zijn kop, trekt veronderstellingen in twijfel en draait gangbare opvattingen om. Gebruik beide om alternatieven bij andere mensen te toetsen.

Je kunt zien waarom het cruciaal is om een diverse groep denkers te hebben. Mijn prototype weerspiegelt mijn wereldbeeld, mijn stukje van de waarheid. Als ik verstandig ben, zal ik een heleboel andere prototypes willen zien die andere stukjes van de waarheid weerspiegelen. Alleen dan kunnen we samen tot een stevige oplossing komen die rekening houdt met alle mogelijke problemen.

Computerprogrammeurs maken bijvoorbeeld vaak een snel prototype van een programma en brengen een diverse groep belanghebbenden bij elkaar om een snel oordeel te geven en eventuele problemen op te sporen. Een klant vindt het misschien gebruiksonvriendelijk, een collega-ontwerper vindt misschien een systeemfout, een marketeer heeft mogelijk vraagtekens bij de toepasbaarheid van de software. Deze problemen kun je maar het best zo snel mogelijk vinden.

Een countertype is een model dat de verwachtingen op zijn kop zet. Countertypes zijn vaak de meest creatieve oplossingen van allemaal; door een veronderstelling op zijn kop te zetten, zien we vaak volledig nieuwe manieren om een probleem op te lossen. Het doel van een countertype is te provoceren, uit te dagen, en te kijken wat dit in de hoofden van je teamleden teweegbrengt.

Het simpelste countertype zet de gebruikelijke manier om dingen te doen op zijn kop. Een countertypeautoverhuurbedrijf kan de auto bijvoorbeeld naar je toe brengen in plaats van te wachten totdat je hem ophaalt. Een countertype-elektriciteitsmaatschappij kan je misschien betalen om thuis extra energie te genereren in plaats van je steeds meer te laten betalen vanwege hun afnemende capaciteit om stroom te genereren. Of je krijgt er genoeg van om in de zon te surfen en neemt je board mee naar de bergen en surft in de sneeuw, zoals bij snowboarding.

Ik ben dol op Edward de Bono's aansprekende countertypes. Zo stelt hij voor dat jongeren 'positieve bendes' vormen waaruit ze dezelfde voldoening van het bij een groep horen halen als in negatieve bendes het geval is, maar dan door iets bij te dragen aan de samenleving. Dit is zijn countertype voor het omgaan met dalende huizenprijzen:

> *Als de huizenmarkt instort, zijn kopers geneigd om te wachten tot de prijzen nog verder dalen. Waarom nu kopen als je over een paar maanden een nog lagere prijs kunt krijgen? Dus dalen de prijzen nog verder, omdat sommige mensen wel moeten verkopen en hun prijs verlagen.*
> *We zouden een nieuw soort contract kunnen maken. Je verkoopt een huis voor de huidige prijs, maar legt in een contract met de koper vast dat als de huizenprijsindex over een jaar (of twee jaar) met nog eens twaalf procent gedaald is, je die twaalf procent terugbetaalt aan de koper. Nu is er geen reden meer om te wachten. De markt daalt niet langer en mogelijk hoef je niets terug te betalen.*[35]

Countertype-ideeën floreren in de economie van de eenentwintigste eeuw. Zo koopt Nike nu ook schoenen in plaats van ze alleen maar te verkopen. Ze recyclen oude schoenen en maken er rubber van voor het oppervlak van hardloopbanen, het materiaal om basketbalveldjes mee te bekleden, en het schuimrubber om tennisbanen veerkracht te geven. De Engelse chipsfabrikant Walker heeft een einde gemaakt aan het gebruik van water om aardappelen schoon te maken. Ze wassen zichzelf tijdens een proces waarbij het natuurlijke vocht aan de aardappel wordt onttrokken. Countertypes zijn het helemaal.

Gebruik van countertypes voorkomt 'groepsdenken', dat fatale syndroom dat je vindt bij teams waarvan de leden te veel hetzelfde denken. Hoe meer iedereen dezelfde kijk op de dingen heeft, hoe meer countertypes je nodig hebt als antigif tegen zwakke niet onderzochte ideeën die, louter om consensus te bereiken, soms overgenomen worden. In een beroemd voorbeeld van countertypedenken keek George Romney, die in de jaren vijftig de leiding over de in moeilijkheden verkerende American

Motors Company overnam, eens goed om zich heen en zag dat Amerikaanse auto's ieder jaar groter werden – en dus meer brandstof verbruikten. Hij doorbrak het groepsdenken van de Amerikaanse autofabrikanten die er allemaal van uitgingen dat hun klanten in enorme 'benzineslurpende dinosaurussen' wilden rondrijden en zette daar de 'compacte auto' tegenover. Zijn bedrijf fabriceerde de kleine Rambler, die in 1958 alle verkooprecords brak. Dit countertype liet de auto-industrie zien dat veel van hun klanten gewoon van A naar B wilden en dat het hun niets kon schelen hoe groot hun auto's waren. Alle bedrijven gingen compacte auto's maken en in 1977 waren de meeste auto's die in Amerika werden geproduceerd geslonken tot het formaat van de Rambler of nog kleiner.

Ieder teamlid moet zonder problemen countertypes kunnen voorstellen. Dit houdt meer in dan alleen advocaat van de duivel spelen, ideeën ter discussie stellen en bezwaren opwerpen. Een bepleiter van countertypes zet een prototype op zijn kop en stelt het tegenovergestelde voor: 'Hé, waarom gaan we geen schoenen kopen in plaats van ze te verkopen?' of 'Hé, misschien wordt *klein* in de auto-industrie wel het nieuwe *groot*.'

Het ontwikkelen van prototypes en countertypes is voor complementaire teams een snelle, efficiënte manier om bij een derde alternatief te geraken. Het doel is de opwindende oplossing te vinden die al onze prototypes overstijgt en het probleem op miraculeuze wijze oplost. Misschien leidt dat wel tot het voorkómen van malaria met een muggenschietende laserstraal. Als we op zoek zijn naar een manier om vaccins gekoeld te bewaren, kan het leiden tot een dubbelwandige thermosfles die ampullen uitwerpt als een AK-47 – iets wat we nooit hadden kunnen denken – en waar we dolblij mee zijn!

Prototypes samenvoegen

Een derde alternatief ontstaat vaak uit het combineren van elementen van verschillende prototypes. Als je het prototypeproces doorloopt, zul je in de modellen van anderen fantastische ideeën zien waar je zelf nooit aan had gedacht. Zo waren in de jaren negentig veel bedrijven voor consumentenelektronica in de race om de markt op te gaan met een optische disc die digitale video kon afspelen. Ze herinnerden zich allemaal nog de kostbare oorlog tussen de videoformats van VHS en Betamax; bijna tien jaar lang had de industrie klanten tegen zich in het harnas gejaagd terwijl men (op klassieke twee-alternatievenwijze) kibbelde over de vraag welke norm ze zouden ondersteunen.

Om zo'n nieuwe oorlog te voorkomen, kwamen brancheleiders bij elkaar en vormden ze een complementair team dat ze de Technical Working Group, of 'TWIG' noemden, teneinde met één standaardformat voor digitale video te komen. Onder leiding van Alan Bell van de IBM-laboratoria, nam de TWIG talloze concepten door. Hevig concurrerende technici van bedrijven als Toshiba, Sony, Philips, Apple en IBM kregen de kans om hun prototypes te laten zien en van elkaar te leren.

Uiteindelijk koos de TWIG voor Toshiba's tweezijdige 'superdensity' disc met zijn enorme opslagcapaciteit van 10 gigabyte. Maar ze waren ook onder de indruk van een concept van Sony en Philips, genaamd 'EF-modulatie', dat een oplossing bood voor problemen bij het afspelen die werden veroorzaakt door stof, krasjes en vingerafdrukken. Het eindproduct werd in 1996 uitgebracht door een consortium van bedrijven. Het werd de 'digital versatile disc' of dvd genoemd, een combinatie van de beste eigenschappen van veel prototypes en een veel betere oplossing dan elk van de bedrijven afzonderlijk had kunnen bedenken. De dvd werd immens populair: in het topjaar 2007 werden er 1,7 miljard dvd's verkocht met een omzet van $ 24 miljard.[36]

De beste oplossing vind je meestal als je zo vroeg mogelijk zo veel mogelijk mensen bijeenbrengt. Het prototypeproces maakt dat mogelijk.

Op zoek naar prototypes in de natuur

In koraalriffen, regenwouden, woestijnen – overal waar je kijkt, zie je dat de natuurlijke wereld wonderen van synergie voortbrengt. Het aantal inspirerende voorbeelden is oneindig, zoals de auteur William Powers prachtig beschrijft:

> *Hoewel de mens met zijn industriële processen Kevlar kan voortbrengen, is daar een temperatuur van duizenden graden voor nodig en moet het weefsel in zwavelzuur worden gedoopt. Een spin daarentegen maakt draden – die per gram vele malen sterker zijn dan staal – bij kamertemperatuur en met behulp van water. Mensen fabriceren aardewerk bij vergelijkbaar hoge temperaturen, maar zeeoren maken hun schelpen in zeewater door een dunne laag eiwitten aan te brengen en gebruik te maken van de kalk uit het omringende zeewater. De zeeoorschelp is zelfherstellend; de barsten in de schelp zorgen zelf voor versteviging van de uiteinden zodat de barst niet groter wordt, anders dan bijvoorbeeld bij voorruiten van auto's het geval is.*[37]

Als ik een fabrikant van kogelvrije Kevlar-vesten was, zou ik misschien een arachnoloog inhuren, een deskundige op het gebied van spinnen. Als ik aannemer was, zou ik een zeebioloog raadplegen. Stel je een kogelvrij vest voor dat gemaakt is van de draden van een spin, of een raam dat zichzelf herstelt zoals een zeeoorschelp. De natuur, die wemelt van de mogelijkheden, wacht gewoon totdat wij de verbanden leggen.

Zo kwam op een dag in 1941 een Zwitserse elektrotechnicus genaamd George de Mestral terug van een jachtvakantie met zijn hond. Hij en de hond waren allebei bedekt met klissen. Terwijl hij de irritante klissen uit de vacht van de hond plukte vroeg hij zich af waarom ze zo plakkerig waren. Toen hij een klis onder de microscoop legde zag hij de piepkleine haakjes die vastzaten in het haar van de hond en plotseling besefte hij dat hij naar een natuurlijk hechtmiddel zat te kijken dat je zou kunnen gebruiken in plaats van knopen of een rits. Het resultaat van De Mestrals boswandeling was de uitvinding van het klittenband.

Jaren later, toen klittenband een succesvol product was geworden, grapte De Mestral met de fabrikanten: 'Als een van je werknemers twee weken vrij vraagt om te gaan jagen, zeg dan vooral ja.'

Ivy Ross werd hoofd productontwerp bij Mattel in Los Angeles nadat de speelgoedfabrikant een paar slechte jaren had doorgemaakt. Het idee heerste dat Mattel zijn creativiteit was kwijtgeraakt. Terwijl Ross probeerde manieren te bedenken om een nieuwe spirit van inventiviteit op te roepen bij Mattel, kwam ze een artikel tegen over het Australische vogelbekdier. Het is een van de vreemdste dieren uit het dierenrijk, dat eruitziet als een bever, maar met de snavel en de zwemvliezen van een eend. Het heeft het gif van een reptiel en legt eieren als een vogel.

Ross besloot om een productontwikkelingsteam in het leven te roepen naar voorbeeld van het vogelbekdier, met mensen van verschillende achtergronden en uit verschillende functies. Ze bracht in haar theater van de magie een Disney-acteur, mensen van de afdelingen boekhouding en emballage, een psycholoog, een neurowetenschapper, een muziekonderzoeker en architecten bijeen. Ze stuurde ze naar speeltuintjes waar ze kinderen konden zien spelen. Vervolgens gingen de 'vogelbekkers', zoals ze werden genoemd, aan de slag. Binnen een maand hingen er 33 prototypes voor nieuw speelgoed aan de muur.

Na nog een paar weken hadden ze Ello geproduceerd, een ingenieuze bouwdoos die leidde tot een geheel nieuw speelgoedsegment voor meisjes. Het complementaire team werd een legende bij Mattel en leidde tot het ontstaan van veel meer soortgelijke teams. Ivy Ross beschrijft wat er gebeurt als ze een vogelbekdierteam samenstelt:

Als we net beginnen, wil iedereen weten hoe het zit met deadlines. Iedereen wil weten hoe de verschillende fasen in het proces eruitzien. Ik zeg dan dat we in maximaal twaalf weken een nieuw productidee voor Mattel moeten hebben ontwikkeld dat nog niet bestaat, en dat we moeten zorgdragen voor het ondernemingsplan, de producten, de

verpakking, kortom: het hele project. Hoe we dat gaan doen? Dat weet ik nog niet. Het is een avontuur. Vervolgens is het mijn taak om dingen organisch te laten groeien. Het kost tijd om zelforganiserend te zijn. 'Help, we zijn al acht weken bezig en we hebben nog steeds geen product.' Ik zeg dan dat ze zich niet druk moeten maken, dat chaos bij het proces hoort. Vervolgens zeg ik dat ze naar het oudheidkundig museum kunnen gaan of naar de dierentuin, waarna ze terugkomen met een frisse kijk op de zaak. En dan gebeurt het...
Dan komt het 'aha-gevoel'. Iemand maakt een begin en het idee ontstaat, mensen gaan naar elkaar zitten kijken. Plotseling dringt het tot hen door dat ze iets briljants hebben. En dat is niet één iemand die dat voelt. Iedereen voelt het. Als het gebeurt, al is het nog zo laat in het proces, zijn de mensen zo enthousiast dat ze alles doen wat nodig is om het voor elkaar te krijgen. Iedereen werkt zo hard als hij kan om het idee te realiseren, omdat iedereen erin geïnvesteerd heeft. We werken echt samen en ontwikkelen samen ideeën, in tegenstelling tot het oude model waarbij iedereen in zijn eigen ivoren toren zat en met elkaar concurreerde. Dit is echte samenwerking.[38]

Wat Ross beschrijft, is natuurlijk het proces van synergie creëren. Ze stelt een team samen dat beschikt over de uiteenlopende kwaliteiten van het vogelbekdier. Het resultaat is een explosie van creativiteit.

Provocerende prototypes

Provocerende vragen stellen kan de verbeelding op gang brengen en nieuwe alternatieven voortbrengen: 'Stel dat we dit probleem zouden moeten oplossen met uitsluitend onze huidige producten?' of 'Stel dat we dit probleem zouden moeten oplossen zonder budget?' of juist 'Stel dat we onbegrensde middelen tot onze beschikking hadden?' Barry Nalebuff, een strateeg van Yale Business School, bouwt bijvoorbeeld conceptuele prototypes door de vraag te stellen: 'Wat zou Croesus doen?' In de Griekse mythologie was Croesus een koning met onmetelijke rijkdom. Nalebuff zegt dat het stellen van deze vraag tot inventieve maar hanteerbare oplossingen kan leiden. Stel dat je op ieder gewenst moment iedere gewenste film zou willen kunnen zien. Hoe zou je dat oplossen als je multimiljonair was? Hier is Nalebuffs antwoord:

Howard Hughes had in zijn tijd een Croesus-achtige flair voor het uitgeven van geld om oplossingen voor 'problemen' te vinden. Stel je voor, het is 1966 en jij bent Hughes. Soms voel je een verlangen naar

oude Humphrey Bogart-films. Helaas is de videorecorder nog niet uitgevonden. Wat doe je dan?
Hughes kocht een televisiestation in Las Vegas en gebruikte dat als zijn privévideorecorder. Als hij zin had, belde hij de manager van het station op en zei welke film hij die avond moest uitzenden. Het schijnt dat dit station regelmatig Casablanca en The Maltese Falcon uitzond.[39]

Door de Croesus-vraag te stellen, begin je niet met een praktische oplossing – je begint met de best mogelijke oplossing die je je kunt voorstellen. Je zou je eigen televisiezender kunnen kopen. Van daaruit zou je iets realistischer kunnen gaan denken, richting een meer praktisch prototype, zoals een apparaat of een online dienst die hetzelfde resultaat biedt.

Countertypeondernemingsmodellen

Ieder bedrijf wil een derde-alternatiefbedrijf zijn – of zou dat in ieder geval moeten willen. Talloze onderzoeken laten zien dat ieder succesvol bedrijf iets bijzonders heeft. Het zijn geen van alle kleurloze organisaties die er net zo uitzien als zoveel andere. Ze vallen op omdat ze een sterke synergie met hun klanten en hun werknemers hebben. Als je leest over klantentrouw of werknemerstrouw, dan zie je dat deze fantastische bedrijven een countertypische formule hebben gevonden voor het wekken van uitzonderlijk veel vertrouwen.

Bewust of onbewust maken derde-alternatiefbedrijven een 'countertypefase' door waarin ze afwijken van de norm. Hun ondernemingsmodellen gaan vaak in tegen wat op het eerste gezicht gezond verstand lijkt. Vaak draaien ze de traditionele denkwijzen op een aansprekende manier om. Denk maar aan Disney, dat veel geld uitgeeft aan het vinden, opleiden en bijscholen van de juiste mensen om bij hun wereldberoemde themaparken te kunnen werken. Welke bedrijven richten zich op werknemers zoals Disney dat doet? Denk maar aan Costco, een onestopwinkel die slechts een fractie van de producten van andere supermarkten heeft, maar waar klanten naartoe stromen als kinderen naar een verborgen schat. Denk maar aan Singapore Airlines, waar zelfs passagiers in de toeristenklasse een ongeëvenaarde persoonlijke service krijgen: voetensteuntjes, een eigen telefoon, en champagne. Maaltijden komen, op verzoek van de klant, heet uit de keuken, als in een gourmetrestaurant. Singapore doet dit allemaal en maakt ook nog winst in een tijd waarin de meeste luchtvaartmaatschappijen hun klantenservice volledig hebben uitgekleed en toch met verlies draaien.[40]

Al deze derde-alternatiefbedrijven hebben een countertypeondernemingsmodel. Allemaal doen ze dingen waar andere bedrijven niet aan zouden moeten denken. Wat ze met elkaar gemeen hebben is dat ze bereid zijn om dwars tegen de gangbare opvattingen in te gaan en hun klanten echte service te bieden en als mensen te zien, niet als boekingen of eenheden. Zoals Choon Seng, de ceo van Singapore Airlines, zegt: 'Dit is nog altijd een mensintensieve industrie. Vanaf het moment dat je een boekingsmedewerker spreekt, totdat je in het vliegtuig stapt, en later, als je je bagage ophaalt, je hebt steeds met mensen te maken.'[41] Iedere dag stellen ze zich deze vraag, die een variant is op de derde-alternatiefvraag: 'Wat kunnen we vandaag voor mensen doen dat beter is dan alles wat we allemaal ooit eerder hebben bedacht?'

Een goede vriend van mij, een consultant die in Canada werkt, leidde in de buurt van Toronto een seminar over synergie. Er namen ongeveer veertig zakenmensen aan deel – fabrikanten, winkeliers, juristen, ambtenaren, accountants, verpleegkundigen, van alle leeftijden en etnische groepen, en voor meer dan de helft vrouwen. Op een gegeven moment vroeg mijn vriend of iemand van de aanwezigen als proefkonijn wilde fungeren in een experiment met synergie.

Een keurig geklede, vriendelijke man op de eerste rij stak zijn hand op. Laten we hem Rinaldo noemen. Mijn vriend vroeg hem naar zijn situatie.

'Ik ben eigenaar van een grote winkel in ijzerwaren', begon hij. Je hoorde een vaag Latijns accent in zijn stem. 'Ik heb jarenlang hard gewerkt om mijn zaak op te bouwen en ik heb een geweldige klantenkring. Het was een goed bedrijf en ik zou graag willen dat het verder groeide, maar ik denk dat het afgelopen is.'

'Er worden straks twee grote bouwmarkten gebouwd in mijn stad. Niet een, maar twee! Ik zit er precies tussenin. Ze zijn enorm en machtig. Ik zal zeker niet met ze kunnen concurreren als het om de prijzen gaat, en ik ben bang dat mijn klanten geen andere keuze hebben dan over te stappen.'

Mijn vriend slikte en wendde zich tot de seminargroep, die erg stil was geworden. Je kon zien dat iedereen met deze man te doen had.

'Oké', zei mijn vriend. 'We moeten Rinaldo redden. We gaan aan countertyping doen. Wat kan Rinaldo doen om zijn klanten te behouden? Wat kunnen we bedenken dat nog niemand eerder heeft bedacht?' En de groep ging aan het werk. Ze pakten viltstiften en vellen papier en begonnen driftig countertypes te tekenen, nieuwe ondernemingsmodellen die de wereld op zijn kop zouden zetten en Rinaldo's winkel zouden doen floreren. Het was lawaaiig en chaotisch – een prettig soort chaos dat je ziet als mensen enthousiast zijn.

Toen mijn vriend riep dat de tijd om was, stonden mensen te popelen om hun ideeën kenbaar te maken. En de ideeën stroomden. Er waren honderden suggesties, zoals:

- 'Waarom wachten tot de klanten naar je toe komen? Ga naar hen toe! Laad een bestelbus vol met spullen en rijd daarmee naar bouwplaatsen.'
- 'Je hebt ervaren medewerkers. Maak van je winkel een kenniscentrum waar mensen goed advies kunnen krijgen van echte experts.'
- 'Begin een lastminuteservice. Als een klant belt of mailt omdat hij een stuk gereedschap nodig heeft, lever dat dan!'
- 'Als ik één spijker nodig heb, verkoop me dan een losse spijker zodat ik niet een heel pak hoef te kopen.'

De meest vruchtbare voorstellen kwamen van de aanwezige vrouwen. Ze vertelden hoe geïntimideerd ze zich voelden in doe-het-zelfwinkels en bouwmarkten, en hoe fijn het zou zijn als er een winkel was die rekening zou houden met hun behoeften en interesses. Rinaldo zou vrouwen in dienst moeten nemen, cursussen voor vrouwen moeten organiseren, moeten uitzoeken welke producten vrouwen nodig hadden voor hun klusprojecten. 'Countertype! Wat zou je denken van een doe-het-zelfwinkel voor vrouwen?' riep een van hen.

Mijn vriend zei dat het de meest productieve countertypesessie was die hij ooit had meegemaakt. De vele beroepen en perspectieven onder de aanwezigen zorgden voor een goede mix van ideeën, en Rinaldo had rode wangen van opwinding toen hij weer ging zitten. 'Nu heb ik weer hoop', zei hij. In de daaropvolgende maanden herschreef hij zijn ondernemingsmodel als een countertype tegenover de grote bouwmarkten. Waar de grote ketens massaproducten verkochten en hun ongeschoolde medewerkers wezenloze blikken op de klanten wierpen, zorgde Rinaldo voor buitengewone deskundigheid en persoonlijke aandacht, met een speciale focus op vrouwelijke klanten. Wat de megastores ook deden, Rinaldo zette er iets tegenover.

Aan de ene kant van de stad had je bouwmarkt A en aan de andere kant bouwmarkt B. Ze streden hun klassieke twee-alternatievenstrijd om marktaandeel, hoewel er weinig verschil tussen hen was. Intussen zat Rinaldo met zijn derde alternatief tussen hen in, en onderscheidde hij zich van allebei; hij behield zijn klantenkring met zijn uitzonderlijke combinatie van service en kennis.

Deze derde-alternatieforganisaties worden gekenmerkt door veel respect en empathie voor de mensen die voor hen werken en die zaken met hen doen. Ze stellen zichzelf steeds weer de countertypevraag: wat kan ik doen om de traditionele gang van zaken om te draaien, wat de dingen op zijn kop zou zetten, niet alleen om mezelf te onderscheiden in de markt, maar ook om mijn omgeving uitzonderlijke waarde te bieden?

Wat denk je van een restaurant waar de klanten zelf bepalen hoeveel ze voor een maaltijd willen betalen? Panera Bread is naar alle maatstaven een succes. Met duizenden caféachtige bakkerijen in veertig Amerikaanse staten heeft Panera een missie om 'onder iedere arm een brood te stoppen'. Het scoort in de Verenigde Staten onder casual restaurants het hoogst op klantentrouw. En nu wil Panera iets terugdoen.

'Panera Cares is een nieuw soort café... een buurtcafé met een gezamenlijke verantwoordelijkheid.' Het bedrijf heeft verschillende van deze countertyperestaurants geopend waar klanten betalen wat ze willen. Het doel, aldus bestuursvoorzitter Ron Schaich van Panera, 'is te zorgen dat iedereen die een maaltijd nodig heeft er een kan krijgen. Mensen worden aangemoedigd om te pakken wat ze nodig hebben en een eerlijke bijdrage te doneren. Er zijn geen prijzen of kassa's, alleen suggesties voor de hoogte van donaties en bakken om ze in te doen.' Sommige klanten doneren meer dan andere, sommige geven veel, andere geven weinig. Sommigen doen vrijwilligerswerk voor hun eten. Schaich heeft vastgesteld dat een derde van haar klanten meer geeft dan het voorgestelde bedrag. De cafés zijn kostendekkend en zelfvoorzienend.[42]

Ik denk dat het bedrijf de investering in de countertypecafés van Panera vele malen terug gaat verdienen. Panera wint de goodwill van goede mensen. Buurten waar mensen soms een schuilplaats nodig hebben om even aan hun roerige leven te ontsnappen worden getransformeerd. Het biedt mensen de kans om zichzelf en anderen te helpen. Panera leert ons dat er meer dan één manier is om winst te maken.

Op zoek naar countertypes in de ontwikkelingswereld

De ingenieuze aanpak van opkomende economieën zet de wereld op zijn kop. Behendige, kostenbesparende, energiebesparende technologieën uit ontwikkelingslanden zijn verbazingwekkend innovatief en kunnen de mondiale economie drastisch veranderen.

Tijdens een bezoek aan Mongolië liep mijn vriend Clayton Christensen over een markt toen hij daar een paar goedkope televisies op zonne-energie zag. Ze deden het prima en de prijs was laag. Hij vroeg zich af of dit soort producten gevolgen zou hebben voor de omvangrijke investeringen en infrastructuur van de traditionele energie-industrie. 'Die tv's klaren de klus die mensen geklaard willen hebben beter. Mensen willen geen reusachtige stroomverslinders; ze willen televisies die het doen.'

Bijna de helft van de huizen in India heeft geen elektriciteit. Zonder stroom ontbreekt het miljoenen mensen aan werk- en onderwijskansen.

Bovendien brengt het tekort aan elektriciteit het milieu schade toe; miljoenen kookvuurtjes vervuilen de lucht. Ieder jaar weer worden er omvangrijke debatten gevoerd over manieren om elektriciteit bij de mensen te brengen. Ondernemingen strijden tegen milieuactivisten, steden strijden tegen rurale belangen, politici strijden met elkaar. Net als in de rest van de wereld kan twee-alternatievendenken iedere zinvolle vooruitgang dwarsbomen.

Intussen stelde een jonge technicus en derde-alternatiefdenker uit Bangalore, genaamd Harish Hande, zichzelf de countertypevraag: hoe kun je vrijwel kosteloos energie opwekken en tegelijkertijd het milieu sparen? Met iets beters dan alles wat iedereen ooit eerder heeft bedacht, toch?

Hande heeft nu een manier gevonden om zijn landgenoten te voorzien van stroom die volledig schoon is en vrijwel niets kost. Zijn bedrijf, Selco India, heeft 115.000 goedkope zonne-energiesystemen geïnstalleerd. Zijn klanten, of het nu arme dagloners zijn of kleine ondernemers, betalen een paar honderd dollar voor een 40-wattsysteem dat een klein huis kan verlichten. Omdat weinig mensen zoveel geld hebben, regelt Hande kredieten voor hen. Als gevolg hiervan kunnen kinderen hun huiswerk doen bij schoon, helder licht in plaats van bij kerosinelampen. Kleine textielateliers die worden geplaagd door stroomstoringen kunnen hun naaimachines nu de hele dag aan de gang houden. Gezinnen kunnen hun eten koken op een elektrisch fornuis in plaats van op rokerige kookvuurtjes. Een jonge taxichauffeur kan extra batterijen opladen voor zijn driewielertaxi en zijn inkomen verdubbelen. Straatverlichting maakt afgelegen dorpen veiliger.

Het derde alternatief van Harish Hande heeft de levens van duizenden gezinnen in zuidelijk India getransformeerd. Hetzelfde gebeurt in China waar het bedrijf Chi Sage een omkeerbare warmtepomp heeft ontwikkeld, die huizen kan koelen of verwarmen met behulp van een waterbron, zoals een bron of een nabijgelegen riviertje of meer, tegen lage kosten en zonder gevolgen voor het milieu.[43]

Deze en andere milieuneutrale, kostenbesparende innovaties zouden gemakkelijk een bedreiging kunnen vormen voor de economie van meer ontwikkelde landen, denkt professor Vijay Govindarajan van Dartmouth: 'Misschien staan we wel aan de vooravond van een nieuw tijdperk waarin baanbrekende innovaties zich eerst in ontwikkelingslanden voordoen... De kers op de globaliseringstaart is dat dit soort innovaties niet alleen kan worden opgeschaald naar andere opkomende markten, maar, wat belangrijker is, ook naar de ontwikkelde wereld.'[44]

We leven in een tijd waarin mensen met een derde-alternatiefmentaliteit overal ter wereld met elkaar in verbinding staan. Het is nu heel gewoon dat, laten we zeggen, een installateur van zonne-energie in India, een promotor in Amerika en een productieteam in China met elkaar in verbinding staan. Overal borrelen zakelijke synergieën op die nergens mee te vergelijken zijn. Maar om deel te nemen aan deze revolutie is een paradigmaverschuiving nodig. We moeten ons op ons gemak voelen in een wereld waar countertypes van de ene op de andere dag kunnen ontstaan en iedere gangbare opvatting kunnen wegvagen. We moeten niet alleen een derde-alternatiefmentaliteit ontwikkelen en daarmee spelen, we moeten er ook nog goed in zijn.

Het synergietijdperk

In zekere zin bestaat het bedrijfsleven niet meer. De oude grens tussen binnen en buiten is afgebrokkeld en het onderscheid tussen werknemer en klant is vervaagd. We zijn allemaal klant geworden. Een vloedgolf van technologie heeft de oude barrières van tijd en afstand geslecht. Het model van de gepantserde onderneming uit het industriële tijdperk is afgekalfd in deze tijd van transparantie en vloeiende veranderingen. We zijn niet langer eenheden in een organisatieschema. We staan met elkaar in verbinding als mensen of we staan helemaal niet met elkaar in verbinding.

Toch geloof ik dat veel mensen nog steeds gevangen zitten tussen de overgebleven muren van de gevangenis van het industriële tijdperk. De volgende opmerkingen kwamen naar voren in onze enquête (de Serious Challenge Survey):

- 'Ik heb het gevoel dat ik me steeds meer inspan voor mijn werk, maar ik krijg er zo weinig voor terug.'
- 'Ik zoek naar zingeving in het werk dat ik doe. Het is moeilijk om werk te doen dat niet zinvol is; dat leidt al snel tot burn-out en depressie.'
- 'Soms weet ik niet welke kant ik op ga en wat het doel van mijn werk is.'
- 'Ik heb wel plezier in mijn werk, maar ik voel er niets bij, het "voedt" mijn ziel niet. Ik bevind me op een punt in mijn loopbaan dat ik al zo lang gewerkt heb dat ik niet eens meer weet wat ik zou doen als ik niet precies zou doen wat ik nu doe.'
- 'Het is echt een probleem, de mismatch tussen mijn waarden en de waarden van de financiële sector waarin ik werkzaam ben.'
- 'Het ontbreken van een doel geeft me het gevoel dat ik niet echt iets bijdraag aan de wereld.'
- 'De eigenaren micromanagen ieder aspect van het bedrijf.'
- 'Mensen proberen een conflict op te lossen door de confrontatie aan te gaan, waardoor ze het probleem ongewild vergroten.'

- 'Conflicten binnen de organisatie doen het aantal uitvallers toenemen, wat slecht is voor de consistentie.'
- 'Sommige managers op de werkvloer weigeren de schuld op zich te nemen en eisen de eer op voor dingen die ze niet zelf gedaan hebben. Ze schuiven meer werk door naar anderen in plaats van het zelf te doen.'

Wat opvalt is het gevoel van doelloosheid, isolement en onrechtvaardigheid. Mensen die niet het gevoel hebben dat ze deel uitmaken van iets moois, een synergetische inspanning die groter is dan zijzelf, raken vervuld van zelftwijfel. De enige muren die er nu nog zijn zitten in onszelf. Dat zijn culturele, mentale muren: 'Ik ben hier alleen. Ik heb geen doel, niet het gevoel dat ik ergens bij hoor. Ik deel deze waarden niet. Hoe is het zover gekomen dat ik mijn leven in deze gevangenis doorbreng?' De interpersoonlijke muren houden ons gevangen binnen onze kleine territoria en een mentaliteit van beschuldiging en defensiviteit: 'Als je anders bent, ben je een bedreiging. Als je de dingen niet ziet zoals ik, dan komt dat nog wel; wacht maar tot ik je onder handen heb genomen.'

Het is zo bevrijdend om die gekooide twee-alternatievenmentaliteit achter je te laten, die hoogmoedige obsessie met jezelf. Het lijkt zo achterhaald in dit tijdperk van wereldwijde synergie.

Heb je ooit in een echt synergetisch team gewerkt? Waar je wist dat je het je niet kon veroorloven om ook maar één teamlid kwijt te raken? Waar je kon uitblinken als individu en toch de diepe verbondenheid met de groep kon voelen, alsof jullie samen één persoon waren? Waar jullie iedere dag closer werden en jullie gezamenlijke capaciteiten steeds sterker? Waar jullie jezelf verbaasden met de derde-alternatiefresultaten die jullie voortbrachten? Waar het leuk en opwindend was gewoon om er te zijn en samen te zijn? Ik heb het vaak meegemaakt en heb medelijden met mensen die het nooit hebben ervaren. Voor mij weegt die band met de vrienden waar ik mee werk veel zwaarder dan mijn persoonlijke gewin of positie.

'Macht en geld hebben geen langdurig effect op geluk – het geluk van individuen, partnerships, relaties of organisaties', zegt mijn vriend Colin Hall, de legendarische Zuid-Afrikaanse zakelijk leider. Mensen zijn alleen betrokken en gelukkig in hun werk 'als er sprake is van overvloedige synergie en het geheel groter is dan de som der delen'.[45]

Leren door te communiceren

De beste manier om van dit boek te leren is de inhoud aan iemand anders door te geven. We weten allemaal dat de leraar veel meer leert dan de leerling. Ga dus op zoek naar iemand – een collega, een vriend(in) of een familielid – en leer hem of haar de inzichten die je zelf hebt opgedaan. Stel onderstaande vragen of bedenk je eigen, provocatieve varianten.

- Waarom zijn in de meeste organisaties 'vechten' en 'vluchten' de twee dominante leiderschapsparadigma's? Wat gebeurt er als een leider wil vechten? En als een leider wil vluchten?
- Beschrijf leiderschap vanuit een derde-alternatiefmentaliteit. In hoeverre is dat anders dan vechten of vluchten? Wat zijn de voordelen van derde-alternatiefleiderschap?
- Hoe kunnen de synergieparadigma's je helpen een conflict op je werk op te lossen?
- Op welke wijze weerhoudt hoogmoed een leider of een organisatie ervan synergie te creëren?
- Wat zijn de gevaren van een transactionele aanpak van conflicten? Wat zijn de voordelen van een transformationele aanpak?
- Beschrijf de verschillen tussen traditionele onderhandelingen en derde-alternatiefonderhandelingen. Wat zijn de paradigma's van een derde-alternatiefonderhandelaar? Hoe bereik je een synergetisch partnership met andere partijen in een onderhandelingssituatie?
- Wat betekent het als je zegt: 'Synergie begint aan de randen'? Hoe zou je dat inzicht benutten?
- Beschrijf hoe een synergetisch of complementair team eruitziet. In hoeverre verschilt dat van gewone teams? Waarom is diversiteit zo belangrijk voor een dergelijk team? Wat kunnen we leren van het LEGO-verhaal over de denkwijze van een synergetisch team?
- Leg uit hoe het prototyping- en het countertypingproces verlopen. Waarom zijn deze processen zo bruikbaar voor synergetische teams? Wat kunnen we van Rinaldo's verhaal of de andere verhalen uit dit hoofdstuk over deze processen leren?
- Ik denk dat het bedrijf de investering in de countertypecafés van Panera vele malen terug gaat verdienen. Ben je het daarmee eens? Waarom is het Panera-café een goed voorbeeld van een 'countertype'?
- Heb je ooit in een echt synergetisch team gezeten? Hoe voelde dat? Wat zou je kunnen doen om je eigen werkgroep tot zo'n team te transformeren?

Zelf proberen

Heb je te maken met een conflict thuis of met een vriend(in)? Ben je op zoek naar creatieve oplossingen voor een uitdaging binnen je gezin? Ontwikkel dan prototypes voor derde alternatieven. Vraag anderen om mee te doen. Gebruik hierbij het schema *In vier stappen naar synergie*.

In vier stappen naar synergie

1 Stel de derde-alternatiefvraag:

'Ben je bereid op zoek te gaan naar een oplossing die beter is dan alles wat we tot nu toe afzonderlijk hebben bedacht?'
Zo ja, ga dan verder naar stap 2.

2 Definieer succescriteria

Noteer hier de kenmerken van een oplossing waar iedereen blij mee zou zijn. Wanneer is er sprake van succes? Wat moet er echt gebeuren? Wat zou een 'win-win'-resultaat zijn voor alle betrokkenen?

3 Creëer derde alternatieven

Maak hier (en elders) modellen en tekeningen, schrijf ideeën van anderen op, zet je eigen ideeën op zijn kop. Werk snel en creatief. Schort oordelen op tot het spannende moment waarop je weet dat je synergie hebt bereikt.

4 Bereik synergie

Beschrijf hier je derde alternatief en, indien gewenst, hoe je dit wilt gaan uitvoeren.

Handleiding voor de tool *In vier stappen naar synergie*

In vier stappen naar synergie. Dit proces helpt je het synergieprincipe in praktijk te brengen. (1) Toon bereidheid om op zoek te gaan naar een derde alternatief. (2) Definieer hoe succes er voor iedereen uitziet. (3) Experimenteer met oplossingen totdat je (4) synergie bereikt.

Hoe bereik je synergie

1 Stel de derde-alternatiefvraag:

In een conflict of creatieve situatie helpt deze vraag iedereen afstand te nemen van verharde posities of vooringenomen ideeën, richting een derde standpunt.

2 Definieer succescriteria

Noteer kenmerken of beschrijf in het kort hoe een voor iedereen bevredigend resultaat eruitziet. Stel jezelf daarbij de volgende vragen:

- Is iedereen betrokken bij het vaststellen van de criteria? Krijgen we zo veel mogelijk inbreng van zo veel mogelijk mensen?
- Welke resultaten willen we echt? Wat moet er echt gebeuren?
- Welke resultaten zouden voor iedereen winst betekenen?
- Kijken we verder dan onze standaardeisen naar iets beters?

3 Creëer derde alternatieven

Volg deze richtlijnen:

- Speel ermee. Het is niet echt. Iedereen weet dat het spel is.
- Doe niet aan afronding. Vermijd overeenstemming en consensus.
- Geef geen oordeel over andermans ideeën – of over die van jezelf.
- Maak modellen. Maak tekeningen op whiteboards, schets grafieken, bouw een dummy, schrijf een ruwe opzet.
- Zet ideeën op zijn kop. Keer de gangbare opvatting om.
- Werk snel. Stel een tijdslimiet, zodat de energie en het creatieve denkproces op peil blijven.
- Kom met heel veel ideeën. Je kunt niet voorspellen welk ongebruikelijk inzicht tot een derde alternatief zal leiden.

4 Bereik synergie

Het derde alternatief is te herkennen aan een sfeer van opwinding en inspiratie. Het oude conflict speelt geen rol meer. Het nieuwe alternatief voldoet aan de succescriteria. Let op: verwar een compromis niet met synergie. Een compromis geeft een tevreden maar nooit een opgetogen gevoel. Bij een compromis verliest iedereen iets; bij synergie wint iedereen.

Hoofdstuk 4

Het derde alternatief thuis

Waar vreugde is, daar is scheppingsdrang.
– *De Upanishaden*

Het gezin kan de ultieme expressie van synergie zijn. De transformationele, intieme verbinding die zich in een huwelijk kan voordoen heeft iets weg van een wonder. En ieder kind dat ter wereld komt is een derde alternatief. Een pasgeboren baby is het grootste synergetische wonder.

Mijn grootvader Stephen Richards leerde me om ieder probleem op welk niveau dan ook – plaatselijk, nationaal; in politiek, onderwijs of organisaties – te analyseren vanuit het standpunt van het gezin. Als iets thuis werkt, werkt het overal. Gezinnen met schulden zijn niet veel anders dan landen met schulden. Vertrouwen en trouw werken in het bedrijfsleven net zoals ze thuis werken: het duurt jaren om het op te bouwen en kan in een paar seconden worden afgebroken. De problemen van de samenleving beginnen thuis en dat geldt ook voor de oplossingen.

Als echtgenoot, vader en grootvader ben ik ontzettend blij met mijn familie. Ze vormen mijn grootste schat en mijn grootste vreugde. Verlies van het respect en de intieme band met zelfs maar een van hen zou mijn grootste tragedie en mijn grootste angst zijn.

Mensen hebben universele behoeften. Ze moeten zich veilig voelen, gewaardeerd, gerespecteerd, aangemoedigd en geliefd; deze behoeften vinden hun hoogste vervulling in de band tussen ouder en kind, man en vrouw. Als het gezin niet in deze behoeften voorziet, is dat tragisch.

Respondenten uit ons onderzoek noemen de volgende grote uitdagingen in hun privéleven:

- ‘We groeien uit elkaar. We hebben verschillende ideeën over wat belangrijk is in het leven.’
- ‘Open communicatie is nooit gemakkelijk met de mensen die je het meest na staan.’
- ‘Mijn vrouw deelt niet in het geluk dat ik ervaar met iedere stap die ik vooruitkom.’

- 'Ik ben een alleenstaande moeder en het is altijd een gevecht geweest om een evenwichtige en bevredigende manier van leven te vinden voor mijn gezin.'
- 'Ik ben 31 jaar getrouwd en heb twee kinderen die studeren. Ik heb enorm veel last van het lege-nestsyndroom. Het is van invloed op mijn huwelijk en mijn thuissituatie. Ik mis het moeder-zijn, dat mensen me nodig hebben... dat is het.'
- 'Familie is heel belangrijk voor me. Als dat niet goed gaat, heeft het gevolgen voor al het andere.'

Conflicten in de familie zijn de meest hartverscheurende van alle levensproblemen. Dit is buitengewoon ironisch: thuis kunnen we de meest sublieme synergie ervaren of de diepste ellende. Ik geloof dat geen ander succes in het leven opweegt tegen mislukking in de privésfeer.

Geen verlies is zo groot en pijnlijk als het verlies van een gezinslid. De meeste ouders kennen dat misselijkmakende gevoel wel als je je kind kwijt bent, al is het maar heel even; als ons kind op de markt of in een mensenmassa verdwijnt en je je adem inhoudt, gedurende één of twee minuten die wel een eeuwigheid lijken, en als een bezetene rondrent totdat de kleine wegloper weer tevoorschijn komt.

Bij sommigen gaat die intense pijn nooit meer weg. Zainab Salbi, de oprichtster van Women for Women International, vertelt hoe ze als kind op een nacht in Bagdad in paniek wakker werd van het geluid van een bom die steeds dichterbij kwam. Hij ontplofte vlakbij en ze bad trillend en dankbaar dat haar familie gespaard was gebleven. Later schaamde ze zich voor haar gebed, want de bom had het huis van de buren geraakt. De vader en de zoon, een vriendje van haar broer, waren omgekomen; de moeder leefde nog. 'Een week later kwam de moeder van het jongetje naar de klas van mijn broertje en smeekte de zes- en zevenjarige kinderen daar om foto's van haar zoontje, als ze die hadden, aan haar te geven, want ze was alles kwijtgeraakt.'[1]

Toch doen mensen in onze cultuur dagelijks bijna achteloos afstand van het mooiste wat het leven te bieden heeft: hun gezin. Mannen en vrouwen die ooit passie voor elkaar voelden vervreemden van elkaar. De Verenigde Staten hebben, met 40 tot 50 procent, het hoogste echtscheidingspercentage ter wereld. Gevolgd door Rusland, met vlak daarachter de landen van Noordwest-Europa. Zelfs in landen met een laag echtscheidingscijfer (meestal als gevolg van een cultureel taboe) zie je maar al te veel gevallen van 'emotionele scheiding'.

Alleen al in de Verenigde Staten krijgen jaarlijks meer dan een miljoen kinderen te maken met echtscheiding. De statistieken laten zien dat deze kinderen een hogere kans hebben op disciplineproblemen, psychologische stoornissen, achterblijvende schoolprestaties en een slechtere gezondheid.[2]

De verschillen koesteren

Echtscheiding is vaak het gevolg van verraad – mishandeling of ontrouw – maar al te vaak is het ook het gevolg van een ondermijnende spiraal van twee-alternatievendenken.

Een vrouw zegt bijvoorbeeld: 'Mijn man besteedt te veel tijd aan sport kijken, videogames spelen en golfen. Dan komt hij thuis en vindt dat ik voor de kinderen en het huishouden moet zorgen en realiseert hij zich niet dat ik ook de hele dag gewerkt heb. Hij lijkt op zijn vader, die was ook zo lui. Hij doet niet langer de kleine dingetjes waarmee hij me in eerste instantie ingepalmd heeft, kleine attenties, vragen hoe mijn dag geweest is; het enige dat hij wil is seks. En dan vraagt hij zich af waarom ik me niet meer inzet voor ons huwelijk.'

Een man zou kunnen zeggen: 'Mijn vrouw wil me alleen maar vanwege mijn geld en ziet niet hoe hard ik werk. Ze heeft het zo druk met de kinderen dat ze geen tijd meer heeft voor mij. Het huis is een rommeltje terwijl zij bij haar leesclubje zit. Bovendien kan ik helemaal niets goed doen. Mijn vrouw is koel en afstandelijk en begroet me niet meer met hetzelfde enthousiasme als ik thuiskom; sterker nog, ze merkt het niet eens als ik thuiskom. Ik wou dat haar moeder ons met rust liet. Mijn vrouw ziet er niet meer zo goed uit als vroeger en verzorgt zich niet meer; de vrouwen op kantoor worden steeds aantrekkelijker.'

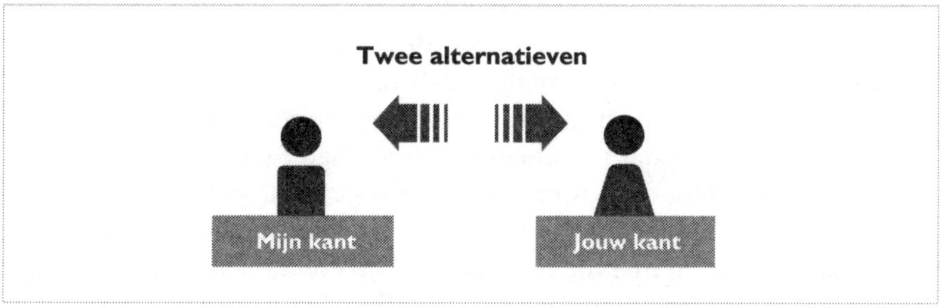

Met een dergelijke manier van denken – of beter gezegd: voelen – wordt liefde respectloosheid. Sommige huwelijken veranderen in rancuneuze grootschalige debatten. Familieleden zijn helemaal goed of helemaal slecht, en het is 'mijn kant' tegen 'jouw kant'. Psychologen noemen dit fenomeen 'splitting'. De huwelijkstherapeut Mark Sichel merkt op: 'In gezinnen met borderlinedynamiek zorgt splitting voor regelmatige verdeel-en-heersspelletjes... Kinderen worden vaak heen en weer geslingerd in aan hen toegeschreven rollen van "goed kind" of "slecht kind".'[3] Het gezin wordt zo een slagveld in plaats van het veilige en liefhebbende toevluchtsoord dat alle kinderen nodig hebben en verdienen.

Sommige gezinnen lijden onder minder openlijke, meer genuanceerde vormen van emotioneel misbruik, zoals subtiel gekibbel, muggenzifterij en geroddel in een soort perverse strijd om te kijken wie wie het diepst kan kwetsen: 'Als je echt van me hield, zou je de garage wel opruimen', 'Ik werk de hele dag hard, en wat krijg ik als dank?', 'Het zijn ook jouw kinderen, hoor'. De muren worden geleidelijk opgetrokken, bijna onmerkbaar, totdat een kil zwijgen regeert. 'Als je iets kapot wilt maken in je leven,' zegt de Turkse romanschrijver Elif Shafak, 'hoef je er alleen maar dikke muren omheen te zetten. Dan droogt het van binnenuit op.'[4]

Onze familieadvocaat met vele jaren ervaring vertelde ooit over een vrouw die naar haar kantoor kwam om echtscheiding aan te vragen. 'Ik kan er niet meer tegen', zei ze. De man van deze vrouw was een uitstekende kostwinner en een leider binnen de gemeenschap, maar hij weersprak alles wat ze zei en draaide alles terug wat ze deed. Als zij een schilderij aan de muur hing, verplaatste hij het. Als zij buiten de deur wilde eten, besliste hij dat ze thuis zouden eten. Als ze iets tegen een vriend zei, zorgde hij er wel voor dat die vriend te weten kwam dat ze het bij het verkeerde eind had. Het omslagpunt kwam toen ze haar ouders te eten gevraagd had. Aan tafel scheen de zon door het raam, op haar vaders gezicht, dus deed ze de luxaflex achter hem dicht. Haar man stond meteen op om hem weer open te trekken. Jarenlang had hij haar razend gemaakt, maar ze kon er niet meer tegen. Hij had haar wereld steeds kleiner gemaakt, totdat ze een aanval van emotionele claustrofobie kreeg en eruit brak. Dit soort emotioneel misbruik, deze uitoefening van macht, kan bijna net zo erg zijn als lichamelijk misbruik.

Vaak eindigen dit soort huwelijken om goede redenen, maar nog veel vaker eindigen ze omdat echtelieden ontmoedigd raken over de verschillen tussen hen. Deze man is een extreem voorbeeld van intolerantie ten aanzien van verschillen, maar tot op zekere hoogte hebben alle slechte huwelijken te maken met dit syndroom. 'Onverenigbaarheid' is de reden die het meest genoemd wordt bij een scheiding. Dit woord kan betrekking hebben op allerlei problemen – financieel, emotioneel, sociaal, seksueel – maar het komt voort uit afkeer in plaats van waardering van verschillen: 'We hebben nooit op één lijn gezeten', 'Ik begrijp niet hoe ze denkt', 'Hij is volslagen irrationeel'. Na verloop van tijd doet wanhoop zijn intrede en lijkt echtscheiding de enige uitweg.

Goede huwelijken daarentegen gedijen alleen als partners de verschillen tussen hen koesteren. Voor hen zijn de culturen, grillen, talenten, kwaliteiten, reflexen en instincten die de beide partners inbrengen bronnen van plezier en creativiteit. Zijn ongeduld maakt dat hij vreselijk is in boekhouden, maar zijn spontaniteit maakt dat je wel met hem kunt lachen. Haar gereserveerdheid frustreert hem soms wel eens, maar hij vindt haar aristocratische manieren indrukwekkend en charmant. En omdat ze elkaar zo koesteren, hebben ze zowel plezier als waardigheid binnen hun relatie.

Als twee mensen gaan trouwen, hebben ze de mogelijkheid een derde alternatief te creëren – een unieke gezinscultuur die nooit eerder bestond en nooit meer zal bestaan. Naast hun individuele aangeboren eigenschappen vertegenwoordigt elk van beiden een volledig gevormde sociale cultuur, een aantal opvattingen, normen, waarden, tradities en zelfs taalgebruik. De ene partner komt uit een gezinscultuur waar relaties diepgaand zijn maar een beetje afstandelijk, waar conflicten worden onderdrukt, of rustig onder vier ogen worden afgehandeld. De ander komt uit een gezinscultuur waar relaties luidruchtig en liefhebbend zijn en waar conflicten opborrelen als kleine vulkanen en vervolgens weer wegebben en worden vergeten.

Dan wordt een nieuwe cultuur geboren. Synergie ligt in deze relatie tussen de twee reeds bestaande culturen in. Er kan sprake zijn van een positieve synergie of van een negatieve synergie, afhankelijk van de denkwijze van de partners. Als ze verschillen als bedreigend ervaren, zullen er grote problemen ontstaan. Als ze daarentegen genieten van de verschillen tussen hen, van het leren van elkaar en van onderzoeken wat nieuw en exotisch is aan de ander, zullen ze samen floreren. Iemand zei ooit: ‘Met mijn vrouw trouwen was alsof ik naar een ander land verhuisde. Wennen aan die vreemde gebruiken was in eerste instantie interessant. Dat vond zij ook, maar nu weten we dat de ontdekkingen nooit ophouden. Het is het grootste avontuur dat er is.’

Een vriend van mij was een gepensioneerde onderwijzer. Toen hij overleed zei zijn vrouw: ‘Ik heb hem 45 jaar op zijn nek gezeten om de vuilnis buiten te zetten of zijn eigen bordje af te wassen. Nu wou ik dat ik hem kon zien lachen als ik ’s avonds thuiskom. Ik wou dat ik dat gekke gefluit van hem in de tuin kon horen. Ik zou zo graag nog één dag met hem hebben om hem te vertellen hoeveel bewondering ik had voor zijn talent als onderwijzer, niet alleen van zijn duizenden leerlingen, maar ook van onze dochters. Hij was echt een begaafde man.’ We zien de waarde van iets maar al te vaak pas als we het kwijt zijn.

Denken in de geest van het derde alternatief

Trouwens, als ik zeg ‘waardeer de verschillen’, dan bedoel ik niet dat je genoegen moet nemen met illegale of weerzinwekkende praktijken. Niemand hoeft een verslaving aan alcohol, drugs of pornografie te tolereren, of in een relatie met emotioneel of lichamelijk misbruik te blijven zonder hulp van professionals in te roepen. Ik vind dat je zo moedig moet zijn om misbruik direct aan te pakken.

Maar bij afwezigheid van ongeoorloofd gedrag ontstaan huwelijksproblemen vaak omdat twee culturen botsen op het gebied van waarden, opvattingen en verwachtingen. Mensen trouwen niet omdat ze ruzie willen maken, maar de helft van alle huwelijken strandt omdat het de partners niet lukt om een goed werkend derde alternatief te creëren dat beide culturen overstijgt.

Een vriend vertelde me pasgeleden over zijn zus en haar man. Toen ze hun leven samen begonnen, waren ze duidelijk verliefd en toegewijd aan elkaar. Ze verhuisden naar een andere plaats, ver weg, en dat werd hun paradijsje. Ze kregen twee meisjes en een jongetje en alles leek idyllisch. Maar, naar later bleek, had de man een sarcastisch trekje van zijn moeder geërfd en was zijn vrouw opgegroeid in een gezin waar het oké was om elkaar te slaan. Daardoor had zij losse handjes gekregen. Langzaam maar zeker verviel hun leven tot een patroon van non-stop scherpe opmerkingen en klappen. De transformatie was zo geleidelijk dat ze niet beseften wat er aan de hand was. Totdat het gezin op een dag uit elkaar viel. Er volgde een meedogenloze scheiding waarbij drie kleine kinderen getraumatiseerd achterbleven.

In tegenstelling tot deze destructieve cirkel van negatieve synergie zijn de meest geslaagde gezinnen bezield met positieve synergie. Ze lossen niet alleen conflicten op met derde alternatieven, maar hebben ook een derdealternatiefinstelling. Synergie is de ultieme uiting van een prachtige gezinscultuur, een cultuur die creatief en plezierig is en die gekenmerkt wordt door diep respect voor ieder gezinslid en de oneindige hoeveelheid verschillen tussen mensen.[5]

Een derde-alternatiefgezin

Hoe werk ik aan een derde-alternatiefhuwelijk en -gezin? Hoe vermijd ik een ongeïnspireerde of conflictueuze relatie en bereiken we de wonderbaarlijke, transformationele intimiteit die iedereen diep in zijn hart wil?

Ik zie mezelf

Natuurlijk begint het met jezelf. Zoals mijn vriend Brent Barlow, een familietherapeut, zegt: 'Als je je huwelijk wilt verbeteren, kijk dan in de spiegel.' Als je denkt dat het probleem bij je partner of bij je kind ligt, dan is dat het probleem. Met die uitspraak bedoel ik niet dat het conflict noodzakelijkerwijs jouw schuld is (hoewel dat best zou kunnen). Ik bedoel dat mijn kijk op mezelf de diepere oorzaak van het probleem is. De dichter Rumi zei: 'Mensen van de wereld kijken niet naar zichzelf en daarom geven ze elkaar de schuld.' Als ik mezelf zie als het hulpeloze slachtoffer van een irrationeel, ongevoelig of lastig gezinslid, dan ontken ik een simpele menselijke waarheid: dat ik vrij ben om mijn reactie op iedere stimulus zelf te kiezen. Niemand kan ervoor zorgen dat ik iets voel of doe zonder mijn instemming. Op wat er met me gebeurt heb ik misschien geen invloed, maar ik besluit zelf wat ik erover denk, wat ik voel en wat ik eraan doe.

Er zijn maar al te veel mensen die dat basisprincipe niet begrijpen. Dit zijn de voorspelbare uitspraken van mensen die zich beklagen: 'Ik word stapelgek van hem', 'Ze haalt het bloed onder mijn nagels vandaan', 'Ik vind het zo erg als hij dat doet', 'Ik kan er niets aan doen dat ze onmogelijk is om mee te leven'. Het kan zijn dat andere mensen me slachtofferen, maar de rol van slachtoffer is uiteindelijk een rol waar ik zelf voor kies, of niet. Als je mentaal gevangen zit in het paradigma 'Ik ben goed, mijn partner is slecht', dan ben je in de greep van twee-alternatievendenken. Dr. Steven Stosny spreekt vanuit zijn ruime ervaring in het behandelen van huwelijksproblemen: 'Het probleem met een slachtofferidentiteit is dat je je niet proactief maar reactief opstelt ten aanzien van je rancuneuze, boze, wraakzuchtige partner.' Als je jezelf als slachtoffer ziet, beperk je je tot hulpeloos gejammer over de onrechtvaardigheid van je situatie. Je gelooft niet in een derde alternatief.

Als je jezelf daarentegen ziet zoals je werkelijk bent, iemand die in staat is om onafhankelijk te oordelen en keuzes te maken, dan kies je je eigen reactie. Je kunt ervoor kiezen om een onvriendelijke opmerking te beantwoorden met een vriendelijke opmerking. Je kunt ervoor kiezen om te glimlachen in plaats van je beledigd te voelen. Als je te maken krijgt met een chagrijnige partner die een zware dag achter de rug heeft, kun je ervoor kiezen meelevend en zorgzaam te zijn in plaats van je te beklagen over je eigen zware dag en verwikkeld te raken in een strijd over de vraag wie er het ellendigst aan toe is.

Ik denk dat dit fundamentele inzicht de meeste gezinnen met problemen zou kunnen redden. Je kunt ervoor kiezen de cyclus van verontwaardiging te doorbreken. Je brengt meer dan alleen je cultuur mee in je huwelijk: je brengt *jezelf* mee. Je brengt meer in dan alleen 'jouw kant' van een conflict – je bent altijd op zoek naar een derde alternatief.

In wezen zijn de meeste familieconflicten identiteitsconflicten. Als je eigenwaarde wordt bedreigd, reageer je daarop door het gevoel van eigenwaarde van anderen aan te vallen; deze reactie is een manier om je eigen diepgevoelde kwetsbaarheden te compenseren. In gevallen van emotioneel en fysiek misbruik 'hebben de meeste misbruikers een fragiel gevoel voor eigenwaarde'. Gezinsleden worden agressief als ze zich 'genegeerd, onbelangrijk, beschuldigd, schuldig, ondergewaardeerd of niet gerespecteerd, afgewezen, machteloos, ontoereikend of niet de moeite waard voelen'.

Stosny beschrijft hoe zo'n familiecrisis plotseling uitbreekt. De vrouw zegt: 'Het is hier koud.' De man reageert, plotseling geïrriteerd: 'Hoe kun je dat nu zeggen? Het is hier 21 graden!' Hij interpreteert haar mededeling dat ze het koud heeft als een aanval op zijn karakter en zijn competentie als echtgenoot: 'Als ze het koud heeft, moet dat wel mijn schuld zijn. Ik ben er niet in geslaagd haar gelukkig te maken en haar te beschermen tegen ongemakken.' Om zichzelf te beschermen, devalueert hij haar gevoelens: ze kan het onmogelijk koud hebben. 'Nu voelen ze zich allebei ondergewaardeerd, hoewel ze er geen van beiden op uit zijn de ander te kleineren.'[6] Dan gaat het van kwaad tot erger en proberen ze elkaar een emotioneel pak slaag te geven: 'Nou, ík heb het koud! Als jij het niet koud hebt, dan moet er iets met jou aan de hand zijn!' 'Er is helemaal niets met me aan de hand! Jij bent degene die niet helemaal spoort!' En zo gaat het maar door.

Deze wrede cyclus wordt veroorzaakt door wat ik 'echte identiteitsdiefstal' noem. Zijn authentieke identiteit als een uniek, inherent waardevol, machtig individu is hem afgenomen. Net als zoveel anderen is hij voorbestemd om te denken dat zijn waarde als mens wordt bepaald door het oordeel van anderen over hem. Deze conditionering kan het gevolg zijn van een gezinscultuur van vergelijkingen: 'Waarom ben je niet zo slim als je broer/zo sportief als je zusje/zo ijverig als je neef Leo?' Of het kan het gevolg zijn van onze competitieve samenleving die ons indeelt in perverse en vooringenomen stereotypes: 'Je bent niets meer dan een dom burgermannetje, een prutser die niet eens weet hoe hij zijn gezin warm moet houden.' Hij ziet alleen een verwrongen beeld van zichzelf in de sociale spiegel. Daardoor wordt hij overgevoelig, zelfs voor beledigingen die kant noch wal raken; en de mensen in zijn omgeving leren op eieren te lopen.

Dit is een goede metafoor: omdat hij een lege identiteit heeft, is zijn zelfbeeld zo fragiel als een eierschaal. Hij is voor zijn gevoel van eigenwaarde afhankelijk van anderen. Als gevolg hiervan zijn beide partners overgeleverd aan negatieve synergieën, die een relatie eerder kapotmaken dan versterken. In Edward Albees *Who's Afraid of Virginia Woolf?*, een intens psychologisch drama over een huwelijk dat op de klippen loopt, beschrijft de vrouw op wrede wijze het gebrek aan eigen identiteit van haar man: 'Ik zat daar naar je te kijken, en je was er niet... Ik zweer het, als je echt bestond, dan zou ik van je scheiden.'[7]

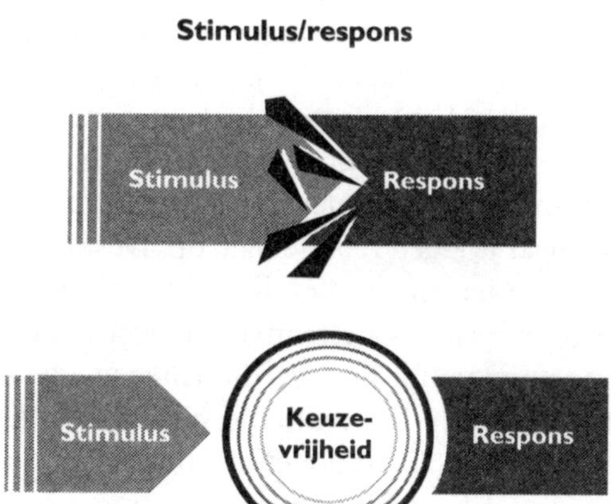

Stimulus/respons. Tussen stimulus en respons bevindt zich een ruimte. In die ruimte ben je volledig vrij om je respons te kiezen. Niemand kan jou dwingen om op woede te reageren met woede. Je kunt ervoor kiezen om met compassie te reageren.

Het terugvinden van een verloren identiteit is niet gemakkelijk, maar wel mogelijk. En het kan in een oogwenk gebeuren. Als ik mensen leer dat ze onafhankelijke individuen zijn met volledige keuzevrijheid, springen ze soms op uit hun stoel vanwege dit plotselinge inzicht. ‘Al die tijd heb ik gedacht dat mijn man degene was die mijn leven tot een hel maakte’, kan een vrouw dan zeggen. ‘Maar ik ben de enige die mijn leven tot een hel kan maken!’ Het kan zijn dat er een man opstaat en zegt: ‘Ik kies ervoor om niet langer boos te zijn en me te schamen!’ Andere mensen kunnen je kwetsen – misschien zelfs opzettelijk – maar, zoals Eleanor Roosevelt al zei: ‘Mensen kunnen je alleen een minderwaardig gevoel geven als jij dat toelaat.’ Tussen stimulus en respons bevindt zich een ruimte, en in die ruimte bevind jij je, volkomen vrij om te besluiten hoe je zult reageren. In die ruimte zie je in ieder geval jezelf.

Daar vind je ook je diepste waarden. Als je in die ruimte even de tijd neemt om na te denken, maak je weer contact met je bewustzijn, met je liefde voor je naasten, en met je levensprincipes. En aan de hand daarvan neem je je beslissing.

Helaas zijn de meeste mensen zich niet bewust van die mentale ruimte. Omdat ze hun eigen vrijheid niet begrijpen, reageren ze op een van de volgende manieren: ze geven uiting aan hun boosheid of ze onderdrukken die in de ongefundeerde opvatting dat een probleem vanzelf verdwijnt als je het negeert. Iedereen kent de tekenen van onderdrukte gevoelens: strakke lippen, lekker niks zeggen, het nerveuze op eieren lopen. Het uiten van boosheid helpt evenmin als het onderdrukken van boosheid. Wat kun je doen als je gevangenzit tussen deze twee alternatieven?

Er is een derde alternatief: je kunt ervoor kiezen die gevoelens te overstijgen. Beledigd zijn is een keuze. Het is niet iets wat je aangedaan wordt; je doet het jezelf aan. Je hebt binnen die beslissingsruimte de macht om niet beledigd te zijn. Anderen kunnen je niet te schande maken, dat kun je alleen zelf. Je hebt geen controle over het gedrag van anderen, maar je hebt wel controle over je eigen reactie daarop. Deskundigen zijn het erover eens: ‘Een veel gezonder alternatief voor het inhouden of het onbelemmerd uiten van je emoties is ze transformeren… Het vermogen om je diepste waarden trouw te blijven – en daarmee je angst en schaamte grotendeels te transformeren – ligt volledig bij jezelf.’[8] ‘Er is een veel beter alternatief voor zowel het “inhouden” als het “eruit gooien” van je emoties. Transformeer ze. Vervang verontwaardiging, boosheid en agressieve impulsen door compassie.’[9]

Ik zei eerder al dat je een mentaliteit van slavernij in een oogwenk kunt omzetten in een mentaliteit van vrijheid. Maar het kost moeite om die nieuwe mentaliteit blijvend te maken. De oude mentale gewoonte die maakt dat je reageert zonder na te denken, blijft intact zolang je jezelf niet herprogrammeert. Dit vereist opzettelijke, bewuste, regelmatige oefening in het gebruik van de ruimte tussen stimulus en respons om even te pauzerenen en na te denken, en te kiezen voor compassie.

Steven Stosny is gespecialiseerd in het helpen van plegers van huiselijk geweld om hun impulsen te transformeren. Eerst laat hij hen kennismaken met de ruimte tussen stimulus en respons. In die ruimte brengt hij ze in contact met hun kernwaarden: 'Je wilt toch dat mensen van je houden?' Natuurlijk. Dan probeert hij ze binnen die ruimte logisch te laten nadenken. 'Is er in de geschiedenis van de mensheid ooit iemand geweest die geliefder werd door iemand van wie hij hield pijn te doen?' Zijn patiënten gaan langzaam maar zeker begrijpen dat het enige wat ze kunnen doen om een beter gevoel over zichzelf te krijgen is te kiezen voor compassie in plaats van agressie.

Het derde alternatief

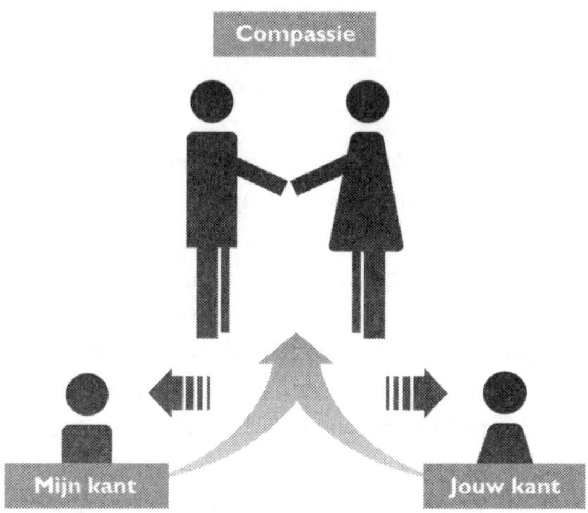

Vervolgens helpt Stosny ze de cyclus van misbruik te doorbreken door intens drillen en oefenen. In een maand tijd doen patiënten ongeveer 750 verschillende oefeningen die bedoeld zijn om hun hersenen te herprogrammeren op compassie. Steeds als ze zich in een conflictsituatie bevinden, stellen ze zich het resultaat voor dat ze echt willen en dan reageren ze met vriendelijkheid. Uiteindelijk overwinnen ze de aangeleerde reflexen uit het verleden en trainen ze nieuwe 'mentale spieren', zodat compassie een gewoonte wordt.

Als de vrouw nu zegt: 'Ik heb het koud', reageert de man rationeel. Het gaat niet langer over hem – het gaat over wat zij voelt. Hij heeft nu de reflex haar te willen helpen in plaats van haar aan te vallen. Naarmate hij steeds vaker blijk geeft van behulpzaamheid, nemen haar vertrouwen en waardering voor hem toe en transformeert de relatie zich. Ze bevinden zich in een situatie van positieve synergie.

Een andere positieve reactie is die van humor. 'Hoe kun je het nu *koud* hebben, als je zo *hot* bent?' grapt de man, waarna hij haar opwarmt in zijn armen. Humor is altijd een derde alternatief, omdat het een verrassing is, een onverwachte twist die je aan het lachen maakt. Je hoort mensen vaak verrukt lachen als ze een derde alternatief ontdekken dat werkt. 'Dat is niet gek', zullen ze zeggen. Deskundigen kunnen je vertellen dat humor de gemakkelijkste manier is om spanning te transformeren – de 'defensieve reactie' neemt af en verdwijnt.[10]

We hoeven geen afkickproces van een maand te doorlopen om onze conflictcyclus te doorbreken, maar we moeten wel een nieuwe mentaliteit aannemen en daarmee oefenen. Uiteindelijk, zegt Stosny, 'is boosheid geen machtsprobleem; het is een probleem van eigenwaarde'.[11] Het is niet de vraag wie de beste kaarten heeft in een relatie, dat zou in ieder geval een zinloze strijd zijn. Het gaat om mijn identiteit. In de ruimte tussen provocatie en boosheid beslis ik wie ik ben en wat voor soort iemand ik wil zijn.

Ik ken een stel dat hun kind verloren heeft in een verkeersongeluk terwijl de vrouw aan het stuur zat. Lange tijd waren het verdriet en het schuldgevoel van de vrouw zo groot dat de man zich van haar geïsoleerd voelde. Hoewel hij erg onder het verlies leed, deed hij wat mannen vaak doen. Hij onderdrukte zijn gevoelens en loste het op door harder te gaan werken. Zij interpreteerde zijn reactie als harteloos. Hoewel ze in hetzelfde huis bleven wonen, koesterden ze over en weer wrok en groeiden ze heel ver uit elkaar. Dit misverstand zat zo diep als maar mogelijk was.

De situatie begon te veranderen toen de man op een avond, na een lange stilte in hun leven, toevallig langs de slaapkamerdeur liep en zijn vrouw rechtop en bewegingloos op de rand van het bed zag zitten. Hij zag het meisje waar hij ooit mee getrouwd was weer voor zich en wist weer hoeveel ze voor hem betekende. Haar verdriet was voor hem onverdraaglijk. Omdat hij geen idee had hoe hij haar moest troosten, kon hij niets anders bedenken dan naast haar te gaan zitten. Ze draaide een klein beetje weg van hem, maar hij gaf geen krimp, en een uur lang zaten ze naast elkaar zonder een woord te zeggen. Uiteindelijk mompelde ze: 'Tijd om te gaan slapen.' En ze gingen naar bed. Deze scène werd iedere avond herhaald. Zonder iets te hoeven zeggen voelden de man en vrouw weer iets van empathie tussen hen groeien en op een avond pakte ze zijn hand.

Nu, vele jaren later, zijn ze zo hecht als het maar kan. Het omslagpunt was de avond waarop de man, geraakt door compassie, besloot niet te reageren toen zijn vrouw hem haar rug toekeerde. Dit minieme gebaar richting een derde alternatief voor *mijn* pijn of *jouw* pijn – onze *gezamenlijke* pijn – zette dit huwelijk op een beter spoor. Intrigerend genoeg praten ze nu over wat ze tijdens hun lijdensweg van elkaar hebben geleerd. Hij kwam tot de ontdekking dat het wegstoppen van zijn verdriet niet alleen zijn vrouw raakte en boos maakte, maar dat hij er zelf ook chronisch depressief van werd. Hij moest zijn verdriet onderkennen en uiten. En zij leerde van hem dat weer aan het werk gaan haar hielp een bijdrage te leveren en zich weer deel van de samenleving te voelen. Door hun verschillende manieren van rouwen hielpen ze elkaar; ze kwamen er als gezin sterker uit.

De keuzes die je maakt in de ruimte tussen stimulus en respons maken alle verschil voor de relatie die je hebt met je partner, je ouders, je kinderen en je vrienden.

Binnen die ruimte nemen we levensveranderende beslissingen. Veel ouders hebben een interne schakelaar met twee standen; ze kunnen in een oogwenk veranderen van schijnbaar beheerst tot rood aangelopen en schreeuwend, waarmee ze hun kinderen angst en onzekerheid leren. Mijn eigen filosofie is een derde alternatief: opvoeden met een twist. Net als alle andere kinderen hadden ook de mijne een hekel aan werken en klaagden ze voortdurend als hun gevraagd werd een klusje of iets moeilijks te doen. In plaats van terug te snauwen heb ik hun altijd twee minuten klaagtijd gegeven, waarin ze zo veel konden mopperen en zeuren als ze wilden. Als ze klaar waren, gingen we aan het werk.

Ooit, tijdens een vakantie, besloten mijn vrouw en ik met onze kinderen een wandeling te maken naar een prachtig bergmeer. Het zou een hele opgave worden om er te komen, want het was een lange, steile klim en een warme zomerdag. Mijn dochter Cynthia herinnert het zich als volgt:

We dachten dat we doodgingen tijdens die klimpartij naar Coffin Lake. Mijn ouders wilden dat we die mooie plek zouden zien en dat we daar een inspanning voor zouden leveren. Het enige wat wij wilden was op het strand liggen, dus vielen we [vader] aan op dit domme idee. 'Dit is zo stom, we hebben niets fatsoenlijks te eten, alleen een paar stomme broodjes. Het is te warm. Ik loop te zweten.' Veel vaders zouden hebben geschreeuwd: 'Houd je mond en zeur niet!' In plaats daarvan kondigde mijn vader 'twee minuten klaagtijd' af. En we bliezen stoom af. 'Oké, de klaagtijd is voorbij' en daar gingen we weer. We mochten het er even uitgooien, en op de een of andere manier werkte het. We zeiden alle nare dingen die we wilden zeggen, hij bleef erbij glimlachen, en het werkte! Het veranderde onze kijk op de zaak. Coffin Lake was prachtig en we waardeerden het des te meer omdat we er zoveel moeite voor hadden gedaan.

Ten slotte moet je, als je een gelukkig huwelijk wilt, het soort persoon zijn dat positieve synergie genereert. Als ik een meegaandere, meer coöperatieve tiener in huis wil, moet ik een begrijpende, empathische, consequentere liefhebbende ouder worden. Terwijl ik vorm geef aan mijn eigen identiteit, bepaal ik ook het lot van mijn gezin.

Ik zie jou

'Ik zie jou' zeggen betekent 'Ik erken jouw unieke individualiteit' zeggen. Het is vaak moeilijk om dat in een gezinssituatie te doen. Natuurlijk begin je aan je huwelijk of aan het ouderschap met je eigen ideeën over hoe dat zal zijn. Je hebt verwachtingen over je gezinsleden. Maar het is een grote fout om je ideeën en verwachtingen aan hen op te dringen. Als je van ze houdt, zul je ze in de eerste plaats als individuen zien en vervolgens proberen te begrijpen waarin ze anders zijn. Als je je naasten reduceert tot jouw idee van hoe ze zouden moeten zijn, verander je ze in dingen. En mensen zijn geen dingen. Dostojewski zei: 'Van iemand hou-

Denken in de geest van het derde alternatief

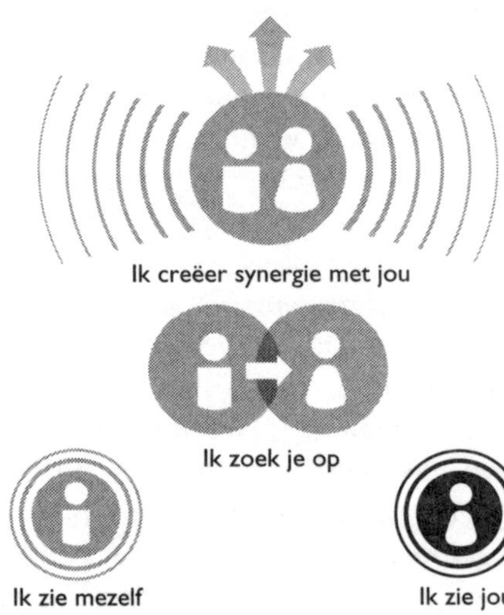

den betekent dat je hem ziet zoals God hem bedoeld heeft', niet zoals jij hem bedoeld hebt.

Liefde is niet alleen een gevoel voor iemand, het is ook de bereidheid om hem of haar te zien als een opzichzelfstaande persoon. In de woorden van Iris Murdoch: 'Liefde is het pijnlijke besef dat iemand anders dan jij ook echt is.'

Dit betekent inderdaad dat we verschillen op waarde schatten – niet alleen verschillen tolereren, maar deze ook toejuichen. Toejuichen betekent dat we blij zijn met de verschillen die er tussen ons bestaan, dat we de unieke gaven die we allemaal hebben goed gebruiken. Een moeder die loopt te hyperventileren omdat haar zoon zoveel tijd achter zijn computer doorbrengt, kan ook vriendschap sluiten met haar zoon door videospelletjes te leren spelen en met hem mee te doen. Een nuchtere praktische broer die zijn kunstzinnige zusje maar dom vindt, kan misschien creatieve ideeën opdoen voor zijn bedrijf als hij met haar meegaat naar een van haar avant-garde-exposities. Een vader die er een hekel aan heeft dat zijn dochter altijd een koptelefoon opheeft, kan eens met haar meeluisteren en kijken of de muziek waar zij zo van houdt hem iets kan leren over haar wereld. Als we belangstelling tonen voor de waarden van anderen, zullen ze eerder op ons reageren en interesse tonen voor wat wij belangrijk vinden.

Natuurlijk moeten we gezinsleden beschermen tegen schadelijk of verspillend gedrag en hen helpen er vanaf te komen. In sommige gezinnen loopt dit soort gedrag uit de hand. Niemand is verplicht om illegaal of aanstootgevend gedrag te respecteren of zelfs maar te tolereren. Je hoeft uiteraard geen empathie te voelen met kindermisbruik of drugshandel.

Maar dat betekent niet dat ieder verschil een bedreiging is. Maar al te veel gezinsleden maken elkaar tot vijanden door juist die karaktertrekken te verwerpen die hen maken tot wie ze zijn. Als partners hun verschillen als bedreigend ervaren, wordt de energie die ze zouden kunnen gebruiken om elkaars sterke en zwakke punten aan te vullen kwaadaardig. Als ouders of broers en zussen elkaars verschillen niet waarderen, kunnen de negatieve synergieën zeer schadelijk worden.

De gerenommeerde psychiater Stella Chess werd 93 jaar oud; gelukkig maar, want ze leefde lang genoeg om een ongeëvenaard, veertig jaar durend onderzoek te doen naar een groep mensen die ze observeerde vanaf hun geboorte tot aan hun volwassenheid. Ze begon in 1956 met het volgen van de levens van 238 pasgeborenen van verschillende achtergronden om te zien wat de invloed van hun ouders met hun verschillende ideeën over opvoeding op de kinderen zou zijn. Na de eerste tien jaar van het onderzoek publiceerde ze een boek met de provocerende titel *Your Child*

Is a Person, waarin ze stelde dat kinderen geen robots zijn die erop wachten door hun ouders geprogrammeerd te worden.

Chess zag dat ieder kind uniek is en dat kinderen het goed doen als ouders die uniciteit onderkennen en waarderen. Haar onderzoek bevestigt wat een succesvolle ouder ooit tegen me zei over het opvoeden van kinderen: 'Je moet ze allemaal gelijk behandelen door ze allemaal verschillend te behandelen' en hun verschillen te respecteren.

Chess ontdekte ook dat sommige kinderen en hun ouders een slechte match vormden, wat betekent dat hun temperamenten, doelen en waarden niet bij elkaar passen.

Dit was het geval met 'Norman', een van de kinderen uit haar onderzoek. Toen de jongen voor het eerst naar school ging, kwamen zijn ouders bij haar omdat ze zich zorgen maakten. Norman was zijn leven begonnen als een vrolijk, vriendelijk kind; maar in de speelhoek liet hij de ene activiteit na de andere vallen. Chess stelde 'de diagnose', een korte aandachtsspanne, maar het was niets ernstigs. Ze vertelde zijn ouders dat hij snel afgeleid was, maar dat hij goed kon leren in 'korte spurts'. 'Terwijl hij niets doet!' gromde de vader. 'Wat u zijn gedrag noemt, is onverantwoordelijkheid en gebrek aan karakter en wilskracht. Hij moet zichzelf onder handen nemen en dat is dat.'

Chess schreef: 'We konden niets anders doen dan toekijken; we voelden ons hulpeloos en ontmoedigd. Normans symptomen werden steeds ernstiger en zijn schoolprestaties liepen terug. Zijn vader, een sterke, zeer volhardende en succesvolle professional, werd steeds kritischer en geringschattender.' De vader was ervan overtuigd dat zijn zoon onverantwoordelijk was en op mislukking in zijn leven afstevende. Hij 'legde de basis voor een selffulfilling prophecy'. Tegen de tijd dat hij 22 werd, was Norman 'feitelijk niet-functionerend, bracht het grootste deel van de dag in bed door en praatte over zijn grandioze plannen voor een leven als musicus'. Toen Chess na 40 jaar haar onderzoek afsloot, schreef ze dat de levensloop van Norman 'echt onmiskenbaar tragisch was'.[12]

Vandaag de dag weten we dat kinderen zoals Norman, met een bescheiden aandachtsprobleem, goed kunnen gedijen als ze door hun ouders worden gesteund. Hun energie en nieuwsgierigheid kunnen van grote waarde zijn voor een team dat bestaat uit mensen die bedachtzamer of passiever zijn. In het 'theater van de magie', waar creativiteit het hoogste goed is, zou Norman een grote aanwinst zijn. Als zijn vader Normans snelle, inventieve geest had gewaardeerd, had Norman misschien kunnen floreren en had zijn vader kunnen leren wat de kracht van spontaniteit is. Op zijn beurt had Norman misschien beter gereageerd op de coaching van zijn vader op het gebied van focus en zich concentreren op een taak. In plaats daarvan werd Normans aandoening ernstiger. Hoewel wetenschappers denken dat de oorzaak van ADHD in de biochemie van de hersenen ligt, weten ze ook dat een 'disfunctioneel gezin' eraan kan bijdragen.[13]

Ik ken een vrouw met drie bijna volwassen kinderen. De oudste zoon is een hopeloze drugsverslaafde; de dochter heeft een aan anorexia grenzende obsessie met haar gewicht; de jongste zoon is ondergedoken in een wereld van escapistische videospelletjes en redt het niet op school. Deze kinderen zijn gezond geboren, met hun eigen talenten. Maar hun moeder, een boerendochter, is hun hele kindertijd lang tegen ze tekeergegaan over wat zij zag als hun karaktergebreken. Ze berispte ze voortdurend over hun luiheid. 'Ik moest iedere ochtend om vijf uur mijn bed uit om hooi te keren en koeien te melken', snauwt ze. 'Wat hebben jullie toch?' Ze speelt manipulatieve spelletjes, zoals hun geen eten geven of ze buitensluiten als ze laat thuiskomen. Ze eist dat ze voldoen aan haar beeld van goede kinderen, en dreigt voortdurend ze het huis uit te zetten als ze dat niet doen. Met andere woorden, ze wil dat ze worden zoals zij. Nu ze op het punt staan het huis uit te gaan, betwijfel ik of ze er ooit aan zullen terugdenken.

Ik ken ook een vader die een geschoold klassiek musicus is. Hoewel hij niet rijk is, leeft hij in een verfijnde wereld. Zijn dochter is opgegroeid in een wereld van symfonische muziek, goede boeken en heel veel gesprekken over ideeën. Maar de dochter houdt van vissen en van rockmuziek. Hoe gaat hij met haar om? 'Ik kan me niets saaiers voorstellen dan vissen,' zegt hij, 'maar ik kan me ook niets interessanters voorstellen dan tijd doorbrengen met mijn dochter.' Dus gaat hij met haar mee. Hij komt geurend naar vis, zonverbrand en vol muggenbeten terug, samen met zijn dochter, lachend om hun gezamenlijke grapjes. Ze mixt rockmuziek voor hem om naar te luisteren. De opnamen doen hem huiveren, maar hij stelt zich wel open voor nieuwe beats en ideeën. En hij was stiekem dolblij toen hij zijn dochter tegen een vriend hoorde zeggen dat ze ook dol was op klassieke muziek. 'Heb je nog nooit van Sibelius gehoord?' zei ze tegen die vriend. 'Nee, dat is een componist, geen band.' Dit zeldzame familiecultuurtje wordt niet gescheiden maar verenigd door onderlinge verschillen.

Ieder kind is een derde alternatief met zijn of haar eigen gaven. Als kinderen door hun ouders een etiket opgeplakt krijgen of in negatieve zin met andere kinderen worden vergeleken, doet dat onmiddellijk afbreuk aan hun gevoel voor eigenwaarde en gaan ze zich hun label toe-eigenen. Ik heb ouders in aanwezigheid dingen horen zeggen als: 'Peter is de luilak van de familie' of 'Kim kan niet zingen' of 'Dit is ons slimme kind'. Als je kijkt naar ouders die hun kind zo aanduiden, zie je dat het kind bijna hun etiket *wordt*. In plaats van onze kinderen met elkaar of met anderen te vergelijken of ze een etiket op te plakken hebben mijn vrouw en ik altijd heel nadrukkelijk geprobeerd ze te waarderen om hun unieke persoonlijkheid en eigenschappen. Dit heeft hun, naar mijn mening, (zelf) vertrouwen gegeven in hun uniciteit. Ze zijn me allemaal even dierbaar. Veel rivaliteit tussen broers en zussen kan worden voorkomen als ouders weigeren hun kinderen met elkaar te vergelijken of partij te kiezen.

Toen mijn kleinzoon Covey een paar jaar in het buitenland woonde, schreef hij zijn ouders (mijn dochter Maria is zijn moeder) een brief waarin hij vertelde dat hij bezig was met een zelfanalyse, en hij wilde dat zij hem een lijst met zijn sterke en zwakke punten zou sturen. Zij hadden hem immers zien opgroeien en kenden hem waarschijnlijk het best. Hun inzichten konden hem helpen kanten aan zichzelf te ontdekken die hij zou kunnen verbeteren.

Ze antwoordden hem, maar noemden alleen zijn sterke punten. 'Als er zwakke punten zijn,' schreef zijn moeder, 'dan is dat iets tussen jou en God. Hij zal je wel laten weten hoe je de persoon kunt worden die je voorbestemd bent om te zijn.' Persoonlijk denk ik dat mensen zich volledig bewust zijn van hun zwakke punten, maar minder van hun sterke punten. Jonathan Swift dacht er net zo over: 'Het is met mensen net als met de aarde, waarin soms een goudader verborgen ligt waar de eigenaar niets vanaf weet.'[14] Als kinderen worden gedefinieerd aan de hand van hun potentieel en niet van een of andere beperkte eigenschap, inspireert dat hen meer dan wanneer ze tot stereotypes worden gemaakt.

Ik ben een bewonderaar van de subtiele wijsheid van de grote cellist en pedagoog Pablo Casals, die in de loop van zijn lange leven talloze kinderen muziekles gaf:

Wat leren we onze kinderen? We leren hun dat twee plus twee vier is en dat Parijs de hoofdstad is van Frankrijk. Wanneer leren we hun wat ze zijn?
We zouden tegen ieder kind moeten zeggen: weet je wat je bent? Je bent een wonder. Je bent uniek. In alle voorbije jaren is er nooit een kind geweest zoals jij, met jouw benen, jouw armen, je behendige vingers, de manier waarop je je beweegt.
Je kunt een Shakespeare worden, een Michelangelo, een Beethoven. Je bent tot alles in staat. Jawel, je bent een wonder. En als je volwassen wordt, kun je dan een ander die, net als jij, een wonder is, pijn doen?
Je moet eraan werken, we moeten er allemaal aan werken, om de wereld zijn kinderen waardig te maken.[15]

'We zitten helemaal niet op één lijn', 'We zijn te verschillend', 'We hebben niets met elkaar gemeen'. Deze klachten liggen vaak ten grondslag aan een scheiding wegens 'onverenigbare karakters'. Ouders en kinderen die van elkaar vervreemd zijn praten op dezelfde manier over elkaar. Toch maken verschillen in interessegebieden, en unieke talenten en persoonlijkheden het leven en de liefde intrigerend en aantrekkelijk. Wat in deze relaties ontbreekt, is de instelling van mijn vriend de musicus: degene van wie je houdt echt te zien als iets unieks en waardevols, en de verschillen als iets moois.

Het tegenovergestelde van 'incompatibel' is 'compassie'. Beide uitdrukkingen verwijzen naar het woord 'samen'. In de woorden van Steven Stosny maakt compassie je 'gevoelig voor de individualiteit en de kwetsbaarheid van je naasten. Het maakt dat je ziet dat je vrouw een andere persoon is dan jij, met andere ervaringen, een ander temperament, andere kwetsbaarheden en in zekere zin ook andere waarden.'[16]

Te veel partners willen hun beeld van zichzelf in elkaar bewonderen. Te veel ouders willen een kloon van zichzelf in plaats van een kind. Hun kinderen klonen geeft ouders sociaal voordeel en een vals gevoel van zekerheid. Als je kinderen hebt die denken zoals jij, zich gedragen zoals jij, praten zoals jij en zich zelfs kleden zoals jij, heb je het gevoel dat je identiteit wordt bevestigd.

Maar gelijkheid is iets anders dan eenheid, en uniformiteit is iets anders dan uniciteit. Het gezin is het perfecte complementaire team, waar eenheid wordt gerealiseerd door mensen die verschillende talenten hebben – en die verenigd zijn in hun liefde voor elkaar en die hun contrasterende rollen, percepties en capaciteiten met heel hun hart waarderen.

Het beste advies dat ik mijn getrouwde kinderen kan geven is dit: 'Probeer je partner niet beter te maken, probeer hem of haar gelukkig te maken.' We willen vaak dat onze wederhelft meer op ons lijkt, alsof onze manier de betere manier is. Zoals ik in mijn eigen huwelijk heb gemerkt werkt dat niet, en het gaat voorbij aan de unieke gaven die de ander in het huwelijk inbrengt. Ga met hem of haar mee, in plaats van te proberen de ander naar je eigen beeld te herscheppen. Waardeer de verschillen en probeer de ander gelukkig te maken.

Ik zoek je op

'Familieruzies zijn bittere aangelegenheden,' zei F. Scott Fitzgerald al, 'als kloven in je huid die niet helen.' De manier om verdeeldheid thuis op te lossen is je gezinsleden op te zoeken en via de praatstok met hen te communiceren. Hoewel er meer dan één persoon betrokken is bij een ruzie, is er maar één persoon nodig om het helingsproces op gang te brengen.

Dat is de absolute vereiste voor een derde-alternatiefoplossing voor een probleem.

Denken in de geest van het derde alternatief

Het werkt als volgt. Ik ga naar je toe en zeg: 'Jij hebt de praatstok.' Dat betekent dat ik niets mag zeggen, dat ik alleen je standpunt mag herformuleren. Ik kan je iets vragen om er zeker van te zijn dat ik je argument goed begrijp, maar ik mag geen eigen argument inbrengen, ik mag het niet met je eens zijn en ik mag het niet met je oneens zijn. Het enige wat ik kan doen is je verhaal naar je terugkoppelen totdat jij het gevoel hebt dat je begrepen wordt. Dan geef je de praatstok aan mij. Nu is het mijn beurt, en jij houdt je mond en luistert met empathie totdat ik me begrepen voel. Dan geef ik de praatstok weer aan jou.

Communicatie via de praatstok transformeert defensieve, negatieve energie in creatieve, positieve energie. Dat gebeurt zo: als je echt aandachtig luistert totdat de ander zich begrepen voelt, maak je duidelijk hoeveel hij voor je betekent. Je bevestigt hem in zijn bestaan. Het is zo therapeutisch, zo helend, dat anderen je niet kunnen tegenspreken, geleidelijk stellen mensen zich dan meer open.

Communicatie via de praatstok kost tijd, maar ik verzeker je dat het uiteindelijk heel veel tijd en stress scheelt. Mensen die al jarenlang koppig verdeeld zijn stellen zich weer voor elkaar open. Diepgewortelde vijandigheden lossen op in tranen als familieleden elkaar in de armen vallen. Helaas is communicatie via de praatstok zeldzaam.

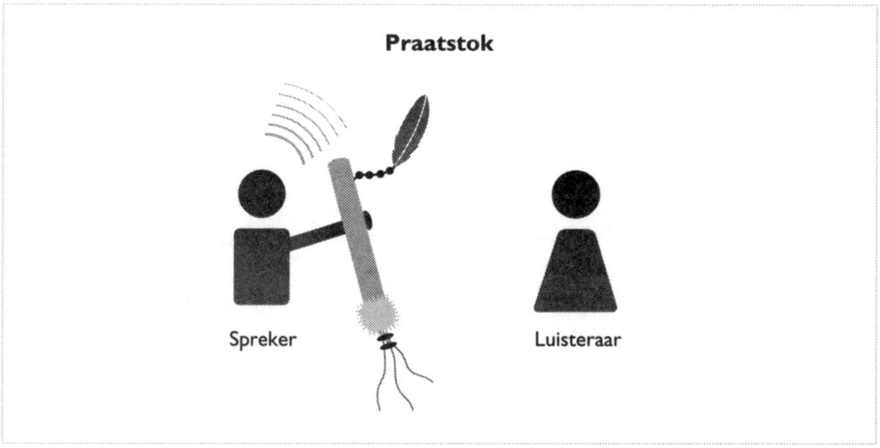

Ik hoorde een man zijn vrouw ooit een 'tegenspreekmachine' noemen. Ze is ongeduldig, zei hij, en het maakt niet uit wat iemand zegt, zij zegt gewoon het tegenovergestelde: 'Mijn dochter zegt dan bijvoorbeeld dat niemand haar aardig vindt en dan zegt mijn vrouw: "Onzin, iedereen vindt je aardig."' Dit patroon lijkt misschien onschuldig, maar het frustreert de communicatie. Het kind trekt de conclusie dat haar gevoelens onzinnig zijn en dat niemand naar haar verhaal wil luisteren. Ze zal zeggen: 'Ik wil niet meer naar school.' Haar moeder zal antwoorden: 'Ben je gek geworden? Natuurlijk ga je naar school.' Deze reactie snijdt de mogelijkheid tot lucht geven aan haar gevoelens af. Uiteindelijk zal ze haar tegenoffensief beginnen.

Als je, net als deze moeder, je antwoorden formuleert terwijl je dochter aan het woord is, luister je niet naar haar. Kan ze echt vrij en open met je praten, als je alles wat ze zegt terugkaatst? Als ze school zo vreselijk vindt, kun je dan in de verste verte de pijn die ze voelt begrijpen of inzien waar dit soort pijn vandaan komt?

Ouders vol goede bedoelingen denken vaak dat het hun taak is om de problemen van hun kinderen op te lossen. Dat is iets instinctiefs. Deze moeder ontkent eenvoudigweg dat het probleem bestaat – dat is ook een strategie. Meer gevoelige ouders reageren met een advies. Als hun kind zegt: 'Ik heb een probleem', zeggen ze: 'Nou, misschien zou je dit of dat kunnen doen...'

Maar de eigenlijke taak van een ouder is kinderen zo op te voeden dat ze zelf hun derde alternatieven kunnen bedenken. Wanneer je kind zegt: 'Ik heb een probleem', dan is dit een teken voor jou dat hij of zij waarschijnlijk vastzit in een twee-alternatievensituatie. Haar vriendje zet haar onder druk. Hij haalt geen goede cijfers op school. De andere kinderen zijn met drugs bezig. De wijze ouder reageert zo: 'Vertel', 'Je hebt hier duidelijk moeite mee', 'Je weet niet wat je ervan moet denken'.

Zomaar advies geven, hoe goed het ook is, brengt een aantal problemen met zich mee. Je ontneemt het kind een groeikans, een gelegenheid om al haar complexe gevoelens ten aanzien van het probleem door te spreken – en samen met jou te overdenken. Je belemmert haar in haar vindingrijkheid en initiatief. Je berooft haar van de mogelijkheid met haar eigen derde alternatief te komen. Je maakt haar afhankelijker van jou, en afhankelijkheid kweekt hulpeloosheid en wrok.

Je kunt zeggen: 'Neem afstand van dat stelletje blowers. Ik wil niet dat je met ze omgaat.' Goed advies, maar zal het haar ongerustheid wegnemen als je het probleem reduceert tot zo'n simpel antwoord? Het zijn wel haar vrienden, mensen waar zij een band mee heeft en sympathie voor voelt. Kan zij hun gewoon de rug toekeren? Moet ze proberen hen te helpen? Of moet ze alle banden met hen verbreken? Voordat je adviezen uitdeelt, kun je empathisch naar het hele verhaal luisteren in het besef dat ze grotendeels haar eigen antwoorden zal vinden. En samen kun je dan misschien met een derde alternatief komen waarbij zij geen gevaar loopt maar ook haar vrienden helpt. De grote kinderpsycholoog Haim Ginott schreef:

> *Het begin van alle wijsheid is luisteren. Empathisch luisteren stelt ouders in staat om de gevoelens te horen die de woorden proberen over te brengen, te horen wat de kinderen voelen en ervaren... Ouders moeten een open mind en een open hart hebben, dat zal hen helpen naar alle mogelijke waarheden, prettige en minder prettige, te luisteren. Maar veel ouders zijn bang om te luisteren, omdat ze dan misschien dingen te horen krijgen die ze liever niet willen horen.*[17]

Je wilt misschien de problemen van je kinderen voor ze oplossen, en zij willen misschien dat jij dat voor ze doet. Maar als je dat doet, ontneem je jezelf en je kinderen de kans om samen synergie te creëren. Als de ouders de problemen van hun kinderen zien als mogelijkheden om aan hun relatie te werken, in plaats van als lastige, negatieve irritaties die snel moeten worden weggenomen, dan verandert dat de aard van de ouderkindinteracties volledig. Ouders zijn eerder bereid, of staan zelfs te springen, om hun kinderen beter te begrijpen en ze te helpen. Als een kind bij je komt met een probleem, dan is je paradigma 'Dit is een geweldige kans voor me om mijn kind te helpen en tegelijkertijd te investeren in onze relatie' in plaats van te denken: o nee, hier heb ik geen tijd voor! Er ontstaat een sterke band van liefde en vertrouwen als kinderen voelen dat ouders belang hechten aan hun problemen en aan hen als individuen. Ik ben nu dankbaar dat ik altijd naar mijn kinderen heb geluisterd en geprobeerd heb hun problemen te begrijpen, ook al ging er wel eens iets mis. Mijn inspanningen hebben veel opgeleverd. Mijn dochter Jenny herinnert het zich als volgt:

> *Als kind had ik nooit het gevoel dat ik een reden had om in opstand te komen, omdat ik me altijd begrepen voelde door mijn ouders. Ze luisterden echt naar me. Ik zag bij vriendinnen dat iets simpels als het tijdstip waarop ze thuis moesten zijn voor grote problemen kon zorgen, omdat de ouders zeiden: 'Dit is de regel; geen discussie mogelijk.' En dat was het dan. Maar mijn ouders bespraken het met me, vroegen naar mijn mening en luisterden daarnaar. Ik voelde me niet defensief. Iedere neiging om terug te vechten werd verdreven door het gevoel begrepen te worden. Als ik nu met mijn eigen kinderen alleen al de tijd neem om echt naar ze te luisteren, ze te begrijpen, dan zijn ze veel eerder bereid om ook naar mij te luisteren.*
>
> *Toen ik een tiener was, zouden we als gezin ooit een weekend naar het Sundance Resort gaan. Ik wilde niet mee omdat ik iets met mijn vriendinnen had gepland. Mijn vader zei: 'Nee, vanavond vertrekken we met zijn allen naar Sundance; dat is mijn beslissing.' Zoals dat met tieners gaat, werd ik woest, ik trok me terug in mijn bed en bezwoer dat ik hem nooit zou vergeven. Hij had geen seconde naar me geluisterd en het interesseerde hem niet hoe ik me voelde. Een paar tellen later werd er op mijn deur geklopt. Het was mijn vader. Hij zei: 'Sorry, ik luisterde niet naar je. Vertel eens waarom je thuis wilt blijven.' Nadat hij me had aangehoord, zei hij: 'Ik begrijp het helemaal' en we vonden een manier zodat ik thuis kon blijven en later in het weekend naar Sundance kon komen en zelfs een paar vriendinnen mee kon nemen.*
>
> *Als het probleem oprecht is, kan een verontschuldiging en echt luisteren het oplossen. Ik heb geluk gehad, want ik heb mijn hele leven het gevoel gehad dat er naar me werd geluisterd. Eerlijk waar, ik heb nooit met deuren geslagen en ben nooit kwaad geworden op mijn ouders terwijl zij schreeuwden: 'Het gebeurt zoals ik het zeg.' Omdat ik me gewaardeerd voelde, stond ik volledig open voor wat ze te zeggen hadden.*
>
> *Nu ik zelf ouder ben, probeer ik mezelf er steeds aan te herinneren: 'Kom niet gelijk met een antwoord. Wacht even af en luister naar wat ze te zeggen hebben.'*

Als je verstrikt raakt in een ruzie met een naaste, kun je kiezen voor een reactie op basis van compassie en empathie. Een deskundige zegt hierover:

'Als je op de tenen van een gezinslid gaat staan, of als een gezinslid in het heetst van de strijd iets zegt waar je boos of verdrietig van wordt, zie dat dan als een communicatiestoornis – een uitnodiging om erachter te komen waarom jullie doelen niet synchroon lopen.'[18] Ik houd van deze aanpak. Je hebt zelf de macht om te besluiten of je beledigd wilt zijn of dat je het verhaal dat je naaste zichzelf vertelt beter wilt begrijpen. Een moment van spanning kan tot een sterkere band leiden in plaats van tot een breuk tussen jullie, als je het gebruikt als een opening om tot synergie te komen.

Er kan een uitbarsting tussen jou en je dochter plaatsvinden. Als je zegt: 'Ik wil dat je dat stelletje blowers laat schieten', kan ze antwoorden met: 'Nee, dat doe ik niet. Het zijn mijn vrienden. Ze zijn de enigen die om me geven.' Al je instincten zeggen je dat je moet terugslaan: 'Als ze willen dat je drugs gebruikt, zijn het niet je vrienden. En ze zijn zeker niet degenen die het meest om je geven. Ik geef veel meer om je!' Maar als wijze ouder zul je het wel laten om adviezen te geven en oplossingen te dicteren. Je erkent dat ze zojuist een oneerlijke aanval heeft gedaan op je identiteit als liefhebbende ouder, en dat je je gekwetst voelt. Maar als je iemand met een derde-alternatiefmentaliteit bent, grijp je deze kans aan om op zoek te gaan naar iets wat beter is dan wat ieder van jullie afzonderlijk van elkaar al heeft bedacht. Eerst vraag je haar haar verhaal te vertellen, en dan luister je met empathie. Je kalmeert en je zegt: 'Oké, help me begrijpen wat hier aan de hand is.' Dat is een neutrale uitnodiging.

Zij antwoordt: 'Je denkt alleen maar aan jezelf. Je wilt gewoon geen blowende dochter. Dat is slecht voor je reputatie.'

Au. Dit is natuurlijk volkomen onrechtvaardig tegenover jou. Maar denk erom, je bent niet uit op rechtvaardigheid, je bent uit op het welzijn van je dochter. Leef je in haar situatie in en denk even niet aan je eigen gekwetstheid en je angsten. Je houdt je nu bezig met haar verhaal, niet met het jouwe. Je zegt: 'Dit moet heel moeilijk voor je geweest zijn.' Na een tijdje zegt ze: 'Ik voel me gewoon heel erg alleen. Jij hebt je werk. Iedereen op school heeft iets. Ik heb niets. Ria en Matt zijn de enigen met wie ik kan praten.'

Er komen honderden gedachten bij je op: 'Je bent niet alleen, meisje. Ik zal er altijd voor je zijn. Je bent veel belangrijker voor me dan mijn werk. En je hebt zo veel goede eigenschappen. Je bent slim, je bent leuk om te zien, je hebt talenten. Ria en Matt hebben zo'n slechte invloed op je.' Enzovoort. Maar je zegt dat allemaal niet. Jij hebt nu niet de praatstok. In plaats daarvan weerspiegel je haar denken, niet het jouwe. 'Je bent dus echt afhankelijk van Ria en Matt.'

'Ik probeer erbij te horen', zegt ze. 'Ik heb geprobeerd om vrienden te maken, maar niemand wil met me omgaan behalve zij. En ze zijn goed voor me. Ze houden van me. We praten voortdurend. Ik weet dat ze zichzelf in de nesten werken, met die drugs en zo.'

Jij zegt: 'Je maakt je grote zorgen om hen.'

Zij zegt: 'Gisteravond hebben ze me wat aangeboden. Ze bleven maar doorgaan over hoe cool het was, hoe het voelt. Maar ik heb ze gezien als ze uit hun roes komen en dat is geen erg prettig gezicht.'

Jij zegt: 'Dat moet moeilijk zijn, om je vrienden zo te zien lijden.'

Zij zegt: 'Ja, ik kan me niet voorstellen dat ik mezelf dat ooit zou aandoen.'

En zo gaat het verder. Als empathische luisteraar heb je buitengewoon belangrijke dingen over je dochter ontdekt. Je hebt ontdekt hoe eenzaam ze is, hoe moeilijk het is om geaccepteerd te worden, haar toewijding aan een paar mensen die haar opgenomen hebben en die met zichzelf worstelen. Je hebt ook ontdekt dat ze tegenstrijdige gevoelens heeft over de drugs; ze kent de risico's en onderkent dat haar vrienden een probleem hebben. Je bent te weten gekomen dat wat je dacht dat het probleem was, niet het echte probleem is. Ze stevent niet af op een verslaving. Ze rebelleert niet tegen jou. Ondanks haar pijnlijke opmerkingen, die eerder een defensieve actie van haar kant waren, gaat dit eigenlijk helemaal niet over jou.

Vraag je af wat er in het hart en het hoofd van je dochter omgaat. Je bereidheid om te luisteren maakt het voor haar mogelijk om deze delicate inzichten met iemand te delen. Geleidelijk aan word je haar vriend, in plaats van dat je wordt buitengesloten als een vijand in een verhaal van 'wij tegen jou'. Het verhaal is veranderd. Je bent nu 'een van ons'.

Let wel, je hebt met niets van wat ze heeft verteld ingestemd en je hebt niets tegengesproken. Je hebt het drugsgebruik van haar vrienden niet veroordeeld of het feit dat ze je dochter drugs hebben aangeboden. Je hebt haar zelfbeeld als iemand die niet gewild en geliefd is niet bevestigd. Je hebt simpelweg geluisterd zodat je het verhaal kunt begrijpen. Op dit moment is het jouw taak om te zien wat zij ziet en te voelen wat zij voelt, om te zeggen: 'Jij ziet de dingen anders. Ik moet naar je luisteren.'

Nu ben je klaar om over te gaan naar het derde alternatief. Per definitie weet je niet wat dat zal zijn. Het brengt altijd een risico met zich mee om op zoek te gaan naar het derde alternatief; je hebt geen garantie dat je op iets beters zult uitkomen. Je weet niet waar jij en je dochter aan het eind van deze reis zullen uitkomen. Maar als je niet empathisch luistert, garandeer ik je dat je hoge muren optrekt tussen jou en je dochter, muren van misverstanden en pijn. En het kan heel moeilijk zijn om door die muren heen te breken.

Aan de andere kant, hoe meer je naar haar verhaal luistert, hoe minder emotionele barrières er tussen jou en je dochter zullen zijn. ‘Verhalen brengen ons voorbij die muren’, zegt Elif Shafak. Waar muren gemaakt zijn van harde steen, ‘zijn verhalen stromend water’ die de muren doen afbrokkelen.[19] Als een rivier vindt een verhaal zijn eigen bedding en dit kan je naar onverwachte bestemmingen brengen. Hoe meer je de stroom van het verhaal volgt, hoe beter je vooruitzichten op een derde alternatief worden.

In onze snelle, oplossingsgerichte cultuur verliezen we veel perspectief omdat we geen geduld hebben voor elkaars verhalen, het complexe verhaal over strijd, lijden, verlies en triomf dat voor ieder van ons uniek is. We denken dat we het allemaal wel weten. Deskundigen zeggen: ‘Een van de grootste problemen bij het opbouwen van een relatie is dat we niet altijd helder of volledig in het hart, het hoofd en de ervaring van de ander kunnen kijken. Dit is vooral problematisch binnen het huwelijk waarin we, op basis van jaren (of soms maanden) ervaring, denken onze partner volledig te kennen.’[20] Als gevolg hiervan gaan we de verhalen van de ander uit de weg, we wuiven ze weg, sluiten onze oren ervoor. In plaats van naar elkaar te luisteren, isoleren we onszelf en onze kinderen van het conflict. Het gevolg is een tekort aan empathie.

Sommige culturen doen het beter. Al millennia lang lossen de Xhosa in Zuid-Afrika conflicten op door iedereen aan te moedigen zijn verhaal te vertellen in een open bijeenkomst die een *xotla* wordt genoemd. Het doel van de xotla, die dagen kan duren, is iedereen de gelegenheid te bieden gehoord te worden, ‘totdat de partijen letterlijk geen negatieve gevoelens meer over hebben’. Ze kennen dan ook geen oorlog.[21]

Ook de inheemse volkeren in Canada gebruiken verhalen om spanning te verlichten en kinderen te leren hoe ze conflicten moeten oplossen. Als er ruzie is, komt de familie of de gemeenschap bij elkaar in een ‘praatkring’ zodat de empathie kan stromen. Een deelnemer aan een familieworkshop van First Nations legt uit hoe dit werkt:

> *Wij denken niet zo snel aan een ‘time-out’ voor een kind als hij niet doet wat wij hem opdragen. Voor velen van ons hier is het isoleren van een kind van zijn gemeenschap het tegenovergestelde van wat we hem willen bijbrengen. Misschien moet het kind juist meer binnen de kring van zijn gemeenschap worden gehaald en de verhalen van zijn vrienden, over wat zij proberen te bereiken, aanhoren. Dan kan hij zien hoe belangrijk zijn aanwezigheid is om de groep te helpen.*

Als ze verhalen horen over hoe anderen hun problemen oplossen, leren kinderen empathie, maar ook ‘de morele waarden en verwachtingen van de gemeenschap ten aanzien van gedrag'. Verhalen spreken 'de ziel van het kind aan', meer dan corrigeren en straffen.[22]

Mijn zoon Sean vertelde me hoe de relatie met zijn zoon transformeerde toen hij hem op een gegeven moment echt opzocht.

Op de universiteit kwam een levenslange droom van mij uit toen ik quarterback in het footballteam werd. Nadat ik twee jaar lang aanvoerder van het team was geweest, kwam mijn droom abrupt ten einde toen ik mijn kniebanden scheurde. Je kunt je voorstellen hoe blij ik was toen mijn eerste kind, jaren later, toen ik inmiddels getrouwd was en een baan had, een jongetje bleek te zijn. Wat zou het geweldig zijn om hem te trainen om een fantastische quarterback te worden! Dus coachte en trainde ik hem zijn hele basisschooltijd, seizoen na seizoen, en werd hij een uitstekende quarterback. Als ik hem zag spelen was ik apetrots en zei: 'Kijk, dat is nou mijn zoon.'

Maar op een dag in de zomer toen hij net op de middelbare school zat, zei Michael Sean tegen me dat hij het jaar daarop geen American football meer wilde spelen. Ik was geschokt. 'Ben je gek geworden? Weet je wel hoe goed je bent? Weet je wel hoeveel tijd ik in jouw trainingen heb gestoken?' Hij antwoordde simpelweg dat hij niet meer wilde spelen. Dit idee was zo bedreigend voor me, het raakte me tot in de kern van mijn wezen. Het was wel duidelijk dat veel van mijn emotionele zekerheid afhing van de vraag of hij een fantastische American-footballspeler zou worden. Dagenlang probeerde ik hem over te halen, zonder resultaat.

Ironisch genoeg was ik in mijn baan als productontwikkelaar op dat moment bezig een seminar op te zetten over hoe je een betere luisteraar kon worden. Op een dag drong het tot me door dat ik naar mijn zoon moest luisteren. Ik denk dat ik bang was dat hij echt niet wilde spelen. Terwijl ik mezelf erop voorbereidde om echt te luisteren, moest ik mijn eigen motieven onder ogen zien. Probeerde ik een football-speler groot te brengen of een zoon? Deed ik dit voor hem of voor mezelf? Terwijl ik hierover nadacht, werd me duidelijk dat ik een zoon moest grootbrengen; en dat football in het grotere geheel genomen niet zo heel belangrijk was.

Ik kreeg al snel mijn kans. 'Dus je hebt geen zin om volgend jaar American football te spelen, Michael Sean?'

'Nee', antwoordde hij.

Ik zei niets.

'Ik vond het vorig jaar niet zo leuk', zei hij.

'Het afgelopen jaar ging dus niet zo lekker?'

'Helemaal niet.'

Ik knikte alleen maar en bevestigde zijn uitspraak.
'Ik vond het vreselijk vorig jaar, pap. Ik werd onder de voet gelopen op het veld. Ik bedoel, kijk nou naar me. Ik ben half zo groot als de rest.'
'Dus je had het zwaar te verduren vorig jaar?' Toen we zo ver waren, wist Michael Sean dat ik me echt zorgen maakte en geen achterliggende motieven had behalve dat ik hem wilde begrijpen. Dus liet hij het achterste van zijn tong zien.
'Ja, ik bedoel, iedereen is zo veel groter dan ik. Ik ben nog niet volgroeid, pap. En ik ben deze zomer ook niet gegroeid. Jij was groter toen je jong was, dus dat begrijp je niet.'
'Je denkt dat ik je niet begrijp.'
En zo ging het verder. Terwijl ik luisterde, kwam ik nieuwe dingen te weten over mijn zoon. Hij voelde zich klein. Hij voelde zich onzeker en kwetsbaar. We waren net naar een nieuwe buurt verhuisd en hij kende daar niet veel mensen. Hij werd het jaar daarvoor onder de voet gelopen en hij voelde zich onder druk gezet door mijn verwachtingen van hem.
Na een paar minuten waarin ik echt probeerde hem te begrijpen, vroeg hij: 'Wat vind jij dat ik moet doen, pap?'
Ik zei: 'Ik vind het hoe dan ook prima. Serieus, als je wilt spelen, fantastisch. Als je niet wilt spelen, ook goed. Ik sta hoe dan ook achter je.'
Slechts een paar dagen later kwam hij naar me toe en zei: 'Pap, ik wil volgend jaar spelen.' Ik was blij dat te horen, maar ik vond het niet echt belangrijk. Anders was ik ook blij geweest. Het goede nieuws was dat mijn zoon en ik die dag dichter naar elkaar waren toegegroeid en dat is ook zo gebleven. Ik ontdekte dat als het om relaties gaat, snel langzaam is, en langzaam snel. Een half uur uittrekken om hem echt te begrijpen, loste een probleem op dat anders maanden had kunnen doorzeuren of een heleboel frictie tussen ons had kunnen veroorzaken. Echt, empathie is de snelste vorm van communicatie.

Diepgaand inzicht in het verhaal van de ander leidt onveranderlijk tot compassie. Als we echt door de tranen heen kijken, als we volledig voelen wat er in het hart van onze naaste omgaat, dan zijn we getransformeerd. Onze paradigma's veranderen radicaal. Een brutale puber wordt een eenzaam, worstelend jong meisje of jongen. Een stille norse echtgenoot wordt een man die altijd heeft moeten worstelen met innerlijke ontoereikendheid, depressie en een gebroken hart. We kijken in het hart van een knorrige ouder op leeftijd die lijdt onder gemiste kansen die nooit meer terugkomen en wanhoopt over de korte tijd die hij nog te leven heeft. Ieders hart is kwetsbaar, en als we die kwetsbaarheid vinden, dan zijn we op een gewijde plek.

In het verhaal 'Het laatste oordeel' van de Tsjechische schrijver Karel Čapek wordt de ziel van een brute moordenaar voor de rechtbank in de hemel gebracht. Drie verveelde rechters behandelen zijn zaak. Ze roepen een getuige op, 'een buitengewone gentleman, statig, met baard en gehuld in een blauwe mantel met gouden sterren'. Hij bleek de enige getuige te zijn die ze nodig hadden, want hij was 'de alomtegenwoordige God'. De gedaagde wordt gewaarschuwd de getuige niet te onderbreken omdat 'Hij alles weet, dus het heeft geen zin zaken te ontkennen'. De getuige verklaart dat de gedaagde gruwelijke daden heeft gepleegd, maar vertelt nog meer. Als kind hield hij heel veel van zijn moeder, maar hij was niet in staat dat te tonen. Toen hij zes was verloor hij zijn enige stuk speelgoed, een fraai gekleurde knikker, en hij huilde. Toen hij zeven was stal hij een roos om aan een klein meisje te geven, dat groter werd en hem afwees om met een rijke man te trouwen. Toen hij als jongen dakloos werd, deelde hij zijn voedsel met andere zwervers. 'Hij was genereus en vaak behulpzaam. Hij was vriendelijk tegen vrouwen, zorgzaam voor dieren en hij hield zich aan zijn woord.'

Toch veroordelen de rechters de beklaagde tot levenslang. Op een gegeven moment vraagt de beklaagde aan God: 'Waarom doet U de berechting niet Zelf?' Waarop God antwoordt: 'Omdat Ik alles weet. Als de rechters alles wisten, echt alles, dan konden ze ook geen oordeel vellen: ze zouden alles begrijpen en hun hart zou pijn doen… Ik weet alles over jou. Alles. En dat is de reden waarom Ik niet over je kan oordelen.'[23]

Voor mij onderstreept dit verhaal de gedachte dat hoe beter ik je begrijp, hoe milder ik me ten opzichte van jou voel en hoe minder ik geneigd ben te oordelen over je waarde als mens. Hoe minder ik je begrijp, hoe meer ik geneigd ben je te zien als een 'ding' dat beoordeeld, gemanipuleerd en verworpen kan worden.

Om bij jezelf te beginnen, je kunt een familiecultuur van empathie creëren simpelweg door anderen – je kinderen, je ouders op leeftijd, je partner – te vragen je hun verhaal te vertellen, vooral in een moeilijke situatie. Train je empathiespieren. Vraag ze naar conflicten waarmee ze te maken hebben gehad, misverstanden die ze zijn tegengekomen. Luister naar hun verhalen over worstelingen. Als je een empathische band met anderen ontwikkelt, zul je merken dat zij op dezelfde manier op jou zullen reageren. Empathie is besmettelijk.

Mijn broer John, die veel ervaring heeft op het gebied van counseling en het begeleiden van gezinnen, vertelde me het volgende verhaal over een gezin dat oppervlakkig gezien perfect leek, maar dat aan een hevig empathietekort leed:

Dit was een gezin van productieve mensen, intelligente ouders, leuke kinderen. De ouders vroegen ons om langs te komen, omdat hun puberende kinderen volledig ontspoorden.
Dus stuurden we eerst de ouders de andere kamer uit en gingen we met de kinderen aan de slag. In eerste instantie wilden ze niet praten, maar dit waren intelligente, welbespraakte mensen. Al snel spraken ze vrijuit en vertelden ze ons dat hun ouders gewoon niet naar hen luisterden. Er was geen respect of empathie. Communicatie via de praatstok was niet alleen een kwestie van luisteren, maar ook van het tonen van oprecht respect. Dus daar zaten we dan en wij toonden wel empathie. Ze hadden hun hele leven te horen gekregen wat ze moesten doen, maar hadden nooit uiting kunnen geven aan hun eigen ideeën. Ze hadden veel wrok diep weggestopt. Er was nooit naar hen geluisterd, ze hadden nooit de kans gekregen om synergie te creëren en op te bloeien.
We luisterden de hele dag naar ze. Vervolgens vroegen we de ouders binnen te komen en gaven we ze allemaal een oefening. 'Maak een lijst van alle woorden die bij je opkomen met betrekking tot het woord VRIENDEN.' Toen vergeleken we de lijstjes. Er waren geen overeenkomsten. Het waren verschillen van dag en nacht. Toen de moeder besefte wat het doel van de oefening was, begreep ze het eindelijk. Ze pakte een liniaal en gaf die aan haar kinderen. 'Van nu af aan pakken jullie die liniaal als jullie iets te zeggen hebben. Dat betekent: "Ik wil praten en ik heb iets te zeggen."' Vervolgens luisterde ze en de gezinscultuur veranderde.
Ze zeiden: 'We gaan iedere zondagmiddag een stukje fietsen met zijn allen, gewoon om elkaar beter te leren kennen.'[24]

Islamitische legenden leren ons dat 'kennis die ons niet voorbij onszelf brengt veel schadelijker is dan onwetendheid'.[25] Hoe meer ik bereid ben je diepste gevoelens te kennen, hoe sterker we samen zijn als we voorbij de dingen willen komen die ons scheiden, en een derde plek willen zoeken die veel beter is dan de plek waar we ons nu bevinden.

Ik creëer synergie met jou

Het gezin zelf is een derde alternatief. Het begint letterlijk als een huwelijk tussen twee unieke mensen en twee culturen. Als dit gebeurt binnen de paradigma's van respect en empathie voor jezelf en je partner, ontstaat er een derde cultuur, een nieuwe, vruchtbare relatie waarbinnen je de grootste vreugde en voldoening kunt vinden.

We creëren een derde-alternatiefgezin door bewust een synergetische instelling te cultiveren: niet mijn manier, niet jouw manier, maar onze manier – een betere manier. We oefenen ons deze instelling eigen te maken door consequent bij al je belangrijke interacties het derde alternatief na te streven. Hoe breng je je kinderen groot, ga je met geld om, stem je werk en privé op elkaar af, maak je religieuze keuzes, bevorder je de intimiteit – dit zijn belangrijke kwesties die op een synergetische manier moeten worden aangepakt.

Maar al te vaak worden deze onderwerpen niet alleen zonder synergie, maar ook zonder respect of empathie behandeld, zoals in deze woordenwisselingen:

- 'Ik begrijp niet waarom we altijd rood staan. We verdienen meer dan genoeg geld.' 'O, laat me toch met rust.'
- 'Ik wou dat je niet zo streng was tegen de kinderen.' 'Hoe moeten ze het dan leren, als ze nooit straf krijgen?'
- 'Je bent nooit thuis.' 'Ik werk me half dood om ons gezin te onderhouden, en het enige wat jij doet is klagen.'

De meeste van onze conflicten gaan niet over dit soort moeilijke onderwerpen. Stel, we zijn op vakantie en ik wil op het strand liggen terwijl jij wilt golfen. Dit soort zaken vraagt normaal gesproken niet om synergie: we kunnen het allebei doen, de middag opdelen, of we kunnen voor een van beide kiezen. Niet iets om je druk over te maken.

Denken in de geest van het derde alternatief

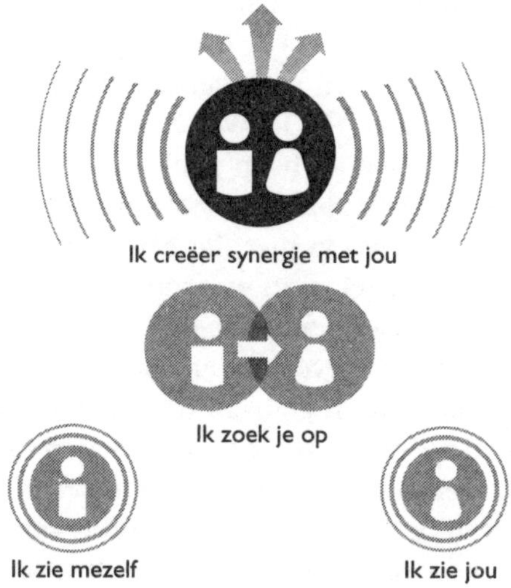

Jaren geleden, toen mijn zoon Josh een jaar of dertien was, ging ik op een zaterdagmiddag met hem golfen. Ik was van plan negen holes met hem te spelen en dan naar huis te gaan om naar een belangrijke radio-uitzending te luisteren. Ik realiseerde me niet dat hij verwachtte dat we alle achttien holes zouden spelen, en hij was erg teleurgesteld toen ik zei dat we weg moesten. Hij vond het heerlijk om golf te spelen, en we hadden al niet zo veel tijd samen. Plotseling stond ik voor een echt dilemma – mijn zoon teleurstellen en minder tijd met hem doorbrengen, of een radio-uitzending missen die belangrijk was voor mijn werk. Maar er is altijd een derde alternatief: ik had een transistorradio in mijn auto en deed een oortje in, en zo kon ik beide doen. Josh en ik hadden een heerlijke middag samen en ik kreeg de essentie van het programma mee.

We kunnen de hele dag door dit soort derde alternatieven vinden. Kleine conflicten vragen niet meer dan een beetje creativiteit en het instinct om voor een derde alternatief te gaan. Maar toch, als we voortdurend met elkaar overhoop liggen over veel grotere zaken, kan een kleine schermutseling een veldslag worden. In zo'n geval is de vraag niet 'Gaan we naar het strand of naar de golfbaan?'; het gaat om de aard van onze relatie. Kiezen we ervoor om in positieve of in negatieve synergie te leven?

Als je positieve synergie wilt bereiken, kan ik niet genoeg nadruk leggen op het belang van de paradigma's 'Ik zie mezelf', 'Ik zie jou' en 'Ik zoek je op'. Als ik geen respectvol en empathisch karakter heb, hoef ik er niet over te peinzen om met jou op zoek te gaan naar een derde alternatief. Anders zijn pogingen tot synergie louter denkspelletjes. Synergie komt van binnenuit, en als ik een spelletje met je speel, dan merk je dat.

Hoewel empathie essentieel is, is het op zich niet genoeg om echt moeilijke uitdagingen aan te gaan. Zoals de filosoof J.D. Trout zegt: 'Empathie is een vertrekpunt. Helaas raken veel mensen al verlamd nog voordat ze de eindstreep hebben bereikt.'[26] Hoewel empathie op zichzelf transformerend kan zijn, moeten we toch op zoek naar een derde alternatief, anders blijft het probleem bestaan. Familieconflicten kunnen mensen uitputten. Anderen denken gewoon niet dat een derde alternatief mogelijk is. Misschien begrijpen ze heel goed waarom hun vrouw of man of kinderen zich gedragen zoals ze doen en voelen ze zelfs empathie voor hen, maar ze hebben de hoop opgegeven dat er ooit iets kan veranderen. Weer anderen geloven in synergie, en geloven dat andere families dit kunnen bereiken, maar geloven niet dat ze de vaardigheden of begaafdheid hebben om het in hun eigen huis te doen. Ze twijfelen aan zichzelf. Stellen kunnen tientallen jaren in een dergelijke toestand van 'emotionele scheiding' samenleven, steeds weer ruziënd over dezelfde onderwerpen, omdat geen van beiden de moed heeft om de ander te vragen: 'Ben je bereid te proberen iets beters voor elkaar te krijgen dan wat we nu hebben?'

Maar als we dat wel doen, kunnen we binnengaan in wat sommige deskundigen de 'derde ruimte' noemen. In plaats van je over te halen naar mijn standpunt, of mijn eigen standpunt te verlaten, ga ik op zoek naar een nieuwe plek die het beste van de inzichten van ons beiden in zich verenigt. In de derde ruimte 'maken we een fundamentele verandering door, van een dualistische, exclusieve perceptie van de werkelijkheid naar een denkwijze waarin de complementaire aspecten van verschillende waarden, gedragingen en meningen tot een nieuw geheel leiden'. Met andere woorden: we denken niet langer in termen van 'mijn manier versus jouw manier' en denken voortaan in termen van 'onze manier', een manier die baat heeft bij wat er zo bijzonder is aan ons. In de derde ruimte zijn we ergens 'waar we nooit eerder geweest zijn'.[27]

Zoals we hebben gezien bij het empathische gesprek over drugs tussen vader en dochter, is het verhaal hiermee nog niet afgelopen. Terwijl de dochter praat, komen ze samen geleidelijk in een derde ruimte terecht, een theater van de magie waar alternatieven kunnen worden uitgespeeld. Weet je nog hoe de dochter vertelde hoe afschuwelijk het was om getuige te zijn van het verontrustende drugsmisbruik van haar vrienden?

Jij zegt: 'Het is vast moeilijk om toe te kijken terwijl je vrienden het zo moeilijk hebben.'

Zij antwoordt: 'Ik denk dat ze er bang voor zijn, maar dat ze niet weten hoe ze ermee op moeten houden. Ze hebben niemand met wie ze kunnen praten. Ze kunnen niet met hun ouders praten... niet zoals ik dat kan.'

Nu denk je bij jezelf: 'Dat is beter. Empathie heeft haar voordelen.' Maar zij heeft nog altijd de praatstok, dus zeg je: 'Het zou goed zijn als Ria en Matt hulp konden krijgen.'

Ze blijft hardop denken. 'Hun ouders zouden hen vermoorden als ze het wisten. De leraren op school blijven maar doorzeuren over drugs, maar niemand luistert er meer naar. En de mentoren zijn prima, maar ze hebben het ontzettend druk. Met wie zouden ze moeten praten?'

'Wat denk jij?' vraag je.

Tot nu toe heb je niets anders gedaan dan haar eigen innerlijke verwarring weerspiegelen, en nu gaat ze bijna ongemerkt het 'theater van de magie' binnen, met jouw hulp. Er zijn veel alternatieven mogelijk en je dochter die aan de drugs gaat hoort daar niet bij. Het klinkt alsof ze haar eigen keuze heeft gemaakt en een manier wil vinden om haar vrienden te helpen eruit te komen.

Een paar jaar geleden kreeg Gerardo Gonzalez met dezelfde problemen te maken. Zijn ouders hadden hem als kind meegenomen van Cuba naar

Florida en hij was opgegroeid in een vluchtelingencultuur waar de universiteit niet in voorkwam. Terwijl hij in een winkel werkte, schreef hij zich samen met een vriend in voor een cursus voor volwassenen en hij raakte gefascineerd door het intellectuele leven. Hij las goede boeken en nam deel aan debatten. 'Mijn kijk op de wereld transformeerde volledig, en ik kon er gewoon geen genoeg van krijgen!' zei hij later.[28]

Maar Gerardo wilde meer en al snel werd zijn droom werkelijkheid toen hij werd toegelaten aan de universiteit van Florida. Maar toen hij daar eenmaal was, trof hij een nachtmerrie aan die hij niet had verwacht: de andere studenten, zijn vrienden en jaargenoten, werden in de weekeinden ongelooflijk dronken. Auto-ongelukken, alcoholvergiftiging, vechtpartijen – al deze angstaanjagende gevolgen van alcoholmisbruik achtervolgden hem. Natuurlijk voerde de universiteit campagne tegen overmatig drinken en de politie bestreed het, maar niets leek te helpen. Gerard was niet bereid om zijn vrienden in de steek te laten, maar ook niet om mee te doen aan hun zelfdestructieve gedrag, dus dacht hij na over een derde alternatief.

Hij realiseerde zich dat jonge mensen van zijn leeftijd eerder naar elkaar zouden luisteren dan naar de autoriteiten. Daarom bracht hij, samen met anderen, een groep studenten bij elkaar die hun vrienden zouden helpen stoppen met drinken. De groep noemde zich BACCHUS – Boosting Alcohol Consciousness Concerning the Health of University Students. Het was een verbluffend succes en al snel ontstonden er afdelingen op andere universiteiten die eveneens te maken hadden met de plaag van excessief alcoholgebruik.

Tientallen jaren later is het BACCHUS-netwerk 'de grootste actieve studentenorganisatie in het hoger onderwijs van nu'. Gerardo en zijn vrienden hebben een geheel nieuwe benadering in gang gezet om jonge mensen te helpen risicovol gedrag te vermijden – wat nu de beweging voor *peer education* of *peer support* (onderlinge hulp) wordt genoemd. Peer education is voor de meeste scholen in de VS in zijn verschillende vormen een standaardinstrument geworden in de strijd tegen alcohol en drugsmisbruik.[29] Het is een krachtig derde alternatief voor repressie aan de ene kant en negeren aan de andere kant – en het werkt, misschien wel beter dan welke andere aanpak dan ook.[30]

Dr. Gerardo M. Gonzalez is nu trouwens universitair docent en onderwijsdecaan aan een van de grote universiteiten van Amerika.

Ik kan me voorstellen dat voor onze vader en dochter deelname aan een peer-supportprogramma een manier zou zijn om haar vrienden te helpen. Voor de dochter zou het een echt derde alternatief moeten zijn, waarin geen plaats is voor het 'ontvrienden' van haar vrienden of zich aansluiten bij hun destructieve bezigheden. Mogelijk zijn er nog veel meer andere bruikbare derde alternatieven voor dit valse dilemma.

Ze hoeven niet succesvol te zijn, maar met het proces van synergie creëren zelf wordt al heel veel bereikt. De band tussen vader en kind zal sterker worden door wederzijds respect en empathie. In het theater van de magie wordt hun relatie getransformeerd doordat ze samen aan creatieve oplossingen voor een echt probleem werken. Bekijk de andere opties die de vader heeft: zich op zijn autoriteit beroepen, adviseren, pleiten, de les lezen, omkopen, het kind huisarrest geven, doodzwijgen, als politieagent optreden. Zou er dan één bij zijn die net zo transformerend is?

Familiecrisis en het derde alternatief

Op dit soort crisismomenten is synergie juist hard nodig. De grootste problemen kunnen worden getransformeerd tot de mooiste kansen om de familieband te versterken. De geboorte van een kind, het verlies van een baan, drank- of drugsmisbruik, een ingrijpend ongeval of een ziekte – levensveranderende gebeurtenissen als deze kunnen een gezin maken of breken, afhankelijk van de instelling van de betrokkenen. Ik heb het nu niet over een positieve instelling. Ik heb het over het gebruik van een scheppend in plaats van een destructief paradigma.

Een ontslag kan bijvoorbeeld financiële stress en een identiteitscrisis veroorzaken; het is een klap voor je gevoel van eigenwaarde als je plotseling niet meer gewenst bent. Huiselijk geweld neemt toe wanneer het werkloosheidscijfer stijgt. Werkloze mensen die het grootste deel van de dag thuiszitten worden depressief en 'alcohol en drugs bieden de brandstof voor een situatie die toch al explosief is'.[31] Deze vluchtige vormen van synergie kunnen een gezin vernietigen.

Maar als je een scheppend paradigma hanteert, zie je jezelf en besef je dat je 'meer talent, intelligentie, capaciteiten en creativiteit te bieden hebt dan je oude baan van je vroeg of je zelfs maar toestond'. Het verlies van die baan biedt je de kans om in een andere situatie het beste wat je te bieden hebt bij te dragen. Als je anderen ziet, zul je hun behoeften begrijpen en zien hoe je je scherpzinnigheid kunt gebruiken om aan die behoeften te voldoen. Als je hen opzoekt en empathisch naar ze luistert, zul je al snel ontdekken hoe je een veel beter leven voor hen kunt creëren – en ze zullen je ervoor betalen. Er is genoeg werk in de wereld – er is alleen niet genoeg derde-alternatiefmentaliteit.

Ik ken het verhaal van een oudere man die op een buitengewoon slecht moment zijn baan kwijtraakte; zijn vrouw had een chronische ziekte ontwikkeld. Zonder inkomen werd hun situatie al snel onaangenaam. Maar hij had in de meubelbranche gewerkt en het was hem in de loop der jaren opgevallen dat veel potentiële klanten de winkel verlieten zonder iets te kopen. Hij maakte een afspraak met de eigenaar van een grote meubelketen en zei: 'Iedere dag verlaten zo'n vierduizend mensen uw winkels zonder dat ze iets gekocht hebben. Hoeveel geld loopt er, op basis van uw gemiddelde omzet per klant, dan de deur uit?' De eigenaar rekende uit dat dit in de miljoenen per jaar liep. 'Als ik slechts 20 procent van die mensen zover kan krijgen dat ze iets kopen, wat zou dat dan voor u betekenen?' De eigenaar begreep wat hij bedoelde en nam hem direct aan. Nu moest hij bedenken hoe hij zijn belofte kon nakomen. Hij betrok zijn vrouw erbij, die een solide achtergrond had in businessmanagement, hoewel ze niet in loondienst kon werken. Dankzij derde-alternatiefdenken kwamen ze samen op een aantal creatieve ideeën die meer klandizie zouden genereren dan beloofd.

Een gezin vormt een portfolio van sterke kanten. Als er financiële problemen dreigen, kan je familie je meest waardevolle synergetische hulpbron zijn. Al duizenden jaren hebben families samengewerkt om te slagen in het leven. In ons gespecialiseerde tijdperk is dat misschien moeilijker. Maar kijk eens naar dit geval van een man en een vrouw die beiden hun baan waren kwijtgeraakt. De vrouw was belastingaccountant en de man een verkoper van kant-en-klare maaltijden. Ze hadden drie grote puberzonen die financieel van hen afhankelijk waren. In plaats van in de rij te gaan staan bij de sociale dienst of weg te zinken in wanhoop, besloten ze als gezin samen iets op te zetten. De zonen waren behendig en sterk, de vrouw wist veel van financiën en de man was een geboren verkoper. Ze woonden in een regio waar veel woningbouwprojecten werden ontwikkeld, dus begonnen ze een omheiningsbedrijf. De man verkocht, de vrouw deed het zakelijke gedeelte en de zonen installeerden de omheiningen. Het werd een groot succes.

Je hoeft natuurlijk niet met je familie in zaken te gaan. En hoewel gezinnen niet moeten aarzelen om in moeilijke tijden alle hulp van buitenaf in te roepen die ze kunnen krijgen, kunnen de uitdagingen die ze samen moeten overwinnen de familieband versterken, hun capaciteiten vergroten en hen helpen een nieuwe toekomst voor zichzelf te creëren. Voor veel mensen is het eerste alternatief zich het vuur uit de sloffen lopen, op zoek naar een andere onzekere baan, een vakje waar ze precies in passen. Een tweede alternatief, ook voor veel mensen, is het opgeven en je schikken in een permanent slachtofferschap. De belofte van het derde alternatief is dat je je eigen baan ontwerpt, iets wat je heel graag doet en dat een antwoord is op een reële behoefte, en daarmee de markt opgaat. Stel je eens voor hoe veerkrachtig een gezin is dat gezegend is met een dergelijke derde-alternatiefmentaliteit.

Een andere grote uitdaging is de geboorte van een kind. Alles aan een huwelijk – communicatie, financiën, prioriteiten, intimiteit – verandert door deze aardverschuiving binnen de relatie. Het aantal huishoudelijke taken verzesvoudigt. Ouders hebben veel minder tijd voor zichzelf, maar ook voor elkaar.[32] Helaas kan een nieuwe baby leiden tot emotionele verwijdering en scheiding.

Maar een kind is een wonder, een prachtig derde alternatief, dat ons transformeert. Als zelfs maar een van beide partners bereid is om een nieuwe mentaliteit aan te nemen en op zoek te gaan naar derde alternatieven, dan kan een kind de huwelijksband versterken. Veel vrouwen worden verscheurd door hun verschillende rollen van moeder, echtgenote en werknemer. Een derde alternatief is creatieve manieren bedenken om je belangrijke rollen te vervullen zonder overbelast te raken. Je kunt je afvragen: wat is het belangrijkste wat ik deze week in mijn rol als echtgenote kan doen? Je kunt bijvoorbeeld twee uur vrijhouden om alleen met je man door te brengen; voor een man die zich enigszins verwaarloosd voelt, kan die investering van twee uur relatief veel opleveren, en de tijd die je gewoon niet met hem kunt doorbrengen goedmaken. Als vader kun je hetzelfde doen voor je kind: wat is de waarde van een uur alleen met je baby? Voor je vrouw, voor je kind en voor jou kan het onbetaalbaar zijn. In die een-op-eentijd word je een papa. Een van mijn zonen zegt graag: 'Er is een verschil tussen vader zijn en papa zijn.'

Voor veel alleenstaande ouders kan het leven een aaneenschakeling van dilemma's zijn. Je komt vaak klem te zitten tussen je rollen van moeder en werknemer. Je kind wordt ziek op een dag dat je niet thuis kunt blijven van je werk. De school van je kind geeft ijsvrij en er is geen oppas beschikbaar. Je wilt het schooltoneelstuk van je kind zien, maar je baas heeft je juist dan nodig. Gelukkig zijn veel bedrijven tegenwoordig flexibel, maar je kunt niet blijven verzuimen op je werk. Wat moet je doen?

Als je alleenstaand ouder bent, kan een derde-alternatiefmentaliteit je redden. Je weet dat deze conflicten zich zullen voordoen, dus bedenk je van tevoren al derde alternatieven. Regel een gesprek met je baas en leg uit met welk rollenconflict je te maken hebt. Luister empathisch naar je leidinggevende. Wat vindt hij of zij van de situatie? Er kan sprake zijn van acceptatie en bereidheid om met je mee te denken. Zo niet, word dan niet defensief. Hoe meer je luistert, hoe groter de kans dat je baas ook naar jou zal luisteren.

Ga dan over in de theater van de magie-modus. Kom met oplossingen, niet alleen met een probleem. Kan iemand in een noodsituatie voor je inspringen? Kun je je kind meenemen naar je werk? Je kunt, afgezien van deze voor de hand liggende ideeën ook extra creatief worden en van de mogelijkheid gebruikmaken om je rol op het werk te herdefiniëren. Welke problemen kun je voor het bedrijf oplossen als je thuis mag werken? Misschien ben je dan zelfs winstgevender, omdat je minder overhead verbruikt. Een jonge alleenstaande moeder kreeg een startersfunctie bij een bank. De inflexibele werktijden waren een probleem voor haar, dus stelde ze iets nieuws voor. Het was haar opgevallen dat de bank veel onteigend onroerend goed moest beheren. Ze bood aan deze huizen schoon te maken en te onderhouden voor minder geld dan de bank een professioneel bedrijf betaalde om dat te doen. Ze vonden het een goed idee en zij kon het werk zelf indelen en haar kind zelfs meenemen (dit is wat je noemt 'win-win'). Uiteindelijk maakte ze van dit derde alternatief een eigen bedrijf en nam ze mensen aan om het werk te doen; en ze deed het ook financieel behoorlijk goed.

Je hoeft geen crisis te hebben om in een crisis te zitten. Gezinnen zijn kwetsbaar en de krachten die aan hen trekken zijn sterk en volhardend. Tenzij we onze onderlinge verschillen op waarde schatten, zullen die verschillen ons uit elkaar spelen.

Zo ken ik een gezin waar grote verschillen voor ontwrichting hadden kunnen zorgen. Als jonge man blonk de echtgenoot uit in sport, hij was de ster van ieder team in zijn woonplaats. Zijn spel was legendarisch. Hij was ook goed in wiskunde en had een neus voor zakendoen. Maar hij trouwde met een vrouw die weinig belangstelling had voor dat soort dingen. Ze hield van dans, toneel, het culturele leven. Hij was een echte arbeidersjongen; zij kwam uit een goed nest. Hij was lang, breed en aards; zij was petite, dramatisch, elegant. Je kunt je bijna geen slechter bij elkaar passend stel voorstellen.

Wat je je waarschijnlijk wel kunt voorstellen is een leven vol conflicten. Omdat hun interesses niet overeenkwamen, zou je verwachten dat ze in de loop der tijd steeds verder van elkaar vervreemden, terwijl de vrouw alleen naar de opera ging en haar man thuis voor de tv sport zat te kijken. Maar zo ging het niet. Dit was een echt derde-alternatiefgezin. Deze twee mensen waren wijs genoeg om hun verschillen te waarderen.

De vrouw betrok haar kinderen bij een plaatselijk theatertje. Het kon zichzelf maar nauwelijks bedruipen met optredens in een oude restaurantruimte in een aftandse winkelstraat. Met duizenden dollars aan schulden stond het theater voortdurend op het punt te sluiten. De vrouw lokte haar man mee om hun opgewonden kinderen te zien spelen in een klein stuk, en dat vertederde hem: het was wel duidelijk dat zijn vrouw en kinderen van dit verlopen theatertje hielden. Als hij om zich heen keek, zag hij zo veel dingen die gedaan moesten worden. Hij hield ervan met zijn handen te werken, dus bood hij zich aan als vrijwilliger om decors te bouwen. Met zijn zakelijke brein raakte hij betrokken bij fondsenwerving en werd hij al snel penningmeester van het theater en vervolgens zakelijk directeur.

De vader had zelf nooit op het toneel gestaan, maar hoe meer hij keek naar zijn kinderen en zijn buren die iedere avond meespeelden, hoe meer hij gefascineerd raakte door alle aspecten van het theater. Zijn vrouw werd er creatief directeur. Al snel huurde het stel vrienden in voor de kostuums en het decor, om de muziek te verzorgen en te spelen. Voor de man was kwaliteit het toverwoord; iedereen die erbij betrokken was zag dat hij net zo perfectionistisch was in het theater als hij vroeger op het speelveld was geweest.

Het jonge gezin groeide op met het theater. Alle kinderen droegen hun talenten bij aan het gezelschap. Eén zoon was een fantastische acteur, een andere leerde dansen als een professional. Een dochter die van plan was dierenarts te worden veranderde van gedachten toen ze een groot talent bleek te hebben voor het analyseren van de bedrijfsmatige kant. Zij deed de cijfers en liet zien hoe je de verkoop van seizoenskaarten kon bevorderen en geld kon besparen op toneelvormgeving en theatermanagement.

Het enthousiasme voor het theatertje nam toe. Uiteindelijk was duidelijk dat ze hun kleine winkellocatie ontgroeiden en werden er plannen gemaakt voor een prachtig nieuw onderkomen. Met zijn zakelijke vaardigheden hielp de man de gemeenschap te mobiliseren om geld bijeen te brengen. Na een samenwerking van vijftien jaar vierde dit gezin samen met de rest van het stadje de opening van een schitterend theater – een blijvend monument voor hun toewijding en synergie als gezin.

De leden van dit gezin waren één in hun verschillen en onderstreepten wat ik bedoel met een derde-alternatiefcultuur in de privésfeer. Iedereen telt mee, iedereen draagt bij, niemand wordt buitengesloten. Deze samensmelting van culturen van de man en de vrouw tot één ongekende derde cultuur is duidelijk meer dan de som der delen.

Als het niet lukt

Feit blijft dat veel stellen ervoor kiezen om uit elkaar te gaan. Wat moet je doen als je pogingen om samen iets op te bouwen mislukken?

Echtscheiding hoeft niet noodzakelijkerwijs het einde van de synergie binnen een gezin te betekenen. Mensen gaan om allerlei redenen uit elkaar, maar ze hoeven geen vijanden te worden en in een twee-alternatievenuniversum van wederzijdse beschuldiging te belanden. Door een instelling van respect en empathie te cultiveren, kan een echtgeno(o)t(e) de levens van de kinderen en de aard van de relatie met de ex-partner transformeren. Er is maar één iemand nodig om de vicieuze cirkel van wrok te doorbreken, ook als de andere partner daar niet op reageert. Weet je nog, je kunt ervoor kiezen je niet te laten beledigen door anderen.

Op een dag was mijn vriend Larry Boyle, die federaal rechter is, in de gelegenheid om een andere rechter te observeren die bekendstond om haar vermogen in de meest bittere van alle juridische procedures – het gevecht om wie de kinderen krijgt bij een echtscheiding – derde alternatieven te realiseren. Zelfs moordzaken die veel publiciteit krijgen, kunnen minder explosief zijn dan een voogdijzaak. Die dag zou er beslist worden over het lot van een meisje van zeven en een jongetje van vijf. 'De ouders zaten aan aparte tafels en keken elkaar niet aan. Terwijl de advocaten spraken, veegde de vrouw haar tranen weg met een tissue en staarde de man recht voor zich uit, de armen over elkaar geslagen.' Toen kwam de rechter binnen.

De advocaat van de vrouw kreeg eerst het woord en kondigde aan dat hij bewijzen zou overleggen dat de man zijn tijd grotendeels doorbracht met vissen en jagen met zijn vrienden, naar de bowlingbaan gaan en laat thuiskomen. De advocaat van de man zou aantonen dat de vrouw een affaire had met een collega. Beiden wilden de exclusieve voogdij over de kinderen.

De rechter zette haar leesbril af, zweeg even en sprak toen op kalme toon:

> *Vandaag zal ik een paar uur lang argumenten aanhoren. Dan beslis ik wie ik zal geloven. Ik kan tot de conclusie komen dat de vader een feestbeest is. Maar ik kan ook besluiten dat de moeder een ongepaste affaire heeft. Dan neem ik een beslissing en dat is het risico dat u neemt. U laat mij beslissen over iets wat u als ouders eigenlijk zelf zou moeten beslissen, niet op basis van uw eigen egocentrische belangen, maar van het welzijn van uw kinderen.*
> *Ziet u, ik houd niet van uw kinderen. Ik vind hun welzijn belangrijk, maar ik houd niet van ze zoals u dat doet. Toch zal ik een beslissing nemen die van invloed is op de levens van deze twee kleintjes. En dat zou best de verkeerde beslissing kunnen zijn.*
> *Ik stel voor dat u, de beide ouders, zich als volwassenen gedraagt en de belangen van de kinderen boven die van uzelf stelt. Ik verdaag dit hof een halfuur. In die tijd gaat u beiden met uw advocaten praten over wat echt het best is voor de kinderen. Maak plannen voor hun toekomst. Als u in staat bent om uw trots en uw ego opzij te zetten, moet u samen kunnen doen wat het best voor ze is.*
> *Als u dat niet doet, legt u hun toekomst in mijn handen, de handen van een volslagen vreemde die ze niet eens kent. Ik zie u weer over een halfuur.*

Weken later hoorde Larry hoe het afgelopen was. De man en de vrouw hebben die ochtend uren bij elkaar gezeten, soms met hun advocaten, maar meestal met zijn tweeën, terwijl ze naar elkaar luisterden en zich over en weer verontschuldigden. Ze zagen de realiteit – van wat ze hadden aangericht door elkaar de oorlog te verklaren – onder ogen. De man was geen echte nietsnut en de vrouw had geen affaire; dit waren de grove, infantiele beschuldigingen van mensen met een aanvalsmentaliteit. In een moedeloze bui had zij een paar uur met haar supervisor zitten praten over haar problemen, maar dat was alles. En hij was misschien onvolwassen, maar zeker geen slechte vader.

Hoewel ze uit elkaar gegroeid waren en ervoor kozen om niet weer bij elkaar te komen, besloten ze het ouderschap te delen. De man stemde ermee in dat zijn vrouw beter toegerust was om de voogdij te hebben en de vrouw stemde ermee in dat hij de kinderen altijd kon meenemen. Ze zouden zo veel mogelijk een gezin blijven.[33]

'Ik had een echte vredestichter aan het werk gezien', vertelt Larry Boyle. In plaats van een dag lang naar kinderachtige beschuldigingen te luisteren en een beslissing te nemen op basis van de ergste vorm van twee-alternatievenmentaliteit, zette de rechter een derde alternatief in gang. De rechter wist dat het niet haar taak was om de ouders een podium te bieden voor hun strijd, maar de best mogelijke toekomst voor twee kinderen te creëren. Gelukkig beseften ook de ouders dat dit hun taak was.

Natuurlijk hebben gescheiden ouders de katalysator van een rechtbank niet nodig om voor een synergetische relatie te kiezen. Het is hun keuze. Ze hoeven niet elkaars slachtoffer te blijven. De wetten van de synergie gelden net zo goed voor hen als voor ieder ander: respect voor jezelf en voor je partner, empathie voor elkaar en de vastbeslotenheid om op zoek te gaan naar het derde alternatief bij ieder probleem dat ze tegenkomen, of het nu gaat om het gezin, de bezittingen of de relatie.

Als de ex-partner hier niet op reageert, vraagt het veel moed en wilskracht om vast te houden aan een derde-alternatiefmentaliteit. Maar het is mogelijk en de innerlijke rust die het oplevert is onbetaalbaar.

Ik gaf een tijdje terug een lezing op een professionele bijeenkomst, toen er iets opmerkelijks gebeurde. Terwijl ik sprak over de principes van verantwoordelijkheid nemen voor je eigen leven, stond er een man uit het publiek op, ging op zijn stoel staan en zei het volgende (ik parafraseer):

Vorige week is mijn vrouw bij me weggegaan. Ik had dat absoluut niet verwacht en ik voelde een mengeling van pijn, boosheid, verraad en schaamte. Maar nu ik vandaag hiernaar luister, heb ik besloten om niet langer boos te zijn. Ik kies ervoor om gelukkig te worden en me niet langer gekwetst of beschaamd te voelen.

Ik was zo onder de indruk van de bescheidenheid en de moed van deze man, en zijn verlangen om de creatieve kracht achter zijn eigen leven te zijn in plaats van slachtoffer van de omstandigheden of van zijn relatie met zijn vrouw. Hij was ongetwijfeld in grote verwarring en moet het gevoel hebben gehad dat zijn wereld was ingestort. Maar hij was zich bewust van het feit dat hij nog altijd zelf kon bepalen hoe hij zou reageren op deze verpletterende persoonlijke uitdagingen. Hij zag dat hij iets kon doen en niet alleen met zich hoefde te laten doen.

Ik prees zijn beslissing en zei dat hij inderdaad kon besluiten om zijn boosheid los te laten, te vergeven en een nieuw leven te creëren. In pijnlijke situaties als deze is dat vreselijk moeilijk. Het publiek applaudisseerde voor hem. Ik applaudisseerde voor hem. Ik had nog nooit zoiets meegemaakt.

Als ik aan deze man denk, weet ik niet wat er met hem en zijn vrouw gaat gebeuren. Maar ik weet wel dat als hij het paradigma van creatie begrijpt en zichzelf begint te zien als de scheppende kracht van zijn eigen leven met de keuzes die hij maakt, hij zingeving en voldoening in zijn leven zal vinden. Uiteindelijk zal hij gemoedsrust vinden.

'Het gezin is het belangrijkste instituut binnen onze samenleving – een voedingsbodem voor betrokkenheid, liefde, karakter en zowel maatschappelijke als persoonlijke verantwoordelijkheid.'[34] Ik ben het volledig eens met deze verklaring van de Commission on Families ondertekend door de president van de Verenigde Staten. Op geen ander terrein is synergie zo noodzakelijk en tegelijkertijd zo onbegrepen.

Een vrouw die ik ken, wacht altijd even als ze thuiskomt van haar werk. Voordat ze het huis binnenstapt, neemt ze een moment de tijd om na te denken over haar gezin. Ze visualiseert het soort wereld dat ze met hen wil scheppen. Dan doet ze de deur open en maakt ze het waar.

Leren door te communiceren

De beste manier om van dit boek te leren is de inhoud aan iemand anders door te geven. We weten allemaal dat de leraar veel meer leert dan de leerling. Ga dus op zoek naar iemand – een collega, een vriend(in) of een familielid – en leer hem of haar over de inzichten die je zelf hebt opgedaan. Stel onderstaande vragen of bedenk je eigen, provocatieve varianten.

- Op welke manier draagt een twee-alternatievenmentaliteit bij aan het huidige hoge echtscheidingscijfer?
- Wat is de beste definitie van 'onverenigbaarheid'? Waarom is compassie het tegenovergestelde van incompatibiliteit?

- 'Geslaagde gezinnen zijn bezield met positieve synergie.' Waarom is synergie cruciaal voor een succesvol gezin?
- 'In wezen zijn de meeste gezinsconflicten identiteitsconflicten.' Waarom voeren gezinsleden vaak een bittere strijd om dingen die buitenstaanders triviaal lijken? Hoe kan 'echte identiteitsdiefstal' een gezin ondermijnen?
- Waarom zou je de verschillen tussen gezinsleden juist moeten toejuichen? Hoe doe je dit?
- Wat zijn de stappen om boosheid en wrok te transformeren in synergie?
- Hoe weet je of een gezinslid met een twee-alternatievenprobleem kampt? Hoe kun je hem of haar helpen om verder te werken richting een derde alternatief?
- Waarom is het belangrijk om een kwetsende opmerking of actie te beschouwen als een uitnodiging tot empathisch luisteren?
- Wat zijn de voordelen van empathie in een situatie waarin sprake is van een gezinsconflict?
- Welke stappen kun je nemen om een empathische gezinscultuur te creëren?
- Wat voor uitdagingen in je thuissituatie zou je kunnen aanpakken met een derde-alternatiefmentaliteit?
- Welke blijken van waardering zou je je eigen gezinsleden kunnen geven als ze synergie in praktijk brengen?

Zelf proberen

Heb je te maken met een conflict thuis of met een vriend(in)? Ben je op zoek naar creatieve oplossingen voor een uitdaging binnen je gezin? Ontwikkel dan prototypes voor derde alternatieven. Vraag anderen om mee te doen. Gebruik hierbij het schema *In vier stappen naar synergie.*

In vier stappen naar synergie

1 Stel de derde-alternatiefvraag:

'Ben je bereid op zoek te gaan naar een oplossing die beter is dan alles wat we tot nu toe afzonderlijk hebben bedacht?'
Zo ja, ga dan verder naar stap 2.

2 Definieer succescriteria

Noteer hier de kenmerken van een oplossing waar iedereen blij mee zou zijn. Wanneer is er sprake van succes? Wat moet er echt gebeuren?
Wat zou een 'win-win'-resultaat zijn voor alle betrokkenen?

3 Creëer derde alternatieven

Maak hier (en elders) modellen en tekeningen, schrijf ideeën van anderen op, zet je eigen ideeën op zijn kop. Werk snel en creatief. Schort oordelen op tot het spannende moment waarop je weet dat je synergie hebt bereikt.

4 Bereik synergie

Beschrijf hier je derde alternatief en, indien gewenst, hoe je dit wilt gaan uitvoeren.

Handleiding voor de tool *In vier stappen naar synergie*

In vier stappen naar synergie. Dit proces helpt je het synergieprincipe in praktijk te brengen. (1) Toon bereidheid om op zoek te gaan naar een derde alternatief. (2) Definieer hoe succes er voor iedereen uitziet. (3) Experimenteer met oplossingen totdat je (4) synergie bereikt.

Hoe bereik je synergie

1 Stel de derde-alternatiefvraag:

In een conflict of creatieve situatie helpt deze vraag iedereen afstand te nemen van verharde posities of vooringenomen ideeën, richting een derde standpunt.

2 Definieer succescriteria

Noteer kenmerken of beschrijf in het kort hoe een voor iedereen bevredigend resultaat eruitziet. Stel jezelf daarbij de volgende vragen:
- Is iedereen betrokken bij het vaststellen van de criteria? Krijgen we zo veel mogelijk inbreng van zo veel mogelijk mensen?
- Welke resultaten willen we echt? Wat moet er echt gebeuren?
- Welke resultaten zouden voor iedereen winst betekenen?
- Kijken we verder dan onze standaardeisen naar iets beters?

3 Creëer derde alternatieven

Volg deze richtlijnen:
- Speel ermee. Het is niet echt. Iedereen weet dat het spel is.
- Doe niet aan afronding. Vermijd overeenstemming en consensus.
- Geef geen oordeel over andermans ideeën – of over die van jezelf.
- Maak modellen. Maak tekeningen op whiteboards, schets grafieken, bouw een dummy, schrijf een ruwe opzet.
- Zet ideeën op zijn kop. Keer de gangbare opvatting om.
- Werk snel. Stel een tijdslimiet, zodat de energie en het creatieve denkproces op peil blijven.
- Kom met heel veel ideeën. Je kunt niet voorspellen welk ongebruikelijk inzicht tot een derde alternatief zal leiden.

4 Bereik synergie

Het derde alternatief is te herkennen aan een sfeer van opwinding en inspiratie. Het oude conflict speelt geen rol meer. Het nieuwe alternatief voldoet aan de succescriteria. Let op: verwar een compromis niet met synergie. Een compromis geeft een tevreden maar nooit een opgetogen gevoel. Bij een compromis verliest iedereen iets; bij synergie wint iedereen.

Hoofdstuk 5

Het derde alternatief op school

Als je het potentieel van een kind vrijmaakt, transformeer je hem en geef je hem zijn plaats in de wereld.
– *Maria Montessori*

In ieder land dat ik bezoek, kijk ik in de ogen van de kinderen en zie ik dezelfde fonkeling en dezelfde lach. Mensen die de moeite nemen om echt te kijken, kunnen in ieder uniek gezicht een grenzeloze belofte zien. Het niet inlossen van die belofte zou een vreselijk verlies voor de samenleving zijn.

We vertrouwen een groot deel van het inlossen van die belofte toe aan onze scholen. Overal ter wereld proberen ouders en onderwijzers samen om hun kinderen de best mogelijke kans te bieden, waarbij ze soms grote obstakels moeten overwinnen. De meeste mensen zijn het er wel over eens dat onderwijs voor kinderen niet alleen het antwoord is op aanhoudende armoede in allerlei vormen – materieel, mentaal en spiritueel – maar ook de sleutel tot de wereld.

Voor mij is dit zowel een mondiaal als een persoonlijk onderwerp. Ik heb satellietbeelden van een nachtelijke aarde omweven door een netwerk van lichtjes – ik weet dat al deze lichtjes staan voor de talloze gezinnen en kinderen die dromen over hun kansen in het leven, en ik vraag me af voor hoeveel mensen die in vervulling zullen gaan en hoeveel van hen slechts frustratie rest. Ik heb zelf ook een heleboel kleinkinderen, en hun plezier in de toekomst is voor mij enorm belangrijk.

De meeste mensen delen mijn zorgen. In onze Serious Challenge Survey vroegen we respondenten uit alle werelddelen om de grootste uitdagingen te noemen waar hun land mee te maken heeft. Samen met 'het oplossen van werkloosheid' scoorde 'goed onderwijs bieden' het hoogst. Op de vraag waarom, antwoordden respondenten als volgt:

- 'Onderwijs is een cruciaal element voor het vinden van een oplossing voor alle andere uitdagingen waar we voor staan.'
- 'Goed onderwijs is de basis waarop we een betere, meer innovatieve toekomst kunnen bouwen. De wereld ontwikkelt zich sneller dan wij,

en de hoeveelheid geld die naar onderwijs gaat schiet serieus tekort vergeleken met andere landen die het goed doen.'

- 'Door middel van onderwijs kunnen de andere problemen worden opgelost. Ons onderwijssysteem werkt niet. De leerkrachten zijn lui, corrupt en niet goed toegerust.'
- 'We hebben een onderwijsmodel nodig dat leerlingen sterker maakt en hun mogelijkheden biedt.'
- Goed onderwijs is de basis voor alles. Goed opgeleide mensen hebben hun eigen kijk op de wereld en vallen niet ten prooi aan valse profeten of beloften. Als het onderwijs klopt, volgt de rest vanzelf – automagisch!' (Hoewel het waarschijnlijk een typefout is, vind ik dit een prachtig woord!)
- 'Veel kinderen in arme landen en opkomende economieën als de onze krijgen heel weinig onderwijs en dat geldt vooral voor meisjes. Onderwijs kan veel van de andere problemen in de wereld oplossen.'
- 'Goed onderwijs is de basis voor voorspoed/werkgelegenheid/economische groei.'
- 'Slecht onderwijs heeft ons gebracht waar we nu zijn. Ik heb tien jaar lesgegeven in het openbaar onderwijs. We moeten het systeem veranderen voordat het te laat is.'
- 'Onderwijs is het allerbelangrijkst. Hierna zullen alle andere inspanningen meer succes hebben.'

Een van onze grootste uitdagingen is hoe we kinderen het best kunnen helpen leren en de belofte van de toekomst te vervullen. In China en India doet het onderwijs het fantastisch in de grote steden, maar loopt het ver achter op het platteland. Onderwijs in Finland en Zuid-Korea is van zeer hoge kwaliteit, dankzij een ondersteunende en homogene cultuur. In Canada, Groot-Brittannië en Noord-Amerika, echter, zie je verontrustende krantenkoppen:

- Toronto: 'Johnny zit op de universiteit en hij kan niet lezen'
- Londen: 'Britse schoolverlaters kunnen niet lezen en schrijven en hebben een gedragsprobleem'
- Washington: '82% van de Amerikaanse scholen faalt'[1]

Ieder land heeft zijn eigen uitdagingen, maar er is maar één vraag die de hele wereld aangaat: is het mogelijk om ieder kind een uitstekende, of zelfs maar behoorlijke, opleiding te bieden?

Het maatschappelijk debat

Deze kwestie heeft geleid tot een maatschappelijk debat met veel nuanceverschillen, maar is in grote lijnen verdeeld in twee kampen.

In de VS heb je aan de ene kant de mensen die denken dat achterblijvende prestaties het gevolg zijn van factoren als armoede, racisme, disfunctionele gezinnen en politieke onwil om alle scholen voldoende middelen te geven. Deze stemmen zijn meestal afkomstig van het onderwijsestablishment. Aan de andere kant heb je de mensen die van mening zijn dat het onderwijsestablishment zelf het probleem is, dat het kleingeestig en middelmatig is en het tempo van de veranderende wereld niet bijhoudt. Deze stemmen zijn meestal afkomstig uit het bedrijfsleven.

Zakelijk leiders begrijpen maar niet waarom mensen uit het onderwijs niet naar hen luisteren. Ze zijn gefrustreerd door wat een moeras van middelmatigheid lijkt, ze beweren dat scholen alleen succesvol kunnen worden als ze de 'eigenschappen aannemen die de Amerikaanse privésector van oudsher heeft gemaakt tot wat hij is: een motor achter de wereldwijde welvaart – met zijn dynamiek, creativiteit en onafzienbare focus op efficiëntie en resultaten'. In hun ogen is de onderwijswereld een strompelende dinosaurus die het ontbreekt aan de stimulansen die de markt doen floreren. Scholen, zo zeggen ze, hebben concurrentie nodig die hen dwingt tot innovatie en kwaliteitsverbetering. Veel voorstanders van de 'scheiding tussen school en staat' zeggen dat het hele systeem moet worden verkocht en geprivatiseerd.

Wat zakelijk leiders denken te horen van onderwijsspecialisten irriteert hen. 'Als je ons niet méér betaalt, zullen je kinderen daaronder lijden. Jullie gierigheid is de reden waarom onderwijsresultaten afglijden. Het is wel duidelijk dat jullie je kinderen niet belangrijk vinden, anders zouden jullie ons wel genoeg geld geven. Laat ons met rust, zodat we onze korte werkweken en onze maandenlange vakanties kunnen houden en bemoei je met je eigen zaken.' Veel zakenmensen voelen weerzin tegen het onderwijssysteem dat financieel een bodemloze put is die steeds minder oplevert.

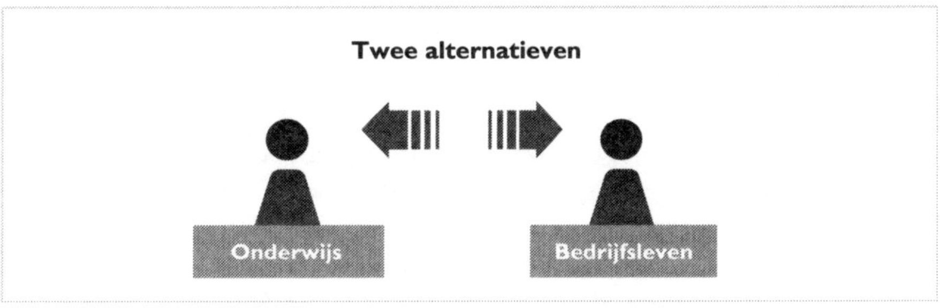

Mensen uit het onderwijs hebben uiteraard een heel ander paradigma. Zij houden vol dat het bedrijfsleven wezenlijk verschilt van het onderwijs, en dat zakelijk leiders zich daarom niet met het onderwijs moeten bemoeien. Lesgeven moet gevrijwaard blijven van winstmotieven; het is een roeping, geen baan. Een geprivatiseerd systeem zal al snel tot grote ongelijkheid leiden, waarbij rijke families zich de beste scholen kunnen veroorloven en arme families de kruimels krijgen. Minderheden die het moeilijk hebben worden door een enorme 'prestatiekloof' gescheiden van meer bevoorrechte kinderen. Particuliere scholen kunnen toelaten wie ze willen, maar openbare scholen verplicht zijn iedereen toe te laten die er binnenloopt. Een nieuwe leerling kan een leerprobleem hebben of alleen een vreemde taal spreken. Hij kan uit een disfunctioneel gezin komen of uit de gevangenis. Openbare scholen hebben hoe dan ook de morele verantwoordelijkheid om hem of haar liefdevol op te nemen. 'Anders dan ondernemingen hebben wij niet de optie slechte presteerders te ontslaan om de winstcijfers aan het eind van het jaar op te krikken.'

Wat leerkrachten denken te horen uit de mond van vertegenwoordigers van het bedrijfsleven vinden zij alarmerend: 'We willen dat jullie onze werknemers op kosten van de samenleving opleiden om dingen te produceren, een vrachtwagen te besturen of een spreadsheet te maken – en zelfs dat doen jullie niet goed. We zijn alleen geïnteresseerd in massaal geproduceerde arbeidseenheden die doen wat hun gezegd wordt. Daarnaast hoeven deze "inwisselbare eenheden" alleen te leren lezen en een beetje rekenen. Prachtige gebouwen, kunstonderwijs, feelgoodlesprogramma – dat is allemaal dure, overbodige franje.' Geen wonder dat zoveel onderwijsmensen het bedrijfsleven als onderdrukkend en zielloos zien.

In de woorden van de Amerikaanse Kamer van Koophandel:

> *Om het maar ronduit te zeggen, we vinden dat ons onderwijssysteem opnieuw moet worden uitgevonden. Na tientallen jaren politieke passiviteit en ineffectieve hervormingen brengen onze scholen consequent studenten voort die niet goed zijn voorbereid op de eisen die de moderne werkplek aan hen stelt. Dit gebrek aan voorbereiding is onthutsend. Ruwweg een op de drie dertien-, veertienjarigen kan goed lezen. Op de meeste middelbare scholen haalt slechts twee derde van de leerlingen zijn diploma op tijd.*[2]

Zakenmensen zijn verbolgen over deze resultaten, en leerkrachten voelen zich overbelast, opgejaagd en financieel afgeknepen. Er wordt dus naar beide kanten gewezen.

Natuurlijk doen deze standpunten de andere partij geen recht. Ze luisteren niet naar de ander. Beide partijen geven blijk van een twee-alternatievenmentaliteit. Ze maken karikaturen van elkaar als vijand, en ze creëren opnieuw een vals dilemma, een keuze tussen 'wij en zij'. Dat de argumenten van beide kanten wel iets van waarheid bevatten doet daar niets aan af.

Onze kinderen zitten gevangen in deze clash tussen twee culturen, en ze slaan zich er zo goed als ze kunnen doorheen. Veel jongeren maken zich grote zorgen, aardig wat hebben een fantastische tijd op school, maar de meeste jongeren modderen voort en verlaten het systeem met acceptabele vaardigheden. Hoewel er eilandjes van genialiteit zijn, gelooft niemand dat het systeem van openbaar onderwijs in de VS consequent alle kinderen in staat stelt om hun potentieel te vervullen.

Onderwijs voor het industriële tijdperk

Naar mijn mening zijn beide kampen in dit maatschappelijk debat verantwoordelijk voor het vaak dehumaniserende effect van het onderwijssysteem. Honderd jaar geleden vereiste de groeiende industrie dat openbare scholen een 'product' afleverden dat voor hen 'bruikbaar' was, zoals we zien in dit artikel uit 1927: 'Een objectief onderzoek naar het product van het onderwijssysteem leidt tot de conclusie dat dit product bij lange na niet voldoet aan de vereisten van het moderne bedrijfsleven.'[3] In reactie hierop werden te veel scholen fabrieken en werden kinderen 'producten' in plaats van mensen.

Inspirerende mannen en vrouwen die leraren zijn in de hoogste en nobelste zin van het woord zijn er altijd geweest, en zullen er altijd zijn – gelovend in en zich betrokken voelend bij het potentieel van degenen die ze begeleiden. Aan hen zijn we dank verschuldigd. Velen in het onderwijs berustten echter ongemakkelijk in het paradigma van de industriële revolutie en helpen het nu in stand te houden. Het industriële model is zichtbaar in het overdreven vertrouwen op examenresultaten ten koste van het kind als geheel. Ironisch genoeg is het bedrijfsleven ontevredener dan ooit, hoewel openbare scholen hun fabrieksmodel en -mentaliteit hebben overgenomen; hun klachten zijn sinds 1927 niet veranderd.

Dit denken uit het industriële tijdperk in termen van kinderen die worden gezien als grondstoffen, is de bron van ons onderwijsprobleem.

In het industriële tijdperk werden mensen behandeld als dingen, noodzakelijk maar inwisselbaar. Je kon arbeidseenheden produceren en ze eenvoudigweg vervangen als ze waren opgebrand. Als je niets anders wilt dan een lichaam dat het werk doet, hoef je je verder niet bezig te houden met de geest, het hart of de ziel van de persoon in kwestie. Een allesbepalend onderwijsmodel volgens de principes van het industriële tijdperk frustreert het vrijkomen van menselijk potentieel, en in een kenniseconomie werkt dat gewoon niet.

Ik ken het verhaal van een vrouw die een groot deel van haar volwassen leven in de gevangenis heeft doorgebracht. Ze is verslaafd aan alcohol en drugs, maar was ooit een veelbelovende studente, de dochter van een hoge onderwijsambtenaar. Ze had jarenlang dapper gestreden om haar problemen te overwinnen. Op een dag biechtte ze op dat de gevangenis erg veel weg had van school: dezelfde groepen, roosters, regels en het voortdurend in de rij staan. Maar wat haar het meest aan school deed denken was het alomtegenwoordige toezicht, de wetenschap dat ze altijd in de gaten gehouden werd.

In 1785 stelde de filosoof Jeremy Bentham een nieuw soort gevangenis voor, dat hij 'panopticon' noemde (Latijn en Grieks voor 'alziend'), een ingenieus gebouw waar bewakers alle gevangenen tegelijk in de gaten konden houden. Een moderne filosoof, Michel Foucault, zag het panopticon als het symbool van de moderne 'toezichtsamenleving', waarin we onder voortdurende observatie leven. Je hoeft maar één blik te werpen op een klaslokaal of een moderne werkplek en je ziet wat Foucault bedoelde: zowel scholen als bedrijven hebben veel weg van een panopticon. Hij stelt dat naarmate het toezicht toeneemt, het respect voor onze individualiteit afneemt. Beloning en straf zijn gebaseerd op hoe goed we onze mond houden en bevelen opvolgen en niet op hoe we onze unieke gaven inzetten om vrijwillig een bijdrage te leveren. Als we mensen leren zich te laten leiden en niet om zelf te leiden, is dit slecht voor zowel de maatschappij als de kansen die er zijn.

De gevangenismentaliteit van het industriële tijdperk krijgt ons tijdens onze schooljaren in haar greep, maar beïnvloedt ons hele leven en onze samenleving. Het kan voor een fundamenteel misverstand ten aanzien van het leven zorgen: dat we net passieve werkmieren zijn die deel uitmaken van een grote kolonie. Te veel van ons leven als kinderen die doen wat hun gezegd wordt, als volwassenen die in een functieomschrijving passen, en als senioren die met pensioen gaan en zich bezighouden met zinloze vrijetijdsbesteding. We worden getraind in subtiel slachtofferschap. Als je er niet bij hoort op school, ben je een nul of een non-persoon. Als we onze baan kwijtraken, raken we onze identiteit kwijt. Uiteindelijk kunnen we geconditioneerd worden op afhankelijkheid: we proberen iemand te vinden die voor ons zorgt, of om als schuldige aan te wijzen als dat niet lukt.

Ouders hebben hun eigen problemen met opvoeding binnen een industrieel-tijdperkparadigma: sommige zijn gangmakers, sommige haken af en andere ploeteren voort binnen het systeem. Aan de ene kant zien we kinderen wier leven zo overgeprogrammeerd is dat ze nooit voor zichzelf durven beslissen hoe ze willen leven. Onze ouders pushen ons om te presteren zonder ons te helpen onderscheid te maken tussen een concurrentiestrijd winnen en een zinvolle bijdrage leveren. Aan de andere kant zien we kinderen die lijden aan PADD – 'parental attention-deficit disorder' – en die het niets kan schelen omdat het hun ouders niets kan schelen. Dus vallen ze uit de boot. Uiteindelijk beslaat deze groep ongeveer een derde van alle leerlingen. De grote middengroep houdt vol en hoopt er het beste van. Maar weinig ouders zijn zo scherp dat ze inzien dat hun kinderen worden voorbereid op een leven van afhankelijkheid.

Zolang onderwijs en opvoeding betekent dat kinderen wordt geleerd hoe ze afhankelijk moeten zijn – hoe ze goede volgers moeten worden – zullen we nooit gebruik kunnen maken van de belofte die ieder kind met zich meebrengt. En terwijl voor- en tegenstanders doorgaan de takken van de wegkwijnende onderwijsboom te kappen, strijdend over de vraag hoe ze het industriële model in stand kunnen houden, blijft de wegrottende wortel volkomen onopgemerkt.

Wat er moet gebeuren

Toen ik een paar jaar geleden een ontmoeting had met de president van de Verenigde Staten, vroeg hij me wat volgens mij de grootste uitdaging op het gebied van onderwijs was. Ik zei iets in de trant van: 'Het creëren van partnerschappen tussen leerkrachten, ouders en de maatschappij om het potentieel van alle kinderen te ontsluiten zodat ze hun eigen leven kunnen leiden in plaats van zich te laten leiden.'

Dit zou geen transactionele, maar een transformationele verandering op het gebied van onderwijs betekenen. Zoals twee-alternatievendenkers dat doen, ruziën deelnemers aan het maatschappelijk debat eindeloos over de transactionele vraag hoe ze het 'beste product kunnen leveren'. Is dat door eindeloos herstructureren van het systeem voor openbaar onderwijs? Door een technisch of een humanistisch lesprogramma? Door online onderwijs of de traditionele klassituatie? Door meer of minder tests en examens af te nemen?

Maar het gaat helemaal niet om het 'leveren van een product'. Kinderen zijn geen ruwe grondstoffen die moeten worden omgevormd tot producten voor de markt. Ieder kind heeft zijn eigen talenten en het vermogen om zelf te bepalen hoe hij die wil gebruiken. Het is de taak van het onderwijs om alle kinderen te helpen dat potentieel succesvol te benutten.

Mijn goede vriend professor Clayton Christensen van Harvard Business School, die zijn hele leven voor de klas heeft gestaan, vindt dat scholen al veel te lang hun werk niet goed doen. Hij ziet studenten graag als onafhankelijke 'klanten' die een school inhuren om een bepaalde taak voor hen te verrichten. Wat is dan die taak?

> *Het maakt een groot verschil als je begrijpt waar mensen een school precies voor inhuren. Waarom zijn leerlingen en studenten niet gemotiveerd? Uitvalpercentages, spijbelen, leerlingen die daar maar zitten met een uitdagende of verveelde blik op hun gezicht – de symptomen zijn bekend. Wat willen zij dat de school doet?*
> *Leerlingen en hun leraren willen zich iedere dag weer succesvol voelen! Dat is wat ze willen. Ze kunnen daar natuurlijk een school voor inhuren, maar ze kunnen zich ook bij een gang aansluiten. Of ze kunnen een auto huren om in rond te scheuren en er succesvol uit te zien. Scholen moeten concurreren met alle andere manieren waarop jongeren zich succesvol kunnen voelen.*
> *Onze scholen zijn opgezet om leerlingen het gevoel te geven dat ze mislukkelingen zijn. Als je dat eenmaal begrijpt, kun je gaan denken over heel andere manieren om leerlingen het gevoel te geven dat ze succesvol zijn.*[4]

Als scholen er niet voor zorgen dat jonge mensen zich dag in dag uit succesvol voelen, dan gaan ze op zoek naar andere aanbieders van succes. En als ze gedwongen worden zich naar het systeem te voegen, doen ze wat iedere ontevreden klant zou doen: zich met tegenzin schikken of op zoek gaan naar manieren om het systeem te manipuleren. Ze vinden wel een andere vorm van succes: zoals het bekende puberrefrein 'Wat maakt het uit, mij boeit het niet, wat doet het ertoe', uitspraken waarmee ze zich wanhopig vastklampen aan een laatste flard van hun verscheurde identiteit, de laatste verdediging tegen mislukking.

Derde-alternatiefonderwijs

Het derde alternatief in het onderwijs betekent kinderen leren leiders te worden.

Laat ik beginnen te zeggen dat ik met 'leider' niet een van die weinige mensen bedoel die uiteindelijk hoge leiderschapsfuncties zullen bekleden. We zijn maar al te zeer gewend om leiders te zien als mensen met functies als ceo of directeur. Deze kijk op leiderschap is een restant van het industriële tijdperk, maar we zijn dat soort hiërarchisch denken allang voorbij. Ik bedoel met leiderschap het vermogen om je eigen leven te leiden, om een leider te zijn onder je vrienden, een leider te zijn in je eigen familie – de actieve, creatieve kracht achter je eigen wereld.

Echte leiders definiëren en bereiken blijvend succes door karakter en competentie te ontwikkelen en door principiële maatregelen te nemen; ze wachten niet tot anderen het voor hen definiëren. Omdat ze zichzelf als iemand met unieke gaven zien, concurreren ze alleen met zichzelf en niet met anderen. In financiële termen zijn zij de enige verstrekkers van wat ze aanbieden. Ze kunnen hun talenten dus aan de hoogste bieder leveren. Deze leiders scheppen hun eigen toekomst. Afhankelijk van de tijd en de omstandigheden zullen ze soms hun doel niet halen, maar ze zullen nooit echt *falen*.

Voor een kind dat wordt opgeleid om zo'n soort leider te zijn, komt succes van binnenuit, niet van buitenaf. Van buitenaf komt alleen een mindere, secundaire vorm van succes – op de korte termijn beloningen als goede cijfers en academische bekendheid, en later het grote geld of een indrukwekkende functie. Mensen vechten om dit soort schaarse successen. Maar van binnenuit komt primair succes – je goed over jezelf voelen, ontdekken waar je goed in bent, de beloningen van respect van anderen en jezelf, grote voldoening als gevolg van het leveren van een unieke en creatieve bijdrage, van een eerlijke rechtdoorzee dienst. Deze waardevollere beloningen zijn voor iedereen haalbaar. Niemand concurreert erom, hoewel ze als vanzelfsprekend vaak secundair succes met zich meebrengen.

Sommige kinderen vinden hun eigen weg naar dit derde alternatief, omdat ze van nature deze primaire innerlijke kracht bezitten. Ory Okolloh, een jurist en een leidinggevende bij Google, is haar loopbaan begonnen vanuit een moeilijke achtergrond in Kenia via Harvard Law School om ten slotte een bijdrage te leveren aan de politieke hervormingen in Afrika. Ze legt uit hoe ze besloot uit de mentale gevangenis van een bestaand onderwijsparadigma in haar cultuur te breken:

> *Mijn ouders konden geen geld opzijzetten, omdat ze hun broers en zussen, neven en nichten en ouders financieel steunden. De situatie was altijd precair. In Kenia bestaat een toelatingsexamen voor de middelbare school... de school waar ik van droomde. Ik miste de drempel met één punt verschil. Ik was zo teleurgesteld.*
> *Mijn vader zei: 'Kom, we gaan met het hoofd van de school praten. Het is maar één punt. Misschien laten ze je wel toe als er nog een plek over is.' We gingen naar de school, maar omdat we niemand waren en geen privileges hadden en omdat mijn vader niet de juiste achternaam had, werd hij als oud vuil behandeld. Ik zat erbij en hoorde hoe het schoolhoofd tegen hem sprak: 'Wie denk je wel dat je bent? Je denkt toch niet dat je een opengebleven plek kunt krijgen?'*
> *Ik ging naar school met andere meisjes, kinderen van politici die het veel slechter hadden gedaan dan ik, en daar was wel plek voor. En er is niets erger dan te zien hoe een ouder in jouw aanwezigheid wordt vernederd. We gingen weg en ik zwoor bij mezelf: ik zal ervoor zorgen dat ik nooit van mijn leven ergens om hoef te smeken. Twee weken later belden ze me om te zeggen dat ik mocht komen. En ik zei: 'Jullie bekijken het maar.'*[5]

Okolloh had zich kunnen onderwerpen aan het systeem. Maar ze nam het heft in eigen hand en zorgde dat het systeem voor haar werkte. Zij is een leider in de primaire zin van het woord, omdat ze weigert succes voor haar te laten definiëren door een samenleving met een schaarstementaliteit. Om anderen te helpen ontsnappen aan de gevangenissen van de geest overal ter wereld, werd zij pionier op het gebied van de crowd-sourced nieuwsgaring die zo cruciaal is voor de democratiebeweging in opkomende landen in Afrika en het Midden-Oosten. Ze stuurt informatie over conflictgebieden naar sociale netwerken en andere media, zodat mensen die slachtoffer zijn van onrecht en wreedheid snel hulp kunnen krijgen.

Naar mijn mening is het voortbrengen van meer Ory Okollohs verreweg het belangrijkste doel van het onderwijs, leiders die het karakter hebben om de wereld te transformeren. En het maakt niet uit hoe groot die wereld is, een eenoudergezin, een buurt, een stad, een land of de hele aarde.

Mike Fritz, hoofd van de Joseph Welsh Elementary School in Red Deer, Alberta, in Canada, vertelde me over een van zijn leerlingen die leerde leider van zijn eigen leven te worden. Mike had het leiderschapsmodel 'De leider in mij' op zijn school geïntroduceerd en had zijn leerlingen geleerd dat ze leiders van hun eigen leven waren. Hij gaf hun verantwoordelijkheden in de vorm van leiderschapsrollen in de school, voerde een gemeenschappelijke leiderschapstaal in, organiseerde leiderschapsbijeenkomsten enzovoort. Eens in de paar jaar vroeg Mike's onderwijsinspecteur de schoolhoofden in zijn district om een presentatie te houden voor de onderwijsraad en -bestuurders over waar ze mee bezig waren op hun school. Mike had dit meestal samen met andere stafleden gedaan. Maar nu hij een leiderschapsschool runde, besloot hij de leerlingen te vragen om dit te doen.

Verschillende leerlingen wierpen zich op als vrijwilligers, waaronder Riley, een vierdegroeper die een vorm van autisme had. Riley had kort daarvoor geleerd over de achtste eigenschap, 'Vind je stem', en hij vertelde Mike dat hij op deze manier zijn stem wilden vinden. De stafleden steunden de kinderen volledig in hun presentatie en waren trots op Riley omdat hij wilde meedoen.

De grote dag brak aan en Mike, Riley en de andere kinderen gingen naar het kantoor van de inspecteur voor hun presentatie. Voor zijn onderdeel had Riley een grote poster gemaakt van het menselijk brein, met blauwe, rode en zwarte vlekken. Terwijl hij de poster omhooghield, vertelde hij dat hij autistisch was en dat zijn hersenen anders waren dan die van andere mensen. Rood betekende boosheid, zwart frustratie en blauw kalmte. Riley wees erop dat er in hun district veel andere kinderen waren zoals hij en dat het district daar aandacht aan moest besteden, aan deze kinderen en hun bijzondere behoeften. Aan het eind van zijn presentatie kreeg Riley een staande ovatie, en veel van de bestuurders waren in tranen.

De volgende dag op school viel het Mike op dat Riley een overhemd en een stropdag droeg. Ook in de weken daarna droeg Riley iedere dag een stropdas naar school. Ten slotte kwam Mike Riley's moeder tegen en vroeg nieuwsgierig aan haar: 'Wat is er met Riley? Hij draagt al wekenlang iedere dag een stropdas.' Zijn moeder antwoordde: 'Voordat hij naar deze school ging, zei hij als hij 's ochtends wakker werd: "Ik wil vandaag niet naar school, mam. Ik ben dom en ik wil me niet dom voelen." Maar sinds hij hier naartoe gaat, is hij opgebloeid. Hij krijgt iedere dag te horen dat hij een leider is en dat hij talenten heeft. Nadat hij die presentatie voor de schoolinspecteur had gegeven, was Riley zo trots dat hij toen hij thuiskwam tegen me zei: "Mam, van nu af aan ga ik een stropdas dragen, want belangrijke mensen dragen een stropdas!"'

Op het moment dat ik dit boek schrijf, is dit meer dan een jaar geleden en Riley neemt nog steeds vrijwillig allerlei leiderschapstaken op zich; hij is van plan om verder te studeren en draagt nog steeds om de paar dagen een stropdas.

Het primaire doel van onderwijs – een leider maken van Riley – wordt in zijn leven gerealiseerd. Natuurlijk dient onderwijs ook secundaire doelen, zoals het denken van jonge mensen vormen, het bevorderen van geïnformeerd burgerschap en het doorgeven van vaardigheden die nodig zijn voor een welvarende economie. Een van de doelen die Clayton Christensen noemt, spreekt me bijzonder aan: 'Het inzicht koesteren dat mensen de dingen verschillend zien – en dat die verschillen respect verdienen in plaats van vervolging.'[6] Ieder kind helpen een leider te worden is echter het inspirerende en krachtige primaire doel van onderwijs. Het is primair omdat het succes van secundaire doelen ervan afhangt. We kennen allemaal wel zeer vaardige mensen die het aan karakter ontbreekt, en dat kan bijzonder destructief zijn.

Ik had ooit een knappe, getalenteerde zakenpartner met meerdere universitaire titels en een prachtig gezin. Hij was universitair docent en hoofd geesteswetenschappen van een hele Amerikaanse staat, maar hij ging in zaken, begon voor zichzelf en met zijn snelle geest verdiende hij een fortuin voor zijn bedrijf. Maar het secundaire succes was niet gebaseerd op primair succes. De combinatie van hoogmoed en alcohol kan fataal zijn; in zijn geval heeft het hem zijn huwelijk en zijn bedrijf gekost.

Zoals de tragische ervaring van mijn vriend laat zien, moeten behalve de geest ook het hart en de ziel van elk kind onderwezen worden als primair succes het doel is. Diep van binnen weten we dit allemaal wel; de meeste ouders doen het tenslotte ook. Maar om dit in het onderwijs te realiseren, komt het aan op gelijkgestemde mensen.

'Se puede'

Een steeds terugkerend argument in het grote onderwijsdebat is dat je niet kunt verwachten dat een disfunctionele samenleving excellente scholen heeft. Natuurlijk kunnen sommige scholen amper overleven in moeilijke buurten die worden getekend door misdaad en gezondheidsproblemen. Bij andere scholen ziet het er aan de buitenkant goed uit, maar is het binnen een worsteling voor de leerlingen – vele raken verslaafd aan drugs, computer- en videospelletjes en andere middelen om aan de banaliteit van onze samenleving te ontsnappen. Al deze excuses zijn waar – maar het blijven excuses.

Scholen kunnen zelfs in de meest grimmige omstandigheden tot grote hoogte stijgen. Iemand die dat heeft zien gebeuren is een vrouw met een opmerkelijke derde-alternatiefmentaliteit: Wendy Kopp, oprichtster van Teach for America, een organisatie die goed presterende studenten inzet om een bepaalde tijd les te geven op een achterstandsschool. Wat ze heeft geleerd verbaast haar: 'We hoeven de samenleving niet te verbeteren, en zelfs gezinnen niet, om het onderwijs te kunnen verbeteren. Het werkt andersom... Ouders met lage inkomens grijpen onderwijskansen die de vicieuze cirkel van armoede kunnen doorbreken met beide handen aan. Met succes lesgeven op probleemscholen is een uitgesproken daad van leiderschap, uitgevoerd door mensen die er met hart en ziel bij betrokken zijn.'[7]

Richard Esparza is zo'n leider met hart en ziel. Toen Esparza directeur werd van Granger High School in Yakima Valley in Washington, was de situatie weinig hoopgevend. De meeste leerlingen waren kinderen van boeren zonder opleiding. Leerlingen hadden weinig hoop aan de armoede te ontsnappen. De cijfers zijn veelzeggend:

- Slechts 20 procent van de leerlingen voldeed aan de normen die de staat had vastgesteld voor lezen.
- Slechts 11 procent voldeed aan de schrijfnormen.
- Slechts 4 procent voldeed aan de wiskundenormen.

Esparza had dezelfde achtergrond, maar hij wist dat hij niet was wat anderen over hem en jongeren zoals hij zeiden, dat ze 'domme boeren waren' en dat ze niet konden leren. Hij bewees het zichzelf door een universitaire opleiding af te ronden en terug te keren als leraar met een missie: ervoor zorgen dat andere kinderen zichzelf zouden zien zoals ze werkelijk waren.

De nieuwe directeur zag zijn rol als die van transformeerder van verwachtingen. Zijn criteria voor succes waren duidelijk en meetbaar: 'Ik verwacht dat alle leerlingen zullen slagen en ik geloof daar ook in, en ik verwacht van mijn medewerkers dat ze hetzelfde doen. Mijn doel is een einde maken aan de belcurve – er is geen reden voor. Al onze leerlingen zijn capabel.'

Natuurlijk waren de obstakels om dit doel te bereiken enorm. 'Twee jaar lang', vertelt hij, 'was het alleen maar vechten.' Negen van de tien leerlingen waren lid van minderheidsgroepen. Niet alleen de ouders en de leerlingen dachten dat ze hopeloze gevallen waren – ook de leraren. Gangs floreerden, graffiti bedekte de muren, politieagenten escorteerden bezoekers van basketbalwedstrijden. Het was wel duidelijk dat leerlingen een ander idee moesten krijgen over wat succes precies is. Hij moest ieder van hen helpen de leider in zichzelf te vinden.

Maar hij wist niet hoe hij dit moest aanpakken, en hij had geen voorbeelden die hem op weg konden helpen. Hoe maak je van een van de slechtst presterende middelbare scholen een uitmuntende school? 'Als ik een denkraam had gehad dat als voorbeeld kon dienen,' zegt Esparza, 'zou het soepeler zijn gegaan.' Omdat hij wel moest improviseren, maakte hij van Granger High School een theater van de magie op het gebied van onderzoek en experimenten.

Zijn eerste truc was dat hij de graffiti liet verdwijnen. Tags, symbolen van de macht van gangs, moesten verdwijnen. Behalve dat hij de conciërges vroeg alle graffiti binnen 24 uur over te schilderen, had hij zijn eigen bussen sprayverf bij zich die hij voortdurend gebruikte. Na ongeveer twee jaar raakten de kunstenaars ontmoedigd en bleef de school schoon. Tegelijkertijd verbood hij alle gangkleding en andere uiterlijke tekenen.

Op iedere school is steun en betrokkenheid van ouders een sleutel tot succes. Maar op Granger Hill kwam zelfs op ouderavonden niet meer dan 10 procent van de ouders opdagen. 'Als zij niet naar ons toe komen, dan gaan wij wel naar hen.' Hij zorgde ervoor dat leraren de gezinnen van alle leerlingen bezochten om openhartig met hen over de voortgang van hun kind op school te praten. Het doel was meer betrokkenheid van ouders bewerkstelligen en ze zover te krijgen dat ze zouden deelnemen aan speciale activiteiten voor ouders.

Sommige leraren wilden deze huisbezoeken niet doen, dan gaf Esparza hun de volgende speech: 'Je bent een geweldige leraar, maar we hebben een verschil van inzicht. Ik zal met plezier een aanbeveling voor je schrijven voor een baan bij een andere school.' En zo raakte hij een paar leraren kwijt. (Dit doet me denken aan Japanse leraren die op de fiets rondrijden om hun leerlingen thuis te bezoeken. Soms werken ze tot 's avonds laat, maar zo combineren ze wel de kracht van school met de kracht van thuis. Het is een fantastisch model.)

Een paar jaar van dit soort inspanningen leverden Granger High School veel op. Uiteindelijk kwam 100 procent van de ouders naar ouderavonden. De avonden worden niet georganiseerd door leraren maar door de leerlingen zelf, die hun vooruitgang bespreken, examenvereisten, cijfers, leesniveaus en plannen voor later. Het doel van deze bijeenkomsten is ervoor te zorgen dat iedereen – leerlingen, ouders, leraren – over dezelfde informatie beschikt. 'Mensen vragen me vaak hoe onze school 100 procent ouderparticipatie heeft gerealiseerd', zegt Esparza. 'Het antwoord luidt: ouder voor ouder.'[8]

Esparza geloofde ook in het personaliseren van onderwijs, zodat iedere afzonderlijke leerling een individueel succesplan en een mentor heeft. Het idee was dat iedere leerling elke dag verantwoording zou afleggen aan een mentor/leraar over zijn of haar persoonlijke voortgang. Maar een gemiddelde leraar kon niet iedere dag 150 leerlingen spreken, dus werden de leerlingen in groepen van twintig verdeeld, met één leraar als mentor bij iedere groep. De leraar en de groep kwamen vier keer per week bij elkaar om de individuele voortgang te bespreken. Ook nu weer was er een leraar die zei dat hij dat niet wilde doen, dat hij 'geen maatschappelijk werker was', en dus gaf Esparza hem de speech.

Volgens Esparza's opvolger Paul Chartrand bleken deze mentorgroepen transformerende krachten te zijn:

> *Iedere leerling had een stem, en een volwassene die zich met hem bezighield. De leerlingen wisten dat ze altijd iemand hadden bij wie ze terecht konden. Iemand die hen zag en aansprak en hen vriendelijk groette... Personalisering is cruciaal. Elk van die leerlingen weet dat hij of zij ter verantwoording zal worden geroepen. Als ze niet meer verschijnen, belt de mentor naar hun huis of komen ze langs om uit te zoeken wat er aan de hand is en hoe ze kunnen helpen.*[9]

Esparza gebruikte alles wat hij maar kon bedenken om de leerlingen te motiveren. Hoewel hij wist dat geld niet de enige motivator is, bewaarde hij een koffer met namaakgeld, $ 420.000 in gekopieerde briefjes van $ 20, globaal het bedrag dat een leerling misloopt tijdens zijn werkende leven als hij zijn middelbare school niet afmaakt. Tijdens regelmatige 'eerbewijsbijeenkomsten' legde Esparza het symbolische geld op het podium, naast een handgetekende poster van de 'Drie wegen van het leven': de goede-presteerweg voor leerlingen met hoge cijfers, de gemiddelde en de slecht-presteerweg. Hij confronteerde zijn leerlingen met de realiteit: 'Onderwijs is je enige kans, tenzij je iemand kent die een jachthaven bezit.' Vervolgens gaf hij alle aanwezige leerlingen een certificaat en een T-shirt met de tekst *No grades, no glory* en liet hij ze naar de kantine vertrekken om ijs te eten.[10]

Spijbelen was een lastig probleem; leerlingen van Granger waren gewend lessen over te slaan. Esparza bedacht een scorebord dat hij in de grote hal van de school neerzette waarop de tijd stond die de school van iedere leerling 'tegoed had'. Om het goed te maken, moesten de leerlingen voor of na school de verschuldigde tijd met een leraar doorbrengen. In twee jaar tijd daalden de afwezigheidscijfers met een derde.

Bovenal was Esparza vastbesloten om het schoolsucces van iedere afzonderlijke leerling zeker te stellen, dus introduceerde hij een drieste 'nietfalenregel'. Mentoren bemoeiden zich actief met leerlingen die het moeilijk hadden en begeleidden hen iedere dag in zwakke vakken. Leerlingen werden aangemoedigd om tests en quizzen te doen, totdat ze een ruime voldoende of meer haalden. Niemand kreeg de kans om af te glijden.

Toen Richard Esparza het roer overnam op Granger High, lag het percentage geslaagde leerlingen rond de 30 procent. Na vijf jaar was dat cijfer gestegen tot 90 procent. De leesscores van leerlingen verdrievoudigden van 20 procent naar 60 procent van de staatsnorm. Wiskunde- en schrijfprestaties gingen in hetzelfde tempo omhoog. Leerlingen die op Granger kwamen en niet konden lezen, konden als ze weer vertrokken op universitair niveau lezen. Een leerling genaamd Pedro begon op Granger High op een leesniveau dat vier jaar onder de norm voor zijn leeftijd lag. Maar hij vertelt: 'De school bleef me pushen. In mijn laatste jaar deed ik geschiedenis een jaar vooruit en kreeg ik een speciale beurs van Washington University.' Pedro's verhaal is nu algemeen geworden.

De les van Wendy Kopp dat ouders in achterstandssituaties kansen aangrijpen om de vicieuze cirkel voor hun kinderen te doorbreken bleek te kloppen. Tot op de dag van vandaag woont 100 procent van de ouders de ouderavonden op Granger High bij. En directeur Chartrand zegt dat hij stapels aanmeldingen heeft liggen uit andere buurten, van ouders die zelf bijna allemaal tot de laagste inkomensgroep behoren en laagopgeleid zijn, smekend om een kans voor hun kinderen om naar Granger te gaan. Een ander interessant bijverschijnsel op Granger High School was een significante afname in criminaliteitscijfers doordat mensen weer trots waren op hun buurt.

Hoewel Esparza trots is op wat er werd bereikt, was hij nooit tevreden. 'Voor mij betekent geslaagd zijn dat 100 procent van onze kinderen slaagt. Ik weet dat dat nog even zal duren. In mijn hart ben ik een idealist... maar in mijn hoofd ben ik een realist.' Op het nummerbord van zijn auto staat *Se Puede* – 'Het is mogelijk'.[11]

Richard Esparza is een verbluffend voorbeeld van een persoon die een derde-alternatiefmentaliteit ontwikkelde in het onderwijs. Hij had een van de vele bureaucraten kunnen worden die hun tijd uitdienen, veilig in zijn kantoor, in ontkenning, de maatschappij, de ouders, de lerarenvakbond, of de wetgeving de schuld geven van zijn onvermogen iets aan de situatie te veranderen. Of hij had weg kunnen gaan en zich bij het koor van critici kunnen aansluiten die zeggen dat het hele systeem op de helling moet.

In plaats daarvan koos hij bewust voor een derde alternatief. Hij koos ervoor het verhaal te veranderen op de plek waar hij toevallig was, en niet te wachten tot het grote sociaaleconomische, politieke debat over onderwijs zichzelf zou oplossen. Hij koos ervoor iedere leerling te zien als een afzonderlijk geschenk aan de wereld en niet als de zoveelste mislukkingsstatistiek. Hij nam het verwrongen beeld dat gangs van succes hadden weg en verving dit door een beeld van primair succes: de beloningen voor hard werken, volharding en presteren. Hij gaf wanhopige gezinnen weer hoop. Het resultaat spreekt voor zich, nu negen van de tien leerlingen van Granger hun examen halen en verder gaan naar universiteiten of hbo-opleidingen.

Hoewel Esparza net zo goed als ieder ander de tekortkomingen van het onderwijssysteem begreep, bewees hij dat het systeem zelf niet het probleem is. Het probleem is de instelling die zegt: 'Ik kan dit niet. Het is te moeilijk. Het systeem/de vakbond/de buurt/de wereld is tegen me. Er is nooit genoeg geld, er zijn nooit genoeg middelen. Niemand wil samenwerken. Het kan in ieder geval niemand iets schelen.' Dit reactieve, hopeloze paradigma wordt een selffulfilling prophecy.

Toch lieten Esparza en zijn team een cynische wereld zien dat ook *binnen* het systeem geweldige prestaties mogelijk zijn. Welk systeem we ook ontwerpen, als onze paradigma's niet kloppen, zal het niet werken. De echte vraag is of we het paradigma van synergie hebben, de spirit die de vraag oproept: 'Zijn we bereid iets beters te proberen dan iedereen voor mogelijk had gehouden? *Se puede!*'

'De leider in mij'

In 1999 had de A.B. Combs Elementary School in Raleigh, North Carolina, het moeilijk als magneetschool binnen het openbare-schoolsysteem in Wake County. (Een magneetschool trekt leerlingen aan van buiten de normale grenzen van het schooldistrict die zich willen richten op een specifiek onderwerp of speciale vaardigheden.) De school had een capaciteit van meer dan 800 leerlingen, toch hadden er zich slechts 350 ingeschreven. Combs behaalde de laagste toetsscores van het district; slechts twee derde van de leerlingen haalde de eindejaarstoetsen op het vereiste niveau of hoger. Het moraal onder leraren was laag. De school had geen algemene missie en visie. Het gebouw was smerig. Ouders waren ontevreden. Daarnaast waren de sociaaleconomische omstandigheden van de school uitdagend. In de school werden er 29 verschillende talen gesproken, en meer dan 50 procent van de leerlingen kreeg van hun school gratis voedsel of voedsel tegen een gereduceerde prijs. Schoolhoofd Muriel Summers stond voor een enorme uitdaging.

In dat jaar woonde Summers een van mijn presentaties in Washington D.C. bij. Ik leerde mensen *De zeven eigenschappen van effectief leiderschap*, een aantal universele, tijdloze, vanzelfsprekende principes die je terugvindt in iedere duurzame, welvarende samenleving, organisatie, familie en individu. Tijdens een pauze in mijn presentatie kwam ze naar me toe, stelde zich voor, keek me recht in de ogen en vroeg: 'Dr. Covey, denkt u dat deze eigenschappen ook onderwezen kunnen worden aan jonge kinderen?' Ik antwoordde: 'Hoe jong?' Zij zei: 'Vijf jaar.' Ik dacht er even over na en zei: 'Ik zou niet weten waarom niet. Laat het me weten als u ze ooit op uw school gaat uitproberen.'

Eerlijk gezegd dacht ze er een tijdje helemaal niet meer aan. Toen kreeg ze slecht nieuws: het districtskantoor liet weten dat het magneetprogramma van Combs School gesloten zou worden. Summers pleitte voor meer tijd en een tweede kans. 'De onderwijsinspecteur zat in zo'n leren fauteuil die onderwijsinspecteurs nu eenmaal hebben. Hij liet zich vermurwen en zei dat ik over een week met een voorstel moest komen om meer leerlingen te trekken.' Ze huilde de hele weg naar huis, maar toen ze met haar medewerkers bijeenkwam, realiseerde ze zich dat deze dreigende situatie ook een geweldige kans zou kunnen zijn. 'We besloten een voorstel op te sturen om een school te maken die anders was dan alle andere Amerikaanse scholen – de ideale school – en we hadden één week de tijd.'

Summers sprak snel met iedereen die belang had bij de school – de kinderen, hun ouders, leraren, leiders uit de directe omgeving en uit het bedrijfsleven – en stelde hun een vraag die een variant was op de derde-alternatiefvraag: 'Als je de ideale school zou kunnen ontwerpen, hoe zou die er dan uitzien?' Ze vroeg uiteindelijk onbevooroordeeld: 'Wat kunnen we bedenken dat beter is dan alles wat mensen tot nu toe hebben bedacht?'

Het werd een week van snelle prototypering. De tijdsdruk hielp misschien juist wel, want de ideeën stroomden al snel van alle kanten binnen. De kinderen wilden leraren 'die van ons houden, die weten wie we zijn, die aardig voor ons zijn, die ons vergeven als we fouten maken en weten wat onze dromen zijn'. Leraren hadden een ideaal van kinderen die hen respecteerden en die zich inzetten om iets van hun leven te maken, die graag wilden leren en aardig tegen elkaar waren. Ouders hechtten waarde aan verantwoordelijkheidsgevoel, problemen leren oplossen, het stellen van doelen en zelfsturing.

De inbreng van leiders uit het bedrijfsleven was nogal onverwacht. Ze hadden kunnen zeggen dat ze concrete vaardigheden wilden, maar ze vroegen om 'eerlijkheid, integriteit, teamwork, sociale vaardigheden en een sterke arbeidsmoraal'. Technologische vaardigheden stonden lager op de lijst.

Het is interessant dat niemand uitstekende basisvaardigheden of hogere testscores noemde, die Summers sowieso wilde verbeteren. Maar wat haar verbaasde, was een onderwerp dat steeds weer terugkwam in alle discussies: *leiderschap*. Alle belanghebbenden hechtten veel waarde aan de eigenschappen van effectieve leiders, zoals zelfsturing, verantwoordelijkheidsgevoel, het vermogen problemen op te lossen, teamwork, integriteit. Zij hoorde bovenal een sterke roep om leerlingen een bijdrage te laten leveren en hoop te geven. Het was een roep om leiderschap. 'Dat is het!' zei ze. 'We maken leiderschap tot ons thema.'

Summers weet nog hoe het ging: 'We zochten het internet af, maar vonden niemand die leiderschap als basis in het onderwijs gebruikte. We zouden uniek zijn. De volgende maandag stond ik om drie uur 's middags voor het schoolbestuur en kondigde aan dat we de eerste basisschool in het land wilden worden die zich richtte op leiderschap. Ik zal nooit de uitdrukking op het gezicht van de inspecteur vergeten. Hij herinnerde me er meteen aan dat ik geen extra geld of mankracht zou krijgen, maar hij gaf ons zijn zegen om verder te gaan en iets van betekenis te doen.'

De A.B. Combs Elementary School formuleerde een missie: 'Van alle kinderen wereldleiders maken.' Muriel Summers wist dat dit een ambitieuze missie was en een die niet zomaar even gerealiseerd kon worden. Het zou niet genoeg zijn om één keer per maand de lessen te onderbreken om een paar minuten over leiderschap te praten; alles zou doordrongen moeten worden van de missie.

Het was één ding om een missie te hebben, het was iets anders om te weten wat je dag in dag uit moest doen om die missie te bereiken. Summers en haar team bestudeerden alles wat ze maar konden vinden over leiderschap. Ze raakten gefascineerd door literatuur over kwaliteitsmanagement en besloten tot een benadering van 'voortdurende verbetering' om de voortgang van alle leerlingen te meten. Ieder kind zou een aantal meetbare leerdoelen formuleren en die bijhouden in de geest van 'Six Sigma', een proces van verantwoording afleggen dat wordt gebruikt door bedrijven die proberen de kwaliteit van hun bedrijfsvoering te verbeteren.

In vier stappen naar synergie

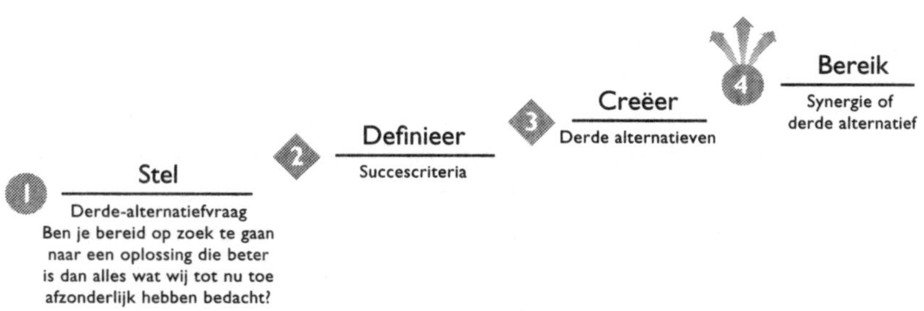

In vier stappen naar synergie. Op de A.B. Combs School moest een derde alternatief worden gevonden; anders zou de school haar deuren moeten sluiten. Iedereen hielp met het definiëren van de succescriteria, creëerde prototypes voor een nieuwe missie en was zeer tevreden met het derde alternatief: 'Een leiderschapsschool'.

Maar hoe zit het dan met de kenmerken van leiderschap, eigenschappen zoals initiatief, visie, besluitvaardigheid, probleemoplossend vermogen, relaties opbouwen – die allemaal zo cruciaal zijn voor een effectieve leider? De leraren hadden een of ander kader nodig om die kenmerken in het leven van iedere leerling te integreren. Toen herinnerde Summers zich mijn presentatie over *De zeven eigenschappen*, en ze zag er het funderend raamwerk in om kinderen te inspireren om zich de kwaliteiten van effectieve leiders eigen te maken.

'We maken *De zeven eigenschappen* nu onderdeel van alle vakken in het lesprogramma', zegt ze. De aanpak is 'van binnen naar buiten' gericht, waarbij de leraren en schoolbestuurders eerst de eigenschappen moesten leren en in praktijk brengen en die vervolgens zouden integreren in hun dagelijkse werk voor de klas. Er is geen nieuw lesprogramma. Leraren verwerken de principes van effectiviteit creatief in alle bestaande vakken: lezen, wiskunde, geschiedenis, kunstgeschiedenis, exacte vakken en maatschappijleer. Vanaf het moment dat ze 's ochtends de school binnenkomen totdat de laatste zoemer klinkt, worden de kinderen ondergedompeld in de opvatting van hun volwassen leiders dat ze leiders zijn van hun eigen leven, dat ze onvervangbare talenten hebben en dat ze het verschil kunnen maken.

Iedere leerling kent de mantra 'Er huist een leider in mij.' Ze leren de disciplines van een leider – initiatief nemen, doelen stellen en prioriteiten bepalen ('Eerst huiswerk, dan spelen'). Ze leren hoe win-win werkt ('Iedereen kan winnen – kies niet voor verlies!'). Ze leren iedere dag bij over empathie ('Eerst luisteren, dan praten') en synergie ('Maak er geen ruzie over, probeer een betere manier te bedenken'). Ze leren 'de zaag scherp te houden' – werken en spelen, sporten en leren, vrienden en familie in evenwicht houden.

De school versterkt deze leiderschapskwaliteiten voortdurend. Het is een voortdurend theater van de magie van ideeën. Bij een bezoek aan deze school zag je posters over *De zeven eigenschappen* aan de muren hangen en bordjes in de gangen met daarop 'Het proactieve plein', 'De winwinweg', 'Synergiestraat'. Je hoorde de kinderen erover zingen. Je zag leerlingen rollenspellen spelen. Je zag overal praatstokken. Je zou foto's zien van grote leiders en over hun levensverhaal horen. De kinderen interviewden leiders uit hun omgeving, waaronder de gouverneur, over de vraag wat ervoor nodig is om een leider te zijn.

Als een leraar het goede voorbeeld geeft op het gebied van leiderschap, nemen leerlingen dat voorbeeld snel over. Toen een leerling met een nogal ruige reputatie zich inschreef bij Combs, begroette hij zijn leraren met de woorden: 'Laat me #*@ met rust!' De leraren reageerden rustig: 'We gebruiken dit soort taal niet, we gebruiken een ander soort taal, maar we zijn blij dat je er bent.' De leraren zeiden iedere dag weer tegen deze jongen dat ze van hem hielden en dan ging hij door met vloeken. Maar al snel zei hij dat hij ook van hen hield. Zijn leven veranderde. Hij verdiende zijn plaats op de erelijst. Opmerkzame leerlingen waren onder de indruk van het feit dat leraren met vriendelijkheid en geduld op hem reageerden, en ook zij kregen sympathie voor hun lastige klasgenoot.

De kinderen leren ook hoe ze zich als leider moeten gedragen: hoe je mensen een hand geeft, hoe je een vergadering voorzit, hoe je in de houding staat. Ze gaan pas zitten in de klas nadat ze hun leraar en hun medeleerlingen hebben begroet; ze gaan pas weer weg nadat ze de leraar hun dankbaarheid hebben betoond. De kinderen bedanken de leraren als ze een nagekeken werkstuk terugkrijgen. Ze zeggen: 'Ja, mevrouw' en 'Nee, mevrouw'. Relaties onderhouden wordt onderwezen als onderdeel van een 'win-winmentaliteit'.

Als dit een leiderschapsschool is, zouden de leerlingen dan geen leiding moeten geven aan de school, vroeg Summers zich af. Vanuit deze gedachte ontwikkelde ze talrijke leiderschapsrollen voor de hele school. Op A.B. Combs kun je een muziekleider, een kunstleider of een exacte-vakkenleider zijn; een klasbegroetingsleider, een kantineleider, een schoolpleinleider enzovoort. Kinderen solliciteren naar deze functies en nemen ze heel serieus. De rollen rouleren voortdurend en ieder kind krijgt de gelegenheid om op een bepaald gebied een leider te zijn. Summer laat kinderen zo veel mogelijk de school aansturen. Dus zitten ze vergaderingen voor, doen ze de ochtendmededelingen en begeleiden ze bezoekers. Toen ik vroeg of we de fantastische dingen die daar op school gebeuren mochten filmen, zei Summers: 'Natuurlijk, ik zal je in contact brengen met onze audiovisuele leerlingenleiders.'[12]

Het meest bevredigende resultaat is misschien wel de verspreiding van synergie onder zulke jonge kinderen. Ze weten dat ze hun reactie kunnen kiezen. Ze weten hoe ze een conflict kunnen overstijgen. Ze weten hoe ze samen op zoek kunnen gaan naar een betere manier, zoals dit verhaal, verteld door Gayle Gonzalez en Eric Johnson, ouders van drie leerlingen van Combs, onderstreept:

Er kwam een nieuwe jongen in de klas van onze dochter die zijn boosheid niet in de hand had. De manier waarop de leraar met deze leerling omging was inspirerend. Op een middag, toen de jongen niet in de klas was, ging de lerares een open gesprek aan met de kinderen. Ze zei: 'De recente uitbarstingen in onze klas werken niet voor ons.' Ze betrok ze bij de oplossing. De kinderen begrepen dat de nieuwe leerling grotendeels verantwoordelijk was voor het probleem. Ze vormden zelf een steunteam. Ze zeiden dat zij deze nieuwe jongen beter konden helpen dan de lerares dat kon. Deze jongeman reageerde daar goed op en boekte voor het eerst van zijn leven grote vooruitgang in zijn schoolprestaties. Toen hij later verhuisde, huilden zijn medeleerlingen. Ze waren van hem gaan houden.

Deze kinderen hebben een derde-alternatiefmentaliteit. In plaats van iemand met een grote mond van repliek te dienen, of te mijden, bedachten ze hun eigen derde alternatief voor het oplossen van het probleem, zodat iedereen zou kunnen winnen. Het is wel duidelijk dat de leerlingen van Combs weten wat primair succes is.

En hoe zit het dan met de schoolresultaten? Binnen een jaar gingen de schoolresultaten van een van de laagste in het district naar 97 procent op of boven het gewenste niveau. Het aantal strafmaatregelen daalde onmiddellijk. Er heerste een sfeer van betrokkenheid en samenwerking onder leerkrachten. Enquêtes onder ouders lieten zien dat 100 procent van de ouders tevreden was. Toen de kinderen eenmaal leerden hoe ze hun eigen leven moesten leiden en verantwoordelijkheid voor zichzelf moesten nemen, werd het hun tweede natuur om optimaal te presteren. De gemiddelden variëren met de jaren, maar het globale beeld is buitengewoon positief.

Een cruciale vraag op Combs (en in het onderwijs als geheel) is hoe je iedere leerling kunt helpen een uitblinker te worden. De ideeën hierover verschillen. Sommige mensen vinden dat de notie van uitblinken cultureel elitair is, anderen denken dat middelmatigheid de norm wordt als leerlingen niet aan hoge normen voor succes worden gehouden (wat dat ook mogen zijn). Voor beide standpunten valt wel iets te zeggen.

Maar Combs heeft een derde alternatief, wat Muriel Summers 'een gigantische paradigmaverschuiving noemt'. In plaats van zich te richten op de prestatienorm zelf, richten ze zich op de onderwijsprincipes die tot goede prestaties leiden. Academische uitmuntendheid is, eerlijk gezegd, een secundair doel, een bijproduct van de nadruk die ze leggen op succes. Het principe is 'Leer hun het paradigma en het gedrag volgt vanzelf' en dat werkt perfect. Ze herinnert zich nog dat medewerkers aanvankelijk dachten dat een score van 90 procent op of boven het gewenste niveau fantastisch zou zijn. 'Vervolgens haalden we 95 procent. Er was een omslagpunt waarop we zeiden dat dat niet langer acceptabel was, niet zolang we geen 100 procent haalden.'

Toen het nieuws over de opmerkelijke ommekeer van A.B. Combs zich verspreidde, wilden andere mensen uit het onderwijs er meer over weten. Honderden mensen van over de hele wereld komen nu twee keer per jaar naar de Leiderschapsdagen van de school, om te leren hoe ze deze aanpak ook op hun school kunnen introduceren. Een van de bezoekers, Jeff

Janssen van het Championship Coaches Network, maakte het volgende verslag:

> *Ik wist dat de school bijzonder was toen ik er binnenkwam en er een kleuterschoolleerling naar me toe liep die me recht aankeek, een stevige hand gaf en met heldere stem zei: 'Goedemorgen, meneer. Ik ben Michael. We zijn blij dat u onze school komt bezoeken.' Deze warme, oprechte en professionele begroeting werd gevolgd door verscheidene andere begroetingen van leerlingen van alle leeftijden.*[13]

Na de dreigende sluiting vanwege een tekort aan inschrijvingen, bevindt Combs zich nu in de situatie dat er te veel inschrijvingen zijn. Het aantal leerlingen op de school steeg van 350 naar 860 en de school heeft meestal een wachtlijst met meer dan 500 kinderen. De huizenprijzen in het gebied zijn omhooggeschoten, en sommige ouders rijden wel een uur om hun kind naar school te brengen. Muriel krijgt honderden reacties op elke vacature van leraar op haar school. (Trouwens, de leerlingen uit de vijfde klas zijn betrokken bij de sollicitatiegesprekken van nieuwe kandidaatleraren.) Deze kleine 'leiderschapsschool' heeft de volgende uitingen van erkenning ontvangen in de Verenigde Staten:

- National Blue Ribbon School of Excellence;
- National Magnet School of Excellence, 2006;
- Entrepreneurial Award en School of Excellence van de gouverneur van North Carolina;
- Nationale titel 'Best of the Best';
- #1 National Magnet School of America;
- National School of Character, 2003.

Maar het belangrijkst zijn de levens die veranderd zijn door A.B. Combs. Dit is slechts een voorbeeld van de eerbetuigingen:

- Nathan Baker, gehandicapte leerling: 'Je leert je te richten op waar je goed in bent, anderen niet de schuld te geven.'
- Liliana, leerling: 'Vorig jaar aan het eind van het schooljaar heb ik de schooldecaan verteld dat ik al drie jaar seksueel misbruikt werd. Maar ik heb een keuze. Als ik zo verder leef, kies ik ervoor om het niet te vertellen. Ik wil een beter leven en ik wil dat je me helpt.'
- John Rapple Jr., kadet, West Point militaire academie: 'Als ik geen leerling aan Combs geweest was, had ik nu waarschijnlijk niet op West Point gezeten.'
- Pam Allman, lerares: 'Mijn man, een politieman, kreeg een kogel door zijn hoofd. Dankzij de dingen die ik op Combs heb geleerd, konden we de moeilijkste tijd van ons leven doorkomen.'

- Preenegoe Shanker, leerling uit India: 'De dingen die ik op Combs heb geleerd, hebben me voor de rest van mijn leven geholpen om zelfvertrouwen te krijgen. Ik heb geleerd me te richten op mijn Cirkel van Invloed in plaats van mijn Cirkel van Betrokkenheid.'

Lang nadat het op Combs Elementary allemaal begonnen was, nam Muriel Summers contact met me op, zoals ze had beloofd, om me te vertellen hoe het ging. Ik was verbijsterd. Ik wist dat dit verhaal verteld moest worden, dus schreef ik een boek met de titel *The Leader in Me* ('De leider in mij'), waarin gedetailleerd wordt beschreven wat er gebeurd was op A.B. Combs en op andere scholen die hun voorbeeld hadden gevolgd. Het hele idee van het boek is dat kinderen als leiders worden gezien en niet als passieve ontvangers van onderwijs.

Toen mijn zoon Sean op een dag A.B. Combs bezocht, werd hij uitgedaagd door Summers: 'Ik word iedere dag gebeld door schoolhoofden overal vandaan, die dit leiderschapsmodel willen implementeren. Maar het ontbreekt me aan de tijd en de knowhow om dit naar buiten te brengen. Ik probeer hier een school te runnen, snap je? Het is jouw morele plicht om hier iets mee te doen!' Sean nam de uitdaging van Summers serieus, bestudeerde het model, codificeerde het en maakte er een proces van dat iedere school kon implementeren. Sinds het uitbrengen van het boek en het proces zijn er overal *Leader in Me*-scholen ontstaan, in Guatemala, Japan, de Filippijnen, Australië, Indonesië, Singapore, Thailand, India, Brazilië, het Verenigd Koninkrijk en door heel Amerika. Terwijl ik dit schrijf, zijn er al meer dan vijfhonderd van deze scholen. De resultaten zijn transformationeel. Het vertrouwen van leerlingen neemt toe. De schoolscores verbeteren. Positieve berichten stromen binnen. Ouders dringen aan op meer scholen. Nadat hij het boek had gelezen, nam een hoogleraar aan Columbia University zijn gezin mee en vertrok van New York naar North Carolina zodat zijn kinderen naar Combs konden gaan.

Ik was verbaasd over de transformationele resultaten van deze *Leader in Me*-scholen en vroeg me af waarom dit leiderschapsmodel zo goed werkt, terwijl dat voor zo veel andere hervormingsinitiatieven niet geldt. Volgens mij zijn hier vier redenen voor. Ten eerste gaat het uit van een ander paradigma. In plaats van kinderen door de bril van een normale distributiecurve te zien – sommige kinderen zijn slim en sommige zijn minder slim – wordt ervan uitgegaan dat ieder kind capabel is; ieder kind is een leider. Dit paradigma verandert alles.

Ten tweede werkt het van binnen naar buiten. Muriel zal kunnen bevestigen dat ze eerst haar eigen leerkrachten op één lijn moest zien te krijgen en het klimaat binnen de staf moest verbeteren voordat ze het model in praktijk kon brengen met de leerlingen. Ze konden van hun leerlingen geen veranderingen verwachten als ze zelf niet veranderden. Zoals de grote onderwijsman Ronald S. Barth al zei: 'De aard van de relaties tussen volwassenen op school houdt meer verband met de kwaliteit en het karakter van de school en de prestaties van de leerlingen dan enige andere factor.'[14] Dit model draait namelijk net zozeer om de volwassenen als om de kinderen. Het werkt van binnen naar buiten. Eerst de leerkrachten, dan de leerlingen en dan de ouders.

In de derde plaats wordt een gemeenschappelijke taal gebruikt. Als iedereen – leerkrachten, leerlingen en ouders – dezelfde taal gebruikt, krijg je het effect van een gezamenlijk belang en dat is echt ongelofelijk. De zeven eigenschappen creëren die gemeenschappelijke taal. Het maakt bijvoorbeeld een enorm verschil als iedereen weet wat het betekent om 'belangrijke zaken op de eerste plaats te zetten', 'eerst te begrijpen en dan begrepen te worden' of 'proactief te zijn'. *Leader in Me*-scholen horen vaak dat hun leerlingen de taal onder elkaar gebruiken en met hun ouders: 'Ik moet belangrijke zaken op de eerste plaats zetten en eerst mijn huiswerk doen voordat ik ga spelen'; 'Ik had win-win moeten denken'; of 'Pap, je bent reactief'.

Ten slotte vindt implementatie altijd en overal plaats. In plaats van 'iedere dinsdag om 13.00 uur leiderschapsles' maken Muriel en haar team gebruik van een geïntegreerde benadering en maken ze leiderschapstraining onderdeel van alles wat ze doen. Het model heeft dus gevolgen voor alles – de tradities, evenementen, organisatie, cultuur, onderwijsmethodieken en het lesprogramma van de school. Maar zoals de leraren je zullen vertellen: 'Het is geen kwestie van er nog iets bij doen; het is een kwestie van alles doen wat je al deed, maar op een betere manier.'[15]

Terwijl de deelnemers aan het grote onderwijsdebat naar elkaar blijven wijzen, en schreeuwen om de een of andere structurele hervorming, elkaar de schuld gevend voor van alles en nog wat, van de verstopte neuzen van hun kinderen tot aan de ondergang van de beschaving, transformeren mensen als Muriel Summers en Richard Esparza zonder veel ophef de levens van kinderen door 'de leider in hen' naar boven te halen. Zij vertegenwoordigen het derde alternatief voor het tumult aan beide kanten van het maatschappelijk debat. Ze geven niemand de schuld; in plaats daarvan zetten ze de inbreng en betrokkenheid van de hele gemeenschap in. Plaatselijke leiders uit het bedrijfsleven doen al het mogelijke om te helpen. Ouders springen enthousiast bij. Leraren profiteren net zo goed als leerlingen. Deze synergetische mensen zijn zo ver voorbij het tweealternatievendebat geraakt dat dit verhoudingsgewijs een primitieve indruk maakt.

Nog niet zo lang geleden werd ik uitgenodigd om voor een groot aantal toehoorders op een universiteit in Pennsylvania over onderwijs te spreken. Ik werd begroet door verscheidene jonge mensen van A.B. Combs Elementary School. Voordat ik zelf het podium opging, vroeg ik hun iets te vertellen over hun school en wat ze er hadden geleerd. Daar stonden ze voor meer dan duizend mensen, wetenschappers, professoren en bestuurders. Ze overdonderden het publiek met hun moed en zelfvertrouwen, met hun boodschap over het vinden van de leider in henzelf – het was een ongelooflijke ervaring. Op dat moment leek het onderwijsdebat enorm nietszeggend en ver weg.

Ik ben niet tegen herstructurering van het onderwijssysteem, maar ik sta ook niet aan de kant van degenen die het hele systeem willen afbranden. Ik zou alleen ontzettend blij zijn als het debat zou eindigen en de samenwerking zou beginnen, rondom de echte taak van het onderwijs: het ontketenen van de leider in iedere jongere, het vrijmaken van het grenzeloze potentieel in ieder van ons om zijn eigen leven, de levens van zijn familie en de wereld te transformeren.

Alle kinderen zijn potentiële sterren. Van wetenschappers weten we dat in ieder atoom ongeveer 35 miljard keer zijn gewicht aan energie verborgen ligt. Binnen in een ster smelten de atomen samen; ze laten deze enorme kracht vrij in de vorm van licht en warmte. Op soortgelijke wijze heeft een kind een grenzeloos latent vermogen om de toekomst opnieuw vorm te geven, en het maakt niet uit op welk terrein dit gebeurt. Het is net zo belangrijk om een ouder goed te onderwijzen als een Nobelprijswinnaar, want de bijdragen van beiden zullen voor altijd gevolgen hebben. De echt grote onderwijsmensen laten het industriële tijdperk van controle over de menselijke geest achter zich en brengen ons naar een nieuw tijdperk van bevrijding.

De universiteit als *trim tab*

Ook universiteiten maken de identiteitscrisis waar ik het over heb gehad door, zich afvragend: wat is het doel van een universiteit? Sommigen zeggen dat het erom gaat mensen voor te bereiden op de arbeidsmarkt. Zij zien huidige universiteiten als ivoren torens vol droge intellectuelen die jonge mensen geen dienst bewijzen door ten minste vier jaar lang hun tijd te verspillen met irrelevante zaken en ze vervolgens weer de deur uit te werken met 'diploma's die nergens toe dienen'. Ze benadrukken dat beroepsopleidingen het echte werk doen; vandaar de enorme opleving in de VS in commerciële universiteiten die zich richten op beroepsvaardigheden.

Deze beperkte kijk op de zaken heeft veel universitair docenten beïnvloed. William Damon, een hoogleraar onderwijs, zegt dat als je een gemiddelde universiteit in de VS bezoekt en je vraagt een docent waarom studenten zijn college zouden moeten volgen, dan zul je 'een heleboel beperkte, instrumentele doelen te horen krijgen, zoals doet het goed op hun cv, goede cijfers halen, en mislukking vermijden, of misschien – als de studenten geluk hebben – de waarde van het leren van een specifieke vaardigheid alleen om die vaardigheid'.[16]

Geen wonder dat de nadruk op secundair succes het denken van de meeste universitaire studenten vandaag de dag vergiftigt. De eminente hoogleraar onderwijs Arthur Levine zegt dat studenten universiteiten zien als een van de vele consumeerbare zaken op de markt: 'Ik vroeg een aantal studenten uit deze nieuwe lichting wat voor relatie ze wilden hebben met hun universiteit. Ze zeiden dat die moest zijn als de relatie met een utiliteitsbedrijf, een supermarkt of een bank – de nadruk lag vooral op gemak, dienstverlening, kwaliteit en betaalbaarheid.'

Een zakelijk ondernemer zei tegen Levine: 'Jij zit in een branche die honderden miljarden dollars waard is, en jullie hebben een reputatie vanwege lage productiviteit, hoge kosten, slecht management en slecht gebruik van technologie. Jullie gaan de gezondheidszorg achterna: een slecht aangestuurde non-profitbranche die is overgenomen door de commerciele sector.'[17] (Natuurlijk heeft de groei van het commercieel hoger onderwijs in de vs het probleem van kosten en toegankelijkheid niet beter opgelost dan de commerciële gezondheidszorg dat gedaan heeft.)

Veel mensen in het hoger onderwijs vinden dit een alarmerende trend. Degenen die de universiteit zien als een heiligdom van geleerdheid. Dit is een veelgehoorde klacht:

> *In amper een generatie tijd is de bestaande ethiek van geleerdheid – kort gezegd dat de belangrijkste missie van universiteiten het bevorderen en overdragen van kennis is – grotendeels verdreven door de waarden van directe behoeftebevrediging die de markt voorschrijft. Verdwenen is de inzet voor het behoud van een gemeenschap van geleerdheid, een intellectuele gemeenschap hoog op een bergtop.*[18]

De spanningen tussen de markt en geleerdheid, een echo van het aloude conflict van 'wetenschappelijke versus niet-wetenschappelijke medewerkers aan een universiteit', vormen eveneens een ongelukkig vals dilemma. Hoewel hun brokjes waarheid gering zijn, hebben beide kampen uitstekende argumenten; en beide hebben elkaar veel te bieden als ze hun tweealternatievendenken achter zich kunnen laten. Ironisch genoeg kunnen er wonderen gebeuren als ze samenwerken in synergie – anders zouden we niet de verfijnde hightech beschaving hebben die we nu hebben, met alles wat er bereikt is in de kunst en de wetenschap.

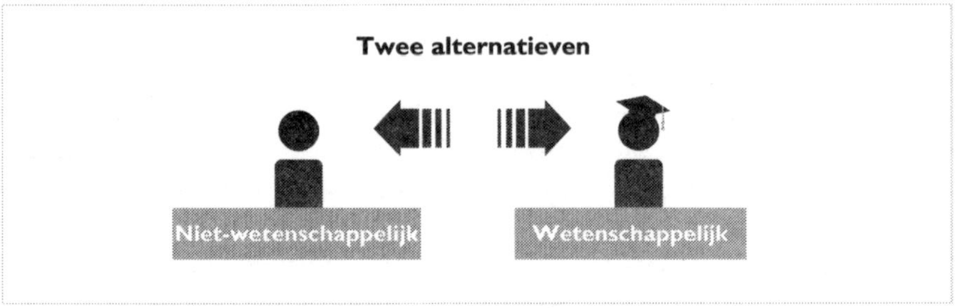

Tegelijkertijd denk ik dat geen van beide partijen echt begrepen heeft wat er moet gebeuren. De ene partij ziet het probleem als volledig zakelijk. Het gaat in de eerste en de laatste plaats om geld verdienen, tegen elke prijs. Alle vergaarde wijsheid vertelt ons dat dit doel spiritueel leeg is – of erger. De wereldwijde financiële ramp van 2008, die veel schadelijker was voor het levensonderhoud van miljoenen mensen dan welke terroristische aanslag dan ook, was het gevolg van dit soort denken en dit soort onderwijs. In de woorden van historicus Robert Butche:

> *De redenen voor de wereldwijde catastrofe zijn grotendeels bekend: als grote aantallen mensen en organisaties het systeem vergokken, bezwijkt dat onder het gewicht van bedrog, diefstal, fraude en hebzucht.*
> *De manier waarop onze bedrijfskundigen worden opgeleid, de manier waarop ze problemen leren benaderen, hoe ze over zaken denken en one-issuemanagement, hebben een maatschappelijk en ethisch kreupele managementklasse geschapen. De kern van het MBA-denken wordt niet gevormd door slechte mensen of slechte bedoelingen, maar door slechte resultaten die het gevolg zijn van een mentaliteit van tot elke prijs willen winnen, kortetermijndoelen en een allesomvattende focus op winst tot iedere prijs.*[19]

Echter, wat de andere partij in het debat biedt is niet noodzakelijkerwijs beter. De academische wereld heeft zijn idealen lang geleden laten varen, en het is nu te laat om ze terug te halen. Het draait te veel om aanstellingstrajecten en zelfpromotiebeleid, en studenten staan dat alles in de weg. Iemand heeft de universiteit ooit gedefinieerd als een school die de interesse in zijn leerlingen is kwijtgeraakt. Of zoals een weldenkende waarnemer het omschreef: de universiteit van nu is een plek van 'particuliere spirituele malaise; veel faculteiten hebben te kampen met een verlies van zowel idealisme als gemeenschapsgevoel'. Het is een wereld van 'groeiende teleurstellingen en frustratie, die leiden tot opzichzelfstaande doelen en gefragmenteerde levens'.[20]

Aan beide kanten verstoort een te grote nadruk op secundair succes het werkelijke doel van hoger onderwijs. Natuurlijk moet iedereen leren hoe hij in zijn onderhoud kan voorzien, maar de daadwerkelijke missie van een universiteit is mensen in staat te stellen de grote bijdragen te leveren waartoe ze in staat zijn. Als mensen zich op primair succes richten, zullen secundaire beloningen incidenteel volgen.

Als universitair docent en bestuurder worstelde ik bijna dertig jaar met deze spanning. Ik ben me goed bewust van de geleidelijke evolutie van de universiteit tot een 'diplomafabriek' gericht op loopbaanvoorbereiding. Thuis probeerde ik mijn kinderen op te voeden met de filosofie dat je primair naar de universiteit gaat om te leren hoe je kunt leren en secundair om een baan te vinden. Ze hebben alle negen een universitaire opleiding gedaan, op uiteenlopende gebieden als geschiedenis, Engels, internationale betrekkingen, politicologie en Amerikaanse studies. Zes van de negen hebben een mastersdiploma behaald. Ik ben enorm dankbaar dat ze allemaal een gewaardeerde universitaire opleiding hebben genoten. Maar bovenal heeft het hun de mogelijkheid geboden om *na te denken over wat zij denken*, iets wat cruciaal is voor derde alternatieven in het leven.

Naar mijn mening is dát de transformerende rol van de universiteit: derde alternatieven creëren. Nieuwe kennis ontstaat vanuit derde alternatieven. Het bevorderen van kennis is, zoals Thomas Kuhn zei, 'afhankelijk van een proces van revolutionaire verandering. Sommige kennisrevoluties zijn groot, zoals de revoluties van Copernicus, Newton en Darwin.' Andere zijn veel minder verstrekkend. Maar alle kennisrevoluties vereisen dat je anders naar de dingen gaat kijken, een synergetische denkwijze.

Wat er dus in het hoger onderwijs moet gebeuren, is hetzelfde als wat er in het lager onderwijs moet gebeuren: het opleiden van leiders die de onderscheidende bijdragen leveren die alleen zij kunnen leveren.

Een tijdje terug nodigden de bestuurders van een grote universiteit in Canada me uit om hun te adviseren over hun toekomstige koers. Ze wisten niet welke kant ze op moesten. Ze maakten het soort identiteitscrisis door dat ik al beschreven heb: wat is ons doel? Zitten we in dit vak om geschoolde werknemers voor de arbeidsmarkt af te leveren of richten we ons op pure kennis en moeten we ons in al onze wijsheid afkeren van 'de echte wereld'?

Ik stelde een derde alternatief voor door te beschrijven hoe de kapitein van een groot schip zijn koers bepaalt. Op het grote roer van ieder schip zit een kleiner tweede roer, dat een 'trim tab' wordt genoemd. Als de trim tab naar één kant overhelt, creëert die een vacuüm in het water waar het grote roer gemakkelijk in glijdt. Door de trim tab (die zeer klein is vergeleken met de massa van het schip) te manipuleren, kan een kapitein gemakkelijk een olietanker van bijvoorbeeld een half miljoen ton over de oceaan sturen.

Ik vroeg daarom degenen die op zoek waren naar een nieuw doel om zich de universiteit voor te stellen als een trim tab voor revolutionaire veranderingen in de maatschappij. Ik nodigde hen uit hun missie te vernieuwen teneinde boven zichzelf uit te stijgen, boven hun eigen instelling.

Het was een ongelooflijk uitdagend proces deze groep te helpen om tot een derde alternatief te komen. Ze waren verzand geraakt in politieke spelletjes en rivaliteit, in provincialisme, stammenstrijd, gedoe tussen afdelingen, allemaal bezig met hun eigen belangen en het beschermen van hun eigen territorium. Hun doelen waren zeer tegenstrijdig. Er was zo veel professionele jaloezie onder hen dat ik niet wist of ze het zouden redden. Maar ze wilden nadrukkelijk leiding van mij, dus die probeerde ik te geven: ik stond erop mensen vanuit alle lagen van de universiteit bij het proces te betrekken, de praatstok te hanteren en de invalshoeken van anderen echt te begrijpen. Geleidelijk, naarmate ze boven zichzelf uitgroeiden, boven hun afdelingen en disciplines en politieke spelletjes, begon hun missie vorm te krijgen als een echte trim tab. Toen ze het idee om een belangrijk erfgoed achter te laten eenmaal hadden omarmd, verdween de kleinheid van hun geesten om plaats te maken voor de grootsheid van hun ziel.

Nu hebben ze een geweldige universiteit met een duidelijk overkoepelend doel, en begeleiden en beïnvloeden ze universiteiten uit het hele land om hun voorbeeld te volgen.

Een universiteit wordt een trim tab door zich volledig te verbinden met de 'echte wereld', door de samenleving te dienen en al doende studenten te helpen zelf trim tabs te worden. Als een overvloedige bron van derde alternatieven kan een universiteit de wereld waarvan het deel uitmaakt transformeren. En sommige van die universiteiten doen nu precies dat, zoals je zult zien.

Laten we opstaan en het zelf doen!

Stenden Hogeschool Leeuwarden is een trim tab hbo-opleiding. In plaats van te tobben over hun identiteit combineren de mensen van Stenden, zowel docenten als studenten, loopbaanvoorbereiding met intellectuele ontplooiing en dienstverlening. Het is zelfs moeilijk te zien waar het ene domein eindigt en het andere begint. Bestuursvoorzitter Robert Veenstra zegt: 'Ik wil een hogeschool die gericht is op leiderschap. Voor mij is leiderschap de manier om het beste in mensen naar boven te brengen. Wat we nodig hebben zijn leiders die echte trim tabbers zijn. Het is een steeds terugkerend thema: "Zorg dat je een trim tab wordt!" We hebben mensen nodig die het lef hebben om op te staan en die in actie willen komen voor wat goed is.'

Voor Veenstra is dit het echte werk van zijn hogeschool: de leider in ieder mens ontketenen. Met 11.000 studenten in Nederland en verscheidene campussen in Zuid-Azië, noemt Stenden zijn hogeschool expliciet een 'leiderschapsuniversiteit' en definieert hij leiders als mensen die 'handelen in overeenstemming met universele principes, verantwoordelijkheid nemen, verschillen tussen mensen waarderen, synergie creëren en zichzelf ontwikkelen'.

Hoe vertaal je deze missie naar de werkelijkheid?

In 2003 heeft de hogeschool een campus opgezet in Zuid-Afrika, in de mooie kustplaats Port Alfred. De nieuwe instelling zou mensen opleiden om in het toerisme te werken. Vanwege het klimaat en de prachtige kustlijn is Port Alfred een vakantiebestemming en de woonplaats van veel gepensioneerden in goeden doen. Maar vlak daarnaast vind je een geheel andere wereld: NeMaTo, de Nelson Mandela Township, nog altijd geplaagd door een hoge werkloosheid, analfabetisme en criminaliteit. De kleine winkeltjes kunnen nauwelijks overleven. En het meest tragische is dat er overal straatkinderen rondzwerven die nergens naartoe kunnen en niets anders kunnen doen dan bedelen, benzine snuiven en wiet roken.

Robert Veenstra en zijn medewerkers wisten dat dit een perfecte locatie was voor een hogeschool die derde alternatieven nastreeft. De nieuwe campus zou het Educational Institute for Service Studies (EISS) gaan heten; deze naam had een dubbele betekenis: studenten zouden opgeleid worden voor de dienstverlenende sector (de service industry) en tegelijkertijd zouden diensten worden verleend aan de gemeenschap, die die diensten hard nodig had. Er zouden geen grenzen zijn tussen 'schoolwerk' en 'veldwerk'. De eerste bestuursvoorzitter van EISS was heel toepasselijk Raymond Mhlaba, een held uit de antiapartheidsbeweging en een van de medegevangenen van Nelson Mandela op Robbeneiland. Hoewel hij maar kort in functie was voordat hij overleed, begreep Mhlaba beter dan wie dan ook de uitdagingen waar NeMaTo voor stond.

Net als alle experimenten in de geest van derde alternatieven begon EISS, in de woorden van Veenstra, 'als een groot avontuur'. 'De betrokkenen wisten niet wat het resultaat van het initiatief zou zijn. Ze wisten alleen dat ze hoger onderwijs en gemeenschapsontwikkeling wilden brengen naar een van de armste regio's van Zuid-Afrika, en ze zagen een groot potentieel in het bouwen van een brug naar een betere toekomst voor jonge mensen.' Ze wilden dat de studenten niet alleen een dienstverlenend vak zouden leren, maar ook een dienstverlenende instelling.

Er ontstonden wonderbaarlijke synergieën toen de mensen van EISS en NeMaTo bij elkaar kwamen om elkaar te helpen. Omdat bakken op het lesprogramma stond, zette de school een bakkerij op in NeMaTo; niet alleen om leerlingen te leren bakken, maar ook om banen te creëren voor de mensen uit de township en hen te helpen een spirit van self support te ontwikkelen. De slogan van de bakkerij was: 'Vooruitgang is onze lifestyle!' Andere projecten omvatten moestuintjes, een multifunctioneel activiteitencentrum, een aidspreventieprogramma en begeleiding voor de Enkuthazweni School voor gehandicapten, waar alleen maar studenten werkten.

Studenten leerden ook samen met mensen die een klein bedrijfje hebben en die betrokken zijn bij het 'Let's Rise and Do It Ourselves'-project van

EISS voor ondernemers. Studenten begeleidden de ondernemers met hun bedrijfsplanning, boekhouding en marketing, en de eigenaren huurden de studenten in om in hun winkels te werken. Iedereen had baat bij deze synergie – de kleine ondernemers leerden nieuwe vaardigheden en de studenten verstevigden hun kennis. Een jonge vrouw die Joyce heette, had geprobeerd naaiklussen te verwerven, maar wist niet hoe ze klanten moest trekken. EISS-studenten leerden haar de beginselen van marketing en budgetteren, waarmee ze haar bedrijfje transformeerde. Simphiwe Hlangane had een houtbewerkingswerkplaats, maar wist weinig van de zakelijke kant. Hij was zo menslievend dat hij alleen rekende wat de mensen konden betalen en gaf zijn diensten zelfs weg. Zijn EISS-partner leerde hem boekhouding, marketing en zakelijk inzicht.

Naast deze institutionele hulp organiseerde EISS ook studenten om te helpen de levens van de vele straatkinderen van NeMaTo te verbeteren. Xolani van dertien was sinds zijn zesde niet meer naar school geweest. Zijn moeder bracht haar dagen door op de vuilstort waar ze leefde op goedkope alcohol; zijn grootmoeder was te oud om voor hem te zorgen. Xolani wilde naar school, maar omdat hij het topje van zijn wijsvinger was kwijtgeraakt had hij besloten dat hij niet kon schrijven en schaamde hij zich om het te proberen. Noncini, een tiener, woonde af en aan bij haar grootmoeder, maar bracht haar tijd meestal door bij de vuilstort. Ze probeerde naar school te gaan, maar raakte al snel ontmoedigd en ging snel terug naar de vuilstort. Op een dag gebeurde er iets vreselijks: ze werd high van het snuiven van benzine en werd verkracht door een groep jongens.

Dit soort verhalen hoor je maar al te vaak in NeMaTo. Maar EISS 'adopteerde' Xolani en Noncini en vele andere kinderen zoals zij. Studenten maakten gedragsafspraken met ze. Xolani stemde ermee in weg te blijven bij de vuilstort en iedere dag naar het activiteitencentrum te gaan, waar hij deelnam aan een speciaal programma voor drugsbestrijding bij jonge kinderen. In eerste instantie was zijn gedragsafspraak kort en simpel: 'Ik drink dit weekend geen alcohol.' Uiteindelijk gingen stagiaires van EISS zich bezighouden met het begeleiden van Xolani's moeder in de opvoeding en leerden ze Xolani persoonlijke verzorging en hygiëne. Ze controleerden zijn aanwezigheid op school. Ook Noncini kreeg hulp bij haar schoolwerk en het omgaan met haar seksuele trauma. Haar grootmoeder werd een sleutelfiguur bij het verwerkingsproces; met wat hulp werden ze opnieuw een familie. Onder leiding van de studenten redde EISS kinderen die anders voorgoed slachtoffer zouden zijn van drugs en ontmoediging.

De school breidt zijn bereik steeds verder uit en sponsort nu Students in Free Enterprise, een vriendschappelijke competitie waaraan 42.000

studenten deelnemen die hun dorpen en buurten in meer dan veertig landen willen verheffen. Ze doen dingen als een computercentrum bouwen in een afgelegen dorp en een school repareren en toerusten voor mensen op het platteland. Dit zijn geen buitenschoolse projecten; ze vormen de kern van het lesprogramma. Door kleine bedrijfjes en boeren te helpen zelfvoorzienender te worden, door kinderen te redden van de ellende van een verslaving, door in zichzelf de waarden van compassie en dienstverlening te cultiveren, zorgen deze jonge mensen voor een enorm trim tab-effect, waar ze ook naartoe gaan.

EISS (nu onder de naam Stenden South Africa) stelt studenten in staat om tegelijkertijd dienstverlenende vaardigheden en een dienstverlenende ethiek te leren. Academici worden verrijkt door de dagelijkse praktijk, doordat de muren tussen school en gemeenschap zijn neergehaald. Zowel het hoofd als het hart wordt onderwezen. Studenten ontdekken wat het betekent om een bijdrage te leveren. Robert Veenstra geeft toe dat Stenden een uitzondering is in de wereld van het hoger onderwijs, en er zijn ook sceptici: 'Ik stuit voortdurend op weerstand. Mensen weten gewoon niet of dit gemeenschapswerk en leiderschapswerk een goed idee is, of ze willen het niet doen', zegt hij.[21]

Wat mezelf betreft, ik denk dat dit het onderwijsmodel van de toekomst is. Het zou een schande zijn als universiteiten en hogescholen zich blijven afzonderen van de levens van hun studenten en de gemeenschappen waar ze iets voor zouden kunnen betekenen. Het zou een tragedie zijn als de ervaring van studeren voor de meeste studenten werd gereduceerd tot voor een computerscherm zitten, met niemand contact hebben en af en toe multiplechoicetentamens doen. Stenden is daarentegen een authentiek derde alternatief, een betere manier dan een louter theoretisch college of een voorgeprogrammeerde beroepsopleiding, op weg naar zijn ambitieuze doel om van mensen leiders te maken.

Stendens innovatieve methode voor het bereiken van dit doel staat bekend als *engagement learning* of dienstverleningsleren. Dr. Ernest Boyer, de vroegere commissaris van onderwijs bij de Amerikaanse overheid, was een leider met een vooruitziende blik en een vroege bepleiter van dit soort synergie tussen hoger onderwijs en de samenleving. Hij schreef:

> *Scholarship of engagement betekent dat je de rijke hulpbronnen van de universiteit verbindt met de meest urgente maatschappelijke en ethische problemen, voor onze kinderen, voor onze scholen, voor onze leerkrachten en voor onze steden... Wat op een hoger niveau nodig is, zijn niet meer programma's, maar een hoger doel, een sterkere mis-*

sie, meer duidelijkheid in de richting waar we met ons land naartoe willen.[22]

Dat hogere doel motiveert nu andere hogescholen om studenten te helpen leren door dienstverlening. Iedere vakgroep kan hieraan meedoen. Op een hogeschool in de VS hebben studenten boekhouding bijvoorbeeld een daklozenopvang in een grote stad geadopteerd en geven ze de bewoners workshops op het gebied van budgettering en boekhouding. Als ze niet leren geld opzij te zetten, is er weinig hoop dat ze ooit een huis zullen bezitten. Als onderdeel van de training heeft een plaatselijke bank spaarrekeningen geopend waarvoor als eerste inleg niet meer dan een dollar nodig is. Mensen begeleiden in moeilijke situaties heeft een groot effect op de studenten. Een van hen schreef: 'De mensen hier hebben me meer geleerd dan ik ooit voor mogelijk had gehouden. De situaties waar ik de afgelopen weken aan ben blootgesteld hebben een emotionele impact gehad zoals maar weinig andere dingen op de universiteit.' In een klassiek omgekeerd rollenpatroon leerden zijn dakloze cliënten hem tijdens de lessen empathie en de waarde van ieder afzonderlijk mens. Dat is wat ik bedoel met synergetisch leren.

Op een belangrijke rechtenfaculteit in de VS krijgen studenten de kans om vrijwilligerswerk te doen voor cliënten met lage inkomens in een buurthuis. Sommige vertegenwoordigden een immigrant, een Mexicaanse bakker genaamd Rafael, die net ontslagen was. Behalve dat ze hem met zijn zaak hielpen, deden de rechtenstudenten ook een beroep op andere studenten van financiële richtingen om hem te helpen zijn eigen bakkerij te beginnen. Deze studenten hielpen hem een ondernemingsplan op te stellen en een kleine lening te krijgen. Talenstudenten boden aan voor hem te tolken. Zelfs oud-studenten raakten betrokken bij het controleren van de juridische en zakelijke contracten. Al snel had hij zijn oude baan niet eens meer nodig; hij was klaar om op eigen benen te staan. Voor hem was de juridische kwestie theoretisch geworden, en dat is wat een goed derde alternatief met juridische kwesties doet. De oprechte synergie tussen de verschillende disciplines heeft aan alle kanten muren neergehaald.[23]

Dit soort synergie leidt ertoe dat we tot een nieuwe definitie van onderwijs komen. Nu betekent het maar al te vaak informatie in lege hoofden pompen, en vervolgens testen of het er weer uitkomt. Dit wordt het 'snoepautomatenmodel' genoemd (de leerkracht doet een muntje in de machine en hup daar komt het resultaat) en is ook weer zo'n relikwie van het industriële tijdperk. Dit model is zeer beperkt vergeleken met het model voor synergetisch onderwijs waarbinnen iedereen – leerkrachten, leerlingen en de gemeenschap – kennis bijdraagt en de resultaten zijn derde alternatieven die ons begrip transformeren en ons bruikbare nieuwe paradigma's opleveren. Een uitstekend voorbeeld hiervan is het werk van de Canadese University of Victoria met de First Nations.

Twee kanten van de adelaarsveer

In Canada zijn er meer dan 600 indianenstammen, die nu bekendstaan als de First Nations. Veel van de mensen van First Nations willen aan de mainstreamsamenleving deelnemen, goed onderwijs en goede banen krijgen, maar ze willen ook hun oude gebruiken in stand houden. Jarenlang hebben de autoriteiten geprobeerd hen op te voeden naar westers voorbeeld en hen uit hun inheemse culturen los te weken. Maar hoger onderwijs heeft een beroerde staat van dienst onder de First Nations. Leraren meldden dat studenten eenvoudigweg niet meededen in de klas; ze staarden naar de grond en spraken zo weinig en zo zachtjes dat niemand ze hoorde. Slechts een paar van hen studeerden af en behaalden een universitaire titel. Ze zijn gestereotypeerd als primitief of achterlijk, niet in staat om met de complexe eisen van de moderne samenleving om te gaan.

Dit dilemma helpt de zogenoemde prestatiekloof in onze scholen verklaren, waar zo veel over gesproken wordt. Minderhedenstudenten doen het voortdurend slechter op vaardighedentoetsen, en toch kunnen ze net zo goed leren als ieder ander. Maar stel je eens voor hoe je zou reageren als buitenaardse wezens je weghaalden uit je woonplaats en je dwongen naar hun scholen te gaan en je toetsten op je beheersing van hun culturele achtergrond en taal. Stel je verder voor dat deze buitenaardse wezens alleen waarde hechtten aan hun eigen cultuur en de jouwe waardeloos vonden. Is het misschien mogelijk dat een gebrek aan empathie gedeeltelijk verantwoordelijk is voor de prestatiekloof?

De stamadviseurs van Meadow Lake, Saskatchewan, die ook slachtoffer waren van deze culturele botsing, maar die het niet wilden opgeven, benaderden de professoren Jessica Ball en Alan Pence van de universiteit van Victoria om hen te helpen nieuwe pedagogische cursussen op te zetten voor de jonge gezinnen van hun negen stammen. Ze maakten zich grote zorgen over de werkloosheid en de explosie van drugs- en alcoholmisbruik onder de jongeren van de First Nations en wilden ouders helpen nieuwe patronen te ontwikkelen voor het opvoeden van kinderen.

Omdat de ervaring van de First Nations met het Canadese onderwijssysteem niet veelbelovend was, besloten Ball en Pence, beiden deskundigen op het gebied van ontwikkelingspsychologie, eerst naar de mensen te luisteren in plaats van meteen met een oplossing te komen. Ze brachten stamoudsten, ouders en andere leden van de gemeenschap bijeen om hun zorgen aan te horen. Deze mensen kregen in ieder geval de gelegenheid om hun stem te laten horen, sommigen voor het eerst. Alle partijen gaven hun standpunten, ook de professoren, en via dit traject kwamen ze samen uit op een nieuw lesprogramma dat anders was dan alle andere programma's voor een hogere opleiding op het gebied van de ontwikkeling van kinderen en jongeren.

Het was een derde-alternatiefprogramma waarin de wijsheid van de 'woorden van de stamoudsten' en de Euro-Amerikaanse 'woorden van het Westen' werden gecombineerd.[24] De studenten leerden de zorgtradities en -gebruiken van de Cree en Dine, maar ook de mainstream-wetenschappelijke inzichten. Toen ze merkten dat hun eeuwenoude tradities werden gerespecteerd, kregen de studenten genoeg zelfvertrouwen om hun mond open te doen. Bovendien lag het lesprogramma niet volledig vast; inzichten van de studenten werden onderdeel van de cursus. Een van de docenten noemde het een 'doorleefd lesprogramma'. Vanwege hun respect voor de ideeën uit de cultuur van de First Nations stemden de instructeurs ermee in 'niet vooraf precies vast te leggen waar het traject van het opstellen van een lesprogramma op uit zou draaien'.[25]

In deze situatie leren de instructeurs net zoveel als de studenten. Een klassiek voorbeeld van een remedie tegen een woede-uitbarsting is het kind isoleren, hem een 'time-out' geven om te kalmeren. De Cree doen het tegenovergestelde; ze brengen het kind in een familiecirkel en laten hem zijn frustraties 'uitspreken'. Zonder een van beide ideeën te verwerpen, onderzoeken de studenten deze mogelijkheden met respect.

In eerste instantie raakten de docenten, die gewend waren zeggenschap te hebben over de syllabus, gedesoriënteerd. Besluitvorming in de handen van studenten en de gemeenschap leggen is voor de meeste mensen in het onderwijs een countertype. Een van de instructeurs zei: 'Het voelde alsof ik achterstevoren achter mijn bureau zat.' Maar ze moesten al snel erkennen dat 'alle gezinnen sterke punten hebben en dat veel bruikbare kennis over het grootbrengen van kinderen in de gemeenschap zelf te vinden is – bij verschillende generaties, in netwerken en in etnische en culturele tradities'.[26]

Deze universitaire instructeurs kregen een nieuw onderwijsparadigma te pakken waarbinnen hun studenten hun collega's werden. Het staat recht tegenover de schaarstementaliteit, die inhoudt dat slechts enkele mensen over kennis beschikken die de moeite waard is, en gaat uit van de mentaliteit waarin ervan wordt uitgegaan dat iedereen iets waardevols kan bijdragen. Het is empathie in het leslokaal, en empathie levert altijd heel veel dividend op van een enorme toename in begrip voor iedereen. De grote leermeester Carl Rogers wist dit: 'De houding van in de schoenen van de student staan, van de wereld door zijn ogen zien, is bijna ongekend in schoolsituaties. Maar als de leraar zodanig reageert dat de leerling zich begrepen voelt – en niet beoordeeld – dan heeft dat een enorme impact.'[27]

De synergieën van het Meadow Lake-experiment leverden opvallend veel op. Het afstudeerpercentage van 20 procent schoot omhoog naar 78 procent. In plaats van de gebruikelijke braindrain van afgestudeerden, hield de gemeenschap 95 procent van hen vast, doordat de studenten zich veel meer verbonden voelden met hun eigen voorouderlijke waarden. Vier van de vijf ouders rapporteerden dat hun ouderschapsvaardigheden drastisch waren verbeterd.[28] Het trim tab-effect op de gemeenschap was merkbaar; jonge gezinnen brachten kinderen groot met meer zelfvertrouwen en zelfrespect. Een stamoudste van de Flying Dust First Nation sprak vol dankbaarheid:

> *We zien alle verhalen over rampspoed en problemen, zelfdoding en benzine snuiven onder onze jongeren, financieel mismanagement, alcoholisme en geweld in onze buurten. Dan vraag je je af: is er dan niets goed aan ons? Maar we weten dat er veel ervaringswijsheid en veel liefde is in First Nations. We hebben programma's nodig die die liefde naar buiten brengen en die voortborduren op de sterke kanten van ons volk.*

Een stamadviseur zegt: 'Iedereen loopt meer rechtop dankzij dit programma.' Een andere stamoudste die iets opmerkt over de synergetische mix van traditionele en mainstreamkennis, vergeleek het programma met 'twee kanten van een adelaarsveer… je hebt ze allebei nodig om te kunnen vliegen'.[29]

Wat we in deze voorbeelden zien, is absoluut een hogere vorm van hoger onderwijs – een (derde) alternatief voor de egocentrische carrièredrang en het intellectuele isolement van de universiteit, die allebei buitengewoon beperkend zijn. Studenten bij instellingen als Stenden South Africa en Meadow Lake leren leiding te geven, niet alleen met hun hoofd, maar ook met hun hart en hun handen. Zoals de grote katholieke onderwijzer Peter Hans Kolvenbach ooit zei: 'Als het hart wordt geraakt door directe ervaring, wordt de geest misschien wel uitgedaagd om te veranderen. Persoonlijke betrokkenheid bij onschuldig lijden, bij de onrechtvaardigheid waar anderen slachtoffer van zijn, is de katalysator van intellectuele onderzoekingen en morele reflectie.'[30]

Op een bordje bij de ingang van de universiteit waar ik lesgaf, staat het motto: 'De wereld is onze campus'. Als ik naar mijn werk liep, dacht ik vaak: dat is een mooie gedachte. Nu denk ik dat het een solide realiteit is geworden voor al het hoger onderwijs. We hebben de kans een revolutie te ontketenen in het onderwijs en onze jongeren het belang van dienstbaarheid aan de wereld te leren als de sleutel tot succesvol leiderschap. Door service learning kunnen ze dienende leiders worden die primair succes belangrijker vinden dan secundair succes. We kunnen een trim tab voor een nieuwe generatie leiders zijn, en zij kunnen op hun beurt weer een trim tab voor positieve verandering in de wereld zijn.

Leren door te communiceren

De beste manier om van dit boek te leren is de inhoud aan iemand anders door te geven. We weten allemaal dat de leraar veel meer leert dan de leerling. Ga dus op zoek naar iemand – een collega, een vriend(in) of een familielid – en vertel hem of haar over de inzichten die je zelf hebt opgedaan. Stel onderstaande vragen of bedenk je eigen, provocatieve varianten.

- Wat is het twee-alternatievendenken achter het maatschappelijke onderwijsdebat? Wat zijn de gevaren van kiezen voor een van beide kanten in het debat?
- In welk opzicht zitten onze scholen nog altijd vast in het denken uit het industriële tijdperk?
- Waarom ligt de oorzaak van onze onderwijsuitdagingen in het feit dat kinderen worden gezien als 'ruwe grondstoffen'?
- Het derde alternatief in onderwijs is een leider te worden. Niet iedereen kan premier van een land of ceo van een bedrijf zijn. Hoe kan iedereen een leider worden?
- We willen allemaal dat kinderen succesvol zijn, maar we moeten duidelijkheid scheppen over wat 'succes' betekent. Wat is het verschil tussen primair en secundair succes? Waarom leidt primair succes tot secundair succes? Hoe ben je zelf verstrikt geraakt in het najagen van secundaire successen ten koste van primaire successen?
- Hoe zijn Richard Esparza en Muriel Summers erin geslaagd om hun school binnen het systeem te transformeren, zonder extra middelen?
- De missie van Muriel Summers op A.B. Combs Elementary School is leerlingen te helpen 'de leider in zichzelf' te ontdekken. Wat bedoelt ze met die missie?
- Het doel van de universiteit is een trim tab te zijn. Wat is een trim tab? Op welke manieren kan een school of een universiteit een trim tab voor de omringende gemeenschap zijn? Hoe kun je zelf een trim tab worden binnen je Cirkel van Invloed?
- In welke opzichten was het Meadow Lake-experiment een voorbeeld van productieve synergie? Wat zijn de 'twee kanten van de veer van de adelaar'?

- Als je nu een opleiding volgt, hoe zou derde-alternatiefdenken je dan kunnen helpen je uitdagingen als leerling of student aan te pakken?
- Als je kinderen hebt die naar school gaan, wat voor uitdagingen op het gebied van hun opleiding zou je dan kunnen aanpakken met derde-alternatiefdenken?
- Denk na over de vraag die het bestuur van de Canadese universiteit zichzelf stelde en pas die toe op jezelf: 'Wat is mijn doel? Ben ik niet meer dan een verzameling vaardigheden, kant-en-klaar voor de markt? Welke bijdragen zou ik moeten leveren op de belangrijkste gebieden van mijn leven?'

Zelf proberen

Heb je een groot probleem of zie je een mooie kans op je werk? Een moeilijke beslissing die je moet nemen? Bedenk prototypes van het derde-alternatief. Nodig anderen uit om eraan bij te dragen. Gebruik het schema *In vier stappen naar synergie.*

In vier stappen naar synergie

1 Stel de derde-alternatiefvraag:

'Ben je bereid op zoek te gaan naar een oplossing die beter is dan alles wat we tot nu toe afzonderlijk hebben bedacht?'
Zo ja, ga dan verder naar stap 2.

2 Definieer succescriteria

Noteer hier de kenmerken van een oplossing waar iedereen blij mee zou zijn. Wanneer is er sprake van succes? Wat moet er echt gebeuren? Wat zou een 'win-win'-resultaat zijn voor alle betrokkenen?

3 Creëer derde alternatieven

Maak hier (en elders) modellen en tekeningen, schrijf ideeën van anderen op, zet je eigen ideeën op zijn kop. Werk snel en creatief. Schort oordelen op tot het spannende moment waarop je weet dat je synergie hebt bereikt.

4 Bereik synergie

Beschrijf hier je derde alternatief en, indien gewenst, hoe je dit wilt gaan uitvoeren.

Handleiding voor de tool *In vier stappen naar synergie*

In vier stappen naar synergie. Dit proces helpt je het synergieprincipe in praktijk te brengen. (1) Toon bereidheid om op zoek te gaan naar een derde alternatief. (2) Definieer hoe succes er voor iedereen uitziet. (3) Experimenteer met oplossingen totdat je (4) synergie bereikt.

Hoe bereik je synergie

1 Stel de derde-alternatiefvraag:

In een conflict of creatieve situatie helpt deze vraag iedereen afstand te nemen van verharde posities of vooringenomen ideeën, richting een derde standpunt.

2 Definieer succescriteria

Noteer kenmerken of beschrijf in het kort hoe een voor iedereen bevredigend resultaat eruitziet. Stel jezelf daarbij de volgende vragen:
- Is iedereen betrokken bij het vaststellen van de criteria? Krijgen we zo veel mogelijk inbreng van zo veel mogelijk mensen?
- Welke resultaten willen we echt? Wat moet er echt gebeuren?
- Welke resultaten zouden voor iedereen winst betekenen?
- Kijken we verder dan onze standaardeisen naar iets beters?

3 Creëer derde alternatieven

Volg deze richtlijnen:
- Speel ermee. Het is niet echt. Iedereen weet dat het spel is.
- Doe niet aan afronding. Vermijd overeenstemming en consensus.
- Geef geen oordeel over andermans ideeën – of over die van jezelf.
- Maak modellen. Maak tekeningen op whiteboards, schets grafieken, bouw een dummy, schrijf een ruwe opzet.
- Zet ideeën op zijn kop. Keer de gangbare opvatting om.
- Werk snel. Stel een tijdslimiet, zodat de energie en het creatieve denkproces op peil blijven.
- Kom met heel veel ideeën. Je kunt niet voorspellen welk ongebruikelijk inzicht tot een derde alternatief zal leiden.

4 Bereik synergie

Het derde alternatief is te herkennen aan een sfeer van opwinding en inspiratie. Het oude conflict speelt geen rol meer. Het nieuwe alternatief voldoet aan de succescriteria. Let op: verwar een compromis niet met synergie. Een compromis geeft een tevreden maar nooit een opgetogen gevoel. Bij een compromis verliest iedereen iets; bij synergie wint iedereen.

Hoofdstuk 6

Het derde alternatief en de wet

Door Stephen R. Covey en Larry M. Boyle[1]

A successful lawsuit is the one worn by a policeman.
– *Robert Frost*

In het Engelse Breedon-on-the-Hill bracht de jaarlijkse pantomime alle dorpsbewoners bij elkaar voor een avond gekke liedjes zingen en stukjes opvoeren in verkleedkleren. De voorbereiding had weken geduurd en alle toeschouwers keken glunderend toe hoe hun buren zichzelf in hun hemd zetten. De pantomime werd traditiegetrouw in de schoolaula gehouden, die tientallen jaren eerder was gebouwd, voornamelijk dankzij contributies van de dorpsbewoners.

Maar aan die traditie kwam een abrupt einde toen een nieuw schoolhoofd de school overnam, nieuwe veiligheidsnormen bedacht en voorstelde de pantomime elders op te voeren. Het dorp protesteerde en verhoogde de kosten voor het gebruik van de aula naar £ 800, een bedrag dat iedereen naar adem deed happen. Niemand kon dit opbrengen. Dus vroegen ze de gemeenteraad om hun gratis toegang tot de aula te geven, maar de raad stelde hen in het ongelijk en voor het eerst in vijftig jaar werd er geen pantomime opgevoerd in Breedon.

De ruzie werd al snel verplaatst naar de rechtbank. De dorpelingen protesteerden tegen de kosten en de controles die het Criminal Records Bureau deed naar iedereen die het schoolgebouw wilde betreden. Jaren daarvoor hadden ze £ 3000 betaald voor de bouw van de aula en ze vonden dat ze er recht op hadden die buiten schooltijden kosteloos te gebruiken zonder als potentiële criminelen te worden nageplozen.

Schoolfunctionarissen voerden aan dat de kosten van het onderhoud van de aula waren gestegen en dat ze het zich niet langer konden permitteren om de ruimte beschikbaar te stellen voor de pantomime; het was 'onredelijk en onwerkbaar'. Ze konden het invullen van de enorme hoeveelheden formulieren voor alle dorpelingen die naar de aula kwamen niet opbrengen.

Zeven jaar en £ 6,7 miljoen aan juridische kosten later was de rechtszaak bij het Engelse hooggerechtshof beland, waar de Lord Chief Justice uitspraak deed – ten nadele van de inwoners van Breedon. Hij besloot bovendien dat zij voor de volledig uit de hand gelopen kosten moesten opdraaien. Het schoolhoofd en de dominee van de parochie hadden al lang ontslag genomen vanwege de spanningen. Oude vrienden spraken niet langer met elkaar. Relaties tussen het dorp en de gemeenteraad waren onherstelbaar beschadigd. En de dorpspantomime, waar dwaasheid ooit een bron van vermaak was, is voorgoed verdwenen.[2]

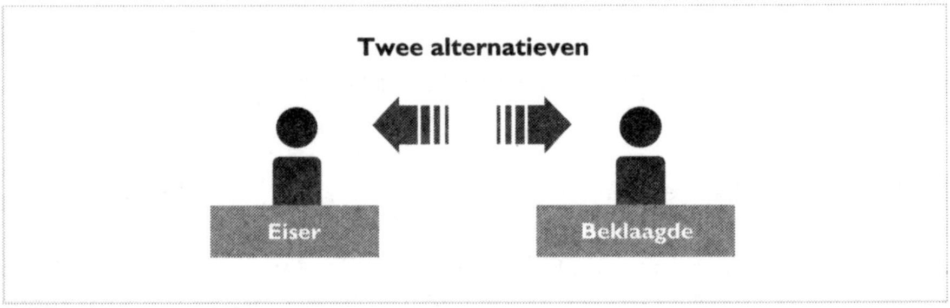

Dit verhaal is zo typerend dat de meeste mensen hun schouders erover ophalen. De zaak van Breedon-on-the-Hill is niet meer dan een van de vele schermutselingen in de verspillende, destructieve strijd die we met elkaar aangaan via onze rechtbanken. Het conflictmodel in het rechtssysteem is de formalisering van het twee-alternatievendenken.

De Amerikaanse rechtbanken worden overspoeld met rechtszaken, variërend van de meest onbeduidende en nietszeggende tot zaken die bepalend zijn voor het hele land. Zelfs de talloze zaken die wel verdiensten hebben zijn zo kostbaar in termen van geld en beschadigde relaties dat uiteindelijk geen van beide partijen echt iets wint. Abraham Lincoln gaf al het advies: 'Ontmoedig procederen... De theoretische winnaar is vaak een echte verliezer in termen van proceskosten, andere uitgaven en tijdverspilling.'

Er zijn talloze verhalen. Toen een jonge vrijwilliger van Teach for America een twaalfjarige die zich misdroeg uit de klas verwijderde, klaagden de ouders de school aan voor een schadevergoeding van $ 20 miljoen. In een ander geval klaagde een man zijn stomerij aan voor een bedrag van $ 67 miljoen omdat ze zijn broek waren kwijtgeraakt. Niemand weet hoeveel geld er ieder jaar in rechtszaken wordt toegekend – het bedrag moet wel astronomisch zijn – maar alleen in de Verenigde Staten zijn de gedeclareerde uren van advocaten al goed voor $ 71 miljard. Er zijn al meer dan een miljoen juristen in de Verenigde Staten, een half miljoen in Brazilië en 150.000 in Groot-Brittannië.

De unieke rol van de vredestichter

We hebben veel respect voor mensen die zich bezighouden met de nobele uitoefening van de wet. Zij zijn het best in staat om mensen verlichting, creatieve oplossingen, vrede en verwerking te brengen in een wereld die wordt overvoerd met strijd, rivaliteit en hardnekkige problemen. Het Nieuwe Testament leert ons: 'Gezegend zijn de vredestichters, want zij zullen kinderen Gods genoemd worden.' Als we ooit vredestichters nodig hadden, dan is het wel in deze tijd; en juristen bevinden zich in de unieke positie dat ze die rol op zich kunnen nemen. 'Als vredestichters hebben juristen een superieure mogelijkheid', zei Abraham Lincoln al.

Een belangrijk doel van dit hoofdstuk is mensen die met juristen te maken hebben, maar ook de juristen zelf, te helpen deze geweldige mogelijkheid te begrijpen. Tegen die juristen zegt Larry het volgende:

Om te beginnen moet ik een vooroordeel opbiechten en een onthulling doen; ik houd van juristen en ik heb meer dan veertig jaar met plezier met ze gewerkt. In de jaren voorafgaand aan mijn werk voor de rechterlijke macht op federaal en staatsniveau, hadden mijn partners en ik een succesvol advocatenkantoor met cliënten variërend van individuele personen tot Fortune 500-bedrijven. Ik begrijp wat er allemaal van juristen wordt gevraagd en onder welke grote druk ze in hun professionele leven staan. In de loop der jaren heb ik groot respect gekregen voor juristen en hun vak. Juristen zijn meestal eerlijke, competente en fatsoenlijke mannen en vrouwen, die binnen beperkte tijd en tegen een eerlijke prijs kwalitatief hoogwaardige diensten leveren aan cliënten. Het beroep van jurist heeft een overwegend positieve uitstraling. Echter, het juridische proces kent ernstige problemen die gevolgen hebben voor de gezondheid en het geluk van alle betrokkenen. In dit hoofdstuk wordt een aantal van deze problemen open en eerlijk besproken.

We zijn er beiden van overtuigd dat de meeste advocaten vol idealen aan hun juridische loopbaan beginnen, omdat ze geloven in rechtvaardigheid en het handhaven van de wet, omdat ze in hun onderhoud willen voorzien en een goed leven willen creëren voor zichzelf en hun gezinnen, en omdat ze oprecht andere mensen willen helpen. Velen slagen erin een praktijk op te zetten die verankerd is in deze idealen en een opmerkelijke carrière te doorlopen waarin ze talloze begunstigden terzijde staan met creatieve oplossingen. Maar wanneer jonge advocaten worden meegezogen in de maalstroom van 'het bureau', het 'traject om partner te worden' en het vijandige gevecht met 'tegenstanders', verliezen velen van hen die idealen uit het oog. Ze koppelen hun werk los van hun privéleven en blijven vaak achter met een emotionele, mentale en spirituele leegte.[3]

Uiteindelijk voelen veel juristen zich bij lange na geen vredestichters. Patrick J. Schiltz, een voormalig hoogleraar rechten en faculteitshoofd, en nu rechter bij het federale hof van Minnesota waarschuwt afgestudeerde rechtenstudenten: 'Ik heb goed nieuws en slecht nieuws. Het slechte nieuws is dat het beroep dat jullie straks gaan uitoefenen een van de ongelukkigste en ongezondste op aarde is – en volgens velen, een van de meest onethische. Het goede nieuws is dat jullie dit vak kunnen uitoefenen en toch gelukkig, gezond en ethisch kunnen zijn.'

Volgens Schiltz behoren juristen tot de meest depressieve mensen van de Verenigde Staten. Uit één onderzoek bleken verhoogde percentages angst, vijandigheid en paranoia onder rechtenstudenten en juristen. In een ander onderzoek werden alarmerend veel gevallen van angst, sociale vervreemding en isolement, dwangneurosen, paranoïde gedachten en vijandigheid aangetroffen, vele malen boven de nationale normen.

Schiltz merkt verder op dat juristen risicodrinkers lijken te zijn, volgens een onderzoek waaruit blijkt dat in een van de staten van de VS een derde van de juristen probleemdrinker is of drugs gebruikt. Daarnaast suggereert het onderzoek dat echtscheidingscijfers hoger zijn onder juristen dan onder andere professionals, en dat juristen naar verluidt veel vaker aan zelfdoding denken dan niet-juristen.

Schiltz citeert een onderzoek van het RAND Institute for Civil Justice onder Californische juristen, waaruit bleek dat 'slechts de helft van de respondenten, als ze het over konden doen, weer jurist zou worden'. Bovendien zou 40 procent van de Californische juristen hun kinderen of andere gekwalificeerde personen niet aanmoedigen om voor het beroep van jurist te kiezen.

Schiltz voegt eraan toe: 'Mensen die zo ongezond zijn – mensen die in deze mate te maken krijgen met depressies, angsten, alcoholisme, drugsmisbruik, echtscheiding en zelfdoding – zijn bijna per definitie ongelukkig. Het hoeft dan ook niemand te verbazen dat juristen inderdaad ongelukkig zijn, ook zal het niemand verbazen dat de bron van hun ongeluk het enige lijkt te zijn wat ze met elkaar gemeen hebben: hun werk als jurist.'[4]

Wat is dat met de juridische beroepsgroep dat voor zoveel mensen zoveel stil verdriet met zich meebrengt? Wij denken dat het een gevolg is van een grotendeels overerfde vijandige instelling, die een vorm van gecodificeerd en geïnstitutionaliseerd twee-alternatievendenken vormt. Voeg daar de eigenwijze cliënt aan toe die de beslissingen neemt en de druk op de jurist kan hoog oplopen.

Het op vijandigheid gebaseerde rechtssysteem heeft een oude en eerbiedwaardige geschiedenis. De meeste landen, in het bijzonder die in Europa en Noord- en Zuid-Amerika, gebruiken een variant daarop. De oorsprong ligt zonder twijfel in het tijdperk dat geschillen werden beslecht op het slagveld, maar vandaag de dag is het een ingewikkeld systeem waarin de rechten en plichten van eisers en beklaagden zorgvuldig worden uitgespeld. Als het systeem goed gebruikt wordt, dient het het recht, maar zoals we al zeiden, mensen met een derde-alternatiefmentaliteit zijn altijd op zoek naar manieren om recht en rechtvaardigheid te overstijgen en synergie te bewerkstelligen. Zoals professor Schiltz duidelijk maakt: '[Juristen] spelen een spelletje. En geld is de score in dit spel.'[5]

De befaamde voormalig rechter Sandra Day O'Conner van het Amerikaanse hooggerechtshof spreekt haar bezorgdheid uit over het gebruik van het rechtssysteem als middel om conflicten te laten escaleren in plaats van op te lossen:

> *Er is eens gezegd dat de juristen van een land een uitdrukking zijn van de hoogste idealen van zijn volk. Helaas is het gedrag van juristen in de VS soms een uiting van het meest laag-bij-de-grondse... van een werkomgeving waar vijandigheid, egoïsme en een winnen-tegen-elke-prijsmentaliteit heerst. Een jurist die zich recent terugtrok uit het vak, verklaarde zijn beslissing om zijn beroep vaarwel te zeggen in deze sombere woorden: 'Ik was het bedrog zat. Ik had genoeg van de trucjes. Maar ik was het vooral zat dat mijn werk andere mensen zoveel ellende bezorgde.'*
>
> *We spreken over onze omgang met andere juristen als over oorlogsvoering – en maar al te vaak handelen we daar ook naar. Kijk maar naar de taal die juristen gebruiken om hun dagelijkse ervaringen te beschrijven:*
>
> *'Ik heb ieder zwak punt in hun betoog aangevallen.'*
> *'Haar kritische opmerkingen waren precies raak.'*
> *'Als we die strategie hanteren, zal ze ons wegvagen.'*
> *'Ik heb al hun beweringen afgeschoten.'*
>
> *Juristen zijn niet alleen ontevreden over hun werk vanwege de lange dagen en het harde werk. ... Veel juristen vragen zich vooral af of ze aan het eind van de rit iets van waarde hebben bijgedragen aan de samenleving.*[6]

Het eindpunt van een twee-alternatievenmentaliteit is maar al te vaak de rechtszaal. De grote paradox is dat rechtbanken het best denkbare podium voor derde alternatieven zouden kunnen zijn, en juristen de belangrijkste uitvoerders van synergie. Het vijandige systeem stimuleert mensen om te denken in termen van 'winnen of verliezen', 'mijn manier of jouw manier'. Maar de weg naar vrede – in je hart, en niet alleen tussen individuen maar in de wereld – is onze manier, een derde alternatief.

Een rechtspraktijk op basis van derde-alternatiefdenken?

Is het mogelijk om een rechtspraktijk – zelfs als de cliënt machtig en veeleisend is – te transformeren naar derde-alternatiefdenken?

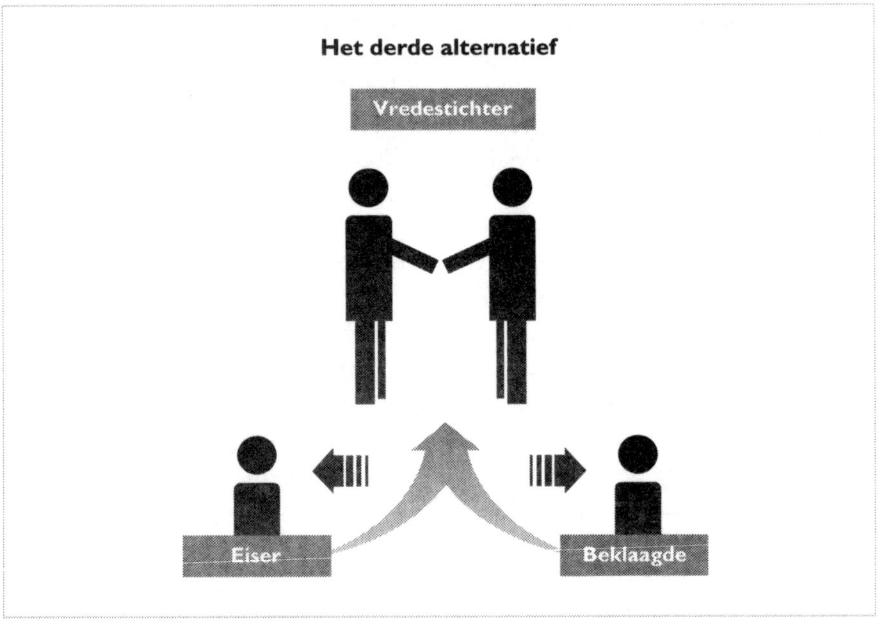

Ja, en in een mate die al plaatsvindt. Een positief teken is de explosieve groei van 'alternative dispute resolution' of ADR (alternatieve conflictoplossing) in verschillende jurisdicties, overheidsinstanties en ondernemingen in de VS, waar mensen bijeenkomen met een bemiddelaar of een mediator in plaats van naar de rechter te stappen. In de woorden van de vooraanstaande professionele mediator Peter Adler: 'Bemiddeling is nu volledig onderdeel van het rechtssysteem.'

ADR kan een prachtige manier zijn om de druk en de spanning van een rechtsgang te verzachten. Vergeleken met een rechtszaak kan een ADR-aanpak voor conflictoplossing veel betere, snellere en goedkopere resultaten opleveren met veel minder slijtage voor beide partijen. Van alle ADR-benaderingen is bemiddeling of mediation de aanpak die het meest wegheeft van synergie. Bemiddelaars zijn over het algemeen meer geïnteresseerd in het oplossen van een probleem dan in de vraag wie er wint en wie er verliest. Ze doen bovendien veel moeite om de relatie tussen beide partijen in stand te houden. Een goede bemiddelaar kan een bittere echtscheiding veranderen in een zinvolle regeling waarmee beide partijen verder kunnen, en kunnen samenwerken als het gaat om voogdij over de kinderen, het delen van eigendommen enzovoort. We hebben enorm veel bewondering voor de inspanningen en de onmeetbare, positieve gevolgen van het werk van mediators!

Advocaat en mediator Thomas Boyle, een van de eerste voorstanders van ADR, zei over mediation: 'Het verenigt de partijen in hun gezamenlijke doel van een schikking, als een vredestent op het slagveld.'[7]

Maar zonder de drie paradigma's van derde-alternatiefdenken ontaardt ADR maar al te vaak in een verkapte rechtszaak; op zichzelf heeft ADR weinig macht tegenover de ingesleten paradigma's van respectloosheid en defensiviteit. ADR is bedoeld om tot eerlijke, rechtvaardige en billijke oplossingen te komen, maar niet noodzakelijkerwijs om synergie te bereiken. Filosoferend over de beperkingen van ADR zegt Adler: 'Maar al te vaak blijken de gedeelde waarden en technieken die ons schijnbaar met elkaar verbinden eerder oppervlakkige verzuchtingen dan een echte gemeenschappelijke basis te zijn.'[8]

Synergie draait om het realiseren van 'een gemeenschappelijke basis' en vraagt om een fundamentele paradigmaverschuiving. Het draait om het afstand nemen van een instelling van competitie en compromis ten gunste van een derde-alternatiefmentaliteit.

We voelen ons geïnspireerd door de daden van Gandhi, die zich geestelijk bevrijdde van de beperkingen van eerste en tweede alternatieven. Gandhi was een in Londen opgeleide jurist en goed thuis in het systeem van vijandigheid. Nadat hij bij een Zuid-Afrikaans advocatenkantoor was gaan werken, merkte hij dat hij voortdurend werd gediscrimineerd als Indiër die binnen een witte machtsstructuur werkte. Hij werd uit een trein gegooid omdat hij het lef had om in een eersteklastreinstel te gaan zitten, ook al had hij een eersteklaskaartje. Hotels weigerden hem een kamer te geven, restaurants weigerden hem te bedienen.

Hij was niet het enige slachtoffer; de Zuid-Afrikaanse staat Transvaal was de thuishaven van veel onderdrukte minderheden. Getergd door een nieuwe registratiewet voor Aziaten, die van niet-blanken eiste dat ze zich lieten registreren en hun vingerafdrukken lieten nemen, hielden Indiase inwoners van Transvaal op 11 september 1906 een massabijeenkomst om te bespreken hoe ze hierop zouden reageren. De mensen debatteerden over de vraag of ze zich zouden schikken of verzetten.

Gandhi was een gerespecteerde stem in de massa; hij had geworsteld met een passende reactie. Hij was net zo boos als ieder ander die onheus werd bejegend, maar hij begreep heel goed dat geweld beantwoord zou worden met nog meer geweld. Tegelijkertijd kon hij niet leven onder tirannie. Op de een of andere manier vond hij zijn antwoord, een derde alternatief, in de synergie van twee doorslaggevende principes: dat van rechtvaardigheid en dat van de hindoetraditie van *ahimsa*, geen enkel levend wezen mag schade toegebracht worden.

In een toespraak die hij voor de massa hield, stelde Gandhi zijn derde alternatief voor: geweldloos verzet. Hij wilde mensenrechten en waardigheid niet opgeven door aan de onrechtvaardige wet te voldoen; dat zou een overtreding van het principe zijn. Tegelijkertijd zou hij geen geweld gebruiken om zich te verzetten en er bij anderen op aandringen dat ze eventuele arrestaties zonder geweld zouden accepteren.

De Indiërs traden geweld tegemoet met geweldloosheid. Meer dan tienduizend van hen gingen liever vreedzaam naar de gevangenis dan hun rechten op te geven, en dit massale vertoon van stil protest trok de aandacht van een verbijsterde wereld. Uiteindelijk ging ook Gandhi zelf naar de gevangenis en was hij het merendeel van zijn tijd daar bezig een paar sandalen te maken als geschenk voor Jan Christiaan Smuts, de president van Transvaal.

Deze daad liet zien hoe uniek Gandhi's derde alternatief was. Hij verzette zich niet alleen tegen onrechtvaardigheid; hij probeerde ook om zijn tegenstander tot vriend te maken. Hoewel Smuts hem drie keer gevangen heeft laten zetten, gaf Gandhi nooit de hoop op dat hij de president van gedachten kon doen veranderen, en uiteindelijk slaagde hij daar ook in. De 'Black Act', zoals de wet werd genoemd, werd uiteindelijk ingetrokken. Vele jaren later bezocht Smuts een verjaardagsfeest voor Gandhi en zei: 'Ik ben het niet waard om in de schoenen van zo'n groot man te staan.'

In zijn thuisland ijverde Gandhi voor de bevrijding van India van Britse overheersing. Hij dacht dat terugtrekking even goed zou zijn voor de Britten als voor de Indiërs zelf: 'Als de Britten zich terugtrekken,' zo schreef hij, 'worden ze verlost van een enorme last, als ze de tijd zouden nemen om de betekenis van de knechting van een heel volk te overwegen.'[9] Hij stond erop de Britten te behandelen als gewaardeerde vrienden, zelfs als hij te maken kreeg met mishandeling en gevangenschap, en hij adviseerde anderen om hetzelfde te doen. 'Broeders,' zei hij tegen zijn landgenoten, 'we zijn al ver gekomen met de Britten. Als ze vertrekken, willen we dat ze als vrienden vertrekken. Als we echte veranderingen willen, zijn er betere opties dan treinen aanvallen en mensen vermoorden. Ik wil ze van gedachten veranderen, niet van het leven beroven.'

De massale beweging van geweldloos verzet die leidde tot de onafhankelijkheid van India is legendarisch. Het opmerkelijke is dat Gandhi, de leider daarvan, nooit een eigen kantoor of enige formele autoriteit had. Als geschoold jurist had hij gekozen voor de rol van vredestichter in plaats van die van tegenstander. Het was volledig aan deze derde-alternatief-mentaliteit te danken dat hij de bevrijding van honderden miljoenen mensen tot stand kon brengen. Toen de Britten in 1947 vertrokken, deden ze dat in vrede en vriendschap.

Dit is een belangrijk geheim van de derde-alternatiefmentaliteit – het gaat erom vijanden tot vrienden te maken. Gandhi verloor nooit zijn geloof dat 'zelfs het meest gepantserde hart bekeerd kan worden – van ontroering door oprechte gebaren van menslievendheid door de tegenstander'.[10] Met dit soort gebaren veranderde de kleine Indiase jurist de wereld.

Natuurlijk vond de eerste verandering plaats in het hoofd en het hart van Gandhi zelf. 'De grootsheid van mensen ligt niet zozeer in het feit dat ze de wereld kunnen herscheppen, maar dat ze zichzelf kunnen herscheppen.'

Samen met Abraham Lincoln was Thurgood Marshall een van de grote invloeden op het Amerikaanse rechtssysteem. Hij stond bekend om zijn absolute integriteit en eergevoel. Bovendien was hij iemand die op een derde-alternatiefmanier denkt. Hij had alle redenen om zich gekwetst te voelen en kwaad met kwaad te vergelden. In plaats daarvan nam hij de koninklijke weg van de derde-alternatiefdenker, wetende dat zijn doel gelijkheid was, en niet te kibbelen en te bekvechten. In reactie op kritische commentaren van zijn Afrikaans-Amerikaanse collega's, omdat hij ging lunchen met de advocaat van de tegenpartij, antwoordde Marshall eenvoudigweg: 'We zijn allebei advocaten, we zijn allebei beschaafde mensen. Het is heel belangrijk om een beschaafde relatie te hebben met je tegenstander.'

Er werd gezegd dat toen Marshall zijn instructie voor de historische zaak 'Brown versus Board of Education' afrondde, zodat deze kon worden ingediend bij het Amerikaanse hooggerechtshof, 'hij de instructie verscheidene malen zelf redigeerde om kleine "venijnige" opmerkingen over de blanke advocaten van de tegenpartij, die voor rassenscheiding pleitten, te verwijderen. Het was typisch voor Marshall dat hij de strijd op een zo professioneel mogelijk niveau wilde voeren.'

Marshall slaagde in zijn missie dankzij zijn (derde) alternatief voor aanvallen aan de ene kant en zich neerleggen bij de status-quo aan de andere kant. Met de geschiedenis als maatstaf, leidden zijn denken en zijn aanpak tot uiterst belangwekkende nieuwe juridische maatregelen ter bescherming van minderheden in de Verenigde Staten.[11]

Juristen die zichzelf in de eerste plaats als vredestichters zien, als begaafde praters en getrainde bewerkstelligers van eensgezindheid, zien iedere zaak als een mogelijkheid om een derde alternatief te bereiken, een veel grotere en meer bevredigende uitdaging dan de tegenstander proberen neer te halen.

Procederenden die bereid zijn zichzelf en hun tegenstanders als onvolmaakte mensen te zien die desalniettemin respect verdienen, kunnen tot meer wederzijds begrip komen. Ze zien de realiteit onder ogen dat niets zwart of wit is, dat we allemaal ons stukje van de waarheid bezitten, en dat verontwaardiging misschien wel blind maakt voor de geldklopperij waar alle betrokkenen – waaronder zijzelf – mee te maken krijgen.

De wet en de praatstok

Een rechtszaak kan een 'zoek-en-vernietig'-vorm van oorlogsvoering worden: het doel is de zwakke plekken van de tegenstander op te sporen en hem te vernietigen. De eerste vereiste van een vredestichter is empathie – de vastbeslotenheid om de tegenstander op te zoeken en te begrijpen. Larry vertelt het volgende verhaal:

Ik herinner me een bemiddelingszaak, waarin de juristen van beide kampen tegen me zeiden: 'Deze partijen liggen zo ver uit elkaar dat we niet denken dat we de kloof kunnen overbruggen.' In de veertig jaar dat ik jurist ben, heb ik nooit eerder zulke strakke, ernstige gezichten gezien. Het enige dat strakker stond dan hun kaken waren hun portemonnees.

Het was een tragisch, bekend verhaal: twee zakenpartners, die ooit vrienden waren en een fantastische verstandhouding hadden, waren nu koppige vijanden geworden die onvoorstelbare schadevergoedingen van elkaar eisten. Ik vroeg me af hoeveel omzet er verloren was gegaan, hoeveel kansen er waren gemist, hoeveel geld er was verspild terwijl deze twee hun tijd en energie verdeden aan het bestrijden van elkaar.

Ik had zelden een zaak gezien waarin de partijen zo dicht bij elkaar lagen, omdat beide kampen werden ondersteund door een stortvloed aan feiten en argumenten. Maar één ding was me wel duidelijk: geen van beide begreep de positie van de ander. Beide kampen waren er zo op gebrand hun versie van de feiten te vertellen dat ze geen oog hadden voor de feiten van de andere partij. Op een gegeven moment wendde ik me tot de juristen en vroeg:

'Begrijpen jullie allebei de positie van het andere kamp?'

'Ja', antwoordde een van hen zelfverzekerd.

Maar de andere jurist zweeg even en zei toen: 'Ik weet wat ze hebben bepleit, maar ik begrijp de basis van hun positie niet.' Op dat moment heb ik hun een denkbeeldige praatstok gegeven.

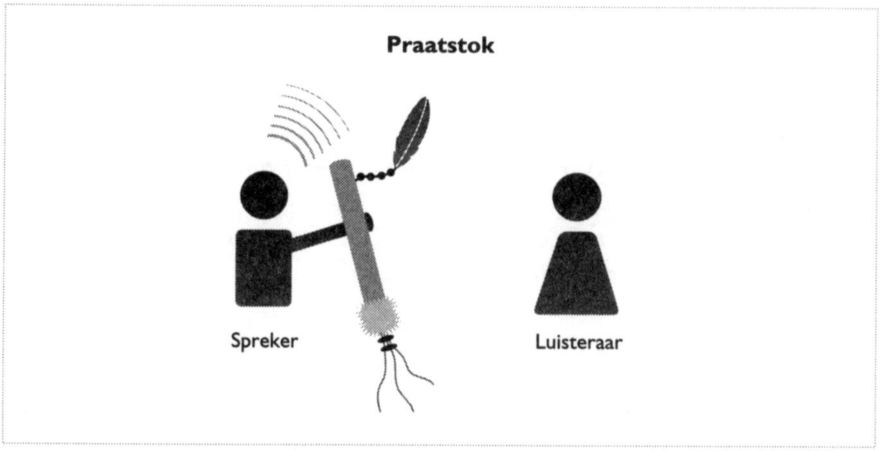

Mijn volgende verzoek was iets dat ze nooit eerder hadden meegemaakt. Ik legde uit dat de advocaten de gelegenheid zouden krijgen om te spreken, maar voordat ze argumenten ter ondersteuning van hun eigen positie mochten geven, moesten ze eerst het standpunt van de ander tot diens tevredenheid herformuleren. In feite moesten ze de zaak van hun tegenstander bepleiten.

De advocaat van de gedaagde had drie pogingen nodig voordat hij het standpunt van de eiser tot tevredenheid van de eiser verwoordde. Toen was de beurt aan de eiser; zijn advocaat had vier pogingen nodig.

Toen gebeurde er iets interessants. De gedaagde hield zijn armen niet langer voor zijn borst en zijn strenge, ernstige gezichtsuitdrukking was verdwenen. Hij keek naar de eiser en zei: 'Brad, is dat jouw standpunt?'

'Ja, zo ongeveer.'

'Ik dacht dat je...'

En de advocaten leunden achterover en zagen hoe hun cliënten een dialoog aangingen die was afgekapt toen ze elkaar twee jaar geleden voor de rechter daagden. Uiteindelijk kwamen ze tot een schikking die voor hen beiden aantrekkelijk en gunstig was. En wat belangrijker was, hun wederzijds respect, dat vrijwel helemaal verdwenen was, keerde terug.

Ik wist dat als deze zaak voor zou komen, één partij alles zou winnen en de ander met lege handen en een hoge rekening zou achterblijven. Zo werkt het systeem. Beide zouden een fortuin uitgeven aan het proces, wat, als je alles meetelt, betekent dat de winnaar ook een grote verliezer zou zijn. Maar in plaats van elkaar tot het bittere einde te bevechten, kwamen de beide partijen tot een vrijwillige vredelievende

schikking, die ze zich eerder niet hadden kunnen voorstellen. Het gebeurde omdat de geest van de praatstok de weg naar verzoening had opengelegd.
Ik kan je niet zeggen hoe revolutionair empathische communicatie in rechtszaken kan zijn. Het westerse rechtssysteem is weliswaar gebaseerd op vijandschap, maar dat betekent niet dat we het ook in een vijandige geest moeten gebruiken. Er is geen reden waarom een instelling van empathie en synergie niet in de plaats zou kunnen komen van een instelling van 'zoeken en vernietigen'.

Veel rechtssystemen steunen op empathie in plaats van een vijandige instelling. Veel landen lossen geschillen op zonder een dergelijke win-verliesmentaliteit. In Japan is het doel van de *chotei*-hoven niet vergelding, maar het herstel van 'vrede en rust', wat Japan misschien wel tot de minst tot procederen geneigde samenleving ter wereld maakt.

De Joden, met hun oude traditie van respect voor de wet, hechten eveneens veel waarde aan compassie en verzoening. De rabbijnse rechtbanken draaien niet om het 'winnen van de zaak'. Voor Joodse advocaten en rechters is de Bijbelse figuur Aaron, broer van wetgever Mozes, het te volgen voorbeeld. Als hogepriester en rechter van Israël 'streefde Aaron naar vrede en zorgde hij ook voor vrede tussen mensen', waarbij menselijke relaties centraal stonden in de wet. De grote Joodse geleerde Rabbi Nathan beschreef hoe Aaron zijn rol uitvoerde:

Twee mensen hadden ruzie met elkaar. Aaron ging bij een van hen zitten. Hij zei tegen hem: 'Mijn zoon, kijk wat je vriend gedaan heeft, zijn hart is in verwarring, hij heeft zijn kleren aan stukken gescheurd [uit verdriet over de ruzie] en hij zegt: "Wee mij, hoe kan ik met opgeheven hoofd mijn vriend aankijken? Ik voel me beschaamd in zijn aanwezigheid, omdat ik degene ben die hem onrecht heeft gedaan."' En hij [Aaron] blijft bij hem zitten totdat hij de jaloezie uit zijn hart verwijderd heeft.
En vervolgens gaat Aaron bij de andere partij zitten en zegt tegen hem: 'Mijn zoon, kijk wat je vriend heeft gedaan, zijn hart is in verwarring, hij heeft zijn kleren aan stukken gescheurd en zegt: "Wee mij, hoe kan ik met opgeheven hoofd mijn vriend aankijken? Ik voel me beschaamd in zijn aanwezigheid, omdat ik degene ben die hem onrecht heeft gedaan."' En hij [Aaron] blijft bij hem zitten totdat hij de jaloezie uit zijn hart verwijderd heeft. En toen de twee tegenstanders elkaar ontmoetten omarmden en kusten ze elkaar.[12]

Volgens de traditie bemiddelde Aaron tussen mensen die een geschil hadden voordat dit ooit in de rechtbank kwam. Hij sprak nooit over het probleem zelf – het draaide om het luchten van het gewonde hart en het behoud van de relatie. 'Wat is er aan de hand?' vroeg hij dan. 'Waarom ben je zo kwaad? Jullie hebben allebei hetzelfde meegemaakt; jullie zijn allebei niet gerespecteerd.' Ruziënde stellen luisterden naar hem en naar elkaar en vernoemden vervolgens hun kinderen naar hem. Voor de grote hogepriester Aaron was het eindresultaat geen juridische beslissing waarin de ene partij wint en de andere verliest, maar een vredelievend derde alternatief en een sterkere relatie.[13]

De op vijandschap gebaseerde instelling is 'de winnaar krijgt alles', maar de instelling van Joodse gerechtshoven is van oudsher alle betrokkenen te helpen het geschil te winnen. Toen een Israëlische werknemer een door zijn bedrijf verstrekt geweer gebruikte om een man dood te schieten, klaagde de familie van het slachtoffer de werkgever aan op grond van het feit dat het bedrijf op de hoogte had moeten zijn van de labiele mentale toestand van hun werknemer en had moeten voorzien hoe hij het geweer zou gebruiken. De zaak kwam voor het hooggerechtshof van Israël, waar rechter Menachem Elon besloot ten gunste van het bedrijf. Toen hij de winnaar toesprak, zei hij echter: 'We hebben hier een weduwe met haar kinderen. U moet alles doen wat in uw vermogen ligt voor hen, ook al bent u hiertoe niet wettelijk verplicht... Het is een gebruik van iedere Joodse rechtbank om de rijken over te halen hun plicht te doen waar dat juist en passend is.' Met andere woorden, de rechtbank zei tegen het bedrijf: 'U hebt de wet aan uw kant, maar afgezien daarvan moet u doen wat juist en goed is.'[14] Joodse advocaten en rechters streven naar een win-winoplossing, en dat is de reden waarom zelfs niet-Joden van over de hele wereld zich tot Joodse rechtbanken wenden om conflicten te helpen oplossen.

Ook het islamitische recht hecht meer waarde aan verzoening dan aan vergelding. Een belangrijk instrument in islamitische rechtbanken is de *sulh*, een raad die afvaardigingen van beide partijen in een conflict hoort. Eerst vragen de delegaties om een wapenstilstand, die de familie van het slachtoffer waardigheid geeft. Dan praten ze; de sulh is gericht op communicatie, een plaats waar mensen samenkomen om naar elkaar te luisteren. De raad vraagt: 'Wat vind je van wat hij zegt? Hoe zou je daarop antwoorden?' Als er overeenstemming ontstaat, gaan ze allemaal tevreden met het resultaat naar huis. Het proces werkt beter dan een formele rechtszaak, waarin een beslissing het probleem meestal niet beëindigt; er is een oud islamitisch gezegde: 'De helft van de mensen is vijand van de rechter.' De sulh is daarentegen praktischer, minder kostbaar en leidt tot overeenstemming.[15]

Met een vijandige instelling heb je eigenlijk geen winnaars. Zoals geen enkel land beter af is na een langdurige oorlog, doen maar heel weinig rechtszaken de eisers veel goed. Beide partijen raken uiteindelijk vaak aan het eind van hun Latijn, emotioneel verslagen en financieel uitgeput. In de rechtbank geef je je lot in handen van een onafhankelijk forum dat emotioneel niet in jou geïnteresseerd is. Tijdens een rechtszaak kunnen de dingen dramatisch veranderen – in een ogenblik. Een getuige kan niet overtuigend zijn. Bewijsstukken kunnen worden uitgesloten. Als dat gebeurt, kunnen er onverwachte gevolgen zijn. Er kunnen vervelende dingen gebeuren als partijen er niet in slagen een derde-alternatiefoplossing te vinden. Larry legt dit verder uit.

Groter nog dan de financiële druk van een rechtszaak is de emotionele en psychologische druk. Deelnemers raken geobsedeerd door de zaak en het weerhoudt hen ervan om productief te zijn op andere gebieden van hun leven. Ze merken dat juridische tijd voor wat betreft snelheid alleen overtroffen wordt door geologische tijd. Mensen gaan ervan wakker liggen. Tegen de tijd dat ze bij een advocaat belanden, zijn ze vaak zo emotioneel en boos dat ze alleen nog maar wraak willen.
In echtscheidingszaken bijvoorbeeld, heb je een vrouw of een man met heel veel pijn. De financiële kwesties komen vaak pas op de vijfde plaats. Wat de vrouw eigenlijk wil is dat de rechter tegen haar zegt dat haar man net zo'n grote rotzak is als zij vindt dat hij is, en hetzelfde geldt voor de andere partij. Het beperkt je, het leidt je af van alle andere aspecten van je leven.

De opkomst van mediation zal het juridische systeem hopelijk voor meer synergie in het rechtssysteem zorgen. Mediation is nu op veel terreinen verplicht en is veel minder kostbaar en pijnlijk dan rechtszaken, maar mediation kan alleen tot derde alternatieven leiden als we afzien van een vijandige instelling en deze vervangen door empathie.

Een andere opmerkelijke vredestichter, rechter William Sheffield, wordt in Californië wel 'de mediator in laatste instantie' genoemd. Als niemand anders een impasse kan doorbreken, wordt Sheffield ingeroepen. Zijn eerste 'impassebreker', zoals hij dat noemt, is empathisch luisteren. Waar sommige mediators worden ingevlogen, een ochtend aan een zaak besteden, een voorstel presenteren en op tijd voor het avondeten weer wegvliegen, trekt Sheffield zijn jas uit en leert iedereen goed kennen. Hij wil dat ze net zolang met elkaar praten tot iedereen zich volledig begrepen voelt. 'Je kunt zoiets niet in tien minuten doen', zegt hij. 'Mensen moeten weten dat je ze begrijpt voordat ze je vertrouwen.' Als er nog geen schikking in de maak is, is hij, anders dan andere mediators, bereid erop te wachten.

Het is zijn doel de partijen ervan te overtuigen dat ze realistisch moeten zijn. 'Als er geen schikking komt en de zaak komt voor de rechter, wat zijn dan je kansen?' Normaal gesproken beginnen beide partijen in een juridisch geschil met de instelling dat ze 'gehakt zullen maken' van de ander. Het is zijn taak om hen daarvan af te brengen. Ik heb vaak gezegd: 'Je kunt die makelaar in Maui maar beter afbellen, want het geld zal echt niet van deze zaak komen.'

Wat is Sheffields tweede 'impassebreker'? Nog meer empathisch luisteren.

Als er geen vooruitgang is, dan zorg ik dat ik mijn cliënt nog beter leer kennen. Ik had ooit een koppige cliënt, een eiser in een rolstoel die tomaten kweekte op grond die hij van de gemeente huurde. Hij claimde dat de gemeente niet voldoende rekening hield met zijn handicap, en geen van beide partijen wilde schikken. Na een tijdje ging ik naar zijn veldje. Ik ging naast hem zitten en we aten samen tomaten; we proefden alle variëteiten die hij kweekte. Hij vertelde me alles over zijn leven en zijn worstelingen, over zijn tijd bij het olympische rolstoelteam. Hoe meer hij zich begrepen voelde, hoe closer we werden en hoe gemakkelijker het voor hem was om zich niet langer genegeerd te voelen. Daar draait het om. Mensen zeggen zo vaak: 'Wat ik wil is honderdduizend dollar en excuses'; maar wat ze echt willen is meestal zich belangrijk voelen, zich begrepen voelen en niet gemarginaliseerd.

Je moet hun de tijd geven om hun hart te luchten en het gevoel te krijgen dat je het echt snapt. Dan kun je de zaak schikken en vermijd je nog één of twee jaar dure procesvoering. Trek een dag uit om te luisteren en je kunt een conflict dat al jaren duurt vaak oplossen.[16]

Niemand, advocaat of eiser, zou een conflict moeten benaderen met een vijandige instelling. De kosten zijn te hoog en de opbrengst is twijfelachtig. We kunnen ervoor kiezen conflicten als misverstanden te zien en ze te benaderen in een geest van empathie en synergie. En daar heb je de toestemming van de rechtbank niet voor nodig. Stephen verduidelijkt dit met een voorbeeld.

Op een dag werd ik gebeld door de bestuursvoorzitter van een bedrijf, die me vroeg of ik hem kon helpen een zeer kostbare rechtszaak op te lossen waarbij veel op het spel stond. Ik kende deze topmanager goed. We hadden in de loop der jaren over de derde-alternatiefmentaliteit gesproken en ik had het idee dat hij begreep waar het om ging. Hij was buitengewoon capabel, maar toen het tijd werd om datgene waar we over gesproken hadden daadwerkelijk toe te passen, had hij er geen vertrouwen in. De rechtszaak waar hij bij betrokken was, was zeer bedreigend voor hem en voor zijn bedrijf, en hij vroeg of ik wilde bemiddelen. Maar ik zei tegen hem: 'Je hebt mij helemaal niet nodig. Je kunt het prima zelf.'

Dus belde hij zijn tegenstander in de zaak, die ook bestuursvoorzitter van een bedrijf was, en vroeg hem of ze een afspraak konden maken om de situatie te bespreken. De ander wilde geen afspraak maken, maar mijn vriend legde hem uit wat hij probeerde te doen en waarom. 'Luister', zei hij. 'Ik breng mijn advocaat niet mee. Jij kunt de jouwe meebrengen en als je advocaat je adviseert niets te zeggen, dan zeg je niets.'

De andere bestuursvoorzitter stemde er op deze basis mee in een afspraak te maken. Later vertelde hij me wat er tijdens die bijeenkomst gebeurde.

De man kwam met zijn advocaat en ze gingen allemaal aan een vergadertafel zitten. Mijn vriend haalde een notitieblok tevoorschijn en zei: 'Eerst wil ik kijken of ik jouw positie in deze rechtszaak goed begrijp.'

De andere man begon aarzelend te praten. Hij schetste het probleem vanuit zijn perspectief, dat iets van doen had met een geschil over producteigendom.

Mijn vriend luisterde en maakte aantekeningen. Ten slotte zei hij: 'Eens zien of ik het goed begrijp.' Vervolgens herformuleerde hij zo volledig mogelijk wat de bestuursvoorzitter had gezegd en vroeg: 'Is dat jouw standpunt?'

De man keek de aantekeningen door en zei: 'Ja, ja, dat is het, maar er zijn twee punten die je niet helemaal duidelijk maakt.'

De advocaat van de man onderbrak hen. 'Ik geloof niet dat we hier zo in detail hoeven te treden.'

Verbazingwekkend genoeg wendde de man zich tot zijn advocaat en zei: 'Jeffrey, ik weet dat ik je gevraagd heb om mee te gaan, maar waarom proberen we dit niet gewoon?' De advocaat voelde hoe het momentum richting een derde alternatief ging. De andere voorzitter beschreef zorgvuldig zijn resterende twee punten.

Mijn vriend schreef ze op, herformuleerde ze, en vroeg toen: 'Geeft dit een volledig en rechtvaardig beeld van je positie?'

'Ja.'

'Is er verder nog iets wat ik moet weten?'

'Nee, dat dekt het wel.'

'Goed', zei mijn vriend. 'Wil je dan nu naar mij luisteren zoals ik naar jou heb geluisterd?'

Het was even stil, maar toen zei de man: 'Brand maar los.'
En er begon een wederzijdse dialoog. Hun nieuwe inzicht leidde tot bescheidenheid. Muren werden geslecht. Ze begonnen te geloven dat een derde alternatief mogelijk was.
Verscheidene uren later verlieten beide mannen de bijeenkomst met dat derde alternatief, een oplossing voor hun probleem die de relatie redde, de kosten van procesvoering voorkwam en de basis legde voor betere manieren om in de toekomst samen te werken. De hele situatie veranderde.[17]

Synergie en de wet

Als je gekwetst bent, is de gebruikelijke reactie dat je het de ander betaald wilt zetten: 'Dat kunnen ze me niet maken. Wie denken ze wel dat ze zijn? Ik daag ze voor de rechter!' We hebben allemaal belang bij rechtvaardigheid en eerlijkheid, en als iemand ons iets heeft aangedaan, verwachten we terecht dat hij dat zal goedmaken. Dat is de reden waarom we advocaten, rechters en rechtbanken hebben.

Maar als we een synergie-instelling hebben, vinden we rechtvaardigheid niet genoeg – we willen meer dan alleen maar rechtvaardigheid. We willen geen zwakkere maar sterkere relaties. We zijn meer geïnteresseerd in verzoening dan in vergelding. We zijn op zoek naar een oplossing die verder gaat dan je gelijk halen, een oplossing waarmee alle betrokkenen beter af zijn dan voor die tijd.

Bovendien zijn synergetische mensen zoals wij niet geïnteresseerd in compromissen. Een compromis is een gangbaar juridisch instrument, maar betekent wel dat alle partijen iets moeten opgeven; waarom zouden we dat doen als we nog geen derde alternatieven hebben onderzocht? Compromissen kunnen ook moreel riskant zijn, omdat ze vaak betekenen dat je afstand doet van principes die je belangrijk vindt. We zijn onder de indruk van het volgende inzicht van de grote Nigeriaanse schrijver Chinua Achebe: 'Je weet dat er sprake is van integriteit als je te maken krijgt met iets wat botweg weigert zich te laten compromitteren.'

Als we in een conflict verzeild raken, willen we geen 'oog om oog' en we willen ook geen compromis als noodoplossing. We willen vindingrijker zijn dan dat. Stephen geeft het volgende voorbeeld.

Na jaren hard gewerkt en gespaard te hebben, kon een vriend van mij eindelijk de bouw van zijn droomhuis afronden. Hij had de beste aannemer van de stad ingehuurd om zijn droom werkelijkheid te maken, en met zijn hoge kathedraalachtige plafonds en fraai gebeeldhouwde

lijstwerk en houten decoraties was het een kunstwerk geworden. Toen kwam de schilder voor de finishing touch.
Toen mijn vriend de avond nadat de schilder was vertrokken de voordeur van zijn nieuwe huis opendeed, kreeg hij bijna een hartstilstand. Het schilderwerk was een ramp. Iedere muur, iedere kamer, iedere lijst was toegetakeld met vlekkerige, ongelijkmatige streken verf. Er zaten vegen op deuren en tegels, verfdruppels op de bogen, waarvan sommige op maat gemaakt waren, kunstwerkjes op zichzelf. Het zag eruit alsof een kind zich op het huis had uitgeleefd met een spuitbus verf.
Mijn vriend toetste twee telefoonnummers in, dat van zijn aannemer en dat van zijn advocaat. Gelukkig belde de aannemer als eerste terug. Hij was een onvermoeibaar energieke man met een reputatie van integriteit en kwaliteit; daarom had mijn vriend hem ook ingehuurd. Toen de aannemer het werk zag, viel zijn mond open. Hij belde onmiddellijk de schilder en vroeg hem terug te komen naar het huis.
Wat er vervolgens gebeurde verbijsterde mijn vriend. Het was laat op de avond en hij verwachtte dat de aannemer, die een lange zware dag had gehad, de schilder de wind van voren zou geven, hem zou ontslaan en zijn geld zou terugvragen plus een schadevergoeding. In plaats daarvan begroette hij de schilder bij de deur en gaf hem een hand.
De schilder was een jonge man, van hooguit een jaar of twintig, die de aannemer grijnzend vroeg wat hij van zijn werk vond. De aannemer sloeg een arm om hem heen en liep rustig met hem door het huis, ondertussen op allerlei problemen wijzend. Toen was het tijd voor een goed gesprek. De aannemer stelde een paar vragen en het werd al snel duidelijk dat de schilder zijn kwalificaties voor deze klus enigszins had overdreven toen hij zijn offerte maakte. Hoewel hij wel wat kleinere klussen had gedaan, was dit het eerste huis dat hij ooit had geschilderd.
Maar de aannemer ging nog een stap verder. Hij vroeg de jonge man naar zijn familie, waar hij op school gezeten had, hoe zijn leven ervoor stond. Mijn vriend vroeg zich af wat de relevantie van al die vragen was, maar al snel hoorde hij dat de jongen het moeilijk had gehad op school en voortijdig zijn opleiding had afgebroken, dat hij jong getrouwd was en een vrouw en kind moest onderhouden. Het was duidelijk dat hij probeerde zijn brood te verdienen op de enige manier die hij kon bedenken.
Toen ze weer opstonden, verontschuldigde de aannemer zich bij mijn vriend voor het feit dat hij de achtergrond van de schilder niet beter gecontroleerd had, en vroeg de jongen vervolgens zijn spullen weer op te halen. Rustig zei hij: 'Ik zal je laten zien hoe je zo'n klus aanpakt.'

Mijn vriend had hier zijn twijfels over, haalde zijn schouders op en ging weer naar bed. Een paar dagen later ging hij even langs om te kijken hoe de zaken ervoor stonden. De aannemer was daar met de schilder. Ze praatten en lachten terwijl ze de ramen schoonmaakten, de vegen verf weghaalden en de muren opnieuw schilderden. Het eindresultaat werd ten slotte, onder toezicht van de aannemer, erg mooi. In de maanden die volgden, liep de jonge man stage bij de aannemer en werd hij steeds beter in zijn werk, net zo lang totdat hij een klus precies zo kon doen als de aannemer had gespecificeerd. Hij werd de vaste schilder van deze aannemer en had meer klussen dan hij aankon.

Met zijn derde-alternatiefparadigma bewees deze aannemer dat mensen die gericht zijn op synergie vol verrassingen zitten. In plaats van de schilder in een boze bui te ontslaan – of erger, hem te ruïneren met een eis tot schadevergoeding – koos hij ervoor de jonge man te helpen een leven op te bouwen en gaandeweg een waardevolle aanwinst voor zijn eigen bedrijf te worden. Hij was wat je noemt een bouwer, en niet alleen in de letterlijke zin van het woord.

Toen de advocaat kwam opdagen, verzekerde zij mijn vriend dat hij de zaak goed had aangepakt. Er zou geen rechtszaak komen, geen juridisch gevecht, geen teloorgang van een jong, kwetsbaar gezin. Geen strijd tussen een eerste alternatief en een tweede alternatief. Geen roep om recht, rechtvaardigheid of billijkheid.

Dit soort synergie en vredestichten is overal in het rechtssysteem mogelijk; hoewel het een seismische paradigmaverschuiving vereist. Sommigen hebben die verschuiving al gemaakt. Sommige culturen bouwen het vooruitzicht van een derde alternatief in hun rechtssysteem in. In de Joodse *zabla*-rechtbanken, bijvoorbeeld, kiezen beide partijen een rechter; vervolgens komt er een derde rechter bij, speciaal om te kijken of er een derde alternatief mogelijk is. Maar niemand hoeft het westerse systeem van jurisprudentie zelf te veranderen – wat er moet veranderen is de mentaliteit erachter. Als deze mentaliteit verandert, verandert ook de rechtspraktijk. Larry beschrijft het proces.

Op verzoek van collega's van het federale hof doe ik aan bemiddeling onder juridisch toezicht. In ons federale district houden we vaak schikkingsconferenties voor elkaar. Ik probeer, waar mogelijk, tijdens overleg in raadkamers sessies met de praatstok te introduceren. Strijdende partijen zo ver krijgen dat ze hun vijandigheid laten varen en empathie en begrip gaan voelen is een methodisch proces.

Pas als iedereen in een geschil zich gehoord voelt, vraag ik de partijen om hun criteria voor succes – en mislukking – op te schrijven. Ik trek een verticale lijn op een vel papier, en zeg: 'Als je in het gelijk gesteld zou worden, zou de linkerkolom een opsomming zijn met redenen waarom de jury aan jouw kant zou staan' en 'Als je teleurgesteld zou worden, zou de linkerkolom een opsomming zijn van redenen zijn waarom de jury zich tegen je zou keren'.

Zonder de daadwerkelijke terminologie te gebruiken, vraag ik de partijen om eigenschappen van een derde alternatief te noemen. Boven aan de bladzijde schrijf ik één woord: 'Schikkingsplan', en dan laat ik de partijen hun plannen in afzondering opschrijven. Soms zijn er drie of vier versies nodig. In de meeste zaken waarin ik deze techniek heb toegepast, wordt geschikt omdat de partijen en hun advocaten diepgaand de voor- en nadelen hebben geanalyseerd en vervolgens creatief geweest zijn in het opstellen van een redelijk schikkingsplan.

Ik heb dit derde-alternatiefproces gebruikt om een van de meest gecompliceerde rechtszaken die ik ooit ben tegengekomen op te lossen: de Blackbird Mine-zaak.

De oude Blackbird Mine in de bergen van Idaho was de enige bron van kobalt in de VS, een metaal van groot strategisch belang tijdens de Koude Oorlog. In de jaren zestig en zeventig werkten mijnwerkers zich hier in het zweet. De mijnoperatie werd ten slotte in de jaren zeventig stilgelegd en achtergelaten in een poel van zuur- en metaalvervuiling die vernietigend was voor het land, het water en de dieren die in de prachtige wildernis van Salmon River leven. Vervolgens klaagden de staat, particuliere milieugroepen en een tiental federale bureaus de mijneigenaren en elkaar aan om het schoonmaken van het kamp af te dwingen. Er volgde een stortvloed aan claims en tegenclaims.

Tegen de tijd dat de zaak bij mij kwam voor bemiddeling, lag hij al meer dan tien jaar bij de rechtbank. Wat op het spel stond, waren de schoonmaakkosten van meer dan $ 60 miljoen waarvoor niemand de verantwoordelijkheid wilde nemen. Eerdere pogingen om de zaak te schikken mislukten omdat de partijen zo verdeeld waren. Het dossier was aangegroeid tot duizenden bladzijden met waslijsten vol moties die op een beslissing wachten. De rechtszaak zou maanden duren, met honderden bewijsstukken en tientallen getuigen-deskundigen, waarna er jarenlang beroepen zouden volgen. De hele toestand was een juridisch wespennest.

Mijn collega adviseerde me om me niet druk te maken over het oplossen van de zaak: 'Dat is onmogelijk. Ik hoop dat je een aantal van de bijzaken kunt schikken, zodat de rechtszaak zelf hanteerbaar wordt.' Ik besloot een derde-alternatiefaanpak te proberen.

Nadat ik in een volgepakte rechtszaal alle partijen had gesproken – zelfs de jurybankjes zaten vol – besloot ik de rechtszaal te sluiten; ik zette iedere groep belanghebbenden in een andere vergaderruimte en nodigde de advocaten uit in mijn kamer. 'Jullie begrijpen allemaal de feiten van de zaak en jullie weten wat de sterke en de zwakke punten zijn in jullie stellingname', zei ik tegen hen. 'Ik vraag een van mijn medewerkers om elk van jullie twee uur te laten rapporteren welk plan jullie hebben om deze zaak te schikken.'

Verbaasd over dit verzoek gingen de advocaten naar hun kamers en zetten hun voorstellen op grote vellen papier. Ik maakte mijn ronde langs deze subgroepen, niet omdat ik de plannen wilde zien, maar omdat ik iemand zocht: een leider, iemand met een derde-alternatiefmentaliteit. En die vond ik in John Copeland Nagle, die later een hoge onderzoeksfunctie bekleedde aan de Notre Dame School of Law. Deze eminente advocaat en rechtendocent heeft letterlijk hét boek over Amerikaans milieurecht geschreven.[18] *Maar wat voor mij belangrijker was, Nagle leek niet bedreigend; hij was zeer capabel zonder afstandelijk te zijn en een instinctieve leider. Ik vroeg hem om mijn contactpersoon bij de verschillende partijen te zijn terwijl zij hun plannen uitwerkten, maar ik rekende vooral op zijn natuurlijke leiderschapsvermogen om met een oplossing te komen. Hij koppelde terug naar mij en zei dan dingen als: 'Dit is positie A', en we probeerden dan synergie te bereiken en met een betere oplossing te komen dan A. Terwijl de teams hun eigen oplossing samenstelden, namen ze er verantwoordelijkheid voor, zoals ik wist dat ze zouden doen. Mensen zetten zich nooit zo in voor een opgelegde oplossing als voor een derde alternatief waar ze zelf mee zijn gekomen.*

In de weken en maanden die volgden, liet ik de partijen en hun advocaat nog minstens twee keer terugkomen voor een gesprek. Iedere keer kwamen ze dichter bij een volledige oplossing, niet alleen voor de bijzaken, allemaal als gevolg van het derde-alternatiefdenken waarvan hun samenwerking doordrongen was.

Er zou geen dramatische rechtszaak komen, geen volle jurybankjes, geen sensationeel mediadrama: het tien jaar durende debacle zou binnen een paar maanden voorgoed voorbij zijn. De partijen deelden de verantwoordelijkheid en gingen aan de slag om de schade te repareren. De Blackbird Mine is een succesverhaal. Het was een snelle overeenkomst – de eerste grote milieuschikking die primair gericht is op het bereiken van een snel en efficiënt herstel. De schoonmaak ging van start, een van de grootste in de geschiedenis vóór de ramp met de Exxon Valdez, en al snel kon de zalm terugkeren in het water dat ooit werd vervuild door de Blackbird Mine.

Zonder de schikking zou een federale rechter deze zaak nog een jaar of langer hebben voorgezeten, hij had moties moeten aanhoren, pro-

cedurele en juridische kwesties moeten oplossen, en moeten luisteren naar beschuldigingen en welsprekende pleidooien over de doortraptheid van de tegenpartij. Er zouden miljoenen dollars zijn besteed aan onkosten en vergoedingen. De rechter op deze zaak zou lange dagen hebben gemaakt om de zaak in goede banen te leiden en als eenmaal een beslissing was genomen, zou het proces opnieuw van start zijn gegaan in hoger beroep, terwijl er niets aan de vervuiling werd gedaan. Ik koos ervoor al het mogelijke te doen om dat te voorkomen, door de kracht van de principes en het proces van het creëren van derde alternatieven in gang te zetten. De kracht van het resultaat was niet van mij afkomstig, maar lag in het proces en in de ontketende creatieve genialiteit van deze briljante advocaten.

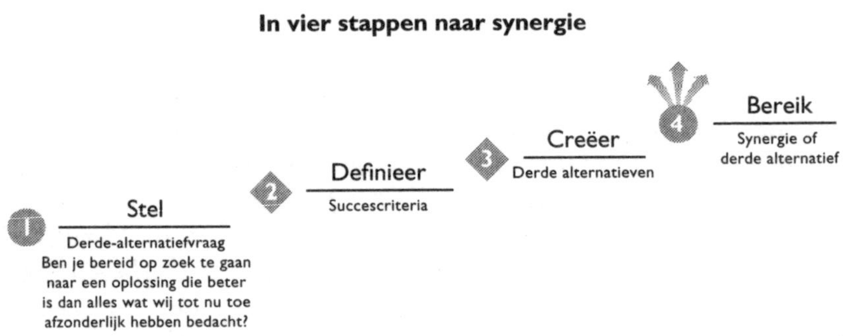

In vier stappen naar synergie. Vastbesloten om (1) een derde alternatief te vinden in juridische geschillen, vraagt rechter Boyle de partijen om (2) hun succescriteria te definiëren en (3) prototypes te creëren totdat zij tot een (4) synergetische oplossing komen.

Iemand met een derde-alternatiefmentaliteit streeft niet naar vergelding, maar naar vernieuwing. Dat is gemakkelijk praten zo lang het niet persoonlijk wordt. Maar wat als iemand ons kwetst – maar dan ook echt kwetst? Of als er sprake is van overtredingen die echt rampzalig zijn? En hoe zit het met zaken waarbij incompetentie, nalatigheid of boze opzet een rol spelen en die ernstig letsel tot gevolg hebben? Moeten de veroorzakers hiervan niet ter verantwoording worden geroepen? Moeten zij niet de prijs betalen voor wat ze hebben gedaan?

Natuurlijk moeten ze dat. We hebben alle recht om onze samenleving te beschermen tegen mensen die kwaadaardig zijn of die zich bezighouden met criminele activiteiten. Maar in de Amerikaanse rechtbanken is slechts één op de vijf zaken een strafzaak; de rest zijn civiele zaken.[19] Juist op het gebied van civiel recht, waar geschillen en conflicten tussen mensen meestal worden uitgevochten, kan het tijdloze principe van het derde alternatief effectief en heilzaam zijn.

In dit soort situaties is de vraag voor een synergetische denker: 'Wat willen we echt dat er gebeurt?' Iedere taak is weer anders. De aannemer die te maken kreeg met een knoeiende schilder die bij lange na niet eerlijk was geweest, had alle reden om hem voor de rechter te dagen, hem te ruïneren en ervoor te zorgen dat hij nooit meer aan het werk kwam. Het Openbaar Ministerie van Idaho en de Amerikaanse overheid hadden alle reden om de exploitanten van de Blackbird Mine aan te klagen vanwege de schade die ze hadden aangericht. Maar hoe zit het dan met de overheid die er bij hen op aangedrongen had om zo snel mogelijk zo veel mogelijk kobalt te produceren? Hoe zit het dan met de milieuregelgevers die werden geacht de schade te voorkomen, maar blijkbaar de andere kant op hadden gekeken? Hoe zit het dan met de staat Idaho zelf? De mensen daar keken maar al te graag de andere kant op toen de mijn hen geld opbracht.

In elk van deze gevallen was het derde alternatief zonder twijfel het beste alternatief, zoals dat altijd het geval is. Denk maar aan de derde-alternatiefaanpak waar het Zuid-Afrikaanse volk voor koos om het verscheurende rassenconflict in dat land op te lossen. Eeuwenlange rassenscheiding, onderdrukking en misbruik kwamen in theorie ten einde toen Nelson Mandela in 1994 tot president gekozen werd en de apartheid werd afgeschaft. Maar deze fantastische symbolische gebeurtenissen heelden bij lange na niet alle emotionele wonden van de jaren van apartheid toen mensen in getto's werden samengedreven, uitgebuit, opgesloten zonder proces, en zelfs 'verdwenen' door toedoen van de regering.

Er dreigde een grote juridische stormloop. Sommige mensen die het voor het zeggen kregen, wilden Neurenbergprocessen om de verantwoordelijken te berechten, naar het voorbeeld van de bekende strafprocessen tegen nazimisdadigers. Anderen stelden algemene amnestie voor, 'om het verleden te laten rusten'.

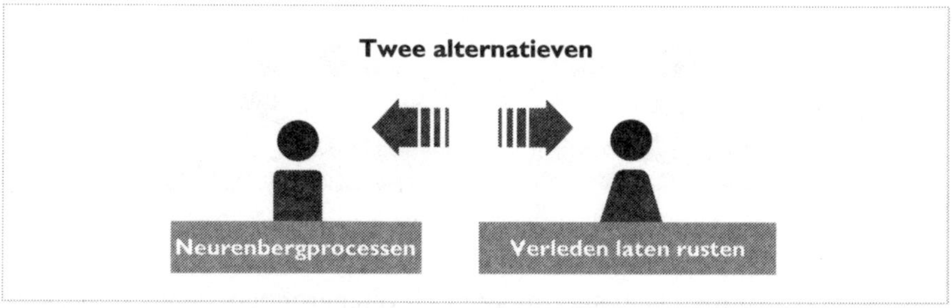

Voor weldenkende Zuid-Afrikanen waren deze opties geen van beide acceptabel. 'We hadden natuurlijk ons recht kunnen halen,' zegt bisschop Desmond Tutu, 'we hadden vergelding kunnen krijgen... en een Zuid-Afrika dat in puin lag.' Een aanpak zoals bij de Neurenbergprocessen zou waarschijnlijk een burgeroorlog hebben ontketend. 'Maar de slachtoffers kunnen niet zomaar vergeten en vergeven... Algehele amnestie zou een kwestie van amnesie geweest zijn', zei Tutu, die deze optie al evenzeer onwenselijk vond. 'Geen van ons heeft het fiat om te kunnen zeggen: "Zullen we het verleden maar laten rusten?" ... Het verleden verdwijnt niet en houdt zich niet koest; het heeft de irritante, volhardende neiging om ons te achtervolgen, tenzij er adequaat mee wordt afgerekend.'

Om dit twee-alternatievendenken achter zich te laten, vroegen wijzere Zuid-Afrikaanse leiders zich af welk resultaat ze dan wel wilden, wat voor soort land ze zich voor de toekomst wensten. Na langdurig gewetensonderzoek kozen ze voor wat aartsbisschop Tutu 'een derde weg' noemde... 'amnestie voor individuen in ruil voor volledige openbaring van de misdaad waarvoor amnestie werd gevraagd'. Met andere woorden, als overtreders de volledige waarheid vertelden over hun misdaden, dan zouden ze niet worden vervolgd.

Dus werd er een nieuwe instelling in het leven geroepen: de waarheids- en verzoeningscommissie. Degenen die amnestie willen voor hun misdaden, verschijnen voor deze commissie en vertellen hun verhaal. Hun slachtoffers luisteren niet alleen, maar kunnen ook hun verhaal vertellen. Dan, als alle partijen het gevoel hebben dat ieders waarheid is verteld en gehoord, verleent de commissie amnestie.

De waarheidscommissie moet op niet-Afrikanen wel heel vreemd overkomen, maar het systeem is diepgeworteld in de Afrikaanse traditie van ubuntu. Volgens aartsbisschop Tutu 'was deze derde weg van amnestie in overeenstemming met een belangrijk kenmerk van het Afrikaanse wereldbeeld – dat we in onze taal kennen als ubuntu'. Weet je nog, ubuntu betekent dat ik alleen echt menselijk kan zijn als ik jouw menselijkheid ook zie en waardeer. Ik kan jou niet demoniseren zonder mijn eigen menselijkheid te verliezen, dat zou immers betekenen dat ik je als een niet-menselijke demon zie.[20]

Natuurlijk is er veel kritiek geweest op de waarheidscommissie. Hoe zit het met het recht als mensen de prijs voor hun misdaden niet hoeven te betalen? Wat voor derde alternatief is dit?

Volgens ons voldoet de waarheidscommissie aan de criteria voor een derde alternatief. Het is geniaal. Het gaat verder dan een compromis. Maar bovenal werkt het voor de mensen. Zoals Marc Gopin ook aangeeft: 'Mensen willen alleen maar gehoord worden – niet noodzakelijkerwijs hun tegenstanders zien hangen. De waarheidscommissie is een juridisch instrument dat het mogelijk maakt dat mensen gehoord worden, en mensen werden gehoord. Er wordt geen loopje genomen met de wet, er wordt rekening gehouden met het lijden van de slachtoffers.'[21] Het is interessant om te zien dat degenen die het meest onder de apartheid hebben geleden, de Xhosa en andere volkeren, het meest tevreden zijn over de resultaten van de waarheidscommissie. Uit een belangrijk onderzoek bleek dat 'acceptatie van de resultaten van de waarheidscommissie veel groter was onder Zuid-Afrikanen van Afrikaanse afkomst dan onder Zuid-Afrikanen van Europese afkomst… De Xhosa waren veel meer geneigd te accepteren dat de waarheidscommissie de waarheid heeft blootgelegd en verzoening heeft bewerkstelligd.'[22]

Aartsbisschop Tutu antwoordt als volgt op kritiek op de waarheidscommissie:

Er wordt alleen geen recht gedaan als het concept van recht dat we hebben vergeldend recht is, waarvan het voornaamste doel bestraffen is… Er is nog een ander soort recht, herstellend recht… In de geest van ubuntu is het kernbegrip het helen van wonden, het herstellen van het evenwicht, het herstel van verbroken relaties, het zoeken naar rehabilitatie van zowel het slachtoffer als de dader, die de kans moet krijgen opnieuw te worden opgenomen in de gemeenschap die hij met zijn daad heeft ontwricht… Recht, herstellend recht, wordt gediend als wordt geprobeerd te werken aan genezing, vergeving en verzoening.[23]

Als een volk dat zo is uitgebuit zich kan verzoenen met degenen die zulke ernstige overtredingen tegen hen hebben begaan, wordt het zeker tijd dat we eens goed nadenken over onze neiging om elkaar bij het minste of geringste voor de rechter te slepen.

De vredeshand reiken

De eminente advocaat John W. Davis, die in 1924 presidentskandidaat was, sprak over het recht als over het beroep van vredestichter: 'Natuurlijk bouwen we geen bruggen en torens, zetten we geen machines in elkaar en maken we geen schilderijen... Slechts weinig van wat we doen is zichtbaar. Maar we nemen moeilijkheden weg; we verminderen druk; we zetten fouten recht; we nemen de last van andere mensen op ons en door onze inspanningen maken we het vreedzame leven van mensen in een vreedzaam land mogelijk.'[24]

Diep in hun hart zullen veel praktiserende advocaten zich aangetrokken voelen tot het vooruitzicht als vredestichter te leven. Maar de vraag die hen zal blijven bezighouden is: 'Kan ik hier van leven?' Het is onze ervaring en overtuiging dat ze de meest succesvolle advocaten ter wereld kunnen zijn – financieel succesvol (als bekend wordt dat je trefzeker bent en snel en creatief problemen oplost), succesvol in het onderhouden van betekenisvolle relaties met collega's en cliënten, succesvol als dienstverlener en als iemand die een bijdrage levert, succesvol als het gaat om zijn of haar gezondheid en geluk, succesvol in de privésituatie, succesvol in het leven. Want echt primair succes is altijd blijvend en omvat het hele leven.

Wat de rest van ons Amerikanen betreft, leden van de meest tot procederen geneigde samenleving ter wereld, wij zouden bij ieder conflict op zoek moeten gaan naar het derde alternatief in plaats van rechtszaken aan te spannen, al was het maar voor onze eigen bestwil. Er is absoluut geen enkele reden waarom de mensen van Breedon-on-the-Hill niet bij elkaar hadden kunnen gaan zitten met een kopje thee om hun impasse te doorbreken. Ze hadden kunnen luisteren, echt luisteren, om elkaars zorgen beter te begrijpen. Ze hadden verder kunnen gaan en synergie kunnen creëren met een aantal derde alternatieven: diensten aan de school leveren in plaats van de vergoeding betalen. Iemand had als vrijwilliger kunnen optreden om de veiligheidscontroles af te handelen. Van de pantomime had een gezamenlijke leerervaring voor school en dorp gemaakt kunnen worden; leerlingen hadden het decor kunnen schilderen, de muziek kunnen verzorgen of rekwisieten kunnen maken. Ze hadden kunnen kiezen voor positieve in plaats van negatieve synergie. Ze hadden hier als een sterkere, beter gemeenschap uit kunnen komen; in plaats daarvan kozen ze ervoor zichzelf te verarmen en langgekoesterde vriendschappen en tradities om zeep te brengen.

Als je betrokken raakt bij een serieus geschil, heb je hetzelfde vermogen om te kiezen. Je kunt kiezen voor positieve of voor negatieve energie, maar je moet wel kiezen. Als je het derde alternatief weigert, is het heel goed mogelijk dat je voor een tragedie kiest. Je raakt misschien verstrikt in een rechtszaak, een op hol geslagen trein. We willen niet suggereren dat je het rechtssysteem niet zou moeten gebruiken. In sommige situaties is het absoluut noodzakelijk, maar zie het als een laatste oplossing, niet als een eerste optie. Als je er eenmaal in zit, verlies je de controle over de middelen om het geschil op te lossen – tenzij je uiteindelijk een derde alternatief vindt.

Je vraagt je misschien af hoe je kunt kiezen voor positieve synergie als anderen je aanvallen. Je hebt weliswaar geen controle over de paradigma's van anderen, maar je kunt zelf wel synergetisch zijn, te midden van een vijandige omgeving. Je kunt ervoor kiezen niet beledigd te zijn. Je kunt je tegenstander opzoeken en met empathie naar hem luisteren; zo vergroot je je eigen perspectief en kom je misschien wel tot de ontdekking dat empathie alleen het conflict al oplost. Je kunt steeds weer de derde-alternatiefvraag stellen: 'Ben je bereid op zoek te gaan naar een beter alternatief dan ieder van ons afzonderlijk ooit had kunnen bedenken?'

We kennen veel mensen die boos op elkaar waren en naar de rechtbank gingen om hun standpunt te verdedigen, wat het probleem alleen maar verergerde naarmate het juridische proces vorderde. En we hebben ze de derde-alternatiefvraag gesteld. De resultaten waren in bijna alle gevallen verbluffend. Problemen die voor maandenlang juridisch en psychologisch geruzie hadden gezorgd, werden in een tijdsbestek van een paar uur of een paar dagen opgelost. De vrijgekomen energie was ongelooflijk.

Daarnaast hebben we geleerd dat we ons zelfrespect kunnen versterken en we boven onze neiging om ons gelijk te willen halen kunnen uitstijgen als we op zoek gaan naar een derde alternatief. Misschien gaat het tegen je gevoel in, maar onze gemoedsrust hangt af van de vraag of we anderen in vrede de hand kunnen reiken. Zoals dominee Martin Luther King al zei: 'De oude wet van oog om oog maakt dat straks iedereen blind is. Het is altijd het juiste moment om het goede te doen.'

De overgang van een tweede-alternatiefmentaliteit naar derde-alternatiefdenken kan persoon voor persoon, jurist voor jurist en rechtbank voor rechtbank worden gemaakt. Wanneer moet dat proces dan beginnen? Deze woorden van John F. Kennedy onderstrepen ons standpunt dat dat nu moet gebeuren: 'We moeten niet alleen denken en handelen voor dit moment, maar voor deze tijd. Dit doet me denken aan de grote Franse maarschalk Lyautey, die zijn tuinman ooit vroeg om een boom te planten. De tuinman wierp tegen dat het een langzaam groeiende boom was en dat het honderd jaar zou duren voordat hij volgroeid was. De maarschalk antwoordde: "Dan is er geen tijd te verliezen; plant hem vanmiddag nog".'[25]

Leren door te communiceren

- Hoe verklaar je binnen het huidige rechtssysteem de trend van conflicten die niet worden opgelost maar juist escaleren? Wat zijn de gevolgen van deze trend voor juristen en hun cliënten?
- Abraham Lincoln zei: 'Als vredestichter heeft een jurist een uitgelezen kans.' Welke kans is dat? Waarom maken niet meer juristen gebruik van die kans?
- Kan de rechtspraktijk worden getransformeerd door een derde-alternatiefmentaliteit? Op welke manieren zou de rechtspraktijk dan worden getransformeerd?
- Wat was de grote verandering in het hoofd en het hart van Gandhi waardoor hij een vredestichter werd? Wat was de vrucht van die verandering in zijn leven en de levens van anderen?
- Beschrijf het synergieproces dat rechter Boyle gebruikt om tot derde-alternatiefoplossingen te komen. In welke zin is dit proces een countertype van een gewone rechtszaak?
- Welke stappen nam de bestuursvoorzitter die probeerde een rampzalige rechtszaak af te wenden om het conflict op te lossen? Was zijn aanpak realistisch? Waarom wel of waarom niet?
- In welke relatie die je op dit moment hebt moet nodig een muur omver gehaald worden?
- In welk opzicht is het verhaal van de aannemer en de schilder een voorbeeld van positieve synergie, die ook negatief had kunnen worden?
- Wat waren de twee ondenkbare alternatieven waar Zuid-Afrikaanse leiders voor stonden toen het apartheidssysteem was ingestort? Wat is jouw mening over het derde alternatief waar ze mee kwamen? Wat denk je dat de voordelen en de nadelen zijn van dat derde alternatief?
- Hoe kun je kiezen voor positieve synergie wanneer anderen je aanvallen?

Zelf proberen

Ben je betrokken bij een geschil dat mogelijk juridische gevolgen heeft? Ontwikkel dan prototypes voor derde alternatieven. Vraag anderen om mee te doen. Gebruik hierbij het schema *In vier stappen naar synergie.*

In vier stappen naar synergie

1 Stel de derde-alternatiefvraag:

'Ben je bereid op zoek te gaan naar een oplossing die beter is dan alles wat we tot nu toe afzonderlijk hebben bedacht?'
Zo ja, ga dan verder naar stap 2.

2 Definieer succescriteria

Noteer hier de kenmerken van een oplossing waar iedereen blij mee zou zijn. Wanneer is er sprake van succes? Wat moet er echt gebeuren? Wat zou een 'win-win'-resultaat zijn voor alle betrokkenen?

3 Creëer derde alternatieven

Maak hier (en elders) modellen en tekeningen, schrijf ideeën van anderen op, zet je eigen ideeën op zijn kop. Werk snel en creatief. Schort oordelen op tot het spannende moment waarop je weet dat je synergie hebt bereikt.

4 Bereik synergie

Beschrijf hier je derde alternatief en, indien gewenst, hoe je dit wilt gaan uitvoeren.

Handleiding voor de tool *In vier stappen naar synergie*

In vier stappen naar synergie. Dit proces helpt je het synergieprincipe in praktijk te brengen. (1) Toon bereidheid om op zoek te gaan naar een derde alternatief. (2) Definieer hoe succes er voor iedereen uitziet. (3) Experimenteer met oplossingen totdat je (4) synergie bereikt.

Hoe bereik je synergie

1 Stel de derde-alternatiefvraag:

In een conflict of creatieve situatie helpt deze vraag iedereen afstand te nemen van verharde posities of vooringenomen ideeën, richting een derde standpunt.

2 Definieer succescriteria

Noteer kenmerken of beschrijf in het kort hoe een voor iedereen bevredigend resultaat eruitziet. Stel jezelf daarbij de volgende vragen:

- Is iedereen betrokken bij het vaststellen van de criteria? Krijgen we zo veel mogelijk inbreng van zo veel mogelijk mensen?
- Welke resultaten willen we echt? Wat moet er echt gebeuren?
- Welke resultaten zouden voor iedereen winst betekenen?
- Kijken we verder dan onze standaardeisen naar iets beters?

3 Creëer derde alternatieven

Volg deze richtlijnen:

- Speel ermee. Het is niet echt. Iedereen weet dat het spel is.
- Doe niet aan afronding. Vermijd overeenstemming en consensus.
- Geef geen oordeel over andermans ideeën – of over die van jezelf.
- Maak modellen. Maak tekeningen op whiteboards, schets grafieken, bouw een dummy, schrijf een ruwe opzet.
- Zet ideeën op zijn kop. Keer de gangbare opvatting om.
- Werk snel. Stel een tijdslimiet, zodat de energie en het creatieve denkproces op peil blijven.
- Kom met heel veel ideeën. Je kunt niet voorspellen welk ongebruikelijk inzicht tot een derde alternatief zal leiden.

4 Bereik synergie

Het derde alternatief is te herkennen aan een sfeer van opwinding en inspiratie. Het oude conflict speelt geen rol meer. Het nieuwe alternatief voldoet aan de succescriteria. Let op: verwar een compromis niet met synergie. Een compromis geeft een tevreden maar nooit een opgetogen gevoel. Bij een compromis verliest iedereen iets; bij synergie wint iedereen.

Hoofdstuk 7
Het derde alternatief in de samenleving

In veel gevallen ligt de oplossing in het besef dat er eigenlijk geen keuze is, dat je in feite niet over echte alternatieven beschikt. Wil er echte verandering plaatsvinden, dan zul je buiten het raamwerk moeten treden en een derde alternatief moeten vinden.
– *Paul Watzlawick*

De hardnekkige problemen waarmee onze samenleving te kampen heeft, zijn zo oud als de samenleving zelf: misdaad, ziekte, armoede, oorlog, plus de vervuiling van onze ziel en onze omgeving die deze problemen in de hand werkt. Onze pogingen om deze eeuwenoude misstanden te bestrijden zijn bemoedigend, maar leveren niet altijd evenveel op.

Als individuen denken we misschien dat we geen grip hebben op de problemen van de samenleving. We kunnen er niet veel aan doen, menen we, maar ze hebben wel invloed op ons – en die invloed gaat behoorlijk ver. Misschien zijn we ons er niet van bewust *hoe* ver. Volgens de hedendaagse wetenschap kan de pijn van anderen, hoe ver ze ook van ons af staan, ons letterlijk raken. 'Sociale pijn activeert dezelfde pijngebieden in de hersenen als fysieke pijn. De hersenen zijn uiterst sociaal. Ze bevatten enorme hoeveelheden sociale verbindingen.'[1] Ook voor ons eigen welzijn kunnen we het ons dus niet veroorloven om onze ogen te sluiten voor de ellende op onze planeet. Om met Charles Dickens te spreken: 'De mensheid is mijn zaak. Het gemeenschappelijke welzijn is mijn zaak; liefdadigheid, genade, verdraagzaamheid en welwillendheid, het is allemaal mijn zaak.'[2]

Bovendien leren we de mentaliteit van het derde alternatief beter op onze eigen problemen toepassen als we begrijpen hoe zij op sociale problemen kan worden toegepast. Volgens rabbijn Marc Gopin, die vrede probeert te bevorderen in de roerigste gebieden ter wereld, is het enige verschil tussen sociale conflicten en persoonlijke conflicten een schaalverschil:

> *Ik heb een fundamentele overeenkomst ontdekt tussen de hardnekkige vetes tussen rivaliserende landen die zo veel strijd in de wereld veroorzaken, en de destructieve persoonlijke en gezinsconflicten die ons als individuen zo diep raken. Hoewel de schaal en de belangen die ermee gemoeid zijn duidelijk heel erg van elkaar verschillen, is het onderliggende proces, het drama, hetzelfde.*[3]

We beschouwen onze grootste problemen dus misschien als iets van onszelf, maar meestal spelen ze zowel op persoonlijk als op wereldniveau.

Deelnemers aan onze Serious Challenge Survey gaven aan dat zij naast de verschrikkingen van de oorlog 'het uit de wereld helpen van armoede en honger' en 'het managen van de omgeving – land, water, lucht' als de belangrijkste sociale problemen beschouwden die we moeten zien op te lossen. Ook maken zij zich zorgen over criminaliteit en de gezondheidszorg. Hieronder een aantal voorbeelden van wat ze te zeggen hadden:

- Aziatische middenmanager: 'De meerderheid van onze bevolking leeft economisch gezien aan de onderkant van de samenleving. Zij hebben te maken met te weinig werk, slecht onderwijs, een gebrekkige infrastructuur, torenhoge schulden, slecht bestuur en enorme corruptie.'
- Noord-Amerikaanse directeur van een bedrijf: 'Armoede is heel vaak de katalysator die leidt tot de woede, haat, hebzucht en jaloezie achter oorlogen, terreur en werkloosheid. De toestand in de wereld zal drastisch verbeteren zodra het armoedeprobleem wordt opgelost.'
- Financieel manager uit Latijns-Amerika: 'Het is heel belangrijk om de armoede de wereld uit te krijgen. Honger en overlevingsdrang kunnen mensen tot nare dingen aanzetten.'
- Europese IT-manager: 'Armoede hoort niet thuis in een wereld die zo rijk is.'
- Aziatische zakenman: 'Het lijkt wel of de mensen niet meer om elkaar geven. De maatschappij verhardt. Het draait alleen maar om ik, ik, ik en de rest is niet belangrijk.'
- Manager uit Zuid-Azië: 'Corruptie is hier een manier van leven. Het is het belangrijkste obstakel dat de ontwikkeling van ons land in de weg staat.'
- Europese zakenman: 'Onze natuurlijke hulpbronnen raken ooit uitgeput. Er zit een grens aan, en we zijn veel te hebberig. Er blijft niets over voor toekomstige generaties. Ons land ontleent een groot deel van zijn identiteit aan zijn prachtige landschap, maar dat zal binnenkort niet meer kunnen.'
- Noord-Amerikaanse advocaat: 'Als we niet gezond zijn, is de rest niet meer belangrijk.'

- Europese manager: 'Kinderpornografie op het internet. ... Dat is in feite het grootste probleem waar Europa mee kampt.'
- Middenmanager uit Zuidoost-Azië: 'Mondiaal geldt: geen gezonde omgeving, überhaupt geen leven. Want als we ons milieu vergiftigen, is er voor onze planeet geen toekomst.'

Iedereen wil geweld, honger, ziekte, dakloosheid en vervuiling de wereld uit hebben. We willen allemaal dat onze kinderen een vredige, welvarende en gezonde wereld erven. *Wat* ons te doen staat is duidelijk, maar onze samenleving is hopeloos verdeeld over *hoe* we het moeten aanpakken. Over de hele wereld vechten twee fundamenteel tegengestelde filosofieën om stemmen: de filosofie van links en de filosofie van rechts.

De meeste ontwikkelde landen slingeren onzeker heen en weer tussen deze twee vleugels, als een vogel die niet precies weet welke kant hij op moet vliegen. En de verschillen worden eerder groter dan kleiner.

De grote kloof

Veel weldenkende mensen maken zich, in de woorden van Alan Greenspan, zorgen over een 'groot schisma in deze samenleving dat steeds destructiever wordt'.

Twee alternatieven

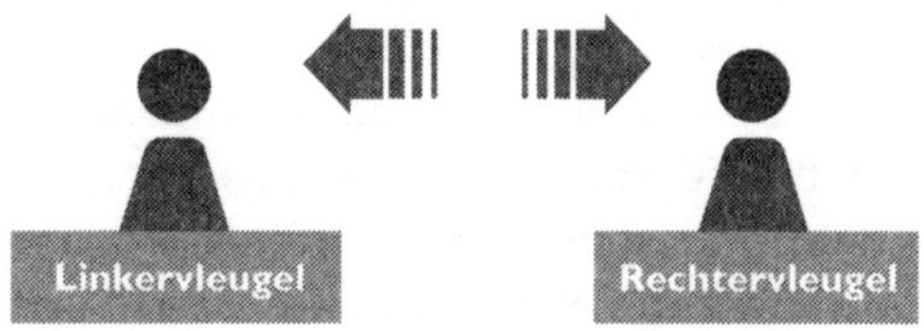

De retoriek wordt met de dag giftiger, zo laten onderstaande voorbeelden zien.

Van de rechtervleugel horen we het volgende:

- Linkse rakkers! Er valt niet mee te leven, maar afschieten kun je ze ook niet.
- Als verwende, boze kinderen zetten ze zich af tegen de normale verantwoordelijkheden van volwassenen en eisen ze dat de overheid zich als een ouder over hen ontfermt en van de wieg tot het graf in hun behoeften voorziet. Links zijn is een geestelijke afwijking.
- Linkse mensen zijn vrijgevig, ja – vrijgevig met andermans geld!

- Linkse denkbeelden zijn puur destructief. Ze vergallen onze economie met belastingen en wetten en kopen stemmen van luie uitkeringsfraudeurs die nergens goed voor zijn.

En van de linkervleugel horen we:

- Rechtse mensen zijn ook mensen – maar wel gemene, zelfzuchtige en hebberige mensen.
- Altijd als er een hebberige baas walgelijk rijk wordt door zijn medewerkers schaamteloos uit te buiten, is er een stel rechtse rakkers dat hem en zijn vrijemarktgeest als een god aanbidt.
- Rechts wil dat wij ziek, gestrest en hulpeloos blijven, alleen maar omdat zij dan obsceen veel geld kunnen blijven verdienen met hun grote investeringen in de geneesmiddelen- en de verzekeringswereld.
- Rechtse mensen zijn sociaal onverantwoordelijke, bevooroordeelde, verbluffend hypocriete, droevige types.

Maar terwijl ze elkaar voor rotte vis uitmaken en hun stemmen steeds luider verheffen, worden de sociale problemen waarover ze kibbelen steeds groter. Misdaad en corruptie tieren welig, de kosten van de gezondheidszorg rijzen de pan uit, de werkloosheid grijpt steeds sneller om zich heen, de vervuiling kleurt de lucht zwart. Het grote midden, dat niet weet wat het moet geloven en weinig hoop heeft op verbetering, helt om de paar jaar naar een andere kant over, in de veronderstelling dat het dit keer misschien allemaal anders zal zijn. Maar de ideologieën lijken er meer op gericht om de macht te grijpen en te behouden dan om de hardnekkige problemen in de samenleving aan te pakken. Zij willen vooral een beeld creëren dat goed verkoopt en waarmee ze stemmen kunnen trekken, ook al is dat beeld oppervlakkig en mist het inhoud. Daardoor komen de ideologieën die ze gebruiken om kiezers te begeesteren cynisch over.

Natuurlijk hebben de meeste mensen die de politiek in gaan een oprecht verlangen om iets wezenlijks bij te dragen en doen zij vaak ook goede dingen. Maar er zijn er te veel die er een sport van maken om hun tegenstanders naar beneden te halen, zodat ze zelf aan de top kunnen blijven. (Bijna) iedereen prikt door de retorische trucs heen die ze gebruiken om gecompliceerde problemen te reduceren tot simpele gevallen van 'wij tegen de rest'.

Maar als we al deze onnozelheid buiten beschouwing laten, bestaat er echt een fundamenteel filosofisch verschil tussen de twee zijden.

Een fundamenteel principe van rechts is individuele vrijheid. Aanhangers van rechts leggen de nadruk op persoonlijke verantwoordelijkheid en wantrouwen elke maatregel die de bewegingsvrijheid van het individu beperkt. Daarom staan ze achterdochtig tegenover sociale interventies en zelfs tegenover het idee van de 'maatschappij' zelf; ze vertrouwen erop dat de vrije markt automatisch sociale misstanden wegwerkt. Margaret Thatcher, in de jaren tachtig de gerespecteerde leider van de conservatieven in Groot-Brittannië, verwoordde het als volgt:

Te veel mensen hebben meegekregen dat als zij een probleem hebben, het de taak van de overheid is om dat op te lossen. 'Ik heb een probleem, dus krijg ik een beurs.' 'Ik ben dakloos, dus moet de overheid me een huis geven.' Ze schuiven hun probleem af op de samenleving. Er bestaat niet zoiets als een samenleving. Er zijn individuele mannen en vrouwen, en er zijn families.

Een fundamenteel principe van links daarentegen is sociale verantwoordelijkheid. Aanhangers van links leggen de nadruk op het gezamenlijke streven van de gemeenschap om sociale misstanden weg te werken en de lasten van het leven te delen. Ze wantrouwen de motieven van rechtse mensen, die economisch gezien meestal beter af zijn en die de bescherming van hun privileges in hun ogen belangrijker vinden dan het verdedigen van vrijheid. Hillary Clinton, de Amerikaanse minister van Buitenlandse Zaken, is een prominente vertegenwoordigster van deze stroming:

We moeten ons niet meer op het individu concentreren, maar ons gaan richten op wat het beste is voor de samenleving... We zijn allemaal onderdeel van één familie. We zijn allemaal nodig om een gelukkig, gezond, hoopvol kind groot te brengen. Ja, we moeten het met elkaar doen.

Dit zijn provocatieve uitspraken, die beide vrouwen op luid protest van de vijandige vleugel kwamen te staan. In beide uitspraken kan ik veel bewonderenswaardige aspecten aanwijzen, net als jij ongetwijfeld, en ik vind dat er zowel voor linkse als voor rechtse filosofieën veel te zeggen valt. Al zo lang ik met mensen werk, probeer ik ze bij te brengen dat ze sterke individuen zijn, behept met vindingrijkheid en ondernemingszin en in staat tot grote daden. Tegelijkertijd maak ik me zorgen om het losgeslagen ego van veel mensen, die puur individuele doelstellingen nastreven en weinig oog hebben voor het welzijn van de samenleving.

Hoewel ik me soms meer kan vinden in de denkbeelden van de ene vleugel en soms meer in die van de andere, hanteren beide vleugels in mijn ogen een foutief paradigma. Het linkse idee van de gemeenschap die in actie komt, kan uitmonden in afhankelijkheid; als anderen in actie komen om voor je te zorgen, word je passief, houd je op met groeien als individu en slinkt je potentieel om zinnige bijdragen te leveren. Aan de andere kant kan het rechtse, individualistische ideaal leiden tot onafhankelijkheid. Dat is op zichzelf waardevol, maar onafhankelijkheid is niet het hoogste goed. Mensen bereiken nooit in hun eentje synergie; als ze samenwerken, krijgen ze veel meer voor elkaar dan ze als individu voor elkaar zouden krijgen.

Het derde alternatief

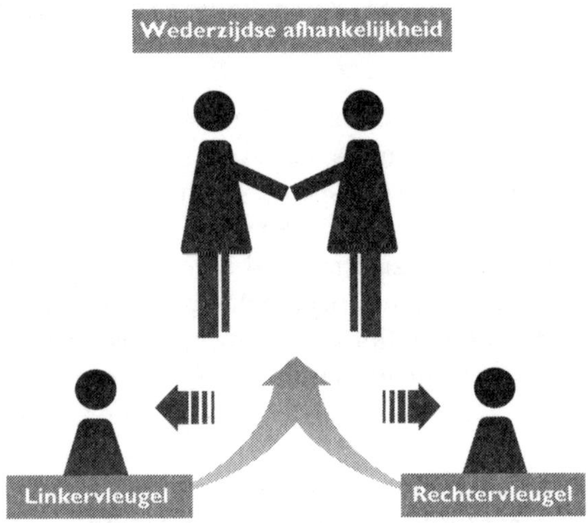

Het derde alternatief voor de twee vleugels is wederzijdse afhankelijkheid. Wederzijds afhankelijke mensen zijn tegelijkertijd volledig zelfstandig én volledig verantwoordelijk naar elkaar. Waar links en rechts de ene reeks waarden erdoor proberen te drukken ten koste van de andere, zoeken mensen die voor het derde alternatief gaan een wederzijds afhankelijke route om sociale misstanden op te lossen. Waar sommigen vruchteloos naar elkaar schreeuwen omdat ze gevangen zitten in een van de twee alternatieven, proberen anderen synergie te bereiken.

De keizer van de wederzijdse afhankelijkheid

Toen de Indiase keizer Asoka meer dan tweeduizend jaar geleden het vredige land Kálinga aanviel en vernietigde, besefte hij midden in de chaos en het bloedvergieten wat voor afschuwelijks hij had aangericht. Het siert hem dat hij de rest van zijn leven geprobeerd heeft om zijn daad goed te maken. Hij liet zijn hebzuchtige verlangen om andere landen te veroveren varen en wijdde zich aan de bestrijding van geweld en armoede, zowel op economisch als op spiritueel vlak. Hij liet door het hele land honderden in steen gehouwen verordeningen uitgaan waarmee hij zijn mensen tot vredelievendheid en grootmoedigheid aanspoorde en hun smeekte om eerbiedig, plichtsgetrouw en oprecht te zijn.

Asoka deed afstand van zijn koninklijke pracht en praal en reisde de resterende 28 jaar van zijn heerschappij door zijn rijk, dat zich uitstrekte van Perzië tot Thailand. Op die manier ontmoette hij zijn onderdanen, nam hij kennis van hun problemen en probeerde hij hun zelfstandigheid en mededogen bij te brengen. Het gouden tijdperk van Asoka schijnt de meest welvarende en vredige periode te zijn geweest in de geschiedenis van dit rijk. H.G. Wells zei het volgende over hem: 'Te midden van de tienduizenden heersers die de kronieken van de geschiedenis bevolken, de majesteiten en excellenties en koninklijke hoogheden et cetera, schittert de naam van Asoka, en hij schittert op eenzame hoogte, als een ster.'[4] Asoka is wellicht de eerste grote heerser in de geschiedenis geweest die de problemen van de samenleving probeerde op te lossen in plaats van ze door hebzucht en wreedheid te verergeren. Hij streefde ernaar om te leven volgens de *dharma*, de plicht om van jezelf en van anderen te houden, en om die leer te verspreiden.

Asoka's ideaal van dharma komt dicht in de buurt van wat ik wederzijdse afhankelijkheid noem. Twee belangrijke aspecten van dharma zijn zelfdiscipline en compassie, die ook fundamenteel zijn bij wederzijdse afhankelijkheid. Als je de zelfdiscipline bezit die kenmerkend is voor dharma, word je een oplossing, niet een probleem. Je ziet jezelf als oneindig capabel, met het vermogen en de innerlijke hulpbronnen om aan de samenleving te geven, niet om ervan te nemen. Als je de compassie bezit die kenmerkend is voor dharma, kijk je in de harten van anderen en worden hun verdriet en hun geluk het jouwe. De grote keizer Asoka liet het volgende credo op pilaren door heel India graveren:

> *Wat ik voor mijn eigen kinderen wens – en ik wens hun welzijn en geluk toe, zowel in deze wereld als in de volgende – wens ik ook voor alle andere mensen. Jullie begrijpen niet hoever deze wens reikt; en als sommigen van jullie het wel begrijpen, kennen jullie de volle omvang van mijn wens niet.*

Op basis van deze principes transformeerde deze opmerkelijke man zichzelf van een bipolaire denker van de ergste soort, die iedereen die hem tegenwerkte aanviel en afslachtte, naar de belichaming van synergie. Hij werd een energieke sociale innovator die naast zijn mensen stond, hij ontwierp wegen en pleisterplaatsen langs de weg, universiteiten, irrigatiesystemen, tempels en iets nieuws wat een ziekenhuis werd genoemd. Hij schafte gewelddadige straffen voor misdaden af. Hij trok nooit meer ten strijde, omdat hij conflicten oploste in de geest van dharma. Hij was de eerste die wetten instelde ter bescherming van minderheden en hij propageerde tolerantie voor alle godsdiensten. Hij had zelfs een soort synergetische godsdienst voor ogen die, zo zei hij, de waarheden van alle geloven in zich zou verenigen. Er zijn bewijzen dat hij gezantschappen naar de koningen van de Grieken en de Perzen stuurde om ze uit te nodigen zich bij hem aan te sluiten in dit broederschap.

'Iemand die eerst goed doet, doet iets heel moeilijks', zei Asoka. Het vergt zijn heldenmoed om te ontsnappen aan de twee-alternatievenmentaliteit van 'wij tegen de rest' en om voor drastische verandering te gaan. Ten eerste ontbreekt er vaak een achterban voor een derde alternatief, doordat iedereen verwikkeld is in de strijd tussen links en rechts. Ten tweede hebben de spelers van dit spel een misplaatst vertrouwen in twee grote krachten die dat vertrouwen niet verdienen – de ene is de overheid, en de andere is de markt. Beide zijn ongeveer net zo betrouwbaar als het weer. Maar je kunt niet blijven wachten tot er grote, onvoorspelbare, onpersoonlijke krachten jouw kant op komen. Als je naar synergie streeft, doe je aan het spel mee om het te veranderen, niet om het mee te spelen. Je gelooft dat je in synergie met andere vindingrijke, intelligente mensen een nieuwe toekomst kunt creëren die de ideologen met al hun vermoeiende retoriek nooit voor mogelijk hadden gehouden.

Een gezonde samenleving creëer je als je de sociale wil, het waardensysteem, afstemt op de principes van synergie. Daarom ben ik niet echt geïnteresseerd in het afgezaagde debat tussen links en rechts. Ik ben veel meer geïnteresseerd in wat er echt moet gebeuren: via de wonderbaarlijke kracht van synergie moeten er derde alternatieven worden ontdekt, innovaties die de misstanden waarmee we als samenleving worden geconfronteerd daadwerkelijk helpen wegnemen. In dit hoofdstuk ontmoeten we bijzondere mensen die daar op dit moment mee bezig zijn. Ze vechten tegen misdaad, genezen de hele persoon, roepen de verwoesting van het milieu een halt toe. Ze lossen de chronische crisis in de gezondheidszorg op. Ze brengen de armen trots en zelfstandigheid bij.

Wij zijn geen koningen, maar binnen onze cirkel van invloed hebben ook wij het vermogen om eerst goed te doen. Toen Asoka aan zijn reis door zijn enorme rijk begon, deed hij dat in de geest van synergie. Hij pakte onrechtvaardigheid, armoede, ziekte en spirituele verdorvenheid genadeloos aan. Hij won advies in bij zijn mensen. Hij had waarschijnlijk geen vastomlijnd plan. Maar overal waar hij kwam, liet hij oplossingen voor deze problemen achter waar nog nooit iemand aan had gedacht. Dit is de reden waarom historici zijn heerschappij 'een van de meest positieve intermezzo's in de problematische geschiedenis van de mens'[5] noemen. Meer dan twintig eeuwen later zou een andere grote strever naar synergie, Mohandas Gandhi, opnieuw een toekomst voor India creëren; en in het midden van de vlag van het nieuwe India zou het dharma-wiel prijken, het symbool van keizer Asoka.

De wedergeboorte van de stad

Men beweert dat de kruising tussen Broadway en 42nd Street in New York City het centrum van de wereld is, en dat is niet voor niets. Zegeparades, reusachtige elektronische schermen met het laatste nieuws erop, massale menigten op oudejaarsavond – Times Square is het kloppende hart van de grootste Amerikaanse stad. De buurt, die een eeuw geleden het centrum van het entertainmentdistrict vormde, stond ooit vol met beroemde oude Broadway-theaters. Het prachtige Astor-hotel, een juweel van een granieten fort, verhief zich boven dit tafereel. De 'Great White Way' trok publiek van over de hele wereld.

Maar in de jaren zeventig degenereerde het 'entertainment' in dit ooit grote theaterdistrict tot een, in de woorden van professor Lynne Sagalyn, 'locatie van grote sociale verdorvenheid' wemelend van de 'onaangepasten, mensen met seksuele afwijkingen, alcoholici, drugsverslaafden, weglopers, bedelaars, pooiers... een boulevard van vuiligheid in plaats van een Great White Way'.[6] De meeste oudere theaters werden dichtgetimmerd; degene die openbleven, boden 24 uur per dag pornografie. Stedelijk verval, een om zich heen grijpend landelijk probleem, corrumpeerde de stad in de kern. 'Het ergste blok van de stad' werd het symbool van een financieel en moreel failliete metropool die van binnenuit wegrotte. Veel mensen waren bang dat een hele beschaving in deze zeer gevaarlijke poel van verderf zou verdwijnen.

Nu is de situatie veranderd – en niet zo'n klein beetje ook. Times Square, dat ooit symbool stond voor onze ernstigste sociale misstanden, schittert nu op een heel andere manier. Tegenwoordig staat het symbool voor wat geweldige mensen samen kunnen bereiken dankzij de kracht van synergie. Het verhaal van de 'spirituele en fysieke renaissance van Times Square', zoals een schrijver het noemde, leert ons hoe we onze samenleving kunnen transformeren als we vastbesloten zijn om de cyclus van de twee-alternatievenmentaliteit te doorbreken en overstappen op het derde alternatief.

Hoewel veel mensen met recht trots zijn op hun bijdragen aan de vernieuwing van Times Square, werd de aanzet gegeven door iemand met een derde-alternatiefmentaliteit van wie bijna niemand de naam kent, een bescheiden buurtactivist die Herb Sturz heet. Sturz, een idealistische jongen uit New Jersey, wilde aanvankelijk schrijver worden, maar beet zich als volwassene vast in talloze sociale kwesties. Hij was gek van de padvinderij, en toen hij klaar was met studeren kreeg hij een baan als schrijver voor hun tijdschrift, *Boys' Life*, waarin hij presidentskandidaat John F. Kennedy in een brief aanraadde om een landelijk vrijwilligerskorps voor jongeren op te zetten.

Begin jaren zestig, toen Sturz nog een jonge journalist was, ontdekte hij dat er in de gevangenissen in New York City honderden jeugddelinquenten zaten weg te kwijnen omdat ze te arm waren om hun borgtocht te kunnen betalen. Hij las in de Amerikaanse grondwet dat er van niemand een buitensporig hoge borgsom mag worden gevraagd en zette een campagne op om deze jongens te helpen. Al snel merkte hij dat hij vast kwam te zitten tussen twee ideologieën: de mensen van de 'harde lijn', die zijn inspanningen als linkse weekhartigheid beschouwden, en de idealisten, die het vurig met hem eens waren maar die geen tijd of geld hadden om iets bij te dragen.

Dus werkte Sturz in stilte door en experimenteerde hij met prototypes voor een systeem om jeugdige delinquenten te helpen gebruik te maken van hun rechten. Hij wierf rechtenstudenten uit New York als adviseurs. Zij verzamelden gegevens over de jongens en gebruikten wat destijds nieuwerwetse computerponskaarten waren om van elke jongere een profiel te maken. Vervolgens dienden ze bij rechters rapporten met tientallen punten in, waaruit bleek dat maar weinig van de beklaagden echt vluchtgevaarlijk waren. Sturz liet tegenstanders zien dat zijn Manhattan Bail Project belastingbetalers veel meer bespaarde dan het kostte. Het was een groot succes.

Het borgtochtproject was nog maar het begin voor Herb Sturz. Gedurende een lange carrière, waarin hij derde alternatieven vond voor drugsverslaafden, werkloze jongeren en kinderen in de naschoolse opvang, bewees hij een neus te bezitten voor wat er werkelijk moest gebeuren en vervolgens innovatieve systemen te kunnen bedenken om dat voor elkaar te krijgen. Zijn grote kracht was om altijd het derde alternatief te zien in een bipolaire wereld. Volgens zijn biograaf deinsde Sturz terug voor de 'gemakkelijke reflexreacties' van de linkse en rechtse ideologieën – 'decentraliseren, reguleren; meer uitgeven, minder uitgeven' – en gaf hij er in plaats daarvan de voorkeur aan om sociale problemen op te lossen met werkbare strategieën. Van mensen die anti-overheid zijn, zei hij: 'Sommige mensen hanteren het standpunt dat de overheid niet functioneert, omdat ze niet willen dat ze functioneert.' Maar hij geloofde ook dat de overheid alleen geen echte sociale verandering teweeg kan brengen.

In 1979 ging Sturz voor het eerst voor de overheid werken, als loco-burgemeester van New York City. Times Square was inmiddels echt een afschrikwekkende plek geworden, en van alle kanten klonk al tijden dat er iets moest gebeuren. Sturz definieerde als eerste *wat* er moest gebeuren: 'We willen Times Square zijn verbeeldingskracht teruggeven en de grimmige realiteit vervangen door een andere.'[7]

'Een hardnekkige puinhoop'

Toen de stad zijn plan ontvouwde voor de reconstructie van Times Square, schrokken veel mensen zich wild van de blauwdrukken. Het district zou worden neergehaald om plaats te maken voor vier nieuwe wolkenkrabbers, die 'monolithisch en monotoon waren… te groot, log, nietszeggend, saai, stompzinnig, levenloos en niet op hun plaats op Times Square... grote grijze geesten van gebouwen… die Times Square in de bodem van een put veranderden.'[8] Maar tegelijkertijd had dit prototype het effect dat elk goed prototype moet hebben: het spoorde aan tot actie.

Onroerendgoedeigenaren begonnen de stad direct om de oren te slaan met tientallen rechtszaken. De aftandse bedrijven die het gevaar liepen hun vergunning te verliezen, protesteerden. Ze verdienden goed geld – waarom zouden ze hun deuren moeten sluiten? Vanuit een andere hoek maakten ook milieubeschermers en stadsactivisten bezwaar tegen het plan. In hun ogen zou het Times Square tot het zoveelste identiteitsloze zakendistrict maken. Ook Sturz was er niet blij mee; hij wilde iets wat 'het licht en de energie van Times Square in stand zou houden'.

De familie van Seymour Durst, een van de belangrijkste dwarsliggers in dit complexe gekibbel, bezat een groot deel van het onroerend goed rondom Times Square. De Dursts hadden uit principieel oogpunt bezwaar tegen overheidssubsidies voor private ontwikkeling. Seymour Durst verfoeide het beleid van de overheid zo erg dat hij op een gebouw op Sixth Avenue dat van hem was een gigantische elektronische klok liet plaatsen die per seconde de groei van de Amerikaanse staatsschuld aangaf. New York City stelde miljoenen aan publieke gelden ter beschikking voor ontwikkelaars die bereid waren in het gebied te investeren, en terwijl veel onroerendgoedeigenaren voet bij stuk hielden om de beste deal eruit te slepen, weigerden de Dursts uit principe elke medewerking.

Toen mengde Rebecca Robertson, een ervaren stadsplanner, zich in deze hardnekkige puinhoop. Herb Sturz nam haar aan en de stad maakte haar hoofd van het herontwikkelingsproject. Ze wist dat Times Square 'het smerigste gat van New York'[9] was geworden. Maar ze zag het project ook als een fascinerende synergetische uitdaging: hoe waren tientallen kijvende prominente stedelingen en hun achterban zover te krijgen dat ze samen een nieuw hart gingen creëren voor het New York van de toekomst?

Robertson gooide het oorspronkelijke plan voor de stad overboord en vroeg alle betrokkenen in feite: 'Wie is er bereid om naar voren te treden en iets beters te bouwen dan er tot nu toe is bedacht?' Deze vraag is een absolute vereiste voor een derde alternatief.

Ze organiseerde een stadsbrede discussie, een 'theater van de magiesessie' over hoe het nieuwe theaterdistrict van New York eruit moest gaan zien. Afwijkende meningen waren welkom, inclusief die van milieubeschermers, historici, kunstenaars, stadsplanners en privéontwikkelaars; van de prominente ontwerper Carl Weisbrod tot Jean-Claude Baker, de eigenaar van Chez Josephine, het exotische restaurant op 42nd Street; van de gevreesde familie Durst tot Cora Cahan, een theaterimpresario die vastbesloten was om kindertheater op 42nd Street te introduceren.

Uiteindelijk kwamen al deze partijen tot een akkoord over een visie en werd er een reeks criteria opgesteld waar iedereen zich in kon vinden. 'Wat een grote stad groot maakt, is zijn mythologie', zei Robertson. In het geval van Times Square was die mythologie gebaseerd op de 'stoute, bonte, schuine, opzichtige 42nd Street', de toonaangevende Broadwaytheaters en prachtige oude films als *Broadway Melody* en *The Ziegfeld Follies*. 'Ik wilde de chaos en het populisme van die straat niet om zeep helpen', benadrukte ze. 'Een schone straat die vrij was van criminaliteit, dat zeker, maar ik had het gevoel dat de mythologie van het gebied hem zat in de chaos en het kabaal.'[10] Voor Robertson was 'esthetiek prioriteit nummer één... Mensen komen naar Times Square om dingen te zien.' Het idee was om de natuurlijke 'kakofonie, opwinding en democratie van het trottoir, waartoe iedereen gelijke toegang had, in stand te houden... Het moest een dierentuin zijn... maar wel een goed onderhouden dierentuin en geen dierentuin met gedeprimeerde, werkloze en crack rokende bewoners.'[11]

De visie van Robertson gaf het project een nieuwe impuls. Een ander paradigma, een derde alternatief, begon post te vatten in de hoofden van mensen. Ze kwamen tot het besef, zo schrijft auteur James Traub, 'dat 42nd Street niet puur een geval van stedelijke pathologie was, maar een groot mekka van vermaak in ernstig vervallen toestand'.[12] De criteria voor succes waren helder en werden breed onderschreven. Het was tijd voor het stadium van de prototypes.

In plaats van de vier voorgestelde gebouwen verrees een nieuw prototype dat inspeelde op de entertainmenthistorie van het district. Het oorspronkelijke plan was 'niet echt goed te verkopen aan de entertainmentbedrijven, omdat iedereen er het beeld bij kreeg van processen, vertragingen en kantoortorens'. Het nieuwe prototype zou 'aantrekkelijk zijn voor partijen als Disney en Viacom'. Het draaide allemaal om 'gigantisch veel voetgangersverkeer, de beste toeristenmarkt in New York... twintig miljoen toeristen per jaar, 39 Broadway-theaters met 7,5 miljoen theaterbezoekers... 200.000 forenzen per dag'.[13]

Het meest innovatieve aspect van het prototype: ontwikkelaars op Times Square kregen een groot belastingvoordeel als ze ook een theater lieten terugkeren in de gebouwen die ze neerzetten. Het eerste theater was het New Victory, 'in zijn oorspronkelijke, begin negentiende-eeuwse luister hersteld'. Vervolgens financierde Ford Motor Company de wedergeboorte van het Lyric- en het Apollo-theater binnen een nieuw centrum voor de uitvoerende kunsten.[14] En wat misschien wel het belangrijkste was: Disney beloofde het beroemdste van alle Broadway-theaters, het New Amsterdam, te vernieuwen voor liveshows die gebaseerd waren op populaire Disney-films.

De wedergeboorte van Times Square

De Durst Organization hield nog steeds voet bij stuk en weigerde deel te nemen aan welk door de overheid gesubsidieerd project ook. Maar Douglas Durst, de manager van het bedrijf, begon verder te kijken dan de ideologie van de Dursts. Douglas Durst, ooit Robertsons 'aartstegenstander', had veel kennis opgedaan over het project dankzij de rechtszaken die hij had aangespannen. Al snel kwam hij tot het besef dat de aangeboden belastingverlichtingen ontwikkeling mogelijk zouden maken die zichzelf in veelvoud terug zou betalen, dus liet hij zijn bezwaren varen en stelde hij voor om op zijn grond een revolutionair nieuw soort kantoortoren te bouwen: 4 Times Square. Over Rebecca Robertson zegt hij: 'We hebben jarenlang juridische strijd met haar gevoerd, en dat was een zware tijd. Maar nu we met haar samenwerken, gaat het geweldig.'[15]

Tegenwoordig bruist het nieuwe Times Square van de opwinding en de energie. Elke dag drommen er massa's voetgangers samen. Gigantische digitale schermen verlichten de nacht. Sprankelende nieuw opgebouwde theaters brengen de beste liveshows ter wereld. In plaats van de vijftigduizend mensen die er in 1980 oudejaarsavond kwamen vieren, komen er nu meer dan een miljoen samen om de bal met zijn vijfhonderd kristallen lichtjes en zijn roterende, piramidevormige spiegels te zien vallen, als aanduiding van het precieze moment waarop het nieuwe jaar begint. Je kunt zelfs een model van Times Square kopen dat van lego is gemaakt. Rebecca Robertson zegt: 'Times Square is herboren, het voelt als een plek waar je wilt zijn. Iedereen wil er dolgraag heen!'

Laten we eens stilstaan bij het synergieproces en bij de lessen die we kunnen trekken uit de wedergeboorte van Times Square.

Het succes van het herontwikkelingsproject voor Times Square was voor een groot deel te danken aan het gestage doorzettingsvermogen van Herb Sturz, waarmee hij het gecompliceerde gekibbel wist te overstijgen. 'Zonder zijn leiderschap en enthousiasme zou het nooit van de grond zijn gekomen', zei de burgemeester.[16] Het feit dat hij openstond voor derde alternatieven werkte besmettelijk. Dankzij die mentaliteit waren de leiders van de stad in staat om hun veelomvattende plan om van Times Square een zakencentrum te maken naast zich neer te leggen. Daarvoor moesten ze onderkennen dat veel van de moeite die ze erin hadden gestoken voor niets was geweest. Rebecca Robertson en Douglas Durst hadden zo lang met elkaar overhoop gelegen dat het heel veel emotionele kracht kostte om samen naar een betere oplossing te kijken dan die beiden voor ogen hadden. Gelukkig waren ze allebei bereid om hun vooroordelen en hun gekwetste gevoelens lang genoeg opzij te zetten om warm te lopen voor een nieuwe visie die geen van beiden voor ogen had gehad.[17]

Mede door afspraken met elkaar te maken over de criteria voor succes, konden alle partijen die betrokken waren bij de vernieuwing van Times Square hun grootste wensen en hun toekomstvisie tot uiting brengen. Dit waren enkele van de criteria:

- Het nieuwe Times Square moest de theatrale mythologie uitstralen van het oude Times Square, dat knooppunt van stedelijk vermaak met zijn 'schuine en bonte karakter'. Vandaar de (her)bouw van een stuk of 39 theaters, te beginnen met het baanbrekende kindertheater van Cora Cahan in het Victory-theater.
- Het pulserende mediahart van de stad moest worden vernieuwd. Vandaar de levensgrote videoschermen die dag en nacht nieuws en reclame brengen, en het productiehuis van ABC News in Times Square Studios. Hier zit het hoofdkantoor van MTV en van Condé-Nast, de glamouruitgever van *Vogue*, *The New Yorker*, GQ en *Vanity Fair*.
- De toegang moest vrij en onbelemmerd zijn, zodat er miljoenen bezoekers terecht kunnen. Vandaar het opwindende nieuwe metrostation en het voetgangerspark.
- Hoewel Times Square in een zakendistrict ligt, moest de architectuur gedurfd en avant-garde zijn, maar ondertussen ook een serieuze uitstraling hebben.

Bezoekers aan het nieuwe Times Square kunnen met eigen ogen zien dat aan deze criteria dubbel en dwars is voldaan.

Een gebouw in de geest van het derde alternatief

Toen Douglas Durst plannen maakte voor de bouw van 4 Times Square – een wolkenkrabber van 48 verdiepingen – kreeg hij vanuit de gemeenschap een heleboel commentaar over zich heen. Zou het puur de zoveelste anonieme New Yorkse reuzenflat worden? Zou het afbreuk doen aan de losbandige ambiance van Times Square?

Als machtige onroerendgoedmagnaat had Durst zich doof kunnen houden voor deze geluiden. Maar dat deed hij niet. De architecten die hij inhuurde, Fox & Fowle, stonden bekend om hun creatieve, milieuvriendelijke ontwerpen. De ontwerpers luisterden zorgvuldig naar de vele partijen op Times Square en stelden hun eigen uitdagende criteria voor succes samen. De nieuwe toren moest op het oog tegenstrijdige culturele behoeften in zich verenigen: de behoeften van de zakengemeenschap versus de beeldende verwachtingen van het entertainmentcentrum van Amerika. Om een succes te worden moest het gebouw:

- een 'gedistingeerde persoonlijkheid' worden die paste binnen het zakendistrict van Midtown Manhattan en Bryant Park;[18]
- het bruisende leven op Times Square weerspiegelen, met zijn vrolijke theaters, zijn levendige videoschermen en zijn toeristenmassa's;
- milieubewust zijn, een nieuwe ethiek van sociale verantwoordelijkheid belichamen, en zo 'groen' mogelijk zijn;
- op zijn onderste verdiepingen detailhandel aantrekken die in lijn was met de klantvriendelijkheid van het nieuwe Times Square.

Zoals de spreekwoordelijke blinde mannen die een olifant proberen te herkennen, concentreerde elke groep belanghebbenden zich op een ander aspect, en al die aspecten hadden bestaansrecht. Het was aan de ontwerpers om de daadwerkelijke olifant te creëren. Hoe konden zij alle verschillende criteria in hun ontwerp terug laten komen? Hoe creëer je een gebouw dat bruisend is en tegelijkertijd rust uitstraalt?

Het antwoord van de architecten was een schoolvoorbeeld van synergie, een collage van uiteenlopende stijlen die samen prachtig uitpakken. Aan de kant van het swingende Times Square is het gebouw helemaal van platina en gewelfd glas en zijn er kolossale videoschermen in de gevel verwerkt. De ingang naar de winkels is een verwijzing naar New Yorks beroemde art-decostijl van lang geleden. De kant van het gebouw die gericht is naar de zakelijker Midtown-buurt is één en al ingelegd grijs metselwerk, wat het de uitstraling geeft van een bank. Het hele gebouw is één groot derde alternatief.

Maar het meest intrigerende aspect van het gebouw is onzichtbaar. Het is namelijk de eerste 'groene' wolkenkrabber die ooit werd gebouwd. De 48 verdiepingen worden gedeeltelijk van energie voorzien door gigantische brandstofcellen die elektriciteit genereren zonder verbranding. De hitte van de cellen verwarmt het water voor het gebouw. Speciaal ontworpen kokers en buizen zuiveren de lucht en maken die 85 procent stofvrij in plaats van de 35 procent die normaal is voor een kantoorgebouw. Het gebouw wordt niet gekoeld door middel van energie-intensieve airconditioning maar door aardgaskoelers, wat een energiebesparing oplevert van 20 procent. Meer elektriciteit is afkomstig van de zonnepanelen die op de bovenste negentien verdiepingen zijn geïnstalleerd.

Hoewel 4 Times Square meer energie verbruikt dan gehoopt was, consumeert het nog steeds een derde minder dan het gemiddelde kantoorgebouw in New York City. Dit is des te opmerkelijker, omdat de energieslurpende elektrische schermen op de gevel letterlijk de nacht verlichten.[19] Het meeste licht geeft het scherm van de NASDAQ MarketSite, een zich over zeven verdiepingen uitstrekkend cilindrisch videoscherm boven op de wig van licht die Times Square tegenwoordig is.

In vier stappen naar synergie

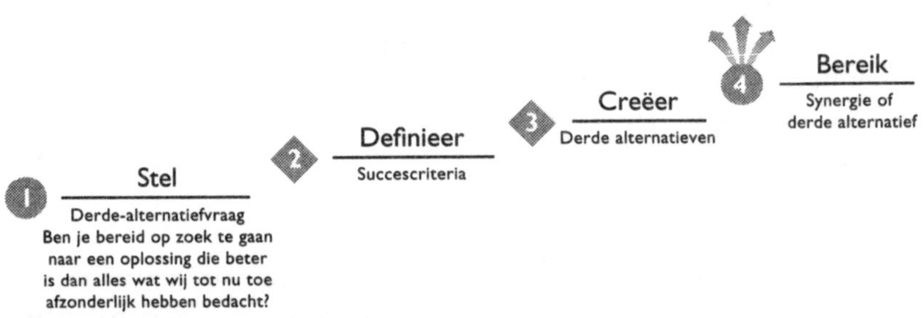

In vier stappen naar synergie. Om een derde alternatief te vinden voor het verwaarlozen van Times Square of er het zoveelste zakendistrict van maken, definieerde een brede groep burgers hun succescriteria, creëerde prototypes van nieuwe alternatieven en kwam tot een synergetische oplossing waar alle bezoekers enthousiast over zijn.

Na decennia van vernieuwing staat Times Square tegenwoordig boven aan de lijst van toeristische attracties in de Verenigde Staten. Het bedrijfsleven nam er een enorme vlucht, met 24.000 nieuwe banen en 400 miljoen dollar aan nieuwe inkomsten voor New York City.[20] Het percentage zware criminaliteit in het 'ergste blok' van New York is drastisch gedaald. Het is nu een van de beste blokken. Het aantal ernstige misdaden daalde van 2300 in 1984 (meer dan 6 gevallen per dag) naar minder dan 60 in 1995. Over het geheel genomen nam de criminaliteit tussen 2000 en 2010 nog eens met 50 procent af.[21]

De wedergeboorte van Times Square is in feite een verhaal over mensen die de wil, de discipline en het karakter bezitten die noodzakelijk zijn om de samenleving te transformeren. Wat er moest gebeuren, is dat 'de slechtste de eerste moest worden', en dat hebben ze voor elkaar gekregen. Hun denkbeelden lagen mijlenver uiteen; je had de ultraconservatieve zakenmannen, de linkse buurtactivisten, de milieubeschermers, de bankiers, de impresario's, de restauranthouders en de overheidsmedewerkers die samenwerkten met privéondernemers. Sommigen waren pro-overheid, sommigen anti-overheid. Maar uiteindelijk hadden de holle ideologieën van links en rechts vrijwel niets in te brengen. Alle partijen raakten geïnspireerd door de geest van synergie, en de diversiteit van hun visies kwam samen in één ijzersterke visie.

Een einde aan criminaliteit

Criminaliteit is een verbijsterende, rauwe realiteit die de wereld steeds meer in zijn greep krijgt. De invloed van criminaliteit is tastbaar, persoonlijk en reëel, en leiders binnen het politieapparaat zijn zich er maar al te zeer van bewust. De recente cijfers schetsen een ontnuchterend en deprimerend beeld van de situatie:

- Elk jaar komen er wereldwijd meer dan 1,6 miljoen mensen om het leven als gevolg van gewelddadige incidenten. Geweld is wereldwijd een van de belangrijkste doodsoorzaken voor mensen tussen 15 en 44 jaar; het veroorzaakt 14 procent van de sterfgevallen bij mannen en 7 procent van de sterfgevallen bij vrouwen. Een veelvoud van dit aantal raakt gewond of kampt met een scala aan fysieke en mentale problemen. Bovendien is geweld een enorme last voor de economie, omdat het landen jaarlijks miljarden dollars aan gezondheidszorg, ordehandhaving en verloren productiviteit kost.[22]
- Elk jaar vinden er wereldwijd meer dan tienduizend politieke terreurdaden plaats, waaronder ontvoering, mishandeling en moord. Ieder jaar worden bijna 60.000 mensen vermoord door terroristen.[23]
- Volgens de FBI worden er in de Verenigde Staten jaarlijks ongeveer 1,3 miljoen geweldsmisdrijven gemeld, samen met 9 miljoen vermogensdelicten, die in totaal neerkomen op een verlies van meer dan 15 miljard dollar.[24] De misdaadklok tikt dag en nacht door: elke 32 minuten vindt er een moord plaats, elke 2 minuten een seksueel vergrijp, elke 55 seconden een beroving, elke 7 seconden een zware mishandeling en elke 2 seconden een ontvreemding of diefstal.[25]
- De Verenigde Naties melden dat ongeveer 5 procent van de wereldbevolking tussen de 15 en 64 jaar drugs gebruikt – ongeveer 200 miljoen mensen. Er zijn waarschijnlijk maar liefst 38 miljoen drugsverslaafden op de wereld.[26]

- In Latijns-Amerika is geweld tegenwoordig een van de vijf belangrijkste doodsoorzaken. Het is de belangrijkste doodsoorzaak in Brazilië, Colombia, Venezuela, El Salvador en Mexico.[27]
- Volgens David DeWalt, directeur van MacAfee, is cybercriminaliteit een business geworden waar 105 miljard dollar in omgaat en die inmiddels de waarde van de wereldwijde illegale drugshandel overschrijdt.[28]
- In financiële termen steekt witteboordencriminaliteit met kop en schouders boven alle andere vormen van crimineel gedrag uit. Niemand kent de ware kosten, maar de FBI schat dat ze ergens tussen de 300 en de 600 miljard dollar per jaar liggen.[29]
- Aan het einde van de twintigste eeuw vormde criminaliteit een belasting op de Amerikaanse samenleving van meer dan 1,7 biljoen dollar per jaar.[30] Wie weet hoe zwaar die last inmiddels is?

Deze cijfers vertalen zich in diepe emotionele pijn die niet te meten is. Ze variëren misschien iets van jaar tot jaar, maar ze lijken ontmoedigend onvermijdelijk. De kosten in termen van gebroken harten, levens en relaties zijn werkelijk niet te peilen. Criminaliteit veroorzaakt zowel acute als chronische pijn. We meten het statistisch, we raken eraan gewend, we leren ermee leven. We hebben het gevoel dat het een onlosmakelijk onderdeel is van het leven.

Omdat de fundamentele oorzaken van criminaliteit ons boven het hoofd groeien, proberen we de symptomen te bestrijden. In het verleden nam men in Amerika bijvoorbeeld steeds vaker zijn toevlucht tot de 'harde lijn' – geen gezeur, meteen achter slot en grendel. Als gevolg van landelijke strafcampagnes en lange gevangenisstraffen is de gevangenispopulatie hier sinds 1980 omhooggeschoten van ongeveer 330.000 naar meer dan 2 miljoen. De kosten van het strafrechtsysteem beginnen het land inmiddels danig op te breken, maar het onderliggende probleem is nog steeds niet opgelost.

Heeft deze harde aanpak echt een positief effect op criminaliteit? Volgens James P. Lynch en William J. Sabol van de American University is 'een substantiële toename van de lengte en het aantal gevangenisstraffen niet gerelateerd aan aanzienlijke afnames van het aantal geweldsmisdrijven'.[31] Veel deskundigen denken dat een hardere aanpak er juist toe leidt dat overtreders meer misdaden gaan plegen: gevangenisstraf veroorzaakt zo veel schaamte bij hen en stigmatiseert hen zodanig dat ze zich totaal vervreemd voelen van de samenleving, en het ontneemt hun de mogelijkheid om te veranderen. Het maakt ze letterlijk hopeloos.[32]

Tegenover deze harde lijn staat de zogenoemde softe aanpak. Hoewel niemand soft genoemd wil worden als het om criminaliteit gaat, willen voorstanders van deze aanpak criminaliteit voorkomen door de omstandigheden aan te pakken die het in de hand werken. Dat klinkt natuurlijk volkomen logisch, maar de manier waarop zij te werk gaan, verandert niets aan die omstandigheden. Ze doen of te weinig, of te veel. Ze kopen bijvoorbeeld wapens terug, waarvan uit onderzoek blijkt dat het geen invloed heeft op de misdaadpercentages.[33] Of ze klagen dat er alleen iets aan criminaliteit kan worden gedaan als de hele structuur van de samenleving verandert en als armoede, analfabetisme en economische ongelijkheid verdwijnen. Maar het probleem is dat misdaden nu plaatsvinden en dat levens nu worden verwoest.

De harde lijn wordt meestal geassocieerd met rechts en de softe aanpak met links, maar deze ideologische tweedeling is hier gewoon niet van toepassing. We moeten af van deze twee-alternatievenmentaliteit; we moeten de meeste van onze conventionele denkbeelden over deze kwestie overboord gooien. De grote criminoloog Lawrence W. Sherman legt uit: ‘In het debat over criminaliteit worden “preventie” en “straf” vaak als concepten beschouwd die elkaar uitsluiten, als polaire tegenstellingen in een continuüm van softe versus harde reacties op criminaliteit. Een dergelijke tweedeling bestaat niet... Het resultaat is dat beleidskeuzes meer worden gemaakt op basis van emotionele gronden dan op basis van hard bewijs voor de effectiviteit ervan.’[34]

De acute pijn van een van misdaad doortrokken samenleving wordt niet verlicht maar juist verergerd door dit soort twee-alternatievendenken, en als we ons denken niet veranderen, boeken we alleen maar contraproductieve resultaten. Er moeten derde alternatieven zijn.

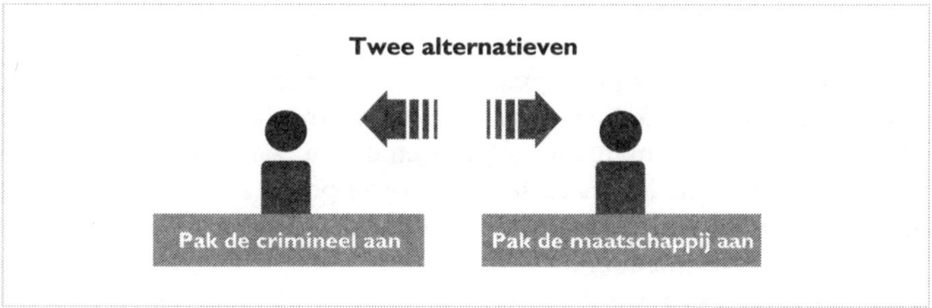

Het derde alternatief voor de politie

Op 23 juni 1985 explodeerde Air India-vlucht 182 van Toronto naar New Delhi boven de Ierse zee, waarbij meer dan driehonderd mensen de dood vonden. De bommen werden herleid naar bagage die was ingecheckt op Vancouver International Airport. Dat bracht rechercheurs op het spoor van een groep sikhseparatisten die in en om Richmond woonden, een voorstad van Vancouver. Het bombardement was onderdeel van de voortdurende oorlog tussen de Indiase regering en extremistische sikhs die onafhankelijkheid wilden voor hun geboorteland Punjab.

Dat deze afgrijselijke misdaad zijn oorsprong had in een burgeroorlog die een halve wereld verderop plaatsvond, schokte de autoriteiten in deze prachtige stad aan de kust van de Stille Oceaan. In Vancouver wonen meer dan honderdduizend sikhs. Analytici concludeerden later dat als de politie in Vancouver een vertrouwensband met de sikhgemeenschap had opgebouwd, zij wellicht de informatie had vergaard die nodig was om de terreurdaad te voorkomen.[35]

Niet alleen in Canada, maar ook overal elders is ordehandhaving – criminelen vangen na de daad – maar een deel van het antwoord op criminaliteit. Wat er echt moet gebeuren, is dat er een beschaafde samenleving moet worden opgebouwd, een samenleving die gebaseerd is op hechte empathische en respectvolle relaties. En dat vergt een creatieve mentaliteit, de mentaliteit van het derde alternatief. Ward Clapham bezit die mentaliteit.

Clapham, inmiddels gepensioneerd, heeft dertig jaar bij de Royal Mounted Canadian Police (RCMP) gewerkt. Het is een luisterrijke figuur, met zijn rode kamgaren jas en zijn onberispelijke pet. Ward is trots op de 'Mounties'. En met recht – het is voor zover mij bekend het enige politiekorps dat het woord 'proactief' in zijn visie heeft staan. Hun primaire missie is 'het bewaren van de vrede', wat veel breder is dan eenvoudigweg toezien op de naleving van de wet.

Aan het begin van zijn loopbaan, als jonge agent in Noord-Canada, raakte Ward op een dag in gesprek met een paar inheemse kinderen. Hij vroeg hun wat politiemannen volgens hen deden. Ze zeiden: 'U bent een jager. U wacht in de bosjes en u brengt onze pappa's en mamma's naar de gevangenis.'[36] Ward realiseerde zich dat de kinderen bang voor hem waren, en dat bleef hem bij.

Een van zijn taken was de dossiers bijhouden van jongeren die overlast bezorgden. Van het lezen van al die dossiers zonk de moed hem in de schoenen. Hij wist dat veel van deze tieners in de gevangenis zouden eindigen, of erger, en het zat hem dwars dat niemand enig idee had wat ervoor nodig was om dat te voorkomen. Het was zo'n levensgroot probleem. Hard optreden was niet het antwoord, maar hij kon ook niet stil blijven zitten terwijl scholen, kerken en overheden over de juiste aanpak discussieerden. 'Het was alsof ik boven aan een waterval stond en mensen in het water zag worstelen. Je weet wat er gaat gebeuren, maar je voelt je machteloos.'

Hij werd gestationeerd in een stad in Alberta en merkte dat de inwoners verontwaardigd waren over losgeslagen jongeren. Op een dag kreeg hij een woedend telefoontje over een paar kinderen die midden op straat aan het hockeyen waren en het verkeer blokkeerden. Hij kwam aanbulderen in zijn grote politieauto, stapte uit en ging voor de kinderen staan, die naar de grond staarden. Ze hadden al eerder een waarschuwing gekregen. Hij wist hoe bang ze waren.

Op dat moment moest hij denken aan de missie van zijn korps: 'de vrede bewaren'. Wat kon hij in deze situatie doen om de vrede te bewaren? Niet puur een tijdelijke vrede, geen schijnvrede door te zorgen dat deze ongehoorzame kinderen uit het zicht verdwenen, maar een duurzame vrede.

Toen zei hij: 'Jullie mogen kiezen. Ik kan jullie allemaal een bekeuring geven, of ik kan met jullie meespelen.'

De jongeren waren verbijsterd. Ze zagen een politieman die een hockeystick greep, achter de puck aan rende en midden op de weg samen met hen plezier maakte. Zijn indrukwekkende pet waaide af. Automobilisten in het vastgelopen verkeer waren woedend, en de dagen erna kreeg hij een heleboel klachten van mensen die tijdelijk ongemak van zijn actie hadden ondervonden. Maar zijn relatie met de jongeren uit die stad was voor altijd veranderd.

Ook tijdens de rest van zijn loopbaan bleef Ward Clapham zowel burgers als superieuren verbazen met zijn proactieve derde-alternatiefmentaliteit. In een van de andere steden waar hij werkte, werden winkeleigenaren bekeurd omdat ze voortdurend tabak verkochten aan minderjarigen, en daar stonden zware straffen op. Ward ging naar de politierechter en vroeg toestemming om iets nieuws te proberen: hij beloofde de straffen op te schorten als de winkeleigenaren antirookvoorlichting in hun winkel zouden geven. Het klonk dwaas, maar ze werkten er graag aan mee, en al snel kregen winkelmedewerkers en jongeren uit de buurt voorlichting over de gevaren van roken. De verkoop van tabak aan minderjarigen daalde aanzienlijk. Maar wat Ward Clapham vooral belangrijk vond, was dat veel jonge mensen nooit verslaafd zouden raken aan sigaretten.

Clapham heeft aandacht voor de wortel van het probleem, niet alleen voor de symptomen. Hij zegt: 'We kunnen aan de voet van de waterval verdronken mensen blijven verzamelen, of we kunnen ze stroomopwaarts tegenhouden om te voorkomen dat ze worden meegesleurd.' En dat vraagt om de mentaliteit van het derde alternatief. 'We kunnen – en dat is heel erg – gewoon accepteren dat criminaliteit en geweld een onlosmakelijk onderdeel zijn van ons leven en dat van onze kinderen. Maar ik zeg: "Nee, er is een betere manier."'

Na verloop van tijd werd Clapham hoofd van de RCMP in Richmond, British Columbia, destijds een stad met ongeveer 175.000 inwoners. De grens tussen Richmond en Vancouver, met zijn gigantische multiculturele bevolking, is niet duidelijk te trekken. In Richmond is meer dan de helft van de populatie Zuid-Aziatisch of Oost-Indiaas, en de grote raciale en economische spanningen maken de stad tot een harde omgeving om in op te groeien. Hier trof hij een typisch stads politieapparaat aan, 'ingesteld op de reactieve stijl van orde handhaven, waarbij men puur in actie komt als het kwaad al is geschied'. De opdracht was om de slechteriken te vangen en de jongeren van de straat te weren. Er werd niet aan relatieontwikkeling gedaan, waarmee criminaliteit kon worden voorkomen. Clapham was vastbesloten om die mentaliteit te veranderen, om met behulp van zijn collega's een nieuwe cultuur te creëren:

> *Agenten worden getraind in opleidingskampen, en het enige instrument dat ze tot hun beschikking krijgen is wetshandhaving. 'Wij handhaven de wet.' Maar ik vroeg hun om eens wat verder te denken. Ik vroeg wat het betekende om de 'vrede te handhaven'. We praatten over Sir Robert Peel, die 150 jaar geleden in Londen de eerste politiemacht opzette. In zijn ogen ging het om het handhaven van de vrede. Op de een of andere manier is die vrede vervangen door de wet. Maar het is mogelijk om ons als politieapparaat weer op vrede te richten, om een duurzame burgermaatschappij te creëren – om een einde te maken aan criminaliteit.*

Het idee van 'het einde aan criminaliteit' is een echt derde alternatief. In plaats van de eeuwige strijd te voeren over criminaliteit, maken we er gewoon een einde aan! We voorkomen het gewoon. Is dat mogelijk? Misschien, als we, net als Clapham, het idee los kunnen laten dat misdaadpreventie een marginale bezigheid is en ons gaan realiseren dat het juist het enige is waar het om draait.

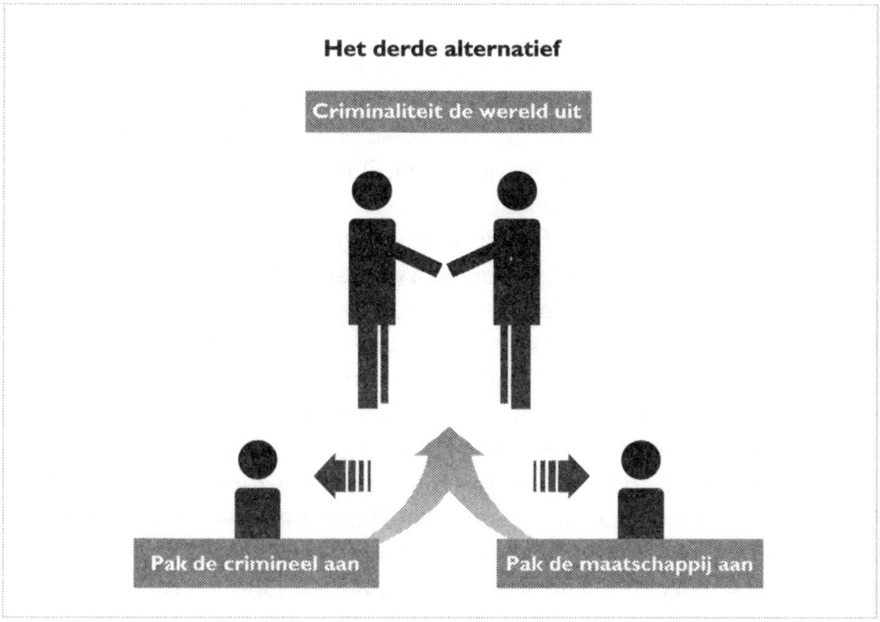

> *Preventie heeft onterecht een slechte naam. De meeste mensen denken erbij aan manieren om misdadigers van tevoren af te schrikken. Daar zijn gigantische sociale veranderingen voor nodig, de armoede moet ervoor worden uitgeroeid, ouders moeten hun kinderen beter opvoeden, het onderwijs moet goed zijn. Geen enkel kind mag worden vergeten. Zou dat niet geweldig zijn? Maar het is te groot, en daarom beperkt de politie zich tot de herrieschoppers. Ze zien het niet als hun taak om ze uit de problemen te houden.*
> *Maar het gaat niet alleen om wat je boven aan de waterval doet, hoewel ook dat cruciaal is. Wij vinden dat preventie bij de politie het hele continuüm moet bestrijken: boven aan, halverwege én onder aan de waterval.*

Dit opmerkelijke inzicht plaatst alles in een ander daglicht. Je kunt dus dingen doen – beheersbare dingen – vóór, tijdens en na het optreden van problemen. De ideeën van Clapham hebben het begrip wetshandhaving in Richmond getransformeerd. Zonder recherchewerk en wetshandhaving te verwaarlozen bracht hij onophoudelijk synergetische nieuwe ideeën onder de aandacht om criminaliteit te voorkomen voordat er iets gebeurt en om meer criminaliteit te voorkomen nadat er iets is gebeurd.

Het was een enorme klus om het paradigma van zijn politiekorps te veranderen. Clapham kreeg de leiding over de politie in Richmond toen de terroristische aanvallen van 11 september 2001 net hadden plaatsgevonden. In de stad kwamen er bittere herinneringen aan Air India 182 naar boven. 'Door de crisis werden we meer dan ooit teruggeworpen op het conventionele politiemodel', zei hij. 'Boze mensen riepen om snelle oplossingen, een harde hand en agressieve tactieken. Ze wilden zelfs een aantal burgerrechten ter discussie stellen. We vielen terug op die strijdersmentaliteit van wij tegen de rest.'

Maar Clapham hield voet bij stuk. Hij organiseerde snel een praatstokbijeenkomst voor de politie, leiders van de stad en de gevarieerde gemeenschap van Richmond: moslims, sikhs, Zuidoost-Aziaten, oorspronkelijke bewoners – iedereen. De microfoon stond tot ieders beschikking en de gemeenschap sprak zich uit: 'Wat doet de politie? De mensen noemen ons terroristen. We worden allemaal over één kam geschoren. We worden beoordeeld op basis van ons ras. Mensen zijn kwaad, mensen zijn bang. We zijn heus niet allemaal terroristen omdat we toevallig een donkere huidskleur hebben.' Aziatische taxichauffeurs op Vancouver International Airport klaagden dat mensen niet met hen mee wilden. Winkeleigenaren waren bang voor hun klanten. Clapham zei hierover: 'We lieten de mensen er gewoon over praten. We gaven hun een kans om stoom af te blazen, lieten merken dat iemand ze begreep. Deze grote bijeenkomst was een eerste gelegenheid om de hele perceptie onderuit te halen. Ik heb er vooral van geleerd hoe ik de praatstok aan het werk moet zetten. En daarna zijn we aan de slag gegaan om dingen te veranderen.'

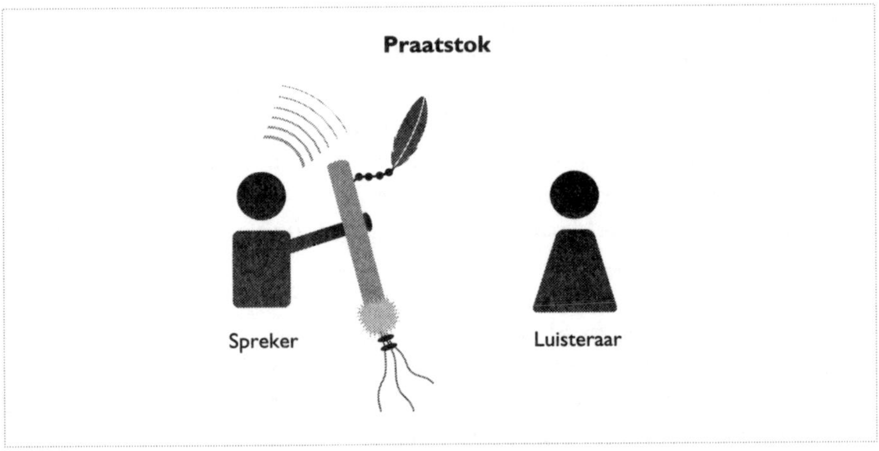

Communicatie via de praatstok was een belangrijk instrument dat Clapham gebruikte om het denken van zijn team te veranderen. Zoals in de meeste politieorganisaties hield de politie in Richmond dagelijks een ochtendbriefing, waarbij de baas voor de groep zat en de agenten rapport uitbrachten en op orders wachtten. Clapham heeft dat omgedraaid en van de dagelijkse briefing een theater van de magie gemaakt. Hij stelde vragen als: Wat kunnen we anders doen? Wat hebben we nog niet geprobeerd? 'Over een verschuiving gesproken. Het kostte hun zes maanden om vrijelijk hun dagelijkse bijdrage te leveren. We hamerden erop dat we elkaar lieten uitpraten en dat we moesten zorgen dat iedereen zich gehoord voelde.

Ik wisselde het af. Elke dag zat ik ergens anders in de ruimte, in een hoek bijvoorbeeld, en dan gaf ik de agenten de leiding. We vielen steeds terug op het principe "eerst begrijpen, dan begrepen worden". Ik heb altijd geloofd dat er meer dan één goed antwoord bestaat, en dat verkondigde ik zo vaak mogelijk, omdat je daarmee open communicatie en een open houding bewerkstelligt.'

De zoektocht naar ideeën beperkte zich niet tot de politie; ook de gemeenschap werd erbij betrokken. Een belangrijke doelstelling van de RCMP was om partnerships op te zetten met groepen burgers om hen meer bij het politiewerk te betrekken. Op een dag kwam er een auditor van de RCMP naar Richmond, die zei: 'Jullie hebben niets op papier over jullie partnerships met de gemeenschap.' Clapham moest lachen en zei: 'Dan kun je me net zo goed vragen om een logboek bij te houden van elke keer dat ik ademhaal en elke keer dat ik met mijn ogen knipper. En dat geldt ook voor al mijn agenten, want dat is wat we continu doen. We zijn de hele dag bezig met partnerships.' Dus begonnen ze het bij te houden, en ze kwamen erachter dat ze dertig, veertig, tachtig keer per dag contact hadden met mensen uit hun partnerships.

Vanwege zijn derde-alternatiefmentaliteit, het feit dat hij altijd naar een betere oplossing zocht waaraan nog niemand had gedacht, stuitte Ward op grote weerstand bij mensen met een twee-alternatievenmentaliteit. 'Als je niet hard optreedt tegen criminaliteit, dan ben je soft' was de boodschap die hij voortdurend moest weerleggen.

Ik ging rechtstreeks in tegen de status-quo. Die status-quo liet niets aan duidelijkheid te wensen over. We werden geacht en beloond om te werken volgens een correctief model waarbij pas werd ingegrepen na een incident, en volgens een command-and-controlmodel. Dus als je al je mensen als leiders gaat ontwikkelen, gedeeld leiderschap introduceert en preventie tot je primaire doel uitroept, ben je een gemakkelijk doelwit voor je tegenstanders.

Elke dag was ik een kwart tot de helft van de tijd bezig om mezelf te rechtvaardigen. Ze probeerden voortdurend te bewijzen dat ik ernaast zat, trachtten me de mond te snoeren en me te dwingen me neer te

> *leggen bij de status-quo. Ze sloegen de reglementen erop na en lieten me zien waar ik ze overtrad.*

Maar het dilemma tussen de harde en de softe aanpak zei Ward Clapham niets. Hij was op zoek naar derde alternatieven die de situatie echt zouden veranderen. 'Ik beschouwde 18.000 misdaden per jaar als 18.000 missers. Alles wat ik kon doen om dat aantal omlaag te krijgen, was een succes.'

Positieve bonnen

Claphams zoektocht naar derde alternatieven bleek onverwacht vruchtbaar. Eén ervan openbaarde zich als een donderslag bij heldere hemel tijdens een seminar dat hij bijwoonde. Hij stelde zichzelf de volgende vraag: 'Wat zou er gebeuren als we kinderen gingen aanspreken die dingen goed deden?' Clapham had zich een groot deel van zijn loopbaan beziggehouden met het uitdelen van bekeuringen aan jonge mensen die zich negatief gedroegen. Stel dat het andersom was? Stel dat ze aandacht kregen als ze iets goed deden? 'We geven hun bonnen omdat ze de wet overtreden', zei hij. 'Stel dat we hun een bon geven als ze zich aan de wet houden? Als ze behulpzaam zijn?'

Zo werd het idee van 'positieve bonnen' geboren, een waar countertype. Clapham klopte aan bij zijn talloze partners binnen de gemeenschap en tientallen plaatselijke bedrijven stelden fastfoodbonnen, gratis ijs en kortingen in disco's en bij sportwedstrijden ter beschikking. De gemeente Richmond kwam met pasjes voor gratis zwemmen en schaatsen in het gemeenschapscentrum. Op de positieve bonnen staat: 'Voor [naam], die werd betrapt toen hij iets goeds deed!' De bonnen kunnen voor van alles worden ingewisseld, van een stuk pizza tot een draagbare muziekinstallatie.

Op een avond was een tiener uit Richmond, die we John zullen noemen, op weg naar huis toen hij zag dat er een klein kind de weg op rende. In een impuls greep hij het kind en zette het veilig terug op het trottoir. Een agent van de RCMP die langsreed, had het allemaal zien gebeuren en zette zijn auto langs de kant. John had waarschijnlijk nog niet van de positieve bonnen gehoord, want toen de agent op hem af liep, reageerde hij zoals de meeste tieners zouden reageren. Hij kreeg een knoop in zijn maag, het zweet brak hem uit en zijn hart ging als een razende tekeer: hij dacht dat hij in de problemen zat.

Later zei Johns pleegmoeder: 'Mijn pleegzoon kwam naar me toe en vertelde me dat hij door de politie was aangehouden en een bon had gekregen. Je kunt je wel voorstellen dat ik in eerste instantie negatief reageerde. Toen zei hij: "Nee mam, ik heb een positieve bon gekregen." Ik zei: "Wát heb je gekregen?"' John legde het uit: 'Er schoot een klein kind de weg op, en ik ben achter hem aan gerend en heb hem de stoep op getrokken. Er stopte een smeris, hij stapte uit en vroeg mijn naam – ik was bang. Ik dacht dat hij kwaad op me was, omdat hij dacht dat ik het kind iets had aangedaan. Maar hij zei dat hij trots op me was, dat ik het goed gedaan had, en hij gaf me een bon voor gratis zwemmen, gratis schaatsen en gratis golfen.'

Met tranen in haar ogen vertelde de pleegmoeder dat de positieve bon aan de muur van zijn slaapkamer hangt. Onlangs vroeg ze John waarom hij hem nog niet had gebruikt. Daarop antwoordde hij: 'Dat gaat niet gebeuren, ma. Een politieagent heeft tegen me gezegd dat ik een goeie jongen ben, en dat ik kan worden wat ik wil. Ik ga die bon nooit gebruiken.'

Elk jaar delen RCMP-agenten in Richmond gemiddeld 40.000 van deze positieve bonnen uit aan jongeren die goede daden verrichten. 'We zijn jagers', zegt Clapham lachend. 'We jagen op ze vanwege de positieve dingen die ze doen.' Een agent kan bijvoorbeeld een positieve bon uitdelen aan een jongen die zijn helm opheeft tijdens het fietsen. Of een agente kan een positieve bon uitdelen aan een groep meisjes op straat die niet roken of vloeken. Dit zijn jongeren die zich aan de rand van de samenleving bevinden, en het belonen van de kleinste positieve daden – het zebrapad nemen, de bibliotheek uit komen met een boek, afval in een vuilnisbak gooien in plaats van op straat – kan tot grotere positieve daden leiden.

Samen met de bonnen delen agenten kaartjes uit van zichzelf. Dat zijn geen visitekaartjes. Er staat een foto op van de agent, zijn of haar persoonlijke hobby's – 'skiën, deltavliegen, ijshockey, muziek' – en een favoriete uitspraak over het leven. Op Claphams eigen kaartje staat: 'Je hebt geen drugs nodig om een kick te krijgen van het leven.' Het is een vorm van contact waarmee de jongeren hen leren kennen als individuen, niet puur als agenten.

De gemeenschap merkt verschil. Keith Pattinson, directeur van Boys & Girls Clubs for British Columbia, zegt hierover: 'Als de politie zich op de sterke punten van jongeren concentreert, merken ze dat de relatie verandert. In plaats van obscene gebaren te maken als ze langsrijden, zeggen de kinderen: "Kijk, er is daar iets aan de hand. Straks vallen er klappen, misschien moeten jullie er even gaan kijken."'[37]

Clapham ziet hetzelfde gebeuren. 'De meeste jongeren mijden de politie omdat ze niet bekeurd willen worden. Met positieve bonnen belonen we jonge mensen voor het feit dat ze goede dingen doen. Dus als ze tegenwoordig een agent zien, komen ze naar hem toe rennen in plaats van weg te rennen. Er ontstaan relaties. De jongeren kunnen bij de agenten terecht en hoeven niet meer bang voor ze te zijn. De politie wordt een positieve factor in hun leven: de onpersoonlijke wetshandhavers zijn vrienden geworden die hen helpen de hachelijke onderneming van het opgroeien tot een goed einde te brengen.'

Ook aan zijn eigen team deelde Clapham een equivalent van positieve bonnen uit, kleine cadeaubonnen als erkenning voor de bijdrage die zijn agenten aan de cultuurverandering in Richmond leveren. Natuurlijk kreeg hij daardoor meteen last met het reglement: 'Gij zult geen belastinggeld gebruiken om cadeaubonnen voor medewerkers aan te schaffen als erkenning voor hun goede daden.'
Ze namen me de creditcard van mijn werk af en stuurden me naar een vier uur durende cursus, die ik weigerde te volgen. Maar nu komt het interessante: toen ik dit aan de leiders van de gemeente Richmond vertelde, vroegen ze: 'Hoeveel geld heb je nodig om te kunnen blijven doen wat je doet?' Toen kreeg ik van hen een creditcard, omdat ze inzagen dat wat ik deed zichzelf in duizendvoud terugbetaalde. De regels waren gewoon niet goed in balans. Er werden me wel wapens en kogels en pepperspray toevertrouwd, maar geen instrumenten om de cultuur te veranderen.
Maar de gemeenschap vond mijn aanpak geweldig. Toen ze begonnen in te zien dat het een succes was, wilden ze het uitbreiden. De gemeenschap was de reden dat ik door bleef gaan. Ik liet me leiden door mijn passie voor mijn doel: een einde maken aan de misdaad in onze stad.

Het uitdelen van positieve bonnen is maar een van de vele synergetische ideeën die Ward Clapham en zijn eenheid hebben geïmplementeerd om persoonlijke relaties op te bouwen ter voorkoming van conflicten. Toen hij wilde dat elke agent een school 'adopteerde' en daar vrienden maakte, wist hij dat hij dat niet gefinancierd kon krijgen. Maar zijn enorme netwerk van partnerships schreef cheques uit om het mogelijk te maken. Ook zette hij het OnSide-programma op, dat geld beschikbaar stelt waarmee agenten kinderen naar officiële sportwedstrijden kunnen meenemen. Eén agent is de hele zomer gaan bergbeklimmen met een paar jongeren die gestopt waren met school, en heeft ze met succes weer in de schoolbanken kunnen krijgen.

We kregen een heleboel klachten over kinderen die in openbare parken en op winkelpleinen fietsten. In plaats van ze te bekeuren, zijn we met elkaar tot een derde alternatief gekomen. De gemeente stelde een paar terreinen ter beschikking, we hebben zelf samen met de kinderen al het werk verricht en tegenwoordig rijden en racen we met ze in hun eigen fietspark. De banden die we met ze hebben opgebouwd zijn van onschatbare waarde. En er werd trouwens ook niet meer geklaagd.

Straatraces waren de politie van Richmond een doorn in het oog. Toen een van Wards agenten om het leven kwam terwijl hij een straatrace probeerde te beëindigen, wilde zelfs Ward terug naar de harde lijn. 'Maar wat zou het opleveren? We hadden er jaren tegen gevochten en we verloren nog steeds elk jaar vier jongeren bij de straatraces, en nu ook nog een van onze eigen mensen.' Daarom organiseerde de politie van Richmond een synergiesessie om te brainstormen over hoe ze tot de jonge straatracers konden doordringen. Eén agent kwam met een echt countertype: 'Als zij niet met onze standpunten willen meegaan, moeten wij met hen meegaan. We zoeken een Mini Cooper, voorzien hem van alle accessoires die je wettelijk op een auto mag plaatsen en gaan ermee naar autoshows. We zetten er duidelijk op dat hij van ons komt. Het wordt de coolste auto die ze ooit hebben gezien.'

Straatracers houden ervan om hun auto's van allerlei accessoires te voorzien. Ze zijn gek op grote illegale bumpers, gaspedalen, uitlaten – alles wat hun auto stoerder maakt – en ze vinden het geweldig om ermee te pronken op autoshows. Dus maakte de politie een geschonken Mini herkenbaar als politieauto, voorzag hem van allerlei toeters en bellen en zorgde zo voor de grootste attractie tijdens de shows. Ze werden meteen benaderd door massa's straatracers en knoopten relaties met ze aan. Ze bouwden vertrouwen op en discussieerden met ze over de gevaren van racen op openbare wegen.

Natuurlijk kwam Clapham hier niet mee weg: 'Mijn bazen kregen er lucht van, kwamen naar een show en bevalen ons om de auto weg te doen. Tja, we konden het bevel in de wind slaan, of het enige instrument opgeven dat we hadden om tot de straatracers door te dringen.' Zoals je zou verwachten, kwamen ze met een derde alternatief. Ze spoten de Mini over, maar flansten ook magnetische politiepenningen en draagbare lichtstaven in elkaar om hem in een mum van tijd in een politieauto te kunnen veranderen. En ze bleven naar de shows gaan. 'Sinds 2003 is er bij straatraces in Richmond geen enkele dode meer gevallen', aldus Clapham.

Team Izzat

Omdat ze zich stoorden aan de stereotyperingen die de media van de sikhjongeren in Vancouver de wereld in stuurden, stak een stuk of twintig agenten van Ward Clapham de koppen bij elkaar om een basketbalcompetitie op te zetten die Team Izzat heette; *izzat* betekent 'respect' in het Punjabi. Het team, waarin iedereen welkom is, bestaat voornamelijk uit jonge Zuid-Aziaten. Sergeant Jet Sunner, zelf een Zuid-Aziaat en de oprichter van het team, zegt: 'Met alle negatieve beeldvorming rond Zuid-Aziaten, georganiseerde misdaad en drugs, wilden we mensen laten zien dat ze gewoon een verkeerd beeld van ons hebben. Negenennegentig procent van de leden van onze gemeenschap zijn fatsoenlijke mensen.'

Jet Sunner staat er versteld van hoeveel invloed basketbal op het leven van een kind kan hebben. Binnen drie jaar groeide Team Izzat uit naar dertig teams, die voornamelijk worden gecoacht door jonge RCMP-agenten en studenten die dit als vrijwilligerswerk doen. Hij benadert vooral studenten van universiteiten, omdat hij wil dat zijn spelers hen als rolmodellen gaan zien. Een van zijn doelstellingen is om vijftig topstudenten tijdens forums aan zijn teams duidelijk te laten maken hoe je echt succesvol wordt.

Team Izzat doet meer dan basketballen. Ze sponsoren ook jeugdforums voor de hele gemeenschap over drugs, seksueel misbruik en het belang van onderwijs. De Canadese minister van Openbare Veiligheid heeft het team officieel erkenning gegeven. 'Ik complimenteer Team Izzat voor het uitzonderlijke werk dat zij doen door jongeren de instrumenten aan te reiken die ze nodig hebben om een verandering teweeg te brengen in hun gemeenschap. Door middel van evenementen als het Team Izzat Youth Forum krijgen jonge leiders inzicht in hedendaagse sociale problemen – zoals de exploitatie van kinderen en drugsgebruik – en worden zij uitgedaagd om sterke en gezonde buurten te helpen creëren waarin geen plaats is voor criminaliteit.'[38] Je vraagt je af of iets als Team Izzat die vervreemding en de woede had kunnen helpen tegengaan die tragedies als die met Air India 182 in de hand werken.

Ward Clapham was onder de indruk van dit enthousiasme om jonge mensen te helpen en bracht structurele veranderingen in zijn eenheid aan om agenten die erin uitblonken te belonen. 'Toen ik aantrad, zag ik dat we misschien niet onze beste mensen in de jeugdsectie onderbrachten. Een promotie tot rechercheur was het hoogst haalbare. Dus zei ik: we gaan onze slimste en beste mensen inzetten voor het werk met jongeren. We gaan het imago van de jeugdsectie oppoetsen.' Zo werd het promotieprogramma ingrijpend veranderd. Tegenwoordig is geselecteerd worden voor de jeugdsectie iets prestigieus wat veel training en een zware toelatingsprocedure vergt.

Clapham gaat niet voorbij aan de jongeren die al in de problemen zitten, aan degenen die, zoals hij zegt: 'door de waterval zijn meegesleurd'. Hier zijn alle inspanningen gericht op de re-integratie van overtreders in de samenleving en op de preventie van meer criminaliteit. De RCMP heeft het Richmond Restorative Justice Program helpen opzetten, dat jonge delinquenten de schade die zij hebben aangericht onder ogen helpt te zien, maar niet op een bestraffende manier. In plaats van de gevangenis in te moeten, voeren ze gesprekken met hun slachtoffers, getuigen, politieagenten en een facilitator die alle partijen helpt om tot een overeenkomst te komen waarin de schade wordt aangepakt. Het is een forum voor intensief empathisch luisteren dat jongeren helpt in te zien wat ze anderen hebben aangedaan – en dat ook tot meer begrip leidt voor hun eigen situatie.

Een jonge immigrant uit India beweerde bijvoorbeeld dat hij door een bende blanke jongens was aangevallen en kaal was geschoren. Toen duidelijk werd dat de beschuldiging vals was, moest de jonge man het Restorative Justice Program doorlopen. Hij kreeg van zijn zogenaamde aanvallers te horen hoezeer zijn leugen hen had gekwetst. Maar hij had ook de gelegenheid om zijn jarenlange frustratie over zijn eenzaamheid te ventileren, en over de afwijzende houding en de kille vooroordelen die hij over zich heen kreeg van de mensen in zijn omgeving. Het was niet eenvoudig, maar iedereen kreeg 'psychologische lucht' en de jonge immigrant zuiverde zijn blazoen door vrijwilligerswerk te doen.

Wat haalt het uit?

Ondanks de innovatieve dingen die hij deed, waren er ook mensen die kritiek hadden op politiecommissaris Ward. Ze zagen politieagenten in Richmond 'rondlummelen' met kinderen, balsporten met ze doen en positieve bonnen uitdelen. 'Waarom gaan jullie geen boeven vangen? Wat haalt dit allemaal uit?' vroegen ze. Clapham reageert daar nogal stekelig op.

> *Reken maar dat het wat uithaalt. Deze contacten met jonge mensen, de positieve boodschappen die ze krijgen, beïnvloeden hun besluitvorming en voorkomen dat ze in de criminaliteit en de ellende belanden. We geven zowel de goed functionerende jongeren als de grensgevallen erkenning om ze te stimuleren op het rechte pad te blijven. We zien jongeren die een hoop narigheid met de politie hebben gehad hun leven beteren. Over tien jaar zijn deze kinderen volwassen. Dan zullen ze ons steunen in wat we voor hen en hun kinderen willen doen.*

En er zijn inderdaad meer dan genoeg harde bewijzen die aantonen dat de politie in Richmond uitstekende resultaten boekt:

- De jeugdcriminaliteit in Richmond daalde met 41 procent in de eerste drie jaar dat Ward Clapham er politiecommissaris was.
- De kosten van de aanpak van een jeugdige delinquent daalden in een periode van tien jaar van 2200 dollar naar ongeveer 250 dollar – met bijna 90 procent dus.

- Onder het Restorative Justice Program daalde het recidivisme naar 12 procent, terwijl dat buiten het programma 61 procent bedraagt.[39]
- De politie van Richmond maakt consistent melding van het hoogste moreel binnen de RCMP.

Denken in de geest van het derde alternatief

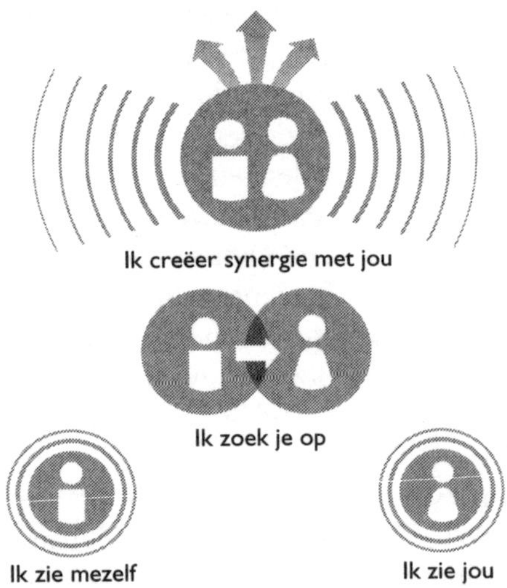

In de maanden voor de Olympische Spelen van 2010 had er in en om Vancouver een explosie van geweld plaats. De ontmoediging van het drugsverkeer had de prijs van drugs gigantisch opgeschroefd, waardoor er op straat bendeoorlogen uitbraken.[40] Maar Richmond ontsprong grotendeels de dans. Het bleef rustig in de stad. De afdeling Richmond van de RCMP had in tien jaar tijd een transformatie weten te bewerkstelligen.

Door de jaren heen is Ward Clapham overal gevraagd om zijn verhaal te vertellen. Hij heeft in 53 landen over zijn positieve bonnen gesproken. Er zijn artikelen over hem verschenen in boeken en tijdschriften. Ik heb het voorrecht gehad om met hem mee te reizen en een aantal presentaties met hem te doen, zoals voor de hoogste leiding van de London Metropolitan Police en andere politiekorpsen in het Verenigd Koninkrijk.[41]

Ik zal eens op een rijtje zetten wat ik van Ward Clapham heb geleerd.

Hij belichaamt het paradigma 'Ik zie mezelf'. Hij kwam al vroeg in zijn carrière tot het besef dat hij geen machine was die gemaakt was om orders aan te nemen en politiewerkzaamheden uit te voeren zoals ze altijd waren uitgevoerd. Hij voelde een creatieve drang om een grote bijdrage te leveren. Hij zag zichzelf als 'handhaver van de vrede', niet als 'jager' of 'wetshandhaver'. Hij luistert heel goed naar zijn eigen geweten; hij is niet tevreden met een toekomst waarin misdaad en verwoeste levens voorkomen.

Hij leeft volgens het paradigma 'Ik zie jou'. De jonge delinquenten waarmee hij te maken krijgt zijn meer dan nummers op de dagelijkse arrestatielijst. Het zijn individuen die hij wil leren kennen en met wie hij vriendschap wil sluiten, en van wie hij ook wil dat zij hem leren kennen. Zijn collega's zijn geen ondergeschikten, maar talentvolle mensen die ieder hun eigen waardevolle bijdrage leveren. In de ogen van Ward Clapham is misdaad op te lossen door hechte vertrouwensbanden tussen mensen te smeden.

Hij beoefent het paradigma 'Ik zoek je op'. Ik heb nog nooit iemand ontmoet die zo'n honger heeft naar ideeën van zo veel mogelijk verschillende bronnen. In plaats van aan het hoofd van de tafel te zitten en boven zijn korps uit te torenen, ziet hij zichzelf als een van hen. Hij zit elke dag in een andere stoel. Hij verzoekt, hij vraagt, hij perst ideeën uit zijn collega's. Hij bezoekt de rest van de gemeenschap om te horen hoe zij over dingen denken. Hij leest en reist voortdurend om nieuwe dingen te kunnen leren van de beste mensen. Ideeën als het uitdelen van positieve bonnen zouden nooit bij hem zijn opgekomen als hij er geen gewoonte van had gemaakt om voortdurend te leren.

Hij gelooft vurig in de stelregel 'Ik creëer synergie met jou'. Door synergie te bereiken met zijn team en zijn stad, weet hij compleet nieuwe oplossingen te bedenken voor de hardnekkige vraag hoe de vrede binnen zijn gemeenschap kan worden gehandhaafd. Zijn theater van de magiebijeenkomsten wemelen van de derde alternatieven, sommige bizar, andere eigenlijk vreselijk vanzelfsprekend, zoals de positieve bonnen, de Mini Cooper voor de straatraces en Team Izzat. Het is heel wel mogelijk dat zijn inspanningen een generatie lang vrede zullen opleveren binnen een gefragmenteerde gemeenschap waarin weinig kans was op een vredige toekomst. Zou hij door zijn werk met jongeren een situatie hebben gecreëerd waarin geweldsmisdrijven uiteindelijk tot het verleden zullen behoren? 'Ik was de chef van de politie.' zegt Clapham. 'Maar ik werd liever de Chef van de Hoop genoemd.'

Clapham geeft toe dat hij iemand is die regels die zinnig zijn respecteert, maar zich ertegen afzet als ze dat niet zijn. Soms zegevieren de regels. Dan gaat hij gewoon door en laat hij zich er niet onder krijgen door de conventionele opvattingen.

Ik ben dol op een gezegde van Henry David Thoreau: 'Duizenden hakken in op de takken van het kwaad, terwijl er één de wortel te lijf gaat.'[42]

Met dit inzicht vat Thoreau de consequenties van de twee-alternatievenmentaliteit samen. De voorstanders van de 'harde lijn' hakken alleen maar in op de takken, terwijl de voorstanders van de 'softe aanpak' zich te vaak schuldig maken aan het negeren van die takken. Ze blijven volhouden dat niets helpt als we de oorzaken niet aanpakken en als we geen oplossing vinden voor de grote sociale problemen die criminaliteit in de hand werken. Maar als je bij Thoreau zou aandringen, zou hij waarschijnlijk wel beamen dat de takken ook aandacht nodig hebben.

Daarom ben ik zo onder de indruk van Ward Clapham. Hij is zich er zeer goed van bewust dat de misstanden in de samenleving tot criminaliteit leiden, maar hij is niet van plan om zich bij de situatie neer te leggen totdat die misstanden zijn verdwenen. Ook hoeft hij niet te bewijzen dat hij niet met zich laat sollen door jongeren als vuil te behandelen. Hij bezit de mentaliteit van het derde alternatief en pakt dus zowel de wortels als de takken aan.

Een derde alternatief voor misdaadpreventie: de liefdeslink

Luwana Marts is iemand die de wortels van criminaliteit met succes te lijf gaat. Deze geweldige vrouw noemt zichzelf een 'professionele koesteraar'. Doordat ze langs de rivierarmen van Louisiana reist om arme moeders te helpen gezonde baby's te krijgen en groot te brengen, voorkomt ze dat crimineel gedrag überhaupt postvat.

De wortels van criminaliteit ontstaan al aan het begin van het leven. Tegenwoordig kunnen onderzoekers aantonen dat er een duidelijk en significant verband bestaat tussen de gezondheid van een zwangere vrouw en de kans dat haar kind een misdadiger zal worden. Een moeder die rookt, alcohol drinkt en drugs gebruikt heeft veel meer kans op een toekomstige crimineel dan een moeder die zuinig is op haar eigen gezondheid.[43]

Luwana, een gediplomeerd verpleegkundige, werkt in een gebied waar een derde van de baby's geboren wordt bij moeders met dit soort problemen, dus misschien is zij wel de ultieme misdaadverijdelaarster. Als wijkverpleegkundige 'komt ze bij de mensen thuis, waar ze advies geeft over het instellen van routines, het geven van borstvoeding en het buiten bereik van kinderen bewaren van wapens'.[44] Als een baby de eerste twee jaar van zijn leven goed gedijt, weet zij dat de kans dat hij later in zijn leven in de gevangenis belandt, wordt gehalveerd.

Marts werkt samen met een heleboel andere verpleegkundigen in een project dat het Nurse-Family Partnership (NFP) heet en dat wordt gecoördineerd door de staat Louisiana. Het NPF is bedacht door iemand met een echte derde-alternatiefmentaliteit, professor David Olds. Nadat Olds in 1970 afstudeerde aan de universiteit kreeg hij een baan bij een dagverblijf voor kinderen uit achterstandsgezinnen in Baltimore. Hij vond het zeer frustrerend werk. Veel van de kinderen waren beschadigd door mishandeling, het foetaal-alcoholsyndroom of ander gedrag van hun ouders. Hij herinnert zich bijvoorbeeld een vierjarig jongetje, 'een fragiel kind met een lief karakter', dat alleen maar kon blaffen en grommen omdat zijn moeder alcohol en drugs had gebruikt toen ze zwanger van hem was. Een ander jongetje werd thuis geslagen als hij 's nachts in zijn bed plaste, dus hij was als de dood om in slaap te vallen als het tijd was voor het middagdutje.[45]

Hoewel er in het dagverblijf goed onderwijs aan jonge kinderen werd gegeven, had Olds het gevoel dat veel dingen die hij deed zinloos waren. Hij kende de pessimistische prognoses van kinderen van disfunctionele ouders. Het probleem leek onoplosbaar. Destijds ging het nationale debat tussen de ordehandhavers en degenen die geloofden dat alleen ingrijpende maatschappelijke hervormingen het misdaadprobleem konden oplossen. Er werden gigantisch veel middelen gestoken in onderwijs en armoedebestrijding, maar die inspanningen kwamen te laat voor de probleemkinderen van Olds. Hij was op zoek naar een derde alternatief.

Olds kwam tot het belangrijke inzicht dat hij zijn focus van de geborenen naar de ongeborenen moest verschuiven. De wortels van criminaliteit en uitzichtloosheid, zo besefte hij, bevonden zich in de baarmoeder. De moeders van meer dan een derde van alle gevangenen waren verslaafd en gingen gebukt onder armoede en gebrek aan medische zorg. Wanneer een zwangere vrouw verslaafd is aan alcohol en andere drugs kunnen deze risicofactoren en gevolgen zoals foetaal-alcoholsyndroom een zich ontwikkelende baby tot een disfunctioneel leven veroordelen.[46] De juiste prenatale zorg zou misschien een primair wapen kunnen zijn tegen criminaliteit. Er bestonden wel projecten voor zwangere vrouwen uit de lage inkomensgroepen, maar de moeders die de grootste risico's liepen zochten het minst vaak hulp. Als ze niet naar hem toe kwamen, besloot David Olds, dan ging hij naar hen toe.

In een landelijk, economisch achtergebleven deel van New York State begon Olds te experimenteren met wat hij zijn 'model' noemt. Gediplomeerde verpleegkundigen gingen langs bij jonge vrouwen die voor het eerst zwanger waren. Zij hielpen de moeders om te stoppen met roken, alcohol en drugs, brachten ze copingvaardigheden bij en bleven hen bezoeken tot hun baby 22 maanden was. Hoewel de eerste resultaten veelbelovend leken, wilde Olds zeker weten of zijn model werkte. Vijftien jaar lang volgde hij de levens van zowel participerende als niet-participerende moeders en kinderen. Uiteindelijk durfde hij te vertrouwen op de resultaten: '72 procent minder veroordelingen van vijftienjarigen die als baby door een verpleegkundige waren bezocht'.[47] Het model van Olds had de criminaliteit een enorme slag toegebracht.

En zo werd de Nurse-Family Partnership-beweging geboren. Sinds dat eerste experiment tonen vele zorgvuldig gerandomiseerde en gecontroleerde onderzoeken keer op keer de opmerkelijke kracht van het model aan. Moeders en kinderen uit meer dan honderdduizend gezinnen over de hele wereld hebben er baat bij gehad. Als je de besparingen op het gebied van gezondheidszorg en politie- en justitiekosten daarbij optelt, bedraagt het financiële rendement van investeringen in het model ongeveer 500 procent!

Natuurlijk moet er voor dit succes worden geknokt. De deelneemsters aan het NFP-project worstelen met armoede, ziekte, een gebrekkige opleiding, verslaving, mishandeling – en ze hebben geleerd mensen te wantrouwen. Elke dag worden de fantastische wijkverpleegkundigen geconfronteerd met problemen die de meeste mensen zich niet eens kunnen voorstellen. De wantrouwige 'Bonnie', een typische jonge cliënte, woonde in een van kakkerlakken vergeven kelder met een onverharde vloer. Bonnies verpleegkundige maakte weinig vorderingen met haar. Ze dreigde de verpleegkundige zelfs met klappen toen deze opperde dat Bonnie beter kon stoppen met roken. Ze dronk en rookte, was als kind gemarteld en was veroordeeld voor het misbruiken van kinderen op wie ze paste. Maar na een paar bezoeken gaf Bonnie toe: 'Ik ben bang dat ik dat ook bij mijn eigen baby ga doen.'[48]

De verpleegkundige luisterde. Een belangrijk aspect van de aanpak van het NFP is 'reflectief' of empathisch luisteren, en dat is tegelijkertijd ook een van de vaardigheden die de verpleegkundigen de nieuwe moeders bijbrengen. 'De moeder is de deskundige op het gebied van haar eigen leven', aldus een onderzoeker. 'De verpleegkundigen vertellen haar niet wat ze moet doen, maar ze respecteren haar en stimuleren haar om haar eigen beslissingen te nemen.'[49] Toen de NFP-verpleegkundige het vertrouwen van Bonnie eenmaal had gewonnen, maakten ze samen plannen. De verpleegkundige leerde haar wat ze moest doen als een kind onbedaarlijk huilt. Ze regelden een nieuwe woning voor haar. Toen de baby prematuur werd geboren, voorzagen Bonnie en haar verpleegkundige in de speciale behoeften van het kind. Uiteindelijk wist het de valkuilen uit Bonnies jonge leven te omzeilen en maakte het de middelbare school af.[50]

Het allerbelangrijkste is dat heldhaftige NFP-wijkverpleegkundigen zoals Luwana Marts jonge moeders – van wie er veel nooit liefde hebben gekend – hun baby liefde helpen geven. Ze leren hun dat liefde meer is dan geven om; het is voeden, kleden, opvoeden en onderhouden. Vanaf het prille begin van het leven kan liefde een einde maken aan misdaad. 'De liefdeslink', noemt Marts het. 'Het is een cirkeltje. Als er geen veilige basis is voor de baby – als je niet in zijn basisbehoeften voorziet, zijn honger niet stilt, hem niet uit de problemen houdt – kan er geen vertrouwen groeien, geen basis voor liefde. En dan wordt je baby later misschien wel die moordenaar met die bijl.'[51]

De meeste criminaliteit vloeit voort uit de wanhoop van mensen die niet gerespecteerd worden en van mensen van wie niet wordt gehouden. Dit is absoluut geen excuus voor overtreders van de wet, maar het is wel een feit. De oplossing is om elkaar werkelijk te zien, om te proberen elkaar te begrijpen en om derde alternatieven te bedenken voor uitzichtloze situaties. We hebben een nieuw paradigma nodig, niet alleen om criminelen te pakken en te straffen, maar om een bondgenootschap te creëren tussen de politie, de gezondheidszorg, ouders, scholen, jongeren, en met name gemarginaliseerde jongeren. Alleen op die manier kunnen we een cultuur transformeren.

Hoe anders gaan Ward Clapham, sergeant Jet Sunner, David Olds en Luwana Marts van het NFP te werk dan degenen die criminele jongeren 'op willen sluiten en de sleutel weg willen gooien'! Hoe anders zijn ze dan degenen die beseffen dat de aanpak van onze samenleving de criminaliteit niet terugdringt, maar die gevangen blijven zitten in de twee-alternatievenmentaliteit. Misdaad, zeggen we, zal er altijd zijn. Maar dan ontmoeten we mensen als zij, die zeggen: Wat zou je denken van een derde alternatief? Wat zou je denken van een wereld zonder misdaad?

Het welzijn van de hele persoon

Er staat de ontwikkelde wereld een nachtmerrie te wachten in de vorm van explosief stijgende gezondheidskosten. Ons gezondheidszorgsysteem wordt technisch steeds geavanceerder en steeds meer gespecialiseerd, wat de kosten opdrijft. In Noord-Amerika, Europa en Japan daalt het aantal leden van de beroepsbevolking dat ziektekostenpremie betaalt snel, terwijl het aantal oudere inwoners stijgt. In 2050 zal 40 procent van de Japanners en 35 procent van de Europeanen en Amerikanen ouder zijn dan 65. Doordat ouderen meer kosten en minder bijdragen, wordt het betalen van hun gezondheidszorg een steeds grotere last voor de samenleving.

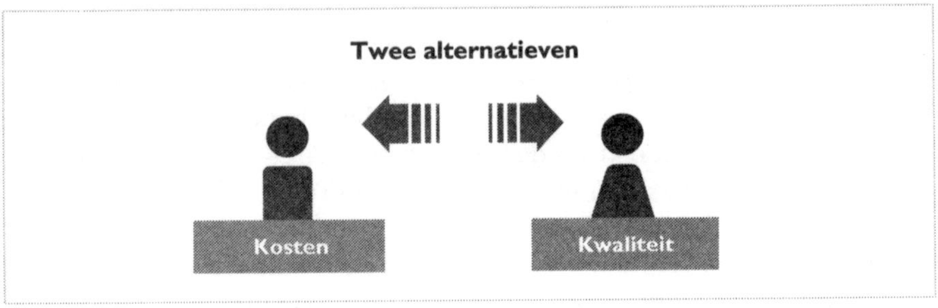

Mijn goede vriend Scott Parker, voormalig voorzitter van de International Hospital Foundation, haalt ironisch een oude slogan uit de gezondheidszorg aan: 'Je kunt brede toegang, hoge kwaliteit of lage kosten hebben – maar niet allemaal tegelijk.' Paradoxaal genoeg zullen we, naarmate onze medische kennis groter wordt, misschien wel steeds minder in staat zijn om die kennis in te zetten voor iedereen die haar nodig heeft.

Wat is daaraan te doen? Zoals gewoonlijk zijn de mensen in twee kampen verdeeld. Het linkse kamp vindt dat iedereen een onvervreemdbaar recht heeft op de allerbeste zorg en dat de samenleving de kosten daarvan moet dragen, hoe hoog die ook zijn. Maar deze gedachtegang kan tot rampzalig hoge uitgaven leiden die onze economische groei remmen. Veel mensen geloven dat we onszelf daarmee failliet maken. Het rechtse kamp is van mening dat gezondheidszorg niet verschilt van andere diensten; omdat niet iedereen zich het beste kan veroorloven, moet men krijgen waarvoor men kan betalen. In hun ogen zal een vrije markt uiteindelijk ieders behoeften bevredigen. Maar deze manier van denken kan ten koste gaan van het sociale vangnet voor de ouderen, de armen en de kwetsbaren, die vaak de meeste gezondheidsproblemen hebben.

Ik ben me ervan bewust dat ik de twee kampen enigszins karikaturaal weergeef, maar dit zijn de tendensen. De hele wereld is in dit conflict verwikkeld; in Amerika voeren de rivaliserende ideologieën een bittere strijd. Aan beide kanten bevinden zich intelligente, principiële mensen, en beide kanten voeren steekhoudende argumenten aan. Maar ze stellen elkaar niet de cruciale vraag die tot een derde alternatief kan leiden: Ben je bereid om naar een oplossing te zoeken die beter is dan wat een van ons tot nu toe heeft bedacht? Als ze zich deze vraag zouden stellen, zou dat tot andere vragen leiden: Stel dat onze aannames fout zijn? Hoe weten we zeker dat het niet mogelijk is om iedereen het allerbeste te geven en toch de kosten terug te dringen? Welke uitkomsten willen we werkelijk? Werken we aan een systeem om die uitkomsten te realiseren?

Stel je eens voor dat de twee partijen in dit grote debat de handen ineenslaan om synergie te bereiken in plaats van te bakkeleien. Stel je eens voor wat er zou gebeuren als ze net zoveel tijd staken in zorgvuldig nadenken over wat er werkelijk moet gebeuren als in hun pogingen om elkaar een stap voor te zijn. Dan zouden ze zich realiseren dat de crisis in de gezondheidszorg niet het gevolg is van een tekort aan oplossingen, maar van een tekort aan synergie.

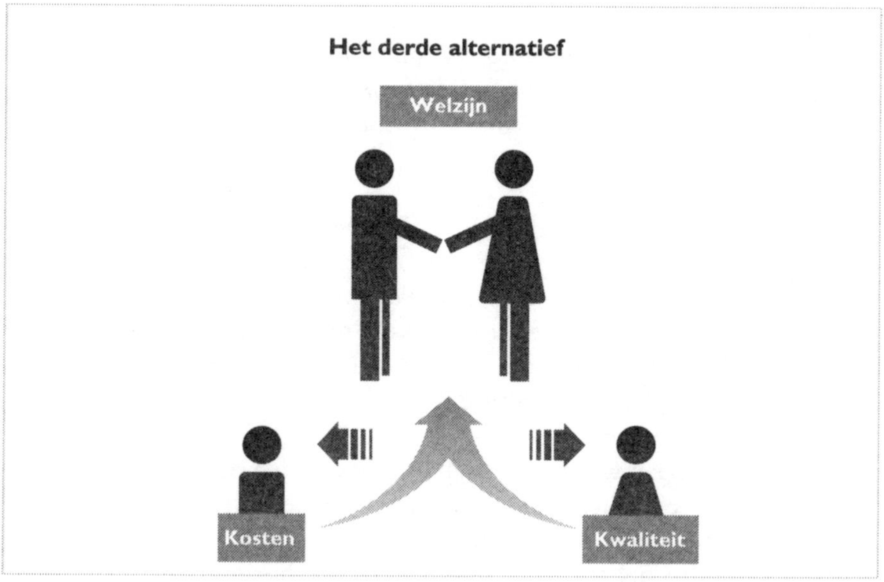

Wat er werkelijk moet gebeuren is niet het genezen van ziekten, maar het voorkomen ervan. In alle landen is de grote gezondheidsindustrie in feite een 'ziekte-industrie'. Dr. Frank Yanowitz, die zijn leven aan gezondheid wijdt in plaats van aan ziekte, vertelt graag het oude verhaal van de geneeskundestudent die met zijn professor langs de oever van een rivier loopt. Plotseling zien ze verderop in de rivier een man drijven die aan het verdrinken is. De student springt het water in, trekt de man op de kant, reanimeert hem en redt zijn leven. Hij hoopt natuurlijk dat zijn professor onder de indruk is. Dan zien ze stomtoevallig nog iemand die bezig is te verdrinken, en de student springt opnieuw het water in. Al snel ligt de rivier vol met verdrinkende mensen, en de hijgende student weet niet meer waar hij het zoeken moet. 'Ik weet dat ik arts ben en dat het mijn roeping is om mensen te helpen, maar dit houd ik niet vol!' roept hij naar de professor. De professor roept terug: 'Waarom probeer je dan die man niet tegen te houden die al die ongelukkige mensen de brug afduwt?'

Voor mensen met een derde-alternatiefmentaliteit als Yanowitz is dit een metafoor voor de gezondheidsindustrie. We hebben het uit de rivier redden van mensen tot een veeleisende wetenschap verheven, terwijl we eigenlijk moeten voorkomen dat ze in de rivier belanden. Jordan Asher, een prominente fysicus en manager in de gezondheidszorg, verwoordt het als volgt:

> *Binnen de gezondheidszorg in de Verenigde Staten zijn de zaken volkomen omgedraaid. We verlenen episodische zorg nadat er iets ergs is gebeurd. Als je een hartaanval krijgt ben je in Amerika op de juiste plek, maar als je een hartaanval wilt voorkomen kun je maar beter ergens anders zijn. We proberen het water tegen te houden door in de slang te knijpen in plaats van uit te zoeken waar dat water vandaan komt.*[52]

Eerlijk gezegd is de situatie in de Verenigde Staten niet zo heel anders dan elders. Overal is sprake van variaties op het grote debat nu landen over steeds minder middelen beschikken om de groeiende stroom gezondheidsproblemen van hun vergrijzende bevolking te kunnen managen. Iedereen ruziet over de beste manier om met die stroom om te gaan in plaats van zich te richten op het derde alternatief: de stroom een halt toeroepen of op zijn minst afremmen.

Een eeuw geleden was het logisch dat artsen zich op de zieken concentreerden. De meeste mensen stierven aan infectieziekten die inmiddels al lang zijn overwonnen. Tegenwoordig sterft nog maar 2 procent van de mensen aan deze ziekten. Het hedendaagse probleem in de ontwikkelde wereld zijn de zogenoemde lifestyleziekten – hartziekten, diabetes en kanker – die afschuwelijk veel kosten in termen van levens en geld, maar die grotendeels te voorkomen zijn door eenvoudige aanpassingen in levensstijl.

De Wereldgezondheidsorganisatie definieert gezondheid als ‘een toestand van volledig fysiek, mentaal en sociaal welzijn en niet alleen de afwezigheid van ziekte of ongemak’.[53] Dit is de werkelijke definitie van gezondheid; zij omvat het welzijn van de hele persoon. Het derde alternatief in de huidige gezondheidszorgcrisis is om het paradigma van de ‘ziekte-industrie’ om te zetten in het paradigma van een ‘welzijnsindustrie’.

Waar zijn dan de welzijnsartsen? Waar is de medische opleiding waarin welzijn meer is dan een voetnoot in het lesmateriaal? Waar zijn de mensen met een derde-alternatiefmentaliteit die de hele industrie omgooien en haar in een richting sturen die zinnig is?

Ik hoor de protesten van de medische industrie al: ‘Maar mensen gaan zich pas druk maken om hun gezondheid als ze ziek worden. Ze komen niet voor een algemeen medisch onderzoek. Ze weigeren tijd en moeite te steken in lichaamsbeweging. Ze stoppen niet met roken. Ze eten te veel en ze hebben te veel stress.' Allemaal waar. Natuurlijk hebben we een individuele verantwoordelijkheid voor onze eigen gezondheid. Ironisch genoeg kunnen een verstandig eetpatroon en matige lichaamsbeweging de meeste lifestyleziekten voorkomen. Waarom nemen we die verantwoordelijkheid dan niet serieuzer?

Het complete-persoonparadigma

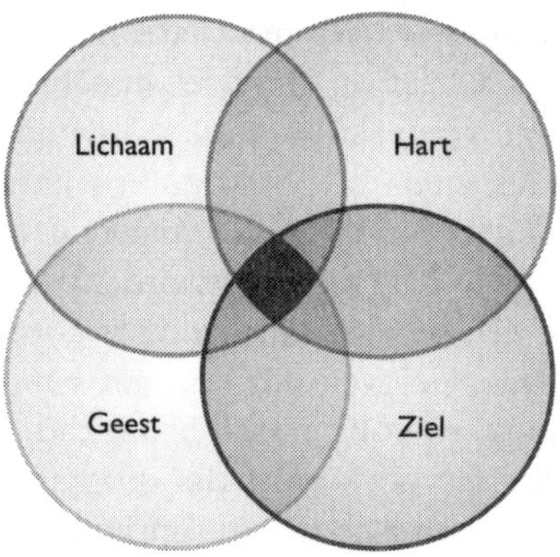

Het complete-persoonparadigma. Om de gezondheidszorg te transformeren, moeten we van een 'ziekteparadigma' naar een paradigma waarmee we de gezondheid van de complete persoon garanderen: spiritueel, emotioneel, mentaal en fysiek.

De meeste mensen wijten dat aan een gebrek aan discipline. Maar er is meer aan de hand. Ik denk dat de schuld grotendeels ligt bij het feit dat we onszelf zien door de bril van het industriële tijdperk. We beschouwen ons lichaam als een machine die 'gerepareerd' kan worden als er iets misgaat. We zien onszelf als producenten die de hele dag moeten 'draaien' in plaats van als contribuanten die vernieuwing, vriendschap en spirituele groei nodig hebben om te gedijen. De stevige wandeling in het park is net zo belangrijk voor onze geest als voor ons hart- en vaatstelsel. We denken dat we onze verslavingen nodig hebben om te kunnen blijven produceren, maar wat we werkelijk nodig hebben is een authentiek beeld van onszelf als zeer begaafd en, zoals de Bijbel zegt, 'ontzagwekkend wonderlijk gemaakt'. We moeten onszelf als één geheel zien – lichaam, geest, hart en ziel – en al deze kostbare geschenken voeden en cultiveren.

Mensen laten zich vaak ontmoedigen doordat ze zich keer op keer doelen stellen, zoals meer bewegen, gezond eten en afvallen, om er vervolgens weer vanaf te stappen. We geven onszelf ervan langs omdat we lui zijn en niet genoeg discipline hebben. Mijn ervaring is dat discipline niet het grootste probleem is; we zien onszelf nog niet zoals we zijn.

Maar een andere belangrijke reden waarom mensen niet goed voor zichzelf zorgen, is eerlijk gezegd de zorgindustrie zelf. Het medische establishment wordt niet gestructureerd, opgeleid, gecertificeerd en betaald voor preventie maar voor behandeling van ziekte. Er is eenvoudigweg niet genoeg tijd of geld om de nadruk te leggen op preventie, omdat alles wordt opgeslokt door de urgentere behoefte aan acute zorg. Iemand die een weldoordachte analyse van deze situatie maakte, zei: 'Het is crisis in de gezondheidszorg, doordat de middelen er schaars zijn en doordat die middelen oneerlijk zijn verdeeld ten gunste van degenen die het het best kunnen betalen... Het schaarsteparadigma, waarin individuen moeten concurreren om schaarse middelen, domineert de westerse gezondheidszorg en voedt die crisis.'[54] Met andere woorden, het is ons *paradigma* dat gezondheidszorg tot een schaars en dus duur goed maakt. Mensen met een schaarstementaliteit geloven dat er maar een beperkte hoeveelheid van iets beschikbaar is, en voor artsen is dat tijd. Iedereen weet dat het beter is om een ziekte te voorkomen dat om haar te behandelen, maar artsen hebben geen tijd om zich op preventie te richten. Ze kunnen hun patiënten niet elk jaar een grondig lichamelijk onderzoek aanbieden, omdat de tijd die dat zou vergen ten koste zou gaan van de behandeling van diezelfde patiënten als ze ziek zouden zijn. Ze hebben het veel te druk met het doodslaan van de vliegen om het gat in de hor te dichten.

Als gevolg van die schaarstementaliteit leggen we de nadruk op behandeling, waardoor preventie automatisch te weinig aandacht krijgt. Dat drijft op zijn beurt de kosten op, om maar te zwijgen van de menselijke pijn en het verlies van levens dat het met zich meebrengt. Artsen zijn 'meer gewend om te denken in termen van patiënten met symptomen (met andere woorden, zieke patiënten) dan in termen van preventieve behandeling'.[55] Het resultaat: lange rijen bij de eerstehulpafdelingen van ziekenhuizen van mensen die helemaal niet ziek zouden moeten zijn.

'Daar komen de hoge kosten vandaan', zegt Shawn Morris, een manager in de gezondheidszorg uit Nashville:

> *Eerstehulpafdelingen en ziekenhuizen. Niemand wil erheen, maar de meeste mensen belanden er toch. Je gaat alleen naar de dokter als je ziek bent, en je mag blij zijn als hij zes minuten voor je heeft. En daar is hij ook gefrustreerd over. Dit is het gevolg van het zogenoemde 'free for service-systeem', de manier waarop ze worden gecompenseerd. Ze krijgen geen vergoeding voor allerlei dingen waar patiënten echt iets aan zouden hebben, de dokters lopen in een tredmolen. Ze hebben geen tijd om te controleren of jij je colonoscopie of je mammografie*

wel krijgt. Als je verkouden bent, gaan ze niet je schoenen uittrekken om aan je voeten te zien of je diabetes verergerd is.

Morris begrijpt het probleem niet alleen, hij en zijn collega's zijn bezig een derde alternatief te ontwikkelen voor urgente zorg aan de ene kant en verwaarlozing aan de andere. Het heet het Living Well Health Center.

Een nieuw soort 'fitnessclub'

Het Living Well Health Center in Gallatin, Tennessee heeft de sfeer van een dorpshuis, met schommelstoelen, een stenen haard en damborden – sommige mensen die je voor de open haard ziet zitten, zijn zelfs puur gekomen om te dammen. De eigenaren noemen het een 'patiëntgericht medisch centrum', maar het is meer een soort hangplek voor ouderen uit Gallatin. Er is een vriendelijke 'service ambassador' die mensen wegwijs maakt of gewoon een praatje met ze aanknoopt. Er worden sportlessen gegeven, en cursussen schilderen, bloemschikken en koken.

Maar achter de schermen richt het centrum zich op het welzijn van zijn klanten. Ouderen mogen er altijd binnenlopen, maar ze worden zorgvuldig gevolgd en er wordt een gezondheidsrapport van ze bijgehouden, een checklist met 32 risicofactoren. Via één onderdeel van die checklist, een regelmatige Prostaat Specifiek Antigeen (PSA)-test, kan prostaatkanker worden opgespoord, dat een genezingspercentage van 99,7 procent kent als hij vroeg wordt ontdekt. De checklist maakt artsen ook alert op het begin van onzichtbare moordenaars als diabetes en hartkwalen. Artsen zien patiënten geen zes minuten (het landelijke gemiddelde in Amerika!) maar zo lang als ervoor nodig is om de checklist af te werken, een vervolggesprek te voeren of gewoon te praten. Dit zijn eerstelijnsartsen die zich bezighouden met wat zij (ironisch) 'patiëntgerichte geneeskunde' noemen. Ze leren elke patiënt goed kennen en ontwikkelen een vertrouwensband met hen.

Eén belangrijke doelstelling van Living Well is voorkomen dat de patiënten onnodig naar het ziekenhuis moeten. Alles is gericht op de preventie en controle van chronische aandoeningen. Doordat de patiënten op een zorgvuldig gecoördineerde manier worden gevolgd, blijft hun percentage cruciale incidenten gestaag dalen, dus minder hartaanvallen, kanker, beroertes, minder diabetes en chronische ziekten. De resulterende kostenbesparingen worden gedeeltelijk aan de artsen uitgekeerd in de vorm van een welzijns- en kwaliteitsbonus. Shawn Morris zegt: 'We proberen het hele paradigma van de manier waarop dokters geld verdienen te veranderen, zodat ze meer tijd met patiënten kunnen doorbrengen.

Het behandelen van chronische aandoeningen vraagt veel tijd, en dat geldt ook voor preventieve zorg. Het ziekenhuis is er voor kritieke, acute aandoeningen. Mensen zouden niet in het ziekenhuis mogen belanden omdat ze niet kunnen omgaan met routinematige, beheersbare aandoeningen als astma of diabetes, die beter poliklinisch behandeld kunnen worden.' Als zich een ernstig gezondheidsprobleem voordoet, verwijst het Living Well Health Center de patiënten door voor specialistische zorg. Maar na afloop brengt het overgangsteam van het centrum deze patiënten weer naar huis, doet het gezondheidschecks bij hen thuis en werkt het aan de thuisomgeving – allemaal om te voorkomen dat ze opnieuw moeten worden opgenomen.

Volgens landelijke kwaliteitscriteria presteert het Living Well Health Center 55 procent beter dan de gemiddelde zorgverleningsinstantie voor ouderen. 'We zitten op 90 procent, een heel stuk hoger dan het landelijke gemiddelde van 45 tot 50 procent', vertelt Morris.[56] Dat vertaalt zich in veel gezondere klanten en gigantische kostenbesparingen, op zowel medisch als sociaal vlak.

Het centrum is opgezet door mensen met een synergieparadigma. Het is niet alleen het product van artsen en verpleegkundigen, maar ook van koks, personal trainers, bloemschikkers, docenten en geestelijken, die samen een bijdrage leveren aan het welzijn van de hele persoon en die fysieke, mentale, spirituele en sociale behoeften vervullen. Deze plek is niet alleen in het leven geroepen om op het fysieke lichaam te letten, maar ook om mensen te helpen leren, vrienden te maken en plezier te hebben.

Zo geeft Living Well een heel nieuwe betekenis aan de term 'fitnessclub'. Het is een ontmoetingsplaats, geen eerstehulpafdeling. Het is een recreatiecentrum, geen kantoorgebouw met bordjes met de namen van artsen en hun intimiderende initialen. Het is een toevluchtsoord, geen 'instelling'. Met zijn buffet en zijn spelletjes en zijn grote tv's heeft het iets weg van een cruiseschip. Mensen vinden het prettig om er gewoon rond te hangen. Dat is het geniale van de medewerkers van het Living Well Health Center – in plaats van patiënten over te halen naar hen toe te komen voor periodieke controles, lokken ze ze door een plek te creëren die zich richt op de hele persoon.

Het centrum heeft ook een ingenieuze oplossing gevonden voor een van de grootste problemen in de gezondheidszorg: de manier waarop artsen worden beloond. Normaal gesproken zijn er twee methodes die veel worden gehanteerd. De eerste is 'vergoeding voor geleverde diensten'. Dat betekent dat de artsen betaald krijgen voor elke procedure die ze uitvoeren, zodat ze gestimuleerd worden om veel patiënten te zien en veel procedures uit te voeren. De andere methode, 'hoofdelijke omslag', betekent dat de artsen een vast honorarium krijgen, dus in feite hoeven ze helemaal geen patiënten te zien en helemaal geen procedures uit te voeren. Natuurlijk verschilt de situatie van arts tot arts. Maar ook hier stuiten we op een twee-alternatievenmentaliteit, en geen van beide alternatieven biedt een gezonde stimulans.

Maar bij het Living Well Health Center worden artsen betaald als ze doen wat er moet gebeuren; als ze mensen gezond helpen blijven op alle terreinen van hun leven. Dit systeem wordt 'gecoördineerde zorg' genoemd. Een eerstelijnsarts coördineert alle zorg en ziet erop toe dat patiënten hun therapieën blijven volgen en hun tests blijven ondergaan. Hij wordt betaald als hij voldoet aan kwaliteitscriteria voor de patiënten, en hij krijgt een welzijnsbonus als hij ze uit het ziekenhuis houdt. Dit derde alternatief voor de twee conventionele methodes voor de beloning van artsen verhoogt de kwaliteit van de zorg en verlaagt de kosten.

Initiatieven als het Living Well Health Center zijn duidelijk derde alternatieven die het ideologische debat over systemen overstijgen. Door te doen wat er moest gebeuren, hebben de mensen van Living Well de uitkomst van het grote debat niet afgewacht en zijn zij eenvoudigweg tot een betere benadering van gezondheidszorg gekomen.

De Norman Clinic: een derde-alternatiefmentaliteit

Intussen sleept het debat zich min of meer vruchteloos voort.

> 'Heeft niet iedereen recht op de beste gezondheidszorg die er te krijgen is?'
> 'Maar hoe zit het met de kosten? Alle gezinnen en alle landen ter wereld zouden failliet gaan als ze moesten betalen voor het beste voor iedereen.'
> 'Moeten we dan de mensen die het zich niet kunnen veroorloven gewoon ziek laten worden en dood laten gaan?'
> 'Wie gaat het betalen? Ik? Jij?'

Als je er wat langer over nadenkt, besef je dat dit geen echte dilemma's zijn. Zoals het Living Well Health Center laat zien, is het heel goed mogelijk om iedereen toegang te geven tot goede gezondheidszorg én de kosten beheersbaar te houden. Waarom zouden de kosten niet kunnen dalen als de kwaliteit stijgt? Het is gewoon een kwestie van een derde alternatief vinden.

Het echte probleem zit hem noch in de kosten, noch in de kwaliteit. Het echte probleem zit hem, zoals gewoonlijk, in zwakke paradigma's. Het establishment van de gezondheidszorg zit vast in een twee-alternatievenmentaliteit, die vreemde, onlogische redenering die ons verplicht om te kiezen tussen kwaliteit en rendement. Er is geen andere keuze, zegt men.

Het verbluffende verhaal van de Norman Clinic weerlegt die opvatting.

Om 5 uur 's ochtends op een dinsdagochtend gaan de deuren van de Norman Parathyroid Clinic in het Tampa General Hospital in Florida open. Dertien patiënten – uit Canada, India, Latijns-Amerika en verschillende staten van de VS – worden snel ingeschreven door glimlachende personeelsleden. Alle patiënten gaan naar een kleine ruimte waar een arts hen informeert over hun aandoening en wat ze moeten doen na de operatie. Hij legt uit dat ze een tijdje calciumpillen moeten slikken. Vervolgens worden ze klaargemaakt voor de operatie.

Tegen het middaguur zijn ze alle dertien genezen van een weinig bekende maar regelmatig voorkomende kwaal die hyperparathyreoïdisme heet. Elk mens wordt geboren met vier kleine bijschildkliertjes, die ieder ongeveer zo groot zijn als een rijstekorrel. Deze kliertjes, die rond de veel grotere schildklier zitten, regelen het calciumgehalte in het bloed. Af en toe gaat er met één ervan iets mis en wordt het lichaam gestimuleerd om steeds meer calcium in de bloedstroom op te nemen. Het resultaat is verlies van botmassa, toenemende pijn over het hele lichaam, depressie en uitputting. Als deze aandoening niet wordt behandeld, kan ze uitgroeien tot een slopende ziekte en beroertes of kanker veroorzaken.

Ongeveer een op de duizend mensen krijgt deze ziekte. De oorzaak is onbekend, maar de remedie is simpel: verwijder de ontregelde klier. Binnen een paar uur normaliseert de hormoonspiegel van de patiënt, omdat de onaangetaste klieren het werk van de verwijderde klier overnemen.

Ik zeg dat de remedie simpel is, maar de operatie is dat niet. Omdat de bijschildklieren in de nek zitten, moeten chirurgen oppassen dat ze de halsslagader, het strottenhoofd, de laryngaalzenuw en andere complexe en kwetsbare structuren niet beschadigen. Daarom wordt een parathyreoïdectomie meestal als een grote ingreep beschouwd. Artsen maken vaak een snee in de keel van de patiënt die van oor tot oor loopt en trekken gemiddeld bijna drie uur voor de procedure uit. De patiënt moet een aantal dagen in het ziekenhuis blijven en het herstel duurt een paar weken. De procedure is niet wezenlijk veranderd sinds de jaren twintig van de vorige eeuw. Het genezingspercentage ligt tussen de 88 en de 94 procent, waarbij 5 procent melding maakt van complicaties. En het is een kostbare operatie – in de Verenigde Staten kunnen de kosten ervan oplopen tot 30.000 dollar.

Patiënten in de Norman Clinic, daarentegen, verblijven gemiddeld zestien minuten in de operatiekamer en staan binnen een paar uur weer buiten. Het enige spoor van de operatie is een kleine incisie van 2,5 centimeter onder aan de keel. Het genezingspercentage in Tampa is 99,4 procent, en er treden bijna geen complicaties op, en dat voor ongeveer een derde van de kosten van de conventionele procedure.

Dr. Jim Norman is een directe man met een droog gevoel voor humor. 'Wij behandelen deze aandoening niet. We genezen haar', zegt hij met zijn bruuske manier van praten. Zijn genezingspercentage van bijna 100 procent geeft hem al het vertrouwen dat hij nodig heeft. Als oprichter van de Norman Parathyroid Clinic heeft hij al meer dan 14.000 parathyreoïdeoperaties verricht – veel meer dan welke andere chirurg in de geschiedenis ook – en hij beheerst de techniek volledig. Hij doet ongeveer 42 operaties per week, terwijl de endocrien chirurg die qua aantal operaties in de VS op de tweede plaats komt, er misschien zoveel in een jaar doet.

Als jonge chirurg specialiseerde Norman zich in het endocriene systeem en deed hij alle normale soorten operaties. Op een dag klaagde hij tegen zijn vader, een autoverkoper, dat de parathyreoïdeprocedure vreselijk gecompliceerd was. 'We proberen één klein kliertje uit een gat van vijftien tot twintig centimeter te krijgen. Er komen een heleboel risico's bij kijken, veel drainage, allerlei dingen in je nek, complicaties aan de halsslagader, aan de zenuwen.' Toen antwoordde zijn vader: 'Waarom maak je dan geen kleiner gaatje?'

Dat was de kiem van een idee. In de jaren daarna experimenteerde Norman met steeds kleinere incisies en vond hij instrumenten uit die hij niet had, zoals een radioactieve sonde, totdat hij een totaal nieuwe methode had ontwikkeld die miniparathyreoïdechirurgie heette. Dankzij pure focus, herhaling en duizenden uren werk werd Jim Norman de beste, snelste en minst invasieve parathyreoïdechirurg ter wereld.

Tegelijkertijd werkte hij aan een opmerkelijk nieuw businessmodel. Het personeel om hem heen is zeer deskundig. Hij heeft een paar collega's aangenomen die inmiddels bijna net zo goed zijn als hij. De scans zijn beter, omdat de radiologen er meer dan tweeduizend per jaar maken. De verpleegkundigen doen elke dag hetzelfde en ontwikkelen daardoor een zesde zintuig voor patiënten; ze zien direct of een patiënt in een uur of in een halfuur herstelt. De artsen hoeven zelden ergens om te vragen. Ze denken voortdurend: hoe kunnen we deze hele ervaring voor de patiënt verbeteren?

Het wemelt van de synergieën in de Norman Clinic. Nu de kliniek steeds meer bekendheid krijgt, stromen de patiënten van overal ter wereld toe, en die hebben ook een plek nodig om te logeren. De meeste patiënten arriveren de ene dag in Tampa, laten zich de volgende dag opereren en gaan de dag erna weer naar huis. Daarom heeft de kliniek geregeld dat haar patiënten fikse kortingen krijgen bij naburige hotels en autoverhuurbedrijven. Patiënten worden op het vliegveld opgepikt en naar het hotel gebracht, waar het personeel alles afweet van de specifieke behoeften van deze gasten.

Mark Latham, de businessmanager van de kliniek, zegt: 'We proberen de ervaring van de patiënt helemaal te regelen, van het moment dat hij zijn huis verlaat tot hij er weer binnenstapt. We verschaffen de hotels een heleboel klandizie, en zij schenken geld aan onze stichting. We hebben hun personeel rondleidingen gegeven door onze kliniek. Ze begrijpen wat patiënten nodig hebben, dus kopen ze van bepaalde etenswaren, zoals ijs en ijslolly's, grote hoeveelheden in. Ze verkopen zelfs calciumtabletten in het hotel.'

Ook tussen de Norman Clinic en het Tampa General Hospital is sprake van opmerkelijke synergieën. Het grote aantal operaties is een pluspunt voor het ziekenhuis, niet alleen vanwege de inkomsten maar ook omdat Norman zo efficiënt is. De kliniek gebruikt maar twee operatiekamers, en het rendement van die ruimtes is torenhoog. Er zijn geen verkoeverkamers nodig – maar een op de vierduizend patiënten moet een nacht blijven. Het ziekenhuis heeft ook baat bij voorspelbaarheid. Radiologen en anesthesisten weten precies wat ze kunnen verwachten. Alle patiënten van de kliniek zijn al betaald en zitten al in het systeem voordat ze geopereerd worden. 'De meeste patiënten zijn weliswaar kosten kwijt aan de reis naar Tampa,' zegt Mark Latham, 'maar als je het totaal aan kosten bij elkaar optelt dat bespaard wordt doordat er geen sprake is van lange, ingrijpende operaties, complicaties en ziekenhuisverblijven, is het veel goedkoper om naar één plek te gaan waar men echte expertise bezit. De reguliere operatie kost veel meer dan wat onze patiënten in totaal kwijt zijn.'

Onderdeel van de kostenbesparende strategie van de Norman Clinic is dat alle patiënten goed geïnformeerd worden voordat ze naar Tampa komen. Via een uitgebreide website, die goedkoop in onderhoud is, communiceren ze met patiënten en verschaffen ze informatie over deze wereldwijde procedure. Het ontwerp van de site is niet schreeuwerig. Alle informatie is opgesteld in eenvoudig Engels. Je kunt een video van de operatie bekijken, verhalen en gedichten lezen die door voormalige patiënten zijn geschreven en zelfs op een wereldkaart zien waar de patiënten vandaan komen. Doordat de kliniek via internet patiënten voorlicht en documenten verwerkt, bespaart zij tijd en geld.

Samengevat verleent dr. Jim Norman zijn patiënten diensten van internationale klasse voor een veel lagere prijs dan ze elders zouden betalen. 'Als de hele gezondheidszorg notitie van ons nam, zou zij veel beter af zijn', aldus Latham. 'Ik vind het een raadsel dat we zo zichtbaar zijn, dat er zo veel artikelen en presentaties over ons zijn geweest, dat al die op resultaten gerichte informatie voor het oprapen ligt en dat toch niemand ons voorbeeld volgt. Om de een of andere reden doet niemand anders het.'[57]

De reden dat 'niemand anders het doet' is duidelijk. Omdat het debat in de gezondheidszorg gedomineerd wordt door een twee-alternatieven-ideologie, komt het niet bij de ideologen op dat er ook een derde alternatief zou kunnen zijn, een manier om mensen steeds betere zorg te leveren tegen drastisch dalende prijzen. En een derde alternatief is hard nodig. Denk maar aan de vele synergieën die worden gerealiseerd door de Norman Clinic, het Tampa Hospital, de hotels en de patiënten zelf – en die met elkaar de kosten drukken en de kwaliteit opdrijven.

Maar derde-alternatiefdenkers als dr. Norman stuiten op grote weerstand. 'We hebben maar 12 procent van de landelijke markt in handen. Artsen verwijzen hun patiënten niet naar ons door. Normaal gesproken zijn artsen, chirurgen en verzekeraars allemaal onderdeel van één groep. Ze verwijzen een patiënt naar elkaar door. Wat zij gereguleerde zorg noemen, is vergelijkbaar met een middeleeuws gilde. Ze willen zich hun business niet door ons laten afnemen.'[58] De meeste patiënten shoppen niet als het om gezondheidszorg gaat. Ze zijn geneigd te doen wat hun wordt opgedragen door hun artsen en verzekeraars, en die zullen hun patiënten niet snel vertellen dat ze het systeem moeten laten voor wat het is en naar Florida moeten gaan.

Om ongeveer dezelfde redenen worden patiënten in de rest van de wereld ontmoedigd om hun toevlucht te nemen tot de Norman Clinic. In de meeste landen betalen de landelijke ziektekostenverzekeringen zulke procedures voor burgers, en is het niet logisch om een hele hoop geld te betalen om naar Florida te gaan. Toch trekken degenen die zich hebben laten informeren over de resultaten en die genoeg geld hebben er in groten getale naartoe.

Dat brengt ons terug bij het valse dilemma van kosten versus kwaliteit. Binnen het grote gezondheidszorgdebat vinden geestdriftige vertegenwoordigers van links dat iedereen zich moet kunnen laten behandelen door dr. Norman en dat de staat de belastingen moet verhogen om dat te betalen. Geestdriftige vertegenwoordigers van rechts zeggen dat iedereen die het zich kan veroorloven toegang moet hebben tot de diensten van dr. Norman, maar dat de staat niet het recht heeft om ons allemaal zodanig te belasten dat sommigen van ons naar Florida kunnen. Maar beide standpunten rammelen aan alle kanten, omdat de veronderstellingen die eraan ten grondslag liggen dat ook doen. Dat illustreert het verhaal van Intermountain Healthcare.

Een model voor de wereld

'Je kunt vrije toegang, hoge kwaliteit of lage kosten hebben, maar niet allemaal tegelijk.' Dat was de ijzeren regel die Scott Parker meekreeg toen hij ziekenhuismanagement studeerde aan de University of Minnesota. Dat werd door iedereen gezegd en beaamd, en iedereen was ervan overtuigd dat het waar was. Maar toen Parker in de jaren zeventig hoofd werd van een van de grootste non-profitziekenhuisketens in Amerika, begon hij vraagtekens te zetten bij deze beperkende drieledige regel.

De bestuurders van Intermountain Healthcare (IHC), een keten van vijftien ziekenhuizen, vroegen Parker om een team te leiden om hun systeem te veranderen in een 'internationaal model voor de levering van gezondheidszorg'. Die uitdaging stimuleerde én ontmoedigde hem; het betekende dat IHC zich echt zou moeten onderscheiden, en dat de missie om de keten onderscheidend te maken nooit voltooid zou zijn.

Natuurlijk worstelen de meeste ziekenhuizen met het dilemma hoe zij een balans kunnen vinden tussen de kwaliteit en de prijs van hun zorg. Veel ziekenhuizen bieden een klein aantal standaarddiensten, en zolang ze hun accreditatie behouden en winst draaien, zijn ze tevreden. Ze schrikken terug voor innovatie, blijven net binnen de aanvaarde normen met betrekking tot het aantal sterfgevallen en de infectiepercentages en proberen risico's te vermijden. Wanneer een procedure eenmaal standaard wordt, gebruiken ze hem en denken ze er niet te veel meer over na.

Dus vroegen de IHC-leiders zich af: Hoe kunnen wij anders zijn? Wat kunnen wij beter doen? Wat moet er veranderen als we een 'modelsysteem' willen worden? Over het kosten-kwaliteitsdilemma waren ze niet optimistisch, dus besloten ze zich eerst te richten op toegang, het derde element van de drieledige beperking.

Over het algemeen proberen ziekenhuizen iedereen te behandelen die er een voet over de drempel zet. Daarom zitten de eerstehulpafdelingen vaak zo vol met patiënten, of ze nu wel of niet kunnen betalen, en IHC voelde zich nog eens extra verplicht om degenen die bij hen aanklopten te helpen. Maar Parkers team vroeg zich af hoe het zat met de mensen die *niet* bij hen aanklopten, de mensen die te arm waren of te ver weg zaten om hulp te kunnen vragen. IHC bediende een enorm gebied in het Amerikaanse westen, meer dan 260.000 vierkante kilometer, en veel mensen in de kleinere, verafgelegen gemeentes hadden helemaal geen toegang tot een arts. Dus besloot IHC naar hen toe te komen. Hoewel het destijds economisch gezien weinig zoden aan de dijk zette, begonnen er vele nieuwe kleine IHC-ziekenhuizen en -klinieken in het westen te verrijzen. Als ze er eenmaal waren, kwamen de patiënten er vanzelf naartoe. Het duurde lang voordat deze faciliteiten zichzelf konden bedruipen, maar duizenden mensen hadden eindelijk toegang tot zorg.

Toen, aan het eind van de jaren tachtig, kreeg Scott Parker bezoek van een aan Harvard afgestudeerde biostatisticus en chirurg die Brent James heette. Volgens James was het mogelijk om de kwaliteit van de zorg aan patiënten ingrijpend te verbeteren en tegelijkertijd de kosten drastisch te verlagen. Parker geloofde hem niet – het druiste in tegen alles wat hij dacht te weten. In zijn ogen zouden de kleinste veranderingen in patiëntenresultaten al zware investeringen vergen. Negentig procent van de patiënten verliet het ziekenhuis in goede conditie, en het zou onbetaalbaar duur zijn om dat percentage ook maar een klein beetje op te schroeven.

Maar Brent James haalde het IHC-leiderschapsteam over om een paar dagen met hem door te brengen om te leren hoe ze processen op een wetenschappelijke manier konden verbeteren. Parker werd nieuwsgierig: 'Zou IHC een derde alternatief kunnen worden voor de oude tegenstelling tussen kosten en kwaliteit? Zouden we uitmuntende resultaten kunnen boeken met een werkwijze die geen enkel ziekenhuis ooit heeft uitgeprobeerd?' Dus gaven ze James groen licht voor een experiment. Een operatieteam van IHC zou proefkonijn zijn. Met zijn statistische achtergrond mat James alles wat er met een patiënt gebeurde die in handen van dat team belandde: diagnose, opname, voorbereiding, anesthesie, de operatie zelf, verpleging, herstel, voedsel, medicatie, ontslag en follow-up. Vervolgens riep hij de betrokken afdelingen bij elkaar en toonde hun zijn gegevens, waarbij hij vroeg: 'Wat is jullie rol hierin? Welke compleet nieuwe stappen kunnen we zetten om dit proces te verbeteren?'

De vergaderruimte veranderde in een theater van de magie. Elke afdeling kwam met ideeën. Verpleegkundigen beseften hoe zij hun voorbereidingsprocedure konden verbeteren. Chirurgen zagen mogelijkheden om hun werk te choreograferen om het efficiënter te maken. Ze kwamen erachter dat postoperatieve antibiotica lukraak werd gegeven. Diëtisten droegen zelfs manieren aan om patiënten het juiste voedsel toe te dienen. Ze verzamelden alle ideeën en gingen ermee aan het werk.

Elke week kwam Brent James met het team bijeen en toonde hij de resultaten van de afgelopen week in een distributiecurve. Afdelingen gingen de strijd met elkaar aan om te zien wie de curves het scherpst kon maken. Op die manier werden hun procedures steeds consistenter. Parker, onder de indruk, raakte overtuigd van James' aanpak en vroeg hem om zijn 'wetenschapsprojecten' om te zetten in een compleet systeem voor het reguleren van zorg. Uiteindelijk werden meer dan vijftig cruciale klinische procedures aan hetzelfde nauwkeurige onderzoek onderworpen.

Het werkt als volgt. Teams evalueren wat ze op dat moment doen en maken vervolgens prototypes van instrumenten zoals checklists en richtlijnen om de consistentie te verhogen, tijd te besparen of efficiënter gebruik te maken van een hulpbron. Daarna blijven ze de prototypes testen tot ze meetbare verbeteringen signaleren.

De resultaten spreken voor zich. Het aantal ziekenhuisinfecties, de nagel aan de doodskist van moderne ziekenhuizen, daalde aanzienlijk. Het aantal fouten bij medicijntoedieningen (over- en onderdosering, allergische reacties) daalde met de helft. Meer dan 1,7 miljoen Amerikanen worden elk jaar in het ziekenhuis opgenomen met longontsteking, en 14 procent van hen sterft, maar IHC heeft dat percentage met 40 procent weten terug te brengen. Het sterftepercentage bij patiënten die hartoperaties ondergaan daalde naar 1,5, terwijl het landelijke gemiddelde op 3 procent ligt. In vergelijking met andere ziekenhuizen komt heropname maar heel weinig voor. Dit vertaalt zich elk jaar in een besparing van duizenden levens.

Minder belangrijk maar ook significant is dat het zich ook vertaalt in besparingen van honderden miljoenen dollars. 'Sinds kort voegen we kostenresultaten aan onze klinische trials toe, en we wisten al binnen een paar maanden te bewijzen dat ook de kosten aanzienlijk daalden', zegt Brent James. Maar door de manier waarop de verzekering ziekenhuizen vergoedt, kostte het feit dat ze minder procedures uitvoerden hun ironisch genoeg juist geld. James voelde zich hierdoor opgelaten en ging het leiderschapsteam van IHC er zijn verontschuldigingen voor aanbieden, maar daar werd hij tot zijn verbazing voor berispt. 'Je gaat je niet verontschuldigen voor betere patiëntenresultaten', zei cfo Bill Nelson. 'Het is onze taak als bestuur om uit te zoeken hoe we de financiën in balans kunnen brengen.'[59] Uiteindelijk rekenen de ziekenhuizen van IHC al hun patiënten nu stelselmatig een volle 30 procent minder dan het gemiddelde ziekenhuis in de Verenigde Staten.

De financiën waren maar één obstakel. Het lastigste aspect was om de mentaliteit van het medische personeel te veranderen. Brent James legt uit waarom:

> *Vraagtekens zetten bij mijn kwaliteit als arts is in zekere zin vraagtekens zetten bij mijn competentie, mijn professionele competentie, bij mij persoonlijk... Voor veel artsen en verpleegkundigen voelt dat heel bedreigend.*
>
> *Om dat met succes te kunnen doen, moeten artsen een grote ommezwaai maken in de manier waarop ze zichzelf zien. In het verleden waren ze autonome individuen, die alleen verantwoording schuldig waren aan God en zichzelf. Ze lieten zien hoe goed ze waren aan de hand van hoe goed ze voor hun patiënten zorgden. Het verschil is dat we dat tegenwoordig meten. En we ontdekken dat we bij lange na niet zo goed zijn als we dachten te zijn, gezien de resultaten die we voor*

onze patiënten boekten. En dat opent natuurlijk deuren voor grote verbeteringen.[60]

Dit probleem is natuurlijk maar van korte duur, omdat artsen van nature competitief zijn. Ze willen niet achterblijven in de race om kwaliteitsresultaten.

Scott Parker, die inmiddels met pensioen is, vond het geweldig om betrokken te zijn bij deze zoektocht naar kwaliteit. Omdat hij veel waarde hechtte aan nieuwe ideeën, ging hij zoveel mogelijk bij andere ziekenhuizen langs om van hen te leren. Hij sloot vriendschap met talloze ziekenhuisdirecteuren, en ze namen zijn ingenieuze aanbod aan om coöperaties te vormen om tegen hoge kortingen benodigdheden en verzekeringen te kunnen inkopen. Ook dat leverde weer besparingen op van honderden miljoenen dollars. De sector huldigde hem door hem te benoemen tot president van de American Hospital Association en uiteindelijk ook van de International Hospital Federation.[61]

Volgens Parker is de oude stelregel dat je niet tegelijkertijd lage kosten en hoge kwaliteit kunt hebben ronduit onwaar. De kwaliteit van de zorg bij IHC ligt in alle opzichten boven het landelijk gemiddelde en kost bijna een derde minder dan het landelijk gemiddelde. Met die prestatie is de missie van IHC als modelleverancier van gezondheidszorg duidelijk volbracht. Dr. John Wennberg van Dartmouth College doet al jaren onderzoek naar gezondheidszorgsystemen en zegt: 'Dit is het beste landelijke voorbeeld van de manier waarop je de gezondheidszorg daadwerkelijk kunt transformeren.'[62] En *The Wall Street Journal* schrijft: 'Als de rest van het land ook het soort kwalitatief goede, goedkope medische zorg kon bieden dat... Intermountain Healthcare biedt, dan waren de problemen in de Amerikaanse gezondheidszorg opgelost.'[63]

Wat Jim Norman op kleine schaal heeft gedaan, heeft het IHC-team op grote schaal proberen te doen. IHC, dat inmiddels gegroeid is naar 23 ziekenhuizen en een half miljoen klanten, is een succesvol derde alternatief voor de achterhaalde opvatting dat zorg moet worden gerantsoeneerd omdat de kosten anders de pan uit rijzen. Norman noch Parker is geïnteresseerd in het grote gezondheidszorgdebat. Beiden hebben de ideologieën ver achter zich gelaten omdat ze begrijpen wat er werkelijk moet gebeuren: de kwaliteit voor patiënten moet toenemen, terwijl de prijzen steeds verder dalen. Het grote debat is een verhaal van gemiste kansen voor derde alternatieven om dat voor elkaar te krijgen.

Maar de moderne geneeskunde is geen flop. Integendeel. Het is een wonder. En dankzij de groeiende synergieën tussen patiënten en professionals uit de gezondheidszorg ligt er een opwindende toekomst in het verschiet. Zoals Brent James zegt: 'We zijn nog lang niet zo goed als we zullen worden.'

Het welzijn van de aarde

Op wat ooit de prachtige kust van de Libanese stad Sidon was, groeit met het uur een gigantische berg giftig afval, doordat het vuil van de nabijliggende steden er wordt gedumpt. Van de berg, vier verdiepingen hoog en met een volume van een half miljoen kubieke meter, kalven regelmatig brokken afval af in zee, als ijsklompen van een gletsjer. Dit afval vervuilt de Middellandse Zee, verstikt de inheemse zeeschildpadden en laat zelfs stranden in Syrië en Turkije dichtslibben.

Iedereen, van de omwonenden tot de omliggende landen, wil dat deze rotzooi wordt opgeruimd. De stad zegt dat dat het probleem is van de landelijke regering. De landelijke regering zegt dat het de verantwoordelijkheid is van de stad. Beide partijen voeren verdedigbare argumenten aan, en door de politiek is moeilijk heen te komen. Maar terwijl de twee partijen redetwisten, wordt de afvalberg groter en belandt de giftige substantie in het water en de lucht, waardoor er vissen sterven en de plaatselijke bewoners steeds minder lucht krijgen; met name kinderen worstelen in toenemende mate met astma.[64]

De afvalberg van Sidon is maar één plaatselijk voorbeeld van het tweealternatievendenken dat de wereldwijde achteruitgang van ons milieu in de hand werkt. Geen enkele plek op aarde is immuun. Dit is geen 'links versus rechts'-probleem, en toch bekvechten deze twee partijen er verbeten over. Voor elke samenleving is de gezondheid van onze planeet een van de lastigste problemen. De respondenten van onze Serious Challenge Survey noemden 'milieubeheer' als een van de drie belangrijkste mondiale prioriteiten, zoals ook is af te leiden uit deze typische opmerkingen uit elk van de vier windstreken:

- Chili: 'De meeste wereldproblemen zijn het gevolg van het feit dat mensen niet duurzaam leven.'
- India: 'We moeten beter voor ons milieu zorgen. We hebben het misbruikt op manieren die ons voorstellingsvermogen te boven gaan.'
- Nederland: 'De lage landen krijgen waarschijnlijk ernstig te lijden van onze destabiliserende invloed op het milieu.'
- Verenigde Staten: 'We kunnen echt niet op deze manier verder, tenzij we onze levenswijze ingrijpend veranderen. Onze natuurlijke hulpbronnen zijn eindig. Er zit een grens aan, en we zijn veel te gulzig. Zo blijft er niets over voor toekomstige generaties.'

Natuurlijk valt er op deze opmerkingen het een en ander af te dingen, maar ze weerspiegelen de angst van mensen overal ter wereld. De gemoederen lopen hoog op als het om dit probleem gaat, zo blijkt uit de enorme respons op 'Earth Hour', een internetinitiatief waarbij aan mensen en instellingen overal ter wereld wordt gevraagd om elk jaar op een vast uur al hun lichten uit te doen. Iconen als de Eiffeltoren en het Opera House in Sydney zitten dan samen met miljoenen huishoudens in het donker om een uur lang elektriciteit te besparen. Ironisch genoeg wordt Earth Hour in veel steden gevierd met fakkelparades, die de lucht natuurlijk vervuilen met zwarte roet. Dat geeft aan hoe gecompliceerd het is om zelfs met de beste bedoelingen recht te doen aan onze gezamenlijke natuurlijke omgeving.

Het milieudebat kan scherp polariserend zijn op elk niveau van de samenleving, van het persoonlijke tot het mondiale. Het speelt zich al heel snel af op buurtniveau. Op dit moment zijn duizenden mensen in mijn prachtige staat Utah boos over het besluit van de staat om hun huizen af te breken voor de aanleg van een weg. Als die weg meer naar het westen werd verlegd, zou hij door kwetsbaar moerasland lopen dat vol zit met wilde dieren. 'Wie is er belangrijker?' roepen ze. 'Mijn gezin of een of andere zeldzame kikker?' En anderen reageren daarop met: 'Jullie kunnen altijd een ander huis vinden, maar die kikkers niet!'

Het probleem waarmee we kampen wordt treffend samengevat in een provocatieve vraag van de schrijver David Pepper: 'Kunnen we in plaats van nulsomoplossingen geen win-winoplossingen vinden voor conflicten tussen vooruitgang en milieu? Kunnen we als mondiale technologische samenleving tegelijkertijd het milieu en onszelf verrijken?'[65]

Op mondiaal niveau reageren mensen nerveus op geluiden uit wetenschappelijke kringen dat menselijke activiteit er wellicht toe bijdraagt dat ons klimaat verslechtert. Het moet de meeste wetenschappers worden nagegeven dat zij oprecht moeite doen om hun bevindingen zo objectief mogelijk te presenteren, en ze presenteren hun conclusies vaak niet met rotsvaste overtuiging. Zo moet wetenschap ook werken, maar het stelt degenen die beslissingen moeten nemen voor problemen.

De meeste wetenschappers neigen naar het standpunt dat onze industriële technologie de planeet op een onnatuurlijke manier opwarmt, en sommigen verkondigen dat heel stellig. 'Onze kleinkinderen kunnen hun borst nat maken', zegt natuurkundige James Hansen van het NASA Institute for Space Studies. 'Planeet aarde is in direct gevaar.' Hij voorspelt dat stijgende temperaturen, die het gevolg zijn van de massale verbranding van fossiele brandstoffen, zullen leiden tot 'verlies van poolzee-ijs, smeltende ijskappen en gletsjers', wat op zijn beurt een klimatologische chaos zal veroorzaken die 'niet alleen de andere miljoenen soorten op de planeet bedreigt, maar ook het voortbestaan van de mensheid zelf'.[66]

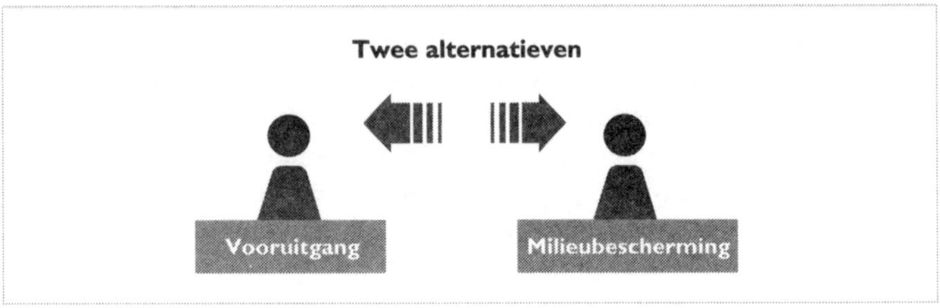

Aan de andere kant staan prominente wetenschappers die denken dat de dreiging wordt overschat. Richard Lindzen, meteoroloog aan het MIT, concludeert: 'Er is geen substantiële basis voor voorspellingen over grootschalige opwarming van de aarde als gevolg van geobserveerde toenames van broeikasgassen als koolstofdioxide, methaan en chloorfluorkoolstof.'[67]

Dit zou maar een matig interessante discussie zijn als er niet zoveel op het spel stond voor onze samenleving. Als het klimaat misschien zodanig gaat veranderen dat we niet kunnen overleven op deze planeet, moet iemand beslissen wat we daaraan gaan doen – en niets doen is net zozeer een beslissing als iets doen. Helaas is deze zaak voor alles een politieke zaak geworden en zijn de twee-alternatievendenkers druk bezig om ons af te leiden van de kern en elkaar te demoniseren. De ene kant ontkent dat er een reactie nodig is op de klimaatverandering:

> *[Milieuactivisten] willen dat we op een kleinere, bewerkelijker, oncomfortabeler, duurdere, minder leuke en minder hoopvolle schaal gaan leven. En de morele intimidatie van de groenen is slechts één aspect van hun ongeduldige geestdrift om door middel van wetten en regels te gaan dicteren hoe we reizen, wat we eten, hoeveel energie we thuis verbruiken, hoe groot ons huis is, hoe ver we mogen reizen en zelfs hoeveel kinderen we mogen krijgen... Groen leven komt er in feite op neer dat iemand anders jouw hele leven reguleert – dat die je dromen een kopje kleiner maakt en iedereen in een gloednieuwe sociale orde plaatst... Ze willen je onder de groene duim krijgen.*[68]

En de andere kant houdt net zo hardnekkig vol dat de sceptici ernaast zitten:

De ontkenning van klimaatverandering grijpt als een besmettelijke ziekte om zich heen. Zij bestaat in een sfeer waarin geen plaats is voor bewijzen of redelijke argumenten; elke poging om de aandacht te richten op wetenschappelijke bevindingen wordt met furieus getier tegemoet getreden. Deze sfeer breidt zich met verbazingwekkende snelheid uit... De boeken en websites over dit onderwerp spelen in op een nieuwe literaire markt: mensen met IQ's op kamertemperatuur... Ik sta voortdurend versteld van de manier waarop mensen... die zichzelf sceptici noemen alle leugenpraat geloven die aansluit op hun denkbeelden.[69]

Natuurlijk zijn dit de stemmen van twee-alternatievendenkers, van zwart-witdenkers die weten dat het over en weer uiten van beschuldigingen hun veel aandacht oplevert. Het is heel gemakkelijk om de tegenpartij als geestesziek, kwaadaardig of stom te bestempelen. Volgens onderzoeksbureau Gallup is de wereldopinie op het moment van dit schrijven geneigd om in tweeën te splijten als het om zulke vraagstukken gaat.[70]

Wat voor soort wezens zijn wij?

Het debat over ons milieu is een gevoelig onderwerp voor veel mensen die er duidelijke ideeën over hebben. Aan zowel het rechter- als het linkeruiteinde van het spectrum heb je extremisten, maar de meeste mensen willen gewoon schone lucht, schoon water en productief land zonder dat ze daar de voordelen van onze beschaving voor hoeven op te offeren. Dit zijn concurrerende, misschien zelfs tegenstrijdige doelstellingen. Maar zodra wij als nastrevers van synergie horen dat er maar twee alternatieven zijn, ruiken we een vals dilemma en gaan we geestdriftig op zoek naar een derde alternatief. We weten ook wat daarvoor nodig is.

We moeten onszelf niet puur zien als vertegenwoordigers van een standpunt, maar ook als leerlingen en probleemoplossers. We bezien anderen met respect en empathie. We zoeken ze op met de intentie om ze te begrijpen, niet om met hen in vermoeiende, eindeloze debatten te verzeilen. Uiteindelijk scharen we ons achter het gezamenlijke doel om synergie te bereiken, om een derde alternatief te creëren waarbij de hele wereld wint: het land, het water, de lucht, het dierenrijk, wijzelf en onze families.

Als ik deze principes van synergie probeer over te brengen, stel ik mijn publiek vaak de vraag: 'Wie van jullie identificeert zich sterk met de puristische visie op de bescherming en het behoud van ons milieu, van ons water en onze lucht?' Over het algemeen steekt dan ongeveer de helft zijn hand op. Daarna vraag ik: 'Wie van jullie vindt dat die puristische benadering te ver gaat en niet genoeg rekening houdt met onze behoefte aan vooruitgang en ontwikkeling?' Meestal krijg ik dan de andere helft van de vingers te zien. De groepen zijn doorgaans evenwichtig verdeeld. Vervolgens vraag ik uit elke groep één vertegenwoordiger naar voren te komen. Ik vraag hun allebei: 'Zijn jullie bereid om naar een oplossing te zoeken die beter is dan de oplossing die jullie op dit moment in je hoofd hebben?'

Als ze ja zeggen, benadruk ik dat synergie nu hun gemeenschappelijke doel is, een oplossing vinden die beter is dan waar beiden mee waren begonnen. Ze moeten synergie zien als de opbrengst van hun discussie. Als ze niet voldoende in zichzelf verankerd zijn, als ze niet stabiel zijn in hun integriteit en hun respect voor elkaar, spreek ik mijn twijfels uit over de mogelijkheid om tot synergie te komen. Ze mogen elkaar niet beoordelen op basis van hun diepgewortelde overtuigingen. Omdat ze hebben afgesproken dat ze naar een derde alternatief gaan zoeken, hebben ze allebei een voorzichtige win-winattitude, maar ze weten niet wat er gaat gebeuren. Er moet een derde mentaliteit worden gecreëerd.

Vervolgens vraag ik hun om gewoon te beginnen met praten. Hieronder geef ik een discussie weer tussen een vrouw en een man tijdens een sessie die ik ooit gaf:

Zij: Ze helpen onze planeet naar de bliksem. Dat levert ons onherstelbare schade op. Kijk maar eens naar het regenwoud, naar wat ze daar doen. En je moet onze canyons eens zien. Het bos en de valleien moeten ongerept blijven, zodat we ervan kunnen blijven genieten. Volgens mij hebben we al die vooruitgang helemaal niet nodig.
Hij: Ik heb respect voor dat standpunt, maar een bepaalde mate van technologie en vooruitgang hebben we wel nodig.
Zij: Maar waarom dan? Dat zeggen ze al eeuwen, en kijk waar het toe heeft geleid!
Hij: Ik heb begrip voor wat je zegt, maar laten we proberen elkaar tegemoet te komen. Heb jij geen synthetische kleren aan?
Zij: Nee, dit is van de zijderups.
Hij: En je schoenen? Geen dode dieren? Geen leer?
Zij: Ik weet niet...
Hij: Ik ben wel gesteld op mijn leren schoenen.
Zij: Ja, maar dat was die koe ook.
Hij: Zijn ze niet met een bepaalde technologie gemaakt, met aardolie?
Zij: Nee, ze zijn van katoen. Het is puur garen.

Hij: Denk je niet dat we naast behoud ook een redelijke mate van vooruitgang nodig hebben?
Zij: Maar vind je dan niet dat die vooruitgang te ver is doorgeschoten?
Hij: Blijkbaar vind jij van wel. Maar we hebben een bepaalde hoeveelheid productie nodig. Sommigen zeggen dat onze productie te ver is doorgeschoten, dat we het milieu verpesten. We moeten voorzichtig zijn. We moeten redelijk zijn. Vind je ook niet?
Zij: Dat zeggen ze altijd.

Het is duidelijk dat er hier geen sprake was van begrip. De discussie werd al snel stekelig en draaide in kringetjes rond. Dus leerde ik hen communiceren via de praatstok en bracht ik hun de mentaliteit en de vaardigheden van empathisch luisteren bij. De grondregel: je mag pas je punt maken als je het punt van de ander tot diens tevredenheid hebt verwoord. De ander moet zich begrepen voelen.

Daarna deed de vrouw een poging. Ze keek haar gesprekspartner weifelend aan en zei: 'Jij gelooft dat de vooruitgang binnen bepaalde grenzen door kan gaan zonder dat het milieu daaronder lijdt. Als de vraag naar productie groot is en de milieuwetgeving mager, is het gemakkelijk om je volledig te laten leiden door winst. Dus jij zegt dat als we het juiste evenwicht bewaren, we met beleid kunnen produceren en het milieu niet zodanig zullen vervuilen dat mijn geliefde beestjes het loodje leggen.'

Praatstok

Het is niet zo dat ze zijn mening onderschrijft. Ze neemt zijn standpunt niet over; ze probeert alleen te begrijpen. Maar hij heeft nog niet helemaal het gevoel dat ze hem begrijpt. Hij heeft het gevoel dat ze hem napraat. Ze moet zich in zijn referentiekader verplaatsen, de dingen zien zoals hij ze ziet. Maar de sfeer tussen hen is aan het veranderen. Die is al veel minder vijandig.

Toen vroeg ik de man: 'Kun je op een schaal van één tot tien aangeven hoe goed ze je begrijpt?' Hij geeft haar een vijf op een tienpuntsschaal. Zichzelf geef ze een één, wat me niet verbaasde. Alleen al de poging om via de praatstok te communiceren helpt mensen zich begrepen te voelen, ook al is er nog geen sprake van begrip. Als je iemand probeert te begrijpen, werk je in feite aan jezelf. Dan zeg je tegen jezelf: 'Ik ga niet oordelen. Ik ga doorzetten. Ik ga me echt in de ander verplaatsen en voelen wat hij voelt.'

Daarna was het zijn beurt om te proberen haar te begrijpen. Ik vroeg hem om voor een acht of een negen of een tien te gaan, om haar punt net zo goed te maken als zij zelf deed en om dat met dezelfde diepgewortelde overtuiging te doen. Hij: 'De kwaliteit van onze omgeving gaat achteruit. De dieren lijden, het landschap lijdt, onze kwaliteit van leven zal afnemen omdat de omgeving verslechtert. De kinderen zullen iets van mindere kwaliteit erven dan we op dit moment hebben. We vernietigen de levenskwaliteit van dieren en planten met ons afval.'

Zij gaf hem een zeven, hij gaf zichzelf iets minder. Ikzelf vond dat hij haar met zijn toon, met het gevoel dat hij tot uiting bracht, behoorlijk ver tegemoetkwam. We kwamen in de richting van empathie.

Ik vroeg hun beiden: 'Waren jullie je op een weerwoord aan het voorbereiden? Zaten jullie te wachten tot het jullie beurt was? Of toonden jullie je echt empathisch? Stonden jullie er volledig voor open om de ander oprecht te begrijpen?'

Ze beaamden dat ze op de juiste weg zaten, maar toen vroeg de man me: 'Maar waar gaan we heen met dit proces? Welk doel dient het?'

Het was duidelijk dat hij ons doel uit het oog was verloren. Ik antwoordde: 'Wat was jullie doel aan het begin? Synergie. Een hogere oplossing dan de oplossingen die jullie eerder hadden bedacht. Jullie leven allebei op deze aarde. Jullie, jullie families, het hele menselijke ras, alles wat leeft is wederzijds afhankelijk.' Hij knikte en leek voor het eerst in te zien wat we samen probeerden te bereiken.

Tijd om verder te gaan hadden we niet meer, maar ik vond het bemoedigend dat ze een begin van empathie waren gaan tonen, wat essentieel is voor synergie. Na afloop leken de twee meer eerbied en respect voor elkaar te hebben. Als ze de tijd kregen, zouden ze de problemen in de wereld toch kunnen oplossen.

Uiteindelijk staat de natuurlijke omgeving niet los van ons. Respect en empathie voor onszelf en anderen staan niet los van respect en empathie voor alles wat leeft. Als het om onze relatie met onze omgeving gaat, moeten we te rade gaan bij onze diepste motivaties. Zijn we verkwistend?

Onverschillig? Minachtend en rigide? Kleingeestig? Hebberig? Fanatiek? Een aantal diepzinnige wetenschappers verwoordde het als volgt: 'Voordat we antwoord geven op de vraag *Wat moet er gebeuren?* moeten we ons eerst afvragen *Wat voor soort wezens zijn wij?*'[71]

Wat er op milieugebied moet gebeuren

Idealiter begint synergie met een gemeenschappelijk begrip van wat er moet gebeuren. Zonder succescriteria weet je niet echt hoe succes eruitziet en zal je oplossing minder goed doortimmerd zijn. Empathie voor verschillende invalshoeken is heel belangrijk; je komt niet tot een derde alternatief door elkaar te bespotten en beledigingen naar elkaars hoofd te slingeren. De kans op succes is veel groter als je dat wat er moet gebeuren zorgvuldig en bedachtzaam vanuit alle invalshoeken in ogenschouw neemt.

Als massa's enthousiaste mensen hun lichten uitdoen om de vervuiling van de elektriciteitscentrales terug te dringen en vervolgens met rokerige toortsen door de straten gaan paraderen, vragen bedachtzamer mensen zich peinzend af: is er iemand die werkelijk begrijpt wat er hier moet gebeuren? Zonder dat begrip handelen we ineffectief, wat zwakkere of zelfs contraproductieve oplossingen oplevert.

Tientallen jaren geleden visten medewerkers van American Northwest bijvoorbeeld de reusachtige, oude houtvlotten op die zich hadden opgehoopt in de rivieren die in Puget Sound uitmonden. Dat deden ze niet alleen om het bootverkeer te helpen, maar ook om het kuitschietende zalmen gemakkelijker te maken stroomopwaarts te zwemmen. Maar ze deden het zonder te overleggen met de indianen die die wateren al eeuwenlang bevisten en die als onwetend en 'onwetenschappelijk' werden beschouwd. Maar al snel begon de majestueuze chinookzalm, die ooit zo talrijk was in die rivieren, op mysterieuze wijze te verdwijnen.

In werkelijkheid was er niets mysterieus aan de hand; de Skagit- of de Snoqualmie-indianen hadden de medewerkers van American Northwest kunnen vertellen dat de chinookzalm het liefst huisde in de diepe poelen rond de houtvlotten, die zich door de jaren heen hadden gevormd. Zonder die poelen moest de chinookzalm zijn heil elders zoeken, met fatale gevolgen. Maar dit was pas het begin van de afname van de zalmpopulatie in Puget Sound. Tientallen jaren lang werd de Sound vervuild doordat er massaal werd gebouwd in de regio rond Seattle, waardoor de vissen werden vergiftigd en te weinig zuurstof kregen. Dammen en overbevissing zetten de populatie nog verder onder druk.

Momenteel wordt de Pacifische zalm met uitsterven bedreigd. In de afgelopen honderdvijftig jaar is het aantal zalmen met 40 procent gedaald, en die daling gaat steeds harder. Ze zijn volledig verdwenen uit een derde van hun voormalige habitat. Wetenschappers beginnen te merken dat de bossen en de dieren rondom Puget Sound verhongeren door het jaarlijkse verlies van een half miljoen ton voedingsmiddelen. Uiteindelijk kan dit tot een catastrofe leiden voor de hele regio. John Lombard, een wetenschapper uit Seattle, zegt over de prachtige Puget-regio: 'We raken onze ziel kwijt als we haar tot een eenzame, steriele en spookachtige plek laten verworden.'[72]

Natuurlijk is niemand hier gelukkig mee, en de beschuldigende vingers wijzen in alle richtingen. De vissers geven de schuld aan de houthakkers, de houthakkers geven de schuld aan de projectontwikkelaars en iedereen geeft de schuld aan de overheid. Sommige mensen halen hun schouders erover op en zeggen dat het verdwijnen van de zalm de prijs van de vooruitgang is. Anderen, die geschokt zijn door dit standpunt en die op hun eigen vooroordelen afgaan, eisen dat er een einde komt aan de houtkap, het vissen of de nieuwbouw. Of de vissen, of de mensen trekken aan het kortste eind. Maar de meeste mensen zijn terecht niet tevreden met een win-verlies- of een verlies-winmentaliteit als het op het milieu aankomt. We hebben een win-winmentaliteit nodig, anders verliezen we uiteindelijk misschien allemaal.

En dat is wat er werkelijk moet gebeuren. Ecologie is een woord dat in feite de synergie in de natuur weerspiegelt: alles is gekoppeld aan alles. De creatieve elementen komen maximaal tot hun recht dankzij hun relatie met andere elementen. We leven op een wederzijds afhankelijke planeet waar het geheel veel meer is dan de som der delen, dus we kunnen die delen niet in isolatie behandelen, of doen alsof ze niet meetellen. Net als in een werkteam geldt: als de individuele leden niet winnen, kan het team ook niet winnen. Dr. Peter Corning benadrukt dat we de wereld door het synergieparadigma moeten gaan zien:

We worden voortdurend uitgedaagd om ons begrip uit te breiden van alle 'onderdelen' van onze systemen en we moeten zien om te gaan met de wederzijds afhankelijke patronen die deze systemen hebben gecreëerd. Het gevaar dat onze kortzichtigheid onplezierige (of fatale) verrassingen gaat opleveren, ligt voortdurend op de loer. Dus moeten we ook betere manieren leren ontwikkelen om de grotere, systemische consequenties van onze handelingen te begrijpen.[73]

Het synergetische wonder van onze wereld is afhankelijk van het welzijn van het geheel. Vaak worden we pas genoodzaakt om iets aan het milieu te doen als het ziek is. We zagen al eerder dat we op dezelfde manier met ons lichaam omgaan. We zien onszelf door de bril van het industriële tijdperk, we denken dat we machines zijn die kunnen worden 'gerepareerd' als er iets misgaat met het mechanisme. We zien de overheid door diezelfde bril, als een machine. Dit is dezelfde mentaliteit die van de gezondheidszorg een ziekte-industrie maakt in plaats van een welzijnsindustrie.

Maar, zo zegt Corning, 'deterministische, machineachtige modellen van biologische processen zijn fundamenteel ontoereikend'.[74] De wereld is een levend systeem, geen dode machine, een wederzijds afhankelijke werkelijkheid waarin het welzijn van elk deel gekoppeld is aan het overkoepelende welzijn van het geheel. Een van de vele voorbeelden hiervan is de Afrikaanse honingwijzer, een vogel die van bijenwas leeft maar die geen bijenkorven kan openen om die was te bemachtigen. Als hij een bijenkorf vindt, waarschuwt hij een dasachtig dier dat een ratel heet, die de korf openkrabt en van de honing eet terwijl de vogel zich tegoed doet aan de was. De vogels kunnen de was alleen verteren dankzij bacteriën in hun darmen, die hem kunnen afbreken tot voedingsstoffen. De Borana, een volk uit Kenia, maken het plaatje compleet: zij volgen de honinggidsen en nemen deel aan het feest. Deze Borana, een nomadisch veehoedersvolk, laten hun dieren op de graslanden grazen, waardoor het gras wordt bemest en omgewoeld. De bijen verzamelen op hun beurt stuifmeel en nectar van de grassen en maken daar weer honing van.[75]

Als je één onderdeel van deze symbiotische cirkel verwijdert, bestaat het risico dat het hele proces, van bacterie tot Borana, in elkaar stort. En voeg je één onderdeel toe – Europees vee met andere graasgewoontes bijvoorbeeld – dan bestaat het risico dat het grasland een woestijn wordt. Het welzijn van het geheel is extreem gevoelig en vergt een visie op het geheel, die alleen gebaseerd kan zijn op een breed en diep begrip van de realiteit.

Ik moet ieders stukje van die realiteit horen. Denk maar terug aan de mantra van synergie: *zo vroeg mogelijk zo veel mogelijk ideeën van zo veel mogelijk mensen verzamelen.* Voordat ik de houtvlotten in Puget afbreek, kan ik maar beter naar de Skagit-indianen luisteren. Als ik gezond grasland in Oost-Afrika wil, moet ik met de Borana leven en werken en hun om advies vragen. Empathie met de mensen is empathie met het land.

Daarnaast moet ik begrijpen dat al het leven van elkaar afhankelijk is. Als ik een strijdlustige milieuactivist ben, loop ik het risico dat ik me van anderen vervreemd – van boeren die eten willen verbouwen, van families die een boterham willen verdienen. De kans bestaat dat ik er geïsoleerde acties doorheen druk die op zijn minst ineffectief blijken, zoals het aansteken van een rokerige toorts zodat ik het licht kan uitdoen. Een opzichzelfstaande, agressieve campagne om de chinookzalm te redden is vergelijkbaar met een poging om een levend organisme te 'repareren' en getuigt niet van een holistische mentaliteit.

Als ik aan de andere kant geen respect toon voor milieuactivisten, sluit ik juist die mensen van de oplossing uit die de meeste kennis en energie bezitten om een bijdrage te leveren. Ik kan een groot voorstander zijn van economische groei en eigendomsrechten en toch diepe sympathie voelen voor die zeldzame kikker en voor mensen die zich daarom bekommeren. Voor iemand met een mentaliteit van het derde alternatief is het nooit simpelweg of-of.

De gezondheid van Puget Sound en andere kwetsbare gebieden vergt, zoals John Lombard zegt, 'een visie op het hele landschap, niet alleen op het zeegedeelte of op de zalm, maar op het hele natuurlijke erfgoed van het hele gebied dat uitmondt in de Sound... Het herstel van de rivieren van Puget Sound is geen onbereikbare dagdroom.'[76] Lombard zelf is bijvoorbeeld hard bezig om een derde alternatief te promoten dat 'low-impact ontwikkeling' heet en waarvoor vervuild regenwater dicht bij de bron wordt gerecycled in plaats van in zee te verdwijnen. Mensen kunnen bouwen én de zalm kan gedijen, maar daarvoor is op zijn minst één persoon nodig die in derde alternatieven gelooft, die de mogelijkheid van synergie niet meteen van de hand wijst, die een visie kan helpen creëren op wat er werkelijk moet gebeuren.

Hoe ziet succes er dan uit? We hebben gezien hoeveel onenigheid er over die vraag bestaat, maar het is duidelijk dat succes voor Puget Sound en de hele wereld holistisch moet zijn. Het moet een win-winsituatie zijn voor mensen én hun natuurlijke leefomgeving.

Denk eens aan een grote, met pijnbomen bedekte berg waar het krioelt van de wolven en de herten. Als we alle wolven doden om de herten te redden, zal het aantal herten de pan uit rijzen. Dat zal de berg geen goed doen; die wordt kaal gegeten tot er niets meer op groeit en hij erodeert door wind en water. Zoals de grote ecoloog Aldo Leopold zei: '[We hebben] niet geleerd om als een berg te denken. Daarom zitten we met verdroogde landstreken en met rivieren die de toekomst de zee in spoelen.'[77]

Wat er moet gebeuren, is dat we moeten gaan 'denken als een berg'; we moeten de synergie van mens en natuur bevorderen. Leopold gebruikte de term 'behoud' om deze synergie te beschrijven, 'een echt derde alternatief' voor schaamteloze exploitatie aan de ene kant en 'de natuur uit de klauwen van de destructieve mens houden' aan de andere.[78]

Een landschap met derde alternatieven

Als ik een synergetische mentaliteit bezit, denk ik verder dan de voor de hand liggende twee alternatieven. Ik weet ook dat het, zoals Peter Corning zegt, 'nauwgezet, gedisciplineerd, zelfs eentonig werk' vergt om tot synergie te komen. 'Dat druist in tegen de aard van een impulsieve, snelle cultuur die verslaafd is aan technologische innovatie, of zij er nu klaar voor is of niet.'[79] Aan een derde alternatief hangt een prijskaartje.

De impulsievelingen zijn altijd bezig elkaar onderuit te halen. Radicale milieuactivisten in New York City schelden op het 'kapitalisme en het grote geld' dat, zo vinden zij, de haven van New York als gevolg van door hebzucht gevoede, krankzinnige stedelijke expansie in een zeewoestijn heeft veranderd. Ongevoelige zakentypes dienen hen van repliek. 'Wat verwachten jullie dat wij doen? Manhattan slopen? Het teruggeven aan de indianen?' Geen van beide groepen bezit het respect, de empathie en de discipline die nodig zijn om naar synergie te streven.

Maar als ze passie voor het milieu konden koppelen aan ondernemerskennis, zouden ze misschien tot een aantal verbluffende derde alternatieven komen. Een levend voorbeeld van synergie is Natalie Jeremijenko, een Australische milieuactiviste die New York City tot een stedelijk ecoparadijs wil omvormen – zonder het af te breken. Jeremijenko, die ruimtevaarttechniek, biochemie, neurowetenschap en natuurkunde studeert, brengt inzichten uit al deze disciplines samen in kleine projecten die bedoeld zijn om grote veranderingen teweeg te brengen.

Door de jaren heen is de haven van New York geruïneerd door de grootsteedse vervuiling. Men heeft geprobeerd de situatie te verbeteren door de riolering los te koppelen van de haven. Maar als het regent, storten de straten enorme hoeveelheden cadmium, neurotoxinen zoals gelekt gas en dieselbrandstof, en stof van miljoenen autoremmen het water in. Als je niet bereid bent om al het asfalt in New York eruit te slopen, is het onmogelijk om dit tegen te gaan – tenzij je Natalie Jeremijenko heet.

Haar idee is om rond elke brandkraan in de stad een klein tuintje aan te leggen. De planten filteren dan de toxische stoffen uit het regenwater dat in de goten terechtkomt, en de stad raakt bezaaid met allemaal kleine juweeltjes. De incidentele brandweerauto of ambulance die er parkeert zou maar een paar plantjes platrijden, die vanzelf weer zouden herstellen. Wat zou dat kunnen uithalen? Als je beseft dat New York ongeveer een kwart miljoen brandkranen heeft, zouden de kleine tuintjes samen een hele hoop water kunnen filteren.

Het zeeleven in het estuarium is tragisch genoeg vergiftigd met pcb's van de vele fabrieken. Daarom heeft Jeremijenko ervoor gezorgd dat er langs de kust kunstige, fluorescerende boeien drijven die oplichten als er vissen omheen zwemmen, waarna mensen de vissen speciaal behandeld voedsel kunnen toewerpen dat hen van gif zuivert.

Jeremijenko heeft ook een zonneschoorsteen uitgevonden waaruit de warme lucht van een gebouw wegstroomt. De lucht stroomt door een filter dat koolstof uit CO_2 verwijdert. Haar schoorsteen kan 80 tot 90 procent van de CO_2 opvangen die uit tienduizenden New Yorkse gebouwen ontsnapt. En het roetzwart kan worden gebruikt om potloden van te maken!

Maar Jeremijenko's ingrijpendste project is een stedelijk landbouwproject. Als we voedsel in de stad kunnen verbouwen, kunnen we het verlies van voedingsstoffen en de kosten van het transporteren van voedsel omzeilen. Het dak van een gebouw kan een ideale plek zijn voor een keukentuin, maar de meeste daken kunnen het gewicht van tonnen grond niet dragen. Daarom heeft Jeremijenko een ingenieuze gondel van licht staal en een gepolymeriseerde buitenlaag gemaakt die eruitziet als een ruimteschip op poten en die op een gebouw kan worden geplaatst. In elke gondel groeit een watercultuurtuin in mist en licht, terwijl de poten van het geraamte het gewicht van het bouwwerk verdelen. Een ingenieus buizenstelsel helpt het gebouw eronder verwarmen en verkoelen, en grijs afvalwater irrigeert de planten. Misschien verrijzen deze larveachtige zilveren structuren op een dag wel in groten getale langs de skyline van New York om de stad van verse groente en vers fruit te voorzien en enorme hoeveelheden energie te besparen.

Jeremijenko, zowel 'een ster uit de alternatieve kunstwereld' als een vindingrijk ingenieur, overschrijdt moeiteloos de conventionele grenzen tussen kunst en technologie, tussen natuurlijke en menselijke creatie. Ze ziet een natuur voor zich 'waar we middenin zitten, waarmee we de interactie aangaan, waarvan stedelijke vormen een onderdeel zijn en als hun eigen natuurlijke systemen fungeren'. Ze ziet haar creaties niet alleen als antwoorden op onze milieuproblemen, maar ook als provocatieve vragen: 'Wat zijn die buizen in het water? Wat zijn die glimmende gondels op de daken? Waarom groeien er geraniums rond elke brandkraan in de stad?' Ze wil mensen in verwarring brengen om ze aan het denken te zetten over wat zij zelf zouden kunnen creëren. De opmerkelijke Natalie Jeremijenko, die het stedelijke landschap met derde alternatieven bezaait, is een zeldzame professionele beoefenaarster van synergie.[80]

Aan de andere kant van de wereld sterven er in de Indiase stad Delhi jaarlijks tienduizend mensen als gevolg van luchtvervuiling. Hoewel de autoriteiten het probleem dapper te lijf proberen te gaan, maakt deze vervuiling Delhi tot een van de ongezondste plekken ter wereld. Toen Kamal Meattle, de eigenaar van een kantorenpark in Delhi, merkte dat ademhalen in zijn stad hem al doodziek maakte, wilde hij het probleem meteen eigenhandig gaan aanpakken. Door zelf onderzoek te doen kwam hij erachter dat bepaalde kamerplanten alle frisse lucht konden leveren die mensen nodig hadden. Daarom zette hij zijn kantoren vol met arecapalmen, die grote zuurstofproducenten zijn, en geldboompjes, die de lucht zuiveren van toxinen. Om de gebouwen 's nachts op te frissen, zette hij 'schoonmoederstong' (zo genoemd vanwege zijn scherpe bladeren!) neer, die geen zonlicht nodig heeft om koolstofdioxide in zuurstof om te zetten.

Met voldoende van deze drie gangbare planten om je heen, zegt Kamal, 'zou je in een afgesloten fles kunnen zitten en geen andere bron van frisse lucht nodig hebben'. Hij mat de resultaten en ontdekte dat dankzij de planten het aantal oogirritaties halveerde, het aantal irritaties van de luchtwegen met een derde afnam en het aantal gevallen van hoofdpijn met een kwart daalde. 'Uit onze ervaringen blijkt dat de menselijke productiviteit met een verbluffende 20 procent toeneemt en dat de energiebehoefte in gebouwen met 15 procent daalt.' Aangezien bijna de helft van de energie in de wereld wordt gebruikt om gebouwen te ventileren, te verwarmen en te verkoelen, zouden de besparingen door het gebruik van deze planten onthutsend groot kunnen zijn.[81]

In West-India heeft een pottenbakker die Mansukh Prajapati heet een goedkope koelkast uitgevonden, de Mitti Cool. Het is een aarden pot met een ingenieus ontwerp waarin dagenlang water, fruit, groente en zelfs melk koel kunnen worden gehouden. Hij kost nog geen zestig dollar en heeft geen elektriciteit nodig, waardoor hij betaalbaar is voor arme mensen, die er al duizenden van hebben gekocht. Koelen verbruikt gigantische hoeveelheden energie die gegenereerd wordt door het verbranden van fossiele brandstoffen, dus oplossingen als deze kunnen miljoenen tonnen kolen en gas en vaten olie besparen.[82]

Het welzijn van het land

Een ontnuchterende bedreiging van het leven op deze planeet is het verlies van land. 'We raken langzaam door onze grond heen...', aldus een wetenschapper. 'Elk jaar verliezen Amerikaanse boerderijen genoeg grond om voor elk gezin in het land een pick-up mee te vullen. Dat is een fenomenale hoeveelheid... jaarlijks gaat er naar schatting 24 miljard ton grond verloren op de wereld – een paar ton voor elke persoon op de planeet dus. Elke seconde dumpt de rivier de Mississippi een nieuwe vrachtwagenlading bovengrond in de Caraïbische Zee.'

Als gevolg van moderne landbouwtechnologie, de hoge bevolkingsdichtheid en overbegrazing verandert een groot deel van de landbouwgrond in de wereld in woestijn. Ongeveer 40 procent van ons land is droog, onze woestijnen worden groter en de biodiversiteit slinkt. Aangezien het ongeveer vijfhonderd jaar duurt om tweeënhalve centimeter bovengrond te produceren, is het bijna ondoenlijk om dit land weer nieuw leven in te blazen. 'Technologie vormt eenvoudigweg geen oplossing voor het feit dat we hulpbronnen sneller consumeren dan we ze genereren: op een dag zijn ze uitgeput.'[83] Dus, doen we afstand van de landbouwrevolutie die de wereld voedt, of zadelen we toekomstige generaties op met een steriele, honger lijdende planeet?

Een derde-alternatiefdenker, de Zimbabwaanse bioloog Allan Savory, heeft de Buckminster Fuller Challenge Award gewonnen door dit valse dilemma te verwerpen. Deze jaarlijkse onderscheiding, een eerbetoon aan een grote voorvechter van synergie, gaat naar mensen die met 'grote, ingrijpende oplossingen voor ogenschijnlijk onoplosbare problemen komen'.[84] Savory's grote oplossing voor het regenereren van land is in feite heel simpel: hij laat er dicht opeengepakte kuddes vee op grazen die de grond met hun hoeven verbrokkelen en hem bemesten terwijl ze erop lopen. Op die manier verrijzen er al na een paar jaar een nieuwe bovenlaag en nieuwe vegetatie, en hoeven we er geen eeuwen op te wachten. Terwijl overheden grond proberen te redden door begrazing te verbieden, heeft Savory het tegenovergestelde gedaan. Hiermee heeft hij miljoenen vierkante meters nieuwe grond gegenereerd.

Savory noemt dit countertype 'holistisch management' van het land. Als je vee al het gras ziet opeten, reageer je intuïtief: je wilt het land tot rust laten komen, dus verwijder je het vee. Maar dit is de mentaliteit van de snelle oplossingen die aan het werk is, en niet de welzijnsmentaliteit. Wat er werkelijk moet gebeuren, zegt Savory, is iets tegenintuïtiefs: het hele natuurlijke systeem moet zodanig worden gemanaged dat je het in je pogingen om het te redden niet om zeep helpt met reactieve, snelle oplossingen:

Neem invasies van schadelijke planten. Als je die als een geïsoleerd probleem behandelt, gaat het je niet lukken ze te bestrijden. In Montana is meer dan 50 miljoen dollar uitgegeven aan pogingen om knoopkruid te bestrijden. Ze kunnen het plantje net zo goed als staatssymbool uitroepen, want het is momenteel talrijker dan ooit. Dat komt doordat het nooit een echt probleem was; het is slechts een symptoom van het verlies van biodiversiteit. De Texanen hebben meer dan 200 miljoen dollar uitgegeven aan het omhalen, vergiftigen en uit de grond trekken van mesquitebomen, en momenteel zijn er meer dan ooit. Het was nooit een probleem; het is een symptoom van het verlies van biodiversiteit.[85]

Biodiversiteit is een teken dat de grond gezond is. Als je met een shovel in goede grond graaft, zie en ruik je de levenskracht van bacteriën, schimmels, aardwormen en overvloedige vegetatie. Je ervaart het evenwicht tussen nieuw leven en verval. Dode grond is steriel, een ernstige realiteit als je weet dat onze toekomst afhankelijk is van het welzijn van het land. Zonder ventilatie en meststoffen sterft de grond, en met de grond de biodiversiteit. Allan Savory, die dertig jaar lang het leven op de Afrikaanse graslanden heeft geobserveerd, probeert die principes in ons voordeel om te zetten.

Hoewel Savory ook kritiek krijgt en zijn methode in sommige gebieden misschien beter werkt dan in andere, heeft hij een neus voor synergie. Hij zoekt naar countertypes en is niet bereid om conventionele, twee-alternatievenoplossingen te accepteren; hij gaat voor het eenvoudige, opwindende derde alternatief. Hij ziet de bredere verbanden tussen menselijke culturen en hun dieren, wilde dieren, het land, het water en het welzijn van de hele planeet:

> *Met holistisch management van vee en andere grazende dieren kun je extreem snelle vorming van nieuwe bovengrond bevorderen, waarvan er veel verloren is gegaan op plekken waar de mens er met zijn landbouw een potje van heeft gemaakt. Deze nieuwe bovengrond bevat onvermijdelijk reusachtige hoeveelheden koolstof die aan de atmosfeer zijn onttrokken, voldoende om die atmosfeer weer naar haar pre-industriële evenwicht te doen terugkeren, mits de vorming van nieuwe bovengrond gelijktijdig gebeurt met de reductie van de emissie van broeikasgassen door de verbranding van fossiele brandstoffen.*[86]

Ik weet niet hoe het derde alternatief van Savory zal uitpakken. Maar ik heb respect voor mensen als hij, omdat ze zich hebben ontworsteld aan het twee-alternatievendenken en de banaliteit van het grote debat. Aan de ene kant zijn ze gespeend van een milieuactivisme dat, zo omschrijft een bedachtzame waarnemer het, 'de menselijke ambities, aspiraties en macht aan banden wil leggen in plaats van die te ontketenen en te kanaliseren'.[87] Aan de andere kant zijn ze gespeend van de cynische blindheid van degenen die hun roofzuchtige, zakelijke belangen geen bedreiging vinden voor onze planeet (vooral niet als hun salaris daarvan afhangt). Ook zitten ze niet vast in het grote midden, dat weinig tot niets verwacht van het grote debat.

Ons vermogen om derde alternatieven te bedenken voor het ruïneren van onze planeet of het opgeven van onze manier van leven wordt alleen beperkt door onze eigen geest. Er bestaan talloze countertypes voor onze energieverslindende gewoontes. Zoals we hebben gezien, kunnen zelfs op het eerste gezicht onbeduidende derde alternatieven een enorme invloed hebben op onze omgeving. Als we de kracht van synergie ontketenen, kunnen we de luister en de schoonheid van de wereld die we allemaal delen, in ere herstellen.

Een wereld zonder armoede

Het hardnekkigste probleem waarmee onze samenleving kampt, is misschien wel armoede. Armoede is de oorzaak van heel veel misdaad, geweld, misbruik en de meeste andere sociale misstanden. We hebben medelijden met de armen en voelen ons niet in staat om hun problemen op te lossen. De definitie van armoede verschilt natuurlijk per cultuur, en mensen die in sommige landen arm worden genoemd zouden in andere landen ontzettend welgesteld zijn. Toch is het overal een feit dat de armen lijden, en de mensen die van goede wil zijn lijden met hen mee. De respondenten van onze Serious Challenge Survey, die afkomstig zijn uit alle hoeken van de wereld, maken zich veel zorgen over de effecten van armoede en de grote economische ongelijkheid:

- 'Armoede is vaak de katalysator voor de woede, haat, hebzucht en jaloezie achter oorlogen, terreur en werkloosheid. Als we het armoedeprobleem weten op te lossen, zal de wereld er totaal anders uitzien.'
- 'Er zijn nog steeds zoveel mensen die niet beschikken over de basale levensbehoeften die zoveel andere mensen als vanzelfsprekend beschouwen.'
- 'Niemand zou zijn leven in armoede moeten leiden. Armoede is de wortel van andere mondiale problemen, zoals slecht onderwijs en milieuproblematiek.'
- 'Over de hele wereld heerst armoede, en dat is de belangrijkste reden waarom ernstige problemen als terrorisme opduiken... Arme, onopgeleide mensen zijn gemakkelijk te [hersenspoelen].'
- 'Door al dat geld dat aan van alles wordt uitgegeven wordt duidelijk dat de strijd tegen armoede, drugs en werkloosheid helemaal geen echte strijd is. We zijn voorgelogen en worden nog steeds voorgelogen, en we blijven maar betalen – sommigen zelfs met hun leven – voor het welzijn van een klein groepje.'
- 'Het werkloosheidscijfer in ons land gaat alle perken te buiten... Een heleboel werklozen hebben nauwelijks tot geen vooruitzichten.'
- 'Ons land is een van de armste landen in Azië. Zo staat het ervoor in ons land... waar de meerderheid van de bevolking in arme klassen leeft: er is een banentekort, slecht onderwijs, nauwelijks infrastructuur, een enorme schuldenlast, slecht bestuur, en corruptie is alomtegenwoordig.'
- 'In mijn ogen is een betere wereld een wereld zonder armoede.'

Een wereld zonder armoede zou volgens links en rechts gemakkelijk te bereiken zijn, als we ons maar aan hun voorschriften zouden houden. Er zijn maar weinig onderwerpen waarover de twee vleugels uitgesprokener en tegenstrijdiger denkbeelden hebben dan over de vraag hoe de armoede moet worden aangepakt.

Elke winter, zo beweert een aantal onderzoekers, sterven er in het Verenigd Koninkrijk tussen de 25.000 en 30.000 – voornamelijk oudere en kwetsbare – mensen van de kou, terwijl dit een van de meest ontwikkelde landen ter wereld is. Links, dat hier terecht schande van spreekt, vraagt zich af waarom er in Groot-Brittannië, met zijn gematigde klimaat, meer mensen door de winterkou sterven dan in Siberië. Zij leggen de schuld bij 'een economische elite die letterlijk en figuurlijk niet geraakt wordt door de ellende van andere mensen'. In hun ogen bezorgen de hoge brandstofprijzen de armen een achterstand, terwijl de energiebedrijven er schatrijk van worden. Dit is fundamenteel onrechtvaardig. De oplossing: prijsbeheersing en 'geld van rijkere consumenten naar armere consumenten overhevelen'.[88]

Aan de andere kant vraagt rechts de armen op te houden bij de staat aan te kloppen voor hun behoeften. De Britse conservatieven wijzen op de 'vicieuze cirkel' van afhankelijkheid van overheidssteun, die van de ene generatie op de andere wordt doorgegeven; het aantal werklozen binnen de beroepsbevolking bedraagt bijna 5 miljoen. Zij zeggen dat het bijstandssysteem 'dat oorspronkelijk bedoeld was om de armsten in de samenleving te ondersteunen, hen nu juist gevangen houdt in de situatie die het eigenlijk zou moeten verlichten', en dat meer liefdadigheid op het gebied van warmte, voedsel of gezondheidszorg de armen alleen maar nog afhankelijker maakt.[89]

Aan de ene kant zal niemand het oneens zijn met de roep om meer persoonlijke verantwoordelijkheid; aan de andere kant zit het iedereen dwars dat arme, kwetsbare mensen lijden terwijl anderen in de samenleving zo'n comfortabel leven leiden. Voor twee-alternatievendenkers is dit het dilemma, dus voelen zij zich gedwongen om een kant te kiezen. Intussen hebben de mensen in het grote midden geen oplossingen en verwachten zij ook niet echt dat er oplossingen komen: 'Er zal altijd armoede zijn', verzuchten ze.

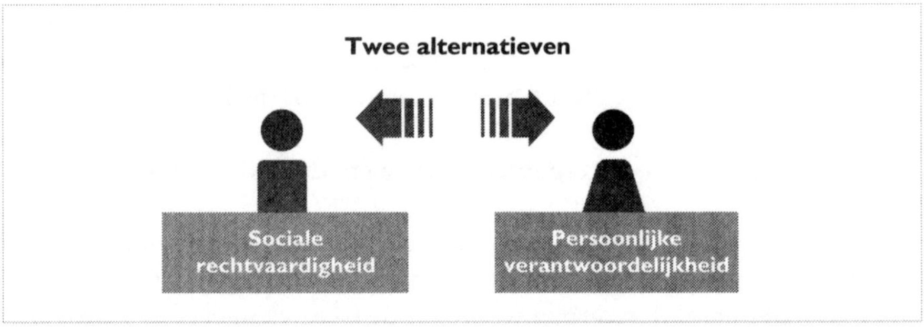

Ik wil rechts en links niet als marionetten afschilderen. Beide kanten hebben hun eigen principes op het gebied van persoonlijke en sociale verantwoordelijkheid, en beide kanten hebben grote bijdragen geleverd aan onze economische voorspoed, al was het alleen maar door elkaar in evenwicht te houden. Maar het simplistische getouwtrek tussen ideologieën heeft de armoedecirkel niet echt helpen doorbreken. Een uitkering maakt sommige mensen afhankelijk, en aanmoedigingen om 'op te houden je hand op te houden en werk te zoeken' helpen ook niet echt. Wij strevers naar synergie zijn het gehakketak tussen de twee-alternatievendenkers moe; we zouden willen dat ze zich bij ons aansloten en overstapten op iets hogers en beters dan wat beperkt bipolair denken te bieden heeft. Ons grote, overkoepelende doel is een wereld zonder armoede.

Primaire armoede versus secundaire armoede

Deze hogere en betere manier begint bij mezelf. Kijk ik op arme mensen neer? Geloof ik dat ze niet arm zouden zijn als ze net zo deugdzaam en vindingrijk waren als ik? Of, als ik niet zo welgesteld ben als ik graag zou willen, zie ik mezelf als slachtoffer? Voel ik dat ik op de een of andere manier recht heb op iets van mensen die fortuinlijker zijn? Is het linkerglas van mijn ideologische bril sterker dan mijn rechter, of vice versa? Is mijn identiteit geroofd door een politieke partij?

Noch de 'dader', noch het 'slachtoffer' is in een positie om bij te dragen aan een oplossing.

Zolang er fysieke, mentale of emotionele handicaps bestaan – zelf veroorzaakt, geërfd of gewoon door pech ontstaan – zullen sommige mensen in de samenleving afhankelijk zijn van de rest. Ik ken een jonge man, Frank, die spierdystrofie heeft en die alleen maar zwakjes op een toetsenbord kan typen, waarmee hij een paar dollar per week verdient met stukwerk. Hij moet gevoed en verzorgd worden als een pasgeboren baby. Hij heeft geen familie en geen bezittingen, met uitzondering van de kleren die hij draagt. Zelfs zijn rolstoel is eigendom van de staat. Maar ik zou hem niet arm noemen; hij heeft een rijke vriendenkring, een rijk intellect en een rijk karakter. Als ik het heb over een wereld zonder armoede, bedoel ik een wereld met overvloedige rijkdom van het soort dat Frank bezit. Een ander soort rijkdom.

Geld is maar één soort rijkdom, een teken van secundair succes. Primair succes, zo heb ik al eerder aangegeven, vloeit voort uit ons karakter en wordt gemeten in termen van de bijdragen die we leveren. Integriteit, eerlijkheid, hard werken, compassie – als we deze principes naleven, zullen we nooit gebrek hebben aan primaire rijkdom. In een wereld met zulk soort mensen zou niemand arm zijn, zelfs de zwakken en gehandicapten niet. Dit soort spirituele rijkdom is primaire rijkdom. Vaak (maar niet altijd) volgt secundaire rijkdom vanzelf. De kwaliteiten die tot materiële rijkdom leiden zijn nooit veranderd: karakter, onderwijs, geduld, vaardigheden en relaties die in de loop der tijd zijn opgebouwd. Er is hier sprake van natuurwetten, en degenen die ernaar leven kunnen nederig en zelfverzekerd tegelijk zijn. Het is waar dat sommige mensen rijk worden zonder deze kwaliteiten, dankzij hun afkomst, geluk of bedrog, en daar kun je gemakkelijk verbitterd over raken. Maar als ik mezelf als slachtoffer zie, ga ik zitten wachten tot de samenleving 'eerlijk' wordt, terwijl ik beter de primaire kwaliteiten kan ontwikkelen die tot voorspoed leiden. Zie ik de armen juist als luie parasieten, dan denk ik dat het voor hen en voor de maatschappij moreel riskant is om hun dingen gratis te geven. Bovendien vind ik het dan niet eerlijk dat ze iets voor niets krijgen.

Maar als voorstanders van synergie houden we ons niet zo bezig met wat eerlijk is. We willen verder kijken en naar een derde alternatief zoeken. We erkennen dat primair succes voorafgaat aan materiële rijkdom, en dat mensen allereerst de kwaliteiten van primair succes in zichzelf en de samenleving moeten bevorderen. Tegelijkertijd vinden we niet dat de armen achterlijk en afwijkend zijn en van anderen profiteren. Meer dan alle andere mensen op de wereld hebben de armen ons respect en onze empathie nodig. We zien ze in de geest van ubuntu, als onvervangbare individuen met unieke gaven zonder wie wij zelf niet menselijk zijn. We verheffen hun blik, zodat ook zij hun eigen waarde en mogelijkheden kunnen zien. Wanneer ze eenmaal op die manier leren kijken, zullen ze die spirituele rijkdom ontwikkelen die tot materiële rijkdom leidt.

Net als zoveel minder bevoorrechte mensen in onze samenleving was de jonge Weldon Long dakloos en platzak. Hij was op zijn vijftiende met school gestopt en nam telkens wanneer hij wat geld bij elkaar had gebietst zijn toevlucht tot bier en drugs. Hij had totaal geen eigenwaarde. Op zijn 32ste had hij al drie keer vast gezeten voor beroving. Hij had geen geld, geen hoop en geen toekomst. 'Weldon was een doorsneeloser. Hij had nog nooit een vaste baan gehad. Hij had zijn driejarige zoontje in de steek gelaten. Hij had nooit een huis gehad. Hij had zijn hele volwassen leven in een uitzichtsloze, wanhopige toestand doorgebracht.'[90] Armer dan Weldon Long kon een mens niet worden.

Tijdens een van zijn verblijven in de gevangenis begon hij in de bibliotheek te grasduinen en ontdekte hij de boeken van Ralph Waldo Emerson. Een van de inzichten van deze grote filosoof liet hem niet los: 'Het leven bestaat daaruit, waar een mens de hele dag over denkt.' Achteraf vertelde hij dat hij zich op die woorden concentreerde en ze steeds maar weer voor zichzelf herhaalde terwijl hij in zijn cel dreigend naar zijn spiegelbeeld tuurde.

Hij dacht diep over die woorden na terwijl hij zijn eigen ellendige werkelijkheid onder ogen zag. Hij keek ernaar en vroeg zich af of het leven niet meer te bieden had. Wat zou ervoor nodig zijn om dat te ontdekken? Zou hij ook maar enigszins in staat zijn om de koers van zijn ogenschijnlijk vaststaande lot te verleggen door verandering te brengen in waar hij 'de hele dag over dacht'?
Hoewel de omstandigheden onoverkomelijk leken, besloot hij toch een poging te wagen. Hij begon aan een traject om een transformatie

in zijn leven te bewerkstelligen. Hij was wanhopig, en wanhopige mensen doen wanhopige dingen. Hij was vastbesloten om de loop van zijn lot te veranderen.

Hij begon over een 'nieuwe' Weldon Long te denken, een liefhebbende vader en echtgenoot, een ontwikkeld mens, een eerlijke zakenman, iemand die een bijdrage levert aan de maatschappij. Hij vertelde zichzelf denkbeeldige verhalen waarin hij deze rollen vervulde. Elke dag, de hele dag door, prentte hij zich deze beelden van primair succes in. Deze verandering in zijn denken leidde tot een verandering in zijn gedrag. Hij las alle stimulerende literatuur die hij kon vinden: Emerson, de Bijbel, zelfhulpboeken. Hij schreef elke week brieven aan zijn zoontje. Hij volgde elke cursus die er in de gevangenis te volgen was, waardoor hij uiteindelijk *summa cum laude* zowel een bachelor's degree als een MBA haalde ('I went to jail, not Yale!' zegt hij gekscherend).

Ik kwam tot het besef dat ik volledig verantwoordelijk ben voor mijn eigen veranderingsproces. Over de mensen en de dingen om me heen had ik geen controle, dus verantwoordelijkheid nemen betekende niet zeuren en geen uitvluchten zoeken. Er was geen garantie dat ik mijn denkbeelden werkelijkheid kon laten worden. Desondanks moest ik de verantwoordelijkheid nemen... om alles te doen wat in mijn macht lag om een fatsoenlijk mens te worden.
Tegen de tijd dat ik in 2003 mijn derde gevangenisstraf had uitgezeten, was de situatie veranderd. Ik was veranderd. In plaats van te doen wat ik altijd had gedaan – drinken, drugs gebruiken en misdaden begaan – werd ik clean en nuchter. Ik wijdde mijn leven aan het bereiken van succes en aan het opbouwen van een leven dat gebaseerd was op hard werken, integriteit en persoonlijke verantwoordelijkheid.[91]

Nu hij weer een vrij man was, stond Weldon voor de allergrootste uitdaging: zou hij in zijn oude patroon vervallen of zou hij zijn angsten overwinnen en een nieuw leven weten op te bouwen? Gelukkig had hij zichzelf inmiddels aangewend om zich in nieuwe en productieve rollen te zien. Werk vinden was lastig, omdat maar weinig werkgevers bereid zijn om in zee te gaan met een crimineel. Uiteindelijk kreeg hij een baan bij een bedrijf dat verwarmings- en ventilatieapparatuur verkocht, waar hij de eerste maand al het verkooprecord brak. Voor het eerst in zijn leven verdiende hij op een eerlijke manier zijn brood. Al snel zette hij zijn eigen installatiebedrijf op, dat groot werd dankzij zijn harde werken. Hij bezit en woont nu met zijn vrouw en zoon in prachtige huizen in Colorado en Maui.

Ik ken Weldon Long persoonlijk en heb bewondering voor hem. Dit alles zou niet zijn gebeurd als hij niet had ontdekt wie hij werkelijk was: een machtig individu met een potentieel dat alleen maar beperkt wordt door zijn eigen keuzes. Je spirituele intentie is bepalend voor je perceptie, die weer bepalend is voor je gedrag, en je gedrag is bepalend voor de resultaten die je boekt. Als je mensen zover krijgt dat ze gaan stilstaan bij de bijdragen die ze leveren, belanden ze direct in een spirituele gemoedsgesteldheid. Zodra je de harten van arme mensen verheft, zodra je ze helpt zichzelf te zien als wezens van oneindige waarde, zullen ze hun eigen uitweg vinden uit hun armoede. Dat is wat ons te doen staat.

Iedereen kan doen wat Weldon Long deed, maar de paradigmaverschuiving van 'doorsneeloser' naar talentvolle, vindingrijke, succesvolle persoon die een betekenisvolle bijdrage levert aan de samenleving was voor hem een ontzaglijk grote stap. Desgevraagd zal hij je vertellen dat angst het grootste obstakel was. 'Ik realiseerde me dat angst de belangrijkste reden was geweest voor al mijn missers in het leven… Mijn angstige gedachten waren selffulfilling prophecy's geworden.'[92] Arme mensen staan voor een ontmoedigend dilemma. Veel van hen doen hun intrede in dit leven met een slechte gezondheid en een verstoorde gezinssituatie. Hun opleiding stagneert, en als je geen opleiding hebt kun je geen goede baan krijgen. Met het klimmen der jaren zien de armen een steeds diepere kloof voor zich opdoemen, die alleen met bijzonder veel kracht en moed te overbruggen is. Daarom zijn zoveel arme mensen bang om het te proberen. Ze moeten kiezen tussen springen en steeds weer falen, of blijven hangen in hun steeds schrijnender situatie.

Waarom zoeken ze niet gewoon een baan?

Net als de meeste andere dilemma's is dit natuurlijk een vals dilemma. Uit het verhaal van Weldon Long blijkt dat er een derde alternatief is. Maar de armen die proberen aan hun armoede te ontsnappen, worden tegengewerkt door vernietigende culturele krachten. Onze samenleving is onderverdeeld in mensen die zich gefrustreerd afvragen: 'Waarom zoeken ze niet gewoon een baan?' en mensen die armoede in stand houden uit misplaatste vriendelijkheid, bijvoorbeeld door het verstrekken van demoraliserende uitkeringen. In onze tijd kan 'gewoon een baan zoeken' voor iemand met een broze gezondheid, een slechte opleiding of gebrek aan connecties een overweldigend probleem zijn. En over compassie met de armen door hun een bestaan te verschaffen zonder dat ze daar moeite voor hoeven te doen, merkte de grote moralist C.S. Lewis terecht op: 'Liefde is serieuzer en groter dan pure vriendelijkheid.'[93] Onze samenleving heeft een plicht naar de armen die een stuk verder gaat dan voedselbonnen en vermaningen uitdelen.

Na 32 jaar bij een groot accountancybureau te hebben gewerkt, was Dave Phillips niet van plan om zijn tijd op de golfbaan te gaan doorbrengen. Zijn vrouw Liane en hij staken al jaren hun vrije tijd in verschillende goede doelen en wilden heel graag meer doen voor hun stad Cincinnati. Toen ze er tot hun verbijstering achter kwamen dat het armoedepercentage in Cincinnati het afgelopen decennium omhoog was geschoten van 12 naar 24 procent, besloten ze zich de rest van hun leven in te zetten voor het verbeteren van de omstandigheden van de armen in hun stad.

Ze hadden geen idee hoe ze dat moesten aanpakken, maar Dave had veel ervaring in het zakenleven en beiden waren behept met een groot empathisch vermogen. Zo begonnen ze zich zo goed mogelijk in het probleem en in de mogelijke oplossingen te verdiepen. Na grondige bestudering van een heleboel werkgelegenheidsprojecten in het hele land vormden ze hun ideeën en lanceerden ze 'Cincinnati Works', een non-profit 'gemeenschap van leden' die inmiddels wordt geroemd als 'de allerbeste best practice voor het creëren van win-winoplossingen voor mensen die in armoede leven en voor bedrijven die beginnend gekwalificeerd personeel nodig hebben'. Het model wordt door steeds meer Amerikaanse steden overgenomen.

Cincinnati Works (CW) is een echt derde alternatief voor de armen. Omdat ze niet in het bezit zijn van een ondersteunend netwerk, nemen arme mensen meestal hun toevlucht tot reguliere uitzendbureaus, die hun best doen om mensen op vacatures te wijzen, hun leren hoe ze cv's moeten schrijven en sollicitatiegesprekken regelen. Zodra de cliënt een baan heeft, beschouwen zij hun taak als volbracht. Maar deze benadering is veel te beperkt voor wat er werkelijk moet gebeuren. Langdurig werklozen weten hun baan zelden te behouden als ze er eenmaal een hebben gevonden; na drie maanden is nog maar een hopeloze 15 tot 20 procent aan het werk. Wat er, in de woorden van Liane Phillips, werkelijk nodig is, is 'een holistische benadering van de werkzoekende'. Zij ziet iemand die arm is als een compleet mens die niet alleen materiële maar ook emotionele, mentale en spirituele ondersteuning nodig heeft.

Bij CW heten langdurig werklozen geen 'cliënten' maar 'leden' van een wederzijds ondersteunende gemeenschap die mensen via een levenslange relatie verder probeert te helpen met hun carrière. De meeste leden zijn Afro-Amerikaanse vrouwen, alleenstaande moeders die met veel moeite werk en de zorg voor hun kinderen proberen te combineren. 'Ze hebben zo veel problemen', zegt CW-specialist Shirley Smith. 'Kinderen afzetten bij verschillende oppassen, bussen halen, proberen de eindjes aan elkaar te knopen... Ze moeten steeds weer van ons te horen krijgen: "Je kunt het", want van een ander horen ze het niet. Onze leden moeten het gevoel hebben dat ze op een zorgzame, betrokken plek terecht zijn gekomen en dat we ze begeleiden bij elke stap die ze zetten om aan hun armoede te ontsnappen.'

Deze betrouwbare emotionele ondersteuning is cruciaal. Uit onderzoek van het echtpaar Phillips kwam naar voren dat 60 procent van hun leden aan chronische depressiviteit lijdt, en dat geldt niet alleen voor de arme bevolking in Cincinnati, maar overal in Amerika. De symptomen van depressiviteit worden vaak geïnterpreteerd als luiheid. Liane Phillips zegt hierover:

> *Wij ontdekten dat dat beeld volkomen onjuist was. De meeste arme mensen die wij ontmoetten, waren verre van lui. Elke dag was een worsteling en een confrontatie met voortdurend nieuwe problemen die moesten worden opgelost. Taken die in onze ogen vanzelf gaan en simpel zijn, kosten hun een hoop energie: van en naar je werk komen zonder auto, boodschappen doen en betalen, je salaris – als je dat al hebt – zien te krijgen als je geen bankrekening hebt... We begonnen vooral te beseffen hoe wanhopig en gefrustreerd ze waren door hun herhaaldelijke vruchteloze pogingen om werk te vinden.*

Een eigen specialist op het gebied van geestelijke gezondheid helpt leden medisch en emotioneel om te gaan met de littekens van hun armoede. Een leven vol mislukkingen en afwijzingen maakt hen angstig. 'Het is heel eng om werk te zoeken', aldus een van de leden. 'Als ik afgewezen word, ben ik teleurgesteld in mezelf. Dan vraag ik me af hoe en waar het fout is gegaan.' Een ander beschrijft 'de angst om het huis te verlaten, om naar buiten te gaan en op een baan te solliciteren, de angst om te worden afgewezen of terzijde geschoven te worden, de angst dat ze je niet terugbellen'. Ze lijden onder hun geïsoleerde positie en onder de overal in doorklinkende sociale boodschap dat er iets mis met ze is. Voor veel mensen is het gewoon te pijnlijk om nog meer mislukkingen te riskeren, hoe slecht hun leven ook is.

Als gevolg van deze gevoelige emotionele wonden is het vaak niet hun grootste probleem om werk te vinden, maar om het te houden. Voor het echtpaar Phillips was dat een grote eyeopener. Wanneer ze eenmaal een baan hebben, geven ze die vaak op als een collega hen respectloos behandelt, als ze de bus missen of als hun kind ziek wordt. Doordat ze keer op keer stoppen met werken, raken ze ontmoedigd en wordt het steeds lastiger om werk te vinden. 'Als ze oog in oog komen te staan met een probleem – reëel of ingebeeld – gooien ze ogenblikkelijk het bijltje erbij neer. In het vuur van het moment zijn ze niet in staat om te beseffen hoe belangrijk het voor hun toekomst is om hun baan te behouden.' David boog zich met zijn boekhoudkundige achtergrond over het probleem en ontdekte dat het voor het gemiddelde lid een jaar duurde om stabiele werkrelaties op te bouwen, en dat de kans op baanverlies het grootst was in de eerste drie maanden. Daarom zijn de activiteiten van CW georganiseerd rond een streng regime dat drie maanden duurt, met veel communicatie en follow-up. De mantra is 'Bellen voor je stopt'. Leden die onder druk staan, bellen de CW-hotline voor hulp als ze tegen problemen aan lopen.

Eén jaar een baan houden leidt meestal tot zowel materiële als emotionele stabiliteit. Een lid zegt: 'Ik denk dat gebrek aan werk mijn depressiviteit verergert, doordat ik dan ook nog eens eenzaam ben... en het gevoel heb dat ik niet deug. Maar als ik werk en dat werk een beetje routine in mijn leven brengt, voel ik me goed. Ik heb een doel. Ik heb het gevoel dat ik goed ben zoals ik ben. Ik voel dat ik ergens bij hoor, dat ik in verbinding sta met de rest van de wereld.'

CW probeert ook het mentale leven van zijn leden te verrijken. Via workshops krijgen zij de 'verborgen regels' van de werkplek mee, hoe ze relaties moeten opbouwen, hoe ze met een lastige baas moeten omgaan en dat ze nooit hun baan moeten opzeggen voordat ze eerst contact hebben gehad met CW. Leden leren zich concentreren op de 'volgende stap' om aan hun armoede te ontsnappen: het aanleren van vaardigheden waar vraag naar is, of het halen van een certificaat, diploma of rijbewijs.

Bedrijven uit Cincinnati die CW-leden in dienst nemen en begeleiden, hebben baat bij het veel hogere retentiepercentage: 'CW heeft het verloop in veel bedrijven aanzienlijk teruggedrongen, in sommige gevallen met meer dan de helft, door 4000 arme en langdurig werkloze mensen werk te bezorgen en vervolgens diensten aan te bieden om ze aan het werk te houden... Bij Fifth Third Bank blijft 90 procent van de medewerkers die via het programma zijn aangenomen op zijn minst één jaar. En dan te bedenken dat het totale retentiepercentage van het bedrijf het eerste jaar maar 50 procent bedraagt.'[94] CW als geheel heeft voor het eerste jaar een retentiepercentage van 80.

De invloed van CW is werkelijk revolutionair. Terwijl overheidsinstanties per arm huishouden in Cincinnati gemiddeld 30.000 dollar per jaar uitgeven, helpt CW met een eenmalige investering van 1200 dollar één persoon een baan vinden en houden. In tien jaar tijd kan CW de gemeenschap dus meer dan 100 miljoen dollar besparen. 'Waarom zoeken ze niet gewoon een baan? Dat is de miljoen-dollarvraag als het om langdurig werklozen gaat', zegt Liane Phillips. 'Dat torenhoge bedrag staat toevallig gelijk aan de totale kosten die de samenleving minimaal kwijt is aan elk arm huishouden in de Verenigde Staten.'[95]

Voor langdurig werklozen is het te vaak een keuze tussen opgeven of terugvallen op de overwerkte publieke werkgelegenheidssector. De holistische aanpak van Cincinnati Works is een echt derde alternatief. Een paar mensen, zoals Weldon Long, weten zichzelf uit de armoede te denken en te werken, maar voor veel van Amerika's 37 miljoen armen kan de 'serieuze en grote' liefde van derde-alternatiefdenkers als het echtpaar Phillips het begin van zelfstandigheid en het einde van armoede betekenen.

Een einde aan armoede van binnenuit

De meeste mensen kunnen zich geen wereld zonder armoede voorstellen. Wereldwijd zijn er 878 miljoen mensen die geen toegang hebben tot de basisbehoeften van het leven, zoals schoon water, voedsel en onderdak. Onder hen bevinden zich tientallen miljoenen straatkinderen. Meer dan 11 miljoen arme kinderen sterven vóór hun vijfde verjaardag. Voor mensen die van goede wil zijn, is de uitdaging om deze ellende te verlichten onthutsend groot.

Maar er is goed nieuws. Tussen 2005 en 2010 is het aantal arme mensen met bijna een half miljard gedaald, dankzij de economische groei in opkomende landen. Laurence Chandy van het Brookings Institution zegt: 'Nog nooit eerder in de geschiedenis is de armoede in de wereld zo'n grote slag toegebracht: nog nooit eerder zijn zo veel mensen in zo'n korte tijd aan de armoede ontsnapt.' Het lijkt erop dat de ontwikkelingslanden zich eindelijk echt ontwikkelen, en misschien is het einde van de absolute armoede wel in zicht.[96]

Tientallen miljoenen mensen hebben dezelfde weg gevolgd als Weldon Long en hebben zich onttrokken aan de armoede en een plek verworven op de markt. De katalysator is hier natuurlijk de groei van de mondiale markten in Azië, Afrika en Latijns-Amerika, maar het is prettig om te merken dat zo veel mensen op eigen initiatief kansen grijpen als die zich voordoen.

Overal ter wereld vinden mensen die ooit arm waren een derde alternatief voor blijven hangen in armoede of wachten tot iemand hen komt redden. Ze vinden het in zichzelf. Overheden en liefdadigheidsorganisaties hebben enorme bijdragen geleverd, maar uiteindelijk komt de meest effectieve manier om armoede te verlichten van binnenuit. Goedbedoelde pogingen van de buitenwereld om mensen geld en middelen te schenken werken alleen als er ook iets van binnen verandert. Dat iets is respect voor jezelf.

Andere mensen kunnen die verandering een handje helpen. Jaren geleden werkten Jerry en Monique Sternin voor een liefdadigheidsinstelling die de voeding van kinderen in Vietnam probeerde te verbeteren. Omdat gezonde baby's in duizenden dorpjes wegkwijnden vanwege gebrek aan fatsoenlijke voeding, had de Vietnamese regering de Sternins uitgenodigd om te kijken wat zij ter plekke konden doen. Ze waren niet de eersten; vele organisaties waren hun al voorgegaan met melk en proteïnerijke biscuits, maar als de voorraden en de wil om te helpen uitgeput waren, staakten ze hun pogingen. 'Ze kwamen, ze voedden, ze vertrokken, en er veranderde niets', vertelt Jerry Sternin.

'Het was niet moeilijk te begrijpen waarom hun aanpak faalde', zegt Sternin. 'De dorpelingen waren passieve begunstigden van de projecten; ze werden gestimuleerd noch verplicht om de onderliggende gewoontes te veranderen die tot de slechte voeding van hun kinderen leidden.' Hoewel ze wel een aantal supplementen verschaften, besloten de Sternins de dorpelingen niet met voedsel te overladen zonder dat ze daar iets voor hoefden te doen. In plaats daarvan begonnen ze aan een empathische zoektocht naar antwoorden onder de dorpelingen zelf.[97]

Allereerst kwamen ze samen met de leiders van vier dorpen. Ze ontdekten dat niemand van hen ooit eerder om input was gevraagd over wat er mis was met de gezondheid van hun kinderen. Maar toen hun medewerking werd gevraagd, sprongen de dorpelingen daar enthousiast op in. Vrijwilligers wogen elk kind en zetten het gewicht af tegen het gezinsinkomen. De dorpelingen kregen tot hun stomme verbazing te horen dat een aantal van de best gevoede kinderen uit de armste gezinnen kwam. Iedereen was verbijsterd en wilde weten wat die gezinnen anders deden, en zo begon er een intensief proces van empathisch luisteren. De dorpelingen hingen aan de lippen van hun buren, ook al stonden die onder aan de sociale ladder.

Al snel werd duidelijk dat de allerarmsten aan de rijst van het gezin kleine garnaaltjes en loof van wilde zoete aardappelen toevoegden, waarvoor ze de rijstvelden afstroopten. Deze bronnen van proteïne en vitamines, die de meeste dorpelingen voor kinderen ongeschikte 'rotzooi' vonden, werden plotseling zeer waardevol. Deze en andere ontdekkingen die uiteindelijk duizenden kinderen voor ondervoeding behoedden, bevonden zich al die tijd binnen handbereik van de leden van de gemeenschap; maar de ouders waren blind voor hun eigen sterke punten doordat ze te weinig zelfrespect hadden. 'Wij zijn een arm dorp', hadden ze altijd gezegd. 'Wij hebben geen oplossingen. Wij lijden totdat de rijken en de ontwikkelden ons te hulp komen.'

Als mensen met een derde-alternatiefmentaliteit wisten de Sternins dat de kinderen uit het dorp zonder een paradigmaverschuiving slachtoffer zouden blijven van de twee-alternatievenmentaliteit die zo veel armen teistert: 'Anderen willen ons niet helpen, en wij kunnen onszelf niet helpen.' De Sternins leerden in Vietnam dat 'het traditionele model voor sociale verandering en organisatieverandering niet werkt. Dat heeft het nooit gedaan. Van buitenaf kun je geen permanente veranderingen introduceren.'[98] Maar wanneer arme mensen eenmaal de kracht hebben om de oplossingen voor hun armoede in zichzelf te zoeken, om zichzelf als begiftigd en capabel te zien, kunnen zij uitstekende probleemoplossers worden.

De Sternins laten ook zien hoe je een countertypementaliteit ontwikkelt; hoe je synergieën vindt door conventionele manieren van denken om te draaien. Hoewel zij als hoogopgeleide, technologisch vernuftige deskundigen uit het Westen in Vietnam werden uitgenodigd om de 'primitieve' dorpelingen te redden, draaiden de Sternins alles om. Ze kwamen om zelf te leren, niet om anderen dingen te leren. Ze luisterden in plaats van anderen hun ideeën op te leggen. Ze creëerden synergieën met de mensen in plaats van ze oplossingen op te dringen. Ze vonden de rijkste antwoorden bij de allerarmsten.

Als het om derde alternatieven voor armoede gaat, kent het theater van de magie geen beperkingen op het gebied van klasse of opleiding. Innovatie is overal onder de armen te vinden; zij moeten immers vaak de meest ingenieuze oplossingen vinden om de eindjes aan elkaar te knopen. Als wij aan innovatie denken, denken we aan Apple en Google en aan flitsende zakenlui met gigantische budgetten en onderzoekslaboratoria. Maar een deel van de opvallendste innovaties ter wereld ontspruit momenteel aan de winkeltjes en akkers van vindingrijke armen.

Twee keer per jaar gaan studenten van het Indian Institute of Management in Ahmedabad acht tot tien dagen op pelgrimstocht naar het platteland. Tijdens deze *shodhyatra*, of voetreis, gaan de studenten in de afgelegen dorpen van India op zoek naar derde alternatieven – het onorthodoxe idee, de vreemde of nieuwe creatie die uit noodzaak is geboren. De *shodhyatri's* zijn gefascineerd door de kleinste positieve afwijking. Als ze op een ongebruikelijke werkwijze of vinding stuiten die bedacht is door een boer of een winkelmedewerker, laten ze die circuleren in het Honey Bee Network, een landelijke organisatie die erop gericht is om de nieuwe kennis optimaal te benutten.

Professor Anil K. Gupta is de oprichter van het Honey Bee Network, dat zo wordt genoemd omdat bijen, bloemen en honing een symbiose vormen. Het is een vehikel voor synergie voor 'amateuruitvinders', durfkapitalisten en academici. Het netwerk, een klassiek countertype, opereert vanuit de veronderstelling dat India's grootste kennisbron zich op het platteland bevindt en niet op de universiteiten. 'Als we het over India hebben als kenniseconomie, gaan we ervan uit dat de mensen op het platteland zich alleen bezighouden met de laagste waardetoevoegende activiteiten en nooit met het verschaffen van kennis. Dat is absurd', zegt Gupta nadrukkelijk.

> *Het ontwikkelingsparadigma wordt al minstens een halve eeuw gedomineerd door het idee dat de rol van de staat of de maatschappij puur bestaat uit het leveren wat mensen missen: materiële middelen en mogelijkheden voor mensen om zich verder te bekwamen, meer middelen te verwerven of werk te vinden. Dit paradigma gaat voorbij aan een hulpbron die in de meeste mensen rijkelijk aanwezig is: hun eigen kennis.*
> *Economisch arm zijn is niet hetzelfde als arm zijn aan kennis. Maar van de armen die de onderkant van de economische piramide vormen wordt vaak verondersteld dat ze ook de onderkant van de kennispiramide vormen. Niets is minder waar.*[99]

Honey Bee verstrekt gegevens van deze tochten aan de National Innovation Foundation, die meer dan vijftigduizend door heel India ontdekte innovaties heeft verzameld en zowel onder investeerders als onder mensen op het platteland verspreid, onder iedereen dus die er zijn voordeel mee kan doen. De *shodhyatri's* documenteren plichtsgetrouw kruidenremedies, bijzondere toepassingen van kleine motors (zoals een oude Sony-walkman die werd gebruikt om een ventilator aan te drijven) en zelfs plaatselijke recepten voor curry. Ook lopen ze tegen kleine wondertjes aan, zoals een kind dat de namen en toepassingen van meer dan driehonderd plaatselijke planten kan opnoemen.[100]

Vaak vinden ze echt innovatieve ideeën die het leven van de armen kunnen veranderen. Eén succesvolle ontdekking was de Mitti Cool-koelkast van Mansukh Prajapati, gemaakt van een ingenieuze rechthoekige pot van klei die geen elektriciteit nodig heeft. Inmiddels zijn er duizenden van in gebruik. Prajapati heeft ook een door een motorfiets aangedreven ploeg uitgevonden, en een antiaanbakpan van klei die net zo goed schijnt te werken als een Teflon-pan, maar die maar één dollar kost.

Waar graanfabrieken geen bestellingen aannemen van kleine boeren, komt een andere uitvinder bij je langs met een draagbare tarwemaler op twee wielen en ontfermt zich over je oogst; er zit ook nog een wasmachine aan vast voor als je je was wilt laten doen. De uitvinder van een toestel om in kokospalmen te klimmen verkoopt zijn vinding inmiddels internationaal. Een kruidenzalf tegen eczeem die afkomstig is van een boerderij in een klein dorpje is populair over de hele wereld. Een andere man vond een amfibiefiets uit waarmee hij de rivier kon oversteken om zijn vriendin te zien. 'Ik kon niet op de boot wachten', zei hij. 'Ik moest mijn geliefde zien. Mijn wanhoop maakte een innovator van me. Zelfs de liefde kan niet zonder technologie.' De fiets is geen grap; investeerders overwegen om hem als reddingsvoorziening in te zetten in overstroomde gebieden.[101]

In de ogen van professor Gupta en zijn Honey Bee Network is heel India een theater van de magie voor derde alternatieven. Het netwerk zelf is één groot countertype dat munt slaat uit transformatieve – en lucratieve – ideeën die ontspruiten aan de geesten van arme mensen uit landelijke gebieden en niet aan de laboratoria van grote ondernemingen. Het siert Gupta dat hij hard zijn best doet om de intellectuele eigendomsrechten van de duizenden innovators uit het Honey Bee Network te beschermen. 'Als we iets van mensen leren, moet het met hen worden gedeeld', zegt hij. En dat geldt ook voor het economische rendement van hun vindingen.

Maar belangrijker dan de economische waarde is de spirituele waarde van het werk van Gupta. Als hun kennis wordt gerespecteerd, als iemand waarde hecht aan de bijdragen die zij leveren, reageren arme mensen met hun hart. De boerengrootmoeder die al heel lang door iedereen werd genegeerd, wordt plotseling een kostbare bron van kennis over kruiden, en de gemeenschap hangt aan haar lippen. Dorpskinderen willen allemaal dolgraag hun vindingen laten zien, en het feit dat ze zo trots zijn op wat ze hebben bereikt, is een enorme stimulans voor ze.

Een grootse synergie

'Armoede hoort niet thuis in een beschaafde samenleving. Het hoort thuis in een museum. En daar zal het uiteindelijk ook terechtkomen', voorspelt Nobelprijswinnaar Muhammad Yunus. Yunus, de vader van de microkredietindustrie – op zichzelf al een briljant derde alternatief – beseft dat armoede in feite een spirituele uitdaging is, die betrekking heeft op de hele persoon. Fysieke armoede is niet te scheiden van het hoofd, het hart en de geest. Om armoede te genezen hebben we een positieve innerlijke synergie nodig van elk onderdeel van onze natuur. Een wegkwijnend en uitgehongerd lichaam, een gedeprimeerd en ongewaardeerd hart, een onontwikkeld verstand, een wanhopige geest – dat zijn de elementen van de negatieve synergie die we armoede noemen.

Yunus gelooft in het ontketenen van het aangeboren menselijke vermogen van de armen om zichzelf te verheffen. In de jaren zeventig kwam hij, destijds hoogleraar economie in Bangladesh, tot de conclusie dat materiele armoede voor een groot deel het resultaat was van twee-alternatievendenken: arme mensen hadden krediet nodig om hun kleine bedrijfjes op te bouwen, maar banken wilden hun niets lenen omdat ze arm waren. Hun leningen zouden te klein zijn om moeite in te steken en de kans dat het misging, was groot. Daardoor waren ze gedwongen om in zee te gaan met woekeraars die rampzalige bedragen voor grondstoffen vroegen. De armen konden eenvoudigweg niet aan deze vicieuze cirkel ontsnappen; alle winst die ze maakten, vloeide terug naar de woekeraars.

Daarom bedacht Yunus een derde alternatief: een microkredietbank die kleine bedragen uitleent aan arme boeren en ambachtslui, zodat ze geleidelijk vooruit kunnen komen en de woekeraars kunnen omzeilen. Hij kende zijn volk goed genoeg om op hun primaire integriteit en eerlijkheid te vertrouwen – ze betalen hun leningen sneller terug dan de meeste klanten van grote banken. Dankzij de microkredietbeweging weten momenteel meer dan honderd miljoen mensen aan hun armoede te ontsnappen. Hoewel een aantal oneerlijke mensen hun microkredietconcept heeft proberen te misbruiken, biedt het hoop aan miljoenen. Tijdens een diner met dr. Yunus vertelde hij me dat hij zich in zijn leven ten doel had gesteld om het einde van de armoede mee te maken.

Yunus gelooft dat het grote politieke debat over armoede uiterst oppervlakkig is. In zijn ogen draait het alleen maar om politiek en economie, wat 'zonder de menselijke kant zo hard en zo droog is als steen'. Tegen de radicale linkervleugel die de armoede wil oplossen door eenvoudigweg geld over te hevelen, zegt hij dat hun boodschap aan de armen ondermijnend is: 'Jullie kunnen niets, de overheid moet voor jullie zorgen. Dus worden jullie afhankelijk.' En tegen de radicale rechtervleugel, met zijn laisser faire-vertrouwen in de vrije markt, zegt hij: 'Vrijgegeven markten zijn niet bedoeld om sociale problemen op te lossen en kunnen armoede, ziekte, vervuiling, corruptie, criminaliteit en ongelijkheid zelfs verergeren.'[102] Volgens Muhammad Yunus ziet geen van beide partijen wat er werkelijk moet gebeuren: de menselijke waardigheid van de armen moet worden verhoogd.

Yunus droomt van een grootse synergie tussen het bedrijfsleven en de armen, waarbij de macht van het kapitaal gekoppeld wordt aan hun aspiraties om een derde alternatief te creëren dat hij een 'social business' noemt. Een social business, zo zegt hij, moet 'een einde maken aan een sociaal probleem' in plaats van winst voor aandeelhouders genereren. De Franse voedselgigant GroupeDanone heeft samen met hem de non-profit Grameen-Danone Company opgezet, die duizenden armen in Bangladesh aan een baan helpt bij de productie van een verrijkte yoghurt die betaalbaar is voor arme kinderen in dat land. Door de gezondheid van kinderen te verbeteren, grote hoeveelheden plaatselijke melk in te kopen en banen te scheppen die de eigenwaarde van mensen bevorderen, bereikt dit voorbeeld van het social business-model veel meer dan de som van zijn delen. Het is een synergie die een hele natie zou kunnen transformeren.[103]

Yunus gelooft dat dit derde alternatief ons binnen afzienbare tijd een wereld zonder armoede kan brengen. Of hij gelijk heeft, is onmogelijk te voorspellen. Investeerders van Danone weten dat 'het psychologische en spirituele rendement van hulp aan arme mensen aan de andere kant van de wereld' het enige rendement is dat ze zullen ontvangen. Misschien dat de belofte van primaire rijkdom genoeg kapitaal aantrekt om dit soort verandering te bewerkstelligen. Yunus denkt van wel: 'Een zakenman is niet altijd iemand die zoveel mogelijk winst wil maken. Bedrijven kunnen ook een ander doel hebben: een maatschappelijk doel. We hebben zakenmensen nodig die niet door geld worden gedreven, maar door hun verlangen om een bijdrage te leveren aan de samenleving.'[104]

Ongeacht of de visie van Yunus waarheid wordt, heb ik diepe bewondering voor zijn derde-alternatiefmentaliteit. Hij heeft er al miljoenen mensen toe aangezet om via hun eigen vindingrijkheid en ondernemingszin naar een betere toekomst te streven. Hij ziet ook een cruciale rol weggelegd voor het bedrijfsleven en de overheid. De combinatie van persoonlijke verantwoordelijkheid en organisaties die voor sociale rechtvaardigheid strijden kan een positieve uitwerking hebben op de menselijke waardigheid van de armen en hun omstandigheden verbeteren. In dit boek probeer ik een *shodhyatri* te zijn, iemand die zoekt naar derde alternatieven in onze samenleving. Ze zijn overal, ze lichten op als kampvuren in het duister. Elk van deze lichtjes is het resultaat van het feit dat iemand ergens op de wereld kiest voor de paradigma's van synergie, en de paradigma's van verdediging en aanval links laat liggen.

Ik zie mezelf. Denk aan Weldon Long, een van de allerarmsten, die in de spiegel zijn eigen beeltenis bestudeert en zich realiseert dat armoede – moreel, materieel en emotioneel – een keuze is, en dat hij in staat is om een andere keuze te maken.

Ik zie jou. Denk aan Anil Gupta, een wellevende managementprofessor die bij arme Zuid-Aziatische dorpelingen geen hulpeloze onwetendheid, maar schatten van kennis bespeurt die de wereld kunnen verrijken. 'Sommige mensen zijn misschien economisch arm,' zegt hij, 'maar dat betekent niet dat hun geest arm is. De geesten in de marge zijn geen marginale geesten.'

Ik zoek je op. Denk aan Ward Clapham, een doorgewinterde politieagent, een Royal Canadian Mountie, die geen jacht maakt op jongeren om ze te arresteren maar om ze te complimenteren voor hun goede kanten, om van ze te leren en om met ze samen te werken. Hij ziet geen 'delinquenten', maar mensen die in de toekomst een bijdrage zullen leveren aan de samenleving, toekomstige ouders en partners in de synergetische missie om een maatschappij op te bouwen voor volgende generaties.

Ik creëer synergie met jou. Denk aan Natalie Jeremijenko, die de handen ineenslaat met kunstenaars, ingenieurs, tuinmannen en oceanologen – met iedereen die de mentaliteit van het theater van de magie bezit – om door middel van kleine synergetische wondertjes de ecologie van een geweldige stad te transformeren.

Wanneer ik net als deze geweldige mensen synergie probeer te bereiken, kijk ik naar onze samenleving en zie ik haar misstanden als kansen om dingen te veranderen, als kansen om het spel te wijzigen en een toekomst te creëren die beter is dan de toekomst waar ik van droom. Wanneer wij allebei naar synergie streven, verdwijnen de grote verschillen tussen ons vanzelf. En het maakt geen verschil of onze cirkel van invloed klein of groot is, een klein gezin of een hele samenleving, omdat de consequenties van onze acties zich na verloop van tijd als een inktvlek verspreiden. We hoeven ons niet te laten ontmoedigen door valse dilemma's. We hoeven niet te wachten tot de samenleving verandert. We kunnen bewust onze eigen verandering tot stand brengen.

Leren door te communiceren

De beste manier om van dit boek te leren is de inhoud ervan aan iemand anders door te geven. We weten allemaal dat de leraar veel meer leert dan de leerling. Ga dus op zoek naar iemand – een collega, een vriend(in) of een familielid – en vertel hem of haar over de inzichten die je zelf hebt opgedaan. Stel onderstaande vragen of bedenk je eigen provocatieve varianten.

- Alan Greenspan heeft het over 'een groot schisma in onze samenleving dat steeds destructiever wordt'. Welke ideeën over de samenleving houden beide kanten erop na? Wat zijn de beperkingen van beide denkbeelden?
- Wat is 'wederzijdse afhankelijkheid'? Waarom hechten derde-alternatiefdenkers waarde aan wederzijdse afhankelijkheid bij het oplossen van sociale problemen? Op wat voor manieren kan het begrip 'dharma' ons als individuen helpen de problemen om ons heen het hoofd te bieden?
- Wat kunnen we van de wedergeboorte van Times Square leren over omgaan met conflicten in onze buurt en gemeenschap? Wat leert dit verhaal ons over het belang van betrokkenheid van verschillende partijen? Hoe werd het prototyperingsproces gebruikt om tot een derde alternatief te komen?
- Wat zijn de beperkingen van de 'harde' en de 'softe' lijn bij het aanpakken van criminaliteit? Hoe en waarom creëerde Ward Clapham een synergetisch politiekorps? In welke zin zijn 'positieve bonnen' en de straatrace-Mini countertypes? Wat is de waarde van een countertype?
- Wat zijn de twee kanten in het grote debat over gezondheidszorg? Waarom draait dit debat om een vals dilemma?
- In hoeverre zijn we persoonlijk verantwoordelijk voor onze eigen gezondheid? Wat betekent het om 'voor de hele persoon te zorgen'?
- De gezondheidszorg is in feite een 'ziekte-industrie'. Wat wordt hiermee bedoeld? Wat hebben we van de verhalen van het Living Well Health

Center, de Norman Clinic en IHC opgestoken over derde alternatieven in de gezondheidszorg?

- Wat leert het verhaal van de twee mensen die over het milieu discussiëren ons over empathisch luisteren?
- Wat leren we van Natalie Jeremijenko en Allan Savory over de grootschalige impact van kleinschalige derde alternatieven?
- Wat is het verschil tussen primaire en secundaire rijkdom? Waarom is primaire rijkdom fundamenteler voor ons welzijn dan secundaire rijkdom?
- Weldon Long zegt dat angst het grootste obstakel is voor mensen die aan hun armoede proberen te ontsnappen. Waar komt die angst vandaan? Wat leert het verhaal van Weldon Long ons over het overwinnen van die angst?
- Wat bedoelen we als we zeggen dat het einde van armoede 'van binnenuit' zal komen? Welke voorbeelden van dat principe zie je terug in de verhalen van Jerry en Monique Sternin en het Honey Bee Network?

Zelf proberen

Welke sociale problemen of kansen zie je als je rondkijkt in je eigen gemeenschap? Ontwikkel prototypes voor derde alternatieven en vraag anderen om mee te doen. Gebruik hierbij het schema *In vier stappen naar synergie.*

In vier stappen naar synergie

1. **Stel de derde-alternatiefvraag:**

   'Ben je bereid op zoek te gaan naar een oplossing die beter is dan alles wat we tot nu toe afzonderlijk hebben bedacht?'
   Zo ja, ga dan verder naar stap 2.

2. **Definieer succescriteria**

   Noteer hier de kenmerken van een oplossing waar iedereen blij mee zou zijn. Wanneer is er sprake van succes? Wat moet er echt gebeuren? Wat zou een 'win-win'-resultaat zijn voor alle betrokkenen?

3. **Creëer derde alternatieven**

   Maak hier (en elders) modellen en tekeningen, schrijf ideeën van anderen op, zet je eigen ideeën op zijn kop. Werk snel en creatief. Schort oordelen op tot het spannende moment waarop je weet dat je synergie hebt bereikt.

4. **Bereik synergie**

   Beschrijf hier je derde alternatief en, indien gewenst, hoe je dit wilt gaan uitvoeren.

Handleiding voor de tool *In vier stappen naar synergie*

In vier stappen naar synergie. Dit proces helpt je het synergieprincipe in praktijk te brengen. (1) Toon bereidheid om op zoek te gaan naar een derde alternatief. (2) Definieer hoe succes er voor iedereen uitziet. (3) Experimenteer met oplossingen totdat je (4) synergie bereikt.

Hoe bereik je synergie

1 Stel de derde-alternatiefvraag:

In een conflict of creatieve situatie helpt deze vraag iedereen afstand te nemen van verharde posities of vooringenomen ideeën, richting een derde standpunt.

2 Definieer succescriteria

Noteer kenmerken of beschrijf in het kort hoe een voor iedereen bevredigend resultaat eruitziet. Stel jezelf daarbij de volgende vragen:

- Is iedereen betrokken bij het vaststellen van de criteria? Krijgen we zo veel mogelijk inbreng van zo veel mogelijk mensen?
- Welke resultaten willen we echt? Wat moet er echt gebeuren?
- Welke resultaten zouden voor iedereen winst betekenen?
- Kijken we verder dan onze standaardeisen naar iets beters?

3 Creëer derde alternatieven

Volg deze richtlijnen:

- Speel ermee. Het is niet echt. Iedereen weet dat het spel is.
- Doe niet aan afronding. Vermijd overeenstemming en consensus.
- Geef geen oordeel over andermans ideeën – of over die van jezelf.
- Maak modellen. Maak tekeningen op whiteboards, schets grafieken, bouw een dummy, schrijf een ruwe opzet.
- Zet ideeën op zijn kop. Keer de gangbare opvatting om.
- Werk snel. Stel een tijdslimiet, zodat de energie en het creatieve denkproces op peil blijven.
- Kom met heel veel ideeën. Je kunt niet voorspellen welk ongebruikelijk inzicht tot een derde alternatief zal leiden.

4 Bereik synergie

Het derde alternatief is te herkennen aan een sfeer van opwinding en inspiratie. Het oude conflict speelt geen rol meer. Het nieuwe alternatief voldoet aan de succescriteria. Let op: verwar een compromis niet met synergie. Een compromis geeft een tevreden maar nooit een opgetogen gevoel. Bij een compromis verliest iedereen iets; bij synergie wint iedereen.

Hoofdstuk 8
Het derde alternatief in de wereld

Je kunt geen handen schudden met een gebalde vuist.
– Indira Gandhi

Op weg naar een zeldzame strandvakantie bij Tel Aviv naderden Mohammed Dajani en zijn familie een lange rij auto's die stond te wachten bij een checkpoint van het Israëlische leger. Dajani's bejaarde moeder, die aan astma leed, werd zenuwachtig en kreeg moeite met ademen. Ze was vergeten haar inhaler mee te nemen. Plotseling zakte ze in elkaar, slachtoffer, zo leek het, van een hartaanval. Dajani probeerde niet in paniek te raken en bereidde zich erop voor dat hij de Israëlische soldaten zou moeten smeken om hen snel het checkpoint te laten passeren, zodat ze haar naar een ziekenhuis konden brengen.

Dit moment was een keerpunt in Mohammeds leven. Hij had al jaren met deze checkpoints moeten leven. Als Palestijn wiens familie al generaties lang op deze plek woonde, vond hij het vernederend om voortdurend aangehouden en gefouilleerd te worden door gewapende soldaten die hij als vreemdelingen in zijn land beschouwde. De familie Dajani woonde al honderden jaren in Palestina. Eeuwen geleden had de sultan zijn familie het beheer van de graftombe van koning David in Jeruzalem toevertrouwd, een eervolle plicht die zij van generatie op generatie was nagekomen. Maar in 1948 was de staat Israël gesticht, wat veel Palestijns-Arabische families zoals de Dajani's als *al-Nakba*, de catastrofe, beschouwden: een onrechtvaardige oplegging van een buitenlandse regering en een buitenlandse cultuur. Dajani's familie was ontworteld.

'Sindsdien is het jarenlang mijn grote droom geweest', zegt hij, 'om het land van Israëliërs te ontdoen.' Op de universiteit in Beiroet ontdekte hij dat hij een goede spreekbuis was voor zijn doel. Tegenwoordig hangen de muren van zijn kantoor vol met nieuwsfoto's van hemzelf uit de jaren zeventig, waarop hij enorme mensenmassa's toespreekt over de Palestijnse bevrijding. Hij werd al snel een secondant van Yasser Arafat, de leider van het verzet tegen de Joodse staat. 'Ik heb heel lang geloofd dat geweld de enige oplossing was.'

De meeste mensen zijn maar al te bekend met het conflict tussen Israël en Palestina. Het begon in de negentiende eeuw met de opkomst van het zionisme, een beweging die een Joodse staat wilde stichten in wat de Joden *eretz Israel* noemen, hun voorouderlijke vaderland in Palestina. Het antisemitisme in Europa, dat culmineerde in de verschrikkingen van de Holocaust, leidde ertoe dat veel wereldleiders hun steun gaven aan een Israëlische staat. Deze werd uiteindelijk op 14 mei 1948 gesticht dankzij een verklaring van de Verenigde Naties. Maar de Palestijnse Arabieren, van wie de meesten moslim zijn, beschouwden het zionisme als een groot onrecht; in hun ogen was het niets minder dan de ontvreemding van *hun* voorouderlijke vaderland. Ze kwamen direct in opstand tegen de nieuwe Israëlische macht. In de jaren die volgden werden beide kanten geteisterd door zelfmoordaanslagen, raketaanvallen, gewelddadige opstanden en moorden.

Het Israëlisch-Palestijnse conflict is inmiddels uitgemond in een bron van conflicten tussen de moslimwereld en het Westen, die grote allianties met oorlog doet dreigen. Diplomatieke pogingen om het conflict op te lossen falen keer op keer. Vrede lijkt frustrerend ver weg.

Hoe complex het ook is en hoe ver het ook teruggaat, dit bloederige conflict is net als zoveel andere conflicten oorspronkelijk het resultaat van twee-alternatievendenken. Elke partij zegt in feite tegen de andere: ‘Mijn aanspraak op het land is superieur aan de jouwe. Mijn godsdienst is superieur aan de jouwe. Jij moet plaatsmaken.’ De schaarstementaliteit regeert. Het is een nulsomsituatie, waarin de ene partij moet verliezen omdat de andere anders niet kan winnen.

In dit hoofdstuk trekken we de mentaliteit van het derde alternatief door naar de wereld waarin we leven, een twistzieke wereld waarin de dreiging van een catastrofale oorlog heel reëel is. De respondenten van onze Serious Challenge Survey noemden ‘een einde maken aan oorlog en terrorisme’ de belangrijkste uitdagingen van onze hedendaagse wereld. Hier volgen enkele van hun ideeën:

- ‘Terreur is nog steeds het grootste probleem waar onze wereld mee kampt. Het dreigt de vrijheid en de vooruitgang teniet te doen die gevestigde democratieën de wereldburgers willen verschaffen.’
- ‘De tol die burgers voor oorlog en terrorisme betalen is onmenselijk. Gebouwen die worden verwoest, levens die verloren gaan en ontelbare hoeveelheden geld die in de vernietiging worden gepompt, en waarvoor?’
- ‘De wereld als geheel wordt door oorlog verwoest, en het arsenaal aan massavernietigingswapens blijft maar toenemen.’
- ‘Als er geen oorlog uit te vechten was en geen terrorisme te bestrijden, konden we ons meer richten op het verbeteren van onze economieën en het terugdringen van de armoede.’

- ‘Oorlog en terrorisme ontnemen mensen de mogelijkheid om veilig te leven, voor zichzelf en hun kinderen te zorgen en fatsoenlijk onderwijs te volgen.’

De Israëlisch-Palestijnse kwestie is maar een van de pijnpunten. We hebben allemaal belang bij de vreedzame, creatieve oplossingen die derdealternatiefdenken onze plaatselijke gemeenschappen en onze landen kan brengen. Daarvoor is een ware revolutie nodig in de manier waarop we debatteren en diplomatie bedrijven. Er zijn een heleboel geweldige mensen die in het Midden-Oosten tot een derde alternatief proberen te komen, en hun inspanningen kunnen ons veel leren over de synergieën die mogelijk zijn binnen onze eigen cirkel van invloed.

Vrede bouwen: een revolutie in de interne diplomatie

Een van die mensen is Mohammed Dajani. Op die afschuwelijke dag waarop zijn moeder bij het checkpoint lag te sterven, ontdekte hij iets wat zijn leven veranderde. Zijn enige contact met Israëliërs was tot dan toe bij zulke checkpoints geweest, met jonge soldaten met machinegeweren. Maar nu schoten diezelfde soldaten te hulp om zijn getroffen moeder te helpen. Binnen een paar minuten hadden ze twee ambulances geregeld. Ze brachten zijn moeder naar een Israëlisch legerziekenhuis omdat dat het dichtst bij was. ‘Die middag was ik er getuige van hoe mijn vijand mijn moeder probeerde te redden. Het was een heel belangrijke gebeurtenis in mijn leven. Voor mij was het een van de vele omslagpunten van “wij of zij” naar “wij én zij”.’[1]

Tegenwoordig is professor Mohammed Dajani van de al-Quds universiteit een van de belangrijkste exponenten van het derde alternatief in Palestina, een ‘wij én zij’-paradigma. Zijn opmerkelijke omslag heeft hem ertoe aangezet om een organisatie op te richten die Wasatia heet en die jonge Palestijnen voorlicht om te voorkomen dat zij in twee-alternatievendenken vervallen. De naam van de organisatie is afkomstig van een vers uit de Koran: ‘We hebben een *wasatan*-gemeenschap van jullie gemaakt.’ De term *wasatia* wordt op verschillende manieren vertaald, maar betekent zoiets als ‘het middelpunt tussen twee uitersten’. Wasatia heeft dan ook tot doel om de uitersten te negeren en tot een hogere, evenwichtiger benadering van het hele leven te komen.

‘De oorzaak van het probleem ligt hem in het feit dat Palestijnen in hun jeugd twee lessen mee krijgen’, zegt professor Dajani. ‘Zij leren dat een win-verliesformule de enige manier is om een conflict of verschillen op te lossen, en dat moslims, christenen en joden niet voorbestemd zijn om naast elkaar te leven, laat staan om succesvol samen te leven.'[2] Dit is natuurlijk een voorbeeld van klassiek twee-alternatievendenken.

Mijn indruk van het islamitische begrip 'wasatia' is dat het veel gemeen heeft met het derde alternatief. Het is een afwijzing van twee-alternatievendenken, dat mensen in de greep houdt van wat Dajani 'fanatieke partijgeest, stammensolidariteit, fanatisme, racisme, onverdraagzaamheid en intolerantie' noemt... de neigingen die de mens ertoe drijven om de sterfelijke vijand van de mens te worden'.[3] Degenen die wasatia omarmen, zoeken naar een hogere, betere manier, beter dan het compromis van puur vreedzaam naast elkaar leven, in de geest van een derde alternatief waarbij men samen gedijt in hetzelfde land.

Wat bracht Dajani ertoe om deze invloedrijke beweging onder zijn mede-Palestijnen op te starten? Het was vooral de empathie van de Israelische soldaten die hem op andere gedachten bracht. Dat beeld werd versterkt toen Dajani's vader in een Israëlisch ziekenhuis werd behandeld voor kanker. 'Het personeel maakte grapjes met hem en behandelde hem niet als een Arabier – dat was een eyeopener voor mij', zegt Dajani.

Rabbijn Ron Kronish, de moedige directeur van de Interreligious Coordinating Council in Israel (ICCI), wijdt zijn leven aan het scheppen van kansen voor Israëliërs en Palestijnen om empathisch naar elkaar te luisteren. Dat is een absolute randvoorwaarde voor een vreedzaam derde alternatief in dit door problemen geteisterde land – en overal elders.

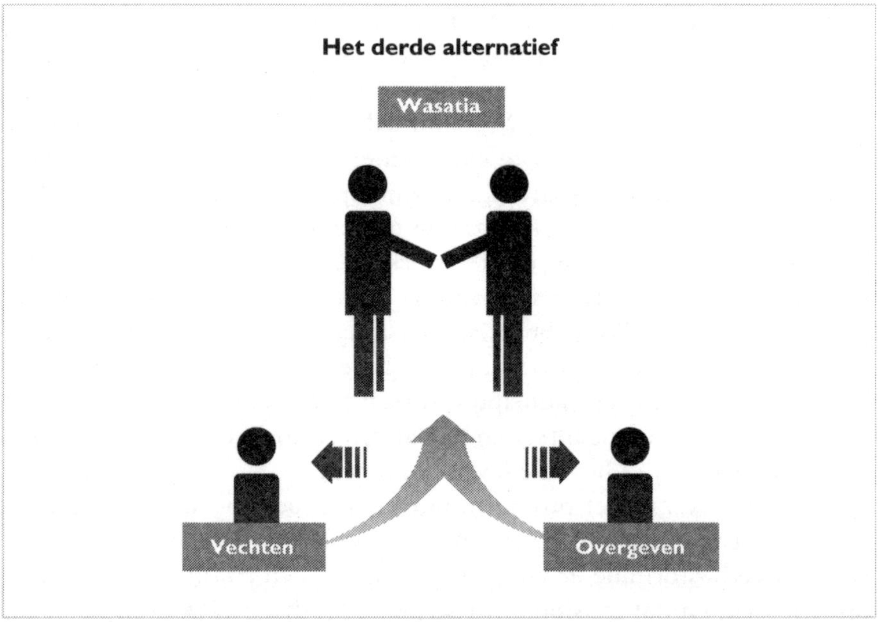

'Er is vrijwel geen interactie tussen de twee partijen', zegt rabbijn Kronish. 'We worden door de media overspoeld met afschuwelijke stereotyperingen van elkaar. Palestijnen komen Joden eigenlijk alleen bij checkpoints tegen. Zij zien de Joden daar als soldaten die deel uitmaken van een bezettingsleger. En in de ogen van de Joden zijn Palestijnen terroristen en is de islam een godsdienst van de dood, die zelfmoordaanslagen aanmoedigt.' Toch zijn dit de mensen die hij regelmatig samen weet te brengen voor systematische, onafhankelijke en intensieve ontmoetingen waarin ze het gesprek met elkaar aangaan; vrouwen, jongeren, jongvolwassenen, onderwijzers, religieuze leiders – mensen die veranderingen kunnen bewerkstelligen in hun gemeenschap en samenleving. 'Wat we doen bij de ICCI? We brengen mensen met elkaar in gesprek om ze in hun hoofd en hart te overtuigen van de mogelijkheden en voordelen van vreedzaam samenleven, nu en in de toekomst.'

Voor mensen die een serieuze dialoog aangaan met de ander – die tevens de vijand is – is het een enorme verrassing als ze ontdekken dat die anderen daadwerkelijk menselijk zijn en dat iedereen zijn eigen unieke verhaal heeft, dat meestal ook verband houdt met het grotere religieuze en politieke conflict. Als ze zich bovendien iets meer in elkaars godsdiensten verdiepen, ontdekken ze bovendien dat die godsdiensten in wezen dezelfde humanistische waarden hebben. De joden in de groepen hebben nog nooit de Koran opengeslagen, en andersom geldt hetzelfde – de Palestijnse moslims en christenen weten heel weinig over het jodendom. In een van de groepen hoorde een islamitische religieus leider voor het eerst het vers uit de Talmoed 'Wie één leven redt, redt de hele wereld' en riep 'Dat vers staat ook in de Koran!' Door het bestuderen van elkaars heilige boeken krijgen joden, christenen en moslims in Israël en de regio steeds meer vertrouwen terwijl ze van elkaar leren.

De ICCI geeft individuen die in dit conflict verwikkeld zijn de mogelijkheid om elkaar doelbewust op te zoeken en naar elkaar te luisteren. Dr. Kronish meldt dat ze 'hun gevoelens over de problemen met elkaar delen. Zo af en toe lopen de gemoederen zo hoog op dat we denken dat we er beter mee kunnen stoppen, maar de deelnemers willen per se doorgaan.' Hoewel de ICCI-dialogen vaak zeer moeilijk zijn, houden de meeste deelnemers stug vol aangezien er een diepe behoefte aan empathisch luisteren bij ze ontstaat. Deze mensen willen elkaar begrijpen en te weten komen hoe ze kunnen leren samenleven. Een van de joodse deelnemers zei onlangs: 'Als ik iets verontrustends in de krant lees, wil ik in mijn dialooggroep horen wat mijn vriend en collega Achmed – of hij nou een Palestijnse moslim of christen is – daarover denkt en voelt. Wat vindt hij er echt van?' Ze discussiëren op een persoonlijke manier over grote landelijke kwesties.

Om jonge mensen te bereiken is de ICCI een van de internationale partners van het New Yorkse Auburn Theological Seminary in een dialoogproces van een jaar, dat een zomerkamp omvat voor zowel Palestijnse en Israëlische studenten als voor studenten uit Zuid-Afrika, Noord-Ierland en delen van de Verenigde Staten. Tijdens dit 'Face to Face/Faith to Faith'-kamp, dat elke zomer plaatsvindt in het noorden van de staat New York, eten ze koosjer, halal en vegetarisch voedsel, slapen ze in één ruimte, discussiëren ze en huilen ze als ze afscheid van elkaar moeten nemen, net als in elk ander kamp.[4]

Een van de medewerksters van rabbijn Kronish bij de ICCI is de Palestijns-Arabische Margaret Karram. 'Ik heb een complexe identiteit', zegt zij. 'Ik ben een Israëlisch-katholiek-christelijke Arabische Palestijnse.' Als kind vond ze het erg vervelend om de Joodse kinderen in haar buurt tegen te komen op de glooiingen van de berg Karmel. De Arabische en Joodse kinderen kopieerden in feite wat de volwassenen deden en gooiden stenen en scholden elkaar uit. 'Ik was altijd aan het huilen', herinnert ze zich. Op een dag kwam ze na zo'n gevecht naar huis strompelen. Haar bijzondere moeder, die aan het bakken was, zei tegen haar dat ze de Joodse kinderen in de keuken moest uitnodigen, waar ze hun allemaal Arabisch brood gaf om mee naar huis te nemen. De Joden kwamen haar bedanken en al snel nodigden ze elkaar uit op hun feesten. Zo ontstond er in die kleine buurt van Haifa een goede verstandsverhouding tussen de mensen.

Op vijftienjarige leeftijd ontdekte Karram de Focolare-beweging, een wereldwijde katholieke beweging die tot doel heeft de dialoog tussen verschillende volkeren en godsdiensten op alle niveaus te bevorderen. In navolging van haar moeder, en gevoed door de spirituele waarden van de Focolare-beweging, ging Karram van haar Joodse vrienden houden en wilde zij als christen meer van hen weten. Ze ging naar Los Angeles om Joodse studies te volgen aan de University of Judaism. 'Ik heb zes maanden lang mijn mond niet opengedaan', zegt ze. De andere studenten gingen ervan uit dat ze Joods was, maar uiteindelijk ontdekten ze wie ze werkelijk was. Ze waren verbijsterd over het feit dat ze samen met een Palestijnse Arabische de Thora en de Talmoed hadden bestudeerd. Margaret legde hun uit dat ze was gekomen om de kloof tussen hen en haar volk te helpen dichten. 'Om dat te kunnen doen, moet ik jullie kennen', zei ze. Na vijf jaar van empathisch luisteren studeerde ze af en keerde ze terug naar haar vaderland, een Arabische met een universitaire graad in kennis van het Joodse volk.

Tegenwoordig doceert Margaret Karram Joods-christelijk-Arabische relaties op scholen in Jeruzalem en doet ze haar best om bruggen te bouwen. Ze wijdt haar leven aan het creëren van dialogen en het bevorderen van empathie. 'Ik kan niet heel veel veranderen,' zegt ze, 'het gaat stap voor stap.'[5]

Ik denk dat Margaret haar invloed onderschat. Doordat ze de dialoog met elkaar aangaan, gaan mensen als Margaret Karram en leden van groepen als de ICCI en Wasatia elkaar vertrouwen en echte affectie voor elkaar voelen. Ze weten dat er meer nodig is dan een dialoog, maar het is een eerste en essentiële stap in de richting van nieuwe mogelijkheden. En dat verklaart naar mijn mening waarom zo veel formele diplomatieke pogingen om conflicten als dat in het Midden-Oosten op te lossen tot mislukken gedoemd zijn. Doordat de standaarddiplomatie voorbijgaat aan de kans om empathische verbindingen te leggen, creëert deze geen ruimte voor 'psychologische lucht'.

De conventionele pogingen om vrede te stichten komen neer op rationele onderhandelingen tussen mensen die de grote politieke wetenschapper Samuel P. Huntington 'de Davos-cultuur' noemt. Elk jaar komen hoge regeringsfunctionarissen en de zakelijke elite bijeen voor een luxueuze topconferentie in het Zwitserse Davos. Ze kennen elkaar goed en vormen een soort 'transnationale consensus van de jetset, die vrijwel alle internationale instituties, veel van de regeringen in de wereld en het merendeel van de economische en militaire machten in de wereld beheerst'.[6] Maar de exclusieve atmosfeer van Davos levert geen psychologische lucht op voor de miljoenen mensen die echt te lijden hebben.

De Oslo-akkoorden uit 1993 werden bijvoorbeeld gebracht als een doorbraak 'à la Davos' die alles zou veranderen. Vertegenwoordigers van Israël en de Palestijnen beloofden dat zij elkaars 'recht op zelfbeschikking' zouden erkennen en dat ze territorium zouden delen. De afgezanten straalden toen ze het over het einde van het conflict hadden; alles was in grote lijnen uitgewerkt en de details zouden aan de advocaten worden overgelaten.

Hoe konden zulke felle tegenstanders deze doorbraak bereiken? Dat kwam doordat de onderhandelingen in werkelijkheid niet de typische formele ontmoetingen tussen diplomaten waren geweest. Het waren 'achterkamergesprekken', die stil waren gehouden voor de media. De afgezanten woonden wekenlang bij elkaar in een huis in de buurt van Oslo, aten aan dezelfde tafel en maakten samen lange wandelingen in de Noorse bossen. In die periode leerden zij elkaar goed kennen en vond er een heleboel 'praatstokcommunicatie' plaats. Tot verbazing van de officiële diplomaten kwamen de twee partijen tot een werkovereenkomst waarin iedereen zich kon vinden.

Maar bij de daadwerkelijke uitvoering van de overeenkomst werd datzelfde empathische proces helaas niet doorgezet. De mensen die de overeenkomst in praktijk moesten brengen, kregen geen psychologische lucht. Ondanks de officiële handtekeningen op officiële documenten verstreken er vele jaren zonder dat er vooruitgang werd geboekt met de implementatie van de Oslo-akkoorden.

Dr. Marc Gopin, een gerenommeerd wetenschapper en betrokken bij vredesinitiatieven in het Midden-Oosten, begrijpt het belang van de emotionele, persoonlijke verbinding die er moet worden gelegd, wil er een creatieve oplossing mogelijk zijn. Formele afspraken zijn niet genoeg. 'Conflictoplossing als vakgebied bevindt zich in een heel primitief ontwikkelingsstadium', zegt hij. 'De theoretici lijken hun eigen gevoelens en onvolkomenheden niet erg goed te kunnen inschatten. Diplomaten hebben geen benul van de schade die er zal optreden. Ze rennen ervoor weg.' Het rationalisme van de onderhandelaars laat geen ruimte om elkaar werkelijk te zien.

Veel van de goede resultaten die tijdens de Oslo-akkoorden waren bereikt, werden in 1999 tenietgedaan tijdens de Camp David-conferentie met de Israëlische leiders en Yasser Arafat, het gevreesde hoofd van de Palestijnen. Hoewel hij door zijn eigen volk op handen werd gedragen, zagen veel Israëliërs hem als een wrede terrorist. De Israëlische delegatie behandelde Arafat op een ongelooflijk respectloze manier. Ze lieten hem uren wachten en kwamen vervolgens de kamer binnen met een plan op papier dat al helemaal was uitgewerkt. Ze gooiden het op tafel en vertelden hem wat hij moest zeggen en wat zij daarop zouden antwoorden. Dus stond Arafat op en verliet de kamer. Daarna heeft hij de Israëliërs nooit meer ontmoet. De Camp David-ontmoeting eindigde in een fiasco. Sindsdien ontkende Arafat dat de Joden überhaupt een verleden hadden in Palestina en bestreed hij elke aanspraak op hun 'zogenaamde Heilige Land'.

Ironisch genoeg hadden de Israëlische minister-president Menachim Begin en de Egyptische president Anwar Sadat twintig jaar eerder aan dezelfde vergadertafel in Camp David gezeten, en waren ook hun onderhandelingen over een vredesovereenkomst vastgelopen. President Jimmy Carter had als derde partij zijn uiterste best gedaan om met beide mannen een warme relatie op te bouwen, en Sadat was bereid om te tekenen. Maar Carter kwam erachter dat Begin de uiteindelijke overeenkomst niet wilde tekenen. Op de dertiende dag, toen de conferentie op een mislukking leek uit te lopen, gaf Carter zijn secretaresse opdracht om de namen van al Begins kleinkinderen te achterhalen. Vervolgens liet hij foto's maken van de drie leiders, waar hij voor elk kleinkind een persoonlijke boodschap op zette. Degenen die erbij waren, zeiden dat 'Begin zichtbaar ontroerd was toen hij de namen van al zijn kleinkinderen op de foto's zag staan. Niet veel later was hij bereid om zijn laatste reserves over het vredesakkoord te laten varen.'[7]

Was Carters empathische gebaar het keerpunt dat tot de vrede tussen Israël en Egypte leidde? Zag minister-president Begin de gezichten van zijn kleinkinderen toen hij naar hun namen keek en vroeg hij zich af wat voor soort wereld hij voor hen creëerde? Dat weet niemand. Maar we weten wel dat Carter hard aan deze relatie had gewerkt. De twee leiders hadden lange persoonlijke gesprekken gevoerd. President Carter en zijn vrouw hadden samen met Begin en diens vrouw gedineerd en waren te weten gekomen dat Begin zijn ouders en broer had verloren tijdens de Holocaust. Begin wist dat Carter hem psychologische lucht had gegeven. Wie twijfelt eraan dat er iets in het hart van deze man is gebeurd toen hij trillend de namen van zijn kleinkinderen in zich opnam en toen hij elke naam zachtjes uitsprak terwijl hij naar de foto's keek?

Marc Gopin gelooft dat empathische gebaren als deze essentieel zijn voor de zoektocht naar een derde alternatief. Tijdens een van de dieptepunten in het Israëlisch-Palestijnse conflict kreeg Gopin de gelegenheid om Arafat persoonlijk te ontmoeten en ook zo'n gebaar te maken.

Zo overbrug je de onoverbrugbare kloof

In de lente van 2002 voerden het Israëlische leger en de Palestijnen afschuwelijke gevechten in de straten van de Westelijke Jordaanoever. Er werd op onschuldige burgers geschoten. De Israëliërs hadden Arafat in quarantaine geplaatst door hem gevangen te zetten in zijn compound. Marc Gopin was geschokt door de moorden en besloot te proberen in zijn eentje door de blokkade heen te komen en persoonlijk met Arafat te praten. De ontmoeting was een angstig moment voor Gopin, waarbij hij zich innerlijk verscheurd voelde en afvroeg: 'Moet ik hem omhelzen? Hem een geschenk geven?' Gopin moest beslissen of hij in staat was om zijn eigen angsten en vooroordelen opzij te zetten en het gesprek aan te gaan met de aartsvijand van zijn volk.

Toen ik bij hem ging zitten, raakte ik voor het eerst iemand aan die een heleboel Joden had gedood, die nog steeds het bevel gaf om Joden te doden. Maar ik dacht: als dit één leven kan redden, is het het waard. Zo stond de situatie ervoor. Elke dag werden er mensen vermoord, en hij was een belangrijke factor in deze cyclus van eindeloos geweld. Al zou hij maar een paar woorden kunnen zeggen om de boel tot bedaren te brengen.

Dus ik keek hem in de ogen alsof hij een aardige oude man was en betuigde mijn oprechte deelneming voor alle Palestijnse kinderen die waren gestorven. Ik vertelde hem dat de Joodse leer een mitzwa [gebod] kent om de rouwenden te troosten. Ik vertelde hem dat het volgens de Joodse en de islamitische traditie een heilige daad is om teksten met anderen te delen. Dat is een heilig verbond. In de Talmoed staat dat de wereld op drie dingen is gestoeld: waarheid, vrede en rechtvaardigheid. Volgens rabbijn Muna zal daar waar geen rechtvaardigheid heerst, nooit vrede zijn.
Arafat wist dat ik de behoefte van zijn volk aan rechtvaardigheid onderkende, maar dat ik ook kritiek had op zijn methoden om die rechtvaardigheid te bereiken. Hij zei niet veel. Toen keek hij me indringend aan en zei: 'Weet je, toen ik klein was, bad ik bij de Muur. Je weet wel... de Muur. Met de oude mannen. En zij zeiden hun gebeden en ik zei mijn gebeden.'
Ik was verbijsterd. Zijn gevolg was verbijsterd. Je moet begrijpen hoe gevoelig het allemaal lag. Wat had hij tegen me gezegd? Hij onderkende dat de westerse Muur in Jeruzalem inderdaad een Joodse heilige plaats was, dat Joden en moslims zij aan zij konden bidden. Dit was dezelfde man die in Camp David had ontkend dat er ooit Joden in Jeruzalem hadden gewoond. Met die uitspraken had hij de Camp David-conferentie opgeblazen.

De dag na Gopins bezoek stuurde Arafat een officieel communiqué naar zijn troepen om op te houden met de aanvallen op Israëlische burgers.

'Arafat was een duistere figuur', aldus Gopin. 'Hij was corrupt, hij had miljoenen dollars aan zwart geld en hij financierde terreurdaden. Maar wat ik met mijn verhaal wil laten zien, is hoeveel een respectvol gebaar kan doen. Soms is dat belangrijker dan al het andere. Dat moment tussen Carter en Begin en Sadat, toen Carter Begins kleinkinderen erbij haalde – waar vind je dat terug in de theorieën over interne betrekkingen?'[8]

Diplomatieke rationalisten en onderhandelaars zijn absoluut niet ingesteld op het maken van dit soort gebaren, maar het is de eerste stap naar een duurzame oplossing van elk willekeurig conflict.

Tijdens de Palestijnse opstand in 2003 waren de straten van Jeruzalem verlaten. Geen toeristen, bijna geen zakenmensen. Gopin vertelt dat hij een van de weinige gasten was in een groot hotel in Jeruzalem. 's Avonds ging hij naar buiten om een taxi te nemen. Aan zijn kant van de weg stonden vijf lege taxi's, en aan de overkant stond er één helemaal alleen. Een van de vijf chauffeurs kwam naar hem toe en zei: 'Niet met die taxi daar mee gaan. Dat is een Arabier.' Dus stak Gopin, bruggenbouwer die hij is, de straat over en ging in de taxi van de Arabier zitten.

Hij zat daar in zijn eentje, tot het uiterste gespannen. Hij wist dat ik een Jood was. Hij wist dat ik expres naar hem toe was gekomen. Hij zweeg. Ik zei één zin tegen hem: 'Dit moet heel moeilijk zijn voor u en uw familie.' Alle taxichauffeurs leden honger, omdat er geen klandizie was. Verbazingwekkend genoeg kwam er toen een woordenstroom op gang die hem bij een aantal van zijn Palestijnse landgenoten in grote problemen had kunnen brengen. 'Die man, Arafat, die heeft alles vernietigd. Voordat hij kwam, konden we het prima met elkaar vinden. Dit is allemaal zijn schuld.' Het feit dat hij zijn hart luchtte was een opmerkelijk geschenk aan mij, maar het gebeurde puur omdat ik hem een klein beetje empathie had getoond. Hij wist dat ik tegen mijn eigen volk in was gegaan door zijn taxi te kiezen.

Dat gebeurt er als je bereid bent om een stap te zetten. Dit soort gebaren van respect en empathie is heel besmettelijk, net zoals woede heel besmettelijk is. Ik heb die avond meer eerlijke woorden van hem gehoord dan tijdens al die stomme diplomatieke dialogen waarin iedereen een rol speelt en eigenlijk niets zegt. Echte conflictoplossing begint met een-op-eenrelaties.[9]

Een symfonie van synergie

Een van die een-op-eenrelaties waarover Gopin het heeft, werd op een dag tussen Israël en Palestina gesmeed in een Londens hotel. De grote Israëlische pianist en dirigent Daniel Barenboim zat er in de lobby en groette een man in de leunstoel naast hem. De man stelde zich voor als Edward Said, een Palestijnse Arabier en gerenommeerd hoogleraar literatuur aan Columbia University. Die avond begonnen deze twee mannen, wier politieke standpunten volgens velen onverenigbaar waren, aan een dialoog die jaren zou voortduren.

Barenboim en Said werden de beste vrienden. Na de dood van zijn vriend in 2003 zei Barenboim over hem: 'Edward Said paste in geen enkele categorie. Hij belichaamde de essentie van de menselijke natuur, omdat hij de tegenstrijdigheden ervan begreep... Hij vocht voor Palestijnse rechten terwijl hij ook begreep hoe de Joden leden, en hij zag zijn standpunt niet als een paradox.' In onze termen bezat Said de mentaliteit van het derde alternatief: 'Hij keek altijd verder, naar dat wat niet door het oog werd gezien en niet door het oor werd gehoord.'

Said maakte op zijn beurt de volgende opmerkingen over Daniel Barenboim: 'Hij is een complexe figuur... een uitdaging, een belediging zelfs, voor de doorgaans volgzame meerderheid.' Barenboim, ontegenzeggelijk een van de grootste musici uit de geschiedenis, heeft het Chicago Symphony Orchestra en het orkest van de Berlijnse Opera gedirigeerd, heeft meer klassieke muziek opgenomen dan welke andere individuele artiest ook en fungeert als onomwonden pleitbezorger voor vrede in het Midden-Oosten. Hij was de eerste en meest prominente musicus die ooit is uitgenodigd om op de Palestijnse Westelijke Jordaanoever op te treden (de uitnodiging was geregeld door Said) en bezit een legendarische empathie voor beide volken.

Tijdens hun jarenlange dialoog over de zich ontvouwende crisis in het Midden-Oosten had Said noch Barenboim er veel vertrouwen in dat de stijve, formele contacten op regeringsniveau vrede zouden bewerkstelligen. In hun ogen was de totale onwetendheid van de Israëliërs en de Palestijnen ten opzichte van elkaar de wortel van het probleem: 'Onwetendheid is geen adequate politieke strategie voor een volk. Iedereen moet de verboden "ander" op zijn eigen manier begrijpen en kennen', schreef Said.

Als mensen niet bereid zijn om elkaar te leren kennen, gaan ze elkaar oversimplificeren. Dit is het gevolg van wat ik het 'Ik-zie-alleen-mijn-kant'-paradigma noem. Als ik, wanneer ik in de spiegel kijk, mezelf alleen zie in termen van mijn groep – mijn partij, mijn land, mijn geslacht, mijn godsdienst of mijn etnische afkomst – zal ik nooit echt inzicht krijgen in mijn eigen complexe en rijke identiteit, noch in die van de mensen aan de andere kant. Als Arabier zegt Said:

> *Arabieren hanteren al jaren de domme en nutteloze strategie om... te weigeren Israëliërs te begrijpen en te analyseren, op grond van de overtuiging dat hun bestaan moet worden ontkend omdat ze de Palestijnse Nakba hebben veroorzaakt. Geschiedenis is iets dynamisch, en als we van de Israëlische Joden verwachten dat ze de Holocaust niet gebruiken om grove mensenrechtenschendingen tegen het Palestijnse volk te rechtvaardigen, moeten wij ook afstappen van absurde beweringen als dat de Holocaust nooit heeft plaatsgevonden en dat alle Israëliërs, mannen, vrouwen en kinderen, op onze eeuwige haat en vijandigheid kunnen rekenen.*

In hun ontgoocheling over het stagnerende vredesproces vroegen Barenboim en Said zich af welk derde alternatief zij konden bedenken om de twee partijen te helpen elkaar te leren kennen. Ze kwamen op het idee om een orkest van jonge Palestijnse en Israëlische musici op te zetten. 'Het idee was te kijken wat er zou gebeuren als je deze mensen samen in een orkest liet spelen', zei Said achteraf. Ze stuurden allereerst uitnodigingen voor een workshop die in het Duitse Weimar zou worden gehouden, waarbij ze zich afvroegen of er überhaupt iemand op zou reageren. Tot hun verbazing werden ze overspoeld met aanmeldingen. Net als de meeste andere derde alternatieven was het een spannend, riskant en onvoorspelbaar avontuur. Het project werd al snel het belangrijkste in het leven van zowel Barenboim als Said.

Barenboim leidde elke dag repetities en Said zat elke avond discussies voor, 'over muziek, cultuur, politiek... Niemand voelde enige druk om zich in te houden'. Er waren Joodse studenten uit Israël, Rusland en Albanië en Arabische studenten uit Syrië, Libanon en Palestina. Said bracht de discussie op gang door te vragen: 'Wat vinden jullie hier nu van?' Een Joodse muzikant begon direct te klagen dat hij gediscrimineerd werd omdat de Arabieren hem tijdens hun jamsessies geen Arabische muziek wilden leren spelen. '"Jij kunt geen Arabische muziek maken", zeiden ze tegen me. "Alleen Arabieren kunnen Arabische muziek maken."'

Barenboim benadrukte dat ze niet bijeen waren om hun gevoelens te onderdrukken maar om ze naar elkaar uit te spreken. Hij zei tegen de spelers: 'Het is niet zo dat we hier alleen maar zijn omdat het zo heerlijk is om muziek te maken, en dat we al het andere vergeten. Integendeel: dit is een project waarin iedereen de mogelijkheid, het recht en zelfs de plicht heeft om precies te zeggen wat hij denkt.'[10]

Na een paar weken vol spanning en het creëren van psychologische lucht door klachten te ventileren, begonnen er dingen te veranderen. 'Dezelfde jongen die had beweerd dat alleen Arabieren Arabische muziek kunnen maken, leerde Yo-Yo Ma hoe hij zijn cello op de Arabische toonschaal moest afstemmen. Blijkbaar dacht hij dus dat Chinezen ook Arabische muziek konden maken. Geleidelijk breidde de cirkel zich uit en speelden ze allemaal de Zevende Symfonie van Beethoven. Het was een heel bijzondere gebeurtenis.'[11]

Uit deze workshop ontstond een compleet jeugdorkest, het West-Eastern Divan-orkest, met musici uit Egypte, Iran, Israël, Jordanië, Palestina en Syrië. De naam van het orkest is afgeleid van de titel van een gedichtenboek van Goethe, waarin hij de mooie verbindingen tussen de oosterse en de westerse cultuur beschrijft. Sinds 1999 hebben honderden talentvolle jonge mensen uit het Midden-Oosten op deze manier contact met elkaar gemaakt. Het met allerlei onderscheidingen bekroonde orkest heeft in tientallen landen gespeeld, waaronder zowel in Israël als op Palestijns grondgebied, en niet zonder gevaar. Toen het in Carnegie Hall in New York speelde, moesten de concertgangers door metaaldetectiepoorten naar binnen.[12] Daniel Barenboim zegt:

Het Divan-orkest is in het leven geroepen als een project tegen onwetendheid... Het is absoluut onontbeerlijk dat mensen de ander leren kennen, dat ze begrijpen wat de ander denkt en voelt zonder het er noodzakelijkerwijs mee eens te zijn. Ik probeer de Arabische leden van het orkest niet tot het Israëlische standpunt te bekeren, en ik probeer de Israëliërs niet van het Palestijnse standpunt te overtuigen. Maar ik wil een platform creëren waarop de twee partijen het met elkaar oneens kunnen zijn zonder dat daar messen bij worden getrokken.[13] *Er zijn nog steeds duizenden Israëliërs die 's nachts dromen dat de Palestijnen er de volgende ochtend niet meer zijn, en dat geldt ook andersom... Ze weten zo weinig van elkaar dat ze elkaar als monsters beschouwen. Maar als ze samen een symfonie van Beethoven hebben gespeeld, als ze dagenlang, wekenlang hebben geprobeerd met hetzelfde gevoel dezelfde noten te spelen, lost dat weliswaar het politieke probleem niet op, maar heeft dat wel invloed op hoe ze elkaar zien.*[14]

Heeft het Divan-orkest zijn leden ook daadwerkelijk beïnvloed? Een van de Israëlische orkestleden zegt het volgende over zijn ervaring. 'Het grootste probleem is dat iedereen in zijn eigen kringetje zit, dat iedereen omgeven is door zijn eigen wereld. We weten niets van ze, en zij weten niets van ons, en of we het nu leuk vinden of niet, we zullen voor altijd naast elkaar leven... Het is tijd dat we leren hoe we moeten samenleven. We moeten de muur in ons hoofd afbreken en elkaar gaan begrijpen.'[15]

De Israëlische celliste Noa Chorin zegt: 'Als ik naast Dana uit Syrië speel, denk ik niet: ze komt uit Syrië, dan denk ik: dat is mijn vriendin.' Toen ze in een Palestijnse stad hadden gespeeld, herinnert Chorin zich: 'Een meisje zei dat wij de eerste Israëliërs in burger waren die ze ooit had gezien. En toen we afscheid moesten nemen en allemaal onze eigen weg gingen, werd er gehuild.'[16]

Twee talentvolle pianisten die bij het Divan-orkest speelden, Shai Wosner uit Israël en Saleem Abboud Ashkar uit Palestina, werden al snel goede vrienden. 'Ze wilden liever samen spelen dan individueel door mij gecoacht worden, en ze begonnen het dubbele pianoconcert van Mozart in te studeren', herinnert Barenboim zich. 'Het klonk ongelooflijk subtiel als zij samen speelden. Ze speelden vol begrip en gevoel voor elkaars spel en stijl... Het was ook een heel symbolisch gebaar, en het was een geweldig moment voor ons allemaal.'[17] Barenboim geniet van deze symboliek: 'Als ik de kleine Karim, een Palestijn uit Jordanië, achter de piano zie zitten en Inbal uit Israël met haar cello zie staan, is dat voor mij een bron van ongelooflijk veel vreugde.'

Barenboim bagatelliseert zijn eigen rol in dit kleine wonder. Via het Divan-orkest is hij erin geslaagd om vele talentvolle jonge mensen uit het Midden-Oosten een stap dichter bij het derde-alternatiefdenken te brengen. Hij heeft, om met Carl Rogers te spreken, 'een situatie gecreëerd waarin elk van de verschillende partijen de ander heeft leren begrijpen vanuit het standpunt van de ander. Dit is in de praktijk bereikt, ook al lopen de gemoederen hoog op, dankzij de invloed van een persoon die bereid is om empathisch begrip op te brengen voor elk standpunt.'[18]

Net als alle andere moedige strevers naar derde alternatieven heeft Barenboim ook zijn critici. Pro-Palestijnse activisten beschuldigen hem ervan dat hij 'een utopisch alibi' creëert voor Israëlische agressie en een onrechtvaardige status-quo in stand houdt.[19] Tegelijkertijd wordt hij door veel van zijn landgenoten gewantrouwd omdat hij empathie heeft voor en omgaat met de Arabieren, 'de vijanden van Israël'.

Maar Barenboim maakt zich geen illusies over het Divan-orkest. Hij weet dat het op zichzelf geen vrede zal brengen in de regio, en hij gelooft ook niet dat Israëliërs en Palestijnen evenveel schuld hebben aan de situatie. Hij uit openlijk kritiek op zijn eigen regering. Toch geeft het orkest mensen van beide zijden de kans om elkaar te leren kennen en in ieder geval een klein beetje te begrijpen.

In 2004 won Daniel Barenboim de Wolf Prize voor zijn bijzondere prestaties op het gebied van kunst. Tijdens de uitreikingsceremonie, ten overstaan van het Israëlische parlement, beschreef hij zijn derde alternatief om de vrede in zijn vaderland te bevorderen:

> *Er moet een oplossing worden gevonden. En waarom zou ik wachten tot zich een oplossing aandient? Daarom heb ik, samen met mijn helaas overleden vriend Edward Said, een muziekworkshop opgezet voor jonge musici uit alle landen van het Midden-Oosten, zowel voor Joden als voor Arabieren. Muziek heeft het vermogen om de gevoelens en de verbeeldingskracht van Israëliërs en Palestijnen naar een nieuw, voorheen ondenkbaar niveau te tillen.*[20]

In 2008, nadat hij een benefietpianoconcert had gespeeld in Ramallah, kreeg Barenboim een Palestijns paspoort overhandigd. Dit maakt hem de eerste en misschien ook wel de enige persoon ter wereld met zowel een Israëlisch als een Palestijns paspoort. Toen hij zijn vreugde daarover betuigde, zei hij dat het paspoort 'de eeuwigdurende band tussen het Israelische en het Palestijnse volk' symboliseerde.[21]

De twee paspoorten maken Daniel Barenboim een wandelend derde alternatief. In dit opzicht is hij met niemand anders in de wereld te vergelijken. Terwijl de twee-alternatievenmentaliteit zo veel anderen in de regio ontmenselijkt heeft, laat Barenboim zich door geen van beide zijden definiëren. Bij wijze van morele verplichting, die hij heel sterk voelt, kijkt hij verder dan de twee kampen en zoekt hij naar een derde mogelijkheid: burger zijn van beide prachtige culturen.

Het paradigma 'Vrede bouwen'

Kunnen we in het werk van deze exemplarische mensen het vooruitzicht op een derde alternatief ontwaren dat de dodelijke vete in het Midden-Oosten kan overstijgen en vrede kan brengen? Dat weet niemand. Synergie is boven alles onvoorspelbaar. Wat we wel weten, is dat synergie werkt; het is een juist principe. Hoewel de derde-alternatiefdenkers die ik heb beschreven niet de regie hebben over de paradigma's van anderen, hebben ze manieren gevonden om synergie te creëren binnen hun eigen cirkel van invloed.

Het is mogelijk dat de intense, positieve energie van moslims als Mohammed Dajani, christenen als Margaret Karram en joden als Daniel Barenboim zal bijdragen aan een grootse oplossing. Als dat gebeurt, komt dat doordat zij een fundament van empathie hebben gelegd. Ze hebben de fundamentele paradigma's 'Ik zie mezelf' en 'Ik zie jou' in de hoofden en harten van vele mensen ingeprent. Ze hebben hun best gedaan om tegenstanders te bekeren tot het paradigma 'Ik zoek je op'. De geschiedenis heeft uitgewezen dat alle diplomatieke conferenties en tijdelijke bestanden in de wereld weinig uithalen als deze paradigma's ontbreken.

Wat kunnen we leren van deze vredespioniers in het Midden-Oosten? Welke aspecten van hun ervaringen kunnen we gebruiken in de wereld waarin wij leven?

Ten eerste kunnen we ervan leren dat het paradigma 'Ik zie mezelf' een absolute noodzakelijkheid is. Alle individuen die we hebben besproken, hebben zich aan het essentiële zelfonderzoek onderworpen dat nodig is voor mensen die echt op zoek zijn naar het derde alternatief. In plaats van klakkeloos de beperkte zelfdefinities te accepteren die hun door veel medegelovigen worden opgelegd, kijken ze kritisch naar die definities. Ze weigeren zich te laten definiëren door de extreme en marginale stemmen die een bedreiging vormen voor alles wat edelmoedig en liefdevol is aan hun godsdienst.

Volgens Marc Gopin verschillen zijn mede-ijveraars voor vrede op cruciale punten van andere mensen. 'Wij concentreren ons heel erg op het innerlijke. Ik ben erachter gekomen dat de ware vredestichters een heel speciale groep mensen vormen op deze planeet. Ze werken stuk voor stuk aan zichzelf. Ze stellen zichzelf voortdurend de vraag: Waarom heb ik dat gedaan? Wat moet ik nu doen?'

In de geschiedenis van elke godsdienst, zo geeft Gopin aan, zijn de meest amorfe zaken – liefde, compassie, rechtvaardigheid – altijd de belangrijkste zaken, maar ze worden verwaarloosd omdat ze zo algemeen zijn. De specifieke details – rituelen, voorschriften over kleding of voedsel of de kalender – zijn in vergelijking daarmee heel gemakkelijk na te leven. Mijn vijanden liefhebben? Hoe moet ik dat doen? Dus zift ik de muggen, maar slik ik een kameel weg. Het is veel gemakkelijker om me aan mijn rituelen te houden en het gevoel te hebben dat ik goed bezig ben.

Denken in de geest van het derde alternatief

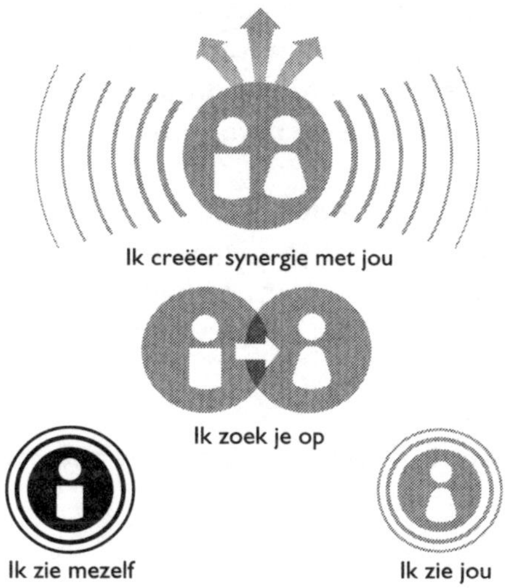

'Heb uw naaste lief als uzelf' is volgens joden een samenvatting van de hele Thora en volgens christenen het belangrijkste gebod. Maar hoe heb ik mijn naaste lief? En geldt dat ook voor degene die me met een bijl bedreigt? De algemene regel is heel stellig, maar er is veel introspectie voor nodig om hem na te leven.

Dit soort introspectie is in feite van fundamenteel belang voor elke grote godsdienst, inclusief de godsdiensten die in het Midden-Oosten in botsing komen. Voor de joden heet het *cheshbon ha-nefesh*, het onderzoek van de ziel. De term *cheshbon* betekent het opmaken van de balans. Als ongeduld, angst of woede me dreigen te overweldigen, moet ik pas op de plaats maken en de balans opmaken: Wat gebeurt er? Hoe moet ik reageren? Wat zijn de consequenties? Hoe doe ik het? Wat gaat er wel en niet goed?

In de islam is de term hiervoor *musahabah*, onszelf inschatten en beoordelen: 'Het is het in alle eerlijkheid evalueren van onze eigen acties, wat echte (en frequente) overpeinzingen van ons vergt.'[22]

'Dat moment waarop je de balans opmaakt, is de redding van je geest', zegt Gopin. 'Als je overweldigd wordt door woede, verandert je brein op het moment dat je zegt: "Ik ga hier zitten om na te denken over mijn woede." Voor de grote joodse en islamitische denkers, maar ook voor de dalai lama, is dit een fundamenteel concept.'[23]

Tussen elke stimulus en onze respons daarop bevindt zich een mentale ruimte. Dat is wat ons menselijk maakt. We zijn geen dieren die worden gedreven door onze instincten; wij hebben het vermogen om onze respons op elke willekeurige situatie, persoon, gedachte of gebeurtenis zelf te kiezen. We hebben een ingebouwde pauzeknop die we kunnen gebruiken om na te denken over wie we zijn en wat ons geweten ons vertelt voordat we handelen. Ik heb altijd geloofd dat dit de eerste en meest fundamentele eigenschap is van effectieve mensen. Bovendien is het de basis om tot vrede te komen.

De tweede les die we leren, is de absolute noodzaak van het paradigma 'Ik zie jou'. Dit paradigma is van toepassing als je probeert verder te kijken dan eenvoudige – en vereenvoudigde – stereotypes en contact maakt met een ander echt mens, die toevallig anders is dan jij.

Denken in de geest van het derde alternatief

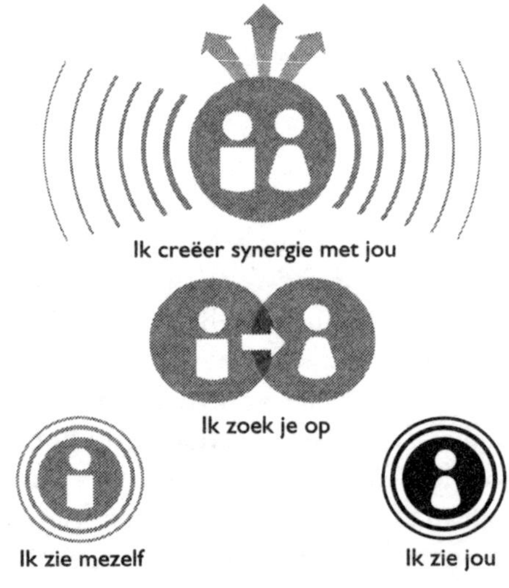

Op een lenteochtend in 1990 lagen vijf Arabische broers om 5 uur 's ochtends te slapen in hun huis in Oost-Jeruzalem, toen hun deur werd ingetrapt door Israëlische soldaten. Ze richtten hun geweren op de jongens en schreeuwden: 'Hebben jullie stenen gegooid?' De oudste broer, Tayseer, werd uit zijn bed gesleurd. Inmiddels was hun moeder ook wakker geworden, die de soldaten smeekte hem met rust te laten, maar ze namen hem mee. Tayseer werd twee weken geslagen voordat hij uiteindelijk toegaf dat hij stenen had gegooid naar Israëlische auto's. Vervolgens werd hij bijna een jaar lang zonder proces gevangen gehouden. Toen Tayseer uiteindelijk werd vrijgelaten, was hij doodziek en spuugde hij bloed. Drie weken later was hij dood.

Zo is het gegaan volgens Aziz, zijn destijds tienjarige broertje. 'Ik werd heel boos en verbitterd', herinnert Aziz zich. 'Ik groeide op met een hart dat brandde van woede. Ik wilde gerechtigheid. Ik wilde wraak.' Aziz werd journalist en schreef een hele stroom artikelen 'om haat te zaaien'. 'Maar', zegt hij, 'hoe meer ik schreef, hoe leger en bozer ik werd.' Aziz realiseerde zich dat hij Hebreeuws zou moeten leren als hij een goede baan in Jeruzalem wilde vinden. Tot dan toe had hij geweigerd om 'de taal van de vijand' te leren, maar nu schreef hij zich in voor Hebreeuwse les.

> *Het was voor het eerst dat ik in een kamer zat met Joden die niet superieur aan me waren. Het was voor het eerst dat ik andere gezichten zag dan die van de soldaten bij de checkpoints. Die soldaten hadden mijn broer meegenomen; deze studenten waren mijn gelijken. Ik voelde verwarring, dacht: hoe kunnen dit normale mensen zijn, net als ik? Ik was stomverbaasd dat ik vriendschap kon sluiten met deze studenten, en dat we met dezelfde dingen worstelden. We dronken samen koffie. We studeerden samen. Voor mij was dit een keerpunt in mijn leven.*
>
> *Ik ging begrijpen dat er in ons leven ongelukkige dingen gebeuren waar we geen invloed op hebben. Een tienjarige had geen invloed op de soldaten die zijn broer meenamen. Maar nu, als volwassene, kon ik wel invloed uitoefenen op mijn reactie op dat leed. Ze hadden onrechtvaardig gehandeld en Tayseer vermoord, maar ik had de keuze, en die heb ik nog steeds, om al dan niet in hun voetsporen te treden.*[24]

Tegenwoordig is Aziz Abu Sarah een gerespecteerd journalist en directeur Midden-Oosten-projecten op de George Mason University in de Verenigde Staten. Hij heeft over Israëlisch-Palestijnse verzoening gesproken voor het Europees Parlement en de Verenigde Naties, en is een collega van Marc Gopin bij het Institute for Conflict Analysis and Resolution.

Toen Aziz contact maakte met zijn 'vijand' – met de normaalheid en de problemen en de dromen van de andere kant – begon hij te werken vanuit het paradigma 'Ik zie jou'. In het alledaagse leven is het al lastig genoeg om dit paradigma na te leven. Maar als we zien hoe mensen als Aziz en Mohammed Dajani hun pijnlijke problemen het hoofd bieden, beseffen we dat we een bewust besluit moeten nemen om mensen werkelijk te zien zoals ze zijn en ze niet tot kampen te reduceren.

Ik kan niet genoeg benadrukken hoe belangrijk deze persoonlijke connecties zijn. Marc Gopin zegt: ‘Het kan mij niet schelen of er één, twee of drie staten zijn. Dat interesseert Aziz en mij niet meer. Voor ons draait alles om relaties. De rationele discussies komen later. Niemand heeft ook maar enige grip op de politieke situatie; alleen op persoonlijke relaties hebben we grip.’

Hoewel sommige mensen godsdienst gebruiken als een excuus voor vijandigheid, zien mensen als Gopin en Aziz hun geloof als een sterke basis voor menselijke liefde, grootmoedigheid en saamhorigheid – alle eigenschappen van het ‘Ik zie jou’-paradigma.

Voor Gopin luidt de overkoepelende boodschap van de joodse leer: ‘Heb de *ger* – de vreemdeling – onder u lief’. Hoewel, zo geeft hij aan, dit gebod 37 keer in de Bijbel wordt herhaald, heeft de vijandigheid van de buitenwereld ertoe geleid dat veel Joden het woord *ger* anders zijn gaan interpreteren en er alleen hun mede-Joden onder verstaan. Dit is een tragische paradigmaverschuiving, maar het is belangrijk om te begrijpen dat die in de hand is gewerkt door oorlogen en generaties van misstanden.[25]

De Palestijnse Arabieren hebben net zo goed historische redenen voor hun reflexmatige woede tegen Israël. Maar volgens sjeik Abdul Aziz Bukhari, een andere zeer geliefde vredesactivist uit Jeruzalem, ‘kan niemand een moslim zijn zonder liefde in zijn hart voor alle mensen’. Bukhari staat erom bekend dat hij het islamitische concept *jihad* interpreteert als de alledaagse worsteling om woede te overwinnen. Hij smeekt joden en zijn mede-moslims om op te houden met ruziemaken ‘om de 3 procent van hun geschriften die verschilt, terwijl de overige 97 procent die ze gemeen hebben, wordt genegeerd’.[26]

Met andere woorden: wat er volgens Bukhari moet gebeuren, is dat we degenen die we ontmenselijkt hebben, weer als mensen moeten gaan zien.

Voor de vredesactivisten in Jeruzalem is godsdienst geen muur tussen mensen, maar een brug naar begrip. Dus in plaats van tegen hun eigen religieuze tradities in opstand te komen of ze te verwerpen, herkennen ze in die tradities het heersende paradigma ‘Ik zie jou’: ik respecteer je, ik betrek je erbij, ik waardeer onze verschillen.

De derde les die we leren, is de absolute noodzaak van het paradigma ‘Ik zoek je op’. Dit is de mentaliteit die zegt: ‘Ben je het niet met me eens? Dan moet ik naar je luisteren.’ En die dat ook meent.

Denken in de geest van het derde alternatief

De meeste inspanningen van de vredespioniers met wie we op deze pagina's hebben kennisgemaakt zijn gericht op het ontwikkelen van deze mentaliteit. Meer dan driehonderd verschillende organisaties proberen een interreligieuze dialoog op gang te brengen tussen de Israëliërs en de Palestijnen. Hoewel hun werk fragmentarisch, onderschat en ondergefinancierd is, brengen ze actief studenten, gemeenschapsleiders, rabbijnen, imams, moeders – kortom, iedereen die daartoe bereid is – met elkaar in gesprek.

Het mag niet worden onderschat hoe zwaar deze dialogen emotioneel zijn, maar ze weten de paradigma's van mensen met veel succes te veranderen. Gopin zegt:

> *Als je een paradigmaverschuiving in iemands gevoelens teweeg wilt brengen, moet je die persoon in verwarring brengen door echt naar hem te luisteren. Ik incasseer alles wat ze me naar mijn hoofd slingeren. Ik luister naar ongehoorde dingen, naar dingen die waar zijn en naar dingen die belachelijk zijn – de totale demonisering van mij en mijn volk, de ontkenning van hun eigen misdaden. Ik wil dolgraag dingen terug zeggen.*

Maar dat doet hij niet. Hij heeft zichzelf getraind om eerst te proberen te begrijpen. En hij heeft geleerd dat die investering enorm veel rendement oplevert. 'Opmerkelijk genoeg hebben mensen uit het Midden-Oosten een heel warm hart. Ze zijn heel gepassioneerd. Respect en zorgzaamheid op de juiste momenten kunnen de situatie in het Midden-Oosten, juist daar, compleet veranderen.'[27]

Aan de islamitische kant heeft ook sjeik Bukhari leren inzien hoe waardevol het is om de woede en de energie van de andere zijde te begrijpen. 'De sterke is degene die het geweld en de woede van de ander kan incasseren en in liefde en begrip kan omzetten. Dat is niet gemakkelijk; het kost een hoop moeite... Maar dit is de echte jihad.'[28]

De vierde les die we leren, is de absolute noodzaak van het paradigma 'Ik creëer synergie met jou'. Dit is het paradigma dat vraagt: 'Ben je bereid om naar een derde alternatief te zoeken?' Het brengt mensen met dit paradigma – mensen als Daniel Barenboim en Edward Said – ertoe om elkaar met die vraag te confronteren en die bereidheid te vinden. Maar er is waarschijnlijk pas een derde alternatief mogelijk als een kritische massa Israëliërs en Arabieren elkaars behoefte aan respect en empathie onderkent.

Denken in de geest van het derde alternatief

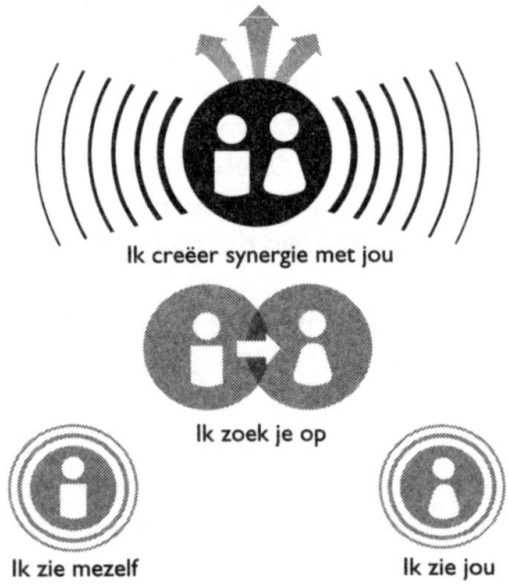

Daarom praten Mohammed Dajani, Ron Kronish en anderen niet meer over het vredesproces, maar over 'vrede bouwen', een derde alternatief voor de hardnekkige twee-alternatievenmentaliteit die nergens toe heeft geleid. Het conventionele vredesproces, zo zeggen zij, draait om onderhandelen en overeenkomsten sluiten. Maar vrede bouwen is helemaal geen kwestie van onderhandelen. Het is een kwestie van synergie – het organisch opbouwen van een bloeiende gemeenschap door persoonlijke relaties te stimuleren. Daarom noemen ze zichzelf 'vredebouwers'.

De mentaliteit van de vredebouwer reikt verder dan het sluiten van verdragen, waarmee de woede die een conflict opwekt vaak wordt gemaskeerd. 'Ik zie verdragen al 27 jaar lang jammerlijk mislukken doordat er geen rekening wordt gehouden met zaken als eer en respect, terwijl die heel belangrijk zijn voor mensen', zegt Marc Gopin.

Men heeft een blinde vlek voor signalen die geweld uitzenden, zoals de checkpoints in Israël. De Palestijnen worden geconfronteerd met onbuigzame regels die hun bewegingsvrijheid beperken, met checkpoints die bemand worden door tieners met machinegeweren. Die creëren afschuwelijke herinneringen. Waarom kan er niet gewoon een gastvrij korps staan, dat respectvol met de mensen omgaat? Waarom kunnen ze niet zeggen: 'Welkom, mogen we even uw bagage controleren'? Contracten die via onderhandelingen tot stand zijn gekomen worden voortdurend opgehemeld, terwijl je met gebaren en daden veel beter dingen kunt bezweren.

Het idee van een 'gastvrij korps' is een voorbeeld van de derde-alternatiefmentaliteit die leiders in Israël en Palestina moeten ontwikkelen. Maar omdat ze zich vastbijten in twee-alternatievendenken, verdoemen ze hun mensen tot de negatieve synergie van oorlog voeren.

Negatieve synergie werkt als volgt: eerst ontmenselijk ik jou en zet ik je neer als mijn vijand. De historicus Samuel P. Huntington zegt hierover: 'Mensen zijn altijd geneigd om elkaar in wij en zij onder te verdelen, de eigen groep versus de andere groep, onze beschaving versus die barbaren. Wetenschappers analyseren de wereld in termen van het Oosten en het Westen… moslims verdelen de wereld traditiegetrouw in Dar al-Islam en Dar al-Harb, de verblijfplaats van vrede en de verblijfplaats van oorlog.'[29] Als barbaar moet je beteugeld worden. En als mijn groep die van jou niet kan beteugelen, moet ik je aanvallen in de hoop een nieuwe synergie tot stand te brengen, een onaangenaam, negatief derde alternatief dat jou van je menselijkheid ontdoet en jou en je verhaal elke vorm van waardigheid ontneemt. Talloze Arabieren en Israëliërs dromen ervan om op een dag wakker te worden en te ontdekken dat de 'anderen' verdwenen zijn. Ze maken zichzelf wijs dat dit destructieve 'derde alternatief' op de een of andere manier beter is dan de status-quo.

Deze reactieve cyclus ligt ten grondslag aan alle oorlogen. De oude Griekse historicus Thucydides beschreef de Peloponnesische oorlogen tussen zijn Griekse tijdgenoten als een soort cyclische ziekte waarbij de ene slag werd beantwoord met een andere, en die uitmondde in de ondergang van het glorieuze gouden tijdperk van de Grieken. Dezelfde onbezonnen cyclus lag ten grondslag aan de vernietigingen in het kader van de Eerste Wereldoorlog: reactieve beslissingen in Wenen, Berlijn, Londen en Sint-Petersburg. De Eerste Wereldoorlog leidde onverbiddelijk tot de Tweede, als gevolg van de vernederende en wraakzuchtige voorwaarden die werden opgelegd aan de verliezers, die uiteindelijk met krankzinnige woede terugsloegen. Als jij mij slaat, sla ik terug. De situatie wordt beter als ik je zo hard sla dat je uit beeld verdwijnt. Oorlog is de ultieme uitdrukking van de nulsommentaliteit.

Positieve synergie is het tegenovergestelde van oorlog. Het is proactief in plaats van reactief. Het is overvloedig in plaats van schaars. Het betekent doelbewust voor het derde alternatief gaan: 'Om vrede in stand te houden, is strijdlustige toewijding nodig aan verbeeldingsvolle diplomatie... geen spasmen van wanhoop en gevechten tussen legers in de hoop op iets beters. Dat betere is bijna altijd slechter.'[30] Verbeeldingsvolle diplomatie is natuurlijk moeilijker dan fantasieloze diplomatie.

Een van de meest verbeeldingsvolle voorbeelden van diplomatie in de geschiedenis was het Marshallplan, een echt derde alternatief voor een voortzetting van de oorlog in Europa. Terwijl elke grote stad op het Europese vasteland in puin lag, terwijl miljoenen mensen omkwamen van kou en honger, stemde het Amerikaanse Congres voor een donatie van 13 miljard dollar om hun voormalige vijanden te voeden, te huisvesten en van nieuwe infrastructuur te voorzien. (Als dat je niet veel geld lijkt: in termen van het Amerikaanse Bruto Nationaal Product van 1948 was het één op elke twintig dollar – een gigantische uitgave.) Het Marshallplan was de overvloedmentaliteit in actie, de mentaliteit die zegt: ik kan mijn vijand helpen, ik kan delen, we kunnen samen een rijke toekomst opbouwen. De opleving die daarvan het gevolg was, doorbrak de eeuwenlange cyclus van geweld in Europa.

Ik kan in dit verband ook melding maken van mijn ervaringen met de Leadership Group on U.S.-Muslim Engagement. Dit was een bijeenkomst van christenen, joden en moslims die een betere relatie wilden opbouwen tussen de Verenigde Staten en de internationale islamitische gemeenschap. Er was een aantal van de meest gerenommeerde academici, diplomaten en vredesactivisten aanwezig, onder wie de voormalige Amerikaanse minister van Buitenlandse Zaken Madeleine Albright, imam Faisal Abdul Rauf, hoofd van de American Society for Muslim Advancement en dr. Marc Gopin. Ik mocht hun op de openingsavond van de conferentie de grondbeginselen van praatstokcommunicatie bijbrengen, en twee dagen lang deed er niemand zijn mond open zonder de praatstok.

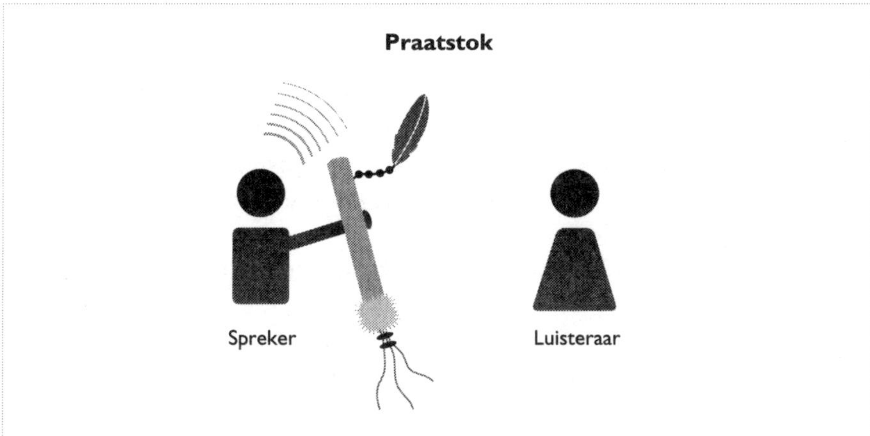

Ik zag hoe deze eminente groep compleet transformeerde. Mensen die over bijna elk onderwerp – cultureel, sociaal, religieus – radicaal anders dachten, gingen elkaar begrijpen, elkaar respecteren en van elkaar houden. Ik heb het met eigen ogen zien gebeuren. Madeleine Albright zei tegen me dat ze nog nooit zoiets indrukwekkends had meegemaakt en dat het een complete ommekeer teweeg zou kunnen brengen in de internationale diplomatie. Ze legde me uit dat diplomatie er meestal op gericht is om uit te zoeken wie de macht heeft en welke compromissen er met die personen kunnen worden gesloten. In de ogen van de meeste mensen is een compromis het enige alternatief. Elkaar halverwege tegemoetkomen is het beste waarop ze hopen; echt creatief worden en met een derde alternatief komen lijkt niet tot de mogelijkheden te behoren.

Ik heb de Koran en het Oude en het Nieuwe Testament gelezen; het zijn allemaal inspirerende en verheffende boeken. Ik ben ervan overtuigd dat moslims, joden en christenen in het Midden-Oosten binnen hun eigen geloofstradities derde alternatieven kunnen vinden voor oorlog.

Een van de belangrijkste aanbevelingen van deze groep was om een levendige interreligieuze dialoog op te starten, zodat mensen elkaar kunnen begrijpen en met hun gemeenschappelijke opvattingen een brug naar de toekomst kunnen bouwen. Het belangrijkste is dat er over de scheidslijnen heen hechte persoonlijke relaties worden gesmeed, netwerken van duizenden mensen die elkaar leren kennen en leren vertrouwen. Deze uitwisselingen kunnen veel effectiever zijn dan conferenties à la Davos. Wanneer mensen zich empathisch begrepen voelen, is hun hart vervuld en staan zij voor anderen open. Als er genoeg van dit soort transformaties plaatsvinden, schieten de derde alternatieven als paddenstoelen uit de grond. Als mensen het onacceptabele niet langer accepteren en een stap voorwaarts zetten naar een rijke gezamenlijke toekomst, is er een kantelpunt bereikt.

Het hart vormt de sleutel. Alleen als het hart van mensen wordt begrepen, dus niet puur hun hoofd en hun ideologieën, kan er iets gebeuren. Daarom is het zo belangrijk om mensen de gelegenheid te geven om met hun hart, hun hoofd en hun ziel naar elkaar te luisteren. Alleen dan kunnen zij het oude, destructieve achter zich laten en naar 'het betere' streven.

Ook aartsbisschop Desmond Tutu beschouwt de kracht van het derde alternatief als 'het betere':

> *Af en toe vangen we een glimp op van het betere... als de wereld in beweging komt dankzij een sfeer van compassie en een verbluffende stroom edelmoedigheid; als we heel even met elkaar verbonden zijn in zorgzame menselijkheid, een universeel besef van ubuntu, of als overwinnende naties een Marshallplan opzetten om bij te dragen aan de wederopbouw van hun verwoeste voormalige tegenstanders.*
> *Als de hoofdrolspelers in de conflicten in de wereld symbolische gebaren gingen maken voor vrede, als zij verandering brachten in de manier waarop zij hun vijanden afschilderen en de dialoog met ze aangingen, zou hun gedrag misschien ook veranderen.*
> *Wat zou het een geweldig geschenk aan de wereld zijn, vooral nu we een nieuw millennium ingaan, als er echte vrede kwam in het land van degenen die salama, of sjalom zeggen, in het land van de Prins van de Vrede.*[31]

Een land dat eigenlijk geen land kan zijn

Als mensen me vragen om mijn filosofie van het derde alternatief uit te leggen, kan ik met één woord volstaan: 'Zwitserland'. Vaak snappen ze dan wel enigszins wat ik bedoel.

De meeste mensen zien Zwitserland als een vredig, welvarend land met mooie bergen en heerlijke chocola. Maar dit land met zijn zeven miljoen mensen is veel meer dan dat; het is een geweldig voorbeeld van derdealternatiefdenken op nationale schaal.

Synergie is de hoeksteen van de Zwitserse manier van denken. Als je rond het middaguur de kantine van een groot farmaceutisch bedrijf in Bazel betreedt, met ramen die uitkijken op de Rijn, zie je mensen van over de hele wereld met elkaar lunchen. Je hoort er honderd verschillende talen. Je kunt er fragmenten opvangen van talloze levendige discussies over wetenschap, geneeskunde en de kunst en de commercie van het genezen. Het ene na het andere innovatieve nieuwe medicijn ziet op deze plek het levenslicht. Je krijgt het gevoel dat de intelligentste mensen op de planeet hier bij elkaar zitten.

Wat trekt hen aan in Zwitserland?

Als land is Zwitserland onbetwist een succesverhaal. Zwitserse werknemers voeren de wereldranglijst aan als het om efficiency gaat. Het Zwitserse inkomen per hoofd van de bevolking behoort tot de wereldtop. De Zwitserse regering is een van de 'meest effectieve en transparante [regeringen] ter wereld'. En volgens het World Economic Forum heeft Zwitserland inmiddels ook de eerste plaats bemachtigd op de ranglijst van internationaal meest concurrerende landen op onze planeet. Het bezit een 'uitstekend innovatief vermogen... De wetenschappelijke onderzoeksinstellingen van het land behoren tot de beste van de wereld, en de krachtige samenwerking tussen de academische wereld en het bedrijfsleven zorgen er in combinatie met de hoge bedrijfsuitgaven aan Onderzoek & Ontwikkeling voor dat veel onderzoek wordt omgezet in vermarktbare producten en processen'.[32] Volgens het World Database of Happiness-project staat Zwitserland maar een fractie onder Denemarken op de ranglijst van gelukkigste landen op aarde.[33]

Maar eigenlijk kan Zwitserland helemaal geen land zijn.

Niets aan Zwitserland maakt het geschikt als land. De geografie werkt tegen: de Zwitsers leven aan verschillende kanten van de kolossale Alpen, bezitten maar weinig natuurlijke hulpbronnen en hebben geen toegang tot de zee. De taal werkt tegen: in het westen wordt Frans gesproken, in het noorden en oosten Duits en in het zuiden Italiaans. De godsdienst werkt tegen, met een lange geschiedenis van protestant-katholieke verdeeldheid. Historici vinden het wonderlijk: 'Stel je voor dat je al deze zeer op hun afhankelijkheid gestelde gemeenschappen van boeren en kooplui moest verenigen, terwijl ze als gevolg van hun religie, taal en machtsstructuren juist vaak geneigd waren om zich van elkaar af te keren.'[34]

De geschiedenis van Zwitserland is minder rooskleurig dan mensen vaak denken. De tweeëntwintig kantons van Zwitserland, die talloze malen onderdrukt, bevochten en verdeeld zijn geweest, waren duizend jaar lang onophoudelijk met elkaar in conflict. De kantons bewaakten hun rechten en hun grenzen angstvallig. Eeuwenlang ging de handel met een grote boog om het land heen. 'Een stuk stof, kaas, of andere goederen die het land passeerden... waren onderhevig aan zo'n vierhonderd verschillende belastingen op het transport van goederen.' Het geld was een puinhoop. Omdat elk kanton zijn eigen valuta had, waren er meer dan zevenhonderd verschillende soorten munten in omloop.[35]

Maar de allergrootste zorg was de godsdienst. Ook Zwitserland ontkwam niet aan de godsdienstrazernij die Europa uiteenrukte, 'van de interkatholieke twisten in de middeleeuwen tot de strijd in het kader van de reformatie'. In 1845 verenigden de kantons zich in protestantse en katholieke allianties, en in 1847 brak er een burgeroorlog tussen deze allianties uit. Oostenrijk, Frankrijk en Duitsland, die een complete ineenstorting van het land voorzagen, maakten zich op om het verscheurde Zwitserland onder elkaar te verdelen.

De Zwitserse regering had het geluk dat zij geleid werd door generaal Guillaume-Henri Dufour. Dufour, een veelzijdig soldaat annex ingenieur, had in de Napoleon-oorlogen gevochten en had in Genève de eerste permanente hangbrug ter wereld ontworpen. Maar hij was ook een man die van vrede hield en die gebukt ging onder de oorlog. 'Hij is een soldaat, maar hij haalt de mens in de soldaat naar boven', werd er van hem gezegd. 'Hij voert oorlog, maar hij maakt er een voorspel tot vrede van.'[36]

Toen Dufour de leiding kreeg over het Zwitserse leger, gaf hij zijn soldaten een gedenkwaardig bevel 'dat het verdient om te worden herinnerd, vanwege de nobele, menslievende toon ervan': 'Als je de grens oversteekt, laat je woede dan achter, en denk alleen aan het vervullen van de plichten die je geboorteland je oplegt... Zodra de overwinning in ons voordeel is beklonken, vergeet je elk gevoel van wraak; handel als een edelmoedige soldaat, want op die manier toon je je werkelijke moed... Neem alle weerlozen in bescherming; laat niet toe dat zij beledigd of slecht behandeld worden. Verniel niets als het niet nodig is, verspil niets; kortom, gedraag je zodanig dat je respect afdwingt.'[37] De troepen van de Confederatie toonden 'grote verdraagzaamheid' in de oorlog; volgens historici was dit aan Dufour te danken.

Dufour bracht de oorlog in 26 dagen tot een einde, voornamelijk via onderhandelingen en bestanden. Er werden maar weinig echte gevechten geleverd, en er sneuvelden maar 128 soldaten. (Vergeleken met de 618.000 soldaten die acht jaar later in de Amerikaanse Burgeroorlog sneuvelden.) Dufours buitengewoon goede zorg voor gewonde vijandelijke soldaten en zijn edelmoedige voorwaarden oogstten bewondering bij de rebellen en droegen bij tot de hereniging van Zwitserland.[38] En Dufour deed nog meer: in 1863 was hij voorzitter van de eerste conventie van Genève, waaruit het Internationale Rode Kruis is voortgekomen.

In de burgeroorlog van 1847 stonden de liberale, protestantse industriearbeiders tegenover de conservatieve, katholieke boeren. Het hedendaagse Zwitserland is een derde alternatief voor dit politieke, economische, religieuze conflict. De schrijver Michael Porter zegt hierover: 'Het belangrijkste exportproduct van Zwitserland, dat zelfs in de negentiende eeuw nog een arm land was, waren emigrerende burgers. Maar in de eerste decennia van de twintigste eeuw is Zwitserland uitgegroeid tot een industriële natie met een rol die onevenredig groot was in vergelijking met zijn kleine omvang.'[39]

Hoe is dit gekomen? Hoe heeft het ooit bijna fataal gefragmenteerde Zwitserland kunnen uitgroeien tot misschien wel de succesvolste natie van onze planeet?

Dat is voor een groot deel te danken aan Dufours leiderschap, aan de edelmoedigheid, de liefdadigheid en de vergevingsgezindheid waarmee hij zijn tegenstanders tegemoet trad. Al sinds de reformatie haatten de protestanten en de katholieken elkaar en deden beide partijen elkaar onrecht aan met een lange reeks van vergeldingen. W.H. Auden schreef hierover: 'Ik weet zoals Jan met de pet wat ieder schoolkind leert, / Iemand wie kwaad is gedaan doet ook anderen kwaad.'[40]

Toch veranderde er na de burgeroorlog iets. De Zwitsers vormden een landelijke regering die anders was dan alle andere regeringen in de wereld. Om een einde te maken aan de cyclus van vijandigheid die tot de oorlog had geleid, kozen zij via de grondwet van 1848 voor een systeem van rechtstreekse democratie. Hoewel wetten worden gemaakt door de wetgevende macht, kan elke burger elke wet aanvechten door een petitie in te dienen. Dan spreekt het hele electoraat zich over de kwestie uit. Deze 'referenda' vinden tegenwoordig een keer of vier per jaar plaats. 'Na een referendum is het de gewoonte om te zeggen dat "de soeverein heeft gesproken".' Volgens analytici draagt dit systeem bij tot de ontwikkeling van het volk, stimuleert het het delen van macht, bevordert het respect voor minderheden en motiveert het beleidsmakers om gematigd te zijn en de consensus te zoeken.[41] Natuurlijk is er ook wel eens sprake van een misstap, en als de mensenrechten niet worden gerespecteerd kan het federale hooggerechtshof de wetgeving wijzigen.

Op de een of andere manier heeft deze regeringsvorm – een mooi voorbeeld van een derde alternatief – bijgedragen aan de beëindiging van het geruzie tussen de Zwitserse kantons. Toen alle Zwitserse burgers eindelijk het gevoel hadden dat hun stem werd gehoord, voltrok zich een opmerkelijke transformatie in het land. De mengelmoes van belastingen en munten en de warboel van wetten verdween. Vrede werd een heersend principe; in de eeuw die volgde, wist Zwitserland de ravage van de twee wereldoorlogen volledig te vermijden.

Maar hoewel de Zwitserse democratie een gedeeltelijke verklaring vormt voor de 'eenheid in diversiteit' die er in het land heerst, verklaart het niet alles. Andere factoren die een rol spelen zijn het onderwijssysteem, dat de creatieve eenheid van de Zwitsers actief benadrukt en zo min mogelijk nadruk legt op oude rancuneuze gevoelens. Daarnaast erkent de wet geen etnische-groepsidentiteit, alleen individuen. Volgens professor Carol L. Schmid geeft 'deze attitude, waarin respect voor minderheden doorklinkt, aan dat het niet het numerieke overwicht van de groep is dat doorslaggevend is, waarbij een individu in het nadeel is puur omdat hij lid is van een minderheidsgroep'. In de kern is het succes van Zwitserland te danken aan wat ik 'de ethiek van respect' noem. In haar onderzoek naar landen met grote etnische verschillen zegt Schmid: 'Succesvolle etnische co-existentie is afhankelijk van een grote mate van gelijkwaardigheid tussen groepen... Spanningen worden vaak verergerd door een bewustzijn van significante ongelijkheid tussen etnische groepen.' Dit bewustzijn is het grote obstakel voor synergie. Etnische conflicten, zegt Schmid, zijn bijna altijd het resultaat van de arrogantie van een elitegroep. 'In gewelddadige samenlevingen heerst vaak grote economische en politieke ongelijkheid.'[42]

Zwitserland, dat divers is maar toch één, dat vele godsdiensten belijdt en vele talen spreekt, laat de wereld zien hoe je een cultuur van het derde alternatief opbouwt. De oude culturen van de kantons worden in ere gehouden. Alle individuen, godsdiensten en talen worden gerespecteerd: Duits, Frans en Italiaans hebben een gelijke status, 'een gelijkheidsprincipe voor de wet dat tot doel had om de toekomst te verlichten'. Toen de Zwitsers deze gebaren van respect naar elkaar maakten, 'verdwenen de barbaarse vooroordelen, die mannen tot rivalen, vijanden en uiteindelijk tot slaven maken'. Het resultaat is een synergetisch 'huwelijk tussen Duitse degelijkheid, Franse elegantie en Italiaanse smaak', schreef Frederic La Harpe, een van de opstellers van de Zwitserse grondwet.[43] Mensen die de ethiek van respect naleven, die doelbewust hun voordeel proberen te doen met de rijke verscheidenheid om zich heen, komen automatisch tot synergie.

Zou het land waarin Israëliërs en Palestijnen zo diep verdeeld zijn een tweede Zwitserland kunnen worden? Alleen als zij zich besluiten te bekeren tot de derde-alternatiefmentaliteit van wederzijds respect en waardering voor verschillen. Het is geen onoplosbaar conflict, zoals sommige mensen zeggen. Onoplosbare conflicten bestaan niet. Het succes van Zwitserland was geen toeval. De Duitsers, Fransen en Italianen van Zwitserland, die generaties lang gebukt gingen onder etnische en religieuze schisma's, kozen ervoor om te veranderen. Wetenschappers zijn zich ervan bewust dat 'Zwitserland tot stand is gekomen omdat de mens met zijn vindingrijkheid op cruciale momenten in staat is geweest om grote problemen te overwinnen'.[44] Met andere woorden, Zwitserland was een keuze.

Er is totaal geen reden waarom anderen niet dezelfde keuze zouden kunnen maken. Wat velen het Heilige Land noemen, zou een tweede Zwitserland kunnen worden. Stel je eens voor welke derde alternatieven er allemaal kunnen worden gerealiseerd door de Arabische energie te verenigen met de Israëlische vindingrijkheid! Dit is geen naïeve droom. Volgens Andrew Reding van het World Policy Institute zou Zwitserland model kunnen staan voor een Israëlisch-Palestijnse federatie.[45] In 2010 reisde de energieke Latijns-Amerikaanse schrijver Alvaro Vargas Llosa langs huizen, bedrijven en markten in de hele Israëlisch-Palestijnse regio. Wat hij zag, maakte hem enthousiast: 'Israëls economie maakt een enorme bloei door, en in de Palestijnse gebieden [van de Westelijke Jordaanoever] regeert de vrije markt... Het economische elan van de Palestijnse gebieden en het fascinerende ondernemerschap van Israël lieten ons zien welke wonderen deze twee samenlevingen samen tot stand zouden kunnen brengen. Het droevige eraan is niet hoe ver de werkelijkheid daarvan verwijderd is, maar hoe gemakkelijk het voor te stellen is.'[46]

Toch heb ik goede hoop dat de wereld in de richting van een totale vrede koerst. Er zijn ontmoedigende conflictgebieden, maar hun aantal neemt af. Er zijn psychopaten die monsterlijke maatregelen nemen, maar die raken steeds meer geïsoleerd. Ik geloof dat de mondiale handel en de democratisering zullen doorgaan. Jonge, goed opgeleide mensen in allerlei opkomende landen, van Marokko tot Indonesië, nemen hun toekomst in eigen hand en schudden de beperkende krachten van het verleden van zich af.

De journalist Robert Wright spreekt over de fascinerende rol van de mentaliteit van het derde alternatief in de geschiedenis van de menselijke conflicten. Hij wijst erop dat ons leven op deze planeet een heleboel nulsomfasen doormaakt, waarin schaarste regeert en er altijd sprake is van een winnaar en een verliezer. Er komt een veroveraar langs die mensen tot slaven maakt en die uiteindelijk weer door een ander wordt verslagen. Maar volgens Wright is de loop van de geschiedenis altijd gericht op het afsluiten van die fasen, zodat overvloed regeert en iedereen wint: 'Heb je er bij het kopen van een auto ooit bij stilgestaan hoeveel mensen op hoeveel continenten er aan de productie van die auto hebben bijgedragen? Dat zijn mensen waarmee je in feite streeft naar winst voor iedereen.' Synergie tussen mensen kan leiden tot het einde van conflicten tussen landen en individuen, doordat ze zo diep met elkaar verbonden zijn bij het creëren van de toekomst. Als we ons gaan richten op het leveren van bijdragen aan onze mondiale samenleving, ebt onze haat vanzelf weg. De conclusies die Wright trekt, zijn dan ook heel wijs:

> *Per saldo denk ik dat de geschiedenis uiteindelijk positief uitpakt en de nulsommentaliteit het onderspit delft. En een bewijs hiervoor is datgene wat me het meest verbaast, het meest imponeert en het positiefst stemt: dat de geschiedenis een morele dimensie heeft, dat er een morele rode lijn doorheen loopt. We hebben in de loop der tijd morele vooruitgang geboekt.*[47]

Leren door te communiceren

De beste manier om van dit boek te leren is de inhoud ervan aan iemand anders door te geven. We weten allemaal dat de leraar veel meer leert dan de leerling. Ga dus op zoek naar iemand – een collega, een vriend(in) of een familielid – en vertel hem of haar over de inzichten die je zelf hebt opgedaan. Stel onderstaande vragen of bedenk je eigen provocatieve varianten.

- Wat kunnen we leren van het verhaal van Mohammed Dajani over de morele kracht van het derde alternatief?
- Margaret Karram zegt over de tijd dat ze college liep op een joodse universiteit: 'Ik heb de eerste zes maanden mijn mond niet opengedaan'. Waarom denk je dat ze niet sprak? Wat leert haar verhaal ons over de waarde van empathie?
- Hoe kwamen de Oslo-akkoorden van 1993 tot stand? Wat leren we van dit verhaal over het synergieproces?
- Hoe heeft Jimmy Carter de Camp David-akkoorden tot stand gebracht? In welke zin is dit verhaal een voorbeeld van het belang van 'psychologische lucht'?
- Welke rol spelen 'empathische gebaren' volgens Marc Gopin bij het oplossen van conflicten?
- Waarom wordt Daniel Barenboim een 'wandelend derde alternatief' genoemd?
- Welke rol speelt volgens jou het Divan-orkest bij het vredesproces in het Midden-Oosten? Wat kun je leren van de musici in het orkest?
- Verklaar het belang van elk van de synergieparadigma's bij het streven naar vrede.
- Welke rol spelen zelfbewustzijn en introspectie volgens zowel de joodse als de islamitische traditie bij het oplossen van conflicten?
- 'Het moment waarop je de balans opmaakt, is de redding van je geest', zegt Marc Gopin. Wat bedoelt hij daarmee? Waarom is dat moment zo belangrijk bij het oplossen van conflicten?
- 'Als je een paradigmaverschuiving teweeg wilt brengen in iemands gevoelens, moet je die persoon in verwarring brengen door echt naar hem te luisteren.' Wat is de rol van empathisch luisteren bij het streven naar vrede?
- Leg uit wat het verschil is tussen het conventionele vredesproces en 'vrede bouwen'. Wat betekent de opmerking 'Vrede bouwen draait om synergie'?
- Leg uit waarom positieve synergie het tegenovergestelde is van oorlog.

- Waarom zeggen wetenschappers ‘Zwitserland kan eigenlijk helemaal geen land zijn’? Wat leren we als we het verhaal achter Zwitserland vergelijken met het verhaal achter het Israëlisch-Palestijnse conflict?
- Welk aspect van de loop van de geschiedenis moet ons optimistisch stemmen?

Zelf proberen

Kijk naar je eigen relaties, buurt of gemeenschap. Welke ernstige conflicten kun jij helpen oplossen? Ontwikkel prototypes voor derde alternatieven en vraag anderen om mee te doen. Gebruik hierbij het schema *In vier stappen naar synergie.*

In vier stappen naar synergie

1 Stel de derde-alternatiefvraag:

'Ben je bereid op zoek te gaan naar een oplossing die beter is dan alles wat we tot nu toe afzonderlijk hebben bedacht?'
Zo ja, ga dan verder naar stap 2.

2 Definieer succescriteria

Noteer hier de kenmerken van een oplossing waar iedereen blij mee zou zijn. Wanneer is er sprake van succes? Wat moet er echt gebeuren? Wat zou een 'win-win'-resultaat zijn voor alle betrokkenen?

3 Creëer derde alternatieven

Maak hier (en elders) modellen en tekeningen, schrijf ideeën van anderen op, zet je eigen ideeën op zijn kop. Werk snel en creatief. Schort oordelen op tot het spannende moment waarop je weet dat je synergie hebt bereikt.

4 Bereik synergie

Beschrijf hier je derde alternatief en, indien gewenst, hoe je dit wilt gaan uitvoeren.

Handleiding voor de tool *In vier stappen naar synergie*

In vier stappen naar synergie. Dit proces helpt je het synergieprincipe in praktijk te brengen. (1) Toon bereidheid om op zoek te gaan naar een derde alternatief. (2) Definieer hoe succes er voor iedereen uitziet. (3) Experimenteer met oplossingen totdat je (4) synergie bereikt.

Hoe bereik je synergie

1 Stel de derde-alternatiefvraag:

In een conflict of creatieve situatie helpt deze vraag iedereen afstand te nemen van verharde posities of vooringenomen ideeën, richting een derde standpunt.

2 Definieer succescriteria

Noteer kenmerken of beschrijf in het kort hoe een voor iedereen bevredigend resultaat eruitziet. Stel jezelf daarbij de volgende vragen:
- Is iedereen betrokken bij het vaststellen van de criteria? Krijgen we zo veel mogelijk inbreng van zo veel mogelijk mensen?
- Welke resultaten willen we echt? Wat moet er echt gebeuren?
- Welke resultaten zouden voor iedereen winst betekenen?
- Kijken we verder dan onze standaardeisen naar iets beters?

3 Creëer derde alternatieven

Volg deze richtlijnen:
- Speel ermee. Het is niet echt. Iedereen weet dat het spel is.
- Doe niet aan afronding. Vermijd overeenstemming en consensus.
- Geef geen oordeel over andermans ideeën – of over die van jezelf.
- Maak modellen. Maak tekeningen op whiteboards, schets grafieken, bouw een dummy, schrijf een ruwe opzet.
- Zet ideeën op zijn kop. Keer de gangbare opvatting om.
- Werk snel. Stel een tijdslimiet, zodat de energie en het creatieve denkproces op peil blijven.
- Kom met heel veel ideeën. Je kunt niet voorspellen welk ongebruikelijk inzicht tot een derde alternatief zal leiden.

4 Bereik synergie

Het derde alternatief is te herkennen aan een sfeer van opwinding en inspiratie. Het oude conflict speelt geen rol meer. Het nieuwe alternatief voldoet aan de succescriteria. Let op: verwar een compromis niet met synergie. Een compromis geeft een tevreden maar nooit een opgetogen gevoel. Bij een compromis verliest iedereen iets; bij synergie wint iedereen.

Hoofdstuk 9

Een leven in de geest van het derde alternatief

We hebben niet meer vakantie nodig, maar meer vocatie.
– *Eleanor Roosevelt*

In de Puerto Ricaanse stad Ceiba staat een huis dat bij de plaatselijke bevolking bekendstaat als 'de kribbe'. Hier bracht de grote cellist Pablo Casals zijn laatste twintig jaar door, tot aan zijn dood in 1973. Bijna een eeuw eerder, in zijn geboorteland Spanje, hoorde hij zijn eerste cello en het instrument voelde al eigen voordat hij het zich eigen had gemaakt. Als jongen was hij altijd bezig om de cellosuites van Bach te oefenen vanaf een beduimeld stuk bladmuziek dat zijn moeder hem had gegeven, en toen een prominente componist hem hoorde spelen en hem uitnodigde om voor de Spaanse koninklijke familie op te treden, nam zijn carrière een hoge vlucht. Op zijn 23ste speelde hij voor koningin Victoria en op zijn 85ste voor president John F. Kennedy in het Witte Huis.

De zes decennia daartussen waren één lang opwaarts crescendo in de wereld van de muziek. Casals schitterde met de grote orkesten, won elke mogelijke onderscheiding en werd de grootste cellist ter wereld en misschien zelfs in de geschiedenis genoemd. Hij was zo geliefd in Spanje dat zijn publiek, toen hij een keer voor de koning speelde, naar de koninklijke loge wees en riep: 'Dit is onze koning, maar Pablo is onze keizer!'

Tijdens de laatste levensjaren van deze grote man horen zijn buren in Ceiba nog regelmatig het geluid van de Bach-suites door de ramen van de kribbe komen. Op een dag, Casals was toen 93, vroeg een van hen hem waarom hij elke dag drie uur met zijn cello bleef oefenen. Casals antwoordde: 'Ik begin enige vooruitgang te bespeuren... ik merk dat ik er beter in word.'

Leven in crescendo

Pablo Casals is pas met zijn muziek gestopt op de dag dat hij op zijn 97ste voor de laatste keer zijn strijkstok neerlegde. Hij ontwikkelde zijn talent, verbeterde zijn capaciteiten en gaf tot aan zijn laatste ademtocht alles wat in hem zat. Als anderen zich afvroegen waarom hij het niet wat rustiger aan deed tegen het einde van zijn lange leven, zei hij tegen hen: 'Ophouden met werken staat gelijk aan doodgaan.' Casals had hun kunnen uitleggen dat het een *diminuendo* heet als de muziek afzwakt, en dat het een *crescendo* heet als de muziek aanzwelt en in grandeur toeneemt. Hij was vastbesloten om zijn leven niet in diminuendo te laten eindigen. Hij leefde in crescendo.

Van alle ideeën die ik in mijn werk uitdraag, ken ik geen enkel idee dat anderen meer begeestert en meer kracht geeft dan mijn persoonlijke motto: *Leid je leven in crescendo! Je belangrijkste werk heb je altijd nog voor de boeg.*

Ik heb dit idee een keer uitgelegd aan een grote groep vakmensen, en na afloop kwam er een rechter naar me toe met een bevlogen blik in zijn ogen. Hij vertelde dat hij binnenkort de pensioengerechtigde leeftijd zou bereiken en dat hij van plan was geweest om te stoppen met werken, maar nadat hij had kennisgemaakt met het begrip 'leven in crescendo', realiseerde hij zich dat hij nog steeds een grote passie had voor zijn werk en een bijdrage kon leveren aan het oplossen van de problemen in zijn stad. Hij besloot zijn pensionering voor onbepaalde tijd uit te stellen.

Ga er altijd van uit dat je je belangrijkste werk nog voor de boeg hebt. Het is essentieel om met die gedachte te leven. Je hebt belangrijke bijdragen te leveren, ongeacht wat je wel of niet hebt bereikt. Misschien doe je ander werk dan je in het verleden hebt gedaan, misschien is het op andere manieren waardevol, maar het is hoe dan ook belangrijk werk, vooral als je het leven van anderen er positief mee kunt beïnvloeden. We moeten de verleiding weerstaan om in de achteruitkijkspiegel te kijken naar wat we hebben gedaan in plaats van vol optimisme vooruit te kijken.

Hoe oud we ook zijn en wat onze positie in het leven ook is, wij mensen met de mentaliteit van het derde alternatief zijn nooit klaar met onze bijdrage. Het ligt in de aard van mensen met een derde-alternatiefmentaliteit om altijd te proberen iets hogers en beters te bereiken. We kunnen ons best tevreden voelen over prestaties uit het verleden, maar de volgende grote bijdrage is altijd in zicht. Zoals dit boek laat zien, zijn er overal uitdagingen die om de creatieve invloed van een synergetisch denker vragen. We hebben relaties op te bouwen, gemeenschappen te dienen, families te ondersteunen, problemen op te lossen, kennis te vergaren en grote werken te creëren.

Ikzelf ben inmiddels de pensioengerechtigde leeftijd voorbij, maar ik schrijf, train, adviseer en reis nog steeds actief voor mijn beroep. Het geluk en de persoonlijke groei van mijn kinderen en kleinkinderen zijn voor mij van vitaal belang. Met alle opwindende uitdagingen die voor me liggen, ben ik meer dan ooit een zoeker naar derde alternatieven. Zoals de komiek George Burns op zijn 99ste zei: ‘Ik kan nu niet met pensioen, ik ben volgeboekt!’

Een van mijn dochters vroeg me of ik ooit nog iets zou schrijven dat net zoveel invloed zou hebben als *De zeven eigenschappen van effectief leiderschap*. Ik denk dat ze van mijn antwoord schrok: ‘Meen je dat nou? Het beste moet nog komen! Ik heb momenteel tien boeken in mijn hoofd!’ Dit was niet bedoeld om mezelf op de borst te kloppen – ik geloof echt dat mijn beste werk nog voor me ligt. Waarom zou ik dat niet denken? Hoe zou ik mezelf kunnen motiveren om elke dag op te staan als ik dacht dat ik mijn beste bijdragen al had geleverd en niets van waarde meer te geven had? Ik ben het eens met de uitspraak van Ernest T. Trigg: ‘De man die alles heeft bereikt wat hij de moeite waard vindt, is stervende’ – ongeacht hoe oud hij is!

Mensen leiden veel te vaak een soort twee-alternatievenbestaan. We werken of we spelen. Veel mensen werken om te spelen. We maken lange dagen op het werk zonder een specifiek doel voor ogen, behalve om er zo snel mogelijk en met zo min mogelijk moeite vanaf te zijn, zodat we kunnen ontspannen. We horen het voortdurend om ons heen:

‘Ach, het is weer maandag…’
‘Ik zal blij zijn als de week voorbij is…’
‘Als ik deze dag maar achter de rug heb…’
‘Het is bijna weekend…’
‘Godzijdank, het is vrijdag.’

En zo wensen we onze dagen, weken, jaren en levens voorbij. Elke dag vindt er een tweedeling plaats tussen ‘hersenen aan’ en ‘hersenen uit’. We zien onszelf door de bril van het industriële tijdperk, als machines die een bepaalde functie vervullen totdat ze niet meer nodig zijn. We schakelen elke avond uit totdat de schakelaar de volgende ochtend weer aangaat – en uiteindelijk komt er een dag waarop de schakelaar voorgoed uitgaat. Wat dan?

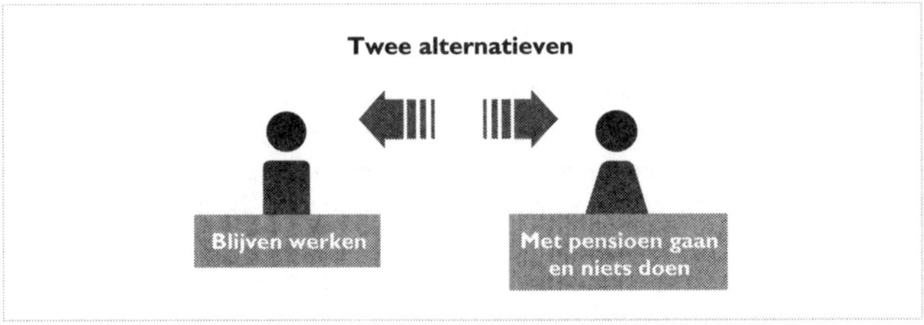

We gaan in winterslaap. We trekken ons terug om van onze vrije tijd te 'genieten', om de rest van onze dagen te spelen. En dat is precies wat veel mensen willen, omdat ze geprogrammeerd zijn om hun hele leven in termen van deze twee alternatieven te zien.

Maar dit is een valse tweedeling die is opgelegd door een maatschappij met een industriële mentaliteit. We zijn geconditioneerd om te geloven dat er maar twee keuzes zijn: blijven werken of met pensioen gaan. We denken dat we op een dag gelukkig zullen worden als we geen 'machines' meer zijn. Dan zal het leven betekenis hebben. Maar voor veel mensen, zo schreef de dichter William Butler Yates, is het leven 'één lange voorbereiding op iets wat nooit plaatsvindt'. Hun leven verzandt in diminuendo, en het verval kan lang en vruchteloos zijn.

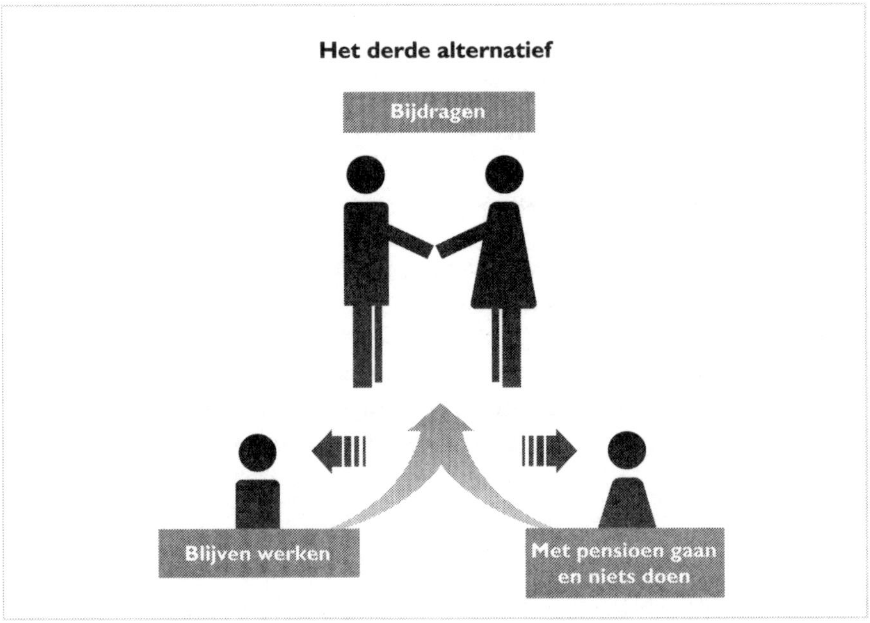

Ik geloof dat het derde alternatief verreweg het best is. Lever een bijdrage. Daar kun je de eerste twee alternatieven in integreren. Je kunt lang na de 'pensioenleeftijd' van 65 door blijven gaan met je levenswerk en een grote bijdrage blijven leveren. Of je kunt je carrière afsluiten en een tweede carrière beginnen door zinvolle bijdragen te leveren aan je familie en aan de samenleving, door in te springen op de prangende behoeften die je om je heen signaleert.

Als je leeft volgens dit 'bijdragenparadigma', zijn zowel je werkende jaren als je pensioenjaren betekenisvol.

Ik ben voorstander van een ingrijpende paradigmaverschuiving in de manier waarop wij over ons werk en onze pensionering denken. Volgens demografische gegevens uit ontwikkelde landen werkt tussen de 33 en de 40 procent van de mannen boven de 55 niet meer voor zijn brood. Terwijl onze voorouders een generatie of twee geleden op die leeftijd uitgeput stierven, kunnen de meeste mensen tegenwoordig rekenen op een complete 'tweede volwassenheid'. De vraag hoe die tweede volwassenheid moet worden ingevuld, zal een hoop mensen de komende decennia bezighouden, omdat het aantal 65-plussers zal verdubbelen tot meer dan 25 procent. De gemiddelde Europeaan of Amerikaan zal ongeveer 79 jaar worden, de gemiddelde Japanner ongeveer 82. Elke dag van de afgelopen eeuw steeg de levensverwachting van Amerikanen met zeven uur. Dat vertaalt zich in meer dan 25 extra jaren voor ons allemaal! Het slechte nieuws is dat sommige mensen niet weten wat ze met die tijd aan moeten en kostbare kansen laten schieten om iets te betekenen in het leven van anderen.

Vergooien we die jaren door niet echt iets zinnigs te doen, of zorgen we dat ze meetellen?

Het bijdragenparadigma kan zelfs je leven redden. Ik heb gemerkt dat mensen die met pensioen gaan en die weinig meer doen, vaak al meteen mentaal en fysiek achteruitgaan, tenzij ze aan de slag gaan om iets nuttigs bij te dragen. Dr. Hans Seyle, de bekende deskundige op het gebied van stress, zegt hierover:

> *Met het klimmen der jaren hebben de meeste mensen steeds meer rust nodig, maar het proces van ouder worden voltrekt zich niet bij iedereen met dezelfde snelheid. Veel waardevolle mensen die nog jaren nuttig werk hadden kunnen doen voor de samenleving, zijn fysiek ziek en voortijdig seniel gemaakt doordat ze verplicht met pensioen zijn gestuurd op een leeftijd waarop ze nog volop behoeften en capaciteiten hadden.*
>
> *Deze psychosomatische ziekte komt zo vaak voor dat zij een naam heeft gekregen: de pensioenziekte.*[1]

De schrijver Chuck Blakeman beschrijft de pensioenziekte als volgt: 'Ik wacht tot mijn 65ste voordat ik een waardevol leven ga leiden. De eerste 65 jaar maak ik plichtmatig vol om die leeftijd te bereiken. Tot die tijd zit ik gewoon mijn tijd uit.'[2]

Daartegenover staat dat leven met een missie verjongend is. Het leveren van een betekenisvolle bijdrage houdt ons immuunsysteem sterk en houdt de regeneratieve krachten van ons lichaam actief. Mijn eigen gevoel een missie te hebben wordt sterker, niet zwakker, en daarom vind ik iedere nieuwe dag opwindend. Ik heb niet het gevoel dat ik alleen maar ouder word, maar zoals Carl Rogers zei: 'Ik word ouder én ik groei.'[3]

Het idee om op een bepaalde leeftijd met zinvol werk te stoppen, is een relatief nieuw concept. Als je naar het verleden kijkt, zul je je realiseren dat het verlangen van de grote mannen en vrouwen uit de geschiedenis om nieuwe wegen in te slaan nooit ophield. In mijn ogen is het hele begrip pensionering een fout begrip, een overblijfsel van het industriële tijdperk dat niet op onze cultuur aansluit.

Als je om je heen kijkt, zie je meer dan genoeg mensen die nog steeds ingenieur, ceo, coach, opleider, advocaat, ondernemer, uitvinder, minister, wetenschapper, bedrijfseigenaar en arts zijn, die jaar in jaar uit belangrijke bijdragen blijven leveren en die zich niet laten leiden door het in onze samenleving heersende idee dat mensen met pensioen moeten. Anderen gooien het roer volledig om en leveren onverwachte bijdragen. Zij leven in crescendo.

Levens in de geest van het derde alternatief

In 1981, toen president Jimmy Carter en zijn vrouw Rosalynn terugkeerden naar hun huis in Plains, Georgia, vroegen ze zich af: 'Is er leven na het Witte Huis?' Ze waren zo opgegaan in de staatssenaat, het gouverneurschap, en uiteindelijk het hoogste ambt van het land, dat ze niet wisten hoe ze nu verder moesten. Ze voelden zich leeg, ontmoedigd en tegen hun wil met pensioen gestuurd. Ze waren bang dat hun leven vanaf dat moment in diminuendo zou voortkabbelen.

Natuurlijk genoten ze van de tijd die ze nu in familie, vrienden en kerk konden steken. Toch ontbrak er iets aan hun leven. Ze waren zeker niet van plan om nu de hele tijd op de golfbaan rond te hangen. Ook wilden ze geen genoegen nemen met wat er verwacht werd van een voormalig president, memoires schrijven en een presidentiële bibliotheek opzetten. Carter wilde meer nalaten dan een boek en een gebouw. Op een nacht werd hij wakker met een visioen van een leven in de geest van het derde alternatief. Hij realiseerde zich dat hij nu vrij was om dingen te doen die hij in het Witte Huis nooit had kunnen doen: hij kon zijn status als voormalig president van de Verenigde Staten gebruiken om een aantal hardnekkige wereldproblemen te helpen oplossen.

In zijn visioen was hij een katalysator voor verandering, een instrument voor vrede en herstel. Hij ging verwoed aan de slag met zijn eerste project, een vrijplaats waar mensen van over de hele wereld elkaar konden ontmoeten om te praten en creatieve alternatieven voor hun problemen te bedenken. Voor dit project, dat uiteindelijk het Carter Center zou worden, liep ook zijn vrouw warm. Op dat moment beseften ze wat er aan hun leven had ontbroken: de kans om grotere, betekenisvollere bijdragen te leveren dan ooit.

Hoewel de functie van president van de Verenigde Staten zo ongeveer het hoogste is wat je in het leven kunt bereiken, hadden de Carters het gevoel dat ze nog hogere dingen konden bereiken. 'Wie weet?' zeiden ze tegen zichzelf. 'Als we onszelf ambitieuze doelen stellen, lukt het ons misschien zelfs wel om meer voor elkaar te krijgen dan als we de verkiezingen van 1980 hadden gewonnen.' Dit was een inzicht dat hun beiden kracht gaf en inspireerde. We vragen ons misschien af welk doel hoger kan zijn dan het Witte Huis; de Carters zijn het antwoord op die vraag.

Zij leven in crescendo. Ze hebben het drukker dan ooit. Samen met het Carter Center proberen ze conflicten op te lossen en ijveren ze wereldwijd voor democratie en mensenrechten. Als onderdeel van een coalitie van zeventig landen sponsoren ze gezondheidszorgprojecten, zoals de bestrijding van de guineaworm, een parasiet die miljoenen mensen in Afrika op een pijnlijke manier heeft misvormd. Ze zetten zich in voor Habitat for Humanity, een organisatie van vrijwilligers die huizen bouwen voor arme mensen. Jimmy Carter die met hamer en spijkers in zijn hand samen met anderen aan een huis werkt is een vertrouwd beeld. Hij wordt bijna door iedereen gezien als de productiefste ex-president in de geschiedenis.

Hoe konden Jimmy en Rosalynn Carter bij het verlaten van het Witte Huis hebben geweten dat hun belangrijkste werk misschien nog voor hen lag? Ze hebben zich niet teruggetrokken uit het leven, en ze dagen ons uit om in synergie met anderen de noden van onze medemensen te lenigen:

> *Betrokkenheid bij het bevorderen van het welzijn van anderen heeft ons leven de afgelopen jaren ingrijpend veranderd. Er is overal grote behoefte aan vrijwilligers die mensen willen helpen die honger hebben, die dakloos, blind of kreupel zijn, die verslaafd zijn aan drugs of alcohol, die analfabeet, geestesziek of bejaard zijn, die in de gevangenis zitten of die gewoon geen vrienden hebben en eenzaam zijn. Er valt duidelijk nog een heleboel te doen, en wat we verder ook van plan zijn, hier moeten we in ieder geval mee doorgaan.*[4]

Een van degenen die 'hiermee doorgaan' is hotelhouder Harris Rosen in Orlando, Florida. Harris, die opgroeide in een arm gezin in de New Yorkse wijk Hell's Kitchen, kreeg voortdurend van zijn ouders te horen dat een goede opleiding hem zou kunnen helpen om aan de armoede te ontsnappen. Hij volgde hun advies op en was de eerste uit zijn gezin die de universiteit afmaakte. Hij bekostigde zijn studie door onder aan de ladder in de hotelbusiness te beginnen en werd uiteindelijk eigenaar van zeven hotels in de bloeiende regio rond Orlando. Hij zou het zich prima kunnen veroorloven om achterover te leunen en de vruchten van zijn inspanningen te plukken.

Maar hij kon zijn ogen niet sluiten voor Tangelo Park, niet ver van een van zijn luxehotels op International Drive maar een wereld van verschil qua angst en armoede. Tangelo Park werd geteisterd door misdaad, drugs, werkloosheid en een alarmerend hoge schooluitval van 25 procent. Omdat hij graag wilde bijdragen aan een goede opleiding voor de kinderen uit Tangelo Park, stond hij tijdens een schoolbijeenkomst plotseling op en zei tegen de verbijsterde menigte: 'Ik beloof dat ik elke middelbare scholier uit Tangelo Park die zijn eindexamen haalt, gratis naar de universiteit stuur!' De mensen konden het nauwelijks geloven, maar Rosen hield woord. En hij deed nog meer: hij financierde kleuterscholen, zodat kleine kinderen zonder leerachterstand aan de basisschool konden beginnen, en zette een Family Resource Center op waar ouders advies konden krijgen en vaardigheden konden leren om hun gezinsleven te verbeteren.

'Dit is een verbazingwekkend verhaal', zegt professor Charles Dziuban van de University of South Florida en lid van de adviesraad van het Tangelo Park-project. Rosens hoopgevende acties leverden bijna direct resultaat op: de criminaliteit daalde met 66 procent en het uitvalpercentage op de scholen daalde van 25 naar 6 procent. Maar liefst 75 procent van de leerlingen gaat nu door naar het hoger onderwijs.[5]

Rosen werd ruimschoots beloond voor zijn inspanningen toen hij op een dag bij de apotheek een geneesmiddel kwam afhalen en de jonge apotheker hem herkende. 'Mijnheer Rosen, ik heb meegedaan aan het Tangelo Park-project dat u hebt opgezet, en ik ben afgestudeerd. Dankzij u ben ik apotheker geworden!' Een andere via het project afgestudeerde jongen werd 'onderwijzer van het jaar' in Orange County. Deze prima onderwijzer kan overal gaan wonen, maar kiest ervoor om in Tangelo Park te blijven en zijn kinderen groot te brengen in de buurt van de leerlingen die hij wil beïnvloeden.

Harris Rosen, die nu in de zeventig is, zou in Florida van een weelderig pensioen kunnen genieten. Of hij zou kunnen blijven werken, in zijn eigen zaken opgaan en geen oog hebben voor de ellende aan de overkant van de straat. Maar hij heeft voor geen van beide alternatieven gekozen. Zijn passie is een derde alternatief: de complete vernieuwing van zijn door problemen geteisterde, verarmde buurt. Hij stimuleert andere rijken om zijn voorbeeld te volgen, omdat hij gelooft dat dat de samenleving kan transformeren.

Nu hoor ik je zeggen: 'Maar ik ben geen voormalig president of rijke directeur.' Inmiddels weet je wel wat mijn antwoord daarop is: het maakt niet uit. Binnen onze cirkel van invloed kunnen we verhoudingsgewijs dezelfde invloed uitoefenen als de Carters of Harris Rosen.

Compleet het tegenovergestelde van een beroemdheid is 'Jackie', wier echte naam ik niet eens ken. Jackie woont in een huis met één kamer van vijftien vierkante meter. Ik heb geen idee waar haar huis staat, behalve dat het ergens in het zuiden van Amerika is. En ga alsjeblieft niet naar haar op zoek.

We leren Jackie kennen via de bijzondere artikelen van William Powers, een milieujournalist uit New York. Powers kwam haar op het spoor en kreeg toestemming om haar verhaal te vertellen omdat het anderen laat zien hoe je echt duurzaam kunt leven.

Bij haar buren staat Jackie bekend als een 'hoedster van wijsheid', in een traditie die teruggaat tot de indianen. 'Dit zijn oudere vrouwen die ons inspireren om dieper in het leven te duiken.' Volgens de wetgeving van Jackies staat is een gebouw van vijftien vierkante meter of minder geen huis maar een schuur, waardoor ze zich volledig kan onttrekken aan regelgeving en openbare voorzieningen: ze heeft geen gas, geen elektriciteit, geen stromend water, geen riolering, geen telefoon. Voor de bureaucratische wereld, zegt Powers, is Jackie 'onzichtbaar'.

Jackie, die oorspronkelijk arts was, voelde zich steeds minder prettig bij het snelle, chaotische stadsleven en verlangde naar een leven in een rustiger wereld. Toen ze haar kinderen had grootgebracht en ouder werd, ging ze minder werken en vond ze een braakliggend stukje grond waar ze zich tot 'permacultuurboerin' heeft getransformeerd en zich wijdt aan een leven in harmonie met het land. Permacultuur betekent dat wat je erin stopt gelijk is aan wat je eruit haalt; dat wil zeggen dat er niets van buiten het systeem in komt, en dat alle afval opnieuw wordt gebruikt zodat niets het systeem verlaat.

Jackies leven klinkt misschien zwaar, maar in werkelijkheid is het vrij idyllisch. Powers beschrijft zijn eerste ontmoeting met haar als volgt:

Ze werd gedeeltelijk aan het zicht onttrokken door de theeplanten. Van een afstandje zag ik alleen een stuk van haar gezicht en een peper-en-zoutkleurige paardenstaart...

Met een klein rukje aan mijn hand leidde Jackie me naar een plas regenwater bij de theeplanten. We gingen er op onze knieën bij zitten, en er vloog een bij van mijn arm die naast de plas neerstreek. Boven ons stond een bijenkorf. Jackie vertelde me dat haar Italiaanse bijen veertig pond honing per jaar produceerden, genoeg om ook aan vrienden uit te delen. 'Luister eens hoe stil de bijen zijn', zei ze...
Een zacht gezoem vermengde zich met het gemompel van de kreek. We waren omgeven door krentenboompjes, vijgen, hazelnoten en zuurbomen. De bij die op mijn onderarm had gezeten, nam nu slokjes uit de plas. Jackie stak haar hand uit en streelde zijn vleugels terwijl hij zat te drinken. 'Soms, als ik hierbuiten wakker word met de stilte om me heen, krijg ik tranen in mijn ogen van vreugde.'

Jackie beschrijft permacultuur als 'de dingen die je grootouders wisten en die je ouders zijn vergeten'. Haar stuk bos, dat complexer in elkaar zit dan het op het eerste gezicht lijkt, is verdeeld in zones, waarvan sommige met heggen worden beschermd tegen herten en konijnen. Naast haar groentetuin verbouwt ze inheemse bessen, pecannoten, Heirloom-appels en mangoachtige pawpaws. In het bos oogst ze shiitakes. Haar kleine huisje ruikt naar ceder en is 'verrassend ruim... doordat ze genoegen neemt met dit kleine beetje menselijke ruimte, is Jackie omringd door de natuur. Nergens elektrische bedrading, nergens afvoerbuizen.'

Toch is Jackie geen kluizenaar. Ze verzorgt patiënten, geniet van haar gezin en reist – heel goedkoop – voor haar werk met vredes- en milieugroeperingen. Haar manier van leven is een derde alternatief voor de twee ziekten van haar generatie: fervent materialisme en vage doelloosheid. William Powers schetst een krachtig contrast tussen Jackie en een kennis die 'op haar achtenveertigste stopte met haar werk als financieel planner en met haar derde man een huis kocht met uitzicht op de oceaan. Daar had ze de afgelopen jaren gewoond, niet gelukkig en niet ongelukkig... op een "permanente vakantie", elke zonsondergang vergezeld van pina colada's.'[6]

Een permanente vakantie of een permanente missie?

Ik weet dat veel mensen het idee van een permanente vakantie geweldig vinden. Sommigen verlangen er hun hele werkende leven naar. Werken in het industriële tijdperk is zo uitputtend en verwoestend dat het niet meer dan logisch is dat we van een eindeloze cruise door de tropen of een eindeloze groene golfbaan dromen. We moeten vooral ontspannen als we dat nodig hebben – er is helemaal niets mis met een prachtige dag op de golfbaan of een exotische reis – maar we houden onszelf voor de gek als we denken dat we gelukkig worden door te ontsnappen. Dat druist in tegen de natuurlijke gang van zaken. In elke levensfase liggen er verspillende verslavingen op de loer: gedachteloos tv kijken, je fixeren op sociale media, voortdurend gamen en clubs bezoeken, onbenullige lectuur lezen, geheel in beslag genomen worden door medicijnen, een gat in de dag slapen. Met dit soort dingen kan iedereen zijn leven vergooien, maar met name gepensioneerde mensen lopen dat risico.

'Het leven is een missie en geen carrière', heb ik van mijn grootvader Richards geleerd. 'En ook geen vakantie', had hij daar nog aan toe kunnen voegen. Denk goed na over de verschillen tussen het leven van mensen die permanent op vakantie zijn en van mensen die permanent op missie zijn.

Een van de mensen met een permanente missie is James Kim, een Zuid-Koreaan die als vijftienjarige soldaat levensgevaarlijk gewond raakte tijdens de wrede Koreaanse oorlog. Deze zeer vrome en nederige jongen vroeg zijn God om zijn leven te sparen om 'liefde te kunnen teruggeven aan mijn vijanden', de legers van Noord-Korea en China.

Hij overleefde de oorlog, en vanaf dat moment richtte hij zich alleen nog maar op het vervullen van de belofte die hij had gedaan om zijn buren in het noorden te helpen, 'om hun leven te redden, niet om hen te doden'. Hij was een gewone jongeman zonder veel scholing en zonder geld en had in eerste instantie geen idee wat hij kon doen om zijn voormalige vijanden te helpen, wier grenzen sowieso hermetisch gesloten bleven. Maar hij wist dat hij middelen nodig had, dus ging hij naar Amerika om geld te verdienen.

Kim werd Amerikaans staatsburger, richtte een bedrijf op dat Koreaanse pruiken importeerde en verdiende na een aantal jaren een klein fortuin bij elkaar – puur als middel om het doel te verwezenlijken dat hij in zijn hoofd had. Hij wist dat hij met een Amerikaans paspoort de destijds gesloten grenzen van Noord-Korea en China zou kunnen oversteken. In de jaren tachtig was hij klaar om zijn missie uit te voeren. Wat er in zijn ogen moest gebeuren, was dat jonge mensen zich moesten kunnen ontwikkelen en opleidingskansen moesten krijgen. Dat was het beste geschenk aan zijn oude vijanden dat hij kon bedenken.

Toen hij werd gevraagd om een toespraak te houden tijdens een zakenconferentie in Beijing greep hij die gelegenheid aan om bekend te maken dat hij een kleine nieuwe universiteit ging financieren in Nanji, bij de grens met Noord-Korea. De Chinese autoriteiten waren sceptisch maar geïntrigeerd en besloten dat de school zou kunnen aansluiten bij hun strategie om zich opener op te stellen tegenover het Westen. Een paar jaar later verhuisden Kim en zijn vrouw Grace naar het studentenhuis van de nieuwe Yanbian University of Science and Technology, waar Kim tussen de studenten kon wonen en vriendschap met hen kon sluiten. Om iets terug te doen zouden de studenten naast hun studie vrijwilligerswerk doen bij plaatselijke scholen en ziekenhuizen. De universiteit was een groot succes en trok begaafde docenten aan van over de hele wereld.

Toen Kim in 1998 hoorde dat er een voedseltekort heerste in Noord-Korea, wierp hij zich op om met levensmiddelen de grens over te steken. Hij werd direct gearresteerd. De Noord-Koreanen beschuldigden hem van spionage en brachten hem naar de gevangenis, waar hij anderhalve maand lang elke dag werd ondervraagd.

> *'In de gevangenis was ik heel rustig. Ik schreef dat ik niet bang was om te sterven, omdat ik wist dat ik naar een betere wereld zou gaan. En ik schreef dat als ik inderdaad zou sterven, ik mijn organen ter beschikking zou stellen van de wetenschap in Noord-Korea. Ik zei tegen ze dat ik in de situatie berustte.' Daarop kreeg Kim te horen dat de Geliefde Leider geraakt was door die houding .*[7]

Toen hij uiteindelijk werd vrijgelaten, bleef Kim de Noord-Koreanen vragen om hem een universiteit voor hen te laten bouwen. In 2001 wist hij de regering te overtuigen en begonnen de voorbereidingen voor de nieuwe Pyongyang University of Science and Technology, gefinancierd met Kims spaargeld en met geld van donoren die hij had geworven. De bouw kostte negen jaar, maar op 25 oktober 2010 opende de school zijn deuren om de eerste 160 briljante Noord-Koreaanse studenten te verwelkomen. Kim gelooft dat deze universiteit de Noord-Koreanen zal helpen aansluiting te vinden bij de wereld van de informatietechnologie en dat zij uiteindelijk grenzen zal helpen slechten.[8]

Veel van Kims begunstigden staan versteld van zijn grootmoedigheid. 'Als je Kim vraagt waar hij zijn inspiratie vandaan haalt, zegt hij altijd: "Uit liefde." De opgewekte professor ziet liefde als een kracht die zich over grenzen heen uitstrekt, en onderwijs als het instrument om haar toe te passen.' Toen zijn Noord-Koreaanse en Chinese gastheren hem vroegen of hij zichzelf een communist of een kapitalist noemde, 'zei ik tegen hen dat ik gewoon een "liefde-ist" was.'[9]

Ik zou James Kim een 'wandelend countertype' noemen. Hoewel de wonden van de oorlog bij sommige mensen verbittering oproepen, maakten Kims wonden hem zachter ten opzichte van zijn vijanden. Veel mensen zouden hun vijanden graag zien verdwijnen, terwijl Kim bijna de deuren intrapte om die van hem te helpen. Nu hij op leeftijd is en in een levensfase is beland waarin zo veel mensen in diminuendo leven, leeft hij nog steeds in crescendo. Hij had ook ergens op een strand kunnen liggen of zijn jeugdige, onpraktische belofte kunnen zijn vergeten en nog steeds zijn bedrijf in Florida kunnen runnen. Beide alternatieven zijn prima te rechtvaardigen.

Maar niet voor Kim. Hij heeft gekozen voor een derde alternatief. Is het hoger en beter om permanent op vakantie te zijn of om permanent een missie te hebben? Dat is de vraag die je voor jezelf zult moeten beantwoorden.

Misschien vraag je je af: 'Maar verdien ik het dan niet om het na een leven lang hard werken rustiger aan te doen, achterover te leunen en een stapje terug te doen? Stel dat ik me gewoon niet sterk genoeg voel? Stel dat mijn gezondheid me in de steek laat?'

Het zou niet empathisch zijn als ik die gevoelens niet kon begrijpen. Hoewel ik sneller moe word, meer slaap nodig heb en meer moeite heb met reizen dan vroeger, ben ik dankbaar dat ik zelf gezond ben, maar mijn vrouw Sandra heeft een aantal rugoperaties ondergaan die haar leven compleet hebben veranderd. Ze is aan een rolstoel gekluisterd en is zelfs voor de eenvoudigste handelingen afhankelijk van de hulp van anderen. Het is voor ons allebei moeilijk om ons aan te passen aan deze nieuwe manier van leven, en ons hele gezin lijdt met haar mee.

Natuurlijk zou Sandra dolgraag de vrijheid hebben om weer te kunnen lopen en zonder beperkingen alles te kunnen doen wat ze wil, maar momenteel zit dat er niet in. Ondanks die problemen is haar houding opmerkelijk positief en inspirerend; ze roeit met de riemen die ze heeft. Haar motto is het Latijnse *carpe diem*: 'pluk de dag'. Ze blijft betrokken bij haar familie, haar vrienden en de doelen die belangrijk voor haar zijn. Ze handelt binnen haar cirkel van invloed en blijft ondanks haar problemen uit haar leven halen wat erin zit. Ze heeft een boekenclub en een lunchgroepje met vriendinnen, geeft les in onze kerk, zit in een universiteitsraad, pakt ter ere van St. Patrick's Day koekjes in voor de buren en houdt op 1 april haar familieleden voor de gek. Ze overlaadt haar kleinkinderen met kaarten, telefoontjes en bezoekjes. Ze verslindt boeken, is nog steeds politiek actief en steunt een kunstcentrum waarvoor ze zelf een groot deel van de financiering bij elkaar heeft gekregen. Niet slecht voor iemand die in een rolstoel zit. Ze noemen mensen met een handicap tegenwoordig niet voor niets 'mensen met mogelijkheden'!

Hoewel Sandra's leven ingrijpend is veranderd, leeft ze nog steeds in crescendo door bij te dragen wat in haar vermogen ligt. De filosoof Friedrich Nietzsche zei ooit: 'Hij die een *waarom* heeft om te leven, kan bijna elk *hoe* verdragen.'

Ik vind dat we ook een verantwoordelijkheid hebben om anderen te helpen in crescendo te leven. Elke persoon is waardevol en in staat om een bijdrage te leveren, ongeacht leeftijd of lichamelijke ongemakken. Ik heb een vriend die op zijn werk onder zware druk staat en die een heel drukke agenda heeft. Onlangs bereikte zijn bejaarde moeder het punt in haar leven waarop ze niet meer zelfstandig kon wonen, en de familie vroeg zich af wat het best voor haar zou zijn: in haar eigen huis blijven wonen met hulp van buiten, verhuizen naar een bejaardenhuis of bij haar zoon intrekken. De zoon, mijn vriend, zag dat laatste niet zo zitten. Hij had veel aan zijn hoofd en wist niet of hij ruimte in zijn leven had om voor zijn moeder te zorgen. Gelukkig vatte zijn geweldige en capabele vrouw het minder zwaar op; zij nam haar schoonmoeder met liefde in huis. De bejaarde dame, klein, frêle, bijna blind en doof, raakte erg gedesoriënteerd door de verhuizing. Het was alsof ze een afhankelijk kind in huis hadden. Ze moesten bijna alles voor haar doen: wassen, eten geven, haar 's ochtends helpen met opstaan en haar 's avonds naar bed brengen. Mijn vriend, die ongeduldig was maar zich daar tegelijkertijd schuldig over voelde, vroeg zich af of deze constructie wel echt zou werken.

Toen, op een avond, merkte hij dat hij tijdens het eten naar zijn moeder naast hem en naar zijn vrouw tegenover hem zat te kijken. Zijn moeder vertelde zijn vrouw een anekdote over haar jeugd op de boerderij van haar familie, hoe ze bonen verzamelden en inmaakten voor de winter. Mijn vriend realiseerde zich dat de televisie uit stond, dat het stil was in huis en dat het licht van de ondergaande zon op het gezicht van zijn moeder viel, waardoor ze er veel jonger uitzag. Hij werd overvallen door een gevoel van tevredenheid dat hij niet kende, en hij ervoer een verbondenheid die hij al heel lang niet had gevoeld. Tot zijn eigen verbazing nam hij de tijd om zijn moeder echt te zien, om naar haar te luisteren en om te genieten van haar rustgevende invloed. Ze was zo dankbaar voor alles, zo hoffelijk en zachtaardig, dat ze uit een andere wereld en een andere tijd leek te komen. Zijn vrouw steunde glimlachend met haar kin op haar hand en luisterde naar de verhalen van zijn moeder alsof ze de hele avond de tijd had.

Langzaam maar zeker veranderde het leven van mijn vriend. Zijn vrouw en hij namen zijn moeder mee op korte, uiterst trage wandelingen. Ze luisterden samen naar muziek. Ze maakten opnamen van haar als ze verhalen vertelde over haar leven. Ze leerde hun oude baktips, en onder haar toeziend oog produceerden ze beverig een zelfgemaakt brood volgens haar recept. 's Avonds keken ze oude zwart-witfilms, vooral komedies uit de jaren dertig die ze zich nauwelijks kon herinneren, en haar zoon herhaalde de grappige zinnen voor haar die ze niet kon verstaan.

Op een gegeven moment realiseerde mijn vriend zich hoe primitief en onaf zijn leven voor die tijd was geweest. Hoewel zijn moeder al in de negentig was en niet in staat om te zien of te horen of te werken in de gebruikelijke zin van het woord, verrijkte deze late bijdrage die zij aan haar zoon leverde hem op manieren die hij nooit voor mogelijk had gehouden. Hij die gewend was om snel door het leven te gaan, leerde langzamer te lopen, de tijd te nemen voor een rustige maaltijd, te genieten van een verhaal over vroeger en tevreden naast zijn moeder te zitten en haar hand vast te houden. Naar het einde toe speelde haar leven zich af in een langzaam crescendo.

Ik prijs mijn vriend voor het feit dat hij ervoor openstond om zijn moeder in haar laatste dagen de gelegenheid te geven een betekenisvolle bijdrage te leveren. 'Ze heeft ons een groot plezier gedaan door bij ons te komen wonen', zegt hij. 'Wij zijn degenen die daarvan profiteren.' Hij had haar in een bejaardenhuis kunnen stoppen, waar ze kennissen had gemaakt en goed verzorgd zou zijn. Maar *hij* zou iets hebben gemist dat zijn leven heeft getransformeerd: de stilzwijgende beloning van liefde en dienstbaarheid.

Tijdens onze overhaaste zoektocht naar secundair succes – naar geld en sociale status – bestaat het gevaar dat we voorbijgaan aan de veel diepere bevrediging die primair succes kan bieden: de liefde, het vertrouwen en de dankbaarheid van degenen die we dienen.

Het is mijn persoonlijke overtuiging dat we op deze aarde zijn om anderen te dienen, dat God van ons verwacht dat we Zijn werk doen door onze medemensen te helpen. Wij kunnen het antwoord zijn op de hulpvraag van een ander. Dankzij de gave van ons geweten inspireert God ons om Zijn kinderen op zowel materiële als spirituele manieren te zegenen. In mijn ogen is dienstbaarheid de sleutel tot duurzaam geluk en het criterium voor echt succes in dit leven.

Sommige mensen zullen, net als machines, volharden in hun saaie, dagelijkse routine zonder zich erg bewust te zijn van het bestaan van dit soort succes totdat de dood hen 'uitschakelt'. Anderen zullen vluchten en zich amuseren tot aan hun dood. Weer anderen kiezen voor een derde alternatief en proberen zolang ze leven betere en hogere bijdragen te leveren aan het geluk van hun medemensen. Dit is de ultieme taak die ons te doen staat.

Kies je voor een derde alternatief om een bijdrage te leveren en in crescendo te leven? Of sta je toe dat je leven in waarde afneemt als je ouder wordt? Wat laat jij na? Kijk niet achterom. Wat heb je nog bij te dragen? Welk spannend avontuur ligt er voor je? Wat voor duurzaams wil je neerzetten? Wat ga je doen met je kennis en ervaring als je meer tijd hebt voor de mensen om je heen? Welke belangrijke relatie moet je nog opbouwen of herstellen? Heb je je grootste werk nog voor de boeg? De mensen om je heen zullen afwachten en hopen dat je een antwoord vindt op de intimiderende uitdagingen van deze wereld. En als dat antwoord synergie creëert tussen je hoofd en je hart, zul je gezegend zijn met een betekenisvol leven.

In zijn prachtige gedicht 'Ulysses' (Odysseus) voert Tennyson de held van Troje op als een 'werkloze koning' die op zijn troon zit terwijl zijn epische odyssee al lang achter hem ligt. Hij is omringd door feestelijk gedekte tafels en eentonig vermaak en brengt zijn oude dag op een nutteloze en genotzuchtige manier door. Hij denkt na over zijn vroegere daden, over zijn strijd tegen stormen en reuzen, over de kolossale machten die hij tegenkwam en overwon, en hij realiseert zich dat hij niet kan sterven zoals hij nu is. Niet op deze manier.

Niet langer de jonge held maar nog steeds gemotiveerd om iets hogers en beters te bereiken, staat Ulysses op uit zijn stoel en laat zijn schip gereedmaken. Zijn oude metgezellen denken er net zo over als hij, en als ze samen de zeilen hijsen, weten ze dat hun grootste avonturen nog voor hen liggen.

Ik kan niet rusten van de reis; ik zal het leven
Tot de bodem leegdrinken; alle keren dat ik
Heb genoten en heb geleden, zowel met degenen
Die van mij hielden als alleen...
Hoe saai is het om pas op de plaats te maken, om te eindigen,
Om ongepolijst te roesten, om niet te glimmen van gebruik!
Alsof ademen leven is. Het ene leven gestapeld op het andere,
Ze waren allemaal te klein...

We bezitten misschien nu niet meer die kracht die in vroeger dagen
Aarde en hemel kon bewegen; maar dat wat we zijn, dat zijn we;
Gelijkgestemd met een heldhaftig hart,
Verzwakt door tijd en lot, maar sterk in wil
Om te streven, te zoeken, te vinden en niet op te geven.

Leren door te communiceren

De beste manier om van dit boek te leren is de inhoud ervan aan iemand anders door te geven. We weten allemaal dat de leraar veel meer leert dan de leerling. Ga dus op zoek naar iemand – een collega, een vriend(in) of een familielid – en vertel hem of haar over de inzichten die je zelf hebt opgedaan. Stel onderstaande vragen of bedenk je eigen provocatieve varianten.

- Wat betekent 'leven in crescendo'? En wat betekent 'leven in diminuendo'?

- Te veel mensen leiden een soort twee-alternatievenbestaan. Hoe zou je die twee alternatieven beschrijven? Wat zijn de beperkingen van elk alternatief voor iemand die een compleet leven wil leiden? Wat is het derde alternatief?
- Het bijdragenparadigma kan zelfs je leven redden. Door welke natuurlijke processen komt dit?
- Wat waren de twee alternatieven waarmee Jimmy en Rosalynn Carter werden geconfronteerd na hun tijd in het Witte Huis? In welke zin leiden de Carters een leven in de geest van het derde alternatief?
- De levens van Harris Rosen en 'Jackie' zijn bijna uitersten als het gaat om de omvang van hun cirkel van invloed, maar toch leveren ze allebei een bijdrage. Wat kunnen we van hen leren over de schaal van onze bijdragen in het leven?
- We maken onszelf iets wijs als we denken dat geluk een 'permanente vakantie' is. Waarom druist dit in tegen de natuurlijke gang van zaken?
- Wat is er zo bevrijdend aan het idee op een 'permanente missie' te zijn? Wat leert het verhaal van James Kim ons daarover?
- Ik zou James Kim een 'wandelend countertype' noemen.'In welke zin is het leven van Kim een countertype?
- Nietzsche zei: 'Hij die een *waarom* heeft om te leven, kan bijna elk *hoe* verdragen.' In hoeverre is het verhaal van Sandra Covey een voorbeeld van dit inzicht? Hoe helpt dit inzicht je bij het kijken naar je eigen beperkingen?
- Wat leren we over leven in crescendo van het verhaal van mijn vriend en zijn moeder? Waarom hebben we de plicht om anderen te helpen in crescendo te leven? Wie kun jij helpen om in crescendo te leven?
- 'Hoe saai is het om pas op de plaats te maken, om te eindigen, / om ongepolijst te roesten, om niet te glimmen van gebruik!' Wat betekenen deze dichtregels van Tennyson voor jou?

Zelf proberen

Hoe kun je in crescendo leven? Wat zijn je eigen succescriteria? Welke derde alternatieven zouden jouw leven kunnen veranderen? Ontwikkel prototypes voor derde alternatieven en vraag anderen om mee te doen. Gebruik hierbij het schema *In vier stappen naar synergie.*

In vier stappen naar synergie

1. **Stel de derde-alternatiefvraag:**

'Ben je bereid op zoek te gaan naar een oplossing die beter is dan alles wat we tot nu toe afzonderlijk hebben bedacht?'
Zo ja, ga dan verder naar stap 2.

2. **Definieer succescriteria**

Noteer hier de kenmerken van een oplossing waar iedereen blij mee zou zijn. Wanneer is er sprake van succes? Wat moet er echt gebeuren?
Wat zou een 'win-win'-resultaat zijn voor alle betrokkenen?

3. **Creëer derde alternatieven**

Maak hier (en elders) modellen en tekeningen, schrijf ideeën van anderen op, zet je eigen ideeën op zijn kop. Werk snel en creatief. Schort oordelen op tot het spannende moment waarop je weet dat je synergie hebt bereikt.

4. **Bereik synergie**

Beschrijf hier je derde alternatief en, indien gewenst, hoe je dit wilt gaan uitvoeren.

Handleiding voor de tool *In vier stappen naar synergie*

In vier stappen naar synergie. Dit proces helpt je het synergieprincipe in praktijk te brengen. (1) Toon bereidheid om op zoek te gaan naar een derde alternatief. (2) Definieer hoe succes er voor iedereen uitziet. (3) Experimenteer met oplossingen totdat je (4) synergie bereikt.

Hoe bereik je synergie

1 Stel de derde-alternatiefvraag:

In een conflict of creatieve situatie helpt deze vraag iedereen afstand te nemen van verharde posities of vooringenomen ideeën, richting een derde standpunt.

2 Definieer succescriteria

Noteer kenmerken of beschrijf in het kort hoe een voor iedereen bevredigend resultaat eruitziet. Stel jezelf daarbij de volgende vragen:
- Is iedereen betrokken bij het vaststellen van de criteria? Krijgen we zo veel mogelijk inbreng van zo veel mogelijk mensen?
- Welke resultaten willen we echt? Wat moet er echt gebeuren?
- Welke resultaten zouden voor iedereen winst betekenen?
- Kijken we verder dan onze standaardeisen naar iets beters?

3 Creëer derde alternatieven

Volg deze richtlijnen:
- Speel ermee. Het is niet echt. Iedereen weet dat het spel is.
- Doe niet aan afronding. Vermijd overeenstemming en consensus.
- Geef geen oordeel over andermans ideeën – of over die van jezelf.
- Maak modellen. Maak tekeningen op whiteboards, schets grafieken, bouw een dummy, schrijf een ruwe opzet.
- Zet ideeën op zijn kop. Keer de gangbare opvatting om.
- Werk snel. Stel een tijdslimiet, zodat de energie en het creatieve denkproces op peil blijven.
- Kom met heel veel ideeën. Je kunt niet voorspellen welk ongebruikelijk inzicht tot een derde alternatief zal leiden.

4 Bereik synergie

Het derde alternatief is te herkennen aan een sfeer van opwinding en inspiratie. Het oude conflict speelt geen rol meer. Het nieuwe alternatief voldoet aan de succescriteria. Let op: verwar een compromis niet met synergie. Een compromis geeft een tevreden maar nooit een opgetogen gevoel. Bij een compromis verliest iedereen iets; bij synergie wint iedereen.

Hoofdstuk 10

Van binnen naar buiten

Heel veel jaren geleden gaf ik 's zomers leiding aan een groep jonge mensen op survivalkamp. Het doel was hun te leren hoe ze met heel weinig voorraad konden overleven in de wildernis, grotendeels van dingen die ze daar aantroffen. Tegen het eind van de week lieten we ze zien hoe ze een rivier moesten oversteken met een simpel dik touw strak gespannen rond een paar grote bomen aan weerszijden van de rivier. Ik zou de jongeren voordoen hoe ze het moesten doen – met handen en benen stevig om het touw geslagen, hand over hand voortschuivend naar de overkant. Ongeveer halverwege besloot ik een beetje lol te maken en te laten zien wat ik kon door wild met de touwen te zwaaien. De rivier was diep en stroomde langzaam, dus in dit geval was er weinig gevaar onder me. De mensen vonden het geweldig. Lachend en wel begon ik ze zelfs uit te dagen: 'Ik durf te wedden dat *jullie* er niet zo goed uitzien als *jullie* oversteken!' Het probleem was dat ik zoveel energie had verspild met mijn uitsloverij, dat toen ik wilde proberen de rivier verder over te steken mijn spieren begonnen te verkrampen en ik geen kracht meer had. Ik moest al mijn wilskracht aanwenden, maar was vastbesloten de overkant te halen. Het duurde echter niet lang voor ik echt niet meer kon. Ik hing een paar tellen stil, mijn spieren gaven het op en ik lag in het water. Ik worstelde me een weg naar de oever, klom druipend uit het water en verdroeg de rest van de week de plagerijen die ik verdiende!

Ik leerde een belangrijke les, een les die ik altijd heb onthouden. Het lichaam leert ons, net als andere dingen in de natuur, dat het leven wordt geregeerd door natuurwetten. Hoezeer ik mezelf ook oppepte en op wilskracht de rivier over wilde, uiteindelijk was ik toch onderworpen aan de conditie, de kracht en het uithoudingsvermogen van mijn spieren. Zonder kracht in mezelf kon ik nooit verwachten succesvol te zijn buiten mezelf.

Ook als je probeert derde-alternatiefoplossingen te creëren, krijg je met deze realiteit te maken. Ondanks al je goede voornemens en inspanningen zul je gegarandeerd merken dat je wel eens tekortschiet en het gevoel hebben dat je faalt als je probeert een lastig conflict met een vriend(in), collega of familielid op te lossen en het niet uitpakt zoals je had gehoopt. Soms lijkt het zelfs alsof de situatie alleen maar verslechtert.

Ik loop voortdurend tegen dit soort beperkingen aan. Ik verlies mijn geduld. Ik reageer te fel. Soms vind ik het heel moeilijk om te luisteren... vooral als ik zeker weet dat ik gelijk heb! En omdat ik deze principes in de loop der jaren steeds weer aan mijn eigen volwassen kinderen heb geleerd, spreken ze me er direct op aan als ik niet luister. Ik heb daarom geleerd te glimlachen, diep adem te halen, me snel te verontschuldigen en dan te zeggen: 'Oké, help me begrijpen.' En om eerlijk te zijn duurt het soms wel even voordat ik zover ben.

We beginnen soms met de beste bedoelingen, maar merken in het heetst van de strijd dat we defensief, gekwetst of reactief worden, of dat we terugvallen in oude communicatiepatronen van 'vechten of vluchten'. Deze dingen hoeven helemaal niet te betekenen dat je hebt gefaald; ze duiden er eerder op dat je meer aan je ziel moet werken en sterkere 'karakterspieren' moet kweken.

Hoe meer belang we eraan hechten, hoe meer we zullen proberen bij alle grote uitdagingen en kansen in ons leven een derde-alternatiefmentaliteit te cultiveren. Hoe meer we de grote, belangrijke problemen waar we mee te maken krijgen willen aanpakken, hoe meer innerlijke kracht we nodig zullen hebben. Hoe groter het probleem, hoe belangrijker de relatie of het onderwerp, hoe groter de behoefte aan innerlijke zekerheid, win-windenken, geduld, liefde, respect, moed, empathie, stugge volharding en creativiteit. Hoe breder de rivier, hoe meer innerlijke kracht ervoor nodig is om hem over te steken.

Hoe kunnen we deze innerlijke kracht ontwikkelen? Dit is een van de echt grote levensvragen. Het ligt in de kern van wat ik probeerde te bewerkstelligen toen ik *De zeven eigenschappen van effectief leiderschap* schreef. De oorspronkelijke subtitel was *Restoring the Character Ethic.* Ik stel voor dat je dit boek (nog een keer) leest. Ik zeg dit zonder terughoudendheid omdat het boek gaat over tijdloze, universele, vanzelfsprekende principes van menselijke effectiviteit. Deze principes maken deel uit van iedere structureel welvarende cultuur, samenleving, religie, familie of organisatie. Ik heb ze niet bedacht; ik heb ze simpelweg op een rijtje gezet en tot een kader gevormd zodat ze toegankelijker zijn. Ik geloof dat deze universele principes afkomstig zijn van God en een manifestatie zijn van Gods liefde voor de mens en zijn wens om ons gelukkig te zien. Ik realiseer me echter ook dat er veel mensen zijn die dit geloof niet delen, maar die wel een zeer principieel leven leiden dat in het teken staat van dienstverlening en iets betekenen voor anderen, en daar heb ik zeer veel respect voor.

Je succes als derde-alternatiefdenker komt van binnenuit. Onderstaande twintig tips zijn voor mij erg nuttig geweest bij het ontwikkelen van de innerlijke kracht en zekerheid die nodig zijn om derde-alternatiefoplossingen te creëren:

1. Pas op voor trots. Laat je behoefte om altijd 'gelijk' te krijgen los. Je beeld van de werkelijkheid is hoe dan ook altijd onvolledig. Sta jezelf toe om belangrijke doorbraken in relaties en creatieve oplossingen te bereiken, die waarschijnlijk niet realiseerbaar zijn als je koppig vasthoudt aan je wens om gelijk te krijgen.
2. Leer 'sorry' zeggen. Doe dat zodra je je realiseert dat je tekortgeschoten bent of iemand gekwetst hebt. Wees oprecht en houd je niet in. Doe het niet halfslachtig. Verontschuldig je volledig, neem verantwoordelijkheid en zeg dat je tot meer begrip wilt komen.
3. Wees snel met het vergeven van vermeende uitglijders van anderen. Denk erom, je kiest er zelf voor om al dan niet beledigd te zijn. Als je je beledigd voelt, laat dat dan los.
4. Doe heel bescheiden beloftes aan jezelf en anderen en houd je daaraan. Neem ministapjes. Naarmate dit een patroon wordt, kun je grotere beloftes doen en nakomen. Je eigen integriteit zal je grootste bron van zekerheid en kracht worden.
5. Ga de natuur in. Maak lange wandelingen. Maak ruimte in je leven voor bespiegelingen op de synergie van de wereld om je heen.
6. Lees veel – het is een van de beste manieren om mentale verbindingen te leggen en inzichten te verwerven die kunnen leiden tot derde alternatieven.
7. Doe veel aan lichaamsbeweging, als het even kan iedere dag; en eet gezond, matig en uitgebalanceerd. Je lichaam is het instrument van je geest en je ziel.
8. Slaap voldoende, minstens zeven tot acht uur per dag. De wetenschap leert ons dat de hersenen nieuwe verbindingen maken als we slapen, daarom worden we vaak wakker met sprankelende nieuwe ideeën. En je bent zo veel beter in staat om de emotionele, mentale en spirituele energie te geven die nodig is om derde alternatieven te creëren.
9. Bestudeer inspirerende of gewijde literatuur. Denk na, mediteer of bid. Dan komen de inzichten vanzelf.
10. Creëer momenten van rust voor jezelf om creatieve derde-alternatiefoplossingen voor je problemen te bedenken.
11. Geef uiting aan je liefde en waardering voor de mensen met wie je omgaat. Luister empathisch naar ze. Neem de tijd om ze beter te leren kennen; wat is belangrijk voor hen, wat is hun verhaal?
12. Je hebt twee oren en één mond; gebruik ze proportioneel.

13. Oefen in vrijgevig zijn tegenover anderen – met je tijd, met je hart, je vergevingsgezindheid en je bevestiging. Wees wijs en genereus in het delen van je resources met mensen die dat nodig hebben. Wees genereus en vergevingsgezind tegenover jezelf. We hebben allemaal zwakheden, we hebben allemaal onze sterke punten. Kijk vooruit en ga verder. Al deze dingen cultiveren een geest van overvloed.
14. Vergelijk jezelf niet met anderen. Gewoon niet doen. Je bent uniek. Je bent oneindig veel waard en je hebt een enorm potentieel. Stel vast wat je eigen uitzonderlijke missie in het leven is. Houd je daaraan, wees jezelf en dien anderen en de wereld eenvoudig én groots!
15. Wees dankbaar. Laat dat blijken.
16. Leer mateloos te worden in het ontdekken hoe je geweldige winst voor anderen kunt creëren – winst die hun gemoedsrust, hun geluk en hun rijkdom vergroot. Zoiets is besmettelijk en je zult merken dat mensen hetzelfde voor jou zullen proberen te doen. Dit is de sleutel tot het creëren van opmerkelijke synergie.
17. Als het niet goed gaat, neem dan even pauze, ga een stukje wandelen, slaap er een nachtje over en begin weer met frisse moed en het perspectief van een nieuwe dag.
18. Als je echt geen win-winsituatie kunt bereiken, denk er dan om dat ‘geen deal’ soms het beste alternatief is.
19. Wat andere mensen betreft, hun reacties, hun zwakheden en hun eigenaardigheden, gewoon veel glimlachen. En als het om je puberkinderen gaat, herinner jezelf er dan aan: ‘Ook dit zal weer voorbijgaan.’
20. Blijf altijd geloven in de mogelijkheid van een derde alternatief.

Wanneer je deze privéoverwinningen behaalt, zullen de openbare overwinningen vanzelf volgen.

Ten slotte wil ik graag blijk geven van mijn liefde, mijn geloof in jou en je potentieel, en mijn vertrouwen dat je veel goeds kunt doen voor anderen als je ervoor kiest een leven in het teken van het derde alternatief te leiden. De wereld heeft je nodig. *God bless you.*

Stephen R. Covey

Over de auteurs

Stephen R. Covey, volgens het tijdschrift *Time* een van de 25 invloedrijkste Amerikanen, heeft er zijn levenswerk van gemaakt om mensen te laten zien hoe elk individu de regie kan nemen over zijn of haar eigen lot. Hij is een internationaal gerespecteerde autoriteit op het gebied van leiderschap en het gezinsleven, docent, organisatieadviseur en auteur. Er zijn meer dan twintig miljoen boeken van hem verkocht (in 38 talen), en *De zeven eigenschappen van effectief leiderschap* is uitgeroepen tot het belangrijkste businessboek van de twintigste eeuw. Van zijn meest recente boek, *De 8ste eigenschap*, zijn bijna 400.000 exemplaren verkocht. Hij is medeoprichter en vicevoorzitter van de gerenommeerde advies- en trainingsorganisatie FranklinCovey, die vestigingen heeft in 123 landen. Hij woont met zijn vrouw en zijn gezin in Utah.

Breck England is verbonden aan FranklinCovey en heeft met Stephen R. Covey geschreven aan meerdere titels zoals *4 managementprincipes voor gegarandeerde resultaten* en *Great Work, Great Career.* Hij werkt al ruim twee decennia als consultant en heeft een paar van de grootste bedrijven ter wereld advies gegeven op het gebied van leiderschap en communicatie. Zo ook voor bedrijven uit de Fortune 50, van Zwitserland tot Saudi-Arabië. Na het behalen van zijn doctoraal Engels heeft hij zeven jaar organisatiecommunicatie onderwezen aan de Marriott School van Brigham Young University. Hij woont met zijn vrouw in de bergen in het noorden van Utah.

Dankwoord

Ik ben de vele geweldige mensen die aan dit boek hebben bijgedragen zeer dankbaar. Vrienden, collega's, cliënten en 'trim-tabbers' over de hele wereld die het derde alternatief in praktijk brengen, roepen grote dankbaarheid bij mij op, of ze nu wel of niet in dit boek voorkomen. Dank jullie wel dat jullie bereid waren om jullie verhalen en levens met mij te delen.

Ik wil ook mijn collega's bij FranklinCovey bedanken: Sam Bracken, die het project zeer kundig en met aanstekelijk enthousiasme en commitment heeft gemanaged; Jody Karr, wier talentvolle team de afbeeldingen heeft ontworpen, en Terry Lyon, die honderden toestemmingsverklaringen heeft verzameld. Mijn werk is immens verbeterd door de waardevolle inzichten van de meelezers en redacteuren Annie Oswald, Janita Andersen, Michael Ockey, Debra Lund en mijn zoon Sean Covey.

Mijn speciale dank gaat uit naar Boyd Craig, die al twee decennia lang mijn zakenpartner, vriend en collega is, en die als eerste met het idee voor dit boek kwam; al die jaren van synergetisch werk dat we samen hebben verricht, vormen de kern van dit boek. Hij is een van de bijzonderste derde-alternatiefleiders die ik ken, en binnen mijn werk een van de moedigste en wijste voorbeelden van mensen die denken, scheppen, lesgeven en problemen oplossen in de geest van het derde alternatief. De vruchten van zijn werk en zijn karakter klinken in dit hele boek en in een groot deel van mijn andere werk door.

Verder wil ik mijn assistentes Julie Gillman en Darla Salin bedanken, de assistente van Boyd, Victoria Marrott, en al mijn assistenten en collega's met wie ik door de jaren heen heb samengewerkt en die zo belangrijk en faciliterend zijn geweest voor mijn werk. Hun onzichtbare, onvermoeibare toewijding heeft mij veel meer gebracht dan mensen ooit zullen beseffen.

Ik wil ook mijn dank uitspreken aan Bob Whitman, voorzitter en ceo van FranklinCovey, mijn collega's in onze raad van bestuur, ons leiderschapsteam en al onze collega's over de hele wereld die elke dag garant staan voor inspirerend leiderschap en toegewijde dienstverlening. Ik houd van jullie en ik waardeer jullie.

Wat het ontwerp, de productie, de marketing en het uitbrengen van het boek betreft gaat mijn dank uit naar het prima werk van onze vrienden bij Simon & Schuster/Free Press, onder wie Carolyn Reidy, Martha Levin, Dominick Anfuso, Maura O'Brien, Suzanne Donahue en Carisa Hays. Ook wil ik mijn dierbare vriendin Jan Miller en haar collega Shannon Miser-Marven bedanken voor hun geweldige vertegenwoordiging.

Mijn liefde en dankbaarheid gaan uit naar mijn vrouw Sandra, mijn kinderen Cynthia, Maria, Stephen, Sean, David, Catherine, Colleen, Jenny, Joshua en hun bijzondere partners, die dit boek met vele ervaringen hebben verrijkt. Onze kinderen, kleinkinderen, achterkleinkinderen en het nageslacht dat nog zal komen, vormen het licht en de hoop van ons leven en zullen uiteindelijk de verwezenlijking en de manifestatie zijn van mijn levenslange wens om mijn leven 'in crescendo' te leven. In het bijzonder wil ik mijn dochter Cynthia Covey Haller bedanken, die grotendeels verantwoordelijk is voor het hoofdstuk 'Een leven in de geest van het derde alternatief'.

Ik betuig mijn respect aan mijn ouders en grootouders, die me innerlijke zekerheid gaven en die van me hebben gehouden, me hebben bevestigd en me hebben grootgebracht met een overvloedmentaliteit – de basis voor de mentaliteit van het derde alternatief. Ook wil ik mijn dierbare zussen bedanken en met name mijn broer John, die mijn hele leven al mijn loyaalste en betrouwbaarste vriend is en die veel heeft bijgedragen aan het hoofdstuk 'Het derde alternatief thuis'. De manier waarop hij leidinggeeft aan de Marriage, Home en Family-activiteiten van FranklinCovey zal nog generaties lang doorklinken.

Ik ben ook bijzonder veel dank verschuldigd aan mijn oude vriend, de rechter Larry M. Boyle van het United States District Court System, die samen met mij het hoofdstuk 'Het derde alternatief en de wet' schreef. Larry, een wandelend voorbeeld van de derde-alternatiefmentaliteit op de hoogste niveaus van de rechterlijke macht, heeft zijn unieke ervaring met het synergetisch oplossen van de moeilijkste conflicten voor dit boek ter beschikking gesteld.

Mijn speciale dank gaat uit naar Ward Clapham, die overal waar hij komt met zijn manier van leven en zijn op principes gebaseerde leiderschap een einde maakt aan misdaad, jonge mensen kracht geeft en de kiem legt voor een fatsoenlijke maatschappij. Ik wil hem bedanken voor zijn belangrijke bijdrage aan het hoofdstuk 'Het derde alternatief in de samenleving'.

Als laatste wil ik Breck England, de hoofdschrijver van FranklinCovey, heel erg bedanken voor zijn honderden uren research en schrijven die dit boek mogelijk hebben gemaakt. Voor zijn geestdriftige en bezielde bijdragen heeft hij de wereld afgeschuimd op zoek naar de beste ideeën over synergie. Net als al mijn andere collega's is hij de belichaming van de missie van FranklinCovey: *To enable greatness in people, organizations and societies everywhere.*

Noten

Hoofdstuk 1

1. Zie voor het volledige onderzoeksverslag: 'The 3rd Alternative: The Most Serious Challenges', op http://franklincoveyresearch.org/catalog/3rd_alternative_survey_2011.pdf.
2. Elizabeth Lesser, 'Take the "Other" to Lunch', *dotsub.com*, ongedateerd, http://dotsub.com/view/6581098e-8c0d-4ec0-938d-23a6cb9500eb/viewTranscript/eng.

Hoofdstuk 2

1. Dit voorbeeld komt uit R. Buckminster Fuller, *Synergetics-Explorations in the Geometry of Thinking*, New York, Macmillan, 1975, 6.
2. Geciteerd in Stephen R. Covey, 'The Mission Statement That Changed the World', *The Stephen R. Covey Community*, http://www.stevencovey.com/blog/?=14.
3. Voor meer over de voorwaarden die bevorderlijk zijn voor groeiende, creatieve relaties, zie Carl Rogers, *On Becoming a Person*, New York, Houghton Mifflin Harcourt, 1995, 61-63.
4. Henry Mintzberg, 'A Crisis of Management, Not Economics', *Globe and Mail* (Toronto), 31 maart 2009.
5. Owen J. Flanagan, *The Problem of the Soul*, New York, Basic Books, 2002, 30.
6. Lee H. Hamilton, 'We Can Reconcile Polarized Politics', *JournalStar.com*, 3 december 2010, http://journalstar.com/news/opinion/editorial/columnists/article_bf62ba78-9073-5d13-b19e-ef5a66ea2465.html.
7. David Brooks, 'The Rush to Therapy', *New York Times*, 9 november 2009.
8. Michael Battle en Desmond Tutu, Ubuntu*: I in You and You in Me*, New York, Church Publishing, 2009, 3.

9. Orland Bishop, 'Sawubona', http://www.youtube.com/watch?v=2IjUkVZRPK8&feature=related, geraadpleegd op 22 november 2010.
10. David J. Schneider, *The Psychology of Stereotyping*, New York, Guilford Press, 2004, 145.
11. Martin Buber, *Ik en Gij*, Utrecht, Bijleveld, 1959.
12. Carl Rogers, *A Way of Being*, New York, Houghton Mifflin Harcourt, 1995, 22.
13. Nelson Mandela, *In His Own Words*, New York, Hachette Digital, 2003, xxxii.
14. 'Christo Brand', The Forgiveness Project, http://theforgivenessproject.com/stories/christo-brand-vusumzi-mcongo-south-africa/, geraadpleegd op 23 november 2010.
15. Andrew Meldrum, 'The Guard Who Really Was Mandela's Friend', *Observer* (Londen), 20 mei 2007; http://www.guardian.co.uk/world/2007/may/20/nelsonmandela, geraadpleegd op 23 november 2010.
16. Nelson Mandela, *Long Walk to Freedom*, New York, Holt, Rinehart and Winston, 2000, 544.
17. Desmond Tutu, *No Future Without Forgiveness*, New York, Doubleday, 1999, 265.
18. Jonathan Swift, *Gulliver's Travels*, Londen, Bibliolis Books, 2010, 186.
19. Ronald C. Arnett, *Communication and Community: Implications of Martin Buber's Dialogue*, Carbondale, Southern Illinois University Press, 1986, 34.
20. Seth Godin, 'The Tribes We Lead', http://www.ted.com-talks-seth_godin_on_the_tribes_we_lead.html, geraadpleegd op 20 november 2010.
21. Carol Locust, 'The Talking Stick', *Acacia Artisans: Stories and Facts*, http://www.acaciart.com/stories/archive6.html, geraadpleegd op 10 oktober 2010.
22. William Nelson Fenton, *The Great Law and the Longhouse: A Political History of the Iroquois Confederacy*, Norman, OK, University of Oklahoma Press, 1998, 90-91.
23. *Encyclopedia of the Haudenosaunee (Iroquois Confederacy)*, red. Bruce Elliott Johansen en Barbara Alice Mann, Westport, CT, Greenwood Publishing Group, 246.
24. Geciteerd in Susan Kalter, *Benjamin Franklin, Pennsylvania, and the First Nations*, Champaign, University of Illinois Press, 2006, 28.
25. Khen Lampert, *Traditions of Compassion*, New York, Palgrave-Macmillan, 2006, 157.
26. Rogers, *A Way of Being*, 10.

27. Met dank aan dr. Joseph G. Cramer van de afdeling kindergeneeskunde van de universiteit van Utah, voor deze informatie.
28. Suzann Keen, *Empathy and the Novel*, Oxford, Oxford University Press, 2007, 151.
29. Carl Rogers, 'Communication: Its Blocking and Its Facilitation', http//:www.redwoods.edu/instruct/Johnston/English1A/rethoricand-thinking/communicationitsblockingitsfacilitation.htm, geraadpleegd op 23 oktober 2010.
30. Hannah Arendt en Ronald Beiner, *Lectures on Kant's Political Philosophy*, Chicago, University of Chicago Press, 1989, 43.
31. Geciteerd in Marc Gopin, *Healing the Heart of Conflict*, Emmaus, PA, Rodale, 2004, 237.
32. Rogers, *A Way of Being*, 102.
33. John Stuart Mill, *On Liberty and Other Essays*, Lawrence, KS, Digireads.com, 2010, 35.
34. Rogers, *A Way of Being*, 105.
35. David G. Ullman, *Making Robust Decisions*, Bloomington, IN, Trafford, 2006, 35.
36. Marianne M. Jennings, red., *Business Ethics: Case Studies and Selected Readings*, Florence, KY, Cengage Learning, 2008, 216-217.
37. Mill, *On Liberty and Other Essays*, 31.
38. Horacio Falcao, 'Negotiating to Win', *INSAED Knowledge*, 16 april 2010, http://knowledge.insaed.edu/strategy-value-negotiation-100419.cfm?vid=404.
39. Geciteerd in Lisa Schirch, *Ritual and Symbol in Peacebuilding*, Sterling, VA, Kumarian Press, 2005, 91.
40. 'Beyond Beaches and Palm Trees', *Economist*, oktober 2008; Joseph Stiglitz, 'The Mauritius Miracle, or How to Make a Big Success of a Small Economy', *Guardian* (Manchester), 7 maart, 2011, http://www.guardian.co.uk/commentisfree/2011/mar/07/mauritius-healthcare-education.
41. A.G. Lafley en Ram Charan, *The Game Changer*, New York, Random House, 2008, 240-41.
42. Charles H. Green, 'Get Beyond Fairness', http://trustadvisor.com/trustmatters/91/Trust-Tip-16-Get-Beyond-Fairness.
43. Amy Tan, 'Creativity', *TED.com*, april 2008, http://www.ted.com/talks/lang/eng/amy_tan_on_creativity.html.
44. Geciteerd in Arendt en Beiner, *Lectures on Kant's Political Philosophy*, 42. De nadruk is van mij.

45. David J. Garrow, *Bearing the Cross: Martin Luther King, Jr., and the Southern Christian Leadership Conference*, New York, Harper Collins, 2004, 46, 464.
46. Lisa Zyga, 'Scientists Build Anti-Mosquito Laser', *physorg.com*, 16 maart 2009, http://www.physorg.com/news156423566.htm; Jennifer 8 Lee, 'Using Lasers to Zap Mosquitoes', *New York Times*, 12 februari 2010, http://bits.blogs.nytimes.com/2010/02/12/using-lasers-to-zap-mosquitoes/.
47. Hermann Hesse, *Steppenwolf*, New York, Macmillan 2002, 59, 164-65, 205.
48. Carl Rogers, *On Becoming a Person*, New York, Houghton Mifflin, 1995, 23.
49. Austin Carr, 'The Most Important Leadership Competency for CEOs? Creativity', *Fast Company*, 18 mei 2010, http://www.fastcompany.com/1648943/creativity-the-most-important-leadership-quality-for-ceos-study.
50. Edward de Bono, *Lateral Thinking: Creativity Step by Step*, New York, HarperCollins, 1973, 7.
51. Rogers, *A Way of Being*, 43.
52. Bolivar J. Bueno, *Why We Talk*, 109.

Hoofdstuk 3

1. Patrick Hosking, 'Hubris to Nemesis: How Sir Fred Goodwin Became the "World's Worst Banker"', *The Times* (Londen), 20 januari 2009, http://business.timesonline.co.uk/tol/business/economics/article5549510.ece.
2. Sydney Finkelstein, *Why Smart Executives Fail*, New York, Penguin, 2004, 268.
3. Christopher Kenton, 'When Sales Meets Marketing', *Business Week*, 19 februari 2004, http://www.businessweek.com/smallbiz/content/feb2004/sb20040219_0464.htm.
4. Benson P. Shapiro, 'Want a Happy Customer? Coordinate Sales and Marketing', *Harvard Business School Working Knowledge*, 28 oktober 2002, http://hbswk.hbs.edu/item/3154.html.
5. Interview met Greg Neal, 7 oktober 2011.
6. Zie James Ledbetter, 'The Death of a Salesman: Of Lots of Them, Actually', *Slate*, 21 september 2010.
7. Zie *De zeven eigenschappen van effectief leiderschap*, Eigenschap 4: Denk Win-Win.

8. Falcao, 'Negotiating to Win', *INSEAD Knowledge*, 16 april 2010, http://knowledge.insead.edu/strategy-value-negotiation-100419.cfm?vid=404.
9. Grande Lum, *The Negotiation Fieldbook: Simple Strategies to Help Negotiate Everything*, New York, McGraw-Hill Professional, 2004, 90.
10. Mahan Khalsa, *Let's Get Real or Let's Not Play*, Salt Lake City, White Water Press, 1999, 5.
11. Khalsa, *Let's Get Real*, 29.
12. Khalsa, *Let's Get Real*, 97.
13. Interview met Jim Usry, Nashville, TN, 3 augustus 2010.
14. Interview met Jordan Asher, 15 oktober 2010.
15. Interview met Jim Fuqua, 18 oktober 2010.
16. Deepak Malhotra en Max H. Bazerman, *Negotiation Genius: How to Overcome Obstacles and Achieve Brilliant Results*, New York, Random House, 2008, 64.
17. William F. Joyce, Nitin Nohria en Bruce Roberson, *What Really Works*, New York, HarperCollins, 2003, 219-20.
18. Zie zijn boeken *The Innovator's Dilemma*, Cambridge, Harvard Business Press, 1997, en *The Innovator's Solution*, Cambridge, Harvard Business Press, 2003.
19. Edward de Bono, 'Creativity Only for the Successful?', 12 november 2001, http://www.edwdebono.com/msg09i.htm.
20. Ann F. Budd en John M. Pandolfi, 'Evolutionary Novelty Is Concentrated at the Edge of Coral Species Distributions', *Science*, 10 juni 2010, 1558.
21. 'Steven Johnson: Where Good Ideas Come From', *TED.com*, juli 2010, http://www.ted.com/talks/steven_johnson_where_good_ideas_come_from.html.
22. Nathan Myhrvold, 'On Delivering Vaccines', *Seedmagazine.com*, 30 december 2010, http://seedmagazine.com/content/article/on_delivering_vaccines/.
23. Tan, 'Creativity', *TED.com*.
24. *The World's Most Trusted Company*, FranklynCovey-video, 2008.
25. 'Charles Leadbeater on Innovation', *TED.com*, juli 2007, http://www.ted.com/talks/charles_leadbeater_on_innovation.html.
26. D.R. King et al., 'Meta-analyses of Post-acquisition Performance: Indications of Unidentified Moderators', *Strategic Management Journal*, februari 2004, abstract; 'KPMG Identifies Six Key Factors', *Riskworld.com*, 29 november 1999, http://www.riskworld.com/pressrel/1999/PR99a214.htm.
27. Anand Sanwal, 'M & A's Losing Hand', *Business Finance*, 18 november 2008.

28. Jeffrey F. Rayport, 'Idea Fest', *Fast Company*, 31 december 2002, http://www.fastcompany.com/magazine/66/ideafest.html?page=0%2C5.
29. Patrick A. Gaughan, *Mergers, Acquisitions, and Corporate Restructurings*, New York, Wiley, 2007, 159.
30. Sydney Finkelstein, *Why Smart Executives Fail*, New York, Penguin, 2004, 92, 94.
31. Gretchen Morgenson, 'No Wonder CEOs Love Those Mergers', *The New York Times*, 18 juli 2004.
32. Peter A. Corning, 'The Synergism Hypothesis', 1998, http://www.complexsystems.org/publications/synhypo.html.
33. 'The New Business Conversation Starts Here', *Fast Company*, 31 december 2002, http://www.fastcompany.com/magazine/66/ideafest.html?page=0%2C5.
34. Rogers, *A Way of Being*, 43.
35. Edward de Bono, 'Positive Gangs', 2 maart 2009, http://sixthinkinghats.blogspot.com/2009/03/edward-de-bonos-weekly-message-positive.html; 'Property Market', 4 november 2008, http://www.makinginnovationhappen.blogspot.com.
36. Zie Jim H. Taylor et al., *DVD Demystified*, New York, McGraw-Hill Professional, 2006.
37. William Powers, *Twelve by Twelve*, Novato, CA, New World Library, 2010, 74-75.
38. David Womack, 'An interview With Ivy Ross', *Business Week*, 19 juli 2005.
39. Barry Nalebuff en Ian Ayres, 'Why Not?', *Forbes.com*, 27 oktober 2003.
40. Zie Pervez K. Achmed et al., *Learning Through Knowledge Management*, Maryland Heights, MO, Butterworth-Heinemann, 2002, 283.
41. Siva Govindasamy, 'Interview: Singapore CEO Chew Choon Seng', *FlightGlobal*, 21 januari, 2010, http://www.flightglobal.com/articles/2010/01/21/337362/interview-singapore-ceo-chew-choon-seng.html.
42. 'Panera Bread Foundation Opens Third Panera Cares Community Café in Portland, OR', *Marketwire*, 16 januari 2011; Bruce Horovitz, 'Non-Profit Panera Café', *USA Today*, 18 mei 2010; 'Panera's Pick-What-You-Pay Café Holds Its Own', Reuters, 28 juli 2010, http://blogs.reuters.com/shop-talk/2010/07/28/paneras-pick-what-you-pay-cafe-holds-its-own/.
43. Zie 'What American Entrepreneurs Can Learn From Their Foreign Counterparts', *MIT Entrepreneurship Review*, 6 december 2010.

44. Vijay Govindarajan, 'Reverse Innovation at Davos', *HBR Blogs*, 4 februari 2011, http://blogs.hbr.org/govindarajan/2011/02/reverse-innovation-at-davos.html#.
45. Colin Hall, 'Mergers and Acquisitions', *Learning to Lead*, november 2004, http://www.ltl.co.za/public-library/mergers-and-acquisitions.

Hoofdstuk 4

1. Zainab Salbi, 'Women, Wartime, and the Dream of Peace', *TED.com*, juli 2010.
2. Alison Clarke-Stewart en Cornelia Brentano, *Divorce: Causes and Consequences*, New York, CT, Yale University Press, 2007, 108.
3. Mark Sichel, *Healing From Family Rifts*, New York, McGraw-Hill Professional, 2004, 83.
4. Elif Shafak, 'The Politics of Fiction', *TED.com*, 16 juli 2010, http://www.ted.com/talks/elif_shafak_the_politics_of_fiction.html.
5. Ik ben veel dank verschuldigd aan Kathleen McConkie Collinwood, een zeer ervaren familierechter en mediator; ze heeft me geholpen met gegevens en inzichten ten aanzien van deze punten.
6. Hara Estroff Marano, 'The Key to End Domestic Violence', *Psychology Today*, 18 februari 2003.
7. Edward Albee, *Who's Afraid of Virginia Woolf?*, New York, Simon & Schuster, 2003, 17, 159.
8. Patricia Love en Steven Stosny, *How to Improve Your Marriage Without Talking About It*, New York, Broadway, 2007.
9. Steven Stosny, *You Don't Have to Take It Anymore*, New York, Simon & Schuster, 2005, 63.
10. Zie David Rock, 'Your Brain at Work', Google Tech Talks, 12 november 2009, http://www.youtube.com/watch?v=XeJsxfXep4M.
11. Maria Colenso, 'Rage: Q&A With Dr. Steven Stosny', *Discovery Health*, ongedateerd, http://health.discovery.com/tv/psych-week/articles/rage-q-a-stosny.html.
12. Stella Chess en Alexander Thomas, *Goodness of Fit: Clinical Applications from Infancy Through Adult Life*, Londen, Psychology Press, 1999, 8, 100-108.
13. Zie Eric J. Mash, *Child Psychopathology*, New York, Guildford Press, 2003, 77.
14. Jonathan Swift, 'A Treatise on Good Manners and Good Breeding', in *The English Essayists*, red. Robert Cochrane, Edinburgh, W.P. Nimmo, 1887, Google e-book, 196.
15. Pablo Casals, *Joys and Sorrows*, New York, Simon & Schuster, 1974, 295.

16. Stosny, *You Don't Have to Take It Anymore*, 208.
17. Haim Ginott, *Between Parent and Child*, New York, Random House Digital, 2009.
18. Sichel, *Healing from Family Rifts*, 166.
19. Elif Shafak, 'The Politics of Fiction', *TED.com*, 16 juli 2010.
20. H. Wallace Goddard en James P. Marshall, *The Marriage Garden: Cultivating Your Relationship So It Grows and Flourishes*, New York, Wiley, 2010, 80.
21. Zie William L. Ury, 'Conflict Resolution among the Bushmen: Lessons in Dispute Systems Design', *Negotiation Journal*, oktober 1995, 379-89.
22. Jessica Ball en Alan Pence, 'Training in First Nations Communities: Five "Secrets" of Success', *Ideas, Interaction*, voorjaar 2001, http://web.uvic.ca/fnpp/5secrets.pdf.
23. Karel Čapek, 'The Final Judgment', in: *Tales from Two Pockets*, vertaling Norma Comrada, North Haven, CT, Catbird Press, 1994, 155-59.
24. Interview met John Covey, 18 februari 2011.
25. Shafak, *TED.com*.
26. J.D. Trout, *The Empathy Gap: Building Bridges to the Good Life and the Good Society*, New York, Penguin, 2009.
27. Isaura Barrera, Robert M. Corso en Dianne Macpherson, *Skilled Dialogue: Strategies for Responding to Cultural Diversity in Early Childhood*, Baltimore, P.H. Brookes, 2003.
28. Gerardo M. Gonzalez, 'The Challenge of Latino Education: A Personal Story', Indiana University, 23 oktober 2008, 9, http://education.indiana.edu/LinkClick.aspx?fileticket=8JJOYWMZ3wc%3D&tabid=6282.
29. 'The BACCHUS Network Organizational History', http://www.bacchusgamma.org/history.asp.
30. Zie Judith A. Tindall et al., *Peer Programs: An In-Depth Look*, Oxford, Taylor & Francis, 2008, 55.
31. Alan Schwartz, 'Recession and Marriage, What Is the Impact?', *MentalHealth.net*, 14 januari 2010, http://www.mentalhelp.net/poc/view_doc.php?type=doc&id=35065&cn=51.
32. Beth A. LePoire, *Family Communication: Nurturing and Control in a Changing World*, Thousand Oaks, CA, SAGE Publications, 2005, 116.
33. Larry M. Boyle, 'A Peacemaker in Family Court', ongepubliceerd, manuscript in bezit auteur, gepubliceerd met permissie.
34. *Families First: Final Report of the National Commission on America's Urban Families*, Washington D.C., januari 1993.

Hoofdstuk 5

1. 'Johnny Can't Read, and He's in College', *Globe and Mail* (Toronto), 26 september 2005; Andrew Hough, 'Tesco Director: British School Leavers "Can't Read or Write and Have Attitude Problems"', *Telegraph* (Londen), 10 maart 2010; Nick Anderson, 'Most Schools Could Face Failing Label Under No Child Left Behind, Duncan Says', *Washington Post*, 9 maart 2011, http://www.washington-post.com/local/education/duncan-most-schools-could-face-failing-label/2011/03/09/AB7L2hP_story.html.
2. U.S. Chamber of Commerce, *Leaders and Laggards: A State-by-State Report Card on Educational Innovation*, 9 november 2009.
3. 'The School Executive', *American Educational Digest*, vol. 47 (1927), 205.
4. Sue Dathe-Douglass, 'Interview with Clayton Christensen', *FranklinCovey Facilitator Academy*, maart 2011.
5. Zie 'Ory Okolloh on Becoming an Activist', *TED.com*, juni 2007, http://www.ted.com/index.php/talks/ory_okolloh_on_becoming_an_activist.html.
6. Clayton M. Christensen et al., *Disrupting Class: How Disruptive Innovation Will Change the Way the World Learns*, New York, McGraw-Hill Professional, 2010.
7. Geciteerd in George F. Will, '"Teach for America" Transforming Education', *Washington Post*, 26 februari 2011.
8. 'A Second Set of Parents: Advisory Groups and Student Achievement at Granger High', *LearningFirst.org*, februari 2008, http://www.learningfirst.org/second-set-parents-advisory-groups-and-student-achievement-granger-high.
9. Claus von Zastrow, 'Taking Things Personally: Principal Paul Chartrand Speaks About His School's Turnaround', *LearningFirst.org*, 31 augustus 2009, http://www.learningfirst.org/visionaries/PaulChartrand.
10. Linda Shaw, 'WASL Is Inspiration, Frustration', *Seattle Times*, 8 mei 2006.
11. Interview met Richard Esparza, 20 november 2007; Karin Chenoweth, 'Granger High School: Se Puede (It Can Be Done)', in: *The Power to Change: High Schools That Help All Students Achieve*, Washington, DC, The Education Trust, november 2005, 17-23.
12. Ga naar The3rdAlternative.com om deze aanstekelijke video over de transformatie van de A.B. Combs School te bekijken.
13. Jeff Janssen, 'Leadership Lessons from the Nation's Best Principal', *Championship Coaches Network*, http://www.championshipcoaches-network.com/public/404.cfm.

14. Roland S. Barth, 'Sandboxes and Honeybees,' in: Louis B. Barnes et al., *Teaching and the Case Method*, Cambridge, MA, Harvard Business Press, 1994, 151.
15. Als je meer wilt weten over het proces van *The Leader In Me*, ga dan naar www.TheLeaderInMe.org.
16. Susannah Tully, 'Helping Students Find a Sense of Purpose', *Chronicle of Higher Education*, 13 maart 2009.
17. Arthur E. Levine, 'The Soul of a New University', *New York Times*, 13 maart 2000.
18. David L. Kirp, 'The New University', *The Nation*, 17 april 2000.
19. Robert Butche, 'The MBA Mentality: Enabler of Catastrophe', *Newsroom Magazine*, 8 april 2009, http://newsroom-magazine.com/2009/business-finance/mba-thinking-enabler-of-castastrophe/.
20. John Saltmarsh en Edward Zlotkowski, *Higher Education and Democracy: Essays on Service-Learning and Civic Engagement*, Philadelphia, Temple University Press, 2011, 21.
21. De informatie over Stenden South Africa is afkomstig van een serie interviews in 2007 met dr. Robert Veenstra.
22. Geciteerd in Saltmarsh en Zlotkowski, *Higher Education and Democracy*, 22.
23. Curtis L. Deberg, Lynn M. Pringle en Edward Zlotkowski, 'Service-Learning: The Trim-Tab of Undergraduate Accounting Education Reform', www.csuchico.edu/sife/deberg/CHANGE4A.DOC.
24. Alan R. Pence, 'It Takes a Village… and New Roads to Get There', in: *Developmental Health and the Wealth of Nations*, D.P. Keating en C. Hertzman, red., New York, Guilford, 1999, 326.
25. Jessica Ball, 'A Generative Curriculum Model of Child and Youth Care Training Through First Nations-University Partnerships', *Native Social Work Journal* 4, nr. 1, 2003, 95.
26. Alan Pence en Jessica Ball, 'Two Sides of an Eagle's Feather: Co-Constructing ECCD Training Curricula in University Partnerships with Canadian First Nations Communities', 9-10, http://web.uvic.ca/fnpp/fnpp6.pdf.
27. Carl Rogers, *A Way of Being*, New York, Houghton Mifflin, 1995, 273.
28. 'First Nations Partnership Program', http://www.fnpp.org/home.htm.
29. Ball, 'A Generative Curriculum', 93-94; Pence en Ball, 'Two Sides of an Eagle's Feather', 12.
30. Peter Hans Kolvenbach, 'The Service of Faith and the Promotion of Justice in American Jesuit Higher Education', *Company Magazine*, 6 oktober 2000, http://www.companymagazine.org/v184/asiseeit.htm.

Hoofdstuk 6

1. Larry M. Boyle is rechter van het hooggerechtshof van Idaho, hoogste politierechter en kantonrechter, en is coauteur van dit hoofdstuk. Hij is een zeer ervaren en gerespecteerde jurist, die uitblinkt in de kunst en kunde van het vredestichten en die zijn werk met advocaten en hun cliënten niet ziet als een slagveld, maar als een 'vredestent op het slagveld' waar ruziemaken verandert in luisteren en begrijpen. Rechter Boyle en ik werken samen aan een nog niet verschenen boek over synergie en de wet, getiteld *Blessed Are the Peacemakers*.
2. Zie Robert Hardman, 'A Very Uncivil War', *Daily Mail Online*, 21 juni 2010, http://www.dailymail.co.uk/news/article-1288182/A-uncivil-war-How-spat-village-hall-divided-community-turned-neighbours-sworn-enemies.html#ixzz1HlBZYBdj; 'Breedon-on-the-Hill Villagers Lose Hall Court Appeal', BBC *News*, 18 januari 2011, http://news.bbc.co.uk/local/leicester/hi/people_and_places/newsid_9365000/9365108.stm.
3. Zie 'In the Interests of Justice: Reforming the Legal Profession', *Stanford Law Review*, 54 (juni 2002) 6.
4. Patrick J. Schiltz, 'On Being Happy, Healthy, and an Ethical Member of an Unhappy, Unhealthy, and Unethical Profession', 52 Vand. L. Rev., 1999.
5. Schiltz, 905.
6. Sandra Day O'Connor, *The Majesty of the Law*, Random House Digital, 2004, 226-229.
7. Thomas D. Boyle, 'Mediation and the Legal System: New Tricks for an Old Dog', *Federal Bar Journal* 58 (oktober 1991): 514.
8. Peter Adler, 'The End of Mediation', www.mediate.com/articles/adlerTheEnd.cfm, geraadpleegd op 19 juli 2010.
9. Mohandas K. Gandhi, 'My Appeal to the British', *Harijan*, 24 mei 1942.
10. Uma Majmudar, *Gandhi's Pilgrimage of Faith*, Albany, NY, SUNY Press, 2005, 144-145.
11. Juan Williams, *Thurgood Marshall: An American Revolutionary*, New York, Three Rivers Press, 1998, 213, 215.
12. Uit 'Avot de Rabbi Nathan', in 'Mediation', *Jewish Virtual Library*, http://www.jewishvirtuallibrary.org/jsource/judaica/ejud_0002_0012_0_11960.html
13. Interview met rabbi Marc Gopin, Hebrew University of Jerusalem, 11 januari 2011.
14. Dit principe staat bekend als *lifnimmishurat ha-din* – 'voorbij de letter van de wet'. Zie 'Damages' en 'Law and Morality', *Jewish*

Virtual Library, http://www.jewishvirtuallibrary.org/jsource/judaica/ejud_0002_0012_0_11960.html.
15. Interview met Qadi Achmed Natour, voorzitter van het High Shari'a Court of Appeal in Jaffa en universitair docent rechten, Haifa University, op de Hebrew University, Jeruzalem, 4 januari 2011.
16. Interview met William Sheffield, 21 oktober 2010.
17. Ga voor een videoweergave van dit verhaal over transformatie naar The3rdAlternative.com.
18. Zie J.B. Ruhl, John Copeland Nagle en James Salzman, *The Practice and Policy of Environmental Law*, New York, Foundation Press, 2008.
19. '2010 Year-End Report on the Federal Judiciary', http://www.supremecourt.gov/publicinfo/year-end/2010year-endreport.pdf.
20. Desmond Tutu, *No Future Without Forgiveness*, New York, Doubleday, 1999, 19, 23, 28, 30-31.
21. Interview met Gopin.
22. Douglas H.M. Carver, 'The Xhosa and the Truth and Reconciliation Commission: African Ways', 17, http://tlj.unm.edu/archives/vol8/8TLJ34-CARVER.pdf, geraadpleegd op 21 januari 2011.
23. Tutu, *No Future*, 54-55.
24. John W. Davis, 'Address at the 75th Anniversary Proceedings of the Association of the Bar of the City of New York', 16 maart 1946.
25. Geciteerd in Brian Thomsen, *The Dream That Will Not Die: Inspiring Words of John, Robert, and Edward Kennedy*, New York, Macmillan, 2010, 78

Hoofdstuk 7

1. David Rock, 'Your Brain at Work', 12 november 2009, http://www.youtube.com/watch?v=XeJsfXep4M.
2. Charles Dickens, *The Annotated Christmas Carol*, New York, Norton, 2004, 13.
3. Marc Gopin, *Healing the Heart of Conflict*, Emmaus, PA, Rodale, 2004, xiii–xiv.
4. H.G. Wells, *The Outline of History, Volume 1*, New York, Barnes & Noble Publishing, 2004, 394.
5. Wells, *The Outline of History*, 163.
6. Lynne B. Sagalyn, *Times Square Roulette*, Cambridge, MA, MIT Press, 2003, 6, 7.
7. Sam Roberts, *A Kind of Genius: Herb Sturz and Society's Toughest Problems*, New York, Perseus, 2009, 5, 246.
8. Sagalyn, *Times Square Roulette*, 174.

9. Pranay Gupta, 'Her "To Die For" Projects Include Times Square and the Seventh Regiment Armory', *New York Sun*, 9 maart 2006, http://www.nysun.com/new-york/her-to-die-for-projects-includetimes-square/28837/, geraadpleegd op 30 juni 2010.
10. Gupta, 'Her "To Die For" Projects'.
11. Sagalyn, *Times Square Roulette*, 302.
12. James Traub, *The Devil's Playground*, New York, Random House Digital, 2004, 162.
13. Sagalyn, *Times Square Roulette*, 302.
14. Robin Pogrebin, 'From Naughty and Bawdy to Stars Reborn', *The New York Times*, 11 december 2000, http://www.nytimes.com/2000/12/11/theater/naughty-bawdy-stars-reborn-once-seedy-theaters-now-restored-lead-development.html?ref=peter_schneider, geraadpleegd op 30 juni 2010.
15. Roberts, *A Kind of Genius*, 250.
16. Roberts, *A Kind of Genius*, 252.
17. Sagalyn, *Times Square Roulette*, 433.
18. Kira L. Gould, *Fox & Fowle Architects: Designing for the Built Realm*, Victoria, Aust., Images Publishing, 2005, 187.
19. Adam Hinge et al., 'Moving Toward Transparency and Disclosure in the Energy Performance of Green Buildings', *2006 ACEEE Summer Study on Energy Efficiency in Buildings*, http://www.sallan.org/pdf-docs/Energy-Efficiency-HPB-SummerStudy06.pdf.
20. Roberts, *A Kind of Genius*, 251.
21. '2010 Annual Report', Times Square Alliance.
22. World Health Organization, *World Report on Violence and Health*, 2002.
23. Amerikaanse ministerie van Buitenlandse Zaken, *Country Reports on Terrorism 2009*, 5 augustus 2010, http://www.state.gov/s/ct/rls/crt/2009/140902.htm.
24. 'FBI Releases 2009 Crime Statistics', *Crime in the United States*, 13 september 2010, http://www2.fbi.gov/ucr/cius2009/about/crime_summary.html, geraadpleegd op 12 januari 2011.
25. *Crime Clock*, National Center for Victims of Crime, http://www.ncvc.org/ncvc/AGP.Net/Components/documentViewer/Download.aspxnz?DocumentID=33522, geraadpleegd op 12 januari 2011.
26. United Nations Office on Drugs and Crime, 'Executive Summary', *World Drug Report 2010*, 17, http://www.unodc.org/unodc/en/data-and-analysis/WDR-2010.html, geraadpleegd op 12 januari 2011.
27. Roberto Briceño-León en Verónica Zubillaga, 'Violence and Globalization in Latin America', *Current Sociology*, januari 2002, http://csi.sagepub.com/content/50/1/19.abstract.

28. 'Cybercrime Is a US$105 Billion Business Now', *Computer Crime Research Center*, 26 september 2007, http://www.crime-research.org/news/26.09.2007/2912/.
29. 'White Collar Crime: An Overview', Legal Information Institute, Cornell University Law School, 19 augustus 2010, http://topics.law.cornell.edu/wex/White-collar_crime.
30. David Anderson, 'The Aggregate Burden of Crime', *Journal of Law and Economics*, 42:2 (oktober 1999), 2, http://www.jstor.org/stable/10.1086/467436.
31. James P. Lynch en William J. Sabol, 'Did Getting Tough on Crime Pay?', Urban Institute Research of Record, 1 augustus 1997, http://www.urban.org/publications/307337.html, geraadpleegd op 12 januari 2011.
32. Larry J. Siegel, *Essentials of Criminal Justice*, Florence, KY, Cengage Learning, 2008, 393.
33. Zie Lawrence W. Sherman et al. 'Preventing Crime', http://www.ncjrs.gov/works/wholedoc.htm.
34. Lawrence W. Sherman, *Evidence-Based Crime Prevention*, Londen, Routledge, 2002, 3.
35. Ken McQueen en John Geddes, 'Air India: After 22 Years, Now's the Time for Truth', *Macleans*, 28 mei 2007.
36. Alle citaten van Ward Clapham zijn afkomstig uit een reeks telefonische interviews die gehouden zijn tussen oktober 2010 en april 2011.
37. Robin Roberts, '40 Developmental Assets for Kids', *Mehfil*, september-oktober 2006, 37.
38. 'Public Safety Minister Toews Commends Important Work of Team Izzat Youth Forum Organizers', *Public Safety Canada*, 15 januari 2011, http://www.publicsafety.gc.ca/media/nr/2011/nr20110115-eng.aspx.
39. Christine Lyon, 'Restorative Justice Gets $95K City Boost', *Richmond Review*, 13 november 2010, http://www.bclocalnews.com/richmond_southdelta/richmondreview/news/108180664.html#, geraadpleegd op 22 januari 2011.
40. Jeremy Hainsworth, 'Ahead of 2010 Olympics, Violence Stalks Vancouver', *Seattle Times*, 28 maart 2009, http://seattletimes.nwsource.com/html/nationworld/2008940523_apcanadavancouver-gangs.html.
41. Een indringende video over Ward Claphams ervaringen is te vinden op *The3rdAlternative.com*.
42. Henry David Thoreau, *Walden; or, Life in the Woods*, New York, Houghton Mifflin, 2004, 120.

43. Zie Lee Ellis et al., *Handbook of Crime Correlates*, Maryland Heights, MO, Academic Press, 2009, 184-189.
44. Katherine Boo, 'Swamp Nurse', *New Yorker*, 6 februari 2006, 54.
45. Andy Goodman, 'The Story of David Olds and the Nurse Home Visiting Program', *Grants Results Special Report*, Robert Wood Johnson Foundation, juli 2006, 7.
46. 'Behind Bars II: Substance Abuse and America's Prison Population', National Center on Addiction and Substance Abuse, Columbia University, februari 2010, 23, http://www.casacolumbia.org/articlefiles/575-report2010behindbars2.pdf.
47. 'Nurse Family Partnership: Overview', http://www.nursefamilypartnership.org/assets/PDF/Fact-sheets/NFP_Overview, geraadpleegd op 12 februari 2011.
48. Goodman, 'The Story of David Olds and the Nurse Home Visiting Program', 11.
49. Katy Dawley en Rita Beam, 'My Nurse Taught Me How to Have a Healthy Baby and Be a Good Mother', *Nursing Clinics of North America*, 40 (2005); 809.
50. Goodman, 'The Story of David Olds and the Nurse Home Visiting Program', 11.
51. Katherine Boo, 'Swamp Nurse', 57.
52. Interview met Jordan Asher, 19 februari 2011.
53. 'Preamble to the Constitution of the World Health Organization as adopted by the International Health Conference, New York, 19-22 June, 1946', http://www.who.int/about/definition/en/print.html.
54. Richard Katz en Niti Seth, 'Synergy and Healing: A Perspective on Western Health Care', in: Alfred Hyman Katz, Robert E. Hess, red., *Prevention and Health: Directions for Policy and Practice*, New York, The Haworth Press, 1987, 109.
55. Steven H. Woolf et al., *Health Promotion and Disease Prevention in Clinical Practice*, Hagerstown, MD, Lippincott Williams & Wilkins, 2007, 9.
56. Interview met Shawn Morris, Nashville, TN, 18 oktober 2010.
57. Interview met Mark Latham, 18 november 2010.
58. Interview met Mark Latham, 18 november 2010.
59. Curtis P. McLaughlin en Arnold D. Kaluzny, *Continuous Quality Improvement in Health Care*, Sudbury, MA, Jones & Bartlett Learning, 2006, 458, 480.
60. Hedrick Smith, 'Interview With Dr. Brent James', *Inside American Medicine*, ongedateerd, http://www.hedricksmith.com/site_criticalcondition/program/brentJames.html.
61. Interview met Scott Parker, 5 april 2011.

62. David Leonhardt, 'Making Health Care Better', *New York Times Magazine*, 8 november 2009, MM31.
63. Ron Winslow, 'A Health Care Dream Team on the Hunt for the Best Treatments', *The Wall Street Journal*, 15 december 2010.
64. 'Mountain of Trash Blights Historic City of Saida', *News.com*, 24 september 2010, http://www.voanews.com/english/news/middle-east/Mountain-of-Trash-Blights-Historic-Lebanese-City-of-Saida-103741374.html; http://www.irinnews.org/Report.aspx?ReportId=77399.
65. David Pepper, *Environmentalism: Critical Concepts*, Florence, KY, Taylor & Francis, 2003, 78.
66. James Hansen, *Storms of My Grandchildren*, New York, Bloomsbury USA, 2009, ix.
67. 'Is Global Warming a Myth?', *Scientific American*, 8 april 2009.
68. Steven Milloy, *Green Hell: How Environmentalists Plan to Control Your Life*, Washington, DC, Regnery, 2009, 2-3.
69. George Monbiot, 'Climate Change Deniers Are Not Sceptics – They're Suckers', *The Guardian* (Manchester), 3 november 2009.
70. Anita Pugliese en Julie Ray, 'Awareness of Climate Change and Threat Vary by Region', 11 december 2009; Frank Newport, 'Three Key Findings on Americans' Views of the Environment', *Gallup.com*, 18 maart 2011.
71. Michael Shellenberger en Ted Nordhaus, *Break Through: Why We Can't Leave Saving the Planet to Environmentalists*, New York, Houghton-Mifflin, 2007, 8.
72. David Montgomery, *The King of Fish: The Thousand Year Run of Salmon*, Boulder, CO, Westview Press, 2004, 2004, 3; Ted Gresh et al., 'Salmon Decline Creates Nutrient Deficit in Northwest Streams', *Inforain.org*, januari 2000.
73. Peter A. Corning, 'The Synergism Hypothesis', *Journal of Social and Evolutionary Systems* 21, no. 2 (1998): 314.
74. Corning, 'The Synergism Hypothesis', 293.
75. Corning, 'The Synergism Hypothesis', 54, 60; A.V. Bogdan, 'Grass Pollination by Bees in Kenya', 18 juli 2008, http://onlinelibrary.wiley.com/doi/10.1111/j.1095-8312.1962.tb01326.x/abstract.
76. 'John Lombard: Saving Puget Sound', *University of Washington Lectures*, 23 januari 2007, http://www.seattlechannel.org/videos/watchVideos.asp?program=uwLectures.
77. Aldo Leopold, *A Sand County Almanac*, New York, Random House Digital, 1990, 140.
78. Pepper, *Environmentalism*, 78.
79. Corning, 'The Synergism Hypothesis', 314.

80. Kevin Berger, 'The Artist as Mad Scientist', *Salon.com*, 22 juni 2006; Natalie Jeremijenko, 'The Art of the Eco-Mindshift', *TED.com*, oktober 2009, http://www.ted.com/talks/lang/eng/natalie_jeremijenko_the_art_of_the_eco_mindshift.html; Rob Goodier, 'The Future of Urban Agriculture in Rooftop Farms', *Popular Mechanics*, 3 juni 2010, http://www.popularmechanics.com/technology/engineering/infrastructure/future-urban-rooftop-agriculture.
81. Gigi Marino, 'The Mad Hatter of Nehru Place Greens', *MIT Technology Review*, 8 september 2006, http://www.technologyreview.com/read_article.aspx?id=17442; Kemal Meattle, 'How to Grow Fresh Air', *TED.com*, februari 2009, http://www.ted.com/talks/kamal_meattle_on_how_to_grow_your_own_fresh_air.html.
82. Raja Murthy, 'India's Rural Inventors Drive Change', *Asia Times*, 29 januari 2010, http://www.atimes.com/atimes/South_Asia/LA29Df03.html; David Owen, 'The Efficiency Dilemma', *New Yorker*, 20 december 2010, http://www.newyorker.com/reporting/2010/12/20/101220fa_fact_owen#ixzz1IxhCPA7H.
83. David Montgomery, *Dirt: The Erosion of Civilizations*, Berkeley, University of California Press, 2008, 4, 6.
84. Cliff Kuang, 'Method That Turns Wastelands Green Wins 2010 Buckminster Fuller Challenge', *Fast Company*, 2 juni 2010.
85. C.J. Hadley, 'The Wild Life of Allan Savory', *Range*, herfst 1999, http://www.rangemagazine.com/archives/stories/fall99/allan_savory.htm.
86. Jonathan Teller-Elsberg, 'Following up with Allan Savory on Using Cattle to Reverse Desertification and Global Warming', Chelsea Green, 25 februari 2010, http://chelseagreen.com/blogs/jtellerelsberg/2010/02/25/following-up-with-allan-savory-on-using-cattle-to-revsere-desertification-and-global-warming/.
87. Shellenberger en Nordhaus, *Break Through*, 17.
88. George Monbiot, 'Cold-Hearted', 27 december 2010, http://www.monbiot.com/2010/12/27/cold-hearted/.
89. 'Tories Vow to Tackle National Scandal of Welfare Dependency', *Telegraph* (Londen), 27 augustus 2009, http://www.telegraph.co.uk/news/politics/conservative/6098889/Tories-vow-to-tackle-national-scandal-of-welfare-dependency.html; 'Reforms Will Tackle Poverty and Get Britain Working Again', Dept. for Work and Pensions, 27 mei 2010, http://www.dwp.gov.uk/newsroom/press-releases/2010/may-2010/dwp070-10-270510.shtml.
90. Weldon Long, 'Emerson Was Right – If You THINK He Was!', *Sources of Insight*, 30 maart 2011, http://sourcesofinsight.com/2011/03/30/emerson-was-right-if-you-think-he-was/.

91. Weldon Long, *The Upside of Fear: How One Man Broke the Cycle of Prison, Poverty, and Addiction*, Austin, TX, Greenleaf Books, 2009, 124.
92. Long, *Upside of Fear*, 115.
93. C.S. Lewis, *The Problem of Pain*, New York, Harper-Collins, 2001, 32.
94. Brian Ballou en Dan L. Heitger, 'Tapping a Risky Labor Pool', *Harvard Business Review*, december 2006, http://hbr.org/2006/12/tapping-a-risky-labor-pool/ar/1.
95. Liane Phillips en Echo Montgomery Garrett, *Why Don't They Just Get a Job?*, Highlands, TX, aha! Process, 2010, 31, 54, 86,128-129, 159.
96. Laurence Chandy en Geoffrey Gertz, 'Poverty in Numbers: The Changing State of Global Poverty 2005-2015', Brookings Institution, januari 2011, http://www.brookings.edu/papers/2011/01_global_poverty_chandy.aspx.
97. Jerry Sternin, 'Childhood Malnutrition in Vietnam: From Peril to Possibility', in: *The Power of Positive Deviance*, Cambridge, MA, Harvard Business Press, 2010, 22.
98. David Dorsey, 'Positive Deviant', *Fast Company*, 30 november 2000, http://www.fastcompany.com/magazine/41/sternin.html.
99. Sarah Rich, 'Anil Gupta and the Honey Bee Network', *WorldChanging.com*, 21 maart 2007, http://www.worldchanging.com/archives/006333.html; Raja Murthy, 'India's Rural Inventors Drive Change', *Asia Times*, 29 januari 2010, http://www.atimes.com/atimes/South_Asia/LA29Df03.html.
100. Verslagen van de halfjaarlijkse *shodhyatra's* zijn te vinden op http://www.sristi.org/cms/shodh_yatra1, geraadpleegd in april 2011.
101. Anil Gupta, 'India's Hotbeds of Invention', *TED.com*, november 2009, http://www.ted.com/talks/lang/eng/anil_gupta_india_s_hidden_hotbeds_of_invention.html.
102. Muhammad Yunus, *Creating a World Without Poverty*, New York, Public Affairs, 2008, 5.
103. Muhammad Yunus en Karl Weber, *Building Social Business*, New York, Public Affairs, 2010, 33-61, 95.
104. Marco Visscher, 'The World Champ of Poverty Fighters', *Ode Magazine*, juli-augustus 2005, http://www.odemagazine.com/doc/25/the_world_champ_of_poverty_fighters/.

Hoofdstuk 8

1. Interview met Mohammed Dajani, hoofdkantoor van Wasatia, Beit-Hanina, Israël, 12 januari 2010.
2. Mohammed Dajani, 'The Wasatia Movement – an Alternative to Radical Islam', *Worldpress.org*, 21 juni 2007, http://www.worldpress.org/Mideast/2832.cfm.
3. Mohammed S. Dajani Daoudi, *Wasatia: Centrism and Moderation in Islam*, ongedateerd, http://www.ptwf.org/Downloads/Wasatia.pdf.
4. Interview met dr. Ron Kronish, Hebreeuwse Universiteit van Jeruzalem, 7 januari 2011.
5. Interview met Margaret Karram, hoofdkantoor van Wasatia, Beit-Hanina, Israël, 12 januari 2011.
6. Geciteerd in Richard K. Betts, 'Conflict or Cooperation? Three Visions Revisited', *Foreign Affairs*, november/december 2010, http://www.foreignaffairs.com/articles/66802/richard-k-betts/conflict-or-cooperation?page=show, geraadpleegd op 30 november 2010.
7. Joyce Neu, 'Interpersonal Dynamics in International Conflict Mediation', in: *Natural Conflict Resolution*, red. Filippo Aureli, Berkeley, University of California Press, 2000, 66.
8. Interview met Marc Gopin, Hebreeuwse Universiteit van Jeruzalem, 10 januari 2011. Zie ook Marc Gopin, *Healing the Heart of Conflict*, Emmaus, PA, Rodale, 2004, 187-188.
9. Interview met Gopin, 10 januari 2011.
10. 'Barenboim's Music: A Bridge across Palestinian-Israeli Divide.' *AFP*, http://www.youtube.com/watch?v=GpGS1gVcU-k&NR=1.
11. Daniel Barenboim en Edward Said, *Parallels and Paradoxes: Explorations in Music and Society*, red. Ara Guzelimian, New York, Vintage Books, 2002, ix-xi, 8-9, 181.
12. Anthony Tommasini, 'Barenboim Seeks Harmony, And More Than One Type', *The New York Times*, 21 december 2006.
13. Ed Vulliamy, 'Bridging the Gap, Part Two', *Guardian* (Manchester), 18 juli 2008, http://www.guardian.co.uk/music/2008/jul/13/classical-musicandopera.culture, geraadpleegd op 21 oktober 2010.
14. 'Palestinian-Israeli Orchestra Marks 10th Anniversary', *Al-Jazeera English*, 21 augustus 2009, http://www.youtube.com/watch?v=gDJui5-zoeg, geraadpleegd op 20 oktober 2010.
15. Paul Smaczny, *Knowledge Is the Beginning*, 2005.
16. Vulliamy, 'Bridging the Gap, Part Two'.
17. Daniel Barenboim, *A Life in Music*, New York, Arcade Publishing, 2003, 188.
18. Carl Rogers, 'Communication: Its Blocking and Its Facilitation', ongedateerd, http://www.redwoods.edu/instruct/jjohnston/English1A/rea-

dings/rhetoricandthinking/communicationitsblockingitsfacilitation.htm, geraadpleegd op 20 oktober 2010.

19. Raymond Deane, 'Utopia as Alibi: Said, Barenboim, and the Divan Orchestra', *Irish Left Review*, 9 december 2009, http://www.irishleftreview.org/2009/12/09/utopia-alibi-barenboim-divan-orchestra/, geraadpleegd op 21 oktober 2010.
20. Daniel Barenboim, in: Paul Smaczny, *Knowledge Is the Beginning*, 2005.
21. Kate Connolly, 'Barenboim Becomes First to Hold Israeli and Palestinian Passports', *Guardian* (Manchester), 15 januari 2008, http://www.guardian.co.uk/world/2008/jan/15/musicnews.classicalmusic, geraadpleegd op 14 juli 2010.
22. Abdul Aziz Ahmed, 'Al-Muhasabah: On Being Honest with Oneself', *Al-Jumuah: Your Guide to an Islamic Life*, ongedateerd, http://www.aljumuah.com/straight-talk/40-al-muhasabah-on-being-honest-with-oneself, geraadpleegd op 20 januari 2011.
23. Interview met Gopin, 10 januari 2011.
24. Aziz Abu Sarah, 'A Conflict Close to Home', *Aziz Abu Sarah: A Blog for Peace in Israel-Palestine*, 6 mei 2009, http://azizabusarah.wordpress.com/2009/05/06/a-conflict-close-to-home/, geraadpleegd op 20 januari 2011.
25. Interview met Gopin, 10 januari 2011.
26. 'Sjeik Abdul Aziz Bukhari', http://www.jerusalem-academy.org/sheikh-aziz-bukhari.html, geraadpleegd op 20 januari 2011.
27. Interview met Gopin, 10 januari 2011.
28. Abdul Aziz Bukhari, 'Two Wrongs Don't Make a Right', *Global Oneness Project*, http://www.globalonenessproject.org/interviewee/sheikh-abdul-aziz-bukhari, geraadpleegd op 20 januari 2011.
29. Samuel P. Huntington, *The Clash of Civilizations and the Remaking of World Order*, New York, Simon & Schuster, 1997, 32.
30. Robert I. Rotberg, Theodore K. Rabb en Robert Gilpin, *The Origin and Prevention of Major Wars*, Cambridge, VK, Cambridge University Press, 1989, 248.
31. Desmond Tutu, *No Future Without Forgiveness*, New York, Doubleday, 1999, 264, 280-81.
32. Klaus Schwab (red.), *The Global Competitiveness Report 2010-2011*, World Economic Forum, 14, http://www3.weforum.org/docs/WEF_GlobalCompetitivenessReport_2010–11.pdf.
33. R. Veenhoven, *Average happiness in 146 Nations 2000-2009*. World Database of Happiness. Gemiddelde geluksranglijst, worlddatabaseofhappiness.eur.nl/hap_nat/findingreports/RankReport_AverageHappiness.php.

34. George A. Fossedal en Alfred R. Berkeley, III, *Direct Democracy in Switzerland*, Piscataway, NJ, Transaction Publishers, 2005, 30.
35. Fossedal en Berkeley, *Direct Democracy in Switzerland*, 31.
36. 'Guillaume-Henri Dufour – A Man of Peace', *International Review of the Red Cross*, september-oktober 1987, 107, http://www.loc.gov/rr/frd/Military_Law/pdf/RC_Sep-Oct-1987.pdf, geraadpleegd op 1 februari 2012.
37. William D. McCrackan, *The Rise of the Swiss Republic*, Boston, Arena Publishing Co., 1892, 330.
38. Fossedal en Berkeley, *Direct Democracy in Switzerland*, 18, 33, 37-38.
39. Michael E. Porter, *The Competitive Advantage of Nations*, New York, Free Press, 1990, 20.
40. W.H. Auden, 'September 1, 1939', http://www.poemdujour.com/Sept1.1939.html. (Nederlandse vert. uit *Nee, Plato, nee*, Meulenhoff, 2009)
41. Clive H. Church, *The Politics and Government of Switzerland*, Basingstoke, VK, Palgrave Macmillan, 2004, 143.
42. Carol L. Schmid, *Conflict and Consensus in Switzerland*, Berkeley, University of California Press, 1985, 155-156.
43. Schmid, *Conflict and Consensus in Switzerland*, 3.
44. Fossedal en Berkeley, *Direct Democracy in Switzerland*, 30.
45. Andrew Reding, 'Call It Israel-Palestine: Try a Federal Solution in the Middle East', World Policy Institute, 5 juni 2002, www.worldpolicy.org/.../2002-0626-PNS-Israel-Palestine.html, geraadpleegd op 1 februari 2011.
46. Alvaro Vargas Llosa, 'Postcard from Hebron', Washington Post Writers Group, 2 juni 2010, http://www.postwritersgroup.com/archives/varg100602.htm, geraadpleegd op 12 december 2010.
47. 'Robert Wright on Optimism', *TED.com*, februari 2006, http://www.ted.com/talks/lang/eng/robert_wright_on_optimism.html.

Hoofdstuk 9

1. Hans Selye, *The Stress of Life*, New York, McGraw-Hill, 1948, 413.
2. Chuck Blakeman, 'Business Diseases of the Industrial Age', http://chuckblakeman.com/2011/2/texts/business-diseases-of-the-industrial-age.
3. Rogers, *A Way of Being*, 95.
4. Jimmy en Rosalynn Carter, *Everything to Gain: Making the Most of the Rest of Your Life*, Fayetteville, University of Arkansas Press, 1987, 171.

5. DeWayne Wickham, 'An Amazing Story of Giving That Could Change Our World', *USA Today*, 20 maart 2007, http://www.usatoday.com/news/opinion/2007-03-19-opcom_N.htm.
6. William Powers, *Twelve by Twelve: A One-Room Cabin off the Grid and Beyond the American Dream*, Novato, CA, New World Library, 2010, xiv, 15-17, 75.
7. Bill Powell, 'The Capitalist Who Loves North Korea', *Fortune*, 15 september 2009, http://money.cnn.com/2009/09/14/magazines/fortune/pyongyang_university_north_korea.fortune/index.htm.
8. Richard Stone, 'PUST Update', *North Korean Economy Watch*, 1 november 2010, http://www.nkeconwatch.com/category/dprk-organizations/state-offices/pyongyang-university-of-science-and-technology/.
9. Geoffrey Cain, 'Former Prisoner of North Korea Builds University for His Former Captors', *Christian Science Monitor*, 16 februari 2010.

Register

De FranklinCovey-organisatie

FranklinCovey is een wereldwijd actieve trainings- en consultancyorganisatie met vestigingen in meer dan 120 landen. De missie luidt: We enable greatness in people and organizations everywhere. Het realiseren van greatness binnen een organisatie vraagt om het realiseren en afstemmen van drie zaken: effectieve individuen, uitstekend leiderschap en processen en systemen gericht op focus en uitvoering.

Binnen de FranklinCovey-organisatie werken wereldwijd 12.000 trainers aan het versterken van deze elementen binnen organisaties. Door middel van training, coaching, onderzoek en advies draagt FranklinCovey bij aan het meetbaar verbeteren van de resultaten van haar opdrachtgevers.

In Nederland is ook de FranklinCovey OnderwijsGroep actief. Deze groep van in onderwijs gespecialiseerde trainers en adviseurs helpt onderwijsinstellingen (van basisscholen tot universiteiten) met het versterken van de eigen organisatie en het in het onderwijsprogramma opnemen van leiderschapsprogramma's voor leerlingen en studenten.

Wilt u meer weten over FranklinCovey? Neemt u dan contact op met:
FranklinCovey Nederland
Daam Fockemalaan 10
3818 KG Amersfoort
T 033-453 06 27
F 033-463 41 55
E info@franklincovey.nl
www.franklincovey.nl

FranklinCovey België
Corsendonk 5/A
B-2360 Oud Turnhout
T 014-401 940
F 014-401 945
E info@franklincovey.be
www.franklincovey.be

De zeven eigenschappen van effectief leiderschap vormt al jarenlang een wereldwijde inspiratiebron voor iedereen, niet alleen voor mensen in het bedrijfsleven. De kracht van Covey is juist dat hij alle mensen – in elke levensfase, of het nu thuis, in het gezin, op het werk of in een relatie is – kan helpen hun levensdoelen met meer energie en focus te verwezenlijken. Zijn filosofie is van alle tijden en blijkt telkens weer jonge generaties aan te spreken. In één uur krijgt u de essentie van Coveys ideeen voorgeschoteld.

CD: €23,90, ISBN 978 90 470 0019 8
Boek: €26,50, ISBN 978 90 470 5464 1
E-book: €22,- ISBN 978 90 470 1205 4

De 8ste eigenschap is geen extra eigenschap die eerder vergeten is, maar een essentiële toevoeging aan de zeven eigenschappen van Covey. Na effectiviteit, het 'hoe' van de zeven eigenschappen, gaat het nu om het aanboren van uw verborgen potentieel, het 'waarom' van effectiviteit. 'Ontdek uw eigen stem, draag deze uit en help ook anderen hun stem te ontdekken en uit te dragen. Dit maakt dat u het beste in uzelf naar boven haalt en zo de meeste creativiteit, kracht en resultaten boekt.'
De essentie in 1 uur!

CD: €23,90, ISBN 978 90 470 0020 4
Boek: €27,50, ISBN 978 90 470 0021 1
E-book: €22,- ISBN 978 90 470 0330 4

De zeven eigenschappen voor managers is een unieke benadering van leiderschap die leidt tot grootse, langdurende en vérdragende resultaten. *De zeven eigenschappen voor managers* leert je hoe je effectief en plezierig om kunt gaan met de verantwoordelijkheden en taken die bij een leider horen, zoals conflicthantering, prioriteiten stellen, verantwoordelijkheid nemen, vertrouwen winnen, samenwerking, en persoonlijke ontwikkeling en teamontwikkeling bevorderen. Dit luisterboek frist de klassieke zeven eigenschappen van Stephen Covey weer helemaal op waardoor je de kwaliteit van je persoonlijke leven, je producten, diensten en organisatie kunt verbeteren.

CD: €23,90, ISBN 978 90 470 0125 6

In *De snelheid van vertrouwen* legt Stephen M.R. Covey uit waarom vertrouwen de kritische succesfactor is van de nieuwe economie. Vervolgens laat hij zien hoe u dat vertrouwen wekt en geeft, zowel aan uw medewerkers als aan uw klanten, aandeelhouders en andere belanghebbenden, waardoor uw organisatie meer snelheid maakt, minder kosten heeft, meer omzet behaalt en u en uw medewerkers bovendien meer energie krijgen. Covey geeft een routekaart om vertrouwen op elk niveau te bereiken, om te werken aan karakter en competenties, geloofwaardigheid te versterken en om een leiderschap te ontwikkelen dat inspireert tot vertrouwen.

Boek: €29,90, ISBN 978 90 470 0087 7

Werk je je een slag in de rondte en verkeer je toch constant in tijdnood? Vragen vrienden en familie je aandacht terwijl je nauwelijks aan jezelf toekomt? Dat kan anders. Niet met tips of 'handige' trucjes die niets aan de kern van het probleem veranderen, maar door middel van een heldere methode gebaseerd op principes.
Timemanagement volgens Covey laat zien hoe het komt dat de prioriteiten in ons leven zo zelden op de eerste plaats komen – en hoe we dat kunnen veranderen. Focus op wat echt belangrijk is, breng werk en privéleven in balans en leer afgewogen keuzes maken. Timemanagement: geen kwestie van tijd maar van prioriteit.

Boek: €19,95, ISBN 978 90 470 1906 0
E-book: €15,95, ISBN 978 90 470 0491 2

Zeven eigenschappen die jou succesvol maken is geschreven voor jongeren die moeite hebben met keuzes maken. Het behandelt heel veel vragen of problemen waar jongeren mee zitten en vertelt hun hoe ze daarmee kunnen omgaan.
Bijvoorbeeld hoe ze vriendschappen kunnen opbouwen en onderhouden, of hoe ze groepsdruk kunnen weerstaan. Maar ook hoe ze voornemens kunnen uitvoeren en volhouden, hoe ze zich beter kunnen gaan voelen over wie of wat ze zijn.

Boek: €19,90, ISBN 978 90 470 0326 7